로마서

이방인의 사도가 전한 복음

바울의 사도적 자기 인식과 그것이
로마서에 나타난 구원론 논쟁에 미친 영향

개역 개정판

Paul as Apostle to the Gentiles

His Apostolic Self-Awareness and its Influence
on the Soteriological Argument in Romans

by
Daniel Jong-Sang Chae

Translated by
Dae-Young Park

Published by Paternoster Press,
P.O. Box 300, Carlisle,Cumbria CA3 0QS U.K.
(Paternoster Biblical and Theological Monographs)

This Korean edition is published
with special arrangement with
Paternoster Press, England.

2012
Jireh Publishing Company
Seoul, Korea

로마서
이방인의 사도가 전한 복음

바울의 사도적 자기 인식과 그것이
로마서에 나타난 구원론 논쟁에 미친 영향

개역 개정판

최종상 지음 / 박대영 옮김

이레서원

로마서

이방인의 사도가 전한 복음

바울의 사도적 자기 인식과 그것이
로마서에 나타난 구원론 논쟁에 미친 영향

개역 개정판

최종상 지음
박대영 옮김

초판 1쇄 발행 2012년 5월 21일
개정판 1쇄 발행 2024년 12월 5일

발행처 도서출판 이레서원
발행인 문영이
출판신고 2005년 9월 13일 제2015-000099호

기획·마케팅 신창윤
편집 송혜숙
총무 곽현자

경기도 고양시 일산동구 백석로71번길 46, 1층 1호
Tel. 02)402-3238, 406-3273 / Fax. 02)401-3387
E-mail: Jireh@changjisa.com
SNS: facebook.com/jirehpub

책값은 표지에 있습니다.
ISBN 978-89-7435-671-2 03230

사도 바울의 정신을 이어받아
세계 곳곳에서 우리 주 예수 그리스도의
영광스러운 생명의 복음을 전하는 선교사님들께
이 책을 바칩니다.

추천의 글

“나치의 유대인 대학살(the Holocaust)의 끔찍함과 사악함을 잊어서는 안 되겠지만, 그것이 우리가 1세기 바울을 이해하는 데 영향을 미쳐서는 안 되며, 가능한 한 모든 전제를 배제한 가운데 오직 주해를 통해서만 바울이 말하는 하나님의 목적을 이해해야 한다는 사실을 최 박사는 정확히 간파하였다. 이러한 그의 통찰과 탁월한 주해 작업은 축하를 받아 마땅하다.”

_ C.K. 바레트(C.K. Barrett) / 전 영국 더럼대학교 원로 교수

“면밀하고 폭넓은 독서를 토대로 쓴 이 책은, 참신한 생각을 많이 담고 있고, 신중하게 논증하며, 가치 있는 주제를 매우 설득력 있게 전개한, 탁월한 연구 작품이다.”

_ 하워드 마샬(I. Howard Marshall) / 영국 에버딘대학교 원로교수

“나는 이 책이 맘에 든다. 로마서의 의미를 둘러싸고 격렬한 논쟁이 벌어지고 있는 지금, 본서는 학자들이 거의 주목하지 않는 문제를 제시하며 또 가장 중요한 2차 자료들을 두루 섭렵하여 명확하게 그 해결책을 제시하고 있기 때문이다. 복잡한 논지들을 다루면서도 매우 쉽게 쓴 이 책은 널리 읽힐 가치가 있는 중요한 책이다.”

_ D.A. 카슨(D.A. Carson) / 미국 트리니티신학대학교 교수

“철저한 논증을 담은 매우 잘 쓴 책이다. 명쾌한 필치가 돋보이는 이 책은 면밀하고도 통찰 가득한 연구의 결실이며, 보른캄(Bornkamm)이 바울의 마지막 유언이라고 정의한 로마서의 참뜻을 더 잘 이해하도록 도움을 줄 것이다.”

_ 조지 비슬리 머레이(George R. Beasley-Murray) / 전 영국 스펄전대학 학장

“최 박사의 주해의 특징은 열정과 활기와 상식이다. 모든 사람이 그의 결론과 그 결론에 이르는 과정에 동의하지 않을 수도 있을 것이다. 그러나 그의 침착하

고도 철저한 논쟁만큼은 그에게 동의하지 않는 사람들마저도 존경을 표할 것이다. 이 책의 한 가지 특별한 강점은 유대인 대학살의 영향으로 바울에 대한 이해가 상당히 그릇된 방향으로 경도된 현 상황에서, 최 박사는 과거의 끔찍한 참사가 바울과 나아가서는 신약을 이해하는 데 영향을 끼쳐서는 안 된다는 점을 담대하고 정확하게 보여주고 있다는 점이다."

_ 크리스 C. 카라구니스(Chrys C. Caragounis) / 스웨덴 룬트대학교 원로교수

"바울이 추구한 균형이 과거에 잘못 이해된 일이 많았는데, 이 책은 바울이 쓴 로마서의 한 중요한 차원을 매우 탁월한 논증을 통해 폭넓게 설명해주고 있다."

_ 제임스 던(James D.G. Dunn) / 영국 더럼대학교 원로교수

"최 박사의 책이 흥미로운 것은 이 책의 학적인 수준과 바울의 선교와 신학에 대한 저자의 깊은 이해 때문만이 아니라 바울 선교의 근간을 구약 본문들에서 찾은 그의 통찰 때문이다. 비서구 그리스도인이 쓴 이 면밀한 성경연구는 현대의 선교 논쟁에서 아주 커다란 중요성을 갖는다."

_ 마틴 헹겔(Martin Hengel) / 전 독일 튀빙겐대학교 원로교수

"바울의 사도적 사역을 다룬 최 박사의 논문은 참신하고 창의적이며, 바울이 쓴 최고의 편지인 로마서를 이해하는 데 독특한 기여를 하고 있다. 아시아 사람이 바울 연구에 기여한 것은 추가적인 보너스다."

_ 랄프 마틴(Ralph. P. Martin) / 미국 풀러신학대학교 원로교수

"최종상 박사님은 이방인 선교의 시각으로 로마서를 분석함으로써 이방인의 사도인 바울이 쓴 로마서를 '이방인의 사도' 라는 바울의 정체성에 맞추는 탁월한 작업을 했습니다. 바울은 주님의 부르심을 받은 이래 줄곧 이방인의 사도로서의 자기 신분을 의식하고 선교를 했으며 이방인 선교를 전개하는 과정에서 로

마서를 집필했기 때문에, 최 박사님의 글은 로마서 이해에 새로운 지평을 열었습니다. 신학자, 목회자, 선교사, 신학도 모두에게 상당한 도전을 주는 글입니다. 평신도 중에도 신학적인 의식이 있는 사람이 읽으면 큰 유익을 받을 것입니다."

_ 권성수 / 대구동신교회 담임목사, 총신대학교 목회신학전문대학원 교수

"최종상 박사는 광범위한 자료를 근거로 철저한 연구를 통해 로마서 이해를 위해 꼭 필요한 책을 저술해 주었습니다. 최 박사는 바울이 이방인의 사도라는 인식하에 로마서를 기록했기 때문에 그런 인식이 로마서의 내용과 구성에 큰 영향을 미쳤다는 이해에서 출발하여, 하나님께서는 같은 죄성을 가진 유대인과 이방인을 같은 방법으로 의롭다 하시기에 그들은 칭의와 신분에 있어서 동등하다는 것이 바울의 논지라고 확신있게 논증합니다. 본서가 한국어로 출판된 것을 진심으로 환영하며, 이 연구가 하나님의 중요한 계시의 말씀인 로마서를 좀 더 깊이 이해하는 데 크게 기여하리라 믿어 의심치 않습니다."

_ 박형용 / 합동신학대학원대학교 명예교수

최종상 박사는 로마서를 이해하는 데 있어서 바울이 '이방인의 사도'였다는 사실을 인식하는 것이 매우 중요하다는 점을 통찰력 있게 밝혀 줍니다. 또한 바울이 로마서에서 논증하는 바가 반유대주의나 친유대주의가 아니라, 하나님의 구원 계획에 있어서 '유대인과 이방인의 동등성'이라는 점을 설득력 있게 논증합니다. 최 박사의 이러한 연구는 유대인 대학살에 대한 지나친 자기반성으로 인해 왜곡된 서양 학자들의 바울 이해를 보다 객관적으로 바로잡는 데 크게 기여하고 있습니다. 로마서를 보다 로마서답게 읽으려는 분들에게 이 책은 많은 도움을 줄 것입니다.

_ 양용의/에스라성경대학원대학교 신약학 교수

최종상 교수는 로마서 연구에 새로운 지평을 연 신약학자로 이미 세계적인 학자들로부터 널리 인정을 받았습니다. 최 교수는 유대인 대학살 이후에 서구 신약학계가 로마서를 친유대주의적 전망에서 편향적으로 읽는 것에 이의를 제기하고, 로마서를 이방인의 사도로서 부르심을 받은 그의 자아의식과 하나님의 심판과 구원에 있어서 유대인과 이방인의 동등성으로 해석해야 한다고 대안을 제시하고 있습니다. 새로운 통찰들로 가득한 이 책이 보다 나은 로마서 해석에 많은 도움을 주리라 확신합니다.

_ 이한수/총신대학교 신학대학원 신약학 교수

"사도 바울은 무엇보다도 전도자였습니다. 그 전도자가 쓴 편지들은 오늘날 신학적으로 해석되고 있습니다. 최종상 목사님도 전도자입니다. 평생 선교사로서 전도에 앞장서며, 일선에서 열정을 다해 행동하는 사람입니다. 그리고 또한 학자입니다. 이런 분이 같은 형편에 있는 사도 바울을 연구해서 새로운 성경 해석의 지평을 연 것은, 앞으로 성경 원래의 뜻을 찾는 좋은 시발점이 되리라 생각됩니다. 이천 년 동안 성경 본문에 덧칠된 수많은 해석들로 인해 성경 본문의 생생함을 보지 못하는 요즘입니다. 그와 같은 수많은 견해 중의 하나가 아닌, 성령의 감동으로 하나님의 심정을 담은 생생한 말씀, 영혼을 향해서 가슴을 울리는 삶을 살게 하는 능력의 말씀으로 다가서는 안내서가 될 것을 확신하며 이 책을 추천합니다."

_ 홍정길 / 남서울은혜교회 원로목사

약어

- cf. : 참조 또는 비교.
- ed. : 편저자.
- ff. : ~이하(를 보라.).
- *idem*. : 동일 저자.
- LXX : 칠십인역.
- MT : 맛소라 사본.
- n., nn. : 각주(들).
- *pace*. : '~에게는 실례지만', '~의 의견은 미흡하다'라는 뜻의 라틴어.
- *passim* : '그밖에', '도처에'라는 뜻의 라틴어.
- p., pp. : 페이지(들).

개역 개정판 서문

1995년 London Bible College에서 학위 논문으로 완성되고 1997년 영국 Paternoster에서 출판된 본서가 2003년 아가페출판사에서 〈이방인의 사도가 쓴 로마서〉라는 제목으로 출간되어 매진되었습니다. 본서가 한국 독자들에게 계속 읽혀져야 한다는 확신에서 이레서원이 다시 출판하기로 한 것을 기뻐하며 하나님께 감사드립니다. 이레서원에서는 번역을 새로 하고, 제본도 양장본으로 하는 등 진지한 의욕을 보였습니다. 이렇게 정성을 쏟은 이레서원 나기영 전무이사님 등 관계자 여러분께 감사의 말씀을 드립니다. 또한 꼼꼼하고 유연한 번역으로 독자들을 섬긴 박대영 목사님께도 감사를 드립니다. 무엇보다도 우리말 출간에 즈음하여 추천의 말씀을 써 주신 홍정길 목사님, 박형용 교수님, 권성수 목사님, 양용의 교수님, 이한수 교수님께 깊이 감사드립니다.

학문적인 책에서 색인은 독자들께 최상의 서비스입니다. 그래서 마음을 쏟아 만들었습니다. 예를 들어 성구색인과 주제색인에서 각주가 나오는 성구에 영어의 각주(footnote)를 의미하는 "n"을 붙여 독자가 색인에서 찾은 성구와 주제를 그 해당 페이지 각주에서 바로 찾을 수 있도록 편의를 고려하였습니다. 주제색인은 최대한으로 자세히 분류하였습니다. 시간이 없을 경우 책 전체를 다 읽지 않고도 관심 부분을 신속하게 찾을 수 있도록 독자들을 섬기고자 노력했습니다.

이 책의 연구 분야

이방인을 위하여 부름을 받아 이방인에게 보내진 이방인의 사도임을 철저하게 인식하고 있었던 바울은 평생 헌신적으로 이방 선교 사역에 주력하였습니다. 그러나 바울이 이방 세계에 끼친 가장 중요한 공헌은 그가 이룬 엄청난 선교사역이라기보다 이방인이 유대 율법을 지키지 않고도 믿음으로 구원을 받으며, 그들이 그리스도 안에서 유대인과 동등하다는 신학적 근거를 마련한 것입니다. 그런데 바울은 이러한 신학적 근거를 로마서에서 가장 분명하게 제시하면서, 이방인의 구원의 합법성과 충족성을 옹호하고 있습니다. 즉, 그는 이방인의 사도로서 로마서를 쓰고 있습니다.

그럼에도 불구하고 상식에 가까운 이러한 기본적인 관점으로 로마서를 이해하려 한 연구는 드물었습니다. 오히려 반유대주의(Anti-Semitism) 신학의 직, 간접적 지원을 받은 히틀러의 유대인 대학살의 참상이 밝혀진 이후, 지난 반세기 동안 죄의식에 사로잡힌 많은 학자들이 친유대주의(Pro-Semitism) 입장에서 로마서를 해석해 왔습니다. 이들은 로마교회에 팽배한 반유대주의를 시정하기 위하여 로마교회의 다수를 구성한 이방인 성도들에게 유대인의 우월성을 설명하기 위하여 바울이 로마서를 썼다고 주장하며, 그러한 관점에서 로마서를 해석하여 왔고, 정설(定說)로 자리를 잡아 왔습니다. 심지어 어떤 학자들은 바울은 궁극적으로 유대인들을 위해 이방인의 사도가 되었다고 극단적으로 주장하는가 하면, 나아가서는 유대인들은 예수님을 믿지 않고도 구원을 받으며, 따라서 유대인에게는 전도할 필요도 없다는 학설을 주장하기에 이르렀습니다.

저는 이러한 학설에 대안을 제시하고자 했습니다. 즉, 바울이 로마에서 펼치고 있는 구원론 논지의 핵심 주제는 반유대주의도, 친유대주의도 아니고, 바로 유대인과 이방인의 동등성이라는 점을 증명하고자 했습니다. 자신이 이방인의 사도라고 하는 바울의 자기 인식이 로마서에서 그가 전개하는 구원론 논증의 형태와 내용과 구조에 중대한 영향을 미쳤다는 이해 아래, 바울이 그 동족 유대인에 대한 근본적인 관심과 애정을 나타내면서도 정작은 이방인에게 유리한 신학적 논증을 담대하게 전개하고 있음을 입증하고자 했습니다.

이러한 연구과정에서 또다른 한 부분을 발견하게 되었습니다. 전통적으로 로마서는 이신칭의, 혹은 하나님의 의에 대한 교리를 설명하는 서신으로 받아들여져 왔습니다. 로마서가 칭의의 교리를 그 어느 바울 서신보다도 많이 담고 있는 것은 틀림없는 사실입니다. 당연히 이신칭의는 로마서의 중심교리 중 하나입니다. 그러나 바울이 이 교리 자체를 설명하기 위해 로마서를 쓰고 있는지, 아니면 믿음으로 말미암아 합법적으로 하나님의 백성된 이방인의 신분을 설명하고 따라서 유대인과 이방인의 동등성을 증명하려는 과정에서 칭의의 교리를 많이 언급하고 있는지, 그 '의도'에 대해서는 연구가 필요하다고 생각되었습니다. 제 연구는 바울이 칭의를 그토록 주장하는 의도가 후자에 있었음을 알게 해 주었습니다.

로마서처럼 중요하고 많이 연구된 서신을 한 권의 책으로 기술한다는 것은 거의 불가능합니다. 더구나 글자 수의 제한 속에서 세분화된 분야를 다루어야 하는 학위 논문에서는 더욱 그렇습니다. 그래서 학위논문 주제에 직접적으로 연결되지 않는 부분은 부득이 생략했거나 생각만큼 자세히 다루지 못한 부분도 없지 않았습니다. 특히 로마서 5-8장 부분이 그렇습니다. 아무쪼록 이 연구가 국내외 신학 발전에 조금이라도 보탬이 되기를 바라며, 독자 여러분의 지도편달을 바랍니다.

제 책을 미국의 풀러신학대학교 등에서 필독도서로 사용하는 것을 보고 격려를 받았습니다. 국내외 학자들이 쓴 책에서 많이 언급되고 토의 자료로 사용되는 것을 보았습니다. 하지만 아직까지 제 연구결과를 정식으로 도전하고 부정하는 연구를 보지 못하였습니다. 제 자신도 이 책의 내용을 수정해야 할 필요를 느끼지 못하였습니다. 그리하여 1995년에 쓴 내용을 그대로 다시 출판하게 되었습니다.

다만 제 책을 다시 찾는 독자들께 보답하기 위하여 〈개역 개정판 부록〉을 추가하였습니다. "초대교회의 이방선교와 율법관의 변화"에 대한 내용입니다. 초대교회에서 어떻게 이방선교가 시작되고 발전되었으며, 이 이방선교와 더불어 이방인 성도들이 율법을 지켜야 한다는 신학적 주장은 어떤 변화를 겪어 왔는지를 설명한 것입니다. 이 배경을 이해하는 것은 로마서를 비롯한 바울서신들은 물론 신약성경 전체를 해석하는 데 중요한 단서를 제공할 것입니다. 한 가지 양해를 구할 것은 많은 학자들과 논쟁하며 설명하지 않고 제가 생각하는 배경을 서술하였다는 점입니다. 학자들과 예리한 학문적 토의를 하면서 이 주제를 설명한다면 또 하나의 책을 써야 할 만큼 중요한 주제이기 때문에 간단히 적은 것입니다. 또 하나의 이유는 이미 이 주제와 관련된 책을 영어로 집필하고 있어서 그 핵심만 간추려 한국 독자들께 드림으로써 로마서뿐 아니라 바울서신 전체, 나아가서는 신약의 폭넓은 배경 이해를 돕고자 했습니다.

학문으로만 연구되어서는 안 되는 로마서

신약에 나타난 신학을 올바로 이해하기 위해 유념해야 할 것은 신약성경이 선교를 위하여, 선교하는 중에 쓰여진 책이라는 점입니다. 4복음서는 예수님이 완성하신 복음을 전하기 위해 기록된 것이고, 사도행전은 초대교회의 선교 확장을 기록한 역사서입니다. 바울서신의 대부분은 바울이 선교하는 중에 개척된 교회들을 향한 육성 서신입니다. 따라서 신학자들이 초대교회의 선교적 관점을 충분히 고려하지 않는다면 신약성경에 담겨 있는 신학을 바르게 이해하기 어렵습니다. 마찬가지로 선교사들이 신학적 안목을 가지지 않는다면 선교의 방향이 잘못되고 열매가 불확실할 수 있습니다.

사도 바울은 선교와 신학의 양대 축을 균형있게 잡았습니다. 신학적 확신에서 선교활동을 시작하였고, 선교하면서 얻은 관점과 경험으로 신학을 형성하며 발전시켰습니다. 자신이 개척한 교회와의 대화를 통하여 그의 신학을 표현하였습니다. 그는 신학자이면서 선교사였습니다. 마틴 헹겔

교수가 지적한 대로 바울은 진정한 선교사 신학자였습니다. 바울의 신학은 학문으로 끝나지 않았습니다. 그는 늘 전도하고 선교하는 영혼구령 현장의 신학자였습니다. 전도자요 목회자였습니다. 그리하여 그의 신학에는 행동하는 신학과 생명이 넘쳐흘렀습니다.

그럼에도 불구하고 바울과 신약의 저자들이 마치 예루살렘 도서관에서 그들의 신학을 연구하고 형성한 것같이 오해하여 학문적으로 풀어보려는 상아탑의 학자들이 많았습니다. 예수님을 하나님의 아들과 메시야로 경외하지 못하고 잃은 영혼을 향한 간절한 구령의 열정을 갖지 못한 신학자들이 바울 신학과 신약 신학을 학문으로만 전락시키고 말았습니다. 특히 서구에서 이성주의, 계몽주의 시대를 지나는 동안 신학은 "과학의 여왕(the queen of science)"으로 불리면서 과학적으로 연구해야 하는 학문으로 인식되었습니다. 그 결과 20세기 후반부에 서유럽교회는 인구의 3퍼센트 정도만이 주일 예배에 참석할 정도로 급격히 감소했습니다. 개혁주의의 본산지 나라들도 마찬가지입니다. 보수 신학이라 할지라도 학문으로만 끝나면 안 된다는 경고가 아닐 수 없습니다.

로마서도 신학책으로만 읽고 연구하는 데 그쳐서는 안 됩니다. 로마서에는 바울이 이방인을 위한 이방인의 사도라는 철저한 자기 인식과 선교 열정이 깊이 자리잡고 있습니다. 로마교회의 연합과 성장, 신앙 성숙과 헌신을 위하여 열정적으로 논지를 전개하고 있습니다. 그는 이신칭의를 신학적으로 설명할 뿐만 아니라 영혼들을 찾아가 그리스도의 생명의 복음을 간절한 심정으로 전하여 믿음으로 의롭게 되는 것이 어떤 것인지 경험하게 해 주는 전도자였습니다. 바울은 선교사로서, 특히 이방인의 사도로서 로마서를 쓰고 있습니다. 바울의 이방인을 향한 선교적 사명감과 열정에 대한 이해가 저로 하여금 로마서의 본문과 그 안에 흐르는 신학 논지의 맥을 보게 해 주었고, 그 결과가 이 연구로 나타나게 되었습니다.

주 예수님의 은혜로 저는 1979년부터 세계를 순회하며 선교사역을 해

왔습니다. 선교하다가 시간을 내어 신학연구를 했고, 그 후에 영국인 교회를 개척하여 6년 동안 목회하다가 둘로스 선교선을 타고 다시 선교활동을 계속했습니다. 지금은 런던 근교에서 유럽의 재복음화를 위해 영국과 유럽에 교회를 개척할 유럽인들을 훈련시키는 암노스교회개척학교를 운영하면서 신학과 신앙과 실천을 균형있게 가르치려고 애쓰고 있습니다. 학생들과 정기적으로 매주 전도를 나갑니다. 이런 선교활동은 제 신학의 폭을 넓혀 주고 깊게 해 줄 뿐만 아니라 제 자신과 피전도자에게 활기와 생명을 더해 줍니다.

21세기를 사는 모든 족속의 모든 사람들이 믿음으로 얻게 되는 은혜의 복음을 우리를 통하여 듣고 믿게 되길 소원합니다. 독자 여러분께 하나님의 은혜가 함께 하시길 기원합니다.

2012년 2월 1일

런던 근교의 암노스교회개척학교에서

저자 최 종 상

영문판 서문

나는 바울의 선교와 그의 신학(특별히 구원론) 간의 상호관계를 살피기 위해 연구를 시작했다. 하지만 곧 이 과제가 박사학위 논문으로 다루기에는 너무 방대하다는 것을 알게 되었다. 나는 로마서 15:14-21이 이방인의 사도로서의 바울의 자기 인식이 그의 신학에 영향을 미쳤음을 보여준다는 전제를 증명하는 확실한 증거라고 생각하고, 연구 범위를 로마서로 제한하기로 하였다. 나는 이 구절(롬 15:14-21)에서 바울 자신이 로마서를 쓴 이유와 방식을 밝히고 있기 때문에, 이 구절이 로마서 해석의 출발점이 되어야 한다고 제안했다.

이 연구는 우리의 지속적인 선교 사역의 일부다. 아내와 나는 OM(Operation Mobilization)의 선교선인 M/V 로고스(1979-84)와 M/V 둘로스(1987-88)의 일원으로 전 세계를 돌아다니며 복음을 전하는 특권을 누렸다. 우리의 이런 선교 경험이 선교사요 신학자인 바울과 그가 쓴 편지를 더 잘 이해하는 데 도움이 되었다.

몇 군데 수정한 것을 제외하고 이 책은 런던 바이블 칼리지(London Bible College)에서 연구하여 브루넬 대학교(Brunel University)에서 1995년 6월에 받은 박사 학위 논문의 내용을 고스란히 담고 있다. 이 연구를 진행하고 또 책이 출판되도록 도와주신 많은 분들에게 감사하고 싶다. 누구보다도 먼저 세심한 지도와 지속적인 지지를 보내주신 지도 교수 막스 터너(Max M. B. Turner) 박사께 감사를 드린다. 또 내 연구에 대해 건설적인 비판과 지속적인 격려를 보내주시고 나를 마틴 헹겔(Martin Hengel) 교수에게 소개해준 부지도 교수 랄프 마틴(Ralph P. Martin) 박사께도 감사드린다. 독일 튀빙겐 대학의 마틴 헹겔(Martin Hengel)과 오토 베츠(Otto Betz) 교수 부부께 큰 빚을 졌다. 그분들은 내 주제에 진지한 관심을 보이고 토론에 많은 시간을 할애해 주셨다. 그분들의 도움으로 우리 가족은 6개월 간 튀빙겐에서 매우 유익한 시간을 보낼 수 있었다.

이 연구를 시작할 때 지도 교수로서 아낌없는 지도와 격려를 보내주신 전 런던 바이블 칼리지 학장 피터 코터렐(F. Peter Cotterell) 박사께도 감사를 드린다. 논문 심사위원으로서 값진 평들과 비판을 보내주신 조지 비슬리 머레이(George R. Beasley-Murray) 교수와 스티븐 모티어(Stephen Motyer) 박사께도 감사드린다. 또한 스웨덴 룬트대학교의 크리스 카라구니스(Chrys C. Caragounis) 박사께도 깊은 감사를 드린다. 이분은 런던 바이블 칼리지 학부 시절 로마서 강의를 통해 내게 큰 자극을 주었고, 우리가 튀빙겐에 머무는 동안(때마침 그분도 여기 와 계셨다!) '개인 사사'를 해주었을 뿐 아니라, 논문 출판을 위해 검토하는 과정에서 유익한 평과 교정을 해주셨다.

이 논문을 파터노스터 성경 및 신학저술(Paternoster Biblical and Theological Monograph) 시리즈에 출판되도록 추천해주신 하워드 마샬(I. Howard Marshall) 교수께도 감사드린다. *Paternoster* 출판사의 편집부와, 효율적이고 친절하게 출판을 담당해 준 제레미 머디트(Jeremy Mudditt) 씨께도 특별히 감사하고 싶다.

한국인들의 지원에도 감사의 마음을 전하고 싶다. 이렇게 연구할 수 있도록 허락해준 GMF(Global Missionary Fellowship)의 이태웅 대표와 이사회에 감사드린다. 후원 교회와 기도 동역자들에게 재정과 기도 후원에 큰 감사의 빚을 졌다. 그분들께 이 책을 기꺼이 헌정한다. 특별히 지속적인 관심과 사랑을 베풀어준 홍정길 목사와 옥한흠 목사께 큰 사랑의 빚을 졌다. 또 4년 동안이나 넉넉하게 후원해준 서울의 횃불 장학재단에도 특별히 감사를 드린다.

이 책의 편집을 기꺼이 도와준 신대현 목사에게도 감사한다. 하지만 그

누구보다도 말로 할 수 없는 조력과 기꺼운 희생을 아끼지 않은 아내 윤명희에게 진심 어린 감사를 전한다. 그 감사의 표현으로 이 책의 논문판을 이미 아내에게 헌사한 바 있다. 논문을 쓰는 동안 잘 참아준 사랑하는 딸 주혜, 다은, 은지에게도 감사한다.

오직 하나님께만 영광을!

1996년 9월

최종상

목차

서론

1. 문제

바울은 우리에게 '이방인의 사도'로 가장 잘 알려져 있을 것이다(11:13; 15:16; 갈 2:7-9; cf. 골 1:25-27; 엡 3:1-13). 바울이 자신을 '유일한 이방인의 사도'로 부른 적은 없지만,[1] 어디서든 자신을 그 역할을 성취하는 자로 의식하고 있다.[2] 그는 유대인과 이방인 모두에게 복음을 전했지만(15:19; 고전 9:19-23), 자신은 이방인들 가운데서 사역하도록 부름 받은 이방인의 사도임을 철저히 실감하고 있다(1:5; 11:13; 15:16-21; 갈 1:16; 2:8-9; cf. 행 9:15; 26:16-20; 딤전 2:7). 다메섹 근처에서의 그리스도 현현이 지극히 개인적인 소명 체험이었기에,[3] 그는 자신의 사도직에 대한 객관적인 증거를 제시할 수 없었다. 그의 수고(15:19-21; 고전 15:10; 고후 11:23)와 수고의 열매(고전 9:2), 다른 사도들의 '승인'(cf. 갈 2:7-9)마저도 일부 그리스도인 그룹에게는 사도로 인정받기에는 충분한

1) Dunn, *Romans* 1, 16; de Lacey, 'Gentiles', 337; Beardslee, *Human Achievement*, 92. cf. Meyer, Romans 1, 51.

2) Cf. Best, 'Revelation', 19-20은 '완전한 의미에서' 바울이 이방인을 위한 유일한 사도라고 주장한다. 완전한 의미라고 할 때, 그가 뜻한 바는 사도로서의 바울의 역량이 베드로와 동일하다는 것이다.

3) 바울이 다메섹 도상에서 그리스도 현현의 때에 사도로 부르심을 받았다고 하는 김세윤, *Origin*, 56-66의 주장은 분명 옳다. cf. Dunn, 'Light', 259.

요건이 되지 못하였다.[4)]

그래서 바울은 '마지막 위대한 구원 드라마의 핵심 역할을 맡기시려고 하나님께서 자기를 임명하셨다'는 사실을 알기에, 스스로 이방인의 사도라는 칭호를 고집스럽게 사용하고 있다.[5)] 바울은 고린도에 보내는 서신들에서는 자신의 **사도직**을 변호하지만,[6)] 갈라디아서와 로마서에서는 자신의 **이방인** 사도직을 강조하고 있다. 그렇다면 여기서 우리는 중요한 문제를 제기해야 한다. 바울이 그처럼 철저하게 자신을 하나님께 선택 받은 이방인의 사도로 의식하고 있었다면, 이러한 자기 이해는 그의 신학과 어떤 관계가 있었는가? 특히 본 연구는 이방인의 사도로서 바울의 이러한 자기 인식이 로마서에 등장하는 구원론 논쟁의 내용과 구조에 미친 영향을 보여주는 데 관심이 있다. 우리는 바울의 논쟁 구성 방법을 살핌으로써 바울의 구원론 논쟁의 핵심 주제가 유대인과 이방인의 동등성임을 강조할 것이며, **이방인**의 사도라는 바울의 자기 인식이 그의 논쟁 형성에 지배적인 요소로 작용한다고 제안할 것이다. 그러나 먼저 본 연구의 일반적인 방향 및 현재 학계의 흐름 안에서 이 연구의 필요성을 밝히려고 한다.[7)]

대개 학자들은 핵심 주제를 결정하기 위하여 로마서 1-4장, 5-8장, 혹은 12-16장처럼 한 단위를 서신의 중심 주제로 정하고,[8)] 그 중심 주제를 서신 전체를 위한 해석의 열쇠로 사용한다.[9)] 특히 종교개혁 이래로 로마서

4) Best, 'Paul's Apostolic Authority', 3-25를 보라

5) Munck, *Paul*, 43, 49. 마지막 시대의 특별한 선지자라는 바울의 자기 인식에 대해서는 Sandnes, *Paul*의 여러 곳을 보라.

6) Barnett, 'Apostle', 49-50을 보라.

7) 지면의 제한으로 인하여 로마서의 해석의 역사를 관찰할 수 없다. 다만 이 주제(topic)에 대한 이전의 몇 가지 연구들을 언급하는 데 만족할 것이다: Godsey, 'Interpretation', 3-16; Jewett, 'Impulses', 17-31; Deidun, 'Romans', 601-604.

8) 이 구분은, 예를 들어, Cranfield, *Romans* 1, 28-29; Fitzmyer, *Romans*, viii-xii; Moo, *Romans 1-8*, 29-31에 의해 채택되었다. 그러나 Dunn, *Romans* 1, vii-xi; *idem*, 'Romans: Analysis', 2842-2843은 그 부분들을 로마서 1-5장; 6-8장; 9-11장; 12-16장으로 나누며, Stuhlmacher는, *Romans*, vii, 로마서 1-8장; 9-11장; 12-16장으로 나눈다.

9) Käsemann, *Perspectives*, 76은 로마서 1-4장에 설명된 대로 '믿음으로 말미암는 칭의'가 중심 주제라고 주장한다; Seifrid, *Justification*, *passim*, 255-270도 특별히 그렇다. Schweitzer,

는 주로 하나님의 의(義)나 믿음에 의한 의(義)를 설명한다고 보았지만,[10] 쉬텐달(K. Stendahl)은 이 입장을 강하게 반대하였다. 이것은 상당히 일리 있는 주장이라고 생각한다.[11] 그러나 쉬텐달을 비롯하여 유대인 대학살(Holocaust) 이후 많은 해석자들은 로마서 9-11장을 서신의 중심으로 보고 바울이 기독교의 반유대주의 운동을 막기 위해 로마서를 썼다고 주장한다.[12] 그들은 로마서 9-11장의 근본적인 신학 원리는 이스라엘은 복음을 받아들이지 않았지만 하나님은 이스라엘을 향한 약속에 신실하셨음을 적극적으로 설명한 것이라고 생각한다. 그들은 로마서 9-11장이 로마서의 절정이기에 서신 전체는 이 관점으로 읽어야 한다고 주장한다.[13] 그들은 또한 바울의 이방인 선교 전체는 **이스라엘을 구원하기 위한 우회적인 방법일 뿐**이라고 역설한다.[14] 그들은 바울이 자신을 **이스라엘을 위한** 이방인의 사도라고 생각하고 있었기 때문에,[15] 로마서에서 **유대인**의 우선권(priority)을 설명한다고 주장한다.[16]

Mysticism, 224-225에게는 로마서 5-8장이 중심 단위다; Baur, *Paul* 1, 315와 Stendahl, *Paul*, *passim*에게는 로마서 9-11장이 중심이며 절정이다. Minear, *Obedience*, 7-12와 Watson, *Paul*, 88-105는 로마서 14-16장에 묘사된 상황이 서신 전체에 대한 해석의 열쇠라고 본다. 또한 아래의 p. 46 n.3.도 보라.

10) 최근에 이 견해를 옹호하는 학자로는, 김세윤, *Origin*, 357이 있다."갈라디아서 2-3장, 로마서 3-4장, 9-10장에서 바울의 가장 중요한 관심은 이방인의 포함(inclusion)을 주장하는 것이 아니라, 은혜와 믿음으로 말미암는 예수 그리스도 안에 있는 복음을 설명하는 것이다; 바울은 유대인과 같은 근거에서 얻는 이 복음의 결과로서의 이방인 구원을 언급하며, 또 이 구원을 거절한 유대인의 문제를 언급한다." 이 연구를 통해서 사실은 김세윤의 주장과는 정반대임을 증명할 것이다: 로마서에서 (그리고 유사하게 갈라디아서에서) 바울의 가장 중요한 관심은 이방인이 유대인과 동등하게 구원에 포함된다는 점을 논증하는 것이다; 바울은 주로 이 논쟁을 확립하는 과정에서 율법 외에 믿음으로 말미암는 의를 언급한다. cf. 반대 견해에 대해서는 Bornkamm, *Paul*, 116을 보라. 그 이상의 김세윤과의 관련에 대해서는 이 책의 부록을 참조하라.

11) Stendahl, *Paul*, 2, 26-27, 129-133. 뒤에 pp. 205-208을 보라.

12) 예를 들어 Wiefel, 'Jewish Community', 100f; Wright, *Messiah*, 232.

13) 두드러지게, 예를 들어 Noack, 'Current', 164.

14) Lapide, in Lapide and Stuhlmacher, *Paul*, 44, 강조는 나의 것.

15) Stuhlmacher, in Lapide와 Stuhlmacher, *Paul*, 26(강조는 나의 것); 또한 유사하게, Sinclair, *Jesus*, 40: '그가 자신을 모든 민족의 사도로서 적시하면서 서신을 시작하지만(1:5), 그는 자신의 가장 우선한 주요 목표는 유대인을 돕는 것임을 재차 주장한다.'

16) 예를 들어 Noack, 'Current', 163-164: 로마서 9-11장은 갈라디아서와 빌립보서의 다른 자료들과 함께 '한 가지 명확한 목적'을 추구하는데, '곧 유대인의 수위와 바울에 대한 예루살렘의 요

하지만 정설로 인정되는 이 주장은 한 가지 결정적인 사실에 적절히 주목하지 못했다. 따라서 이의를 제기할 수밖에 없다. 그것은 바울이 지속적으로 이방인에 대해서 그리고 이방인을 위해서 긍정적으로 진술하지만, 반대로 유대인에 대해서는 (나중에 설명하겠지만) 로마서 9-11장을 **포함하여** 1-11장 전체에서 거의 대부분 비판적으로 진술하고 있다는 사실이다. 바울이 다른 서신보다 로마서에서 유대인의 특권(1:16; 3:1-2; 9:4-5; 11:26-29; cf. 갈 3:13; 빌 3:4b-8; 살전 2:15) 및 유대인과 예수의 특별한 관계(1:2-3; 9:5; 15:8)에 대해서 더 많이 언급하고 있는 것은 사실이다. 하지만 바울이 유대인의 수위권(首位權, primacy)을 확립하려고 그 구절들을 상술하고 있지 않다는 점에 주목하는 것이 중요하다. 도리어 바울이 **논증하는 것**은 유대인과 이방인의 동등성이다.[17] 이런 측면을 상세하게 살피는 것이 본 연구의 핵심이다. 하지만 여기서는 앞에서 언급한 바울과 로마서의 친(親)유대적 해석에 이의를 제기하는 것이 정당하다는 것을 보이기 위해, 여기서는 바울의 로마서 논쟁의 성격을 먼저 간략히 개관하려고 한다.

바울이 편벽함 없는 하나님의 성품에 대한 신학적 원리(2:6-11)를 역설한 의도는 (자기 의에 사로잡힌) 유대인은 하나님의 진노와 심판을 받지만, (믿는) 이방인은 하나님의 구원과 영광과 존귀와 평강의 은혜에 포함된다는 점을 지적하려는 데 있다. 그는, '이방인은 본성으로 율법의 일을 행하지만'(2:14), 유대인은 '율법을 범함으로 하나님을 욕되게 한다'(2:23)고 선언한다. 바울은 율법에 대한 유대인의 자랑과 하나님과의 독점적인 관계, 그리고 아브라함을 유대인만의 조상으로 삼는 특권을 부정한다(2:17, 23; 3:27; 4:1-25). 그는 유대인의 하나님이 이방인의 하나님도 되신다고 주장한다(3:29-30). 아브라함 이야기에 대한 바울의 놀랄 만한 재진술은 아브라함이 많은 민족(=이방인)의 조상도 된다는 바울의 주장을 극대화시키기 위한 수사적인 장치다. 유대인과 이방인은 모두 아담과 그리스도 안에서 평등하다. 로마서

구'다(p. 164).

17) 뒤에 pp. 78-82; 최종상, 'Paul's Apostolic Self-Awareness', 124-125을 보라.

9-11장에서는 이스라엘의 불신(9:27-29, 31-33; 10:18-19, 21; 11:7-10, 20, 28a)과 이방인의 믿음(9:25-26, 30; 10:20; 11:11, 17, 19-20a, 22)이 **기정 사실**로 재확인되고 있다. 바울은 특히 로마서 1-4장과 9-11장에서 구약을 많이 인용하여 자기 주장을 세워가고 있다. 인상적인 것은 그가 유대인에 관한 구약 구절들을 인용할 때에는 가장 혹독하게 부정적인 구절들을 선택하지만, **이방인에게는** 가장 긍정적인 구절들을 적용한다는 점이다. 더 나아가 그는 이방인을 비난하는 데는 전혀 구약을 사용하지 않으며, 도리어 **이스라엘**의 불신과 이방인의 믿음, 이방인들이 하나님의 진정한 백성에 포함된 것을 설명할 때 구약을 사용하고 있다. 또한 놀라운 것은 바울이 유대인에 대해 긍정적으로 말할 때는(3:1-2; 9:3-5; 11:1, 26-32), 논조를 세워 설명하지 않고 단지 언급하기만 한다는 것이다. 이같이 관찰한 내용들을 다음 장들에서 세심하게 입증하고자 한다.

유대인인 바울이 이방인들에 대해서는 긍정적으로 논증하고 유대인들에 대해서는 비판적으로 논증하는 데는 큰 용기가 필요했을 것이다. 아마도 이 때문에 그는 서신을 담대히 썼다(15:15)고 말했을 것이다. 우리는, 바울이 하나님의 참 백성 안에 이방인이 포함되는 데 대한 신학적인 근거를 제시하면서 이방인에 대해 긍정적으로 논증한 것은 이방인 구원의 합법성을 재확인하거나 심지어 변호하려는 데 목적이 있는 반면에, 유대인을 향한 바울의 비판적인 비난은 그들의 자만과 불신을 고발하기 위함이었다고 제안하고자 한다. 물론 바울이 한 민족을 다른 민족보다 우위에 두려는 것은 아니다. 그는 이런 '치우친' 논증 방식을 사용하여 이방인과 유대인의 동등성을 확립하려고 하고 있다. 로마서 1-11장 전체에 걸쳐 매우 자주 등장하는 πᾶς란 용어와 좀더 구체적으로 '(유대인과 헬라인 사이에) 차별이 없느니라'(3:22; 10:12; cf. 1:16-17; 2:9-11; 3:9, 29-30; 4:16; 5:12-21; 10:11-13; 11:30-32; 15:7-12; 갈 3:28; 골 3:11)는 선언이 우리의 이런 이해를 뒷받침해준다.

따라서 **로마서에서의 바울의 핵심 주제는 유대인과 이방인 간의 동등성**임을 증명해보고자 한다. 쉬텐달은 바울의 가장 주요한 관심은 '유대인과 이방인의 관계를 설명하는 것'[18]이라고 주장했지만, 그 관계의 **성격**에 대해서는 명시하고 있지 않다. 그는 그들의 **동등성**에 대해서 말하지도 않았고 그것을 뜻한다는 암시조차 말하지 않았다. 하지만 샌더스(E.P. Sanders)는 『바울과 팔레스틴 유대교』(*Paul and Palestine Judaism*)(1977)에서 (간략하게만) 이 주제를 역설하더니, 『바울, 율법, 유대 백성』(*Paul, the Law, and Jewish People*)(1983)에서 반복해서 강조하고 있다.[19] 샌더스는 주제 요절인 1:16에서 바울이 강조하는 곳은 뒷부분이라고 주장한다: '모든 믿는 자에게, 첫째는 유대인에게요, 또한 동등하게 헬라인에게로다.' 그리고 그는, 바울은 '이방인의 동등성에 찬성하고 유대인이 특권을 독점한다는 전제에 반대하기 위해'[20] 로마서 1-4장을 썼다고 말한다. 샌더스가, 유대인과 이방인의 구원은 모두 같은 근거에 기초해야 하고 이런 동등성을 확보하기 위해 바울이 주로 사용한 장치는 '이방인에게도 동등하게 주어진 접근 기회'[21]를 강조하는 것이라고 지적한 것은 옳다. '실제로 바울은 이방인의 동등성을 논증하고 있다.'[22] 이런 이유로 샌더스는 바울이 유대인과 이방인의 동등성을 확립하기 위해 논증하고 있음을 거듭 강조하고 있다.[23]

그러나 샌더스 역시 πᾶς가 반복적으로 등장하는 10:9-13과 '유대인이나 헬라인이나 차별이 없느니라'(10:12)고 분명히 선언하고 있는 부분을 제외하고는,[24] 로마서 1-4장 밖에서 이런 동등성의 주제를 파악하지 못하고 있다. 그는 몇몇 명시적인 진술(1:16; 2:11; 3:9, 22; 4:16; 10:9-13)만 부각시킬 뿐 아쉽게도 바울이 이 근본적인 동등성이라는 주제를 **어떻게** 하나의 **논**

18) Stendahl, *Paul*, 1, 3; 또한 Sinclair, *Jesus*, 25.
19) Sanders, *Palestinian Judaism*, 488-491, 499.
20) Sanders, *Jewish People*, 30, 33. Earlier, in *Palestinian Judaism*, 490-491.
21) Sanders, *Jewish People*, 123, 131.
22) Sanders, *Palestinian Judaism*, 488-489.
23) Sanders, *Jewish People*, 5, 30, 33, 40-41, 47, 123, 131, 147, 153, 208.
24) Sanders, *Jewish People*, 40-41.

지(argument)로 확립하고 있는지는 설명하지 못하고 있다. 더욱이 그는 이 동등성을 **이방인**의 사도로서의 바울의 자기 인식과 관련시키지 않고 있다.[25] 따라서 **유대인**과 이방인 간의 동등성을 강조한 샌더스의 주장은 여전히 더 부각되고 적절히 입증되어야 할 필요가 있다.[26] 따라서 바울이 (로마서 9-11장을 포함하여) 이 서신 전체에서 유대인과 이방인의 동등성을 지속적으로 강조하고 있다는 사실뿐 아니라, 더 중요하게는 그가 이 주제를 입증하기 위해 전체 논조를 구성한 방식도 보여주고자 한다. 나치의 유대인 대학살 이후 지난 오십여 년 동안 다수의 신약 학자들은 로마서에 나타난 바울의 우선적인 관심은 유대인의 수위권(primacy)을 재확인하는 일이라고 주장해왔다. 그러나 우리는 이러한 현재의 지배적인 견해의 문제점을 드러낼 것이다. 바울이 논증하는 것은 반유대주의도 아니고 유대인의 수위권도 아니다. 유대인과 이방인의 **동등성**이다.

더 나아가 우리는 바울이 **이방인을 위한** 사도 자격으로 자신의 논지를 제시하고 있기에, **이방인을 위하여** 유대인과 이방인 간의 동등성을 확언하고 있다고 주장할 것이다. 바울이 로마서에서 쓴 내용과 이방인의 사도로서의 자기 인식 사이에 부인할 수 없는 연관성이 있음을 보여주는 구절을 로마서에서만도 세 곳에서 찾을 수 있다. 가장 뚜렷하게 밝힌 곳은 15:15-16이다: '내가 하나님께서 내게 주신 은혜에 기초하여(διὰ τὴν χάριν; 즉 사도직) 몇 가지 사항들을 담대히 너희에게 썼노니, 이 은혜는 곧 나로 하나님의 복음을 전하는 제사장 직무와 함께 이방인을 위한 그리스도 예수의 (참) 일꾼이 **되게 하기 위하여** 주신 것이니(εἰς τὸ εἶναί με λειτουργὸν Χριστοῦ

25) Sanders, *Jewish People*, 153: '유대인과 이방인이 동등한 발판 위에 있다는 (로마서 1-4장의) 주 논제는… 이방인들의 상황에 대한 의식적 또는 무의식적 관심을 반영하는 것일 수 있고, 이것은 자기 사명이 이방인들을 하나님의 종말론적 백성으로 이끌어 오는 것이라는 바울의 확신보다 선행한다.' 그런 후 그는 '이것은… **전적으로 추론이다**'(강조는 나의 것)라고 덧붙인다. 그렇다면 샌더스는 어떻게 해서 바울이 로마서에 표현된 방식으로 동등성을 확언할 수 있었는지 확신하지 못하고 있는 것이다.

26) Kaylor, *Covenant Community*, 19, 61은 주목할 만한 예외로 간주될 수 있지만, 그는 이미 샌더스가 말한 것 이상의 새로운 것을 제시하지는 않고 있다.

Ἰησοῦ εἰς τὰ ἔθνη) 이로써 이방인들이 성령으로 말미암아 거룩하게 되어 하나님께 받으심직한 제물이 되게 하려 하심이라'(15:15-16).[27] 바울은 이미 1:1-15에서 사도의 신분과 의무와 관련하여 비슷하게 언급한 바 있다.[28] 또한 바울은 사도 자격으로 11:13-32을 이방인 신자들에게 쓰고 있다고 분명히 말하고 있다.[29] 바울이 서론(1:1-15)과 중간 부분(11:13-32; 12:3), 결론(15:14-33)에서 사도로서의 자기 인식을 표현하고 있는 것을 볼 때, 사도로서의 바울의 자기 인식이 서신 전체에 영향을 끼쳤다고 얼마든지 가정할 수 있을 것이다. 따라서 이 연구의 목표는, 이방인을 위한 사도로서의 바울의 자기 인식이, 유대인과 이방인의 동등성을 확증해주는, 로마서에서의 포괄적인 구원론 논쟁의 내용과 구조를 통제한다는 가정을 면밀히 살피는 데 있다.[30]

바울 신학에서 사도적 자기 인식이 차지하는 위치에 관한 연구는 매우 미흡한 상태다. 다이즈만(A. Deissmann)이 가장 먼저 그 중요성을 역설했으며, 그후 슈바이처(A. Schweitzer)가 공식화하였다.[31] 하지만 더 영향을 미친 것은 1936년에 쓴 쿨만(O. Cullmann)의 논문이다.[32] 데살로니가후서 2:6-7의

27) 필자의 번역. 뒤에 pp. 49-57을 보라.

28) Jervis, *Purpose*, 75-78, 158.

29) 이 구절은 대명사인 'ὑμεῖς'와 'σύ'를 통해 믿는 이방인들을 부르고 있는 단락이다.

30) 바울이 로마서에서 구원론을 제시하면서 주로 논증하는 바는 **포괄적인**(inclusive) 구원론이다. 그는 이방인들이 이스라엘에게 약속된 하나님의 구원의 축복에 동등한 조건으로-율법과 상관 없이 믿음으로 말미암아-포함되었다고 주장한다. Tidball, 'Social Setting', 890을 보라. 이 포괄적인 구원론은 '칭의', '믿음', '율법', '유대인' 그리고 '이방인'을 다룬다. 바울은 다른 구원론적 논제들, 예를 들어 십자가, 속죄 또는 부활에 관하여는(cf. 고전 15:3-8) 실제로 논증하지 않고, 단순히 진술하기만 한다(3:21-26; 4:24-25; 5:8; 6:4; 8:34). 그러므로 우리 연구의 주된 초점은 전자의 주제들에 있다.

31) Deissmann, *Paul*, 231-233. Schweitzer, *Mysticism*, 177-187는 바울이 이방인의 충만한 수가 차면 파루시아가 도래한다는 신학적 확신을 가졌다고 보았다. 따라서 바울은 구체적으로 이방인을 이끌어 오는 직무를 맡았음을 잘 깨달은 채 가장 광범위한 선교 사역을 수행하였다. 율법이 필요 없는 복음에 대한 그의 지속적인 주장이 이방인들에게만 적용되었으며, 그 결과 이방인 개종자들이 이방인의 '충만한 수'에 계수될 수 있다고 주장한다; 그의 *Paul*, 246-247도 보라.

32) Cullmann, 'Le caractère eschatologique', 210-245; cf. 이 글의 독일어 번역, 'Der eschatologische Charakter', 305-336.

ὁ κατέχων(막는 자)이 사도 자신이라고 주장하고 있다는 점 때문에 그 논문이 충분히 인정을 받지 못하고 있긴 하지만, 쿨만은 바울이 파루시아의 도래가 자신의 선교적인 노력에 달려 있다고 생각했다는 점을 잘 지적해주고 있다. 그럴 경우 사도로서의 자기 인식은 그만큼 바울의 사역과 신학에서 중심적인 자리를 차지하게 된다.[33] 뭉크(J. Munck)는 쿨만의 통찰을 발전시켜 특별히 로마서와의 연관성 속에서 그것을 더 정확하게 발전시키고 있다:

> 그가 로마의 그리스도인들에게 하나님의 계획의 비밀을 드러내는 장(章)에서, 그들에게 자신의 사역이 이방인의 사도로서의 사역임을 상기시킨 것(롬 11:3)은 매우 중요한 사실이다. … 종말론적인 형태를 띤 바울의 사도적 자기 인식은, 보통 추론되어 온 것과는 전혀 다른 방식으로 그의 인격과 신학의 중심에 자리잡고 있다.[34]

하지만 뭉크의 근본적인 성찰은 그가 비판하는 튀빙겐 학파 학자들과의 잇따른 격렬한 논쟁에 휘말려 빛을 잃고 말았다. 슈바이처와 쿨만, 뭉크의 가정들은 '바울의 선교 이해의 종말론적인 지평을 향한 한결같은 미래 지향성'에 기초하고 있으며, 그런 종말론적인 관념 때문에 바울의 자기 인식에 관한 그들의 통찰은 설득력을 잃고 말았다.[35] 아마 이런 이유 때문에 뭉크의 주장에 뒤를 이어 바울의 자기 인식이 그의 신학에 미친 역할에 관한 의미있는 연구가 뭉크 이후 더 나오지 않았을 것이다.

산네스(K.O. Sandnes)는 그의 책(1991)에서 바울의 사도적 자기 인식에 관하여 단행본으로 나온 연구서(monograph)가 없다고 말하고 있다.[36] 그의 단행본 연구서마저도 선지자로서의 바울의 자기 이해에 관한 고찰일 뿐이

33) Cullmann, *Salvation*, 120, 250도 그렇게 주장한다.
34) Munck, *Paul*, 41-42.
35) Bowers 'Mission', 617; 이 분야를 훌륭히 다룬 것을 보려면 pp. 616-618을 보라.
36) Sandnes, *Paul*, 4.

다. 하지만 산네스가 인정하듯이, '바울은 자신을 선지자로 부른 적이 없으며, 자신을 선지자로 주장한다 하더라도 간접적으로만(행 21; 고전 14:6) 그렇게 하고 있을 뿐이다.'[37] 바울의 **간접적** 자기 인식에 관한 산네스의 연구서가 이 분야의 첫번째 책이라면, **이방인의 사도**라는 바울의 **명백한** 주장을 다룬 책이 (우리가 알기로) 전혀 없다는 사실이 놀라운 일이 아닐 수 없다. 물론 바울의 사도직에 대한 부르심이나 그것에 대한 그의 자기 인식에 대한 정당한 강조가 없었던 것은 아니다. 하지만 바울의 사도적 자기 인식이 그의 신학, 특별히 그의 구원론에 어느 정도, 그리고 어떤 식으로 영향을 미쳤는지에 대해서는 여전히 새롭고도 실질적인 연구가 필요하다.[38] 하지만 이 연구가 안고 있는 복잡성 때문에 연구 범위를 전체 증거의 일부(즉 로마서)의 기초에 관한 논지만 살피는 것으로 제한하고, 바울의 사도적 자기 인식이 그가 로마서의 구원론 논쟁에서 유대인과 이방인 간의 동등성을 분명히 천명하는 데 영향을 미쳤다는 점을 제안할 것이다. 우리는 주로 그의 자기 이해가 그의 이방인 선교의 **사실**(*fact*)에 어떤 영향을 미쳤는지가 아니라, 그의 논지를 형성한 **수사**(*rhetoric*)에 어떻게 영향을 미쳤는지에 초점을 맞출 것이다.

좀더 넓게 보면, 우리 연구는 바울의 이방인 선교와 그의 신학 간의 상호관계에 관심을 두고 있다. 바울의 선교가 사도와 그의 신학을 이해하는

37) Sandnes, *Paul* ,2-4, 243; Sandnes의 명제: '진실로 바울은 선지자적 관점에서 이방인에게 복음을 전해야 하는 자기의 사도직과 사명을 마음에 품고 있었다'(p. 240). LXX과 신약에서 ἀπόστολος와 προφήτης 사이에 어떤 연관성이 있는 것과, 바울의 사도직에 대한 부르심과(갈 1:15-16a) 구약 선지자들의 부르심 사이에 언어의 일치가 있는 것은 확실하다. Sandnes는 일찍이 Hall, *Paul*, 157-202가 특별히 로마서 9-11장의 바울의 구약 해석과 관계하여 바울을 그리스도인 선지자로서 연구하는 일에 논문의 사분의 일을 바친 점을 특별히 언급한다.

38) 예. Munck, *Paul*, 11-68; Stendahl, *Paul*, 7-23; 김세윤, *Origin*, 56-66; Sandnes, *Paul*, 48-76; Becker, *Paul*, 57-81. 특히 Kennedy, 'St. Paul's Apostolic Consciousness', 8-13; Fridrichen, 'Apostle', 1-23; Holtz, 'Selbstverständnis', 321-330을 보라. 특별히 이방인에 대한 두드러진 강조와 함께 하나님의 계획에 있는 자기 역할에 대한 바울의 의식에 대해서는 Caragounis, *Mysterion*, 142-143을 보라.

데 중요한 요소라는 점은 최근 몇 해 동안 바울 신학자들이 아주 드물게만 공감대를 형성해온 주장이다.[39] 가령, 이런 상호 관련성을 주장한 학자들로는 스티븐스(G.B. Stevens)(1982)와 켈러(M. Kähler)(1908) 정도였다.[40] 누구보다 이 상호연관성을 가장 두드러지게 강조한 사람은 뭉크(1954)였다. 그는 '사상가로서 바울의 모든 저작은 그의 선교 사역의 산물이며 그 저작의 목적 또한 선교다…그의 신학은 사도로서 그의 사역의 결과이며 직접적으로 그의 사역에 기여하고 있다'[41]고 역설하고 있다. 뭉크의 이런 혜안은 바울의 선교와 신학 간의 상호 관련성과 관련하여 바울신학에 새로운 방향을 설정한 쉬텐달과 샌더스에게 지대한 영향을 끼쳤다. 쉬텐달은 통찰력 넘치는 그의 논문 'The Apostle Paul and the Introspective Conscience of the West'(1963)에서, 율법에 대한 바울의 견해는 '교회와 하나님의 계획 안에서 이방인의 위치에 관한 질문과 씨름한 결과이며, 유대인/이방인들 혹은 유대 그리스도인/이방인 그리스도인 문제와 씨름한 결과'[42]라고 주장하고 있다. 후에 그는 다시 바울의 이신칭의 교리는 '그가 이방인 회심자들에게도 하나님의 백성에 속할 권리가 있음을 변호하면서'[43] 나온 것이라고 주장하였다.

---

39) *Dictionary of Paul and his Letters*(1993)의 편집자들은 머리말에, '우리가 바울 신학을 어떻게 해석해야 가장 잘 하는지는 신약 학자들 간에 논란거리가 되어 왔다'라고 데이비스(W.D. Davies)가 1948년에 말한 이후로 '그 문제는 해결을 보지 못해 왔고, 의견 일치를 보는 논지들은 매우 적다'라고 기술한다.

40) Stevens, *Pauline Theology*, 25:"바울의 선교와 신학은 서로 안에 포함되어 있고 나뉠 수 없다. 그의 신학—그의 "복음"(롬 2:16;16:25;갈 1:6,*sq.*)—은 단순히 예수님의 메시야 직분에 수반된 그 진리들을 설명하고 정당화하는 것이며, 이방 세계에 선포하는 것은 그의 과업이었다. 그의 서신들은 그 본래 의도에 있어서 많은 민족에 대한 전도자로서의 그의 일과 영향을 확대하는 수단에 불과하였다; 그것이 기록된 것은 그의 선교적 수고를 보조하고 보충하기 위해서였다." Kähler, *Schriften*, 190에게 선교는 신학의 어머니이다.

41) Munck, *Paul* ,67; cf. Barrett, 'Paulus', 3-4, 14

42) Stendahl, 'Introspective Conscience', 지금은 *Paul*, 84에 재출간됨; cf. Henry, *New Directions*, 175-177. 일찍이 (1959년에) W. Manson, 'Notes', 64는 지나가는 말로 매우 짧게 이런 말을 하였다: '(로마서는) 전 세계의 유대인 및 이방인과 논쟁한 수 년 간의 무르익은 성과를 의미한다'.

43) Stendahl, *Paul*, 130.

샌더스는 좀더 정확히 그리고 설득력 있게 이 상호관련성을 표현하고 있다. 그는 바울의 신학사상과 사도적 경력을 형성한 근본적인 두 확신이 있다고 제안한다. 그것은,

> (1) 예수 그리스도는 주(Lord)이시며, 그 안에서 하나님은 믿는 모든 자를 향한 구원을 예비하셨으며…그는 만물을 종국에 이르도록 하시기 위해 곧 다시 오실 것이다; (2) 바울은 이방인을 위한 사도로 부름 받았다…우리가 바울 **신학**이라고 말할 수 있는 것들은 바로 이 **두 확신들**에 기초하고 있다.[44]

샌더스는 두번째 확신에 대해서 이렇게 부연 설명한다.

> 그리스도는 유대인뿐 아니라 이방인도 구원하신다. 이것은 신학적인 견해일 뿐 아니라 자기 자신에 관해 바울의 마음속 가장 깊은 확신과 연관되어 있다. 그의 경력과 삶은 바로 이 확신에 정초하고 있다. 그는 이방인을 위해 부름 받은 사도다. 이방인의 구원은 바울 설교의 핵심이며, 율법은 거기서 무너진다. 바울의 말대로 이방인은 율법으로는 살 수 없기 때문이다(갈 2:14).[45]

샌더스가 주장하는 것은 이방인의 사도로서의 바울의 자기 인식이 그의 삶과 신학을 형성한 지배적인 요소였으며, 그런 인식 때문에 바울은 **이방인**의 구원을 확신했던 것이다. 하지만 샌더스의 주요 관심은 유대교와 율법을 향한 바울의 태도였기 때문에,[46] 그의 논문 단행본 ***Paul and Palestinian Judaism***과 이어 출판된 ***Paul, the Law, and Jewish People***에

44) Sanders, *Palestinian Judaism*, 441-442. 그는 바울의 종교적 사상의 중심과 출발점을 정확하게 결정하는 것은 바울 연구 가운데 가장 어려운 영역들 중 하나란 점에 주목한다(p. 433).

45) Sanders, *Palestinian Judaism*, 496. 그는 계속해서 말한다: "게다가 성령과 믿음이 율법을 지킴으로 말미암지 않고 복음을 들음으로써 온다는 것은 그리스도인이 공통적으로 경험하는 문제였다(갈 3.1-5). 더 중요한 것은 그것들은 이 들음의 방식을 통해서만 온다는 점이다. 율법을 그 신분에서 몰아낸 것은, 이방인에 관한 문제와 바울 구원론의 독점성이다(pp. 496-497: 그의 강조)."

46) Sanders, *Jewish People*, ix, 207-210.

서는 이 통찰을 진전시키지 않고 있다.

이처럼 바울 신학에서 바울의 이방인 선교가 차지하는 위치에 대한 강조는 전혀 새로운 것이 아니다.[47] 일부 학자들은 특별히 로마서를 언급하면서 이 요소를 주장하기도 하였다.[48] 바울의 이방인 선교의 관점과 이방인들 틈에서 그가 실제로 경험한 것, 그리고 사도적 의무에 대한 자기 인식이 모두 그의 신학 사상에 영향을 끼쳤다는 점은 아무도 부인하지 않는다. 우리가 논쟁의 쟁점으로 삼으려는 것은 이런 상관관계를 표현하는 방식의 문제다. 우리는 이방인 선교를 향한 바울의 소명 인식이 (특히) 로마서 1-11장에 나타난 그의 구원론 논쟁의 내용과 구조에 영향을 미쳤다는 사실을 보일 것이다. 즉 바울은 유대인을 비판적으로 묘사하고 이방인은 긍정적으로 진술함으로써 유대인과 이방인 간의 동등성을 확증하고 있음을 보여줄 것이다. 바울은 끊임없이 율법과 상관없이 받는 이방인 구원의 합법성과 충족성을 변호하고 있다. 그러나 보워스(W.P. Bowers)가 최근(1993)에 지적한 대로, 현대의 학자들은 이 핵심적인 주제에 거의 주의를 기울이지 않았다.

47) Cullmann, 'Eschatology and Missions', 50: '바울의 사상에서 선교적인 동기는, … , 사도의 신학 전체에 스며들어 있고, 그가 느끼는 선교적 부르심과 긴밀하게 연결되어 있다.' 이 점을 강조하는 다른 이들 가운데는 W. G. Kümmel, *Theology*, 138-139이 있다: "바울은 확고한 결단력으로 비유대인에게 복음을 전했고 이 임무로부터 신학적이고 실제적인 결론들을 끌어낸 ***유일한***(the) 초기 기독교 선교사다…. 바울은 신학자였지만 선교사로서의 신학자였고, 그래서 그의 신학적 사고는 대부분 그의 공동체들과의 토론에 의해 결정되었다…." Hengel은, *Jesus*, 50-53에서 그것을 더 정확히 한다: "그 (서신들) 안에서 바울은 선교사로서의 그의 신학적 생각들을 발전시킨다, 곧 바울 신학의 *Sitz im Leben*(삶의 정황)은 사도의 선교이다. … 바울은 … 첫 그리스도인 '신학자'가 된다. 왜냐하면 그는 선교사이기 때문이다. 곧 그의 신학은 포괄적인 의미에서 '선교 신학'이다."

48) Dahl, 'Missionary Theology' in *Studies*, 70-94: '로마서의 신학은 역사적이고 종말론적인 관점을 내포하는 바울 선교와 긴밀히 연결되어 있다'(p. 88); 바울과 그의 신학에 대한 좀더 광범위한 정황에 대해서: '그의 신학과 선교 활동은 서로 분리될 수 없었다'(p. 70). Jewett, 'Ecumenical Theology', 598: '로마서의 신학은 바울의 선교적 목적에 비추어 이해해야 한다.' cf. Schrenk, *Studien*, 81ff는 한 장의 제목을 '선교문서로서의 로마서(Der Römerbrief als Missionsdokument)'라고 붙이고 있다.

> 몇몇 예외들을 제외하고는, 바울의 선교를 그의 신학과 떼려야 뗄 수 없고 심지어 그의 신학을 형성하는 요소로 이해하려는 시도는 학적인 논의의 변두리나 일부 전제들 안에서만 볼 수 있을 뿐이다. 이런 이해 결핍 현상은 이 시대의 바울 연구에서 적절히 다루어져 보완되어야 한다.[49]

현재의 연구 경향을 고려할 때, 우리가 이 이슈들을 다룰 만한 당위성은 충분하다. 바울이 유대인과 이방인의 동등성을 주장하고 있다는 샌더스의 통찰은 바울이 그것을 **어떻게** 하나의 **논지**로 세우고 있는지를 실증하는 연구를 기다리고 있다. 이방인 선교에 대한 바울의 사도적 인식이 그의 신학에 어느 정도, 혹은 어떤 식으로 반영되고 있는지에 관한 문제도 여전히 새로운 연구를 요청하고 있다.

2. 적합한 해석을 향하여

우리는 주로 석의적인 근거를 토대로 연구를 진행하여 이 쟁점을 다룰 것이다. 이렇게 하면 본문이 말하는 바를 분별하게 될 것이고, 그러면 우리는 전제 없이 본문 그 자체가 제시하는 관점에 설득되고, 가능한 적절하게 바울의 논지를 파악할 수 있게 될 것이다. 우선 우리는 바울이 로마서를 쓰게 된 이유와 접근 방식을 언급하는 로마서 1:1-15과 15:14-21을 살필 것이다. 15:14-21가 1:1-15보다 좀더 명확하게 언급하고 있기에, 로마서 15장을 먼저 다루려고 한다. 로마서 15:14-21과 1:1-15 간의 주제적 일관성을 찾아낸다면, 서신 전체가 주제적 일관성을 갖추고 있다고 전제할 수 있을

49) Bowers, 'Mission', 613, 608. 보워스는 바울과 그의 신학을 그의 이방인 선교의 관점으로부터 이해해야 한다는 점을 강조한다: "바울이 자신의 선교적 소명에 완전히 사로잡혀 있다는 점을 감안할 때, 선교에 대한 바울의 관점이 더 광범위한 그의 신학-그의 신학적 사고 안에서 이방 선교가 차지하는 위치와 관계들을 보여준다-에 대한 해석과 통합되지 않고서는 바울 신학을 온전히 이해할 수 없다고 생각해도 옳을 것이다. 그와 같은 통합이 없이는 바울의 선교나 그의 신학을 적절하게 이해하지 못할 것이다"(p. 613).

것이다. 우리는 또한 **이방인의 사도로서의 바울의 자기 인식**이 로마서의 일관된 주제임을 밝힐 것이다. 우리의 입장을 검증하기 위해 이 '이방인'이라는 주제가 특별히 주제를 담고 있는 도입 부분(1:16-17)과 마무리 부분(15:7-13)에 더 일관되게 등장하고 있는지 여부를 살필 것이다. 우리는 로마서의 성격을 암시하는 이 네 구절들이 'ἔθνη'(이방인)라는 핵심 용어로 긴밀하게 연결되어 있다는 사실도 밝힐 것이다. 그 결과 우리는 로마서를 이방인 선교의 관점으로 해석할 수 있는 합법성을 얻게 될 것이다. 1장에서는 주로 이 네 구절들을 다루면서 이 쟁점을 연구할 것이다.

둘째, 바울이 로마서에서 구약을 상당히 많이 인용하고 있는 것도 눈에 띄는 특징이다. 바울이 로마서에서 설파하는 복음은 구약이 약속한 것이라는 사실이 서신의 처음과 끝, 그리고 다른 여러 곳(1:2; 3:21; 9:6a; 16:25-26)에 언급되고 있다. 따라서 우리는 바울의 구약 사용을 로마서에서의 그의 논지를 이해하는 핵심적인 해석의 열쇠로 채택할 것이다. 나중에 설명하겠지만, 바울이 자신의 논지에 적합하도록 원래의 구약 본문과 문맥을 변경하고 있기에,[50] 그가 구약 본문들에 호소하고 또 그 본문과 문맥을 변경시킨 의도를 알기 위해 원래의 본문/문맥과 바울이 변경한 것을 비교할 것이다. 스탠리(C.D. Stanley)의 ***Paul and the Language of Scripture***(1992)는 **본문상***(textual)*의 변이들에 관한 탁월한 비교연구 결과를 제시하고 있지만, **문맥적***(contextual)*인 변이들에 대해서는 전혀 고려하지 않고 있다는 점에서, 자기 논지 전개를 위해 구약을 변경하여 인용한 바울의 의도를 이해하는 데

---

50) Schlatter, *Church*, 65; Hunter, *Paul*, 64; Ellis, *OT in Early Christianity*, 74는 그 주제에 대한 연구를 역사적으로 살핀 후에 이런 결론을 내린다. "최근 수십 년 간의 연구는, 부분적으로 본문에 대한 문제가 그 자체로 해석적 문제임을 보여 주었고, 본문의 차이들은 때때로 의도적인 변경들로서, 본문을 더 명확하게 현재적인 적용에 맞도록 각색하는 일종의 암시적인 미드라쉬임을 보여 주었다." Gardiner, *Old and New Testaments*, 317-318도(Kaiser, *Uses*, 9-10에 인용된 대로), 1885년에 다음과 같이 주장하였다: "논쟁적으로 사용되거나 혹은 어떤 사실이나 교리를 세우기 위해서 모든 인용들에서 반드시 필요한 것은, 인용을 통한 논증이 유효하려면 본문의 의도와 의미를 따라서 공평하게 인용해야 한다는 것이다."

는 거의 도움을 주지 못하고 있다.[51] 우리는 바울이 본문과 문맥을 변경한 것에 세심한 주의를 기울일 것이다. 스탠리가 본문에 대해서는 이미 다루었기 때문에, 우리는 문맥의 변이를 더 다루려는 것이다.

셋째, 역사적인 배경에 비추어 이 서신을 해석할 것이다. 저자의 의도와 청중/독자의 반응을 이해하기 위해[52] 우리는 바울 시대의 사상과 신학적인 이해에 주목할 것이다. 따라서 우리는 필요할 때마다 묵시문학과 외경과 랍비들의 글을 연구함으로써 바울이 당대의 유대교와 결별하면서 제시한 논지와 그의 의도를 강조할 것이다. 물론 좀더 광범위한 맥락에서 바울의 언어와 신학을 이해하기 위해서는 바울의 다른 '인증된'(authentic) 서신들(과 다른 신약의 책들)도 참고할 것이다.[53]

3. 로마서 집필 배경과 목적[54]

좀더 직접적인 역사적 배경을 알기 위해 우리는 로마서의 저술 배경과 목적을 간략하게 살펴보려고 한다. 로마와 예루살렘의 교회 상황과 바울 자신의 상황을 바르게 이해하면 그의 논지를 더 잘 이해할 수 있을 것이다. 분명 편지를 보낼 수밖에 없는 상황을 만나면서 이방인의 사도라는 바

---

51) Stanley, *Language*, 359는 신약 저자들의 논증을 뒷받침하기 위해 본문 수정을 가하고 있는 것은 아니라고 단언한다. 그래서 그의 연구는 '수사학자로서 바울'은 살피지 않는다(p. 360 n. 50).

52) 이 서신을 처음 받은 대부분의 사람들(곧 로마의 믿는 자들)은 서신의 독자들이기보다 청취자들이었다. 그러나 우리는 이 연구 전체에서 편의를 위해 그리고 우리가 '독자'의 자격으로 서신을 해석하기에, 그들을 '독자들'로서 명시할 것이다.

53) 우리는 로마서, 고린도전후서, 갈라디아서, 빌립보서, 골로새서, 데살로니가전후서 그리고 빌레몬서를 바울의 참 서신들로 취한다. 또한 현 신학계의 분위기를 고려하여 에베소서, 디모데전후서 그리고 디도서는 부차적 자료로 사용할 것이다. 우리는 (Marshall, Hemer, Thornton, Hengel을 따라서) 사도행전도 주로 역사적인 것으로 여기겠지만 그것을 바울 해석을 위한 일차 자료로는 사용하지 않을 것이다.

54) 여기에 기술된 쟁점들은 필자의 글 'Paul's Apostolic Self-Awareness and the Occasion and Purpose of Romans'. in A. Billington, T. Lane and M. Turner(eds.), *Mission and Meaning: Essays Presented to Peter Cortterell*(Carlisle: Paternoster, 1995), 116-137에 이미 상세히 다뤄졌다.

울의 자기 인식은 극대화되었을 것이다. 바울은 로마의 믿는 자들을 방문하여 그들을 가르치고 권면하여 견고하게 하려는 계획을 수차례 세웠다(1:8-13). 그는 늘 그들에게 복음을 전해야 한다는 사도적 의무를 인식하고 있었다(1:14-15). 하지만 그는 로마가 아니라 예루살렘으로 가겠다는 매우 중대한 결정을 내린다. 그래서 로마를 직접 방문하는 대신 편지를 쓰고 있으며, 이 편지를 통해 그가 직접 방문해서 하고자 한 일을 어느 정도라도 성취하고 싶어한다. 예루살렘으로 가기로 한 그의 결정은 그의 사도적 자기 이해를 반영한다. 그는 단지 구제헌금을 전달하려고 가는 것이 아니다. 그 일을 계기로 예루살렘의 신자들에게 이방인 구원의 합법성을 설명하고 싶었으며, 이방인들이 보낸 헌금에 대한 반응으로 그들이 이방인 구원의 합법성을 인정해주는 것을 증명할 '영수증'을 받기를 기대하였다. 가는 곳마다 유대주의자들에 의해 자신의 선교 사역이 유린당해온 것을 아는 바울은 대적자들의 직간접적인 후원의 출처인 예루살렘의 '뿌리'에 영향을 미치려고 한 것이다(cf. 갈 2:1-12; 행 15:1-5; 21:20-26).

예루살렘의 현 상황은 갈라디아서 2:1-5에 진술된 것보다 심각한 듯하다.[55] 당시에 바울은 계시를 받고 예루살렘에 간 것이 아니라, 이방인의 사도라는 강한 확신을 가지고 이방인 중에서 '내(바울)가 이방인 가운데서 전하는 복음'을 변호하여 '복음의 진리가 그들 가운데 항상 있게 하기 위해서'(갈 2:2-5) 예루살렘에 갔었다. 하지만 이번에는 사도로서 이방인의 구원과 그들을 향한 사역의 합법성을 변호하고 확보해야 한다는 의무감을 더 강하게 인식했기에 다시 예루살렘으로 간다. 예루살렘으로 가는 일은 또 다른 위험을 수반한다. 장기간의 투옥이나 믿지 않는 유대인들에 의한 순교까지 예측할 수 있는 상황이었다(15:31a; cf. 행 19:21; 20:22-25; 21:4-14). 하지만 사도는 예루살렘 행을 결심한다. 바울이 로마를 영영 방문하지 못할지도 모른다고 생각하고 있기에, 이 로마서는 그가 바라던 로마 방문에 대한 **영구**

55) 유사한 상황에서 이전에는 성공했지만(cf. 갈 2:7-10; 행 15:1-31) 지금 바울은 예루살렘의 믿는 자들과 믿지 않는 자들로부터 예견되는 거부와 분쟁을 두려워하고 있다(롬 15:31).

한 대체물(permanent substitute)이 되게 할 의도로 기록한 서신이다.[56]

동시에 그는, 공동체 내부의 '강한 자'와 '약한 자' 간의 갈등을 해결하도록 돕고 (유대화를 도모하는) 선동자들이 몰고올 곤경에 맞설 채비를 하게 함으로써(16:17-20), 갈라디아에서 일어난 일이 로마에서는 일어나지 않게 할 필요가 있다는 것도 알고 있었다. 내외부적인 문제들의 심각성과 희박한 로마 방문 가능성, 그리고 선교에 있어서 로마교회가 갖고 있는 전략적인 중요성을 알고 있는 사도는 자신의 모든 것을 다 쏟아 이 편지를 쓰고 있다. 이 편지의 길이와 신학적 깊이는 이런 관점에서 이해해야 한다. 다시 말해서, 그는 자신은 이방인들에게 복음을 전할 뿐 아니라 예수 그리스도의 죽음과 부활을 믿음으로 얻는 구원의 합법성을 훼손하려는 그 어떤 공격으로부터 이방인 신자들을 변호하고 그들을 채비시킬 의무가 있는 이방인의 사도임을 온전히 인식하고 있는 것이다. 그가 생명이 위태로운데도 예루살렘으로 가기로 한 것은 이방인의 사도로서 가진 자기 인식 때문이다. 따라서 바울은 율법 없는 복음을 변호하고 이방인들을 위해 유대인들의 인정을 확증하는 '영수증'을 받기 위해 예루살렘에 간 것이다. 그런 사도적 의무감을 가지고 바울은 이 편지를 써서 로마를 향한 자신의 '제사장적 의무'를 감당하고 싶어한다. 나중에 다루겠지만, 바울 논지의 내용과 구조는, 로마의 이방인 그리스도인들 안에 있던 반유대주의를 바로잡기 위해 바울이 로마서를 썼다는, 나치의 유대인 대학살 이후에 등장한 지배적인 학설의 약점을 드러내주고 있다.[57] 우리는 그보다는 유대인과 이방인 간의 동등성을 재확인함으로써 이방인 구원의 합법성을 분명히 하기 위해 로마서를 쓴 것임을 증명해보일 것이다.

---

56) *Pace* Seifrid, *Justification*, 190, 209는 이 서신이 **일시적인** 대체라고 주장하며, Bornkamm, 'Last Will', 16-28은 예루살렘에서의 바울의 죽음 가능성을 명백히 배제하고 있다.

57) 예. Wiefel, 'Jewish Community', 100-101; Lapide and Stuhlmacher, *Paul*, 25-30, 32, 44; 유사하게 Munck, *Paul*, 42-49. cf. Stendahl, *Paul*, 3, 132.

이를 위해 로마서의 본문들을 연구해야 한다. 1장에서는 서신의 의미를 찾는 해석적 열쇠가 되는 15:14-21을 살필 것이다. 그런 후에 1:1-15을 면밀히 연구함으로써 도입 부분과 마무리 부분 간에 어느 정도 일관성이 있는지를 결정하고, 서신의 이 중요한 부분들 안에 담긴 주제의 성격을 확인할 것이다. 도입부에서 주제적 진술을 담고 있는 1:16-17은 앞의 두 구절들에 비추어서 살필 것이고, 그런 후에 주제를 담고 있는 결론부인 15:7-13과 비교할 것이다. 우리는 1:1-15과 15:14-21은 모두 특별히 이방인과의 관련성 속에서 바울의 사도적 자기 인식을 분명히 반영하고 있으며, 1:16-17과 15:7-13은 모두 유대인과 이방인의 동등성이라는 주제를 일관되게 담고 있음을 보일 것이다. 따라서 우리는 1장을 통해서 이방인의 사도로서의 바울의 자기 이해가 그의 포괄적인 구원론 논지를 형성하는 지배적인 요소로 볼 만한 근거를 확립할 수 있을 것이다.

이 예비적인 연구를 통해서 얻은 결과들을 가지고, 본서 2-5장에서는 이 논지의 내용이 유대인과 이방인의 동등성이라는 사실과, 바울이 이 동등성을 확립하기 위해 그의 논지를 형성한 방식을 살필 것이다. 더 구체적으로 말하면, 1:18-3:20을 다루는 본서 2장에서는 죄성에 있어서 유대인과 이방인의 동등성에 관한 바울의 논의를 다룰 것이다(여기서는 유대인의 죄성이 더 강조되고 있다). 3장(3:21-4:25을 다루는)은 칭의에 있어서 유대인과 이방인의 동등성을 다루고 있다(여기서는 **이방인**의 칭의가 더 분명히 재확인되고 있다). 로마서 5-8장은 유대인-이방인 쟁점을 직접적으로 다루고 있지 않기에, 본서 4장에서 좀더 간략하게만 다룰 것이다. 우리는, 이 단락에서는 바울이 그가 1-4장에서 주장한 것을 근거로 유대인과 이방인 간의 동등한 신분을 설명하고 있다는 점에 주목할 것이다. 마지막 장은 로마서 9-11장을 다루면서, 사도가 하나님의 구원 계획 안에서의 유대인과 이방인 간의 동등성을 주장하고 있음을 살필 것이다. 로마서 12:1-15:7을 상세히 살피지는 않겠지만, 우리는 여기에 제시된 실제적인 권면들은 로마서 1-11장에서 닦은 신학적인 토대와 이방인의 사도직의 형태로 바울에게 주신 하나님의 은혜에 기초하고 있음을 확언하는 바다(12:1-3; 15:15-16).

1장

로마서 15:14-21:
서신을 해석하는 열쇠인가?

로마를 이해하는 데 중요한 것은 바울이 실제로 논증하고 있는 핵심 주제에 주의를 기울이는 것이라고들 한다.[1] 그런데 '그 핵심 주제를 **어떻게** 결정할 수 있는가?'가 중요한 쟁점이다. 서신 전체를 비판적인 시각으로 민감하게 그리고 책임 있게 해석한다 하더라도, 그 주제가 실제로 바울 자신이 논증하고 있는 것이라고 단정하는 데는 신중해야 한다. 오랫동안 '하나님의 의'나 '이신칭의'를 바울이 로마서에서 논증하고 있는 핵심 주제로 여겨왔다. 하지만 δικαιο-란 단어는 10:10 이후에는 완전히 사라지며(14:17만 예외다) 바울의 결론 부분(15:7-21)에서도 그 주제는 언급되지 않고 있고, '행위'(work)와 '율법'이 종종 로마서에서 긍정적으로 묘사되고 있다(cf. 2:6, 13; 3:31; 7:12, 14, 16)는 사실은 쉬텐달이 말했듯이 그것이 실제로 로마서의 주요 주제인지에 의문을 갖게 한다. 쉬텐달의 생각대로, 바울은 유대인과 이방인의 관계라는 좀더 근본적인 주제를 확립하기 위해 이 주제를 사용한

1) Wright, 'Romans', 187.

듯하다.[2] 더 나아가 일부 로마서 해석자들은 로마서의 특정 구절이나 단락들을 자신들의 해석적인 열쇠로 선정하곤 한다.[3] 그런 제안들이 개연성이 있긴 하지만, 해석자의 전제를 따라 이 열쇠를 정하거나 열쇠를 잘못 해석할 위험은 상존한다. 최근에 나온 왓슨(F. Watson)의 경우가 전형적인 예다. 그는 14:1-15:13을 핵심 구절로 정하고 로마의 기독교 공동체는 두 진영으로 심각하게 분열되어 있었기에, 바울은 로마의 유대인 그리스도인들에게 로마의 유대 공동체로부터 나와서 바울주의자들과 한 공동체를 형성하여 예배하라고 격려하고 있다고 주장한다. 왓슨은 서신 전체를 이 관점으로 해석하고 있지만,[4] '바울 **신학**은 분리를 정당화하는 이론적 토대를 제공하지 않으며, 도리어 반대로 바울이 로마의 유대인과 이방인 간의 분열 문제를 해결할 열쇠를 찾는다'[5]는 사실을 간과하고 있다.

따라서 우리는 **바울 자신이 직접 편지를 쓴 이유와 방식을 언급하고 있는** 구절들을 찾고 그 구절들을 통해서 서신의 의미를 찾아가야 한다고 제안하는 바다. 우리는 가장 가능성이 높은 구절이 15:14-21이라고 생각한다.

> 그러나 내가 몇 가지 점에 대해서 매우 담대하게 쓴 것은, 하나님께서 내게 주신 은혜를 힘입어서, 여러분의 기억을 새롭게 하려고 한 것입니다. 하나님

---

2) Stendahl, *Paul*, 1, 3, 4.

3) 예를 들어 Baur, *Paul* 1, 315는 로마서 9-11장을 서신 전체에 대한 해석의 열쇠로 보며, 그래서 로마서 1-8장을 해석하기 전에 로마서 9-11장을 먼저 해석한다; Watson, *Paul*, 98은 14:1-15:13을 해석의 열쇠로 지목한다; Campbell, 'Romans III', 25-42는 그의 글의 제목을 'Romans III as a Key to the Structure and Thought of the Letter'(서신의 구조와 사상에 대한 열쇠로서의 로마서 3장)라고 붙인다. 유사하게, 오랫동안 지속된 바울 신학 일반의 주된 관심은 그의 신학 전체를 일관성 있게 풀어낼 수 있고 그 신학의 특정한 형태를 설명할 수 있는 해석의 열쇠를 가려내는 것이었다. 유대주의나 헬레니즘과 같은 바울의 배경에 특별한 관심을 기울인 학자들이 있는 반면에, 바울 신학을 설명하는 열쇠로 회심의 부르심 체험에 초점을 맞춰온 이들도 있다. 그러나 오랜 이 주제에 대해 연구되었지만, 그 결과로 남은 것은 의견일치가 아니라 혼란이다(cf. Martin, *Reconciliation*, 16-31; Plevnik, 'Center', 461-478; Hafemann, 'Paul', 674-77; *DPL*, ix).

4) Watson, *Paul*, *passim*.

5) 매우 정확하게 Campbell, 'Separation', 130.

> 께서 이 은혜를 내게 주신 것은, 나로 하여금 이방 사람에게 보내심을 받은 그리스도 예수의 일꾼이 되게 하여, 하나님의 복음을 전하는 제사장의 직무를 수행하게 하시려는 것입니다. 그리하여 이방 사람들로 하여금 성령으로 거룩하게 되게 하여, 하나님께서 기쁨으로 받으실 제물이 되게 하시려는 것입니다(15:15-16, 새번역).

15:14-33에서 로마서의 목적을 찾는 학자들도 있지만,[6] 15:14-21에 주목하여[7] 거기서 서신 전체의 해석의 열쇠를 삼을 가능성을 찾은 학자는 거의 찾아볼 수 없다. 우리는 서론에서 15:15-16을 근거로 이방인의 사도로서의 자기 인식이 로마서에 나타난 구원론 논쟁의 내용과 구조를 형성하였다고 제안한 바 있다. 이 장의 목적은 15:14-21이 로마서의 의미를 이해하는 해석적 열쇠인지를 살피고, 서신의 주요 주제는 이방인에 관한 쟁점과 관련이 있음을 분명히 하며, 로마의 그리스도인들을 향해 이 서신을 쓸 때 바울의 사도적 자기 인식이 어느 정도나 영향을 미쳤는지를 보여주는 데 있다.

우리가 15:14-21부터 시작하는 것은 바울이 이 구절에서 서신의 성격뿐 아니라 저술 방식에 대해서 언급하고 있기 때문이다. 여기서 우리는 바울이 오직 믿음으로만 얻는 이방인 구원의 합법성을 확증하기 위해 그의 특별한 사도적 관점을 사용하여 이 서신을 썼다는 가정을 입증할 것이다. 그리고 이방인들이 하나님의 구원의 축복에 정당하게 포함된다는 바울의 주장은 근본적으로 그의 사도적 자기 이해와 관련되어 있다고 제안할 것이다. 다 알 듯이 15:14-21은 서신의 후반부에 속한다. 그래서 이 구절이 로마서 해석의 **출발**점이 될 수 없으며, 단지 이방인의 사도로서의 자기 인

---

6) 예. Kettunen, *Abfassungszweck*, 146ff; Wedderburn, *Reasons*, 97-102; 아마도 이 관점에서 다룬 가장 철저한 작업은 Elliott, *Rhetoric*, 69-104일 것이다; cf. Klein, 'Purpose', 32-34.

7) Hahn, *Mission*, 107은 이 부분이 선교를 보는 바울의 관점에 대한 기본적인 생각 곧 훌륭한 요약을 포함하고 있는데도, 이 부분에 너무 관심을 기울이지 않은 데 대해 안타까워한다. cf. Müller, 'Grundlinien', 212-235.

식을 중요하게 생각하게 하려는 **후속적인** 정당화 작업일 뿐이라고 주장할 수 있을 것이다. 나는 이런 식의 반대를 인정한다. 하지만 **만약** 서신 후반부에 나오는 이 구절이 주제상 서신의 서론(1:1-15)과 일관성이 있다면, 15:14-21로 시작하는 우리의 방법론은 정당화될 수 있을 것이다. 15:14-21에서 시작하는 이유는 그 어느 곳보다도 여기에서 바울이 좀더 분명하게 언급하고 있기 때문이다. 따라서 우리는 둘 사이의 주제적 상응관계를 확립하기 위해 15:14-21과 1:1-15을 비교할 것이다. 우리는 연구를 통해 서론과 결론 단락이 주제상 핵심 주제인 'ἔθνη'(이방인)로 연관되어 있음을 밝힐 것이다.

1:1-15을 연구한 후 특별히 서신 전체의 주제적 진술을 분명히 표현하고 있는 1:16-17에 좀더 주목할 것이다. 우리는 15:14-21에서 발견한 주제(즉, 이방인의 구원의 합법성에 대한 바울의 주장)가 주제적 진술에서도 볼 수 있는지를 살필 것이다. 여기서 우리는 이 구절들에는 이방인들도 유대인들과 동등하게 하나님의 구원의 축복에 포함된다는 사실을 보여줄 의도가 분명히 있었음을 드러낼 것이다. 우리는 이 구절들(15:14-21; 1:1-15; 1:16-17)에서 주제상의 병행들을 찾을 것이다. 하지만 우리의 가정을 좀더 굳게 세우려면, 15:7-13에 나오는 본 서신의 주제적 결론 부분에 주의를 돌려야 한다. 그런 이유로 우리는 이 부분이 주제적 서론인 1:16-17과 연속성이 있는지를 살필 것이다. 우리는 15:7-13을 15:8-9a와 15:9b-12, 두 부분으로 나누어 연구할 것이다.[8] 우리는 바울이 그리스도의 섬김을 유대인과 이방인 모두와 관련시키고 있고, 좀더 구체적으로는 그리스도의 섬김을 이방인의 구원과 관련시키고 있는, 15:8-9a를 연구할 것이다. 그런 후에 15:9b-12에 나오는 연속적인 구약 인용을 살필 것이다. 여기서 우리는 바울이 그 구약 인용을 핵심 주제인 'ἔθνη'와 어떻게 연결시키고 있으며, 또한 이방인들이 유대인과 동등하게 하나님의 참 백성에 포함되는 것이 합당하다는 점을 구약도

8) 우리는 15:7과 15:13도 관찰하겠지만, 그 부분을 15:8-9a과 15:9b-12로 나누는 것은 그리스도의 섬김과 구약의 일련의 인용을 특별히 강조하고 싶기 때문이다.

분명히 예언하고 있음을 바울이 어떻게 강조하는지를 보여줄 것이다. 우리가 이 장에서 연구할 내용을 아래와 같이 도표로 그릴 수 있다:

1:1-15	개인적인 소개 발언
1:16-17	로마서 본론의 주제적 서론
15:7-13	로마서 본론의 주제적 결론
15:14-21(33)	개인적인 맺는말

요컨대, 우리는 위의 구절들을 살피되, 그것들이 서로 어떻게 상호연관성이 있는지, 특별히 어떻게 15:14-21과 일관성을 보이는지를 연구하여, 15:14-21이 로마서의 의미를 밝히는 중요한 해석적 열쇠로 볼 수 있는지 여부를 결정할 것이다. 1:16-17과 15:7-13은 서신의 주제를 명시하고 있으며, 더 나아가 15:14-21과 1:1-15은 주제뿐 아니라 로마서를 쓰는 바울의 사도적 자기 이해를 드러내고 있다.

1. 바울의 사도적 자기 인식에서 쓰여진 로마서: 15:14-21

A. 담대한 서신인 로마서: 15:14-15a

바울은 15:14-21에서 로마서를 쓰는 자신의 접근 방법을 명시하고 있다. 이 구절들은 수신자들을 이미 '선함이 가득하고, 모든 지식이 차서 능히 서로 권하는 자'(15:14)로 부르는 수사적 인정(acknowledgement)을 담고 있다. 그는 종종 그들을 향한 자신의 확신을 표현하였으며(1:8; 6:17; 16:19),[9] 편지를 시작할 때 독자들에게 그들이 믿어왔고 또 그들이 삶에서 실천한 것들을

9) 그래서 로마의 교회가 두 회중들로 나뉠 정도로 유대인과 이방인의 신자들로 뚜렷이 구분되었다고 본 Watson, *Paul*, 96-97의 주장은 분명 과장된 것이다. cf. Cranfield, *Romans* 2, 752.

'상기시킨다.' 하지만 πεπληρωμένοι πάσης [τῆς] γνώσεως(모든 지식이 차서)라고 표현하기는 했어도,[10] 그들에겐 더 이상 교훈할 것이 없다는 뜻은 아니다.[11] 도리어 καὶ αὐτὸς ἐγὼ['(다른 사람들 못지않게) 나도': 15:14]라는[12] 강조형의 첨언과 완료 수동형 πέπεισμαι(나도 확신하노라)는 뒤이은 바울의 진술이 얼마나 신실한지를 보여주는 듯하다.[13]

바울은 자신이 이 중요한 편지를 좀더 담대하게 썼다고 말한다.[14] 여기서 강조하고 있는 τολμηρότερον(담대히)이라는 표현은, 바울은 지금 로마 성도들이 알고 있는 것보다 더 심오하게 로마서를 쓰고 있음을 가리킬 뿐 아니라,[15] 그가 쓰는 것 가운데는 너무 민감한 주제라서 독자들이 수용하기가 어려운 것도 포함되어 있음을 가리키고 있다.[16] 바울은

---

10) 15절의 접속사 δέ는 '이전 것과는 좀더 대조적인' 의미로 취해야 한다[Robertson, *Grammar*, 1183에 인용된 Monro, *Homeric Grammar* (1982), 245]; 유사한 것은 Zerwick, *Greek*, 157. 이처럼 Gifford도 *Romans*, 225에서 'nevertheless'로, Shedd, *Romans*, 412는 'however'로, NASB는 'but'으로 번역한다.

11) 로마서는 그 전체 안에 '기독교의 참 원리들에 대한 깊고 포괄적인 이해를' 담고 있다고 주장하는 Sanday and Headlam, *Romans*, 403의 견해는 부적절하다. 15:14에 표현된 것과 같은 확신을 액면 그대로 취해선 안 된다. 예를 들어서, 고린도전서 1:5-7과 고린도전서 12-14장을 비교하라. 그와 같은 확신의 수사학적 기능에 대해서는 O'Brien, *Thanksgiving*을 보라. 로마의 믿는 자들이 그와 같은 완전한 지식을 가졌을지라도, 그들은 12:9-15:13에 걸쳐 강조된 것처럼 여전히 형제 사랑을 행하도록 권면을 받을 필요가 있었다(cf. 고전 13:2: καὶ εἰδῶ τὰ μυστήρια πάντα καὶ πᾶσαν τὴν γνῶσιν 내가 모든 비밀과 모든 지식을 알고).

12) Cranfield, *Romans* 2, 752.

13) 바울은 공격을 피하기 위해 아첨하는 표현을 사용하지 않는다(Black, *Romans*, 174; Käsemann, *Romans*, 392의 견해는 옳지 않다); 게다가 그것은 기독교적인 예의 이상으로 보인다 (Cranfield, *Romans* 2, 752). 그리고 바울의 순수함을 의심할 이유가 없어 보인다. 그는 이 서신을 쓸 때 담대하겠다고 결심했지만 독자들과 정면으로 맞서고 있지는 않기 때문이다(15:15).

14) 비교급 τολμηρότερον(더 담대하게)의 번역은 다양하다: 예. 'quite bold(ly)'(상당히 담대하게: NIV, TEV); 'somewhat boldly'(어느 정도 담대하게: NEB); 'more boldly'(더 담대하게: KJV); 'rather boldly'(제법 담대하게: NRSV); 'somewhat or rather boldly'(어느 정도 혹은 제법 담대하게: Murray, *Romans* 2, 209). 더 강한 의미인 'very boldly'(매우 담대하게)는 RSV, NASB, BAGD, 506에서 찾아볼 수 있다; cf. 'much too boldly'(너무 심할 정도로 담대하게: Black, *Romans*, 174). Dunn, *Romans* 2, 859는 후자 (곧 'very boldly')가 가장 합당한 번역으로 보는데, 이는 옳은 듯하다.

15) Black, *Romans*, 174-175의 견해는 부적절해 보인다.

16) Wedderburn, *Reasons*, 100: 하지만 그는 '몇 가지 논점들'의 내용은 예루살렘으로의 구제 헌금 전달 여정, 약한 자와 강한 자에 대한 강한 권면(14:1-15:13), 그리고 '민감한 신경줄'인 '하나님의 의'라고 적시하고 있다(pp. 108-123).

τολμηρότερον이라는 표현을 '무감각하게'나 '염치없이 자신감에 넘치는'이라는 뜻의 '무디게'란 의미로 쓰지 않고 있다. 도리어 그는 '누군가나 혹은 어떤 견해를 향해 찬성하든지 혹은 반대하든지 상관없이 용기있게 혹은 확신있게'란 의미로 '담대하게'를 사용하고 있는 듯하다(cf. 고후 11:21). 바울은 지금 자신이 절대적으로 중요하다고 생각하는 진리(1:11) 안에 독자들을 세우려는 강한 열망을 품고 이 서신을 쓰고 있기 때문이다. 그 내용에 대해서는 아래서 살펴볼 것이다.

서신적 부정과거인 ἔγραψα(나는 썼다)는 서신의 특정 부분이나 서신 전체를 모두 가리킬 수 있지만,[17] 여기서는 서신 전체와 연관되었을 가능성이 더 높다.[18] 클라인(G. Klein)이 '바울이 앞에 나오는 [전체] 서신의 내용들을 기록한 것은 여기서 약술하고 있는 전도의 의무 때문'[19]이라고 말한 것은 옳다. 그러고 나서 이 구절에서 '바울은 [로마서]라는 논문의 내용 전체를 반복하고 있는 것이다.'[20] 바르트(K. Barth)도 15:15-16에 나타난 원리가 서신 전체에 근간이 되는 정신이며 담대함은 로마서 전체의 특징이라는 점에 주목했다.[21] 바울은 자신이 혁명적인 관점으로 쟁점을 제시하는 것 때문에 혹은 실제로는 그가 제시한 신학 때문에 혼란스러워하지 않을까 염려하고 있으며, 그런 이유로 바울은 자신이 **일부러** 그렇게 쓴 것임을 분명히 밝

17) Cf. Robertson, *Grammar*, 846; Moulton and Turner, *Grammar*, 3, 73.

18) 우리의 전제는, 로마서가 최소한 두 서신들로 이뤄진(A 서신이 포함하는 것이 1:1-4:25; 5:12-11:36; 15:8-13; B 서신은 12:1-21; 13:8-10; 14:1-15:4a, 5-7, 14-32; 16:21-23; 15:33) 혼합 서신이라는 Schmithals의 가설을 부인한다. Schmithals의 논문에 대한 탁월한 비판에 대해서는 Wedderburn, 'Purpose', 197-200을 보라. ἔγραψα는 보통 막 마친 서신을 가리키거나(cf. 요 20:31; 몬 19; 벧전 5:12; 요일 5:13), 이전의 서신을 가리킨다(고전 5:9, 11, 그리고 거의 확실한 것은 고후 2:3, 4, 9; 7:8-12; cf. 요삼 9). 갈라디아서 6:11의 동사 ἔγραψα는 바울이 손수 쓴 부분인 갈라디아서 6:11-18을 가리킬 수 있다. 그러나 그가 손수 큰 글씨로 그렇게 강조하며 쓴 이유는 갈라디아서 6:11-18의 내용 때문만이 아니라, 분명히 서신 전체의 내용 때문일 것이다. 그러므로 Käsemann, *Romans*, 391; Klein, 'Purpose', 34 n. 23도 옳다. 이들은 15:15에서 가리키는 바가 14:1-15:13에 한정되지 않아야 한다고 옳게 주장한다.

19) Klein, 'Purpose', 34.

20) Wuellner, 'Paul's Rhetoric', 136.

21) Barth, *Romans*, 528-530.

히고 있는 것이다.[22] 사실 이 구절들은 '바울이 쓰고 있는 문제들이 이방인을 위한 그의 특별한 사도직의 성격에서 비롯된 것'[23]임을 보여주고 있다.

그의 담대한 편지의 기초와 내용을 살피기 전에, 이 맥락에서 우리가 특별히 주목할 가치가 있는 것이 하나 더 있다. 바울은 자신이 'ἀπὸ μέρους' 담대히 썼다고 말한다. 머레이(J. Murray)는 이 헬라어 문구를 양적으로('일부에서' 혹은 '어떤 점에서') 번역할 '가능성이 거의 없는'[24] 듯이 말하는 것에 반대한다.[25] 하지만 질적인 해석('어느 정도')은 바울이 담대함을 강조하는 것과 잘 어울리지 않는 듯이 보인다. 바울이 로마서 다른 데서 ἀπὸ μέρους(대략)를 사용하는 방식을 볼 때, 양적인 표현으로 번역하는 것이 더 나은 듯하다. 첫째, 11:25의 πώρωσις ἀπὸ μέρους(더러는)는 일부 유대인들의 '완악함'을 가리키며, 믿지 않는 유대인들이 '어느 정도' 자신들의 마음을 완악하게 하였다는 뜻은 아니다. 그것은 어떤 이들은 전심으로 믿은 반면에 상당한 유대인들은 전혀 믿지 않았다는 뜻이다. 둘째, 15:24에 나오는 ἀπὸ μέρους ἐμπλησθῶ(얼마간) 역시 바울이 로마의 신자들과 어느 정도껏, 혹은 질적으로 어떤 수준만큼 교제를 나누기를 원한 것이 아니라, 잠시 동안, 즉 특정 기간 동안 그 교제를 누리기를 바랐음을 나타낸다. 따라서 15:15의 ἀπὸ μέρους를 통해 바울은 **몇몇 사항들에 대해 혹은 특정 주제들에 대해** 말하는 데 담대하였음을 가리키고 있는 것이다.[26] 학자들이 바울이 담대하게 쓴 '부분들'을 규명하려고 시도해왔다. 크랜필드(C.E.B. Cranfield)와 빌켄스(U. Wilckens), 세이프리드(M.A. Seifrid)는 12:1-15:13을, 샌데이(W. Sanday)와 헤들램(A.C. Headlam)은 좀더 구체적으로 4:12ff, 19, 8:9, 11:17ff, 12:3, 13:3ff, 14장,

---

22) 바울은 종종 독자의 반응을 점검한다: '그 편지가 너희로 잠시만 근심하게 한 줄을 앎이라'(고후 7:8-12). 하지만 그는 자신이 일부러 그렇게 하였다고 말한다.

23) Robinson, 'Priesthood', 231은 매우 정확하다.

24) Murray, *Romans*2, 209, n. 19, 그러나 그는 자신의 강한 주장에 대한 증거는 제시하지 않는다.

25) 예를 들어, RSV, NIV, Phillips, 유사하게는 NEB, TEV, Käsemann, *Romans*, 391; Cranfield, *Romans* 2, 858-59; BAGD, 506; Newman and Nida, *Romans*, 279.

26) Murray, *Romans* 2, 209, n. 19, 그러나 그는 자신의 강한 주장에 대한 증거를 제시하지 않는다.

15:1을 그 '부분들'로 보았다.[27] 던(J.D.G. Dunn) 또한 그 문구는 '부분'이라는 뜻이며, '서신의 일부, 즉 아마 바울이 로마 교회의 특정 상황을 다루고 있는 12:1-15:13을 가리키고 있을 것'이라고 주장한다. 하지만 던은 '바울이 그 논조와 주제에 있어서 1:8-15과 연결시키고 있다는 점에서, 이 두 단락 중간(1:16-15:13)에 있는 **서신 전체**를 가리키면서 매우 겸허하게 표현하고 있다고 보는 것이 좋을 것'이라는 말을 덧붙이고 있다.[28]

우리가 ἀπὸ μέρους를 12:1-15:13보다 더 넓은 부분을 가리킨다고 믿는 다른 이유들이 있다. 첫째, 분명 바울이 형제 사랑이라는 일반적이고 평범한 쟁점을 말하면서 '오히려 담대히' 쓸 필요가 있을까 의아하다는 점이다. 특히 12:1-15:13에서 바울은 매우 신중하고 균형있는 태도를 취하는 듯 보인다. 그는 수용할 수 없을 수도 있는 어떤 일을 요구하여 독자의 심기를 건드리고 있지는 않다. 둘째, 규범(nomism)보다 실제적인 명령에 관한 쟁점을 우위에 두기 때문에 담대하다고 볼 수도 있지만, 12:1의 접속사 οὖν이 가리키고 있는 것처럼[29], 실제적인 쟁점들(12:1-15:13)을 향한 바울의 담대함 역시 사실 이전 단락인 1:18-11:36의 신학적인 가르침에 기초하고 있다[30]는 점에 주목하는 것이 중요하다. 셋째, 바울이 15:16에서 자신의 제사장 직무(λειτουργός)를 언급하고 (로마의) 신자들에게 자기 몸을 산 제사로 드리라(12:1)고 권면할 때, 그의 담대함은 분명 자신의 자기 인식과 관련되어 있을 것이다. 하지만 바울의 거룩한 섬김(λατρεύω)이 이미 1:9에 언급되고 있다는 점도 주목해야 한다. 더 나아가, 은혜로 받은 그의 사도직(15:16)은 12:3까지 이어질 뿐 아니라 훨씬 더 앞에 있는 서신의 시작 부분까지 연결된다(1:5).[31] 그러므로 그의 제사장 직무로 언급한 '몇 가지 사항들'(some points)은

27) Newman and Nida, *Romans*, 279.

28) Cranfield, *Romans* 2, 750, 753; Seifrid, *Justification*, 193; Sanday and Headlam, *Romans*, 404.

29) Cotterell and Turner, *Linguistics*, 190.

30) Wright, *Messiah*, 227.

31) *Pace* Seifrid, *Justification*, 193.

12:1-15:13으로 제한되지 않고 1:18-15:13 전체를 포함한다. 우리는 이 연구를 통해 이 '몇 가지 사항들'과 관련된 주제들을 드러낼 것이다.

B. 바울의 담대함의 근거: 15:15b-21

이어서 바울은 왜 그가 세우지도 않았고 아직 방문해보지도 않은 교회에 그런 담대한 편지를 보냈는지를 분명히 밝히고 있다. 그는 διὰ τὴν χάριν τὴν δοθεῖσάν μοι ὑπὸ τοῦ θεοῦ('하나님께서 내게 주신 은혜로 말미암아')로 인해 담대할 수 있었으며, 이 은혜는 자신의 이방인 사도직과 관련되어 있다고 말한다(15:15b-16; cf. 갈 1:15-16). 더 나아가 바울이 담대할 수 있는 것은 이방인 가운데서 사역했던 그의 선교 경험에서 비롯된 '자랑' 때문이다(15:17-21). 그가 로마인들에게 쓴 것은 단지 추상적이고 신학적인 주장들이 아니라, (유대인과 이방인 모두를 대상으로 한) 선교 경험을 통해 검증되고 성령께서 인정해 주신 통찰들이다(cf. 갈 3:1-5).

(a) 자신의 역할에 대한 바울의 자기 인식: 15:15b-16

바울은 자신이 하나님의 은혜로 복음을 증거하는 제사장 직무를 맡아 이방인들에게 파송된 일꾼(λειτουργός)[32]임을 분명히 밝히고 있다(15:15-16; 갈 1:15f; 2:9; cf. 행 9:15; 22:17-21; 26:16f). 목적격 διὰ의 사용[33]은 τὴν χάριν(은혜)을

32) 바울은 여기서 자신을 'ἀπόστολος'(사도)로 부르지 않고 λειτουργὸς Χριστοῦ Ἰησοῦ εἰς τὰ ἔθνη(이방인을 위하여 그리스도 예수의 일꾼)로 부르는데, 이는 인접 문맥에 등장하는 제의 언어와 일치시키기 위한 것이 거의 확실하다. Λειτουργός(제사장)란 용어와 이어 나오는 제의 언어인 ἱερουγεῖν(제사장 직무를 하다), προσφορά(제물)와의 결합은 그것이 '제사장'을 의미하는 것이 거의 확실함을 암시한다. 그 언어는 성전과 깊이 연관되어 있다(Cranfield, *Romans* 2, 755-756; Wilckens, *Römer* 3, 118; Ziesler, *Romans*, 341; Dunn, *Romans* 2, 860). 그래서 '레위인'(Cranfield, *Romans* 2, 755; Sanday and Headlam, *Romans*, 405)보다 '제사장'(예. Barrett; Wilckens; Dunn)으로 번역하는 게 더 나은 듯하다.

33) 한 개의 목적격을 수반하는 Διά는 보통 원인적인 의미를 내포한다: '때문에'(on account of: 예. Mark 6:26; Acts 18:2; 28:2; Rev 12:11; 13:14), 또는 최종적인 의미에서, '왜냐하면'(for: 마 24:22; Mark 2:27; 요 11:42; 12:30), 또는 '~의 목적으로'(with a view to: 롬 3:25; 4:25; 11:28 등.): Moulton and Turner, *Grammar* 3, 267-268.

τὴν δοθεῖσάν μοι ὑπὸ τοῦ θεοῦ(하나님께서 내게 주신)의 목적격으로 취할 때 가장 잘 이해할 수 있을 것이다.[34] διά 다음에 목적격이 나오기는 하지만, 그 뜻은 '…을 근거로' '…으로 인해' 혹은 원인을 나타내는 강한 의미인 '… 때문에'라는 소유격의 의미로 취할 수 있다.[35] 바울은 하나님께서 주신 은혜로(*by*, 근거의 의미로) 혹은 **때문에**(because of, 의무의 의미로; cf. 1:14) 담대한 편지를 쓴 것이다. 다시 말해서, 그의 담대함의 근거는 그리스도의 일꾼이 되게 하신 하나님의 은혜인 것이다.[36] 더 나아가, 이 절은 바울이 자신의 이방인 사도직을 전제로 하고 있는 1:5 및 고린도전서 3:10과 긴밀하게 관련되어 있다(cf. 12:3).[37] 그의 교리적 가르침과 실천적 권면은 그가 받은 사도적 은혜에 근거하고 있는 것이다.

그럼에도 불구하고, 위의 이해는 διὰ τὴν χάριν τὴν δοθεῖσάν μοι(나에게 주신 은혜로 말미암아)라는 구절을 εἰς τὸ εἶναί(~이 되기 위하여)와 함께 이해할 때 바울이 말하고 싶은 바를 충분히 파악하고 있지 못하다.[38] 구문론적으로 볼 때 εἰς τὸ εἶναί는 'ἡ χάρις δοθεῖσάν μοι'(내게 주신 은혜)와 'ἔγραψα'(나는 썼다)를 모두 수식할 수 있다. 이 표현을 전자와 관련시키는 주석가들이 있다: '그가 그렇게 담대하게 쓸 수 있었던 것은 오로지 하나님께서 그에게 주신 은혜 때문이다.'[39] 이런 이해는 문맥과 잘 들어맞는다. 하지만 바울의 담대한 편지가 사도적 은혜에만 근거한 것이라면,[40] 그는 이미 그리스도의 일꾼이 되었기 때문에 다음과 같이 표현했을 것이다: '하나님이 내게

---

34) 그 문구는 궁극적으로 바울의 다메섹 도상의 체험을 다시 가리키며, 그것이 없이는 바울의 사도직과 그에 따른 선교 사역이 옳게 이해될 수 없다(cf. 갈 1:15-16; 고전 9:1-2; 15:8-9); 김세윤, *Origin*, *passim*; Müller, 'Grundlinien', 228을 보라.

35) Cf. Robertson, *Grammar*, 583. 그는 15:15과 12:3의 διὰ τὴν χάριν을 '통하여' 또는 '의하여'란 뜻을 내포하는 διά + 소유격의 예들과 같은 항목에 나열하고 있다.

36) BAGD, 181; Dunn, *Romans* 2, 859.

37) 또한 고전 15:10; 갈 2:9; cf. 엡 3:8. 바울의 사도직과 하나님의 은혜 사이의 관계에 대해서는 Munck, *Paul*, 49를 보라.

38) εἰς τὸ εἶναί가 담고 있는 온전한 함의는 거의 제대로 주목을 받지 못해 왔다: 심지어 Cranfield, Dunn 그리고 Käsemann이 쓴 상세한 주석조차 이에 대한 언급이 거의 없다.

39) Murray, *Romans* 2, 210.

40) 예. Morris, *Romans*, 510-11; Murray, *Romans* 2, 210.

주신 은혜로 **말미암아 내가** 이방인을 위한 그리스도의 일꾼이 **되었기에**'[41] 혹은 '이방인을 위한 그리스도 예수의 일꾼**으로서** 하나님께서 내게 주신 은혜 때문에'라고 표현했을 것이다.

하지만 εἰς τὸ εἶναί란 문구가 '목적 외에 다른 것을 표현하지 않는다'[42]는 점으로 미루어 볼 때, 이 문구는 바울이 사도적 은혜 때문에 이 편지를 썼다는 생각 이상을 표현하고 있다고 볼 수 있다.[43] 이 문구가 본동사 ἔγραψα(나는 썼다)에 종속되어 있다면, 이 절은 '내가 그리스도 예수의 (참) **일꾼이 되기 위하여**…하나님께서 내게 주신 은혜(즉 이방인을 위한 사도직)를 근거로 나는 담대히 썼다'는 뜻이 될 것이다. 그렇다면 편지의 내용이 바울이 참된 이방인의 사도인지를 결정해 줄 자료가 된다는 것이다. 바울에게는 이방인을 섬기는 사도가 되어야 한다는 강한 의무감(ὀφειλέτης: RSV)이 있었다(1:14-15). 요컨대, 바울이 로마서에서 쓴 내용은 이방인을 향한 그의 사도직의 진정성을 증명해주게 된다는 것이다.

바울은 이방인의 사도로 부름 받았기 때문에 이방인의 사도가 되었다. 하지만 더 중요한 것은, 그런 소명은 삶과 사역에서 사도의 직무를 성취함으로써 지속적으로 검증되어야 한다는 점이다.[44] 하나님께서 그를 이방인의 사도로 부르셨다는 사실은 그의 삶과 사역을 통해서 검증될 때만 객관적인 인정을 받을 수 있는 것이다(cf. 고전 3:6; 4:5; 9:1-18; 15:10; 고후 11:23; 갈 2:7-9; 3:1-5; 골 1:24-29). 그러므로 바울은 자신의 사역의 열매(즉, 회심자들과 경건한 삶

41) γίνομαι(되다)라는 동사는 오히려 바울이 흔히 쓴다: 고전 9:20, 22; 13:1; cf. 롬 2:25; 6:5; 7:13; 고전 1:30; 8:9; 15:37; 고후 5:21; 6:14; 갈 3:13.

42) Moulton and Turner, *Grammar* 3, 143. cf. 바울이 로마서에서 εἰς τό 없이 εἶναί를 사용한 것(1:22; 9:3).

43) 목적격을 수반하는 εἰς τὸ εἶναί 문구는 독특한 바울의 것이다(1:20; 3:26; 4:11, 16; 8:29; 15:16; 고전 10:6. cf. 빌 1:23; 엡 1:12); 부정사를 수반하는 εἰς τό는 신약에 72번 나오며, 그 중 50번을 바울이 쓰고 있다; Robertson, *Grammar*, 1071.

44) 매우 유사한 것은 Bultmann, *Theology* 1, 291. 이러한 점에서 Jervell, 'Jerusalem', 54의 관찰은 옳은 듯하다: 교회들이 바울을 필요로 한 만큼 바울도 그들을 필요로 한다. 그가 선교적 사도로서의 삶과 일을 더 해나아갈 수 있는 여부는 그의 회심자들이 신자로서 합당하게 그리스도인의 삶을 살아가는 데 달려 있기 때문이다.

의 방식)를 통해 자신의 사도성을 증명하려고 한다(cf. 고전 9:2; 갈 3:1-5). 하지만 바울은 이 로마서를 씀으로써 평생 이방인 가운데서 선교사로 사역하면서 성취한 것보다 더 중요하고 영구적인 이방인의 사도로서의 역할을 해내고 있다. 가령, 로마서는 이방인 구원과 그들을 향한 선교의 합법성을 확보해주는 근본적인 신학적 추론을 제공하고 있기 때문에, 그의 로마서 집필은 결과적으로 그의 영구한 사도성을 입증해주고 있다. 따라서 그의 담대한 로마서 집필은 그의 이방인 사도직의 **결과**일 뿐 아니라 그가 자신의 이방인 사도직을 증명하고 표현하는 데 사용하는 **수단**도 된다. 그러므로 바울은 11:13에서 극단적인 강조형 구조를 통해 ἐφ᾽ ὅσον μὲν οὖν εἰμι ἐγὼ ἐθνῶν ἀπόστολος('내가 이방인의 사도인 만큼', 'Since therefore I myself am indeed an apostle of the Gentiles.')라고 선언하고 있다.[45]

(b) 바울의 사도적 사역의 열매: 15:17-20

바울은 자신이 로마서를 담대히 쓰는 또 다른 근거를 제시한다. 그것은 그리스도 안에서 이방인 가운데서 이룬 선교적 성과다.[46] 접속사 οὖν(그러므로)과 καύχησιν(자랑) 앞에 있는 정관사 τήν[47]은 모두 15:17이 15:16과 관련되어 있음을 가리킨다. 그리스도 안에서 하나님을 위한 자신의 섬김에 대한 자랑은[48] 15:18에서 더 설명하고 있다(γάρ). 그리고 καύχησιν(자랑하다)

45) 이 구절을 충분히 다룬 것을 보려면 뒤에 pp. 337-343을 보라.

46) 예루살렘으로부터 일루리곤까지의 사역 결과는 그의 자랑의 근거다(Bowers, 'Fulfilling the Gospel', 185-198을 보라). 완료형 부정사 πεπληρωκέναι(편만하게 전하였노라)를 수반하는 ὥστε(그래서)는 15:18b-19의 문맥에서는 결코 목적을 나타낼 수 없고 결과를 나타낸다. Barth, Cranfield, Käsemann, Wilckens, Dunn도 같은 입장이다. 고전 헬라어에서 그 결합은 종종 목적을 암시하지만(Liddell and Scott, *Lexicon*, 909를 보라), 목적을 나타내는 용법은 신약에서 거의 드물다: Robertson, *Grammar*, 990는 ὥστε ἐκβάλλειν(쫓아내며, to drive out: 마 10:1)을 '순전한' 목적을 뚜렷이 나타내는 유일한 예로 제시한다.

47) 정관사가 있는 것을 옹호하는 견해에 대해서는 Cranfield, *Romans* 2, 757을 보라(cf. Käsemann, *Romans*, 393; Dunn, *Romans* 2, 861); 반대 견해에 대해서는 Sanday and Headlam, *Romans*, 405-406을 보라.

48) Cf. 바울의 유사한 구성: 'καυχώμενοι ἐν τῷ θεῷ διὰ τοῦ κυρίου ἡμῶν Ἰησοῦ Χριστοῦ'(우리 주 예수 그리스도로 말미암아 하나님 안에서 또한 즐거워하느니라)(5:11).

과 τολμήσω τι λαλεῖν(담대히 말하다)은 뉘앙스가 비슷하다.[49] 바울이 담대하게 자랑할 수 있었던 이유는 '그리스도께서 바울 자신의 말과 사역을 통해 **이방인들**을 하나님께 순종하도록 이끄신다는 사실' 때문이다(15:18; cf. 고후 1:12-14).

더 나아가 여기에 사용된 부정사 λαλεῖν(말하다)은 γράφειν(쓰다)에 상응하는 단어다. 즉 바울이 지금 '말하고 있는' 바울 자신을 통한 그리스도의 이방인 사역은 그가 로마서에 '쓴' 내용과 관련이 있는 것이다. 그의 말과 글(즉 그의 신학)은 유대인과 이방인을 향해 선교할 때 얻은 개인적인 성령 체험에 깊이 뿌리를 내리고 있다. 하지만, 그는 여기서 후자(이방인)를 강조하고 있다. 그는 복음을 전하도록 부름을 받았기에 선교 사역에 나섰다. 하지만 그는 이제 성공적인 사역 열매를 통해서 자신의 소명을 증명하고 있으며, 사도로서 그가 성공적으로 해낸 일은 다름 아닌, **이방인들**이 믿음 안에서 그리스도의 복음에 순종하도록 이끈 것이라고 선언하고 있다(cf. 고후 10:15).[50] 바울은 여기서 '유대인'을 언급하지 않는다. 그의 사도적 사역을 추동한 단 하나의 포괄적인 목적은 '이방인들을 순종케 하는 일'이었다(15:18).[51] 이는 바울이 '**이방인** 중에서 사람들을 불러 믿어 순종케 하기 위해 은혜와 사도직'을 받았기 때문이다(1:5). 로마 교회 안에는 여전히 유대적 요소가 강하게 잔존하고 있었는데도,[52] 바울이 공개적으로 그리고 구체적으로 자신을 이방인의 사도로 천명한 것에 주목하는 것이 중요하다(1:5-6; 11:13; 15:16; 갈 1:15-16; 2:7-9).[53] 바울은 이방인을 향한 자신의 역할과 의무를 온

49) 이것은 고후 11:21(τολμαῷ), 30(καυχήσομαι)에서도 마찬가지다. 여기서 바울의 자랑은 유대인과 이방인 가운데서 그가 행한 수고에 근거한다(고후 11:23-33; 또한 고전 15:10; 고후 11:23; 골 1:29). 자기의 '수고'에 대한 바울의 주장은 선교 맥락에서 판단한 듯하다.

50) Bultmann, *Theology*, 1, 291는 15:18을 15:15-16과 옳게 관련시키고 있다; Ziesler, *Romans*, 342.

51) Minear, *Obedience*, 1. cf. Black, *Romans*, 175. 그는 '이방인의 순종을 이끌어내는 것이 로마서를 보낸 주목적'이라고 주장한다.

52) 이것은 Stowers, *Rereading, passim*과 여러 곳에 따른 가정인데, 서신 전체를 통한 바울의 논쟁 내용은, 앞으로 보겠지만, 그의 견해가 매우 미심쩍다는 점을 시사해 준다.

53) 자신의 역할에 대한 바울의 다른 여러 묘사들을 보라: '하나님의 종'(고전 3:5; 골 1:23), '하나

전히 인식하고 있으며, 그 때문에 다른 사도들보다 이방인들 가운데서 더 수고했던 것이다(cf. 15:19-20; 고전 15:10).

(c) 구약 예언에 근거한 바울의 복음전도 원리: 15:21

LXX 이사야 52:15 인용은 바울의 사도적 자기 이해(cf. 렘 1:5; 사 49:5; 갈 1:15)와 15:20에 나타난 복음전도의 원리뿐 아니라, 15:19에 언급된 그의 선교 활동의 배경을 제공한다. 바울은 이방인을 하나님께 순종하는 데로 이끄는 것을 목적으로 하는(15:18) 구약의 예언(15:21)에 기초한, 특정 원리(15:20)를 따라서 '하나님을 일'을 해왔다. 그러므로 바울 신학을 선교 신학으로 이해하는 것이 가장 좋을 것이다.[54] 바울은 개척 선교사로의 자신의 소명을 뒷받침하기 위해서[55] 혹은 다른 사람의 영역에는 들어가지 않는 자신의 선교 정책을 강조하기 위해[56] 15:21의 인용구를 선택하고 있다. 하지만 바울이 아무도 밟지 않는 땅에 들어간 이유는 선교 정책 때문이 아니라 **이방인들** 때문이라고 한 것에 주목하는 것이 중요하다. 그는 구약의 구절들을 통해서 자신의 이방인 선교 사역의 합법성을 확보하고 있다.

MT 이사야 52:15b כִּי אֲשֶׁר לֹא־סֻפַּר לָהֶם רָאוּ וַאֲשֶׁר לֹא־שָׁמְעוּ הִתְבּוֹנָנוּ׃
이는 그들이 아직 전파되지 않은 것을 볼 것이요
아직 듣지 못한 것을 깨달을 것임이라

LXX 이사야 52:15b(=로마서 15:21) οἷς οὐκ ἀνηγγέλη περὶ αὐτοῦ
ὄψονται καὶ οἳ οὐκ ἀκηκόασιν συνήσουσιν
주의 소식을 받지 못한 자들이 볼 것이요

님의 동역자'(고전 3:9; 고후 6:1), '하나님 앞에서 그리스도의 향기'(고후 2:14-16), '새 언약의 일꾼'(고후 3:6), '그리스도의 사신'(고후 5:20).

54) Hengel, *Jesus*, 50; Müller, 'Grundlinien', 220.

55) Ziesler, *Romans*, 343.

56) Black, *Romans*, 176.

듣지 못한 자들이 깨달으리라

LXX 번역은 강조점을 메시지('무엇')에서 사람('누구')으로 수정하고 있다. 바울이 LXX을 문자 그대로 취하고 있기는 하지만, 로마서에서 그 문맥은 상당히 수정되고 있다. 이사야 문맥에서 열방과 왕들은 여호와의 종의 임재 때문에 놀라거나 두려움에 사로잡힐 것이다.[57] 이들 이방인들에게 종의 등장은 복음이 **아니며**, 그들은 듣지 못했고 따라서 종의 갑작스런 출현에 대비하지 못했기에 그분을 보고는 할 말을 잃고 만다.[58] 하지만 바울은 똑같은 구절을 사용하되 부정적인 맥락을 긍정적으로 맥락으로 바꾸어서 그분의 메시지를 듣는 것이 이방인들에게는 **복**이라고 주장한다.[59] 바울은 자신이 복음을 들어본 적이 없는 이방인들에게 복음을 전함으로써 아무 소망 없고 또 그 종이 나타나실 때 심판밖에는 기대할 것이 없었던 이들이 기쁨과 구원을 얻을 수 있게 되었다는 말을 전하고 싶어한다.[60]

이 인용은 이방인을 향한 소명에 대한 바울의 확신(1:1, 5)과 복음의 보편성에 관한 그의 신학적인 주장을 효과적으로 결합시키고 있다.[61] 베스터만(C. Westermann)의 제안대로, 만약 '제2이사야가 이스라엘 외에 이방 지역에 대해서 생각하고 있는 것이 아니라, 자신에게 맡겨진 일이 광범위하게 널리 퍼지는 것에 대해 생각하고 있다'면,[62] 그만큼 바울이 이 인용문을 전 세계에 두루 복음을 선포하는 것으로 적용한 것은 중요하다. 로마서에 나타난 마지막 구약 인용이기도 한 이 구절을 바울은 이방인 구원의 축복과

57) North, *Isaiah40-55*, 131; Westermann, *Isaiah 40-66*, 259.

58) Delitzsch, *Prophecies* 2, 285.

59) Cf. Liddon, *Romans*, 287.

60) 바울은 자신이 종말론적인 종을 이방인에게 소개하여 그들로 그 종이 진정 누구인지를 보고 이해하도록 돕는 역할을 해야 한다는 사실을 인지한 듯하다. 이 점을 설득력 있게 보여주는 학자들로는 Käsemann, *Romans*, 395; Dunn, *Romans* 2, 866; *idem, Jesus and the Spirit*, 113, 389, n. 70; 하지만 Cranfield, *Romans* 2, 765 n. 2는 거부한다.

61) Dunn, *Romans* 2, 869; Allen, 'Old Testament', 23.

62) Westermann, *Isaiah 40-66*, 259.

이방인들을 향한 자신의 선교 사역의 축복을 재확인하기 위해 신중하게 선택한 것으로 보인다. 바울은 자신의 역할은 이 이사야의 예언을 성취하는 그리스도의 제사장적 사역자라고 인식하고 있다. 실제로 이사야는 바울이 가장 자주 인용하는 선지자이며, 그의 사도적 자기 의식은 예언의 약속들, 특별히 이사야가 한 예언의 약속들에 깊이 영향을 받은 것처럼 보인다.[63] 따라서 헤이즈(R.B. Hays)가 다음과 같이 관찰한 것은 옳다:

> 구약에서 이스라엘이 시온에서 회복될 때, 이방인들이 주를 경배하러 모여드는, 보편적이고 종말론적인 비전을 가장 잘 표현하고 있는 구약의 선지자가 이사야다. 바로 이런 이유 때문에 이사야서는 통계적으로나 실질적으로 바울에게 가장 중요한 성경 자료가 되고 있는 것이다.[64]

하지만 바울이 로마서에서 자신의 독특한 목적을 위해서 이사야서 본문들을 사용하고 있다는 사실에 주목하는 것은 중요하며, 이런 이유로 바울은 (우리가 위에서 보았고 또 다음 장에서도 보겠지만) 인용 문맥과 심지어 본문 자체까지도 수정하고 있다.[65]

---

63) Hays, *Echoes*,162에 따르면, 바울은 시편(20번), 신명기(15번), 창세기(15번)에서 종종 인용하지만, 이사야(28번 인용)에서 가장 빈번히 인용한다. Ellis, *Paul's Use*, 150f는 로마서에서만 18개의 이사야 인용들을 나열한다(시편에서 13번, 창세기에서 7번 그리고 신명기에서 6번).

64) Hays, *Echoes*, 162. Oss, 'Note', 105-112는 바울이 독특하게도 자신의 논쟁을 위해서 이사야 본문들을 사용한다고 지적한다; cf. Dinter, 'Prophet Isaiah', 48-52.

65) 적어도 세 경우를 더 관찰할 수 있다. 첫째, 바울은 종종 '이사야'의 이름의 권위에 호소한다: '**이사야가 가로되**…'(9:27-28, 29; 10:16, 20, 21; 15:12). 둘째, 바울은 그 본문들에 호소할 때 자기 해석을 덧붙인다: '이사야가 **외치되**' 또는 '이사야가 **매우 담대하여** 이르되'(9:27-28, 29; 10:20). 반면에 모세(9:15; 10:5,19)나 다윗(4:7-8; 11:19)에게는 그와 같은 말을 덧붙이지 않는다. 셋째, 가장 중요한 것은 로마서의 모든 이사야 인용(3:15-17의 단 하나의 예외를 제외하고는)은 유대인과 이방인과 관련된 쟁점들에 대한 그의 논증을 명료하게 하는 데 인용되고 있다. 더 구체적으로는, 그것들은 유대인의 **불신**(2:24; 9:27-28, 29, 33; 10:16, 21; 11:8; cf. 11:26-27b), 이방인 **포함**(10:20; 15:12, 21) 그리고 구원의 **보편성**(9:33; 10:11, 15; 11:34-35; 14:11)을 확언하기 위해 사용되고 있다.

C. 바울의 담대함의 내용

위 단락에서 로마서는 이방인의 사도라는 바울의 자기 의식 아래서 쓰여진 담대한 서신임을 보여주려고 하였다. 우리의 전제를 더욱 확실히 세워가기 위해서는, 바울의 담대함의 **내용**이 정말 이방인들과 관련이 있다는 증거를 제시해야 한다. 다시 말해서, 바울이 로마서에서 주장하는 것은 이방인의 구원의 합법성임을 증명해야 한다. 그는 자신이 담대히(τολμήσω) 말하는(혹은 쓰는) 단 한 가지는 이방인들의 순종(즉, 구원)이라고 선언한다(15:18). 그래서 그는 자신의 담대함은 위에서 주장한 대로, 이방인들에게 행한 자신의 사도적 사역을 통해서 얻은 것이라고 구체적으로 밝히고 있다. 우리는 적어도 두 곳(10:20과 1:16)에서 바울의 담대함의 내용은 이방인들이 유대인과 동일하게 하나님의 구원의 축복에 포함되는 것이라는 우리의 주장을 뒷받침하는 자료를 볼 수 있다.

(a) '이사야가 매우 담대히 이르기를': 10:20–21

LXX 이사야 65:1a ἐμφανὴς ἐγενόμην τοῖς ἐμὲ μὴ ζητοῦσιν
εὑρέθην τοῖς ἐμὲ μὴ ἐπερωτῶσιν
2a ἐξεπέτασα τὰς χεῖράς μου ὅλην τὴν ἡμέραν
πρὸς λαὸν ἀπειθοῦντα καὶ ἀντιλέγοντα
1a 내가 나를 구하지 아니한 자들에게 나타난 바 되고
나를 찾지 아니한 자들에게 찾은 바 되었나니
2a 내가 순종치 아니하고 거스려 말하는 백성에게
내가 종일 내 손을 벌렸노라

로마서 10:20a Ἠσαΐας δὲ <u>ἀποτολμᾷ</u> καὶ λέγει,
20b Εὑρέθην [ἐν] τοῖς ἐμὲ μὴ ζητοῦσιν,

20c ἐμφανὴς ἐγενόμην τοῖς ἐμὲ μὴ ἐπερωτῶσιν.

21a πρὸς δὲ τὸν Ἰσραὴλ λέγει,

21b Ὅλην τὴν ἡμέραν ἐξεπέτασα τὰς χεῖράς μου

πρὸς λαὸν ἀπειθοῦντα καὶ ἀντιλέγοντα.

10:20a 또한 이사야가 매우 담대하여 이르되,

20b 내가 구하지 아니하는 자들에게 찾은 바 되고,

20c 내게 문의하지 아니하는 자들에게 나타났노라 하였고

21a 이스라엘을 대하여 가라사대,

21b 순종치 아니하고 거스려 말하는 백성에게

내가 종일 내 손을 벌렸노라 하였느니라

로마서 10장 끝 부분에서 유대인의 불신에 관한 주장을 실증하는 과정에서 바울은 LXX 이사야 65:1a와 2a를 10:20-21에서 인용하고 있다. 여기서 그는 담대함과 비슷한 단어(τολμα-)를 사용하여 인용을 도입하고 있다. 이 인용은 약간 위치만 바꾼 것을 제외하고는 LXX에서 문자 그대로 취하고 있다.[66] 그는 이사야의 말을 인용하면서(10:20-21) '이사야는 매우 담대하게 이른다'(Ἡσαΐας δὲ <u>ἀποτολμᾷ</u> καὶ λέγει)고 말한다.[67] MT와 LXX 두 곳 모두의 문맥에서 보면, 이사야 65:1-2은 하나님을 좇지 않고 반역하는 이스라엘의 **구원**에 관한 예언이다. 하지만 그런 문맥이 바울이 자신의 주장을 제시하는 과정에서(10:20-21) 눈에 띄게 수정된다. 이사야 65:1과 2절은 원래 둘 다 이스라엘 백성들을 가리킨다. 하지만 두 절 간의 조그마한 대조를 간파한 바울은[68] 1절의 단어들을 취하여 그것을 이방인들에게 재적용하고,[69] 이

66) Stanley, *Language*, 144-147을 보라. 우리는 이 구절에 대한 충분한 관찰을 제5장으로 미룰 것이다(뒤에 pp. 317-320을 보라).

67) 완료상(perfective)의 ἀπο를 가진 복합 동사인 ἀποτολμάω(담대하여)는 '대담함을 한계에까지 지니다'란 의미다(Rienecker and Rogers, *Linguistic Key*, 371에 인용된 Moulton and Howard, *Grammar* 2, 298).

68) 그 대조는 각 구절의 강조에만 관련된다; 이사야 65:1은 패역한 나라(즉 이스라엘)에 대한 **하나님의 계시**에 관한 것이며, 65:2은 **이스라엘의 패역함**에 관한 것이다.

69) 바울은 10:20a에 나오는 도입 논평에서 '이방인'을 명확히 언급하지 않는다. 그러나 그가

사야 65:2은 유대인들에게만 적용하고 있다.[70)]

더 나아가 바울은 이스라엘과 모세(출 3:14)를 향한 하나님의 자기 계시를 가리키던 표현인 ἐμφανὴς ἐγενόμην(내가 나를 나타내어)이라는 문구를 이방인들에게 적용하고 있다.[71)] 하지만 바울은 원래 이사야의 문맥에서는 '나를 찾지 않은 자들'이 이스라엘을 가리키지만, 65:1의 동사들 순서를 바꿈으로써 '나를 찾지 않은 이방인들'(cf. 9:30)이 하나님을 찾았음을 강조하고 있다. 이런 해석은 이방인들을 여전히 증오하고 있던 많은 유대인들(예. 특히 *Jub*. 22:16, 20-21; 32:19; 35:14; cf. Sir 36:1-17)의 심기를 가장 심하게 거스르도록 표현되었기 때문에, 이같은 강조를 간과해서는 안 된다. 실제로 유대인들은 라합과 룻 말고는 이사야 65:1-2의 예언을 이방인들에게 적용하지 않았다.[72)] 바울은 10:20-21을 그런 역사적인 맥락에서 역설한 것이다.[73)] 바울의 담대함은 그보다 더 나아간다. 10:20에 나오는 이방인의 **믿음**에 대한 분명한 언급과 대조하여 그는 이사야 65:2은 바로 다음 절(10:21)에서 이스라엘의 **불신**을 아주 날카롭게 비판하기 위해 적용하고 있다. 여기서 바울은 하나님의 은혜와 오래참음의 은혜를 입는 이스라엘을 향한 소망이 아니라(이사야의 문맥과는 반대로), 하나님은 끝없이 오래 참으시는데도(cf. 강조하는 위치에 놓인 "Ολην τὴν ἡμέραν) 그 은혜를 완강하게 거절하는 이스라엘을 강조하고 있다.[74)]

한 유대인이 (배타주의자인) 다른 유대인들에게 하나님께서는 이방인들에

10:21을 특별하게 '이스라엘'에게 할애한 것은 그가 10:20에서 이방인의 구원의 축복에 관해 언급하고 있다는 점을 매우 확실히 밝혀 준다: 같은 견해로는 Dunn, *Romans* 2, 626이 있다.

70) Cranfield, *Romans* 2, 540.

71) Dunn, *Romans* 2, 626.

72) Str-B 3, 285를 보라.

73) 그 이상으로는 Dodd, *Romans*, 181-182의 평을 보라:"… 이사야의 장대한 약속들은 여호와의 종인 이스라엘에게 이방인을 받아들일 것을 요구하는 부르심과 관련되었다. 유대인들은 에스겔, 에스라, 그리고 배타주의자들의 무리를 추종하기를 좋아했고, 이방인에 대한 질시, 미움, 악의 그리고 모든 무자비를 거룩한 일로 추앙하는 협소한 종교에 바탕을 둔 환상적인 국가적 자부심을 키우기를 좋아하였다."

74) *Pace* Cranfield, *Romans* 2, 541-42. cf. Dunn, *Romans* 2, 627.

게 나타나셨다거나 하나님께서 그들을 영접하셨다고 말하는 데는 용기가 필요하다. (자만에 찬) 유대인들에게 그들은 불순종하고 완고한 백성이라고 말하는 데도 담대함이 필요하다. 하지만 유대인으로서 다른 유대인에게, 유대인들은 계속 불순종하고 있어서 **그들은** 하나님을 찾지 못했지만, 이방인들은 하나님을 찾는 복을 얻었다고 말하는 데는 더 큰 담대함이 필요하다. '이사야가 매우 담대히 이른다'는 해석을 담은 말을 할 때, 바울은 이사야의 메시지의 내용이 이방인의 **믿음**과 유대인의 **불신**이기 때문에 그 역시 담대했어야 했음을 암시하고 있는 것이다. 하지만 실제로 그것은 이사야의 메시지가 **아니었다**. 이사야는 (반역하는) 유대인들의 복된 구원을 선포하였으며, 따라서 그는 동시에 유대인에게 **축복된 구원**의 기쁜 소식을 전하는 것이었기에 그런 용기가 필요했던 것은 아니었다.

그러므로 10:20의 '담대함'은 크랜필드가 주장하는 것처럼 이사야의 담대함이 아니고 던이 주장하는 것처럼 이사야의 예언의 담대함도 아니다. 그것은 바울 자신의 담대함이다. 자기 주장을 위해서 인용구의 문맥을 놀랍게 변경하여 유대인들의 심기를 불편하게 하는 주장을 하는 사람은 바로 바울이다. 바울은 이사야 선지자 자신이 이방인의 구원과 유대인의 거절과 관련하여 자신과 똑같은 입장을 취하고 있는 것처럼 묘사하고 있다. 하지만 이사야가 이런 입장을 취함으로써 매우 담대하게 예언하였다고 강조하는 것은 바울이다. 따라서 바울은 이 주제를 똑같은 방식으로 다룰 때 자신 역시 이사야와 비슷한 용기를 가지고 쓰고 있다는 사실을 의식하고 있는 것이다. 다시 말해, **여기서 바울은 자기 역시 이방인의 구원의 축복과 유대인의 불순종에 관해 매우 담대하게 썼다는 점을 지적하고 있는 것이다**. 이를 통해 알 수 있는 분명한 사실은 바울이 로마서에서 τολμα-라는 용어(ἀποτολμάω 10:20; τολμηροτέρως 15:15; τολμάω 15:18)를 주로 **이방인**의 구원의 축복을 확언하면서 사용하고 있다는 점이다.

(b) '내가 복음을 부끄러워 아니하노니': 1:16–17

바울은 서신의 끝부분에서만 자신의 담대함을 표현하고 있는 것은 아니라 서신의 시작 부분에서부터 담대한 주장을 펼치고 있다.[75] 바울은 1:16a에서 자신은 복음을 부끄러워 아니한다고 말한다.[76] 이는 복음이 구원을 위한 하나님의 역동적인 능력이며, 하나님의 의의 계시이기 때문이다. 더 나아가 바울은 복음이 혈통적인 차별 없이 **모든** 믿는 자들에게 구원을 주기에 복음을 확신하고 있다. 1:16에 πρῶτον(첫째는)이라는 표현이 나오기는 하지만, 바울이 παντί(모든)를 강조하는 주요 이유는 하나님의 구원의 축복에 이방인이 포함된다는 사실을 강조하기 위해서다. 이런 점은 바울이 이와 비슷하게 선언하고 있는 10:11-12에서 더 분명히 나타난다: '누구든지 저를 믿는 자는 **부끄러움을 당하지 아니하리라** 하니 유대인이나 헬라인이나 차별이 없음이니라'. 여기서 부끄러움을 당하지 않는 것은 그리스도를 향한 믿음과 유대인과 이방인 간의 구원론에 있어서 차별이 폐지되었기 때문이다. 10:11-13처럼 선언한 것은 구원의 수단인 믿음에 관하여는(본서 5장 참조) 유대인과 이방인이 동등하다는 점을 확증하기 위해서다. 이 구절은 1:16과 긴밀하게 병행을 이룬다. 여기서 다시 한 번 바울은 유대인과 이방인 간의 동등성을 강조한다. 바울이 그토록 열심히 로마에 복음을 전하려고 한 것(1:15)은 유대인과 이방인 모두에게 똑같이 적용할 수 있는 구원의 메시지를 부끄럽게 여기고 있지 않기 때문이다(γάρ). 믿는 자들이 복음의 이런 함의를 이해할 때 더 강건해지고 또 연합할 수 있다.[77]

---

75) Seifrid, *Justification*, 211. 바울의 부끄러워하지 않음에 대한 다양한 해석들의 토론에 대해서는 Grayston, "'Not Ashamed'", 569-573을 보라.

76) Dahl, *Studies*, 78은 1:16의 'οὐ ἐπαισχύνομαι'(내가 부끄러워하지 아니하노니)의 개념을 '담대함'과 잘 연결시키지만, 15:15과는 연결시키지 못하고 있다.

77) 바울은 고린도에 보내는 서신에서(고후 10:8-10) 이미 주께서 자신에게 주신 사도적 권위를 부끄러워하지 않는다고(유사한 동사, 미래 수동형 αἰσχυνθήσομαι) 선포하였다. 이 구절은 언어와 개념에 있어서 로마서 1:1-5, 16과 직접 관계된다. 그러나 이것은 그 이상으로 로마서에서 우리가 가지는 현재의 관심사와 중요하게 병행한다: 바울은 고후 10:10에서 그의 편지들이 '무게가 있고 힘이 있다'라는 그의 반대자들의 말을 받아들이는데, 이것은 분명히 바울이 매우 담대한 편지들을 썼다는 것을 의미한다. 바울은 자신의 반대자들의 말에 이어서, 그가 그렇게

바울은 사도적 소명과 함께 특별한 신적 계시를 받았다(갈 1:12). 믿는 모든 사람들에게 구원을 주시는 하나님의 복음을 바울은 물론이고 다른 사도들도 받았다(고전 15:3-11). 하지만 '사람이 의롭다 하심을 얻는 것은 율법의 행위에 있지 않고 믿음으로 된다'(3:28)는 복음의 진리는 특별히 바울이 전하도록 맡겨졌다.[78] 바울이 이 편지에 기록한 것과 같은 '복음'을 전하려고 하면 훨씬 더 큰 용기가 필요했을 것이다. 그래서 그가 종종 믿는 이방인들을 대신하여 논쟁을 하고 또 믿지 않는 유대인들을 비판적으로 묘사한 것도 이런 이유 때문이다. 특별히 로마서 1-4장과 9-11장에서 그런 모습을 볼 수 있다.

D. 요약

바울은 로마서의 다른 어떤 곳보다도 15:14-21에서 자신이 어떻게 그리고 왜 이 서신을 썼는지를 분명히 기술하고 있다. 그는 자신의 이방인 사도직에 근거하여 어떤 사항에 대하여 담대하였다는 점을 인정한다. 그는 자신이 이방인을 위한 참 사도임을 증명하기 위해 신학적인 쟁점들에 대해 용기 있는 입장을 취해왔다고 말한다. 바울은 종종 자신의 수고와 사역 열매를 통해서 자신의 사도성을 증명하려고 하였다(고전 9:2). 그는 이방인을 향한 사도적 책임감 때문에 로마의 신자들에게 '복음 전하기'를 갈망하였다(cf. 1:14-15). 상황이 허락되지 않아 그는 편지로밖에 복음을 전할 수 없

한 것은 하나님께서 고린도에 있는 믿는 자들을 세우라고 주신 권위 때문이라고 말한다(고후 10:8; 고전 13:10). 그는 고린도에 있는 사람들을 세우기 위해서 자신의 사도적인 권위에 따라서 실제적인 것에 대해 남의 말에 개의치 않고 권면을 하면서 그들에게 무게 있고 강력한 편지들을 쓴 것이다(οἰκοδομή; 고전 14:3, 5, 12, 26; 고후 10:8; 12:19; 13:10). 매우 유사하게, 그는 로마에 있는 사람들에게도 그리스도인의 행동에 대한 몇 가지 실제적인 권고들을 줄뿐만 아니라, 그들이 그리스도를 믿는 믿음으로 말미암아 받은 구원의 함의와 그 의미를 설명하면서 그들을 견고하게 하기 위하여 담대한 편지를 쓰고 있다(στηριχθῆναι, 견고케 하다; 1:11; 15:15; 16:25). 이렇듯 그는 자신이 참으로 이방인을 위한 그리스도의 참 일꾼인 것을 나타내고 있다.

78) 이것은 이 복음이 '나의 복음'이라고 바울이 주장할 때 그가 의미한 바일 수 있다(2:16; 16:25; Cf. 딤후 2:8); 뒤에 pp. 381-384, 부록 pp. 387-393을 보라.

었는데, 복음이 함의하는 바를 쓰면서 그는 두려움 없이 담대한 태도를 취하였다. 바울은 그들의 사도의 자격으로 편지를 썼으며, 자신의 편지가 이방인을 향한 자신의 참 사도직을 증명해주기를 기대하였다.

복음전도 사역 중에 특히 이방인 가운데서 겪은 개인적인 성령 체험은 선지자적 담대함을 품을 수 있는 또 다른 근거가 되었다(15:17-18). 담대함의 내용은, 율법 준수가 아닌 오직 믿음으로 얻을 수 있는, 이방인 구원의 합법성과 관련한 복음의 좀더 깊은 함의를 설명하는 데서 나왔다. 바울은 자신의 담대함을 이사야 선지자(사 65:1-2)의 담대함과 동일시한다. 바울에 따르면, 이사야는 이방인이 하나님을 찾는 축복을 받을 것임을 예언했으며, 동시에 유대인들의 불신과 거부에 대해서도 예언하였다. 그가 자신의 사역을 이방인들과 관련시키고 있다는 사실은 중요하다. 서신의 마지막 인용 구절(15:21)은 또한, '바울의 주해에서 가장 중요한 주제는 유대인의 **거부**와 이방인의 **부르심**'과 관련이 있음을 가리키며,[79] 다음 장에서 보겠지만 이 주제는 곳곳마다 분명하게 나타나고 있다. 그가 서신 전체에서 이사야서 본문에 많이 의존하는 이유는 이사야와 바울이 공유하는 보편적이고 종말론적인 관점이라는 공통분모 때문일 것이다.

바울이 로마서를 담대하게 쓴 것은 사실 그가 복음을 부끄러워하지 않는다고 선언한 서신의 초반부터 명시되고 있다(1:16). 거기서 바울은 강조하여 이 복음은 '믿는 **모든 자들에게**, 첫째는 유대인에게, 또한 (동등하게) 이방인에게도' 구원을 주시는 하나님의 능력이라고 말한다. 바울은 '또한 (동등하게) 헬라인에게도'라는 설명구를 덧붙이고 있으며, 1:16-17에서 자주 반복되는 용어인 πίστις/πιστεύω(믿음/믿다)를 사용하고 있다. 이를 통해 바울은 이제 그리스도 안에서 얻을 수 있는 구원의 보편성을 지적할 뿐 아니라, 이방인의 믿음(cf. 9:30; 10:20; 15:17-18)과 유대인의 불신(cf. 9:31-33; 10:21; 11:7-10, 20)이라는 그의 더 깊은 관심사를 드러내 보이고 있다. 이처럼 바울은

79) Ellis, *Paul's Use*, 121도 옳다; cf. Hays, *Echoes*, 162-163.

하나님의 은혜로 주어져서, 율법과 상관없이 믿음으로 얻는 이방인 구원의 합법성을 확증하고 변호하는 것을 로마서의 무게중심으로 삼고 있다. 바울은 이방인도 유대인과 동등하게(즉 믿음으로; 3:28, 30) 구원을 받을 수 있다고 주장한다. 이것은 하나님의 백성이 되는 기회가 동등하다는 뜻이지, 유대 방식의 구원(즉, 율법 준수; 9:32)의 측면에서 동등하다는 뜻은 아니다. 도리어 유대인이 구원을 받으려면 오직 믿음만을 행사하는 이방인들의 본을 따라야 한다. 이것이 이후 장들에서 살피겠지만, 로마서 전체에 나타나는 바울의 중요한 주장이다(1:18-15:13)

앞서 인정한대로 15:14-21은 서신의 후반부다. 만약 이 결론 단락(15:14-21)과 도입 구절들(1:1-16)이 주제상 상응한다면, 로마서 15:14-21을 서신의 의미를 결정하는 해석적 열쇠로 보자는 우리의 제안은 유효할 수 있다. 그리고 우리가 관찰을 통해 얻은 특정 관점으로 서신 전체를 읽는 것도 정당화될 수 있을 것이다. 그리고 앞으로 우리는, **이 두 단락에 등장하는 명백한 주제(*theme*)는, 바울은 자신이 이방인의 사도라는 사도적 자기 인식을 가지고 이 로마서를 썼다는 사실**이라는 주장을 좀더 펼칠 것이다. 우리가 다음에 할 일은 1:1-15을 연구하여 이 부분과 15:14-21간의 주제적 상응관계를 결정하는 하는 것이며, 만약 거기서 일관성을 찾는다면 바울의 사도적 자기 인식이라는 관점으로 본론(1:16-15:13)을 해석할 수 있게 될 것이다.[80)]

2. 바울의 사도적 자기 인식에서 출발한 로마서: 1:1-15

이 단락은 1:1-15이 15:14-21(33)과 얼마나 상응하는지를 관찰하고, 이를 통해 이 도입 단락 역시 15:14-21에 대해 우리가 제안한 것과 같거나 비슷한 해석학적 접근을 하고 있는지를 살필 것이다. 아래에 요약해 놓은 분석은 두 구절들이 주제상 밀접한 병행을 이루고 있음을 분명히 가리키고 있

80) Klein, 'Purpose', 34, n. 22.

다:[81]

1:1-7 로마서에 접근하는 개인적인 전망
=15:14-21 로마서에 접근하는 개인적인 회고
주제: **구약과 조화를 이룬 바울의 이방인 사도직**

1:8-15 로마를 방문하려는 이전 계획
=15:22-33 로마를 방문하려는 미래 계획
주제: **사도적 방문에 대한 강한 소망**

1:16-17 로마서 본론에 대한 주제적 서론
=15:7-13 로마서 본론에 대한 주제적 결론
주제: **하나님의 구원에 포함된 이방인**

우리는 바울이 이 서신을 어떻게 시작하고자 했는지에 대한 암시를 1:1-7에서 살피고자 한다. 그러고 나서 그런 암시가 15:14-21에 나온 그의 회고적 설명과 일관성을 갖는지, 그래서 이 후반부 구절이 서신 전체의 의미를 결정하는 해석적 열쇠라는 우리의 전제를 증명하는지 여부를 살피고자 한다. 1:8-15에서 바울은 로마의 신자들에게 그들을 방문하기를 간절히 원했던 심경을 피력한다. 로마서가 바울이 원했던 사도적 방문 때 전하고 싶었던 내용이라는 것을 보여주는 암시에 대해서 생각해 보고자 한다. 만약 우리가 찾은 암시가 15:14-21에서 찾은 것과 일관성을 보인다면, 우리는 이 장에서 얻은 관점을 가지고 서신의 본론(1:16-15:13)을 해석하기 시작할 수 있을 것이다.

81) 우리의 분석과는 다르지만 Minear, *Obedience*, 37도 1:1-17과 15:13-33 사이의 병행 관계를 관찰하고 있다.

A. 이방인을 위한 사도직에 관한 바울의 자기소개: 1:1-7

바울은 자신을 δοῦλος(종)와 ἀπόστολος(사도)로 소개한다. ἀπόστολος(사도)는 특정 과업을 위해 특별히 선택되었음을 강조하는 표현인, κλητὸς(부르심을 받은)와 ἀφωρισμένος(택정함을 입은)가 수식하고 있다. 이런 사명 용어들은 바울의 이방인 사도직을 강조하고 있는 부분인, 갈라디아서 1:15-16과 상응할 뿐 아니라, 이사야 49:1-8의 용어와도 밀접하게 연결되어 있다. 바울은 구약의 어떤 책보다도 이사야서를 많이 인용하고 있기에 그는 분명 이사야서의 주제를 염두에 두고 있을 것이다.[82] 바울은 '야곱 족속'을 넘어 이방인을 위한 더 큰 사역에 자신의 종을 부르신 하나님에 대한 이사야서의 예언을 성취하는 것이 자신이 역할이라고 전제한 것 같다(사 49:6; cf. 행 13:47). 그는 실제로 자신의 사도직이 **이방인을 위한** 것이라고 명시하고 있다(1:5; 11:13; 15:16; 갈 1:15-16; 2:7-9).[83] 따라서 '하나님의 복음을 위하여 택정함을 입었다'고 말할 때, 그는 자신의 부르심이 통상적으로 유대인들이 생각했던 것과 정반대라는 것을 잘 알고 있었다. 다시 말해서, '이방인**으로부터**(from)의 분리라는 이상(理想)은 이제 바울에게는 이방인을 **위한**(for the sake of) 분리가 된 것이다.'[84] 이것이 바울 사상의 근본 구조다.[85] 그러므로 바울의 자기 소개는 바울 주장의 방향을 더 잘 이해할 수 있는 길을 열어준 듯이 보인다: '바울은…(이방인을 위한) 사도로 부름을 받아 (이방인에게까지 이른) 하나님의 복음을 위하여 택정함을 입었다'(1:1). 바울에게는 이방인을 위해 받은 은혜와 사도직[86]은 그의 자기 이해의 근간이며, 항상 이방인을 포함하는

82) Dunn, *Romans* 1,8-9. 위의 책 pp. 31-32, nn. 63, 65를 보라.

83) Mucnk, *Christ*, 122.

84) Dunn, *Romans* 1, 9. 바울은 그가 그리스도인이 되기 이전에는 '구분된 자'(separated one)였다. 곧 조상들의 율법과 전통들을 유지하는 데 헌신한 바리새인이었다(갈 1:13-14; 빌 3:4-6; cf. 행 22:3; 23:6; 26:5): Hengel, *Pre-Christian Paul*, 40-53을 보라.

85) Müller, 'Grundlinien', 232.

86) 바울은 종종 '은혜와 사도직'을 결합한다. 예. 12:3; 15:15-16; 고전 3:10; 갈 1:15-16; 2:9. Cranfield, *Romans* 1, 65-66을 보라. 그는 이 문구를 '사도직의 은혜'로 번역한다. Lightfoot,

하나님의 구원 계획에 기여하도록 주신 것들이다.[87]

바울의 임무는 하나님께서 이전에 하나님 자신을 위하여 선지자들을 통하여(즉, 구약 전체, '성경에')[88] 약속된(προεπηγγείλατο) 하나님의 복음을 선포함으로써 모든 이방인들이 믿어 순종케 하는 것이었다(εἰς ὑπακοὴν πίστεως ἐν πᾶσιν τοῖς ἔθνεσιν).[89] 로마서의 시작 부분에서부터 바울은 자신의 복음 제시는 구약의 약속에 상당히 의존하고 있음을 지적하고 있다(1:1-2).[90] 바울에게 복음은 구약 약속의 목적이며, 이제 그는 예수님이 이 구약의 약속을 성취하는 메시야라고 선언하고 있다.[91]

'믿어 순종케 함'은 로마서의 핵심 주제다.[92] 이 용어 '순종'은 하나님의 언약의 은혜에 대한 이스라엘의 합당한 반응이기에(신 26:17; 30:2),[93] 특히 유대인들과 관련된 것으로 간주되곤 한다. 하지만 바울이 이 용어를 이방인의 믿음과 관련시키고 있다는 점에 주목하는 것이 중요하다. 이 때문에 던이 '바울은 복음에 대한 이방인의 믿음의 반응을 이스라엘을 통한 하나님의 언약적인 목적의 성취로 이해하기를 바라고 있다'[94]고 말한 것은 옳다. 이방인의 믿음의 순종은 하나님께 영광이 되지만(1:5; 9:17; 10:11-13; 15:9, 18; 16:26; cf. 행 14:27; 15:3-4, 12; 21:19-20), 유대인들의 불신과 불순종은 이방인 중에

Notes, 246, '"사도직의 은혜로운 특권", 또는 "사도직에 맞는 은혜"가 맞는데, (그 이유는) 사도직은 그 자체로 χάρις이기 때문이다.' Newman and Nida(*Romans*, 11-12)는 그것을 '사도가 된 특권'으로 해석한다.

87) Dunn, *Romans* 1, 18; Jervis, *Purpose*, 158.

88) Meyer, *Romans* 1, 42: 이 문구는 '구약에서 복음을 예언했던 모든 것에 대한 언급'이다(심지어 모세, 다윗 그리고 다른 사람들도 배제되지 않는다)'. cf. Cranfield, *Romans* 1, 56 n. 4; Ziesler, *Romans*, 60.

89) 신약에서 유일한 다른 사용은 고후 9:5이다. 그러나 이것은 예루살렘의 믿는 자들을 위한 연보를 준비하는 것에 관한 것이다.

90) 오히려 εὐαγγέλιον ὃ προεπηγγείλατο[복음은… (하나님이) 약속하신 것이라]란 문구가 그 서신의 주제적 개념(thematic idea)을 포함한다고 주장한다.. 그러나 1:16-17에 '복음'이란 단어가 들어 있고 합 2:4이 인용되었다는 사실은, 1:16-17이 1:2과 조화를 이루며, 그 주제에 대한 좀더 명확한 진술이란 점을 암시한다.

91) Cf. Lightfoot, *Notes*, 244-245.

92) 로마서 1-4장과 관련한 이 논제에 관해서는 Davies, *Faith*, 여러 곳을 보라.

93) Dunn, *Romans* 1, 18.

94) Dunn, *Romans* 1, 18.

서 하나님이 모독을 받게 한다(2:24). 바울이 볼 때 하나님의 구원은 믿음으로만 받으며, 이 믿음을 행사한 자들이 바로 이방인들이다(9:30).

하나님은 죽음과 부활을 통해 εὐαγγέλιον(복음)의 내용을 성취한 자신의 아들에 관한 좋은 소식을 성경에 예언하셨기에, '(그리스도가) 복음의 결정적인 내용이 된다.'[95] 하지만 바울의 복음에 관한 설명은 그 이상이다. 그는 한 걸음 더 나아가, 이 복음이 **유대** 성경에 기록되어 있기는 하지만 이방인을 위한 것이기도 하다고 주장한다. 바울에게 '하나님의 복음'과 '하나님이 주신 사도직'은 떼려야 뗄 수 없는 관계다. 전자가 성경에서 약속한 것이라면, 후자도 그렇다. 하나님의 복음은 원래 의도된 대로 이방인들에게도 선포되어야 한다.[96] 바울은 자신의 주장의 방향을 보여주고 있다. 즉 하나님의 복음은 유대인과 이방인 모두에 동등하게 관심을 갖고 있지만[97], 나중에 설명하는 바와 같이 그 강조점은 후자(이방인)에게 있다.[98] εἰς εὐαγγέλιον θεοῦ, ὃ προεπηγγείλατο διὰ τῶν προφητῶν αὐτοῦ ἐν γραφαῖς ἁγίαις (이 복음은 하나님이 선지자들로 말미암아… 성경에 미리 약속하신 것)라는 표현을 통해 바울은 자신을 하나님의 약속의 성취로 설명할 것이고, 복음과 관련한 바울의 주장은 선지자들을 통해 주신 하나님의 말씀에 근거하여 정당화될 것임을 지적하고 있다. 이런 이유로 바울은 자신이 쓴 다른 서신들보다 로마서에서 구약을 훨씬 많이 인용하여 자기 주장을 뒷받침하고 있는 것이다.[99]

로마서에서 바울의 주제는 구약에 나타난 약속의 성취로서의 복음이

95) Käsemann, *Romans*, 10.
96) 다음 장들에서 살펴보겠지만, 로마서의 53개 구약 인용 가운데 절반 이상이 이방인의 구원의 합법성을 구체화하기 위해 인용되었다.
97) Cf. Ziesler, *Romans*, 64
98) 본서 pp. 46-51.
99) 바울은 그의 논의를 확립하기 위해서 로마서에서 53개의 구약 구절을 인용한다. 게다가 암시적으로 쓰인 27개의 인용구절이 더 있다(Ellis, *Paul's Use*, 150-154). 이는 바울 서신들의 구약 인용 가운데 60% 이상이 로마서에 나온다는 것을 의미하기도 한다.

며,[100] 하나님께서 구약에서 선지자들을 통해 미리 약속하신 이 복음은 περὶ τοῦ υἱοῦ αὐτου(그의 아들에 관한) 복음**일 뿐 아니라**, 바울을 통해 하나님의 이름을 위하여 이방인들을 믿어 순종케 하실 하나님의 약속이다(1:2-5).[101] 주목할 점은, 로마서에서 바울은 예수님의 메시야 되심을 확립하거나 그의 죽음과 부활을 증명하기 위해서 구약을 사용하는 것이 아니라,[102] 주로 죄와 칭의의 보편성(3-4장), 그리고 이스라엘의 불신과 이방인의 믿음(9-11장)을 확립하는 데 사용하고 있다는 사실이다. 이방인을 위한 바울의 구약 사용은 갈라디아서에서 이미 분명히 나타나고 있다: '하나님이 이방을 믿음으로 말미암아 의로 정하실 것을 성경이 미리 알고 먼저 아브라함에게 복음을 전하되 모든 이방인이 너로 말미암아 복을 받으리라 하였느니라'(갈 3:8). 그는 또한 로마서에서 율법과 선지자의 증거는 율법 외에 하나님의 의가 나타나서 이제 혈통적인 구별이 없이 예수 그리스도의 믿음을 통해서 믿는 모든 자에게 미친다고 로마서에서 분명히 하고 있다(롬 3:21-22). 아브라함과 다윗에 호소하는 로마서 4장의 전체 논의의 목적은 다윗이 언급하는 축복이 할례자만 아니라 무할례자를 위한 것도 된다는 점을 분명히 하는 데 있다(4:9). 바울은 아브라함의 **믿음**을 따른 이방인들은 합법적으로 그의 후손으로 주장할 수 있다고 강조한다(4:16-22).[103] 따라서 바울의 구약 사용은 근본적으로 구약의 예언들과 약속들이 자신의 이방인 사도직과 이방인 선교 사역을 뒷받침한다는 그의 견해에 근거하고 있는 듯하다.

바울은 자신의 편지의 수신자를 '로마에 있는 모든 자(πᾶσιν)'로 한다. πᾶ-

---

100) Murray, *Romans* 1, 4.

101) 1:1-7은 헬라어로 한 문장이며, 5절은 2절과 연결되어 있다; 그래서 구약에서 약속된 것은 '그의 아들에 관해서'와 온 세상에 대한 그의 메시야 직분의 선포에 대한 것 둘 모두다. 거의 정확한 병행을 눅 24:27, 44-46 **그리고** 47에서 볼 수 있다. 이곳에서는 이전에 구약에 기록된 것처럼 그리스도의 고난/부활 **그리고** 세상에 그의 이름이 선포되는 사건이 다 전제되어 있다.

102) 바울은 아마도 이 면을 상술할 필요가 없다고 본 것 같다. 왜냐하면 그의 독자들은 이미 예수님의 죽음과 부활에 대한 복음을 믿고 있었기 때문이다.

103) 더 자세한 논의를 위해서는 제3장을 보라.

σιν(모든)이란 단어를 썼다고 해서 꼭 로마의 신자들은 ἐκκλησία(교회)로 불릴 자격이 없다고 볼 필요는 없으며,[104] 다만 유대인과 이방인 신자들을 모두 아우르는 표현일 것이다.[105] 도입 단락에서 바울은 이 편지는, 개인적으로 그리고 종족적으로, 로마의 **모든** '성도들'에게 보낸다고 말하고 있는 것이다. 또한 편지를 시작하면서 **이방인들**을 포함한 모든 신자들의 새로운 신분에 대해 암시하며, 그는 이것을 나중에 로마서 5-8장과 9-11장에서 좀 더 언급할 것이다. 이제 우리는 그가 1:7에서 말한 것의 중요성을 아래와 같이 요약할 수 있을 것이다:

> κλητοῖς ἁγίοις(성도로 부르심을 입은)라는 문구(1:7)는 서신의 결론 부분에서 특별히 이방인과 관련된 표현인 ἡγιασμένη ἐν πνεύματι ἁγίῳ(성령 안에서 거룩하게 되어)와 관련되어 있다.[106] 동사 ἁγιαζέσθαι(거룩하게 되다) 역시 부르심과 택하심과 거룩하게 하심의 개념에 속한다(8:33; 15:16). 바울이 자신의 사역(부르심과 순종과 거룩하게 하심을 포함하여)을 이방인을 위한 λειτουργὸς(제사장)(1:9; 15:15-16)로 진술하고 있다는 점은 매우 중요하다. 하나님의 사랑을 입었다는 것은 구약에서 유대인들에게도 공통적으로 적용되는 어떤 것이지만(시 60:1-12, 특히 5절; 108:1-13), 바울은 지금 하나님의 사랑이 이방인에게까지 확장되고 있다고 생각하고 있는 것이다. 다시 말하지만, '성도'라는 용어는 하나님에 의해 그분의 백성으로 택정함을 받았다는 이스라엘의 특별한 정서를 표현하는 단어인데(예. 신 7:6; 시 16:3; 사 4:3; 단 7:18; Wis. 18:9 등), 지금 바울은 이 표현을 이방인에게도 사용하고 있다(cf. 골 1:2).

104) Pace. Klein, 'Purpose', 41-42; Bartsch, 'Empfänger', 86; cf. Watson, *Paul*, 104. 바울이 로마의 믿는 자들을 ἀγαπητοῖς θεοῦ, κλητοῖς ἁγίοις(하나님의 사랑하심을 입고 성도로 부르심을 입은)(1:7b)로 묘사하고 그들의 영적인 수준에 대해서 묘사하는 것(6:17; 12:5; 15:14-15; 16:19)은 로마의 회중이 교회라는 것을 명백히 암시한다(cf. 빌 1:1). 그러나 Cranfield, *Romans* 1, 22, n. 2, 70-71을 보라.

105) Käsemann, *Romans*, 15: 강조된 용어인 πᾶσιν(모든)은 '공동체의 모든 회원들을 포함시킨다'. Lightfoot, *Notes*, 246이 인지한 바가 가장 합당하다: '그 교회의 두 부분을 함께 묶으려는 노력…: "유대인이건 이방인이건 모두에게 나는 차이를 두지 않는다".'

106) Cf. Sir 36:12; *Jub*. 2:20; *Ps. Sol*. 18:4; *2 Apoc. Bar*. 78:3. 여기서는 하나님의 사랑/부르심이 오직 유대인을 위해서만 주장되고 있다.

'거룩'이란 용어는 주로 하나님께 적용되고 또 하나님의 백성인 이스라엘에도 적용된다.[107] 유대교에서는 이 단어를 결코 이방인들에게는 적용하지 않는다. 따라서 바울이 이 단어를 이방인 신자들에게 적용한 것은 충격적인 일이다(골 1:2, 12, 22도 마찬가지다; '골로새에 있는 성도들, 곧 그리스도 안에서…형제들에게'). 이스라엘의 '거룩'이 자비하신 하나님의 선택에서 비롯되기에, 이방인 신자들도 같은 근거로 거룩하다. 물론 바울은 선택이나 거룩의 근거는 그리스도와의 연합이라고 생각하지만 말이다(고전 1:2).[108] 이 하나님의 은혜를 따라서 이방인 신자들은 ἀγαπητοι(사랑을 입은 자)요 κλητοι(부르심을 받은 자)요 ἅγιοι(성도)가 된다. 이방인보다 자신들이 더 우월하다고 주장하는 유대인들에게 이렇게 선언하는 일에는 매우 큰 용기와 담대함이 필요하다.

B. 이방인을 향한 바울의 사도적 의무: 1:8-15

책의 서론에서 서신의 기록 목적과 관련하여 이 부분을 짧게 살펴보았지만, 여기서 다시 짧게 언급하려고 한다.[109] 첫째, 바울은 복음을 위한 자신의 섬김을 분명 제의적(祭儀的) 성격을 가리키는 단어인 λατρεύω(섬기다, 1:9)란 동사로 묘사한다. 바울은 이방인에게 복음을 전하여 그들을 흠향할 예물로 하나님께 드리는 제사장 직무를 위임받았다. 이 부분은 15:15-16(λειτουργός, 제사장)과 긴밀하게 병행을 이룬다. λειτουργέω(제사드리다)와 λατρεύω(섬기다)는 근본적으로 같으며 '모든 신자들이 기도와 개인적인 경배를 통해서 하나님께 드릴 수 있는 거룩한 사역과 제사장적 섬김'[110]과 관련이 있다. 서신을 시작하면서 바울은 자신의 사역은 거룩한 섬김(12:1도)과 관련이 있다고 말하지만, 서신의 결론 부분에서는 명시적으로 자

107) Cf. Cranfield, *Romans* 1, 70.

108) Cf. Dunn, *Romans* 1, 19-20; Cranfield, *Romans* 1, 70.

109) 더 상세하게 다룬 글을 위해서는 최종상, 'Paul's Apostolic Self-Awareness and the Occasion and Purpose of Romans', 116-137을 보라

110) Hill, *Discovery Bible*, 543; Thayer, *Lexicon*, 372-373, 375; BAGD, 467, 470; 또한 Müller, 'Grundlinien', 225-226.

신의 제사장적 섬김은 구체적으로 이방인 가운데서 행해지며, 그 결과 이방인들은 자신들이 하나님께 드리는 예물이 된다고 말한다.

둘째, 이방인에게 전도하는 바울의 사명이 1:14에 표현되고 있다: Ἕλλησίν τε καὶ βαρβάροις, σοφοῖς τε καὶ ἀνοήτοις ὀφειλέτης εἰμί('헬라인이나 야만인이나 지혜 있는 자나 어리석은 자에게 다 내가 빚진 자라'). 대부분의 학자들은 '두 쌍은 모두 이방인 전체를 가리키며, 다만 그들은 같은 전체의 서로 다른 그룹을 대표한다'[111]는 데 대체로 동의한다. 또 그 쌍의 결합이 '더 기대될 법한 유대인과 헬라인 사이의 대조'가 아닌 것도 놀랍다.[112] 실제로 바울은 아직까지 유대인에 대해서는 전혀 언급하고 있지 않다.[113] 반대로, 바울은 자신이 '모든 **이방인들** 중에서 사람들을 부르기 위해 은혜와 사도직을 받았다'(1:5)고 단언한다. 그러므로 1:8-15은 사도로서 바울이 주로 이방인에게 관심이 있음을 보여주고 있는 것이다.

그는 이 다양한 이방인 그룹들에게 빚진 자임을 인식하고 있는데, 그것은 하나님께서 그에게 이방인들을 향한 의무를 부여하셨기 때문일 뿐 아니라, 고뎃(F. Godet)이 말한 대로, '바울은, 어떤 범주에 속했든지 간에, 그들 모든 개인을 **자신의 채권자**로 간주하고 있기 때문이다. 바울은 자신이 받은 은혜와 직분 때문에 자신의 생명과 인격을 그들에게 빚지고 있는 것이다.'[114] 따라서 미니어(P.S. Minear)도 이 점을 잘 관찰하고 있다: '바울이 자신의 소명 때문에 하나님께 빚을 진 만큼 하나님께서 바울을 부르신 이유가

111) Cranfield, *Romans* 1, 83-85; 이렇듯 또한 Knox, 'Romans', 389; Dunn, *Romans* 1, 33; Ziesler, *Romans*, 66; Morris, *Romans*, 63. Cosgrove, 'Rom 1:18-4:25', 623. cf. Bartsch, 'Empfänger', 83, 그는 바울이 '야만인'이란 용어로 유대인을 언급한다고 주장한다.

112) Dunn, *Romans* 1, 35.

113) 이와 같이 NIV의 'Greeks and *non-Greeks*'(헬라인과 비헬라인)란 번역은 옳지 않다. 후자는 유대인을 가리킬 수 있으며 그것은 여기에서 의도된 게 아니기 때문이다. 'Ecumenical Theology', 603에서의 Jewett의 견해는 더 받아들이기 어렵다: '유대인 억양이 남아 있고 헬라-로마 문화에 완전히 밝지 못한 그 유대인 그리스도인들은 이 범주에 속할 수 있다[곧 'βάρβαροι'(non-Greek, 비헬라인)].'

114) Godet, *Romans*, 89; 또한 Murray, *Romans* 1, 24 n. 18에 의해 긍정적으로 인용됨. cf. Gager, *Origins*, 253.

되는 이방인들에게도 빚을 졌다.'[115] 바울은 자신이 위하여 부름 받은 이방인들에게 복음을 전해야 한다는 자발적인 의무감뿐 아니라, 그들에게 감사하는 마음도 있었던 것처럼 보인다. 이 때문에 그는 로마로 가서 복음을 전하고 싶은 간절한 마음을 표현하고 있는 것이다. 이제 그는 복음을 **기록으로** 전함으로써 사도적 의무를 실현하려고 하는 것이다.

요약하면 이렇다: 바울은 자신의 이방인 사도직을 서신의 시작 부분에서 상술하고 있다(1:1, 5, 14-15). 그는 자신이 하나님께서 미리 성경에 약속하신 것을 성취하시려고 하나님의 복음을 전하는 사도로 부름 받아 구별되었다고 생각한다. 그는 자신의 사도직은 이방인을 믿어 순종케 하기 위함임을 잘 알고 있으며, 이런 사실은 그가 15:14-21에서 쓰고 있는 바와 일관성을 가진다. 1:1-15에서 바울은 믿는 유대인과 믿는 이방인을 함께 끌어안고 있으며, 둘 모두를 ἀγαπητοι(사랑 받는 자)와 κλητοὶ ἅγιοι(성도로 부름 받은 자)로 묘사함으로써(1:7) 동등한 한 그룹으로(πάντες) 대하고 있다. 그는 또한 로마의 신자들에게 '복음을 선포하여' 그들을 강건케 해야 한다는 자신의 사도적 의무를 생각하면서 기도 중에 로마를 방문할 계획을 세웠다고 말한다. 바울이 강한 사도적 자기 의식 때문에 로마 방문 계획을 세웠듯이, 이제 로마에 가지 못하게 된 상황에서 그는 15:16에 언급된 '제사장 직무'를 성취해야 하는 동일한 사명 때문에 이 편지를 쓰고 있는 것이다.

3. 하나님의 구원에 이방인도 동등하게 포함되다: 1:16-17

우리는 앞에서 서신의 시작 부분은 바울의 사도적 자기 이해를 통해 형성되었고, 이 주제는 15:14-21에서 그가 더 분명하게 가리킨 것과 일관성을 유지한다는 점을 살펴보았다. 이방인이 유대인과 동등하게 하나님의 구원의 축복에 포함된다는 사실을 10:20-21과 15:21 같은 구절들을 연구하

115) Minear, *Obedience*, 104-105.

면서 살펴본 바 있다.[116] 이 주제는 1:16-17에 표현된 서신의 주제 진술과 상응하는가? 이 주제 진술이 유대인의 우위를 확증하기 위한 것인지 아니면 하나님이 복음에서 유대인과 이방인 간의 근본적인 동등성을 표현하기 위한 것인지를 살피고자 한다.

A. 'Ἰουδαίῳ…πρῶτον' (첫째는… 유대인에게요): 유대인의 우선권 (priority)?

우리는 앞서 바울이 1:16-17에서 자신이 매우 담대하게 주장을 피력하고 있음을 주목한 바 있다.[117] 1:16-17은 바울의 위축되지 않은 복음 선포에 대한 확증일 뿐 아니라, 로마서의 나머지 부분에서 자신이 어떤 태도로 논지를 전개할지를 드러내고 있는[118] 주제 진술도 된다.[119] 더욱이 이 구절은 사도적 목적을 담고 있다.[120] 바울이 로마의 모든 사람들에게 복음을 전하기를 간절히 원한 이유(1:15)는 그가 복음을 부끄러워하지 않기 때문이다(1:16에 나오는 중요한 접속사 'γάρ'). 복음은 믿는 **모든 자에게** 구원을 주시는 하나님의 능력이다. 그래서 바울은 'Ἰουδαίῳ τε πρῶτον καὶ Ἕλληνι'(첫째는 유대인에게요 또한 헬라인에게로다)라고 덧붙인다.

이 문구는 종종 유대인과 헬라인, 두 그룹의 존재를 가리키는 표현으로 사용하되, 이때 유대인이 헬라인보다 우선시되지만 헬라인도 포함된다는 뜻으로 간주된다. 하지만 헬라어 본문에서 바울은 'τε… καί'(~와 또한)라

---

116) 앞에 pp. 59-65.

117) 앞에 pp. 66-67.

118) 대부분의 주석가들은 1:16-17이 로마서의 논제를 포함한 것으로서 여긴다: 예. Barth, *Romans*, 35; Meyer, *Romans* 1, 66; Nygren, *Romans*, 65; Barrett, *Romans*, 27; Käsemann, *Romans*, 21; Cranfield, *Romans* 1, 87; Black, *Romans*, 43; Wilckens, *Römer* 1, 77; Dunn, *Romans* 1, 36-37; cf. Ziesler, *Romans*, 35, 67.

119) Dunn, *Romans* 1, 37, 40.

120) Dahl, *Studies*, 82; Dunn, *Romans* 1, 33; Jewett, 'Ecumenical Theology', 609, 그러나 그들의 통찰은 구체화되지 않았다.

는 표현을 사용하여 유대인과 이방인을 παντί로 묘사된 한 그룹으로 밀접하게 관련시키고 있다.[121] 바울이 'πρῶτον'(첫째는)이라고 말한 것을 간과하지 않아야 하듯이, 아래서 보겠지만, 그가 'τε'라는 표현을 쓴 것 역시 간과해서는 안 된다. 이는 이 표현이 복음 앞에서 유대인과 이방인 간의 근본적인 동등성을 암시할 뿐 아니라,[122] 두 그룹 사이의 구별을 배제시키기 때문이다.[123] 따라서 라이트(N.T. Wright)가 이 구절에 관한 가장 적절한 번역을 제시하고 있는 듯하다: '이는 먼저는 유대인이요, 또한 동등하게 헬라인에게로다.'[124]

πρῶτον(첫째는)이라는 수식어는 분명 'Ιουδαίω(유대인에게요)를 수식하며, 따라서 그것은 특권이나 수위권(primacy)을 의미하여 유대인의 '우선권'(priority)을 암시하는 듯 보인다.[125] 하지만 특권이라는 의미는 영광과 명예와 평강과 마찬가지로 환난과 곤고 역시 ''Ιουδαίῳ τε πρῶτον καὶ Ἕλληνι'(첫째는 유대인에게요 또한 헬라인에게, 2:9-10)라는 사실에 의해 부정된다. 바로 다음에 이어지는 결론적인 언급 역시 놀랍다: '이는 하나님께서 (유대인에 대해서) 특별한 혜택을 베풀지 않으시기 때문이다'(2:11).[126]이런 특권 개

121) 'τε … καί' 구문에 대해서는 BDF, 230을 보라.

122) Cranfield, *Romans* 1, 91.

123) BDF, 230: '(롬 1:16)의 τε καί는 그 차이를 오히려 무시한다.'

124) Wright, 'Romans', 187f. 그러나 대부분의 영어 번역들과 주석가들은 그 문구의 중요성을 충분히 보여주지 못하고 있다. KJV, RV, RSV, NASB는 그것을 'to the Jew first(,) and also to Greek'로 번역한다; 그리고 JB, NEB, Phillips는 'but'란 접속사를 사용하여서 유대인의 우선권을 암시한다: '(for) (the) Jew first, *but*(the) Greek also(as well)'; 그것을 가장 명확히 나타내는 것은 NIV다: 'first for the Jew, *then* for the Gentile'. 일부 주석가들도 그와 같은 암시를 제안한다: Barrett, *Romans*, 27, 'Jew first, and then the Gentiles too'; Black, *Romans*, 44는 RSV 본문을 사용하지만 그것을 'first to the Jew…, then to Greeks'로 이해한다; Kümmel, *Theology*, 193은 신중하게 'then'을 괄호에 넣는다: 'first to the Jews and (then) to the Greeks'. 그러나 *Jewish New Testament* (D.H. Stern 번역)가 그것을 'to the Jew especially, but equally to the Gentile(특별히 유대인에게요 그러나 동등하게 이방인에도이니라)'로 번역하는 것은 시사하는 바가 크다.

125) Cf. Sinclair, *Jesus*, 33.

126) '차이가 없다 그래서 편애가 없다'라는 지적은 로마서와 다른 바울 서신들에서 종종 반복된다 (1:5; 2:11; 3:9, 12, 19, 20, 22, 23, 27-31; 4:11, 12, 16; 5:12, 18; 8:32; 9:24; 10:4, 11, 12, 13; 11:32; 15:11; 고전 1:22-24; 12:13; 갈 2:14-16; 3:26-29; 골 3:11; cf. 갈 5:6; 6:15).

념은 '차별이 없다'(3:22; 10:12; cf. 갈 3:28; 골 3:11)는 더 중요한 주장에 의해서 부정되거나 혹은 균형이 잡힌다. 더욱이 로마서의 더 광범위한 문맥을 고려할 때 바울의 주 관심은 복음과 관련해서 그처럼 유대인의 우위를 강조하거나 변호하는 데 **있지 않다**는 것이 분명해 보인다.[127] 실제로 바울은 '복음으로 하면 (믿지 않는 유대인인) 저희가 너희를 인하여 (하나님의) 원수 된 자'(11:28a)라고 말한다.

물론 바울은 유대인에게 여러 면에서 많은 유익이 있다고 주장한다. 이는 하나님께서 그들에게 말씀을 맡기셨기 때문이다(3:1-2). 하지만 놀라운 것은, 일관성 있게 글을 쓰는 바울이 πρῶτον(첫째는)이라는 말로 시작하고는 그 유익 목록을 계속 이어가지 않고 있다는 사실이다.[128] 그는 심지어 유대인의 유익에 대한 논리적 근거를 제시하기 위해 그것을 설명하지도 않는다. 실제로 그는 3:3-8의 진술을 통해 유대인의 유익을 명백히 해주는 어떤 추가적인 언급도 하고 있지 않으며, 도리어 그것에 반대되는 말을 하고 있다. 더 나아가 바로 다음 절에서 '(유대인인) 우리는 나으뇨 결코 아니라 유대인이나 헬라인이나 다 죄 아래 있다'(3:9)고 결론짓고 있다. 그러고 나서 바울은 가장 중요한 결론에 이른다: '차별이 없느니라'(3:21-26). 바울은 9:4-5에서 유대적 특권들을 설명하고 있지 않고 다만 언급만 하고 있다. 반대로 그는 로마서를 통해 이방인들이 이 특권에 포함되어 있다고 단언한다. 우리는 이것을 본서 5장에서 살필 것이다.[129]

그러므로 1:16의 πρῶτον(첫째는)은 로마서 및 바울의 다른 서신들이 제공하는 더 광범위한 맥락에서 이해해야 한다. πρῶτον(첫째는)은 메시야의 구원에 대한 권리를 주장할 때 순서상 유대인이 앞선다는 것을 가리키는

127) Beker, 'Faithfulness', 14는 다른 견해를 갖고 있다. 앞에 pp. 40-42을 보라; 더 상세한 취급에 대해서는, 최종상, 'Paul's Apostolic Self-Awareness', 123-126을 보라.

128) Dodd, *Romans*, 70f는 바울이 3:1-8에서의 논증을 '모호하고 미약한' 방법으로 제시하며, '결국 그 주제를 어색하게 처리해 버린다'는 것 때문에 고민하는 듯하다.

129) 뒤에 pp. 291-294.

것으로 보아야 한다.[130] 유대인들은 미리 준비할 수 있는 특권을 받았다. 구원은 유대인에게서 나오기 때문이다(요 4:22; 행 2:39).[131] 하지만 Ἰουδαίῳ τε πρῶτον καὶ Ἕλληνι(첫째는 유대인에게요 또한 헬라인에게)라는 표현이, 바울이 구원에 있어 유대인이 더 우위에 있다고 말한다고 할 만한 결정적인 증거라고 주장하기는 어렵다.[132] 바울에게 구원은 혈통과 상관없이 믿는 모든 자에게 열려 있기 때문이다.

B. 'Ἰουδαίῳ τε πρῶτον καὶ Ἕλληνι' : 이방인을 포함하다

바레트(C.K. Barrett)는 1:16-17은 '전체적인 바울 신학의 요약'을 담고 있다고 말함으로써 이 구절의 중요성을 강조한다.[133] 이 언급이 좀더 과장으로 들린다면, 던이 학자들 간의 공통된 견해를 피력한다. 이 구절이 '분명히 서신 전체의 주제 진술'이라는 것이다.[134] 학자들 역시 서신의 주요 **주제**는 '하나님의 의'라는 데 대개 동의한다. 예를 들면, 불트만(R. Bultmann)은 '하나님의 의'를 서신 전체의 주제로 크게 강조하지만, 1:16b에 대해서는 전혀 언급하지 않고 있다.[135] 하지만 던은 다른 강조점을 제시한다. 그 주제가 εὐαγγέλιον / εὐαγγελίσασθαι(복음/복음을 전하다, 1:1, 9, 15, 16)와 πίστις/πιστεύειν(믿음/믿다, 1:5, 8, 12, 16, 17)의 사용을 통해 의도적으로 형성한, 도입

130) Cf. Meyer, *Romans* 1, 67; Kaylor, *Covenant Community*, 34: '그 우선권(곧 "첫째는 유대인")은 하나님의 편벽됨의 문제가 아니라, 단지 하나님께서 역사 안에서 일하심으로 말미암은 것이다; 그러나 그것은 연대기적인 우선권에 불과하며, 거기엔 차별화시키는 결정적인 의미(force)는 전혀 없다'.

131) 인류의 구원에 대한 온전한 계시를 준비하는 계보(lines)는 이스라엘에 있었고(Ziesler, *Romans*, 70), 그들은 종교적인 유산에 따라서 첫번째 구원 기회를 부여 받았다.

132) Seifrid, *Justification*, 212; Murray, *Romans* 1, 28; Marshall, Acts, 230: '첫째는 유대인에게요'의 특권에 대한 근거는 '신약에서는 절대적으로 명확하지 않다'. 유대인의 구원에 대한 ***Sonderweg***(특별한 길)을 주장하는 학자들에게는 문제가 많다; Mussner와 Stendahl의 견해에 대한 우리의 비판에 대해서는 뒤에 pp. 359-361; p. 359 n. 271을 참조하라.

133) Barrett, *Romans*, 27; 같은 저자, 'I am not Ashamed', 19-50.

134) Dunn, *Romans* 1, 37; Cranfield, *Romans* 1, 87.

135) Bultmann, *Theology* 1, 271, 280, 286.

부의 절정에 위치하고 있다는 점을 관찰한 후, 던은 1:16-17의 주요 강조의 초점을 1:17에만 맞출 것이 아니라, 도리어 1:16b에 맞춰야 한다고 주장한다.[136] 그럼에도 불구하고 던은 로마서를 대체로 '하나님의 의'라는 주제로 해설하고 있으며, 서신 전체의 목표는 유대인의 우선권과 오직 믿음이라는 이 두 강조점을 설명하고 변호하는 데 있다고 말한다.[137] 크랜필드도 마찬가지다. 그도 'διαστολή(차별, 3:22; 10:12)가 없다고 하면서 동시에 'Ἰουδαίῳ… πρῶτον…(첫째는 유대인에게요)의 지속적인 합법성을 주장하는 이 역설이 로마서의 본질이라고 말한다.[138]

샌더스 역시 1:17의 전반부(δικαιοσύνη γὰρ θεοῦ ἐν αὐτῷ ἀποκαλύπτεται 복음에는 하나님의 의가 나타나서)보다 1:16의 후반부(παντὶ τῷ πιστεύοντί Ἰουδαίῳ τε πρῶτον καὶ Ἕλληνι, 믿는 모든 자에게니 첫째는 유대인에게요 또한 헬라인에게로다)에 더 강조점이 있는 것에 주목하고 있다. 그는 구원 얻는 문제에 있어서 유대인과 헬라인의 **동등성**이 바울 사상의 핵심이라고 주장한다.[139] 그는 다음과 같이 설득력 있게 주장한다: '이 문구(Ἰουδαίῳ τε πρῶτον καὶ Ἕλληνι)의 취지는 유대인의 우위를 주장하는 데 있지 않다. 그것은 사실상 전제되어 있다. 실제 바울은 이방인의 동등성을 주장하고 있다.'[140]

샌더스의 견해는 다음과 같은 이유 때문에 옳다고 볼 수 있다. 첫째, 크랜필드가 바르게 주목하듯이, 'τε(또한)라는 단어는 복음에 있어 유대인과 이방인 간의 근본적인 동등성을 주장하고 있다.'[141] Ἰουδαίῳ τε πρῶτον καὶ Ἕλληνι('첫째는 유대인에게요 또한 헬라인에게로다')란 표현을 덧붙이지 않았다면, 믿는 유대인들은, 여호와의 이름을 부르는 **모든 유대인**의 구원을 약속하고 있는, 요엘 2:32-3:21 같은 구약 본문들을 근거로 구원을 받을 거라고

---

136) Dunn, *Romans* 1, 37-40. 또한 Sanders, *Jewish People*, 30; Hvalvik, "'To the Jew First'", 1-8.

137) Dunn, *Romans* 1, 37-40.

138) Cranfield, *Romans* 1, 91.

139) Sanders, *Jewish People*, 56-57 n. 63.

140) Sanders, *Palestinian Judaism*, 488-489. *Jewish People*, 30에서도.

141) Cranfield, *Romans* 1, 91.

자연스럽게 생각할 것이다. 따라서 이 문구는 이방인을 유대인과 같은 수준에 두기 위하여 덧붙여졌다고 보아야 한다. 둘째, παντί(모든 자)는 유대인과 이방인 모두를 아우르며 구원의 유일한 조건은 '믿음'(τῷ πιστεύοντι)임을 보여준다. 바울은 믿는 자가 유대인이기보다 도리어 이방인이라고 분명히 말한다(9:25-26, 27-29, 30, 31-33; 10:20, 21; 11:7, 20 등). 바울이 1:16-17과 3:21-31에서 믿음을 강조한 이유는 아마 믿음이, 이제는 그리스도 예수 안에서 유대인**과** 이방인 모두에게 똑같이 가능해진, 구원의 근거가 됨을 부각시키고자 했기 때문일 것이다. 이것은 바울이 1:16-17에서 τε … καὶ Ἕλληνι(또한 헬라인에게로다)를 덧붙인 것은 이방인들이 유대인과 동등하게 하나님의 구원의 축복에 포함된다는 신학적 진리를 확립하기 위한 의도임을 암시한다. 셋째, (다음 장들에서 상술하겠지만) 바울은 로마서에서 유대인의 수위권(primacy)에 대해서 어떤 주장도 하지 않고 있다. 도리어 그는 유대인의 불신에 대해 비판적으로 말하고 있다. 로마서에서 바울은 이방인의 구원의 합법성을 확언함으로써 유대인과 이방인의 동등성을 주장하고 있다. 1:16b에서 바울은 'Ἰουδαίῳ … πρῶτον'(첫째는 유대인에게요)이 아니라, 'τε … καὶ Ἕλληνι'(또한 헬라인에게로다)를 강조하고 있다. 이런 관찰이 우리의 현 연구의 중심을 구성할 것이다.

우리는 위에서 1:16-17의 주제 진술의 요점은 유대인의 우선권을 확립하려는 데 있지 않고, 하나님의 구원의 축복에 이방인도 동등하게 포함된다는 점을 강조하는 데 있다고 주장하였다. 이런 이해가 바른지 그렇지 않은지는 서신의 본론 부분의 주제적 결론부에서(15:7-13) 확인할 수 있다. 이는 우리는 일관성을 가진 사상가 바울에게는 본론의 주제적 도입부(1:16-17)와 주제적 결론부의 입장이 일치하리라고 기대할 수 있을 것이기 때문이다. 15:7-13을 신중히 연구하면 서신 전체에 대한 바울의 결론뿐 아니라 주제적 도입부(1:16-17)의 진술을 통해서 바울이 의도한 바가 무엇인지 드러날 것이다. 이제 우리는 이 장의 관찰을 마무리하기 위해 15:7-13을 살펴보고

자 한다. 이 단락은 15:8-9a와 15:9b-12의 두 부분으로 나눌 수 있다. 15:8-9a에서 바울은 유대인과 이방인을 향한 그리스도의 섬김에 대해 해석하고 있고, 15:9b-12에서는 바울 주장의 구조는 구약 구절들을 인상적으로 사용하여 이방인의 위치를 확증하는 방식으로 드러나고 있다.

4. 유대인과 이방인을 모두 섬기시는 그리스도: 15:8-9a

15:7-13은 로마서의 '신학적 그리고 윤리적 주장의 절정'[142]으로만이 아니라 서신 전체의 진정한 요약으로[143] 간주된다. 하지만 학자들은 그 구절의 **주제**나 바울의 의도에 대해서는 견해를 달리한다. 바우어(F.C. Baur)는 15:1-15 본문의 진정성을 부인한다. 바우어가 보기에 바울은 유대인의 신실하지 못함과 불신을 아주 강하게 강조해놓고는 그 후에는 유대인들이 예수 그리스도를 족장들에게 주신 하나님의 약속을 확증하는 '할례의 수종자'로 불렀다고 하여(15:8) 유대인들의 특권을 인정하는 말을 했을 리가 없기 때문이라는 것이다.[144] 샌데이와 헤들램은 15:8은 실제로 서신 전체의 요점이며 유대인들의 우선권을 확언하고 있다고 함으로써(1:16; 2:9-10; 11:17-25) 바우어의 견해에 반대한다.[145] 그들 주장의 정확성 여부나 서로 다른 결론들은 제쳐 두고라도, 이 학자들은 15:7-13(혹은 더 구체적으로 15:8-9a)이 그리스도가 섬기는 대상이 주로 유대인이라는 데는 일치한다. 좀더 최근의 학자들도 입장이 비슷하다. 예를 들면, 지슬러(J. Ziesler)와 목스네스(H. Moxnes)는 '약속을 견고케 하시고'란 문구를 거의 유대인을 위한 표현으로 간주함으로써 유대인만을 향한 그리스도의 섬김에 더 무게를 두고 있다.[146] 우리는 지슬러와 목스네스가 옹호하는 공통의 견해에 대해 문맥적

142) Jewett, 'Ecumenical Theology', 600.

143) Wright, 'Romans', 188; cf. Wilckens, *Römer* 3, 104-105.

144) Baur, *Paul* 1, 353-354.

145) Sanday and Headlam, *Romans*, 399.

146) Moxnes, *Theology*, 87; Ziesler, *Romans*, 339; 또한 Ziesler의 그 밖의 언급들(*Pauline Ch-*

으로 그리고 구문론적으로 두 가지 차원에서 반대할 것이며, 여기 그리스도의 섬김을 언급한 바울의 의도는 **이방인들**을 포함하는 그리스도의 사역을 강조하기 위해서라는 가정을 제안할 것이다.

A. 문맥 안에서의 15:8-9a

현재 우리가 살필 문맥은 15:5-7(14:1-15:4까지 제시한 연합에 대한 권면의 요약)과 15:9b-12(하나님의 긍휼하심을 인하여 이방인들이 하나님께 영광을 돌리는 것에 대한 성경의 증거) 사이에 있다. 바울은 '강한 자'와 '약한 자'를 특정 민족 그룹과 동일시하고 있지는 않지만, 8-9절에 나오는 γάρ(for), 'περιτομή'(할례), 'ἔθνη'(이방인) 같은 단어는 결론적인 권면이 유대인-이방인 쟁점과 어느 정도 관련이 있음을 암시해준다. 바울은 이방인도 하나님의 긍휼을 인하여 하나님께 영광을 돌릴 수 있으며(15:9a), 이는 그리스도의 섬김을 통해서 가능해졌다는 자신의 주장을 실증하기 위해 15:9b-12을 쓰고 있다. 그러므로 (앞으로 보겠지만) '약속들을 견고케 하시고'라는 문구는 좀더 독점적으로 혹은 심지어 주로 유대인에게 해당된다는 주장은 바울이 예수의 사역과 주제상 핵심 단어인 'ἔθνη'(이방인, 15:9-12)를 포함하는 구약의 인용구절들을 연결하려고 한 논지 자체를 파악하지 못한 데서 온 것이다.

더욱이 여기서 바울이 유대인의 우선권을 확증하고 있다고 주장하는 이들은 지금껏 전개한, 특히 로마서 4, 9-11장에서 전개하는 바울의 주장을 오해한 듯하다.[147] 바울은 분명 예수께서 유대인들 사이에서 사역하셨다는 것을 알고 있었을 것이다.[148] 하지만 그는 이 장들에서 이 사실을 주장하지는 않는다. 그 대신 그는 아브라함에게 하신 약속은 육체를 따라 그

---

ristianity, 20)을 보라: '그의 (그리스도의) 사역은 본질적으로 이스라엘을 향한 것이었다(롬 15:8)'.

147) 우리는 제3장과 제5장에서 이것을 구체적으로 증명해 보일 것이다.

148) Keck, *Paul*, 40.

의 후손된 자들뿐 아니라 같은 믿음을 따른 자들(이방인들)을 위한 것이라고 주장하였다(4:12, 16, 22-24). 실제로 바울이 로마서 4장에서 제시하려고 한 중요한 점은 아브라함은 '많은 민족(=이방인들; 4:18)의 조상이 되기 위하여' 바랄 수 없는 중에 믿었다는 사실이다.[149] 그는 다시 로마서 9장에서 폐하여지지 않는 하나님의 말씀(9:6; ἀλήθεια θεοῦ: 15:8)은 유대인에게만 국한되지 않고 이방인도 포함한다고 주장했으며, 로마서 9-11장 전체를 통해 이 주제를 상세히 설명하고 있다.[150] 따라서 바울은 그리스도의 섬김과 족장들에게 주신 약속은 유대인**과** 이방인을 모두 포함하려고 의도되었다고 말하고 있는 듯하다. 헤이즈가 καθὼς γέγραπται(기록된 바)를 15:9a 및 15:8a와 관련시킨 것은 옳을 수 있다.[151] 하지만 'ἔθνη'(이방인)에 관한 주제를 더 강조하고 있다는 점에 주목할 필요가 있다. 15:9b와 10절이 유대인을 언급하고 있지만('내가' 그리고 '주의 백성과 함께'), 그 중에서도 'ἔθνη'(이방인)에 대한 언급은 좀더 분명하고 두드러진다.

B. 15:8-9a의 구문론

15:9a에서 본동사가 빠졌다는 사실 때문에 15:9a의 τὰ δὲ ἔθνη … δοξάσαι(이방인들도 영광을 돌리게 하다)를 15:8과 관련시키는 것이 어려워졌다. 하지만 이와 관련한 다양한 논의들을 두 그룹으로 분류할 수 있다.[152] 일부 학자들은 15:9a에 대해 다음과 같이 말한다.

(a) 15:9a는 εἰς τὸ βεβαιῶσαι, κτλ(견고케 하시고)과 함께 λέγω γάρ(그러므로 나는 말한다)에 삽입절로서 직접 종속되며, 따라서 다음과 같이 번역할 수 있다:

149) 뒤에 제3장을 보라.
150) 뒤에 제5장을 보라.
151) Hays, 'Christ', 124.
152) 여섯 선택사항에 대해서는 Cranfield, *Romans* 2, 742-744를 보라. 또한 Wilckens, *Römer* 3, 106을 보라.

> '내가 말하노니, 그리스도께서 하나님의 진실하심을 인하여 유대인들의 수종자가 되셨으니, 조상들에게 주신 약속들을 견고케 하기 위함이다. **그러나** 이방인들은 그분의 긍휼하심을 인하여 하나님께 영광을 돌리느니라.'[153]

다른 이들은 이 구절에 대해서 이렇게 말한다.

> (b) 15:9a는 εἰς τό에 의존하고 있으며, βεβαιῶσαι τὰς ἐπαγγελίας τῶν πατέρων(조상들에게 주신 약속들을 견고케 하시고)과는 대등한 것으로 본다. 따라서 일부 학자들은 15:9a를 다음과 같이 번역한다: '내가 말하노니, 그리스도께서 하나님의 진실하심을 인하여 유대인들의 수종자가 되었으니, 이는 조상들에게 주신 약속들을 견고케 하려 하심이요, 이방인이 그 긍휼을 인하여 하나님께 영광을 돌리게 하기 위함이다.'[154]

(a)를 찬성하는 크랜필드는 15:9a는 (δέ를 강한 역접인 'but'으로 번역하여) 15:8을 여는 λέγω와 직접 연결된다고 주장한다. 문법적으로는 이런 견해가 가능하며, 특히 두 번의 ὑπέρ(…를 위하여 혹은…을 인하여) 병행하여 놓을 때 그렇다.[155] 하지만 던은 적어도 세 가지 이유에서 이런 견해를 반대한다. 첫째, 15:9a를 ('조상들에게 주신 약속'과 '이방인들의 수용' 사이의) 대조로 보는 것은 4:16이나 9:8 같은 바울의 이전 주장과 일관되지 않는다.[156] 둘째, ἀλήθεια(진실하심)와 ἔλεος(긍휼하심)는 둘 다 구약에 묘사된 하나님의 성품으로서 이 구절을 상반 관계로 간주해서는 안 된다. 셋째. '바울의 전체적인 요점은 그리스도께서 할례자의 수종자가 되신 것은 유대인의 구원의 입장에서만이 **아니라**, 첫째는 유대인에게, 그리고 또한 이방인에게도 향해 있는 하나님의 구

153) 이와 매우 비슷한 견해로는 Cranfield, *Romans* 2, 742-744; Stuart, *Romans*, 541; Godet, *Romans*, 470-471가 있다.

154) Cf. Barrett, *Romans*, 249; Dunn, *Romans* 2, 846-848.

155) Cranfield, *Romans* 2, 742-744.

156) Dunn, *Romans* 2, 847-848; 또한 Sanday and Headlam, *Romans*, 398.

원의 목적의 두 국면을 **모두**를 분명히 하기 위해서다.'[157] 따라서 던은 그리스도의 섬김은 유대인과 이방인 모두를 위한 것으로 보고 δέ를 '그리고'(and)로 번역하고 있다. 이런 구성은 '이방인들의 부르심'은 아브라함과 맺은 언약을 따라(4:11, 12, 16, 17) 유대인에게 주신 약속의 성취와 동등하게 보아야 한다는 점을 분명히 해주고 있다.[158]

하지만 던은 이 구성에서 바울의 의도에 대해서는 고려하지 않고 있다. 그는 그리스도의 섬김을 유대인과 이방인을 위한 것으로 병렬시킨다. 그러나 이것은 이 주장의 요점을 파악하는 데는 충분하지 않다. 첫째, (b)를 주장하는 이들은 그리스도 사역의 두 효과들에 주목한다. 예를 들면, 핫지(C. Hodge)는, '하나님의 진실하심이 유대인에게 주신 약속을 성취하신 것으로 입증된 것이 하나이고, 다른 하나는 이방인들은 하나님의 긍휼하심으로 인해 하나님을 찬양할 수 있게 되었다는 것'[159]이라고 주장한다. 그들이 그리스도 사역의 두 효과를 본 것은 옳은 것처럼 보이지만, 이 경우라면 결과를 나타내는 접속사인 δέ보다는 καί를 썼을 것이다. 둘째, 바울은 논의를 진전시켜 '조상들에게 주신 약속은 유대인들에게로만 국한되지 않는다'고 주장하였다(4:13, 16; 9:4, 8; cf. 고후 1:20-21). 특히 εἰς τὸ βεβαιῶσαι τὰς ἐπαγγελίας τῶν πατέρων(조상들에게 주신 약속들을 견고케 하시고)라는 표현은 4:16의 εἰς τὸ εἶναι βεβαίαν τὴν ἐπαγγελίαν(그 약속을 굳게 하려 하심이라)의 요점 반복일 것이다. 여기서 바울은 이미 조상들에게 주신 약속들은 '율법에 속한 자(유대인)에게뿐만 아니라 아브라함의 믿음에 속한 자(이방인)에게도(4:16) 주신 것이라고 주장한 바 있으며, 이 주장은 로마서에서의 그의 초점이 이 후자(즉 이방인)임을 드러내 준다. 셋째, 이 견해는 15:8a와 9a 간에, 그리고 15:8b와 9a 간의 신중하게 구성된 문법적 병행관계에 주목하지

157) Dunn, *Romans* 2, 847-848; 이것은 그의 강조점과 함께 p. 848에서 인용했으며, 강조는 저자의 것이다.

158) Sanday and Headlam, *Romans*, 398.

159) Hodge, *Romans*, 433.

않고 있다. 이런 점들을 고려하여, 우리는 세 번째 경우(c)를 제안하고자 한다. (c)는 15:9a를 εἰς τὸ βεβαιῶσαι, κτλ(견고케 하시고)에 종속된 것으로 보고, γεγενῆσθαι(되셨으니)와 관계된 것으로 본다. 15:8a와 9a는 구문론적으로 병행관계에 있다. Χριστὸς(그리스도)의 **목적격**과 복수 τὰ ἔθνη의 목적격, 두 부정과거 부정사, 그리고 접속사 ὑπέρ의 병행적 사용이 그것이다. 이것을 아래와 같이 정리할 수 있다.

15:8a Χριστὸν διάκονον γεγενῆσθαι περιτομῆς ὑπὲρ ἀληθείας θεοῦ,

8b εἰς τὸ βεβαιῶσαι τὰς ἐπαγγελίας τῶν πατέρων,

9a τὰ δὲ ἔθνη ὑπὲρ ἐλέους δοξάσαι τὸν θεόν

15:8a 그리스도께서 하나님의 진실하심을 위하여 할례의 수종자가 되셨으니

8b 이는 조상들에게 주신 약속들을 견고케 하고

9a 이방인들도 그 긍휼하심으로 말미암아 하나님께 영광을 돌리게 하려 하심이니라

문법적으로 εἰς 뒤에는 강한 목적을 나타내는 부정과거 연결(articular) 부정사 대격이 나와서 '견고케 하기 위하여' 혹은 '조상들에게 주신 약속들을 견고케 할 목적으로'란 뜻을 내포하고 있다. 바울은 (현재 시제가 나올 거라고 기대할 만한 데서) δοξάσαι(영광을 돌리게 하다)라는 부정과거 부정사를 계속 사용하고 있지만, 이것은 '이방인들은 이미 교회에 받아들여졌다'는 것을 뜻하는 것은 아니며,[160] '이방인들이 하나님의 교회로 단번에 받아들여진 것에 대해 하나의 포괄적인 감사 행위'를 표현하는 것도 아니다.[161] 이어지는 인용문에서 바울은 현재/미래 시제를 사용하고 있는데, 이를 통해 그는 단회적

160) Liddon, *Romans*, 277.
161) Vaughan, *Romans*, 252.

인 혹은 집단적인 과거 행위들보다는 이방인들이 현재/미래에 하나님께 영광을 돌리는 행위를 가리키는 듯 보인다. 여기서 이례적으로 똑같은 부정과거 부정사로 표현된 δοξάσαι(영광을 돌리다)는 이 δοξάσαι가 부정과거인 βεβαιῶσαι(견고케 하시고)와 병행관계에 있으며, 따라서 강한 목적을 암시하는 εἰς τὸ에 걸린다는 것을 가리키는 듯하다.[162] 즉 그리스도께서는 구체적으로 이방인들로 하여금 분명한 하나님의 긍휼하심을 인하여 그분을 찬양하게 하시려고 섬기셨음을 나타내고 있는 것이다.[163]

기포드(E.H. Gifford)는 ὑπὲρ ἀληθείας(진실하심을 위하여)와 ὑπὲρ ἐλέους(긍휼하심을 인하여) 간의 동일한 문법적 구조를 관찰하고 있다. 하지만 이 구절의 강조점은 15:8b에 있으며, 이는 바울은 그리스도께서는 조상들에게 주신 약속을 성취하기 위해 유대인이 되셨다는 사실을 강조하면서 강한 자, 즉 이방인들에게 약한 자인 유대인들을 담당하라고 호소하고 있기 때문이다.[164] 여기서 모이저(J. Moiser)가 바울은 15:1-6에서는 '강한 자'에게, 15:7-12에서는 '약한 자'에게 직접 말하고 있다고 말한 것은 옳다. '강한 자'가 '약한 자'의 특권을 인정하듯이, '약한 자' 역시 '강한 자'의 합법성(legitimacy)을 인정해야 한다.[165] 리든(H.P. Liddon)에 따르면, 그리스도는 다음과 같은 이유로 성육신 때 할례자의 수종자가 되었다: (1) **일반적으로**는 하나님의 진실하심을 증명하기 위해, (2) **구체적으로**는 조상들에게 주신 약속을 확증하고 무엇보다 이방인들이 그분의 긍휼하심을 인하여 하나님께 영광을 돌리게 하기 위해.[166] περιτομῆς(할례) 바로 뒤에 나오는 ὑπὲρ ἀληθείας θεοῦ(하나님의 진실하심을 위하여)와 τὰ ἔθνη(이방인들) 바로 뒤에 나오는 ὑπὲρ ἐλέους(긍휼하심을 인하여)의 위치는, 바울이 유대인을 위한 그리스도의 사역은 일반적

162) Godet, *Romans*, 471은 δοξάσαι가 기원법이라는 Hofmann의 견해를 거부한다. 그러나 그는, 동일한 부정 과거인 βεβαιῶσαι에 병행하기 위하여 부정사의 부정 과거 시제로 조심스럽게 구조를 짠 것에는 유념하지 않는다.

163) Lietzmann을 따라서 Barrett, *Romans*, 249.

164) Gifford, *Romans*, 224.

165) Moiser, 'Rethinking', 580.

166) Liddon, *Romans*, 277.

인 용어로 언급하지만, 이방인을 위해서는 특별히 강조하여 언급하고 있음을 암시한다. 더 나아가, τὰ δὲ ἔθνη(이방인들)에서 δέ는 '더 충만하고 전체적인 설명을 하기 위해서' 삽입되었을 것이며,[167] 그것은 아마도 '더 덧붙이자면'[168] 혹은 '더 특별하게는'이란 뜻을 내포할 것이다. 유대인들은 하나님께서 조상들에게 하신 약속을 성취하실 때 그분의 진실하심을 위하여 하나님께 영광을 돌릴 것이다. 그리고 이방인들은 하나님께서 이방인들을 조상들에게 하신 약속에 포함시키실 때 그분의 긍휼하심을 인하여 하나님께 영광을 돌릴 것이다.

εἰς τὸ βεβαιῶσαι τὰς ἐπαγγελίας τῶν πατέρων(조상들에게 주신 약속들을 견고케 하시고)(15:8b)이라는 표현이 강조되고 있다. 이 표현은 15:8a 이전에 놓일 수도 있었다. 하지만 15:8a와 9a 사이인 15:8b에 놓음으로써 바울은 두 가지 목표를 이루려고 한 듯 보인다: (a) 15:7b와 8a에 나오는 Χριστός(그리스도)와의 상관관계뿐 아니라, 15:9b-12의 구약 인용들에 나오는 핵심적인 이방인 주제를 도입하고 있는, 15:9b의 ἔθνη(이방인)와의 관계도 분명히 하기 위해서다. (b) 자신의 주장을 일반적인 사실에서 이방인과 관련한 구체적인 확언으로 그 범위를 좁히기 위해서다. 바울은 이방인의 요소를 좀더 강조하기 위해 자신의 주장을 구성하고 있다. 이제 우리는 아래와 같이 이 구절의 구성을 해석할 수 있을 것이다.

> 내가 말하노니 그리스도는 하나님의 진실하심을 위하여 유대인들의 수종자가 되셨으니, 이는 조상들에게 주신 약속을 견고케 하시고 (뿐만 아니라), (좀더 구체적으로) 이방인들이 그분의 긍휼하심을 인하여 하나님께 영광을 돌리게 하려 하심이라[169]

167) Stuart, *Romans*, 540-541.

168) Stuart, *Romans*, 541.

169) Cf. NIV, RV, TEV, NEB, JB, NJB, RSV, NRSV는 비슷하게 강조하면서 15:9a를 8b에 연결한다. 우리는 δέ가 표현하고 있는 대로, 9a과 8a절 사이에서 어떤 대조를 본다.

바울이 강조하여 주장하였듯이—예를 들면 4:13-16에서—하나님의 구원은 유대인과 이방인을 모두 아우른다. 바울에게 하나님은 유대인과 이방인 모두를 위해 조상들에게 주신 하나님의 약속들을 견고케 하셨으며,[170] 이는 유대인에게는 '하나님의 진실하심'으로, 이방인에게는 '하나님의 긍휼하심'으로 보일 수 있다.[171]

하지만 자주 강조하여 사용하는 단어인 ἔθνη(이방인)를[172] 통해 바울은 로마서 2-4장(2:14; 3:29-30; 4:16-18)과 9-11장(9:24-26, 30; 10:20; 11:11-15, 25)에서 밝힌 이방인 구원에 관해 강조한 주장을 단지 다시 반복하고 있을 뿐 아니라,[173] 의도적으로 선택하여 집중적으로 논의한 구약의 모든 부분을 통해, 로마서를 쓰면서 바울이 목표로 한 바의 결정적인 절정을 제시하고 있는 것이다. 여기에 대해서는 나중에 상술하고자 한다. 바울은 이방인을 위한 그리스도의 섬김이 구약과 모순되지 않으며 도리어 구약을 성취하는 일이라고 생각한다.[174] 더 나아가 15:8-9에서 바울이 하고 싶은 말은, 이방인이 하나님께 영광을 돌리게 되는 일은 '단지 메시야 직분의 부차적인 결과'에 불과한 것이 아니라,[175] 예수의 메시야 직분의 **좀더 구체적인 의도**를 가리키는 일이라는 점에 주목하는 것이 중요하다.[176]

우리의 해석이 구문론을 통해 충분히 뒷받침되지 않고 있다고 주장할지 모른다. δέ는 우리가 귀착시키려는 의미의 비중을 전달하기에는 약한

170) 뒤에 3장을 보라.

171) 바울이 로마서에서 ελεος/ἐλεέω를 주로 이방인과 연결해서 사용하고 있는 것은 주목할 일이다. 9:15-23의 전체적 논지는 하나님께서 이방인에게 긍휼을 보이시기를 기뻐하셨다는 것이다; 그리고 이것은 11:30-32에서도 그렇다(예외 11:31b; cf. 11:32). 15:8-9은 하나님께서 그리스도 안에서 긍휼을 보이셨을 뿐 아니라, 유대인이 그분의 긍휼에 반응하지 않은 반면 이방인은 반응하였다는 것을 나타낸다(11:30).

172) 15:9-12에서 적어도 6번.

173) Dunn, *Romans* 2, 848.

174) Morris, *Romans*, 504-505

175) *Pace* Sanday and Headlam, *Romans*, 398.

176) 복음서에서 예수의 사역은 유대인에게 훨씬 더 강조를 두고 묘사되며(Jeremias, *Nations*, 24-51을 보라; Hanson, *Paradox*, 79-97, 특별히 p. 96), 이와 비교할 때 바울이 예수의 사역을 이방인에게 더 특별한 초점을 두고 적용하고 있다는 점은 의미심장하다.

것이 사실이다. 실제로 (갈 3:14처럼) ἵνα나 (9:17a, b: LXX 출 9:16; 갈 1:4처럼) ὅπως가 우리의 입장을 전달하는 데 더 나았을 것이다. 하지만 우리는 현재의 구문만으로도 그런 주장을 펼 수 있다고 주장하며, 그간 우리는 비록 바울이 좀더 예리하게 자신의 목적을 표현할 수 있었다 하더라도, 이것이 바울이 말하고자 **한 바였다**고 생각할 수 있는 몇 가지 이유들을 제시해왔다. 바울은 이미 그리스도의 섬김을 (오직) **이방인들**과 관련시킨 바 있다(갈 3:14): ἵνα εἰς τὰ ἔθνη ἡ εὐλογία τοῦ Ἀβραὰμ γένηται ἐν Χριστῷ Ἰησοῦ(이는 그리스도 예수 안에서 아브라함의 복이 이방인에게 미치게 하고). 따라서 여기 로마서에서는 그가 좀더 흐릿하게 표현하고 있다고 볼 수 있다. 로마서에서 바울은 이미 조상들에게 주신 그 약속을 믿는 이방인들에게 적용한 바 있으며(4:16-17),[177] 또 그리스도의 순종을 모든 인류에게 적용한 바 있다(5:12-21).[178] 우리 주장의 개연성은 15:9b-12에서 신중하게 선택하여 사용하고 있는 구약 본문들을 통해 더 잘 증명되고 있다. 이 구약 본문들은 이방인과 관련한 그리스도의 사역을 명백하게 강조하고 있다.[179]

5. 이방인과 관련한 구약의 예언들: 15:9b-12

로마서를 시작하면서 바울은 자신이 전하는 복음은 '이미 성경에 선지자들을 통해 약속되었다'고 밝힌다(1:2). 로마서 결론 부분에서 그는 일련의 구약 본문들을 인용하면서 자신의 논지를 요약하고 있다. 이 인용들의 주요 논점은 바울이 이 서신 전체에서 내내 주장해온 바이며, 따라서 로마서에서 바울이 인용한 구약 본문들을 어떻게 해석할지에 대해 실마리를 주고 있다고 추론할 수 있을 것이다. 바울이 핵심 단어인 'ἔθνη'(이방인)를 포함

177) 뒤에 제3장을 보라.

178) 뒤에 제4장을 보라.

179) Hays, *Echoes*, 72는 바울이 이방인과 관련하여 예수님의 섬김을 제시한 것(15:9a)은 LXX 시편 17편에 대한 자신의 이해에 영향을 받았다고 추론한다.

하는 본문들을 선택하고 있으며,[180] 앞으로 보겠지만, 자신의 주장을 확립하기 위해 본문과 맥락을 변경하고 있다는 점이 중요하다. 정확하게 구성된 이 인용들에서 바울의 목적을 이해하는 데 스탠리의 연구만으로는 충분히 도움이 되지 않는다.[181] 이제 이 일련의 구약 본문들을 통해 바울의 의도, 즉 유대인이 하나님께 드리는 예배에 이방인도 참여하는 것이 '성경 예언의 종말론적 성취'[182]임을 설명하려고 하였다는 사실을 보여주고자 한다. 이 인용들이 καθὼς γέγραπται(기록된 바)를 통해 15:8-9a와 연결되어 있다는 사실은 **이방인들**을 위한 그리스도의 섬김을 강조하는 것이 바울의 의도임을 보여준다.[183]

A. 로마서 15:9b(=LXX 시편 17:50=LXX 사무엘하 22:50)

MT 시편 18:50　עַל־כֵּן אוֹדְךָ בַגּוֹיִם יְהוָה וּלְשִׁמְךָ אֲזַמֵּרָה

여호와여 이러므로 내가 열방 중에서 주께 감사하며
주의 이름을 찬송하리이다

LXX 시편 17:50　διὰ τοῦτο ἐξομολογήσομαί σοι ἐν ἔθνεσιν κύριε καὶ τῷ ὀνόματί σου ψαλῶ

이러므로 내가 열방 중에서 당신께 감사하며,
주여, 당신의 이름을 찬송하리이다

180) Ellis, *Paul's Use*, 50, 102, n. 2; Hays, *Echoes*, 71. 구약의 모든 부분에서 선별하여 취한 것을 보여 주는 바울 서신에 나타나는 유일한 예가 이 일련의 인용들이란 사실은, 그가 이방인의 구원이라는 논제 곧 서신의 시작에서(1:2)와 특별히 로마서 3-4, 9-11장에서 제기된 논제를 지키기 위해, 자신의 논증을 확증하고 있음을 보여 주는 듯하다.

181) Stanley, *Language*, 179-183. 스탠리 자신은 바울이 이렇게 구성하였다는 입장을 견지한다; Hays, *Echoes*, 71-73은 바울이 정확한 의도를 가지고 그 구절들을 선택한다고 주장한다.

182) Hays, *Echoes*, 71.

183) Dunn, *Romans* 2, 848: '다음의 인용들(9-12절)은 원리적으로 8-9a절의 뒷 논제를 다듬어 준다.'

로마서 15:9b Διὰ τοῦτο ἐξομολογήσομαί σοι ἐν ἔθνεσιν, καὶ τῷ ὀνόματί σου ψαλῶ
이러므로 내가 열방 중에서 주(당신)께 감사하고
주(당신)의 이름을 찬송하리로다

LXX 시편 17:50(=LXX 사무엘하 22:50[184])은 생략된 호격인 κύριε을 제외하고는 15:9에서 그대로 인용되고 있다. 하지만 맥락이 심각하게 바뀐 것에 주목할 때 놀랄 것이다.[185] 원래 문맥에서는 다윗이 (이방인) 대적들의 손에서 구원을 받고 사울의 손에서 구원 받은 것 때문에 하나님을 찬양하고 있다(LXX 삼하 22:1=LXX 시 17:1). '내 백성 가운데 치는 자들' 이외의 적대적인 이방 나라들은 하나님의 도움과 구원에서 제외되고(LXX 시 17:42) 다윗에 의해 완전히 멸망당한(LXX 시 17:38f, 45-49) 다윗의 원수이고,[186] 대적이고, 강포한 자들(LXX 시 17:49f)로 보인다. 다윗이 주 하나님을 찬양한 이유는 '왕으로 세운 당신의 종을 이방인 원수들로부터 구원하신 놀라운 행위'[187] 때문이다. 즉 다윗은 **이방인들의 완전한 패배**를 찬양하고 있는 것이다. 하지만 바울은 이방인들이 하나님께서 자신들에게 베풀어 주신 긍휼하심 때문에 하나님께 영광을 돌리는 것을 보고 하나님을 찬양하고 있는 것처럼(그가 '기록된 바'라고 한 것에 주목하라), 이 구절을 인용하고 있다(15:9).[188] 더욱이 바울이 바로 다음 구절-'여호와께서… 그 기름부음 받은 자에게 인자를 베푸심이여(cf. 출 20:6 ;신 5:10 등) 영영토록 **다윗과 그 후손에게로다**'(LXX 시 17:51)-을 인용하지

184) 이 구절은 κύριε의 자리 바꿈과 정관사 τοῖς와 전치사 ἐν이 덧붙여진 것만 빼놓고는 LXX 시편 17:50과 동일하다(…σοι Κύριε ἐν <u>τοῖς</u> ἔθνεσιν καὶ ἐν τῷ ὀνόματί…: 열방 중에서 주께… 이름을).

185) 주석가들은 바울이 문맥을 수정한 것에 거의 주의를 기울이지 않는다; Barrett와 Dunn은 전혀 주목하지 않으며, Sanday and Headlam, *Romans*, 398, Cranfield, *Romans 2*, 744-46은 최소한만 다루고 있을 뿐이다.

186) Anderson, *Psalms* 1, 166.

187) Craus, *Psalms 1-59*, 266.

188) Luther, *Romans*, 213은 그와 같은 용법은 성경의 부적당한 사용도 아니며, 바울이 내내 주장해 왔던 바와 모순되는 것도 아니라고 본다.

않고 있다는 사실은, 바울이 LXX 시편 17:50만 인용하고 17:51은 인용하지 않은 주된 이유가 다윗의 자손 이스라엘에 대한 하나님의 언약적 신실하심을 확증하는 데 있기보다는, 도리어 **이방인들**의 구원의 자리를 확실하게 하려는 바울의 전반적인 의도 때문일 것이다.

더 나아가, 시편의 문맥에 따르면, 이방인들은 경건한 유대인(다윗)이 드리는 찬양과 예배에 전혀 참여하고 있지 않지만, 바울은 그런 생각을 여기에 담고 있다: 이방인으로 그 긍휼하심을 인하여 하나님께 영광을 돌리게 하려 하심이라(15:9a), '**이러므로** [또는 '**이 때문에**(Διὰ τοῦτο)'] 내가 열방 중에서 주를 찬송하리로다'(15:9b).[189] 시편과 로마서에서의 '그러므로'의 근거는 전혀 다르다. 이 첫 인용에서 바울은 유대인과 이방인이 함께 믿는 공동체 안에서 예배하는 모습을 보며,[190] 그것을 전체 인용 단락(15:9-12)의 **표제**(*Überschrift*)로 사용하고 있다.[191] 다윗의 말에서 바울은 (유대인) 사도로서의 이방인을 위한 자신의 역할을 보았을 것이다.[192] 바울은 이 예언이 교회가 이방인들을 영접해야 하는 근거를 제공한다는 점을 강조하고 있다.[193]

B. 로마서 15:10(=LXX 신명기 32:43)

바울은 LXX 신명기 32:43을 그대로 인용하고[194] καὶ πάλιν λέγει(또 이르되)라는 표현으로 15:9의 인용을 5:10과 연결시킴으로써[195] 자신의 논점을

189) 동사 ἐξομολογήσομαι는 '공개적으로 고백하다'란 뜻이지만(Zerwick and Grosvenor, Analysis, 491), LXX에서는 성전 경배에서 하나님을 찬양하는 것에 대해서 사용되었다(Morris, *Romans*, 505 n. 50).

190) Cranfield, *Romans* 2, 745.

191) Schlier in Dunn, *Romans* 2, 849; 그러나 Dunn 자신은 이 인용에는 이방인이 찬양에 동참하는 것이 그려져 있지 않다는 견해를 취한다.

192) Käsemann, *Romans*, 386.

193) Boylan, *Romans*, 228.

194) 칼빈은 바울이 유사한 개념들이 반복되고 있는 시편 67:3, 4a, 5(Luther, *Romans*, 213은 시편 97:1도)를 인용하고 있는 것으로 본다: '민족들로 주를 찬송케 하시며 모든 민족으로 주를 찬송케 하소서.'

195) 'Furthermore it says'(Dunn, Käsemann); 주어 없이 쓰인 λέγει는 9:25; 10:21; 갈 3:16에서

더욱 진전시키고 있다. 신명기 32:43에서 모세는 이방인들에게 즐거워하라고 하는데, 그 이유는 그들 자신의 구원 때문이 아니라(32:35, 41, 43c) 이스라엘의 구원 때문이다['주께서… 자기 땅과 백성(이스라엘 사람들)을 위하여 속죄하시리로다': 32:43d]. 실제로 이스라엘을 대적한 가나안 이방인들은 이스라엘의 대적들로 간주되어 하나님께서 그들에게 원수를 갚으신다.[196] 이 구절의 원래 히브리 본문은 '자기 백성을 향한 하나님의 언약적 신실하심에 대한 강한 약속'[197]과 **'너희 열방들아, 그의 백성을 찬양하라'**(הַרְנִינוּ גוֹיִם עַמּוֹ)는 이방인들을 향한 부름을 담고 있다.[198]

LXX 신명기 32:43	εὐφράνθητε ἔθνη μετὰ τοῦ λαοῦ αὐτοῦ 열방들아 그의 백성들과 함께 즐거워하라
로마서 15:10	Εὐφράνθητε, ἔθνη, μετὰ τοῦ λαοῦ αὐτοῦ. 열방들아 그의 백성들과 함께 즐거워하라

하지만 LXX에서 이 구절은 더 길어졌을 뿐 아니라 μετα(함께)를 더함으로써 상당히 수정되고 있다: '오 이방인들아 그의 백성과 **함께** 즐거워하라.' 디아스포라 상황에서 신명기 32장이 이방인들에게 주는 거부감을 줄이기 위해서 이렇게 바꾸었을 것이다.[199] 하지만 바울은 아주 긴 구절에서 이 짧은 문장만 인용하여 자신의 신학, 즉 '이스라엘과 맺은 언약 속에 담아주신 하나님의 본래 목적과 약속이 이제 믿는 모든 이들에게(이방인에게까지도) 열

볼 수 있다; cf. 엡 4:8; 5:14.

196) Craigie, *Deuteronomy*, 389.

197) Dunn, *Romans* 2, 849.

198) RSV, Craigie도 마찬가지다; 히브리어 본문은 불분명해도 NRSV는 'Praise, O Heavens (שָׁמַיִם), his people'(하늘이여, 그의 백성을 찬양하라)로 번역한다; 이와 유사한 번역으로는 REB, NAB, NJB가 있다.

199) Dunn, *Romans* 2, 849.

리고 있음'을 표현하고 있다.[200)]

더 나아가 바울은 신명기에서처럼 이스라엘의 구원 때문일 뿐 아니라, 그리스도의 섬김으로(15:8-9a) 나타난 하나님의 긍휼하심으로 인해 가능해진 **이스라엘의 구원**에 **이방인들도 포함되는 것**을 인하여 기뻐하도록 이방인들을 부르고 있다. 따라서 유대인과 이방인은 그들의 구원을 인하여 하나님을 찬양하는 일에 하나가 되어야 한다.[201)] 이미 많은 믿는 이방인들이 믿는 유대인들과 함께 즐거워하고 있기 때문에, 이는 하나님을 향한 종말론적인 찬양 이상이다.[202)] 바울이 (아마 의도적으로[203)]) 15:12에서 τῇ ἡμέρᾳ ἐκείνῃ(그 날에)라는 종말론적인 용어를 생략하고 있다는 사실은, 비록 바울이 부활과 관련해서 ἀνίστημι('일어나다')라는 표현을 빈번하게 사용하였기에 일부 학자들이 그런 해석을 하게 되었지만, 우리가 종말론적인 해석을 너무 강조하지 말아야 한다는 점을 경고해준다.[204)]

C. 로마서 15:11(=LXX 시편 116:1)

LXX 시편 116:1을 인용하고 있는 이 구절은 이방인을 구원에 포함시킨 것은 하나님의 때늦은 생각이 아니라는 증거를 제시하기 위한 것이다.[205)] 시편의 두 구절 중 첫번째 것만 여기서 인용되고 있지만, 두번째 절은 우리에게 왜 바울이 이 시편을 골랐는지를 분명히 알게 해준다. 시편 저자는 15:8-9a와 상응하는, 하나님의 긍휼과 진실하심[206)]을 인하여 하나님을 찬양하도록 모든 이방인들을 부르고 있다.

---

200) Dunn, *Romans* 2, 849.

201) Sanday and Headlam, *Romans*, 398.

202) Cf. Käsemann, *Romans*,386.

203) 이것이 문자그대로의 인용 가운데 나타난 유일한 변화이기 때문이다.

204) 예. Käsemann, Wilckens, Dunn의 주석; 그러나 cf. Cranfield는 부활에 많은 의미를 부여하지 않고 이 단어를 '일어나시는 이'로 번역한다.

205) Anderson, *Psalms* 2, 796.

206) Cf. 시편 22:27-29; 47; 72:11-19; 100; 113:2-3.

MT 시편 117:1 הַלְלוּ אֶת־יְהוָה כָּל־גּוֹיִם שַׁבְּחוּהוּ כָּל־הָאֻמִּים
너희 모든 나라들아 여호와를 찬양하며
너희 모든 백성들아 저를 칭송할지어다

LXX 시편 116:1 αἰνεῖτε τὸν κύριον πάντα τὰ ἔθνη
ἐπαινέσατε αὐτόν πάντες οἱ λαοί
주를 찬양하라, 모든 열방들아
저를 찬송하라, 모든 백성들아

로마서 15:11 Αἰνεῖτε, πάντα τὰ ἔθνη, τὸν κύριον καὶ
ἐπαινεσάτωσαν αὐτὸν πάντες οἱ λαοί.
모든 열방들아 주를 찬양하라
모든 백성들아 저를 찬송케 하라

바울은 본문에 두 가지 의미있는 수정을 가하고 있다. (1) 바울은 πάντα τὰ ἔθνη(모든 열방들)란 문구를 앞쪽으로 옮김으로써 그가 이방인들을 특히 언급하고 있다는 점을 강조하여 표현한다. 바울에게 '모든 이방인들'이 주를 찬양하는 것이 중요하며, 따라서 그는 그들에게 주를 찬양하라고 권면한다. 앞쪽에 배치된 이 문구는 바울에게는 이방인들이 하나님을 찬양하는 것이 이 구절을 인용한 가장 중요한 이유임을 암시한다.[207)]

(2) 2인칭 복수 명령법(ἐπαινέσατε 찬송하라)을 3인칭 복수 명령법(ἐπαινεσάτωσαν 그들로 찬송케 하라)으로 변경하고 있으며, 문장 앞에 'καί'를 붙이고 있다. 이는 시편을 통해 바울은 주로 이방인들에게 말하며, 그들에게 πάντες οἱ λαοί(모든 백성들)이 주를 찬양하게 하라고 촉구하고 있음을 나타내는 듯하다.[208)] 이방인들은 하나님의 긍휼하심과 유대인의 조상들에게 주신 약속

207) 유사하게, Stanley, *Language*, 181-182.
208) NIV, TEV, NJB 번역은 이 수정을 전달하지 않고 있지만, NRSV, REB, NAB, NASB는 바르게

들을 인하여 찬양해야 한다. 하지만 더 나아가 믿는 자들이 모든 백성들로 하여금 하나님을 찬양**하게 하는** 것이 중요하다.[209] 회심 이후 바울은 거의 전 삶을 통해 이방인들에게 그리스도의 복음을 전파하여 그들이 하나님을 찬양할 수 있게 하는 일에 헌신하였다.

바울은 또한 문맥도 좀더 변경하고 있다. 시편 저자에게 긍휼은 (전적으로) '우리(즉, **이스라엘**)를 향한' 것이다(LXX 시 116:2). 하지만 바울이 볼 때 긍휼은, 독점적이지는 않고, **이방인들에게**도 주어진다(15:9a). 시인에 따르면 열방이 주님을 찬양하는 이유는 '우리'(즉 이스라엘)를 향한 하나님의 변치 않는 사랑 때문이든지 혹은 '그들이 창조의 영역에 속하기 때문'이다.[210] 하지만 로마서의 문맥에 따르면, 자신들을 향한 하나님의 긍휼 때문에 즐거워해야 한다.

더 나아가 시편에서 πάντα τὰ ἔθνη(모든 열방)와 πάντες οἱ λαοί(모든 백성)는 같은 청중들을 가리키지만(LXX 시 116:2과 대조적으로), 문자적인 반복을 피하기 위해서 다른 표현들을 사용한 듯하다. 하지만 로마서 이 표현은 혈통이 다른 두 그룹을 가리키기 위해 사용된 듯하다. 이 인용은 그룹 A(πάντα τὰ ἔθνη)에게 그룹 B(πάντες οἱ λαοί)가 주를 찬양하도록 이끌라고 권면하고 있다. 그룹 A는 믿는 이방인들을 대표하고, 그룹 B는 불신자들(이방인이든 유대인이든, 혹은 둘 모두이든)을 가리킬 것이다. 이런 우리의 생각이 옳다면, 바울이 인용을 수정함으로써 그룹 A에게 그룹 B의 증인이 됨으로써 그룹 B가 주를 찬양하게 하라고 격려하고 있다고 추론할 수 있다. 바울은 로마서 9-11장에서 '온 땅', '땅 끝', '누구든지' 혹은 '모든'(예. 10:11, 13; 11:32)이란 문구를 사용하여, 그리고 이방인의 구원의 축복을 확증할 분명한 의도를 가지고 보편성에 관해 강조하면서 이해시키려고 했던 바를 πάντα τὰ ἔθνη(모든 열

전달하고 있다.

209) 가령 예로서 NIV 번역은 이 변화가 함축하는 바를 전달하지 못하고 있다; NASB, RSV, RV 등은 바르게 전달하고 있다.

210) Martin-Achard, Anderson, *Psalms* 2, 796에서 인용된 것처럼; 유사하게, Craus, *Psalms 60-150*, 391.

방)와 πάντες οἱ λαοί(모든 백성)라는 문구에서 찾는다.

D. 로마서 15:12(=LXX 이사야 11:10)

MT 이사야 11:10 וְהָיָה בַּיּוֹם הַהוּא שֹׁרֶשׁ יִשַׁי אֲשֶׁר עֹמֵד לְנֵס
עַמִּים אֵלָיו גּוֹיִם יִדְרֹשׁוּ וְהָיְתָה מְנֻחָתוֹ כָּבוֹד
그날에 이새의 뿌리에서 한 싹이 나서
만민의 기호로 설 것이요
열방이 그에게로 돌아오리니
그 거한 곳이 영화로우리라

LXX 이사야 11:10 καὶ ἔσται ἐν τῇ ἡμέρᾳ ἐκείνῃ ἡ ῥίζα τοῦ ᾿Ιεσσαι
καὶ ὁ ἀνιστάμενος ἄρχειν ἐθνῶν ἐπ᾿ αὐτῷ ἔθνη
ἐλπιοῦσιν καὶ ἔσται ἡ ἀνάπαυσις αὐτοῦ τιμή
그날에 이새의 뿌리 곧 열방을 다스리기 위하여
일어나시는 이가 있으리니
열방이 그에게 소망을 두리라

로마서 15:12 Ἔσται ἡ ῥίζα τοῦ Ἰεσσαί, καὶ ὁ ἀνιστάμενος
ἄρχειν ἐθνῶν, ἐπ᾿ αὐτῷ ἔθνη ἐλπιοῦσιν.
이새의 뿌리 곧 열방을 다스리기 위하여
일어나시는 이가 있으리니
열방이 그에게 소망을 두리라

일련의 인용들 가운데 이 마지막 인용은 히브리 본문을 상당히 의역한 LXX 이사야 11:10에서 가져온 것으로서 거기서 ἐν τῇ ἡμέρᾳ ἐκείνῃ(그날에)만 생략하고 있다. 추가적으로 논의를 강화시키고 있다는 점을 καὶ πάλιν Ἠσαΐας λέγει(그리고 또 이사야가 가로되)란 표현이 보여준다. LXX 이사야 11장의 좀더 넓은 문맥에 따르면, 저자는 이스라엘의 구원(사 11:11-12; 12:1-2)과 임박한 메시야의 도래로 인해 즐거워한다. 메시야의 열방 통치(ἄρχειν ἐθνῶν)는 그들의 파멸을 의미한다('유다를 괴롭게 하던 자들은 끊어지며'; 사 11:13). '이새의 뿌리'는 주께서 이스라엘을 애굽에서 구원하실 때 애굽에게 행하셨던 것과 똑같이 하실 것이다(사 11:16). 이런 문맥의 구절들을 인용하여 바울은 이방인의 구원과 소망을 강조한다. LXX 문장인 '열방은 그에게 소망을 두리라'(ἐπ' αὐτῷ ἔθνη ἐλπιοῦσιν)는 표현은 이방인의 '소망'을 담고 있으며, 바울이 열방이 시온을 향해 몰려들 것이라고 예언한 이사야를 인용한 것은 자연스러워 보인다(cf. 예. 2:2-4; 40-55장).

하지만 이 인용에서 바울이 직접적으로 이방인을 메시야와 관련시킨 것은 놀랍다. 바울은 메시야가 일어나 이방인들을 통치할 것이라며, 따라서 이방인들도 거기에 소망이 있다는 점을 강조한다. 종종 메시야 약속에는 이스라엘의 승리와 **이방인의 멸망**이 함께 포함된다(시 2:8-9; 72:8-9; 110:1; *Pss. Sol*. 17:30).[211] 하지만 많은 유대인들처럼 바울도 메시야의 약속은 이방인들에게 소망을 가져다주는 것으로 보았고,[212] 그는 엄청나게 많은 성경과 외경에서 근거들을 찾을 수 있었다(예. 시 22:27; 86:9; 사 9:2; 49:6; 56:6-7; 60:3; 단 7:14; Tob 13:11; 14:6-7; *Pss. Sol* 17:35-36). 바울이 이방인을 향한 유대인의 전반적인 비판적 태도를 바로잡기 위해 이방인을 부정적으로 묘사하는 본문에서 긍정적인 구절들만 선택하고 있다는 점은 중요하다. 바울이 일련의 인용들 전체를 요약하는 데 이 구절을 선택한 것[213]은 이방인도 다윗의 자손으로 오실 메시야를 소망할 것이라는 예언의 성취로 설명하여 이방인의 구원의 합법성을 확증하거나 보장하려는 것이 바울의 의도임을 아주 분명히 전달해주고 있는 듯 보인다.

---

211) Dunn, *Romans* 2, 850. 이방인에 대한 유대적 견해에 대해서는 Sanders, *Jesus*, 213-218을 보라; cf. Hengel, *Judaism* 1, 176-177.

212) 예. Chance, *Jerusalem*, 12-14를 보라.

213) Cranfield, *Romans* 2, 747; Dunn, *Romans* 2, 850.

바울은 15:13에서 소망의 주제를 계속 이어가면서 그가 8:22-25과 15:4-6에서 강조했던 요점으로 돌아오고 있다. 15:13의 축복을 비는 기도는, 인내와 위로의 근거가 되는 소망이라는 주제와 함께 공동체 안에서의 실제적인 연합을 강조하고 있는, 15:4-6과 상응한다. '소망'은 로마서에서 두드러지게 나타나는 주제이며,[214] 바울은 이방인(15:12)과 자기 독자들(15:13)을 위해 약속된 '이새의 뿌리'에 근거한 소망을 언급하면서, 12:1-15:13의 논의를 요약하고 있다. 즐거움은 소망에서 나온다(12:12). '소망의 하나님'은 '소망'을 낳으시며[215] 자신을 신뢰하는 자에게 그 소망을 주시며, 성령으로 그들의 소망을 견고하게 하신다(15:16; 갈 5:5; cf. 살전 4:7-8; 살후 2:13).

하지만 15:12과 13절이 '소망'이라는 핵심 단어를 통해 좀더 밀접하게 연관되고 있다는 점에 주목할 필요가 있다. 이 구절에서 '소망'을 두 번이나 언급한 것은, 소망을 이전에는 소망이 없었지만(cf. 엡 2:12) 이제는 그 소망을 갖게 된 이방인과 관련시킴으로써 구속의 보편적인 목표인 즐거움, 화평, 믿음, 소망을 강조하기 위해서일 것이다.[216] 즐거움과 평안은 '믿는'(혹은 '믿기 때문에') 사람들에게만 임할 수 있다.[217] 즐거움은 '믿음의 기쁨'(빌 1:25)이며 성령의 열매(갈 5:22)다. 그리고 이 표현 ἐν τῷ πιστεύειν(믿음 안에서)은 1:16f와 관련되어 둘 모두 우리에게 1:18-15:13까지 바울이 전체적으로 주장한 바를 상기시켜주고 또 요약해주고 있다.[218]

E. 결론

우리는 바울이 주로 이방인의 구원과 그들이 하나님의 백성에 포함된다

214) 로마서 전체에서 바울이 소망에 대한 주제를 다루고 있는 것에 관해서는 Wedderburn, *Reasons*, 105-108을 참조하라.

215) Dunn, Morris, Murray; cf. Cranfield와 Wilckens의 주석.

216) Käsemann, *Romans*, 387.

217) Moulton and Turner, *Grammar* 3, 145; 4, 90. cf. Moffatt의 번역, 'with all joy and peace in your faith'(너희 믿음에 모든 기쁨과 화평을 가지고).

218) Dunn, *Romans* 2, 853.

는 점을 설명하기 위해 구약의 본문들을 선택하여 구성하였음을 증명하려고 하였으며, 또한 이것이 성경적으로 정당하다는 것을 보여주려고 하였다. 이런 목표를 이루기 위해 바울은 때로 본문과/혹은 문맥을 변경하기도 하였는데, 그런 수정은 인용 구절들을 '재해석' 한 그의 의도를 암시해준다.

우리는 바울이 원래 본문과는 다른 의미로 구약 본문을 사용하는 것을 지적하였다(그리고 다음 장들에서도 지적할 것이다). 우리가 방금 살핀 구약 인용 구절들(15:9-12)은 로마서에서 마지막으로 나오는 인용이기 때문에, 우리는 이 점에 관하여 몇 가지를 사항들을 분명히 할 필요가 있다. 바울이 그렇게 구약을 사용하는 방식을 이상하게 여겨서는 안 되며,[219] 바울의 논지를 약화시킨다고 볼 필요도 없다. 도리어 그것은 하나님께서 본래 의도하셨던 참 의미를 드러내 보여주기 위해 채택한 것이라고 보아야 한다. 실제로 바울 자신은 지금 과거 오랫동안 감춰왔던 비밀을 드러내고 있다고 주장한다(16:25). 그는 골로새서에서 '내가 교회 일꾼 된 것은 하나님이 너희를 위하여 내게 주신 경륜을 따라 하나님의 말씀을 이루려 함이니라. 이 비밀은 만세와 만대로부터 옴으로 감춰져 온 것인데, 이제는 그의 성도들에게 나타났느니라'(골 1:25-26)고 말한다. 바울이 충만한 의미로 제시하고 있는 하나님의 말씀이 '비밀'로 정의되고 있으며, 하나님은 이 비밀을 이방인 중에 알리기로 결정하셨다(골 1:27a).[220]

충만한 의미로 나타난 하나님 말씀에 대한 바울의 해석은 하나님의 구원의 축복에 이방인이 포함되는 것과 밀접하게 관련이 있다. 바울은 이 축복에 이방인이 참여하는 것이 합법적임을 설명하기 위해 구약을 사용하되, 그 의도에서 그 본문과 문맥을 변경할 합법성을 찾는다. 그는 심지어 옛 세대의 저

219) 뒤에 p. 190 n. 262.

220) O'Brien, *Colossians, Philemon*, 81-87. 에베소서의 저자는 동일한 것을 말한다: 그에게 그것은 '하나님께서 그리스도 안에서 예정하신… 비밀'(엡 1:9)이었고, 그것은 '이방인이 복음으로 말미암아 그리스도 예수 안에서 이스라엘과 함께 후사가 되고 함께 한 몸의 지체가 되고 함께 약속에 참예하는 자가 되는 것이며', 이 비밀의 직무는 특별히 바울에게 맡겨졌다(엡 3:6-9).

자들/선지자들에게도 여러 세대 동안 감춰져 왔던 그 구절의 진정한 의미를 자신이 드러내고 있다고 확신하고 있다. 프란스(R.T. France)가 마태의 구약 사용에 관해 지적한 것을 바울에게도 적용할 수 있을 것이다: '우리에게는 당황스러울 만큼 기이하고 심지어 무책임하게 보이기까지 하는 성경 해석 방식이 실제로는 성경의 주제들에 관한 사려 깊은 탐구의 결과다. 왜냐하면 성경은 다양한 방식으로 예수를 특정 예언들의 성취자로뿐 아니라, 좀더 광범위한 하나님의 구약 예언 패턴의 성취자로 가리키고 있기 때문이다.'[221]

인용들(15:9b-12)은 15:8-9에 나오는 바울의 엄중한 선언을 전체적으로 뒷받침하기 위해 마련되었다는 점에서(καθὼς γέγραπται 기록된 바),[222] 우리는, 15:8-9a에서 바울은 그리스도를 통한 이방인의 구원을 약속들과 예언들의 성취로 확정하려고 할 뿐, 유대인의 우위를 확증하려고 하지는 않는다고 결론을 내릴 수 있을 것이다.[223] 이방인이 하나님을 영화롭게 한다는 사실은 예수의 메시야직의 부차적인 결과**일 수 있지만**,[224] 바울은 그것을 **그가 확립하려고 애써온 주요 요점인 듯이 표현하고 있다**. 이 인용들은 이방인이 유대인과 동등하게 하나님의 참 백성에 속하며, 따라서 '그의 백성과 함께' 하나님을 영화롭게 할 수 있음(15:10)[225]을 보여주기 위해서 제시되고 있는 것이다. 이런 동등성을 기초로 하여, 바울은 유대인과 이방인 신자들에게 '그리스도가 너희를 받아' 하나님께 영광을 돌리심과 같이 너희도 '서로 받으라'고 권고하고 있다(15:7, 9).

더욱이, 이 구약 인용은 로마서 전체에서 바울이 인용한 구약 구절들의 결론 역할도 한다. 그 이유는 이 인용이 복음은 성경에 미리 약속된 것(1:2)이라는 도입 부분의 언급과 병행 관계에 있기 때문이다. 따라서 15:9-12

---

221) France, *Matthew*, 39-40; 그의 구체적인 취급은 'Formula Quotations', 233-251에서 보라.
222) Cranfield, *Romans* 2, 745.
223) *Pace* Sanday and Headlam, *Romans*, 399.; 우리의 이전 토론은 앞에 pp. 85-94을 보라.
224) Sanday and Headlam, *Romans*, 399.
225) Stuart, *Romans*, 541도 이처럼 바르게 주장한다.

은 바울이 자기 주장을 전개할 때 어떻게 구약을 사용하는지를 명확히 보여주며, 돌아볼 때든 다시 읽을 때든, 로마서에서 구약 인용구들을 해석하는 방법을 제시한다고 보아도 좋다. 더 나아가 서신의 본론(1:16-15:13) 맨 끝에 있는, 15:7-13은 '전체 서신의 실제적인 요약' 역할을 한다.[226] 던은 서신의 주제는 '하나님의 백성들에게 주신 약속 안에 이방인들이 포함되는 것'이라고 주장한다.[227] 라이트와 던의 견해가 옳다면(그리고 다음 장들에서 그들이 옳다는 사실을 보일 것이다), 바울은 이방인 구원의 합법성을 주장함으로써 믿는 유대인과 믿는 이방인의 동등성에 기초한 **연합**을 장려하려고 그간 논의를 진행해온 것이 분명하다. 바울은 이방인들은 유대인과 동등하게 아브라함에게 주신 약속들의 합법적인 상속자들이라고 주장한다.[228] 그러므로 우리는 이방인의 사도로서의 바울의 자기 이해는 예수님의 섬김을 이방인을 아우르는 사역으로 이해하는 데 영향을 미쳤으며(cf. 5:12-21), 실제로 여기 15:7-13뿐 아니라 서신 전체에 나타나는 그의 논지 구성에 영향을 미쳤다고 제안하는 바이다.

6. 결론

우리는 바울이 15:14-21에서 이 서신에서 자기 주장을 전개한 방식을 논증하려고 하였다. 즉 그가 로마서를 '담대하게' 쓴 것은 은혜와 믿음으로 얻는 이방인의 구원을 확증하거나 변호하려는 이유에서였으며, 이를 통해 그는 자신이 이방인의 진정한 사도임을 증명하고 있다(15:15-16). 다시 말해서, 바울은 자신의 사도적 소명을 성취하기 위해서 이 서신을 쓴 것이다. 로마서에 나타난 그의 포괄적 구원론(inclusive soteriology)은 주로 이방인의 사

226) Wright, 'Romans', 188; 또한 Dunn, *Romans* 2, 844; Hays, 'Rebound', 89; cf. Barrett, *Romans*, 250은 15:7-13이 로마서 9-11장과 14장을 요약한다고 말한다.

227) Dunn, *Romans* 2, 848; 또한 Murray, *Romans* 2, 206와; Cranfield, *Romans* 2, 745도 옳게 보고 있다.

228) Ziesler, *Romans*, 339.

도로서의 그의 자기 인식에서 흘러나온다. 그런 담대함과 자기 이해는 그의 소명에 근거할 뿐 아니라(1:5; 15:15-16; 갈 1:15-16 등) 이방인 가운데 사역하는 중에 성령의 역사를 개인적으로 경험한 데 기초하고 있다(15:17-21; cf. 갈 3:1-5).

바울의 사도적 자기 이해는 서신의 초반부에도 분명히 표현되고 있다(1:1-17). 여기서 바울은 자신이 이방인을 위한 사도라고 상술하고 있다. 이방인의 구원에 대한 바울의 담대한 주장은, 바울이 자신은 복음을 부끄러워하지 않는다고 선언하고 복음을 **믿는 모든 자에게, 즉 첫째는 유대인에게 또한 동등하게 헬라인에게** 구원을 주시는 하나님의 능력이 된다(1:16)고 강조할 때, 이미 암시되고 있다. 우리는 τε와 καὶ의 결합과 Ἰουδαίῳ τε πρῶτον καὶ Ἕλληνι(첫째는 유대인에게요 또한 헬라인에게로다)란 표현에서 Ἕλληνι(헬라인에게)가 첨가됨으로써 하나님의 구원에 이방인이 포함된다는 점을 분명히 하기 원하는 바울의 바람이 처음으로 암시되었다고 주장하였다. 후에 바울은 자신의 담대함이 마치 이사야의 담대함이었던 것처럼 제시하면서, 자신의 주된 관심사는 유대인들이 복음을 거부하고(10:20-21; 사 65:1f) 일부 (믿는) 유대인들은 복음 안에서 이방인의 동등한 합법성을 주장하는 바울에 반대하는 상황에서 이방인의 구원의 합법성을 주장하는 것임을 한층 더 지적하고 있다.

우리는 또한 로마서 본론의 주제적 도입부(1:16-17)는, ἔθνη(이방인)라는 특정 주제를 중심으로, 주제적 결론(15:7-13)과 연결되어 있다는 것도 알게 되었다. 바울은 서신의 결론 부분(15:8-12)에서는 그리스도의 섬김과 구약을 주로 **이방인**과의 관련성 속에서 해석하고 있다. 이것은 로마서에서 바울이 주로 이방인의 구원의 합법성과 그들을 향한 선교의 합법성을 확증하는 데 초점을 맞추고 있음을 보여주는 또 하나의 분명한 지표이다. 그는 자신이 이방인 가운데서 확장해가는 선교 활동은 구약에 나타난 하나님의 원래 의도를 따른 것이라는 점을 확증하기 위해서 구약을 인용하고 있다.

바울은 사도적 자기 이해와 책임감을 가지고 구체적으로 이방인을 위한 자신의 사도직을 완수하기 위해 좀더 담대히 이 편지를 썼다고 말한다. 이 특정 관점이 로마서 전체에 걸친 구원론 논쟁의 논조를 지배하고 있다. 그는 그리스도의 섬김과 구약의 예언들을 이 관점으로 해석한다. 우리가 증명하려고 한 것을 다음과 같은 도표로 요약할 수 있다:

	1:1-15	개인적인 소개 발언	
유대인과	1:16-17	본론의 주제적 서론	로마서를 쓰는
이방인의			바울의 사도적
동등성	15:7-13	본론의 주제적 결론	자기 인식
	15:14-21(33)	개인적인 맺는 말	

따라서 우리는 15:14-21과 1:1-17이 보여주듯이, 바울은 자신의 사도적 소명에 대한 강한 인식과 이방인을 향한 책임감을 갖고 이 편지를 썼다고 제안하였다. 우리가 강조한 '이방인 주제'는 1:1-15과 15:14-21뿐 아니라 특히 1:16-17**과** 15:7-13에도 두드러지게 등장한다. 15:14-21은 다른 부분보다 서신의 성격과 의도에 대한 구체적인 암시들을 더 많이 담고 있기 때문에, 우리는 15:14-21이 서신의 의미를 결정하는 해석적인 열쇠라고 주장하였다. 우리는 또한 1:16-17과 15:7-13은 모두 이방인이 유대인과 동등한 근거로 구원에 포함되었다는 주제를 담고 있고, 이로써 우리는 로마서 본론의 주장 역시 유대인과 이방인의 동등성에 관한 것이 되리라는 점을 암시한다는 사실을 발견하였다. 바울은 이방인을 향한 사도적 인식을 그의 개인적인 소개 발언과 결론의 발언에서(그리고 또 11:13과 12:3에서) 분명히 표현하고 있는데, 이런 사실 때문에 우리는 로마서의 본론(1:16-15:13)을 그의 사도적 자기 인식의 관점으로 해석하게 되었다. 그가 로마서 본론(다음 장에서 살펴볼 것이다)에서 유대인과 이방인의 동등성에 관한 논의를 발전시키고 있다는 사실은, 그가 이런 동등성을 주장하게 된 근거가 하나님의 구원 계획안

에서 이방인의 사도로서의 위치에 대한 자기 인식이었음을 암시한다.[229]

그럼에도 불구하고 바울의 사도적 자기 인식이 그가 이방인 구원의 합법성을 주장하도록 영향을 미쳤으며, 또 유대인과 이방인의 동등성을 확립하려고 할 때 그가 이방인 편에서 담대하게 구원론적 논의 구조를 마련하도록 영향을 주었다는 우리의 견해는 서신 전체를 통해 실증되기까지는 단순한 가설에 그칠 것이다. 다음에 나오는 장들에서 실증의 과제를 다루게 될 것이다.

229) 이 점에서 명확히 해야 할 필요가 있을 것 같다. 우리가 말하는 바는 바울 신학이 그 자신에 대한 자기 견해의 결과라는 것은 아니다. 바울의 신학은 우연히 일어나지도 않았고, 로마 교회의 사회적 상황 속에서 자신에 대한 견해에 의해 제한되지도 않았다. 오히려 그의 자기 인식은 그의 신학적인 사고, 즉 하나님의 구원 계획에 대한 묵상과 다메섹 도상에서의 부르심과 유대인 및 이방인 가운데서 행한 선교 사역을 통한 개인적인 체험에 의해 형성되었다. 이 모든 것을 통해서 바울은 하나님의 계획 안에 있는 자신의 위치를 더 깊이 깨닫게 되었다. 이것은 바울의 신학 작업과 자기 인식 사이에 상호 관계가 있음을 암시한다. 바울은 갈라디아에 보낸 편지에서, 율법과 복음 사이의 함축적인 관계를 설명하기 전에, 그들에게 하나님의 부르심과 다른 사도들이 자신의 이방 선교사역을 인정한 것을 강조하고 있다(갈 1:1-2,11-16a;2:1-9). 그러나 로마서에서는 하나님의 부르심을 간략하게만 언급하며(1:1-5; 12:3; 15:15-16), 대신 복음이 함축하는 또 다른 면, 즉 특별히 그리스도의 사건에 조명된 하나님의 구원의 계획 안에 있는 유대인과 이방인의 동등성을 설명하는 데 집중하고 있다.

2장

유대인과 이방인의 죄성의 동등성: 1:18–3:20

앞장에서 우리는 이방인의 사도로서 바울의 자기 인식은 이 서신의 집필 동기가 되었을 뿐 아니라 서신의 논조를 결정하였다는 점을 증명하려고 하였다. 바울의 첫째 주요 논지는 1:18-4:25에서 시작한다. 이 단락은 바울이 죄성(1:18-3:20)과 칭의(3:21-4:25)에 있어서 유대인과 이방인 간의 동등성을 확립하기 위해 벌이는 하나의 큰 논쟁을 형성하고 있다. 하지만 칭의에 관한 몇 가지 긍정적인 문제들을 상술하기 전에, 바울은 먼저 1:18-3:20에서 보편적인 죄성이라는 부정적인 면을 다루고 있다. 이 장에서 우리는 주로 이 논의의 성격에 초점을 맞추되, 일반적인 인류의 죄성과 특별히 유대인의 죄성을 확증하려는 바울의 논쟁 방식에 유념할 것이다. 아래의 우리의 각 논의 단락에서는 그간 충분히 연구되지 않은 이슈들이 서론격으로 우선 소개될 것이다.

우리는 1:18-32에서는 인간 죄성의 특별한 특징들을 살필 것이다. 우리는 유대인과 이방인의 동등성을 주장하면서 바울이 **이스라엘의 죄의 역사를 근거로** 구체적으로 명시하지 않은 대상인 '그들'을 공격하고 있다는 점에 주목할 것이다. 우리는 1:18-32에서 바울이 직접적으로 언급하지 않은 채 혈통이 다른 두 그룹을 고발하고 있음을 보일 것이며, 또 바울이 주로 유대인들을 고발하여 2:1에서 시작되는 유대인에 대한 직접적인 공격의 길을 닦는 데 도움이 방식으로 자신의 논의를 형성하고 있음도 설명하고자 한다. 우리는 또 바울의 διό(그러므로, 2:1)가 갖는 논리적 의미가 우리의 1:18-32의 해석을 뒷받침하고 있음을 논증할 것이다. 우리는 또한 바울이 유대인도 하나님의 심판에 포함되고 이방인도 하나님의 구원에 포함된다(2:1-11)고 선언하기 위해 하나님께서는 외모로 판단하지 않으신다는 주장을 한다고 제안할 것이다. 한편으로 유대인들에 대한 바울의 비판적 진술은 유대인의 자만을 고발하기 위함이며, 다른 한편으로 이방인에 대한 그의 긍정적인 진술(2:12-29)은 이방인의 구원의 합법성을 주장하기 위한 의도에서 한 것이라는 데 주목할 것이다. 끝으로 유대인의 죄성을 재차 확언할 목적으로 추가적인 성경적 논의를 시작하려고 바울이 얼마나 놀랍게 구약의 본문들을 인용하고 있는지(즉 3:1-2에서 유일하게 유대인의 특권으로 언급된 부분, τὰ λόγια τοῦ θεοῦ)를 조사할 것이다. 2:1-3:20에서뿐 아니라 바울이 이방인의 죄성을 고발하고 있다고 이해되는 곳인 1:18-32에서도, 바울의 주요 의도는 언약적 율법주의에 근거한 유대인들의 자만에 맞서 **유대인의 죄성**을 확립하는 데 있다고 설명하려고 한다. 그러고 나서 바울의 논지와 그 논쟁이 '이방인의 사도'라는 바울의 자기 인식과의 관련성을 이해하는 데 있어서 우리가 발견한 것들이 어떤 잠재적 중요성을 갖는지를 살피려고 한다.

1. 이스라엘의 역사를 반영하여 인간의 죄성을 고소: 1:18–32

1:18-32에서 '바울은 이방인들이 죄인들이라는 사실을 확증하기 원한다는 점'[1]은 예나[2] 지금이나[3] 학자들 간에 의견의 일치를 보고 있다. 우상숭배, 성적 부도덕(특히 동성애), 불의, 경건치 않음에 대한 바울의 비난과 지혜서 12-15장과의 명백한 병행관계는 1:18-32의 내용이 이방인 세계만을 고발하고 있다고 전제할 만한 근거를 제시한다. 하지만 좀더 최근에는 바울이 이스라엘도 고발 대상에 포함시키고 있다는 학설도 제기되었는데, 이는 그가 고소할 때 사용한 언어나 주제가 창세기 1:26ff이나 창세기 1-3장의 **보편성**에 뿌리를 두고 있다는 이유 때문이다.[4] 바울의 고발 대상에 유대인도 포함된다는 결론에는 동의하지만, 이 가정에는 동의하지 않는다. 따라서 1:23은 창세기 1:26ff(신명기 4:15-18보다는)에 의존하고 있다는 힐달(N. Hyldahl)의 널리 지지를 받는 학설을 살필 필요가 있다. 또한 바울의 주장은 창세기 1-3장이라는 더 넓은 문맥에 기초하고 있기에, 여기에 유대인들도 포함되어 있다고 주장한 후커(M. Hooker)의 견해도 살필 것이다. 반면에 우리는 이스라엘의 죄악의 역사에서 언어와 주제를 가져오는 것을 볼 때, 바

1) Parker, *Commentaries*, 94.

2) 1532년과 1542년 사이에 출판된 종교 개혁자들의 로마서 주석들을 살핀 Parker, *Commentaries*, 94는 저자들 간에 세부사항, 접근방법, 강조점, 그리고 논증의 구성요소들에 있어서 뚜렷한 차이가 있지만, 오직 이것만은 일반적으로 의견 일치를 보고 있다는 결론을 내리고 있다.

3) 예를 들어 Käsemann, *Romans*, 36-52에 의하면, 이 부분은 '이방인에 대한 하나님의 진노의 계시'에 관한 것인 반면에 2:1-3:20은 '유대인에 대한 심판'과 관련이 있다. 같은 견해를 가지는 주석가들과 학자들은 다음과 같다: Murray, *Romans* 1, 34-53; Barrett, *Romans*, 32-40; Nygren, *Romans*, 98-113; Black, *Romans*, 49-53; Sanday and Headlam, *Romans*, 39-52; Meyer, *Romans* 1, 73; Lightfoot, *Notes*, 239, 252-257; Ziesler, *Romans*, 73-79; Dodd, *Romans*, 46-55; Newman and Nida, *Romans*, 21; Boylan, *Romans*, 17-32; Gifford, *Romans*, 62; Liddon, *Romans*, 23-38; Marxsen, *Introduction*, 105; Guthrie, *Introduction*, 415; Zeller, *Juden*, 148; Bornkamm, *Paul*, 122.

4) 가장 두드러지게는 Hyldahl, 'Reminiscence', 285-288; Hooker, 'Adam', 297-306이 있다. 또한 Hooker, 'Further Note', 181-83을 보라. Hooker의 기본 논제를 따르는 자들은 다음과 같다: Barrett, *First Adam*, 17-19; Dunn, *Christology*, 101-102; *idem, Romans* 1, 60-61; Garlington, 'ΙΕΡΟΣΥΛΕΙΝ', 142-151; cf. Wedderburn, 'Adam', 413-430.

울이 유대인들도 고소 대상에 포함시키고 있다고 제안할 것이다. 바울이 LXX 시편 105:20, 신명기 4:15-18, 예레미야 2:11 같은 구약 구절들을 반영하면서 유대인을 넌지시 고소하고 있다는 사실은 종종 주목을 받아왔다. 하지만 이것은 1:23-25의 우상숭배 언어를 일부 구약의 구절들과 절대적으로 상응하는 것으로 보면서 제기한 주장이며, 우리는 그것만으로는 바울이 1:18-32 논의 전체에 이스라엘을 포함한다고 결론을 내리기에는 충분하지 않다고 주장할 것이다. 따라서 우리는 바울이 우상숭배뿐 아니라 동성애 때문에, 그리고 그들이 율법을 통해 안 하나님에 대한 지식을 간직하기를 거절하였다는 이유로, 유대인을 포함하고 있다고 단언하게 될 더욱 실질적인 근거를 제시할 것이다. 더욱이 그간 학자들은 바울의 이런 유대 역사 자료 사용의 의미와 암시에는 거의 주목하지 않았다. 하지만 이 구절에 담긴 바울의 의도를 이해하려면 그것을 숙고하는 것이 중요하다.[5)] 이방인들을 향한 고소를 통해, 유대인들은 자신들도 고소를 당할 수 있다는 것을 인지하게 될 것이며, 후에 이런 식으로 바울이 유대교를 명백하게 기소하는 모습을 미리 짐작하게 될 것이다. 논의의 중복을 피하기 위해, 우리는 이 소단락이 이방인의 죄를 고소하는 것이라는, 일반적으로 인정된 견해에 대해서는 논하지 않을 것이다. 그보다는 바울이 어떻게 유대인을 그 기소 대상에 포함시키려고 했는지, 또 그런 주장과 바울의 이방인 사도직은 어떤 관련이 있는지에 초점을 맞추려고 한다.

A. 유대인의 우상숭배에 대한 고소는 창세기 자료에 근거한 것인가?

현 본문과 후기 예언서와 일부 중간기 유대 문학에서 상당히 발전되고 거듭 강화된 이방인의 우상숭배의 어리석음에 대한 유대인들의 전형적인

5) 이 함의를 인식하지 못하는 전형적인 예는 Fitzmyer, *Romans*, 270-290의 해석이다.

비난들 사이에는 몇 가지 병행하는 요소들이 있다.[6] 일부 학자들은, 지혜서(특히 14:12-31)의 저자가 이방인들의 어리석은 우상숭배를 고소하는 것처럼[7], 로마서 1장에 나오는 우상숭배에 대한 바울의 논쟁 역시 이방인을 대상으로 하고 있다고 전제하고 있다. 하지만 다른 학자들은 시편 106(LXX 105):20, 예레미야 2:11, 신명기 4:15-18이 1:23에 나온 우상숭배에 대한 바울 고소의 배경일 가능성이 더 높다고 생각하였다. 하지만 그들은 바울이 그런 자료를 가지고 무엇을 하고 있는지는 묻지 않고 있다. **유대인**의 우상숭배를 고발하는 것으로 보려면, 1:23이 창세기 배경을 반영한다고 가정해야 한다. 이런 연관관계를 맨 처음 제안한 학자는 힐달이다. 그는 1:23에 사용한 용어[특히 εἰκόνος(형상), ἀνθρώπου(사람), πετεινῶν(새), τετραπόδων/κτηνῶν(짐승/육축) 그리고 ἑρπετῶ(버러지)]가 신명기 4:15-18(흔히 배경으로 추론되는)보다는 창세기 1:20ff과 좀더 잘 어울리고, 또 이를 환기시켜준다고 주장하였다.

힐달이 주장한 언어학적 근거는 다음과 같다: (1) 1:23은 신명기 4:15-18과 [ὁμοίωμα(우상), εἰκών(형상), ἑρπετός(버러지, 로마서에서는 복수이지만 신명기에서는 단수)를 제외하고는] 주요 헬라어 용어를 거의 공유하고 있지 않다. (2) ἄνθρωπος(사람, 1:23)라는 용어가 신명기 4:16에는 등장하지 않는다[반면에 ἀρσενικός ἤ θηλυκός(남자 혹은 여자)가 대신 나온다]. 로마서의 목록 순서인 사람–새–짐승–버러지는 창세기와는 일치하지만, 신명기의 목록인 남자/

6) 예. 사 40:18-20; 41:6-7; 44:9-20; 렘 10:2-5, 14-15; 합 2:18-19; 시 115:4-8=135:15-18; 단 5:4, 23. Wis 15:1-6; Jdt 8:18; *Jub*.11:4-6, 16-17; 12:3-5; 20:8; 21:5; 22:17; *1En*. 19:1; 46:7; *T. Naph*.10; *Sib. Or*. 3:29-39, 279, 605-606, 722-723; 4:6-23; 5:356, 403; Josephus, *Apion* 2.33-35. *The Epistle of Jeremiah*는 거의 완전히 바벨론의 우상 숭배에 대한 공격이다; Pfeiffer, *History*, 426-432를 보라.

7) Sanday and Headlam, *Romans*, 39-52가 가장 두드러진다. 가장 최근에 Elliott, *Rhetoric*, 173-174는 우상 숭배(cf. Käsemann, *Romans*, 44)와 성적 부도덕(특별히 동성애)은 이방인의 전형적인 죄이기 때문에, 1:18-32에 언급된 그러한 죄들은 자연적으로 이방인에 관한 것이라는 견해를 옹호한다. 그러나 이 견해는 정당화될 수 없는데, 이는 이스라엘도 그 역사를 통하여 우상 숭배로 실족하게 되는 것에 대해 깨달았고 또 경고를 받았기 때문이다. 유대의 분파주의, 가령 쿰란 공동체는 이스라엘의 우상숭배를 고소하고 있다(Wright, 'Romans', 188).

여자–짐승–새–곤충–어족과는 다르다. 힐달의 학설은 대체로 수용되었으며, 일부는 비판적으로 수용하였다.[8] 그러나 우리는 적어도 세 가지 이유에서 그의 해석에 의문을 제기하고자 한다.

첫째, 힐달은 신명기 4:15-18과 로마서 1:23의 본문 간의 **차이점**을 부각시키면서 몇 가지 중요한 **일치되는 부분들**은 간과하고 있다. 예를 들면, ἐν ὁμοιώματι εἰκόνος(형상의 우상으로)라는 문구는, 한편으로는 창세기 1:26의 ποιήσωμεν ἄνθρωπον κατ' εἰκόνα ἡμετέραν καὶ καθ' ὁμοίωσιν(우리의 형상을 따라 우리의 모양대로 우리가 사람을 만들고)와 일치하지만, 다른 한편으로는 신명기 4:16의 εἰκόνα ὁμοίωμα(형상 [대로든지])와 일치한다. 바울은 창세기에 나오는 ὁμοίωσις(모양)보다는, LXX 시편 105:20이나 신명기 4:15-18에 나오는 ὁμοίωμα(형상)를 사용하고 있다는 점에 주목할 필요가 있다.[9] 바울이 여기서 '그들을' 비난하고 있는 바는 그런 피조물의 '형상'으로 우상을 만들고 경배하는 일이다.[10] 우리는 힐달의 주장대로 바울이 창세기에 나온 명사들의 어휘와 어순과 수(數)(단수든 복수든)까지를 그대로 따르려고 하였다면, 왜 창세기의 τὰ κήτη(물고기)나 τὰ κτήνη(육축)(창 1:21, 25, 26, 28) 대신에 τετράποδα(네 발 가진 짐승)를 사용하는지 대답할 수 없다.

둘째, 힐달에게 창세기와 로마서 본문에서 단수 ἄνθρωπος(사람)는 두 본문을 연결하는 가장 중요한 용어다. 반대로, 신명기 본문에는 ἀρσενικός

8) 예, Käsemann, *Romans*, 45; Holter, 'Note', 21-23; 이 가설을 수용하는 다른 학자들에 대해서는 위의 각주 4를 보라. 그러나 최근에 Fitzmyer, *Romans*, 282-284는 그것을 거부했으나 실제적인 논증을 제시하지는 않았다.

9) 힐달은 1:23에 미친 LXX 시편 105:20의 영향을 옳게 주목하지만, 바울이 ὁμοίωμα(형상)를 시편에서 취하였다는 견해를 일축한 것과 ὁμοίωσις(모양)과 ὁμοίωμα(형상)이 맞바꿀 수 있다고 주장한 것은 정당하지 않다. 그 자신은 로마서와 신명기 본문 사이의 관련성을 논박하기 위해 사소한 차이들을 너무 드러내고 싶어한다는 점에서 이 주장은 더욱 이치에 맞지 않는 듯하다.

10) 그런 우상을 만드는 것에 대한 경고가 신명기에 잘 표현되어 있다. 이는 ὁμοίωμα(형상)이란 단어가 네 구절 안에서만 일곱 번이나 거듭 강조되고 있고, 그 중에서 (처음 것과 세번째 것을 제외하고) 다섯 번은 명백히 우상들을 암시하기 때문이다. 창세기에서 하나님은 새, 짐승 그리고 기는 것을 창조하셨지만, 그들의 '형상(likeness)'은 아니었다; 이런 점에서 로마서는 이 중요한 용어에 관한 한 창세기보다 신명기에 더 가깝다.

ἤ θηλυκός(남자 혹은 여자)라는 표현이 있다.[11] 하지만 창세기 1:26과 로마서 1:23에 모두 사용된 ἄνθρωπος(사람)라는 용어가 둘 모두 남자와 여자를 망라하는 포괄적 의미로 쓰이고 있기 때문에, 케제만이 바르게 지적한대로, 힐달의 주장을 '확실하게 뒷받침해' 주고 있지는 않다.[12] 창세기 1:26에서 ἄνθρωπος(사람)란 단어는 창세기 1:27에서처럼 '남자'와 '여자'라는 의미를 모두 가지고 있다.[13] 바울의 논점은 같다. 즉 남자나 여자의 어떤 형상도 경배의 대상이 되어서는 안 된다는 것이다. 따라서 신명기와 로마서 1:23에 나오는 '남자'와 '여자'라는 용어들과 ἄνθρωπος(사람) 간의 차이점은 힐달의 주장만큼 그렇게 의미심장한 것일 수 없다.

셋째, 바울은 창세기 본문에 의존하고 있다는 힐달의 주장은 대체로 창세기에 나오는 동물의 순서인, 짐승–새–기는 것이 로마서에(1:23) 반복된다는 사실에 근거한다. 하지만 이것은 창세기에 나오는 다른 네 목록 가운데 하나일 뿐이기에 전적으로 설득력 있는 것은 아니다:

(1) 기는 것—새—짐승—사람: 1:20-26
(2) 사람—물고기—새—육축—기는 것: 1:26
(3) [사람]—물고기—새—기는 것: 1:28
(4) [사람]—짐승—새—기는 것: 1:30

하지만 힐달은 어떤 목록이 바울의 목록과 일치한다는 것인지는 말하지 않는다. 실제로 사람의 음식으로 나온 맨 마지막 목록만 바울의 순서(짐승–새–기는 것, 창 1:30)와 일치하며, 이 경우에도 용어는 바울의 것과 상당히 다르다. 여기서 '짐승'(θηρία)에 해당하는 헬라어 단어는 바울의 용어(τετράποδα)

11) Hyldahl, 'Reminiscence', 286.
12) Käsemann, *Romans*, 45.
13) 창세기 1:27은 또한 다음과 같다: καὶ ἐποίησεν ὁ θεὸς τὸν ἄνθρωπον κατ' εἰκόνα θεοῦ ἐποίησεν αὐτόν ἄρσεν καὶ θῆλυ ἐποίησεν αὐτούς.(하나님이 자기 형상 곧 하나님의 형상대로 사람을 창조하시되 남자와 여자를 창조하시고)

와 다르다. 하지만 바울이 사용한 단어(τετράποδα)가 창세기 1:24에 나온다는 점에 주목할 필요가 있다. 따라서 바울의 목록의 순서와 어휘는 창세기 1:30의 순서보다는, 창세기 1:20-26에 나온 **첫째** 목록(ἑρπετά—πετόμενα—τετράποδα—ἄνθρωπος)의 역순과 일치한다. 따라서 바울 본문의 배경을 창세기로 보고 언어학적으로 논증한 힐달의 주장과 그것을 토대로 바울이 1:18-32에서 유대인도 고소하고 있다고 한 것은 그다지 설득력이 없다. 더욱이 바울이 창세기의 창조 내러티브를 통해 어떻게 우상숭배에 대한 고발을 형성하였을지를 알기가 쉽지 않다. 하나님께서 자기 형상대로 사람을 창조하신 것과 피조물을 통치하시는 것은 **우상의** 형상들(신명기 4:15-18 같은 본문들의 주제)을 만드는 것과는 개념적으로 너무 거리가 먼 듯 보인다.

이처럼 힐달의 입장에 약점이 있음에도 불구하고, 후커는 로마서 1장과 창세기 3장 사이의 '놀랄 만한 병행'에 주의를 기울임으로써 더 광범위하게 숙고하여 창세기 배경 이론을 따르고 있다. 이런 연구 결과로 후커는 '인간의 사악함에 대한 바울의 진술은 의도적으로 아담의 타락에 관한 성경 내러티브의 입장으로 진술되고 있으며', 또 아담의 타락의 입장에서 죄를 기술하고 있는 로마서 1:18-32에서 바울은 아담의 형상을 묘사하고 있다고 주장한다.[14] 힐달이 창세기 1:20-30을 고려한 반면에 후커는 고려 범위를 창세기 1-3장 전체로 확장하고 있고, 타락과 우상숭배를 '죄'라는 공통분모와 연결시키고 있다. 1:18-32에 상술된 사악함이 타락이 가져온 도덕적인 결과인 것은 분명하지만(예를 들면, '악의 씨는 처음부터 아담의 마음에 뿌려졌다: 2 Esdr[=*4 Ezra*] 4:30; RSV; cf. *4 Ezra* 10:14).[15] 바울이 여기서 이런 전제를 주장하고 있는지는 분명하지 않다.[16]

웨더번(A.J.M. Wedderburn)은, 바울에게 아담의 죄는 우상숭배가 아니며

---

14) Hooker, 'Adam', 297-306; 인용의 출처는 301. 유사하게 주장한 학자들은 다음과 같다. Garlington, 'ΙΕΡΟΣΥΛΕΙΝ', 145, 148; Dunn, *Romans* 1, 53; Milne, 'Genesis', 10-12.

15) Barrett, *First Adam*, 17-19.

16) 반대하는 입장에 대해선 Moo, *Romans* 1, 119를 보라.

1:23에서의 구약의 암시는 '**아담의 타락에 관한 것이 아니라 이스라엘이 우상숭배에 빠진 것**'이라는 사실에 주목함으로써, 후커의 견해에 적절하게 반대하고 있다.[17] 그러고는 시편 106:20, 예레미야 2:5, 11, 신명기 4:15-18이 배경일 가능성이 더 높다고 말하고 있다. 후커는 두번째 논문에서 이미 이런 관점을 견지하고 있다(하지만 분명 웨더번은 이 논문을 몰랐을 것이다). 후커는 바울의 사상과 어휘가 창세기 1-3장의 이야기에 영향을 받았다고 주장하면서도, 다음 논문에서 그는 1:23과 시편 106(LXX 105):20뿐 아니라, 1:23-28과 시편 106편이 병행 관계에 있다는 사실에도 주목하고 있다.[18] 그는 다음과 같이 결론을 내린다.

> 따라서 로마서 1장의 이 단락은 창세기의 아담의 타락 기사뿐 아니라 시편 106편에도 영향을 받은 듯하며, 인간의 죄와 하나님의 형벌에 관한 바울의 삼중 진술의 배경은 시편 106편일 것이다.[19]

후커의 명백한 '후퇴'는 균형있고 또 중요하게 보인다.[20] 후자의 견해가

---

17) Wedderburn, 'Adam', 414, 강조는 그의 것.

18)

LXX 시편 105편		로마서 1장	
20절	καὶ ἠλλάξαντο τὴν δόξαν αὐτῶν ἐν ὁμοιώματι μόσχου ἔσθοντος χόρτον	23절	καὶ ἤλλαξαν τὴν δόξαν του ἀφθάρτου θεοῦ ἐν ὁμοιώματι εἰκόνος φθαρτοῦ ἀνθρώπου καὶ πετεινῶν καὶ τετραπόδων καὶ ἑρπετῶν.
14절	καὶ ἐπεθύμησαν ἐπιθυμίαν	24절	ἐν ταῖς ἐπιθυμίαις τῶν καρδιῶν αὐτῶν
48절	εὐλογητὸς κύριος ὁ θεὸς Ισραηλ ἀπὸ τοῦ αἰῶνος καὶ ἕως τοῦ αἰῶνος	25절	ὅς ἐστιν εὐλογητὸς εἰς τοὺς αἰῶνας.
41절	καὶ παρέδωκεν αὐτοὺς εἰς χεῖρας ἐθνῶν	24, 26, 28절	παρέδωκεν αὐτοὺς ὁ θεὸς… εἰς …

19) Hooker, 'Further Note', 183, 강조는 나의 것.

20) 후커는 시편 106(LXX 105)편이 로마서 1장의 배경이라는 전통적인 견해에 반대하여 창세기 1-3장을 배경으로 주장하였다: '[시편 106(LXX 105):20의 헬라어 본문과 로마서 1:23 간의] 비교를 통해서 분명한 것은 우리가 주목하는 구의 단어는 시편에서 바로 가져온 ὁμοίωμα가 아니라 [창세기 1:26에서 가져온] εἰκών이라는 점이다'('Adam', 297). 하지만 그 뒤에 나온 소논문에서는 시편 106편이 로마서 1:23ff의 1차 '자료'(primary 'source')라고 강하게 주장한다.

더 개연성이 있어 보이는데, 이는 바울이 1:24과 26절에서 하나님께서 인류를 성적인 부도덕에 '내버려 두신 것'은 특정한 사람들의 우상숭배(1:21-23, 25)와 하나님에 대한 자연계시적인 지식을 무시한 결과들과 그 영향으로 '상실한 마음'으로 전락한 것에 대한 하나님의 심판이라고 말하고 있기 때문이다. 이는 아담의 타락으로 나타난 일반적인 결과인 인류를 '내버려 두신' 것과는 다르다. 바울이 아담 안에 전 인류를 포함시키기 원하였다면, 1:18에서처럼 복수 ἄνθρωποι(사람들)를 사용하기보다는 5:12-21처럼 단수 ἄνθρωπος를 사용했을 것이다.

힐달과 후커의 학설에 대한 간략한 관찰을 통해 우리는, 바울이 여기서 유대인과 이방인 모두를 정죄하고 있지만, 고소의 근거를 창세기 1-3장이 아니라, 가령 시편 106편에 요약된 것처럼, **이스라엘 역사**를 통해서 형성하고 있다고 결론내릴 수 있다.[21] 시편은 하나님께서 이스라엘을 심판하시는 이유가 아담의 타락 결과 때문이 아니라 그들이 범한 특정한 죄(시 106:15, 23, 26, 40) 때문이라고 말한다. 하나님과 모세에 대한 이스라엘의 반역, 하나님께 대한 불순종, 그리고 황금송아지 우상숭배(시 106:16-22)가 하나님의 분노와 형벌을 불러왔다(시 106:23, 26-27).[22] 황금송아지 우상숭배는 이스라엘의 우상숭배 가운데 가장 주목할 만한 사건이다.[23] 시편 기자는 호

---

21) Fitzmyer, *Romans*, 270-283은 창세기 가설(假說)이 '창세기를 본문에 너무 많이 읽어 들인 것'이라고 말하며(p. 274), 또한 바울의 논제들과 언어가 LXX 시편 105:20, 신명기 4:15-18, 그리고 예레미야 2:11에 더 가깝게 병행한다는 것을 근거로 이 가설을 거부한 것(pp. 274, 283)은 확실히 옳다. 그런데도 바울이 '선민의 역사에서 일어난 사건들로부터 추정하여 그 생각들을 이방 세계에 적용하고 있고'(pp. 270-271, 283), 따라서 바울은 1:18-32에 유대인을 포함하지 않고 있다는 그의 주장은, 우리가 아래에서 보겠지만, 매우 설득력이 없어 보인다.

22) Cf. Kitchen, 'Calf', 225-226: 출애굽 후에 아론이 만든 금송아지에 대한 우상숭배는 자주 비난을 받았다(출 32:4-8, 18-25, 35; 신 9:16, 21; 느 9:18; 시 106:19-20; 행 7:41). Sanders, *Palestinian Judaism*, 37-38에서, Webber에 따르면, 금송아지 사건을 통한 이스라엘의 '타락'은 아담의 타락에 견줄 만큼 심각한 사건이었다. 비록 이 이론이 학자들로부터는 인정을 못 받았지만, 이스라엘의 우상 숭배의 심각성은 잘 지적하고 있다.

23) Cf. 특히 예루살렘에 대한 주의를 딴 데로 돌리려고 벧엘과 단에 세운 두 황금송아지 우상(왕상 12:26-33; 왕하 17:16-20; 대하 11:14-15; 13:8). 예후의 개혁에도 불구하고 송아지 우상숭배는 다른 세대에도 지속되었다(왕하 10:29; cf. 호 8:4-6; 13:2). Oswalt, 'Golden Calves', 12는 '출애굽 시대부터 포로 시대까지 이스라엘 역사 내내 여호와를 황소로 경배하는 일은 거의 끊

렙에서 벌어진 이 특정 사건을 언급하고 있지만(시 106:19), 바울은 이스라엘 역사 내내 벌어진 우상숭배를 환기시키고 있을 것이다.

시편 106편과 예레미야 2장은 유대인들의 역사적 실패를 비난하고 있지만, 신명기 4:15-18은 우상숭배에 대한 모세의 경고를 담고 있다. 하지만 로마서 1:23의 배경이 될 가능성 있는 구절 가운데 학계의 논의 과정에서 철저히 간과된 아주 중요한 구절이 있는데, 바로 출애굽기 20:3-6이다.[24] 신명기 4:15-18에 권면의 형태로 비슷한 본문이 존재한다. 제1계명은 '다른 신들'을 경배하지 말라고 명령한다.[25] 제2계명에서는 이 '다른 신들'이 새긴 형상의 형태로 등장한다.

출 20:4	**로마서 1장**	**신명기 4장**	**창세기 1장**
너를 위하여 아무 형상			
(ὁμοίωμα: likeness)이든지			
우상을 만들지 말라			
하늘에 있는 것이나(새)	새	새	새
아래로 땅에 있는 것이나(짐승)	짐승	짐승	짐승
땅 아래 물 속에 있는 것의(기는 것)	기는 것	기는 것	기는 것
	사람	남자/여자	사람

이 제2계명은 하나님은 질투하시는 하나님이시라는 진술과 우상숭배에 대한 심판선언을 통해 강화되며, 이 첫 두 계명은 반복함으로써 강조되고 있다(출 20:23). 하지만 내러티브는 이스라엘이 어떻게 그처럼 빨리 등을 돌리고 송아지를 만들어 경배하게 되었는지와 관련하여 진행되고 있다. 이런 이유로 이 계명은 수차례 반복되고 있다(예. 출 34:14, 17; 레 19:4; 26:1; 신 4:15-

---

이지 않고 벌어졌다' 말한다.

24) 십계명에 대한 논의를 간략히 살피려면 Stamm and Andrew, *Ten Commandments*를 보라.

25) Stamm and Andrew, *Ten Commandments*, 81에 인용된 것처럼, von Rad에 따르면 이것은 '이스라엘에게 있어 최우선적인 명령(*the commandment par excellence*)'이다.

18, 23; 7:25; 11:16; 27:15; 사 42:8). 그럼에도 불구하고 구약의 전승은 이스라엘이 계속해서 그 형상을 숭배하였다고 주장한다(출 32:1-4; 민 25:1-3; 신 32:15-18; 삿 3:7; 왕상 12:32-33; 16:31-33; 왕하 17:12-17; 21:21; 대하 25:14; 28:2-4; 렘 44:15-19; 에스겔 8장). 이스라엘이 우상숭배 하지 말라는 하나님의 경고를 듣지 않았기에(시 81:11-14; 겔 20:23-26), 하나님은 이스라엘을 완악한 마음과 그들의 대적에게 넘겨 버리셨다. 이방인과는 달리 유대인들은 우상숭배는 가장 혐오할 죄로서 어떤 일이 있어도 피해야 한다는 경고를 받았다. 그럼에도 불구하고 이스라엘은 우상숭배에 빠졌을 뿐 아니라 심지어 자기 자식들을 우상에게 희생제물로 내어줄 정도로 타락하였다(왕하 16:3; 시 106:37-39; 21:6; 렘 7:31; 19:5; 겔 16:20-22; cf. 왕하 23:10; cf. *Jub*. 1:11).[26] 하나님의 심판이 이스라엘에게 선포되었다(사 10:10-11; 렘 9:15-16). 바울이 우상숭배를 고발하는 것은 그 표현과 개념 모두 유대 성경에 근거하고 있기에, 유대인이라면 거의 다 1:18-25을 읽으면서 바울이 유대인들이 평소 이방인들을 정죄하던 죄인 우상숭배에 유대인 자신들도 포함시키고 있다는 것을 알아차렸을 것이다.

더 나아가 바울이 로마서 1장에서 강조하는 것은 '그들'이 하나님의 영광과 진리를 피조물의 형상(ὁμοίωμα)으로 바꾸었다는 사실이다. 우리는 시편 106편 기자와 선지자 예레미야가 똑같은 정죄를 하고 있음을 읽은 바 있다.

로마서 1:23	καὶ ἤλλαξαν τὴν δόξαν τοῦ ἀφθάρτου θεοῦ ἐν ὁμοιώματι εἰκόνος φθαρτοῦ ἀνθρώπου καὶ πετεινῶν καὶ τετραπόδων καὶ ἑρπετῶν. 썩어지지 아니하는 하나님의 영광을 썩어질 사람과 금수와 버러지 형상의 우상으로 바꾸었느니라
LXX 시편 105:20	καὶ ἠλλάξαντο τὴν δόξαν αὐτῶν ἐν ὁμοιώματι μόσχου ἔσθοντος χόρτον

26) 자녀를 예물로 드리는 것에 대한 거듭된 경고에 관해서는 레위기 18:21; 신명기 12:31; 18:10을 보라.

그들의 영광을 풀 먹는 송아지의 형상으로 바꾸었으니라

LXX 예레미야 2:11 ὁ δὲ λαός μου ἠλλάξατο τὴν δόξαν αὐτοῦ, ἐξ ἧς οὐκ ὠφεληθήσονται.
그러나 나의 백성은 그 영광을 무익한 것과 바꾸었느니라

예레미야 2:11의 마지막 소절은 분명 무익한 우상숭배를 가리키고 있을 것이다(NIV 참조). 이 절은 분명 이스라엘('내 백성')의 우상숭배를 정죄하고 있다. 그들은 하나님을 버리고(렘 2:5, 17, 19), 무익한 우상을 따랐다. 그 결과 그들 자신이 무익해졌다(렘 2:5). 선지자들마저도 바알을 따라서 예언했으며, 우상을 숭배하였다(렘 2:8). '내' 영광을 무익한 것과 바꾼 이들은 다름 아닌 **내 백성, 이스라엘**이다.

우리는 로마서 1:23-25에서 바울이 고소한 우상숭배의 주요 배경은 창세기의 창조/타락 내러티브가 아니라 **이스라엘의 우상숭배 역사**임을 증명하려고 해왔다. 우리가 옳다면, 그것은 매우 중요한 사실을 암시해준다. 바울의 우상숭배 고발은 유대인들을 포함시키기 위해서 의도적으로 포함된 것이기 때문이다. 물론 바울은 아직 이 사실을 로마서 2장에서만큼 명백하게 드러내고 있지는 않다. 더 나아가 이스라엘의 우상숭배는 구약 전반에 등장하는 주제이기 때문에, 창세기 1장이나 신명기 4장, 시편 106편과 정확하게 일치하는 표현을 찾는 일은 (가령) 호세아서, 아모스서, 에스겔서, 예레미야서 같은 예언서에서 논쟁의 근본이 되는 주제인 '우상숭배'가 미친 영향만큼 그리 중요한 것은 아니다.

우리는 1:18-32에서 **유대인들**도 이방인들과 마찬가지로 우상숭배를 자행하였다는 것을 바울이 말하였다는 결론을 이끌어낼 수 있다. 유대인들은 이방인들이 우상숭배 한다고 비난했지만, 유대인들의 역사를 보면 그

들도 똑같은 일을 범한 것이다.[27] 따라서 바울은 이방인의 우상숭배 문제를 위선적으로 접근하는 유대인들을 비난하고 있는 것이다(cf. 2:1c, 21-22). 유대인의 죄는 단지 남을 판단하는 것만이 아니라(2:1-3), 우상숭배, 성적 부도덕(동성애), 1:29-31에 나열된 죄 등, **똑같은 죄를 범하는** 데 있다(1:32-2:3). 아직까지는 바울이 유대인들을 직접적인 고소 대상으로 표현하고 있지는 않지만, 그들을 염두에 두고 있다고 보는 것은 아주 자연스럽다.[28] 유대인인 바울이 동료 유대인들에게 그런 점을 지적하는 데는 상당한 '담대함'이 필요했을 것이다. 하지만 그는 자신의 사도적 사역을 수행하기 위해 '담대하기로' 결심하였다(1:16; 15:15). 따라서 우리는 도입 단락에서 바울이 두 차원의 논의를 설정하고 있다고 제안할 수 있다. 첫째 그는 분명 이방인 가운데 만연한 우상숭배를 정죄하고 있다. 하지만 동시에 그는 그의 비난의 범주에 유대인들을 포함시키고 있다. 이는 죄의 보편성을 확립하기 위함일 뿐 아니라, 유대교와 좀더 직접적인 논쟁을 벌이기 위한 사전 정지작업을 하기 위해서일 것이다. 다음에 살필 바울의 동성애 비판과 하나님을 알 만한 능력에 대한 바울의 비판을 통해서도 비슷한 결론을 이끌어낼 수 있다.

B. 성적 부도덕에 대한 고발 대상은 이방인들뿐인가?

성적 부도덕, 특히 동성애에 대한[29] 바울의 비난 때문에 대부분의 학자들은 바울이 여기서 **이방인**의 죄를 비판하고 있다고 생각한다(Wis. 2:16; 4:12;

---

27) 유다 내에 우상 숭배가 번진 것에 대해서는 열왕기하 23:13; 예레미야 2:28; 11:13을 보라.

28) Fitzmyer, *Romans*, 274-275를 보라. 그는 바울의 목록을 구약의 범주들, 중간기의 기록들, 그리고 다른 바울 서신들과 비교한 후 바울이 여기서 이방인의 마음 자세를 나타내고 있다고 결론 짓는다. 그러나 (이방인의 부도덕함을 유대인 저자가 그려낸) Wis 14:23-26에서 단지 두 단어(φόνος δόλος)만이 1:29-31에 나오는 반면, (예수님께서 유대인을 언급하면서 인간의 부도덕을 지적한 곳인) 마가복음 7:21-22은 적어도 여섯 개의 동일한 단어들을 포함하고 있다.

29) 'παρὰ φύσιν'(역리)를 가지고 바울은 동성애를 언급하는 것일 수 있다. Josephus, *Apion*, 2. 38도 마찬가지다: '남자들과 함께 눕다', '이 소돔의 행실들'.

T. Jud. 14-15).[30] 동성애는 헬라 사회에서 보편적으로 행해지던 일이었다.[31] 실제로 일부 헬라철학자들은 어떤 점에서 동성애는 '이성애보다 차원 높은 형태의 사랑'이라고 승인해주기도 하였다.[32] 더욱이, 솔로몬의 지혜서(the Wisdom of Solomon)의 저자는 부도덕한 성적 관습들('성적 도착, 문란한 결혼, 간음, 방탕', Wis 14:26; 이것들은 모두 성적인 부정을 암시한다)을 이유로 이방인들을 바울과 비슷하게 공격하고 있다. '성적 도착'(γενέσεως ἐναλλαγή)이란 표현은 동성애를 암시할 수도 있다['changing of (sexual) kind' **성(性)의 종류의 변경**: KJV].[33]

그렇다면 바울은 이방인의 동성애**만**을 염두에 두고 있을까? 바울이 LXX 시편 105편의 언어와 사상을 의존하고 있는 것을 볼 때, (그가 호렙에서 벌어진 '황금송아지' 사건에 특별히 주목했던 것처럼[34]) 그는 같은 시편에 나온 비느하스 사건도 참조하고 있다고 추정할 수 있다. 이 사건은 이스라엘이 모압 여인들을 상대로 성적인 음란에 빠짐으로써 24,000명이 죽은 사건을 상기시키는 것이다(시 106:28-31; 민 25:1-13; cf. Philo, ***Som***. 1.88-91).[35] 유대인이 타민족의 이성(異性)과 음행한 이 사건이 1:26ff에서 바울이 비판한 동성애와 설득력 있는 병행관계를 형성하지 못한다고 생각한다면, 유대인들에게는 잊을 수 없는 사건인 사사기 맨 마지막 석 장에 걸쳐 등장하는 사건을 생각해볼

30) Fitzmyer, *Romans*, 286-287이 가장 두드러진다.

31) 고대 헬라인들 사이의 동성애 행위에 관하여 인용된 저술들에 대해선 Fitzmyer, *Romans*, 275를 보라. 또한 다음을 보라, Wright, 'Homosexuality', 413; Dover, *Greek Homosexuality*.

32) 'Homosexuality', *EB* 6, 31;또한 Ferguson, *Backgrounds*, 52를 보라; 그러나 그것은 로마 사회에서 불법으로 간주되었다(p. 57). 동성애와 로마서 1장을 조리 있게 다룬 것에 대해서는 de Young, 'Meaning', 85-97, 특별히 89-90과 Caragounis, 'Biblical Attitude', 13-16을 보라. Caragounis는 고대 아덴의 동성애가 불법이었고 플라톤은 동성애에 반대하였다는 의견을 가진다.

33) Baab, 'Homosexuality', 639. 다른 번역들 참조: 'unnatural lust' (NAB), 'sins against nature' (JB), 'confusion of sex' (RV).

34) 학자들은 출애굽기 32:6의 마지막 문구('그들이… 앉아서 먹고 마시며 일어나서 뛰놀더라. וַיָּקֻמוּ לְצַחֵק)는 술 마시고 법석대는 성적 행위를 의미한다고 주장해왔다(cf. 창 26:8): 아래를 보라, van der Toorn, 'Cultic Prostitution', 510; Davies, *Exodus*, 230-231; Cole, *Exodus*, 216.

35) 고린도전서 10:7-8에서 바울도 이스라엘의 우상숭배와 성적인 죄악의 역사를 언급하면서 고린도의 믿는 자들을 경고한다.

필요가 있다. 이 사건은 아론의 증손인 비느하스가 제사장에 있을 때 일어난 일이다(삿 20:27-28). 시편 106:30에서 똑같이 비느하스가 언급된 것은 분명 민수기 25장의 부끄러운 사건뿐 아니라, 사사기 19-21장의 사건도 상기시켜줄 것이다.

베냐민 지파와 남은 이스라엘 지파들 간의 치열한 전투는 72,000명의 목숨을 앗아간 그 자체로 비극적인 사건이었다. 그런데 이 지파 간의 동족 전쟁이라는 비극에 맨 처음 불을 붙인 것은 베냐민 지파 사람들의 동성애적 탐욕이었다는 점에 주목하는 것이 중요하다(삿 19:22ff). '사람을 끌어내라 우리가 그를 상관하리라'(삿 19:22c; cf. 창 19:5)[36]는 요구는 분명 동성애적 집단 강간 의도를 나타내고 있을 것이다.[37] 심지어 그들의 요구는 그들에게는 동성애가 이례적인 일이 아니라는 것을 암시한다. 그런 행동은 '망령된 일'(נְבָלָה: 삿 19:23)로 간주되었다.[38] '이스라엘에게 지울 수 없는 자국을 남긴 이 충격적인 사건'[39]은 이 동성애적 탐욕과 이어진 그 남자의 첩을 향한 수치스런 강간 사건 때문에 일어났다. 호세아는 이 부도덕한 사건을 이스라엘의 사악함과 죄의 전형적인 예로 제시하였으며(호 9:9), 이 사건을 이스라엘의 [(동)성적] 죄의 시작으로 보고 있다: '이스라엘아 네가 그 기브아의 시대로부터 범죄하였거늘…'(호 10:9).

더욱이, 이스라엘은 율법이 엄히 금하고 있고 사형에 해당한다고 했으며(레 18:22; 20:13;[40] cf. *Sib. Or.* 2:73) 비정상적인 성행위를 금하는 법(레 18장)이 있

---

36) LXX의 번역은 다르더라도 (ἵνα γνῶμεν αὐτον과 ἵνα συγγενώμεθα αὐτοῖς) 두 참조 구절의 히브리어 단어는 같다: וְנֵדָעֶנּוּ(삿 19:22c)와 וְנֵדְעָה אֹתָם(창 19:5). 문맥에 따르면 두 참조 구절은 모두 명백히 동성애 행위를 언급하고 있다; NIV, Moffatt ('that we may rape him')도 그렇다; 그러나 cf. RSV, RV.

37) 당시 근동의 역사적 정황(context)을 근거로 소돔 내러티브는 동성애 죄를 가리키고 있지 않다고 주장하는 D. S. Bailey에 반대하는 Field, 'Homeosexuality', 657을 보라.

38) 다른 곳에서도 이 단어는 일반적으로 '강간'으로 번역하고 있다(삿 20:6; 삼하 13:12; 창 34:7).

39) Cundall, *Judges*, 198.

40) 레위기의 금지를 근거로 바울이 동성애를 기소하는 것(로마서 1장; 고전 6:9; 딤전 1:10)에 관해서는 Wright, 'Homosexuals', 125-153을 보라; 또한 같은 저자의 'Homosexuality', 414에도 간략히 언급되어 있다.

는데도, 이방 제의 의식들과 관련하여 종종 (동)성적인 비행에 가담해왔다. 하나님은 이스라엘을 향해서 다음과 같이 명령하신다: '이스라엘 여자 중에 창기(קְדֵשָׁה)가 있지 못할 것이요 이스라엘 남자 중에 미동(קָדֵשׁ)이 있지 못할지니'[신 23:18(MT); 23:17(LXX, EV)].[41] 하지만 이스라엘은 이 명령을 자주 어겼으며, 많은 증거가 보여 주듯 (몇몇 활발한 개혁운동이 있긴 했지만) 고대 이스라엘이 지속적으로 제의적 매춘에 가담한 것은 역사적 사실이다(삼상 2:22; 왕상 14:24; 15:12; 22:46; 왕하 23:7, 14; 대하 15:16; 겔 8:14; 호 4:13-14). 남자들의 매춘이 성행했으며(왕상 14:23-24), 한때 예루살렘 성전에도 남성 창기들을 위한 특별실이 있기도 하였다(왕하 23:7). (물론 예레미야서에서 그러듯이 매춘을 배교를 나타내는 용어처럼 '영적인 사건'으로 기술하고 있다.) 동성애적 매춘 또한 우상숭배 과정에서 자행되었을 가능성이 얼마든지 있다.[42]

이 편지를 쓸 때 바울은 많은 유대인들의 제의적이고 사회적인 삶 가운데서 자행되던 동성애적 관계를 포함하여 유대인의 성적 타락의 역사를 염두에 두고(예. 왕하 23:7; 출 32:6; 삿 19:6) 있었을 가능성이 있고, 그 개연성이 충분하다. 따라서 1:27에 나온 ἀσχημοσύνη(부끄러운 일)란 표현은 이 강간 같은 (동)성적인 죄를 반향하고 있을 수 있다. 그것은 이 단어가 사사기 19:23에서 사용된 נְבָלָה(망령된 일)란 단어의 번역이기 때문이다.[43] 더 나아가 1:27의 ἀσχημοσύνη(부끄러운 일)란 단어는 유대 독자들에게는 레위기가 금하고 있는 '가증한 일들'(레 18, 20)과 그 명령들을 지키지 못한 이스라엘의 역사(겔 16:8; 23:10; 호 2:9-13)를 생각나게 해줄 것이다. 더 나아가 이 표현은 *Pss. Sol.*

41) קְדֵשָׁה란 용어는 '창기'(호 4:14)를 의미하며, קָדֵשׁ는 (동성애적으로) 지나치게 악한 '동성애자' 혹은 '소돔 사람'을 의미한다(창 13:13): Fitzer, 'πορνεία', *EDNT* 3, 137. Green의 해석 'homosexual' in *Interlinear Bible: Hebrew/English* 1, 522; KJV, RV, RSV mg.: 'sodomite'을 보라. 또한 Craigie, *Deuteronomy*, 301f; Thompson, *Deuteronomy*, 241-242를 보라.

42) Baab, 'Homosexuality', 639.

43) 사사기 19:23의 נְבָלָה의 LXX 번역은 ἀφροσύνη이지만, 창세기 34:7의 것의 번역은 ἀσχημοσύνη이다. 이처럼 이 헬라어 단어들은 서로 바꿔쓸 수 있다. 바울은 사사기 7장의 ἐκπορνευω의 사례처럼 πορνεία를 가지고 동성애를 언급하는 것일 수 있다(cf. 창 19:7: μὴ πονηρεύσησθε). πορνεία는 종종 성적 부도덕에 대한 다른 함의를 지닌 μοιχεία(간음)와 나란히 열거되기 때문이다: Fitzer, 'πορνεία', *EDNT* 3, 137-139를 보라.

2:15에서 분명히 등장한다: '그들(유대인들)은 역리적 성교(ἐν φυρμῷ ἀναμίξεως)로 자신을 더럽혔고' 하나님의 성소를 약탈하였다(*Pss. Sol.* 8:8-12). 2:22에 이르기 전에는 유대인들도 수치스러운 성적 부도덕의 죄가 있다는 바울의 논지를 유대인 독자들이 완전히 깨닫지는 못했을 수 있지만, 바울은 지금 유대인들을 직접적으로 기소할(2:1: '네가…같은 일을 행함이니라') 길을 마련하고 있는 것이다. 돌아보면(혹은 다시 읽거나 들어보면) 그의 고발을 좀더 분명히 이해할 수 있을 것이다.

C. 하나님을 아는 지식을 간직하기를 거부한 유대인들이 더 큰 형벌을 받아야 하지 않는가?

바울이 유대인을 자신의 기소 범위에 포함시키려는 의도는 '그들'이 하나님의 지식을 간직하기를 거부했다고 고소하는 데서도 나타난다. 바울에게 인류의 가장 큰 죄는 하나님께서 창조 가운데서 자신을 인류에게 명백히 계시하셨음에도 불구하고 하나님을 인정하지 않고 그를 따라 살기를 거부하는 것이다. 이 죄로 인해 그들의 생각은 허망해지고 그들의 마음은 어두워졌다. 그 결과 인류는 우상숭배에 빠졌으며, 그로 인해 성적 부도덕과 도덕적인 악행을 자행하게 되었다. 하지만 바울이 창조 속에 나타난 자연계시를 보고서도 하나님을 인정하지 않는다고 정죄하였다면, '하나님의 말씀'이라는 특별계시를 받고도 하나님을 아는 지식을 간직하기를 거부한 유대인들에게는 더 큰 정죄를 내리지 않겠는가(cf. 3:1-2)?

바울은 하나님께서는 자신을 명백하게, 분명히, 혹은 확실하게 볼(φανερός) 수 있도록 계시하셨을 것이기에, 인류는 창조의 하나님의 존재뿐 아니라 그분의 영원한 능력과 신성까지 분명히 알 수 있다고 주장한다(cf. 시 19). 인류는 구원하는 지식이나 온전한 진리를 다 가지고 있지 않을지는 모르지만, 바울은 창조 안에서 그들은 실제로 하나님을 창조주로 인정하기에 충분할 만큼 알게 된다고 주장한다.[44] 1:24의 διό(그러므로)는 여기서 말한 지식이 1:19-23을 통해서 알 수 있는 지식임을 말해준다. 그래서 바울은 진리를 막고 하나님을 영화롭게 하지도, 감사하지도 않는 것(1:18, 21)에 대해 '그들이' 핑계하지 못할 것이라고 선언한다(1:19-20). 한편으로는 이 표현들이 이방인들에게만 적용되는 듯이 보인다. 하지만 이방인뿐 아니라 유대인들도 피조세계를 보기 때문에, 유대인들도 여기 바울의 기소에 포함될 것이다. 실제로 1:32의 바울의 말을 통해서 우리는 그가 다른 차원을 목표로 하고 있다고 추측할 수 있다. 여기서 바울은 '그들이' τὸ δικαίωμα τοῦ θεοῦ(하나님의 정하심)를 알고도 행하지 않는다고 말하고 있다. 주의 깊은 독자는 이 '그들이' (믿지 않는) 유대인들에게 더 강하게 적용된다는 사실을 알아차릴 것이다. 이는 하나님의 말씀과 뜻과 규례는 다른 어떤 종족이 아니라 유대인들에게 계시되었기 때문이다(시 147:19-20; 렘 5:5).[45]

유대인들은 '이 같은 일을 행하는 자는 사형에 해당한다'는 말을 반복해서 들었다(대상 10:13-14; 잠 10:6; 11:18-19; 겔 18:4, 20; 33:8-9). 더욱이 그들은 'τα <u>δικαιώματα</u> καὶ τὰ κρίματα καὶ τὸν νόμον καὶ τὰς ἐντολάς(LXX 4 Kgdms[왕하] 17:37)(율례와 법도와 율법과 계명)'를 받았지만, 지키지는 못하였다(겔 20:24-25). 실제로 이후 7:7에서 바울은 하나님의 요구를 알고 또 죄를 알려면 특별 계시는 꼭 필요하다는 점을 인정한다. 그 계시가 유대인들에게 주어졌기에, 그들은 율법을 듣고 알며(2:17-20) 그것의 탁월성을 인정하고 다른 이들에게 가르친다(2:19-20). 그러면서도 자신들은 오히려 그것을 어긴다

44) 이 점에 있어서 Brunner, *Christian Doctrine*, 132, 134는 '창조에 있는 계시의 문제는 하나님에 대한 사람의 자연적 지식의 문제[와 구별되어야만 한다]. 죄된 인간이 하나님에 대한 생각을 가질 수밖에 없다는 사실은 창조 안에 있는 계시 때문이다. 사람들이 창조 안에 있는 이 계시의 성격과 의미를 바르게 이해할 수 없는 것은 그들의 안목이 죄로 왜곡되었기 때문이다'라고 말한 것은 옳은 듯하다. 이방인에 관한 바울의 자연 신학(natural theology)의 견해에 대해서는 Gempf, 'Athens', 51-54를 보라(cf. 행 17).

45) '저가 그 말씀을 야곱에게 보이시며 그 율례와 규례(δικαιώματα: משפט)를 이스라엘에게 보이시는도다. **아무 나라에게도 이같이 행치 아니하셨나니 저희는 그 규례를 알지 못하였도다**'(시 147:19-20); '… 그들(곧 유대인의 지도자들)은 여호와의 길, 자기 하나님의 법(κρίσις: משפט)을 안다 하였더니' (렘 5:5).

(2:21-24). 바울은 구체적으로 그들이 듣고 이해했으면서도 하나님의 말씀을 믿기를 거절하기에 믿지 않는 그런 유대인들을 정죄하고 있다(10:18-19, 21).[46] 그러나 여기 1:19-21, 32에서 바울은 명시적으로 밝히지는 않지만 아마 유대인들도 염두에 두고 있을 것이다.[47]

'이스라엘만이 하나님의 법도 안에서 가르침을 받는 특권을 가졌다면'[48](cf. 3:1-2; τὰ λόγια τοῦ θεοῦ, 하나님의 말씀) 그리고 유대인과 이방인이 모두 하나님의 창조에 반응하여 하나님을 인정하거나 영화롭게 하거나 감사하지 않았다면, 이방인보다는 유대인이 더 큰 형벌을 받아야 할 것이다.[49] 율법과 성경, 그리고 유대인에게 먼저 오신 그리스도(cf. 3:2; 9:4-5; 10:17-19) 안에 나타난 특별 계시를 통해, 유대인들은 이방인보다는 하나님을 알기에 훨씬 유리한 위치에 있게 되었다. 라이트푸트(J.B. Lightfoot)의 주장대로,[50] 바울이 ἐματαιώθησαν ἐν τοῖς διαλογισμοῖς αὐτῶν(그 생각이 허망하여지며, 1:21)이란 표현을 쓸 때 열왕기하 17:15, 예레미야 2:5(cf. Wis 13:1; ***Sib. Or***. 3:8-26, 763f)을 염두에 두고 있었다면, 바울은 이방인의 우상숭배를 답습한 자기 백성 유대인들을 기소하고 있는 것이 된다. 1:32에서 바울은 δικαίωμα(율례)를 알고 있으면서도 반대로 행동하는 유대인들의 실패를 지적하고 있는 듯하다.[51] 이것이 이어지는 단락에서 추가적인 기소를 이어가는 가장 설득력

46) 비록 이 언급은 **복음**에 관한 것이라도, 이는 바울이 1:18-32에서 누구를 고발하고 있는지를 볼 수 있게 도와준다.

47) 아무 데서도 바울은 이방인이 하나님의 율례나 계명을 받았다고 명백히 말하지 않는다. 오히려 다른 곳에서 '세상이 자기 지혜로 그를 알지 못하였다'(고전 1:21; cf. 엡 1:17)고 말한다. 분명 이방인들은 신(神)들이 (예를 들어서) 살인(1:29)한 자는 사형에 처한다고 정하였다는 것을 알았을 것이다. 그러나 죽음의 보편성은 경험을 통해서만 알았다. 유대인들과 달리 이방인들은 그 원인이 무엇인지에 대해서는 특별히 듣지 못하였다. 특별 계시를 통해서 하나님의 진리를 받은 사람은 유대인이었지만, 그들은 그것을 거짓으로 삼았고(사 28:15; 렘 13:25; 암 2:4-5) 하나님을 영화롭게 하지도 않았다(1:21; cf. 사 29:13. 이 구절은 마 15:7-9=막 7:69에서 인용됨).

48) Oesterley, *Psalms*, 581.

49) Lincoln, 'Wrath', 207도 같은 입장이다. 구약 선지자들은 유대인들이 하나님을 인정치 않은 것과 심지어 그렇게 하길 거부한 것에 대해서 비난하였다(사 1:3; 렘 8:7; 9:3, 6; 호 2:8; 4:1; 5:4).

50) Lightfoot, *Notes*, 252-253.

51) Cranfield, *Romans* 1, 128: '복합 명사인 ἐπιγνωσις(깨달음)는… 21절에서 γνόντες τὸν θεὸν

있는 이유일 것이다(2:1-3:20).

반대로 놀랍게도, 이방인의 사도인 바울이 이 단락에서 이방인에 관하여는 몇 가지 긍정적인 말을 하고 있다. 바울은 '그들'이란 말로 유대인과 이방인을 모두 아우름으로써 이방인들이 창조주를 참되게 알고 있다고 주장할 뿐 아니라(1:19-20), 그들이 하나님(1:21)과 그분의 의의 율례(1:32)를 알고 있다는 점을 암시하고 있다.[52] 실제로 바울은 율법이 없는데도 (믿는) 무할례자는 τὰ δικαιώματα τοῦ νόμου(2:26, 율법의 규례)를 지킨다고 선언한다(2:26). 바울은 여기서 이방인이 하나님에 대해 가지고 있는 지식에 관해 쓰면서 다른 곳보다 훨씬 더 긍정적으로 쓰고 있다.[53]

이 단락에서 우리의 관찰을 마무리하기 전에 바울이 세 번이나 반복하여 사용하고 있는 '하나님께서 저희를 내어버려 두사'(παρέδωκεν αὐτους ὁ θεος; 1:24, 26, 28)란 문구를 이해하는 것이 중요하다. 이는 이 문구는 우리에게 1:18-32을 더 잘 이해할 수 있는 실마리를 주기 때문이다. 이것을 관찰하게 되면, 우리는 위의 소단락들에서 제시한 해석을 더 강화할 수 있게 될 것이다.

D. 하나님께서는 이스라엘이 죄를 짓도록 내버려 두셨는가?

반복되는 문구인 'παρέδωκεν αὐτους ὁ θεός'(하나님께서 저희를 그대로 내

(하나님을 알되)의 의미보다 심오하고, 사실 그 구절이 언급하고 있는 바 δοξάζειν(영화롭게 하다)와 εὐχαριστεῖν(감사하다)를 포함하는 지식을 나타내고 있는 것이 분명하다.'

52) 여기서 바울은 대부분의 유대 저자들과 다른데, 그들은 인류 일반이 창조를 통해서는 하나님을 완전히 알지 못한다고 주장하고 있다(욥 5:9; 11:7-9; 전 3:11; cf. 출 33:20; 신 4:12; Sir 3:21-23; 43:31; *4 Ezra* 4:1-11; Philo, *Decal.*, 61-63; *Spec.*, 1.13-27; *Vita*, 5-10; Josephus, *War*, 7.346). 바울은 Wisdom의 저자가 말한 것에 가깝다: 창조는 창조자에 대한 충분한 지식을 모든 인류에게 드러내고 있기에(Wis 12-15), 그들이 아름다운 세상을 지으신 창조주를 인정치 않는 것은 변명의 여지가 없다(Wis 13:1-10).

53) 바울은 이방인이 '사시고 참되신 하나님'을 알지 못한다고 선언하였다(살전 1:9; 4:5). 그는 갈라디아의 믿는 자들에게 '그때에는 하나님을 알지 못하(였으나), … 이제는 너희가 하나님을 알 뿐더러'라고 말한다(갈 4:8-9; cf. 엡 2:12-13).

어버려두사, 1:24, 26, 28)는 우리가 위에서 살핀 세 주제를 모두 연결하고 있다. διό(그러므로), διὰ τοῦτο(이를 인하여), 혹은 καὶ καθώς(또한)를 통해 강조되고 있는 이 문구는 '그들이' 하나님을 아는 지식을 간직하기를 거부하였기에 우상숭배에 빠지게 되었다는 논지의 핵심을 형성하고 있다. 그러므로(διό) 하나님께서 저희를 우상숭배와 음란에 그대로 내어버려 두셨으며('παρέδωκεν αὐτοῦς ὁ θεός'), 이를 인하여(διὰ τοῦτο) 저희를 (동)성적 부도덕에 내어버려 두셨다('παρέδωκεν αὐτοῦς ὁ θεός'). 또한(καὶ καθώς) 그들이 하나님을 아는 지식을 간직하길 거부했기에 하나님께서는 저희를 상실한 마음대로 내버려 두셨다('παρέδωκεν αὐτοῦς ὁ θεός'). 하나님께서 '내버려 두심'은 '그들이' 하나님을 아는 지식을 거부한 것과 '그들의' 우상숭배(1:23-25)와 '그들의' 부도덕(1:24, 26-27)의 자연스런 결과다. '그들'이란 대명사를 통해 바울은 유대인과 이방인 모두를 가리키고 있지만, 우리는 'παρέδωκεν αὐτοῦς ὁ θεός'(하나님의 내어버리심)란 문구는 언어학적 관점에서 볼 때 유대인에게 더 해당한다고 제안하고자 한다. 따라서 이 표현은 바울이 1:18-32의 그의 기소에 유대인들을 포함시키고 있다는 우리의 주장을 뒷받침해 줄 것이다.

נָתַן(주다) 또는 סָגַר(닫다)를 번역한 표현으로 LXX에 나오는 παραδίδωμι(내어주다)는 주로 두 가지 개념을 전하기 위해 사용되고 있다: (a) 하나님께서 이방인을 이스라엘에게 넘겨주는 것과 (b) 하나님께서 이스라엘을 이방인에게 넘겨주는 것이다. (a)의 경우를 보여주는 사례들이 많으며, 그 사례들은 모두 예외 없이 전쟁에서 승리를 주심으로 이스라엘에게 약속하신 땅을 주시겠다는 하나님의 약속과 관련이 있다.[54] 하나님께서 이방인들의 우상숭배와 성적 부도덕, 사악함(cf. 창 15:16) 때문에 그들을 내어버리셨다는 언급은 거의 찾아보기 힘들다. 하지만 (b)를 행하시는 이유는 상당히 다르다. 하나님은 이스라엘의 사악함(삿 6:1; 13:1; LXX 3 Kdgms 14:16; LXX 4 Kdgms 21:14-15),

54) 참조 구절들은 수없이 많다(Hatch and Redpath, *Concordance*, 1058f를 보라); 단지 몇 개만 언급하자면: 예. 출 23:31; 민 21:2, 3, 34; 신 1:8; 2:24; 수 2:14, 24; 삿 1:4; 3:10, 28; LXX 삼상 14:10, 12; 17:47; 23:4; LXX 4Kdgms 3:18; 18:30; 19:10; 대하 16:8.

불순종(LXX 1 Kdgms 28:18-19; 렘 6:30; 7:29; 미 5:3), 신실하지 못함(대하 24:24; 30:7; cf. 레 26:25 참조)을 인하여 그들을 내어버리셨다. 그러나 하나님께서 그들을 열방에 내어버리신 가장 큰 이유는 가증한 우상숭배였다(삿 2:10-15; 대하 25:20; 28:1-5; 1 Esdr 1:53; 6:15).[55]

더욱이 LXX 번역자들은 시편 106편에서 이스라엘이 이방신들과 관계를 맺고 자기 자녀들을 가나안 우상에게 희생 제물로 바치는 것에 대한 하나님의 반응을 묘사하기 위해 נָתַן(주다)을 παραδίδωμι(내어주다)로 번역하였다[시 106 (LXX 105): 34-41; 겔 16:18-42]. 시편 78편은 이스라엘의 우상숭배가 하나님께서 그들을 내어버리신 이유임을 잘 표현하고 있으며, 이 구절은 로마서 1:24과 긴밀한 병행을 이루고 있다:

> 그러나 그들은 지존하신 하나님을 시험하고 반항하여 그의 명령을 지키지 아니하며 그들의 조상들같이 배반하고 거짓을 행하여 속이는 활같이 빗나가서 자기 산당들로 그의 노여움을 일으키며 그들의 조각한 우상들로 그를 진노하게 하였으매 하나님이 들으시고 분내어 이스라엘을 크게 미워하사…그의 백성을 (이방인들의) 칼에 넘기셨으니[*he was very angry; he rejected Israel completely.… He gave them* (his people) *over* (Καὶ συνέκλεισεν[56] εἰς ῥομφαίαν τὸν λαὸν αὐτοῦ: וַיַּסְגֵּר לַחֶרֶב עַמּוֹ) to the sword (of the Gentiles)][시 78(LXX 77):56-62].

간혹 이스라엘의 우상숭배는 '간음'(prostitution)으로 간주되기도 한다. 에스겔에게 주신 비유적인 말씀에서 여호와는 사마리아가 이방인과 가증한 '간음'을 범하였기에 그를 버리셨다고 말씀하신다. 하지만 예루살렘의 욕

55) 몇 가지 예외들에는 신 19:12; 23:15; 수 7:7; 삿 6:13; 16:23-24; 대하 13:16이 있다.

56) LXX은 시편 77:62(그리고 50절)의 סגר를 παραδίδωμι로 해석하지 않고 συγκλείειν으로 해석하지만, 두 헬라어 용어는 유사한 의미를 전달한다. 이는 동일한 히브리어 단어가 77:48에서 παραδίδωμι로 번역된 것과 같다. 바울은 로마서 11:32에서 '하나님이 모든 사람을 순종치 아니하는 가운데 가두어 두심은'['God has consigned (=handed over) all men to disobedience', RSV, Moffatt]이라고 말하면서 συγκλείειν을 사용하며, 이처럼 1:24, 26, 28에서 그것을 παραδίδωμι와 동의어로서 사용한다.

정과 간음이 사마리아보다 더 심했기에 하나님은 그들을 떠나셨다(겔 23:11-21). 신실하지 못한 예루살렘에 대한 알레고리에서(겔 16:1-52) 하나님은 이스라엘의 악과 우상숭배, 이방인과의 간음을 이유로 그들을 이방에게 넘겨버리셨다(καὶ παραδώσω σε εἰς χεῖρας αὐτῶν, '내가 또 너를 그들의 손에 붙이리니': 겔 16:39). 이스라엘은 음란한 '창기'로 언급되기도 한다(겔 16:18-42). 하나님께서 이스라엘을 파괴와 이방인의 조롱거리가 되게 하신 것도 그들의 죄악 때문이다(cf. 대하 30:7-8; 미 6:16).

이런 개념은 중간기 문학에서도 묘사되고 있다. 1 Esdras의 저자에 따르면, 하나님께서는 이스라엘 조상들의 죄뿐 아니라(1 Esdr 6:15-16) 그들의 현재 죄(1 Esdr 8:75-78; cf. ***4 Ezra*** 4:23; 5:28-30), 특별히 우상숭배(1 Esdr 1:53-57) 때문에 이스라엘을 포로로 잡혀가게 하셨다. 그것은 1세기에도 그랬다. 가령 누가복음을 보면, 스데반은 유대인(지도자들)에게 똑같은 이유로 고발하고 있다. 스데반은 아모스 5:25-27을 인용하여 이스라엘의 우상숭배로 인해 하나님께서는 그들이 하늘 군대를 섬기도록 내버려 두셨으며('ὁ θεὸς … παρέδωκεν αὐτούς'), 결국 그들은 포로로 잡혀가게 되었음을 분명히 하고 있다(행 7:42). 따라서 우리는 유대인들은 역사 내내 그들이 걸어온 악한 길로 인해 비난을 받았다고 주장할 수 있다.

하지만 바울은 이 전통을 좀더 의미심장하게 바꾼 것 같다. 하나님께서 이스라엘을 이방인에게 넘기셨지만, 구약의 유대인들에게 이것은 **질책**을 위한 것이며, 그들은 결국엔 언약에 신실하신 하나님의 축복이 임할 것임을 기대하였다(예. 시 78:65-72; 사 43:3f; ***Pss. Sol.*** 8:32, 35; 10:3; 13:5-9). 따라서 바울이 하나님께서 그들을 우상숭배에서 성적인 부도덕에 이르기까지 **죄**에 내버려 두셔서 결국 그들이 상실한 마음에 이르게 하셨다고 말한 것은 유대 관점에서 보면 전형적인 것은 아니다.[57] 구약성경 저자들이 죄의 '결과들'을

57) 바울은 11:32에서 '하나님이 모든 사람을 순종치 아니하는 가운데 가두어 두셨다(συνέκλεισεν=넘겨 주셨다)'라고 말하는데, 이것은 바울에게 있어서 죄성을 가리키는 주요 용어다(cf. 갈 3:22-23). Dunn, *Romans* 2, 688-689은 여기서 바울이 '사람의 불순종에 강조를 두

소망을 동반하여 묘사하면서 נָתַן(주다)혹은 סָגַר(닫다) (παραδίδωμι/συγκλείειν, 내어주다/갇히다)를 사용하고 있는 반면에, 바울은 하나님을 향한 악한 태도에 뿌리를 둔 죄악된 타락의 '과정'을 특징적으로 기술하는 데 παραδίδωμι(내어주다)라는 표현을 사용하고 있다.[58)]

따라서 우리가 이제껏 관찰한 것들은 하나님께서는 악, 신실하지 못함, 간음, 우상숭배 때문에 '그들을' 내어버려 두셨다고 말하는 로마서 1장과 긴밀하게 병행을 이루고 있음을 보여준다. 이런 역사적인 유대적 배경 및 그것과 자주 반복되는 로마서 1장과의 언어학적인 일치에 비추어 볼 때, 바울 서신을 읽는/듣는 로마의 기독교 공동체의 유대인들은 하나님에게 버림받은 자신들의 역사를 기억하지 않을 수 없었을 것이다. 따라서 그들은 바울이 유대인의 죄악에 대해서도 말하고 있다는 점을 이해했을 것이다.

E. 결론

바울은 유대인들을 자신의 고소 범위에 포함시키고 있다. 이를 위해 바울은 종종 학자들이 주장하는 것과는 달리 창세기의 내러티브에 기대기보다는, 우상숭배, (동)성적 부도덕, 하나님을 아는 지식의 거부, 경건치 않음(*4 Ezra* 4:38)의 모습을 보인 이스라엘 역사를 상기시키고 있다. 가령 우상숭배에 대한 바울의 고소는 십계명의 첫 두 계명(출 20:3-6)에 표현된 원리적인 명령에 기초하고 있다. 분명 바울은 1:18-32에서 이방인들을 질책하고 있지만(cf. 3:9), (이방인들의 영적 문제들에 관해 쓰고 있다고 특정하여 표현하고 있는 에베소서 저자와는 달리; 엡 4:17-19) 이 단락에서 이방인들을 고소하고 있다고 명시적으로 밝히지는 않는다. 여기서 바울은 단순히 **인류의** 죄성을 역설하고 있다. 이

고 있지만' 여전히 이스라엘이 하나님께 대한 자신의 불순종과 복음에 대한 불신을 알도록 강하게 일깨우고 있다고 말한 것은 옳다.

58) Cf. Minear, *Obedience*, 49.

방인의 사도는 유대인과 이방인을 동등하게 다루고 있다: 하나님은 두 민족에게 자신을 똑같이 계시하셨다는 것이다. 창조 안에서 두 그룹은 분명히 창조주와 그분의 신적인 능력을 인정할 수 있다. 둘은 모두 하나님의 의로운 명령을 알고 있지만, 둘 모두 하나님을 아는 지식을 간직하기를 거부하며 똑같은 죄의 길로 빠졌다. 바울은 자신이 표현한 언어를 이스라엘이 과거에 행한 사건들에서 취하고 있으며(예. 신 4:15-18; 시 106, 렘 2:11), 이는 그가 유대인들 역시 염두에 두고 있음을 보여주는 증거다. 이 점은 그가 가상으로 설정한 유대인 대담자에게 **유대인의** 죄성을 확신시키려고 **논쟁**하는 모습에서 더 분명해질 것이다(2:1-29).

이 때문에 우리는 '친 유대인 독자가 이방인의 도덕적 실패에 대한 바울의 묘사에 큰 박수를 보내고 있다'[59]고 한 피츠마이어(J.A. Fitzmyer)의 주장에 동의하기 어렵다. 도리어 우리는 로마의 유대인 독자들은 암시적인 표현 속에서도[60] 점점 바울이 그의 공격 대상에 자신들을 포함시키고 있으

59) Fitzmyer, *Romans*, 296. Minear, *Obedience*, 48도 유사하게 주장하였다: 바울은 1:18-32에서 '이방인과 교제하는 것을 거부한 것에 대한 근본적인 합법성을 자신의 반대자들에게 양보하고 있었다'.

60) 그렇다면 명백한 질문이 제기될 수 있다: 만약 바울이 (2:1이하에서 매우 솔직히 한 것처럼) 유대인에 맞선 논거를 확립하길 원하였다면, 그는 왜 그처럼 분명하지 않은 방식으로 그 문제를 소개해야 했는가? 그 이유는 무엇보다도 그가 이 단락에서 이방인도 기소하길 대체로 의도했기 때문이다; 그는 이런 저런 부류의 민족에 맞서 분명한 소송을 걸지 않으려고 그 고발을 보편적으로 만들기를 원하였다. 확실히 이방인 독자들은 그들 자신의 과거를 상기할 수 있었을 것이며, 또한 바울이 자신들의 믿지 않는 동료 이방인들의 죄성을 묘사하고 있다는 것을 알았을 것이다(그들은 유대인의 역사적 배경과 여기서 사용하는 바울의 언어 사이의 연관성을 거의 알 수 없었을 것이기 때문이다).
둘째로, 그가 (갈라디아 사람들이나 고린도의 사람들을 그의 권위로 책망하고 가르친 것과는 매우 다르게) 서신에서 외교적 접근을 한 것은 또 다른 이유인 것처럼 보인다(Best, *Converts*, 150-151을 보라). Käsemann, *Romans*, 390과 Jewett, 'Ambassadorial Letter', 5-20이 지적했듯이, 바울은 앞으로 있을 스페인 선교에 그들의 협력을 얻어내려고 자신이 세우지 않은 교회에 서신을 쓰고 있다(Lincoln, 'Abraham', 168f도 같은 입장이다). 그는 점차적으로 그리고 외교적으로 그 논지에 접근하면서 유대인들에게서 조급하고 불필요한 오해나 거부를 피하려고 하는데, 이는 그가 이후에 전개할 '공격적인' 주장들이 훨씬 더 많이 남아 있기 때문이다(2:1-3:20; 9:1-11:16). 이런 관계에서 '바울 서신에서 유대인들과 유대주의에 대해 가장 광범위하고 직접적인 비판이라 할 수 있는 것'(Carras, 'Romans 2,1-29', 185)을 담고 있는 로마서 2장에서조차 몇 가지 '외교적인' 표현들(예를 들어 ὦ ἄνθρωπέ εἰ δὲ σὺ Ἰουδαῖος ἐπονομάζῃ, 세 번 나오는 ἐάν과 같은 것: 2:1, 17, 25, 26)을 사용하려고 노력한 것에 주목할 필요가 있다.

며, 심지어 자신들을 주 대상으로 삼고 있을 것이라는 의구심을 갖게 되었을지 모른다는 점을 발견하였다.[61] 아마 이방인의 사도라는 바울의 자기 인식 때문에 그는 죄성에 있어서 유대인과 이방인의 동등성을 주장하였을 것이다. 그리고 그렇게 하려면 상당히 담대해야 했을 것이다. 바울은 이런 식으로 고소의 구조를 형성함으로써 2:1부터 유대교의 자만을 더 직접적으로 공격하기 위한 길을 닦으려고 모색하는 듯 보인다.[62]

로마서 독자들은 이 단계의 '논의'에서는 바울의 요점을 충분히 이해하지는 못했을 수 있지만, 우리는 바울이 인류의 죄를 정죄할 때 유대인들도 염두에 두었을 것이라고 제안하는 바이다. 2:1의 논리적인 접속사 διό(그러므로)와 이어지는 바울의 논의가 우리의 이런 이해를 뒷받침해 주는 듯 보인다. 이제 아래에서 이 점을 좀더 상세히 살펴보려고 한다.

2. 유대인의 자만에 대한 좀 더 직접적인 고소: 2:1–29

위 단락에서 우리는 얼핏 보면 바울이 1:18-32에서 하나님을 아는 지식을 거절한 그들의 핑계할 수 없는 반역 때문에 **이방인들**을 정죄하는 듯 보

셋째, 바울이 나중 로마서에서 쓴 것에 비춰보면, 그는 1:18-32에서 이방인을 직접적으로 너무 심하게 비난하지 못했을 수 있다. 이는 그들의 죄는 '용서받을 수 있는 것'이었기 때문이다: '율법이 없는 곳에는 범함도 없느니라'(4:15); '율법이 없을 때에는 죄를 죄로 여기지 아니하느니라'(5:13); '율법으로 말미암지 않고는 내가 죄를 알지 못하였으니'(7:7); 그 밖의 곳(3:19-20, 25; 5:20; cf. 갈 3:19; 행 14:16; 17:30; 딤전 1:13b). 위의 참조 구절들에서의 그 '율법'은 모세의 율법을 가리킨다. 그 안에서 이방인은 가르침을 받지 않았다(cf. 2:12, 14). 이는 이방인들이 비난받아선 안 된다는 의미가 아니라(cf. 3:9), 왜 그가 2:1-3:20에서 유대인에 대한 고발과 동일한 정도로 이방인을 고발하지 않는지 그 이유를 설명해 주는 것이다.

61) Cf. Beker, *Paul*, 79-80; Minear, *Obedience*, 51:하나님의 진노가 모든 사람들에게 나타났고(1:18), '유대인은 하나님의 진노를 우선적으로 받게 되었다—"첫째는 유대인에게요 또한 헬라인에게라"(2:10)'. 바울은 이방인을 묘사할 때 하나님을 믿고 영화롭게 하는 자로 묘사하기 때문에(9:30; 10:20; 15:9-12), 그가 '그들이' 하나님을 영화롭게 하지 않는다는 고발의 주요 대상으로 삼은 것은 아마도 유대인인 듯싶다. du Toit, 'Kirche', 69-77을 보라. 그는 1:18-32과 15:1-13사이의 강한 연계를 지적한다.

62) Hays, *Echoes*, 93-94도 유사한 입장이다; 같은 저자, 'Relations', 194-195. cf. Elliott, *Rhetoric*, 173-190. 그는 바울이 2:1이하에서 유대인을 기소하고 있다는 견해에 반대 주장을 편다. 우리는 다음 단락에서 Elliott의 주장에 반대하는 논증을 할 것이다.

이지만 이방인만큼이나 유대인들도 심각하게 고소하고 있다는 점을 살펴보았다. 이 단락에서는 유대인들의 죄악을 좀더 구체적으로 확증할, 유대인들의 자만에 대한 바울의 좀더 직접적인 비판을 관찰하고자 한다. 우리는 2:1-16을 이해하기 위해 접속사 διό(그러므로, 2:1)에 대한 바울의 용례가 내포하는 바를 분석하면서 시작하려고 한다. 엘리오트(N. Elliott)는 최근에 이 접속사는 분명히 1:18-32에서 비난 받고 있는 '그들'이 2:1ff에 나오는 '너'와 동일인이며, 따라서 둘 모두 이방인임을 암시하고 있다고 주장하였다. 그의 두번째 제안엔 동의할 수 없지만, 그의 첫번째 제안에는 동의하는 몇 가지 이유를 살펴볼 것이다. 우리는 바울의 고소 대상은 유대인 가상 대담자라는 사실을 증명하고 1:18-32 고발의 유대적 측면을 부각시킬 것이다. 따라서 이 διό는 유대인 역시 1:18-32의 바울의 고소 대상이 분명하다는 우리의 이해를 뒷받침해주는 것으로 보인다.

이어서 하나님은 외모로 판단하지 않으시는 분임을 증명하려는 바울의 논쟁 방식이 '이방인들을 향한 편향(bias)'(2:6-11)이라고 간주할 수도 있는 증거를 제시하고 있지는 않은지 그 여부를 살피고자 한다. 더 나아가 바울이 유대인들을 향해서는 비판적으로 논증하고 이방인들을 향해서는 긍정적으로 진술한(2:12-27) 몇 가지 가능성 있는 신학적인 이유들에 주목할 것이다. 이 연구를 통해 유대교에 대한 바울의 비판은 한편으로 '남은 자 신학'을 가진 유대인들이 기대할 수 있는 것보다 더 급진적이고 귀에 거슬리지만, 다른 한편으로는 그의 주장이 (수사학적으로) 일관되게 이방인 편으로 기울어진 듯 보인다는 점도 지적할 것이다.

A. 2:1의 διό와 그것이 1:18-2:5의 '논쟁'에 함의하는 바

엘리오트는 2:1-16의 이해는 1:18-32과 2:1-16을 연결하는 διό를 어떻게 해석하는지에 달려 있음을 강조하였다.[63] 다양한 해석들이 제기되었다. 예를 들면, 리츠만(H. Litzmann)은 이 διό를 '특색 없는 잠정적인 불변화사'로 본다.[64] 이 접속사는 1:18-32의 **이방인**인 '그들'과 2:16의 **유대인**은 '너희'(스스로 의롭다 하는 유대인들)를 논리적으로 연결해주지 못한다고 보기 때문이다. 나이그렌(A. Nygren)은 1:18-32은 이방인의 죄를 묘사하며 2:1-16은 자기 의에 빠진 유대인과 바울의 논쟁이라는 리츠만의 주장에 동의하지만, 1:18-32과 2:1-11(혹은 1-16절)을 연결하는 διό의 논리적인 의미에 주목하지 못한데 대해서는 비판하고 있다.[65] 2:1의 논리적인 연결 접속사 διό가 1:21, 24, 26, 28에서도 인접 구절로 이어지는 비슷한 구조의 리듬을 지속시키는 역할을 하고 있다는 점과[66], 다른 곳에서 바울이 이 접속사를 사용할 때(cf. 4:22; 13:5; 15:7, 22; 고전 12:3; 14:13; 고후 1:20; 2:8; 4:13; 5:9; 6:17; 12:7, 10; 갈 4:31; 살전 5:11; 몬 8) 논리적인 의미를 전달하지 않는 적이 거의 없었다는 점을 생각할 때, 나이그렌의 견해는 설득력이 있다. 하지만 나이그렌은 이 논리적 접속사가 두 구절의 **주체들**(즉 이방인 '그들'과 유대인 '너희')을 직접 연결해줄 수는 없으며, 다만 같은 **쟁점**이나 **근거**(즉 유대인처럼 이방인도 변명할 여지없는 죄인이라는 점)만 연결해줄 수 있다고 주장한다.[67]

엘리오트는 여기서 한 걸음 더 나아간다. 그는 διό의 의미는 같은 쟁점/근거(즉 죄)만이 아니라 같은 주체까지 아우른다고 주장한다(즉 1:18-32의 '그들'은 2:1-16의 '너희'와 일치한다). 다시 말해서 바울은 1:18-32에서는 '그들'이라

---

63) Elliott, *Rhetoric*,174. 이 어려운 διό의 해석에 대한 간략한 개관에 대해서는 Cranfield, *Romans* 1, 140-141을 보라. Cranfield 자신은, Sanday and Headlam, *Romans*, 55와 Meyer, *Romans* 1, 102와 함께, διό가 1:18-32 전체 단락을 망라하는 것으로 이해한다.

64) Lietzmann, *Römer*, 38-39; Käsemann, *Romans*, 54; Althaus, Michel, Schlier도 마찬가지다. cf. Molland는, in BDF, 235, 이것이 구문론적으로 "'비논리적인" διό'라고 주장한다. Bultmann, 'Glossen', 200은 그 διό가 곁치레(gloss)에 불과하다고 본다.

65) Nygren, *Romans*, 116-117. 완전한 논리적 의미를 보는 학자들 가운데는 Bassler, *Impartiality*, 131, 255 n. 43; Fischer, 'Literary Forms', 214; Shedd, *Romans*, 35; Meyer, *Romans* 1, 102; Sanday and Headlam, *Romans*, 55가 있다.

66) Elliott, *Rhetoric*, 120.

67) Nygren의 것과 유사하게 이 쟁점에 대한 상당 분량의 연구를 제시한 Schmeller, *Paulus*, 225-286의 비판적인 취급에 대해서는 Elliott, *Rhetoric*, 182-184를 보라.

고 표현함으로써 좀더 거리를 두는 방식으로 이방인들 역시 변명할 수 없다는 점을 말하고 있는 반면에, 2:1-16에서는 '너희'라고 표현함으로써 이방인의 죄를 직접적으로 언급하고 있다는 것이다. 주어로 사용된 이 대명사들에 관한 한, 엘리오트는 1:18-32의 '그들'은 분명히 **이방인**을 가리키고 2:17에 가서야 바울은 자신의 유대인 가상 대담자에게 말하기 시작하기 때문에, 2:1에 어렴풋이 등장하는 대담자는 이방인이 분명하다고 주장한다.[68] 그는 2:1ff은 유대인이 아니라 이방인을 기소하고 있다는 나이그렌의 견해(와 가장 영향력 있는 견해[69])에 반대하여 논쟁하는 데 그의 연구 대부분을 할애하고 있다. 앞으로 우리는 2:1-16에 대한 엘리오트의 해석을 비판하겠지만, 여기서는 1:18-32과 2:1-16 두 단락이 **같은 사람들**(이 시점에서 그들이 이방인인지 유대인인지는 중요하지 않다)을 향해 말하고 있다는 엘리오트의 견해를 뒷받침할 만한 증거를 제시할 수 있을 것이다.

Διό는 바울 서신에 22번 나온다. 나머지 21번(그리고 사도행전의 18회 역시) 모두 앞엣것과 자명한 결론을 담은 뒤엣것을 연결하고 있다.[70] 이 경우에 주체나 수신자나 화자는 앞과 뒤 모두 동일하며, 대명사가 바뀌고 있기는 하지만 2:1이 예외라고 추정할 근거는 없어 보인다.[71] 따라서 이 διό는 바울

---

68) 여기서 Elliott, *Rhetoric*, 125는 Stowers의 결론을 따르며(*Diatribe*, 112), 그를 인용한다: '바울이 2:1-5에서 유대인만을 염두에 두고 있다든지 그가 전형적인 유대인의 특성을 나타내고 있다고 생각하는 것은 시대 착오적이며 부당한 것이다.'

69) 2:1-11이 유대인을 향해 있다고 주장하는 학자에는 Käsemann, *Romans*, 53-54; Black, *Romans*, 54; Sanday and Headlam, *Romans*, 54; Cranfield, *Romans* 1, 137-139; Lightfoot, *Notes*, 258-263; Wilckens, *Römer* 1, 121; Lagrange, *Romains*, 42-43; Moxnes, *Theology*, 35; Watson, *Paul*, 109; Carras, 'Romans 2,1-29', 191-196이 있다. cf. 유대인과 이방인 모두를 향하고 있다고 보는 학자들 가운데는 Barrett, *Romans*, 43; Leenhardt, *Romans*, 74; Schlatter, *Gottes Gerechtigkeit*, 74-75가 있으며, 가장 눈에 띄는 사람은 Bartsch, 'Die historische Situation', 286이다.

70) *EDNT* 1, 336.

71) Cf. 바울의 글에 나타난 동일한 주제를 가진 다른 예들; 아마도 가장 간단한 예는 "내가 믿는 고로(διό) (내가) 말하였다 한 것같이 우리가 같은 믿음의 마음을 가졌으니 우리도 믿는 고로(διό) 또한 (우리가) 말하노라"(고후 4:13)일 것이다. 종종 이런 표현 다음에는 이전 단락에서 말한 것을 근거로 결론적인 권고를 소개하는 명령적 동사들이 따라온다(고후 6:17; 살전 5:11; cf. 엡 2:11; 행 20:31; 27:25). 그러나 그 권고들은 자명한 결론을 지니며 **동일한 사람들**을 대상으로 한다. cf. 로마서 2:1에서의 διό의 사용의 구문론적인 구조는 15:7-8과 매우 유사하다.

이 동일한 사람들을 기소하고 있음을 보여주거나 혹은 2:1 이후에는 그의 논의 대상을 유대인이든지 이방인이든지 (그들은 모두 1:18-32의 대상에 포함된다) 한 쪽으로 좁히고 있음을 보여주고 있다.[72]

더 나아가 바울이 1:18-32에 나오는 '그들'의 변명할 수 없음을 2:1ff에 나오는 '너희'에게도 똑같이 적용하고 있었다면, 그는 διό가 아니라 ὡσαύτως('마찬가지로', '한가지로', '유사하게', 또는 '같은 방식으로')를 썼을 것이다.[73] 실제로 바울은 ὡσαύτως라는 표현을 로마서에 단 한 번 사용하고 있는데, 거기서 바울은 두 주체-모든 피조물(8:22)과 그리스도인들(8:23-25)과 성령(8:26-27)-가 똑같은 종류의 탄식을 한다고 말하고 있다. 예외 없이 신약에서 17번 모두 뒤따라오는 **다른** 사람/사물과 앞서 있는 **동일한** 것/방식/행동을 연결하는 데 사용되고 있다.[74] 따라서 바울이 1:18-32과 2:1-16에서 모두 **동일한 사람**을 향해 고소하고 있다는 엘리오트의 견해는 옳다고 보아야 한다. 하지만 2:1-16의 대담자가 유대인이 아니라 **이방인**(1:18-32처럼)이라는 그의 결론은 그 근거가 충분하지 못하다. 이제 엘리오트가 2:1-16의 '너희'의 정체를 '이방인'이라고 한 것에 대해서 관찰하고자 한다. 우리는 그의 주장에 나타난 적어도 세 가지 약점을 지적하고자 한다.

---

72) Cranfield, *Romans* 1, 141-42는 이 διό에서 많은 문제를 보지 않는다. 이는 이방인과 유대인 모두의 죄가 1:18-32에서 비난을 받고 있기 때문이다(그러나 그 이유에 관해서는 이전 단락인 pp. 113-137에서 우리가 보인 것과는 다르다.)

73) 사실 Elliott, *Rhetoric*, 184 n. 3은 바울이 2:1이하의 '너'라는 다른 사람으로 방향을 바꾼 경우(2:17에서와 마찬가지로) 여기에서 부사적 연결어인 δέ를 기대한다. 만약 바울이 'δέ'를 사용하길 원하였다면 그는 단지 'δέ'보다는 오히려 'δὲ καί'를 사용했을 것이다: '그러나 너 또한 변명이 없을 것이니(But you *also* have no excuse)' (2:1). 그래서 사실 Hudson, *Pauline Epistles*, 63은 '(그러나 유대인은 더 나은 신분을 가지지 않으니,) 그래서 너는 변명할 게 없다[(But the Jew has no superior standing,) and so you are without excuse]'란 말을 덧붙이면서 2:1을 번역한다. 그러나 만약 바울이 2:1과 그 말하는 대상을 달리하고 있다면 가장 자연스러운 연결사는 8:26에서처럼 'ὡσαύτως δὲ καί'(이와 같이 너희도 핑계가 없다, *Likewise* you *also* have no excuse)일 것이다. 바울은 1:32의 악을 행하는 일에 참여하고 승인하는 것에 대해서 그들을 고발하면서 1:28-32에 묘사된 실행들에 대한 **비난**에 대해서 이미 이야기했기 때문에 우리의 해석은 강화될 수 있다.

74) 다른 곳에서도 마찬가지다: 마 20:5; 21:28-30, 36; 25:17; 막 12:21=눅 20:31; 막 14:31; 눅 22:20; 고전 11:25; 딤전 2:9; 3:8, 11; 5:25; 딛 2:3, 6.

첫째, 엘리오트는, 1:18-32은 '보편적으로 인정할 만한' 이방인의 부도덕을 제시하며 초대교회가 **이방인들**을 전도할 때 사용하던 '진부한 **표현**(topos)'이라고 함으로써 검증되지 않은 전제에 근거하여 논의를 전개하고 있다.[75] 엘리오트는, '우상숭배'는 '특별히 이방인의 죄'의 뿌리이며 성적 타락과 특히 동성애의 원인이 되기 때문에,[76] '이방 세계에서 기독교 선교사가 전한 주요 내용'이었을 것이라고 주장한다.[77] 안타깝게도 그는 1:18-32 역시 **유대인의** 부도덕을 비판하는 기소도 포함하고 있다는 최근의 견해에 거의 주목하지 않고 있다.[78] 그는 1:18-32이 이방인의 죄만을 묘사하고 있다는 주장을 뒷받침할 만한 근거를 아주 최소한만 제시하고 있다.[79] 그가 2:1의 διό를 근거로 2:1-16이 이방인을 지칭하고 있다는 그의 주요 논지를 제시하기 **전에** 이런 주장을 확립하였다면, 방법론적으로 훨씬 더 탄탄했을 것이다.

둘째, 엘리오트가 가령 지혜서 12-15장에 나오는 언약적 특권에 대한 유대인의 자만을 나타내는 증거들을 고려하지 않은 것도 그의 주장의 또다른 약점이다. 2:1-4와 지혜서 11-15장 간의 긴밀한 병행을 근거로 나이그렌은 바울이 2:1-16에서는 **유대인** 대담자를 상대로 이 전형적인 유대인의 전제를 반박하기 시작한다고 주장하였다.[80] 하지만 엘리오트는 이 구절들

75) Elliott, *Rhetoric*, 108, 강조는 저자의 것.

76) Käsemann, *Romans*, 44를 따라서 Elliott, *Rhetoric*, 108 n. 3.

77) Elliott, *Rhetoric*, 108 n. 4에서 단언적으로 인용된 Bultmann의 말. 또한 Michel, *Römer*, 60도 마찬가지다: 로마서 1:18-32은 '바울의 선교 설교의 한 실례[ein Beispiel der Missionspredigt des Pls (Paulus)]'이다; Weiss, *Earliest Christianity* 1, 239-240.

78) 앞에 pp. 113-137에서 우리가 연구한 바를 보라. 다른 연구들에는 Hyldahl, 'Reminiscence'; Hooker, 'Adam', *idem*, 'Further Note'; Barrett, *First Adam*; Wedderburn, 'Adam'; Keck, 'Romans 1:18-23', 404; Bassler, *Impartiality*, 122; Davies, *Faith*, 47-49; Cosgrove, 'Rom 1:18-4:25', 621이 있다; 주석가들 가운데는 Cranfield, *Romans* 1, 119-142; Dunn, *Romans* 1, 54-76이 있다.

79) Elliott, *Rhetoric*, 119 n. 1; 또한 Gaston도, *Paul*, 119도 그렇다. 이 주장은 많은 면에서 문제가 있을 수 있지만, 위에서 충분히 다뤘기 때문에 여기서 더 그를 상대할 필요는 없다고 본다.

80) Nygren, *Romans*, 113-116.

이 지나치게 '선택적이고 어느 정도는 인위적이'이라고 하여 거부한다.[81] 나이그렌이 지혜서 12:22과 15:2a[82]과 같이 제한된 참조 구절들에 너무 많이 의존하고 있기는 하지만, 그렇다고 지혜서가 유대인들의 언약적 자만심을 묘사하고 있다는 그의 주장까지 배제할 수 있는 것은 아니다. 우리가 추가로 제시할 수 있는 아주 많은 지혜서 참조구절들[83]은 분명 2:1-5에서 비판하고 있는 유대인의 자만은 지혜서를 배경으로 하고 있다는 나이그렌의 견해를 뒷받침해줄 수 있을 것이다. 유대인들은 다른 이들(이방인들)을 정죄했으며, 자신들은 언약적인 신실함 때문에 하나님의 심판을 면할 수 있다고 생각하였다(cf. 마 23:33). 그들은 하나님의 풍성한 인자와 오래 참으심과 인내를 경험한 자들이었다(2:1-4; Wis 3:9-10; 5:15-16; 11:9-10 등).

더 나아가 '우리는 당신의 것이니이다'(지혜서 15:2)라는 표현을 통해 지혜서의 저자는 구약에서 볼 수 있는 것과 죄가 있든 칭찬할 만하든 "그들은 당신 것이니이다. 기록되었으되 '그들은 바로 당신 자신의 백성이로소이다'"(신 9:29)라는 일반적인 믿음을 공유하고 있는 듯하다. 그리고 모세가 이스라엘의 죄를 요약한 신명기 32:5에 대한 랍비 마이어(R. Meir)의 언급처

81) Elliott, *Rhetoric*, 176.

82) '이렇듯 우리를 단련하시지만 우리의 원수들은 만 배나 더 징벌하심이라(So while chastening us thou scourgest our enemies ten thousand times more', RSV)'란 Wisdom의 말이 하나님의 긍휼의 **정황 안에서** 이해되어야 한다는 엘리어트의 주장은 또한 옳다. 그러나 그 정황, 곧 '하나님은 놀랍게도 (이방인) 죄인들에게 관대하셨으며, (이에 반하여) 이스라엘의 신실한 자에겐 엄하셨다'(Rhetoric,176-178)는 그의 이해를 뒷받침할 만한 그다지 견고한 근거가 없다.

83) Wisdom의 저자는 심지어 하나님께서 동등성을 가지고 심판하실 때조차도 여전히 이방인들을 향한 가혹한 심판과는 대조적으로 큰 호의를 가지고 '우리'(유대인들)를 다스리신다고 이해하고 있다(Wis 12:18, 20-21). 유대인은 이방인을 '법 없는 사람들'(Wis 17:2), 그리고 경건치 않은 자들로(Wis 3:10; 16:16) 분류했지만, 자신들은 하나님의 '사랑하시는 아들들'(Wis 2:13, 16, 18; 16:26), '거룩한 나라'(Wis 17:2), '그의 거룩한 자들' (Wis 3:9; 18:1, 2, 5), '그의 택하신 자', 의인들(Wis 2:12; 3:9, 10)로 보았다. 그래서 그들은 비록 자신들이 심판과 벌을 받아야 할 것을 알았지만(cf. 암 3:2: '내가 땅의 모든 족속 중에 너희만 알았나니 그러므로 내가 너희 모든 죄악을 너희에게 보응하리라'), 하나님의 이중적인 기준을 확실히 믿고 있었다(Wis 3:9-10; 5:15-16; 11:9-10; 12:22, 27; 16:2, 4-5; 18:7-8, 25; 19:1). Wisdom의 마지막 구절(19:22)은 이렇게 요약한다: '왜냐하면 모든 일에서, 오 주여, 당신은 당신의 백성(곧 유대인들)을 높이셨고 영화롭게 하셨기 때문이며, 모든 날 모든 곳에서 그들을 돕기를 마다하지 않으셨기 때문입니다' (RSV).

럼, '심지어 그들이 흠으로 가득 차 있을 때도 자녀들로 불렸다'[84](cf. 출 19:5; 신 14:2; 26:19; 삼상 12:22; 시 29:11; Philo, ***Spec.***, 4.181). 유대인들은 대부분 모세와 이사야가 선포하였듯이 하나님의 백성의 신분은 흔들리지 않고 안전할 것이라고 주장했을 것이다(신 4:6-8; 사 60:21). 따라서 윈스톤(D. Winston)이 표현하듯이, 유대인들은 '우리는 하나님이 죄 가운데 우리를 버리지 않으실 것을 압니다. 하지만 하나님께 대한 이 확신은 실제로 우리가 아예 죄를 짓지 않도록 막아줄 것'[85]이라고 말할 것이다.

마지막으로, 2:1-5이 유대인의 특징이라는 점을 반대하는 엘리오트의 주장은 설득력이 부족해 보인다.[86] 더욱이 그는 2:1-5이 유대인의 태도가 아니라 **이방인**의 태도를 가리킨다는 자기 주장을 정당화할 만한 어떤 근거도 제시하지 않고 있다.[87]

하지만 우리 생각에는 구약의 증거에 비추어 볼 때 이 구절은 유대인들의 태도를 묘사하고 있다. 가령 2:5에 나오는 '네 고집과 회개치 아니한 마음을 따라'라는 바울의 질책 대상은 유대인인 듯 보인다. 두 단어 σκληρότης(고집)와 ἀμετανόητος(회개치 않음)는 신약에서 여기만 나오지만, 이 단어가 이스라엘의 완고함을 묘사하는 데 쓰이는 구약적인 배경은 풍부하다[88](신 1:43; 9:27; 10:16; 29:18-19[89]; 31:27; 대하 36:11-14; 느 9:16-18; 시 78:32; 사 28:12;

---

84) Cf. Winston, *Wisdom*, 281-282.

85) Winston, *Wisdom*, 282.

86) Elliott, *Rhetoric*, 176, 180-185, 190: 2:1-16에는 '유대적 주장들을 명백히 논박하거나 한정하는 것'이 없다. 그래서 그는 2:1-16이 언약적 유대교에 대한 공격으로 간주되어서는 안 된다고 주장한다(p. 190). 엘리어트의 이해는 단지 '추정'으로만 보인다; 뒤이은 각주를 보라.

87) 엘리어트는 이 본문이 이방적인 특징을 가지고 있다는 증거를 제시하려고 하지 않는다. 유대인에게 심판을 전가하고(cf. 2:2), 하나님의 심판을 피할 것으로 생각하며(cf. 2:3), 하나님의 풍성한 인자하심을 받고도 그 인자하심에 경멸을 표하며(cf. 2:4), 완고하고 회개치 아니한 마음을 가진 자(cf. 2:5)가 유대인이 아니라 이방인이라는 것을 설명할 때만이 그의 주장이 유지될 수 있을 것이다.

88) Fitzmyer, *Romans*, 301:"'완고함'은 옛 이스라엘의 특징이 되었다." 우리는 완악한 마음의 전형적인 예인 바로가 이방인이었다는 사실을 떠올릴 수 있다. 그러나 바울이 로마서의 어디에서도 이방인의 완악함을 꾸짖지 않고 있다는 사실은 여기서 바울은 유대인의 완악함에 초점을 맞추고 있음을 암시하는 듯하다.

89) 쿰란 공동체는 유대인들이 "비록 내가 내 마음의 완고함으로 행하여도 내게 평화가 있기를"

30:15; 렘 5:3, 5c; 9:13-14; 35:17; 호 4:16; 슥 7:12; Bar 2:30, 33; cf. 시 95:8). 유대인들은 그들의 마음을 완악하게 하지 말라고 줄곧 경고를 받았지만(시 32:8-9; 78:8; 95:8; 잠 28:14; 29:1; 사 42:18-25; 48:4; 말 2:2), 그들은 거듭 마음이 완악해져 하나님을 배반하였다는 말을 들었다(출 32:9; 신 21:20; 37:27; 삼상 8:7, 19; 대하 24:19; 30:8; 느 9:26; 사 1:5; 59:13; 렘 32:33; 44:16; 호 7:14; 슥 7:11). 로마서에서도 바울은 다른 신약 저자들처럼[90] 유대인들을 완악한 마음과 어두워진 눈(11:7-10, 25b)으로 힘써 믿지 않으며(11:23; cf. 9:31; 10:3) '순종하지 아니하고 거스려 말하는 백성'(10:21)으로 묘사하고 있다. '원(原) 가지'인데도 하나님께서 그들을 아끼지 않으신 것은 그들이 고집스럽게 믿지 않았기 때문이다(11:20-21, cf. 23절). 이스라엘은 완악하였다(11:25; cf. 9:18; 11:7). 이런 묘사들은 바울이 2:5에서 같은 표현을 쓰면서 아마 분명히 **유대인**을 염두에 두었음을 보여주는 듯하다.[91]

바울이 2:1-5에서 이방인보다는 유대인을 염두에 두고 있다고 믿는 다른 이유는, 그가 거기서 질책하는 사람들과는 반대로 (믿는) 이방인들은 마

[(cf.) 신 29:18-19]이라고 말하면서 거짓 위안을 계속 유지한다면, 그들이 완전히 타락한 것이라고 이미 유대인들에게 경고한 바 있다(1QS 2): Vermes, *Scrolls*, 63.

90) 예. 마 13:15; 19:8=막 3:5; 10:5; 요 12:37-43; 행 7:51; 19:9.

91) Caragounis는, 'L'univeralisme', 32-33에서 좀더 강하게 말한다. 우리의 입장은 2:1-4에 나온 자만에 대한 바울의 책망이 지혜 전승(Albright and Mann, *Matthew*, 26)뿐 아니라 구약의 예언 전승[예. 사 1:2, 4, 23; 24:5, 20; 30:1, 9; 48:8; 57:4; 65:2; 66:22; 겔 24:3; 학 1:12; 말 1:6; 3:5; 시 79:6(=렘 10:25); 110:5-6]과도 일치한다는 사실로 인하여 더 강화된다.

신약의 복음서 전승도 유대인의 자만을 나무란다. 바리새인들과 사두개인들을 편향적인 방식으로 소개하는 복음서 저자들의 입장에 대한 문제 전체는 오늘날 큰 쟁점이다. Boccaccini, *Middle Judaism*, 214-216을 보라. 그는 '소위 신약의 "반유대적" 표현이 실제로는 "반바리새적"이며, 중간기 유대교 내의 경쟁 부류들 간의 논쟁을 증거해 주는 것'(p. 215)이라고 결론을 내린다. 그러나 복음서 자료는 여전히 유대인들, 특별히 바리새인들과 사두개인들이 자기 만족에 젖어 있다는 증거를 제시한다. 세례 요한은 '우리는 아브라함을 우리 조상으로 가진다'고 주장하는 유대인의 자만과 '아브라함의 공적이 하나님의 축복을 보장한다고 생각하는'(마 3:7-10) 거짓 안전을 책망한다(마 3:9; cf. 요 8:31-41)(France, *Matthew*, 92; 또한 Beare, *Matthew*, 92-94; Albright and Mann, *Matthew*, 26). 더욱이 예수는 '동서로부터 많은 사람(곧 이방인들)이 이르러 아브라함과 이삭과 야곱과 함께 천국에 앉으려니와 나라의 본 자손들(곧 유대인들)은 바깥 어두운 데 쫓겨날 것이라'(마 8:11-12)고 말하면서, 그와 같은 자만의 위험을 경고한다. 유대인들은 자기들이 지옥의 판결을 피할 수 있으리라고 생각한 것으로 묘사되고 있다; 하지만 예수는 그럴 수 없다고 말하였다(마 23:33). '열매 맺지 못한' 유대인들에게 임하는 심판의 필연성은 세례 요한(마 3:10; 눅 3:9)과 예수(마 7:19)에 의해서 엄중하게 선포되었다.

음에 새겨진 율법을 가지고 있고(2:15) 마음의 할례를 받았다(2:29)고 곧바로 주장하고 있기 때문이다. 이는 바울이 이방인들을 완고하고 불순종하는 모습으로 묘사하기를 꺼리고 있음을 암시한다. 따라서 바울은 유대인을 염두에 두고서 '당을 지어 진리를 좇지 않고 불의를 좇는 자들'(2:8, 9)이라고 말하고 있을 것이다. 구약에는 이스라엘이 불순종했는데도 하나님께서는 그들에게 풍성한 자비를 베풀어주셨음을 보여주는 증거들이 가득하다. 신약에서는 그런 축복이 이방인에게도 명백히 적용되고 있는 것이다(cf. 빌 4:19; 엡 1:7; 2:7). 그러므로 바울은 2:1-5에서 그의 고소 대상을 '자만에 빠진 유대인'으로 하고 있는 것이 분명해 보인다.[92]

B. 하나님의 편벽치 않으심에 대한 논의: 그러나 이방인의 편에서?: 2:6-11

학자들은 칭의 교리와 모순되는 듯이 보인다는 이유로 '(하나님께서는) 각 사람에게 그 행한 대로 보응하신다'(2:6)는 바울의 주장에 크게 주목해왔다. 하지만 여기서 바울은 일부가 생각하듯이, '하나님께서 어떻게 심판하거나 혹은 구원하시는지'를 특별히 언급함으로써 '심판이나 구원 교리'를 설명하고 있는 것이 아님에 주목해야 한다.[93] 그보다는 바울은 편벽치 않으

---

92) Cranfield, *Romans* 1, 138-139. 특별히 Dunn, *Romans* 1, 78은 이것을 분명하게 표현하고 있다: "동시에 1:19-32의 유대적 관점을 감안할 때 가상의 대담자로 유대인을 염두에 두고 있는 것이 분명하며, 또한 하나님의 공평한 보응(시 62:12; 잠 24:12)에 대한 정립된 유대적 원리를 논증하는 부분(6절)에서 나타나는 구심성(centrality)은 특별히 유대인의 동의를 얻기 위해 의도되었음이 분명하다(cf. Bassler). 더 치밀하게는 4절은 Wisd sol 15:1ff의 내용을 반향하고 있는데, 이는 하나님의 백성은 더 야비한 이방인의 죄에서 자유로우며 유대인의 죄는 결코 하나님의 선민인 이스라엘이 은혜로 가진 신분을 흔들기에는 역부족이라는, 유대적 전제를 부정하려고 고안된 것처럼 보인다."

93) 그러므로 우리는 '행위에 따른 심판'에 대한 바울의 말이 (a) 자기 모순적인지, (b) 단지 가정(假定)적인지, (c) 믿음/회개를 '일'로 언급하는 것인지, (d) 하나님이 실로 모든 것을 그 행한 것에 의해 심판하실 것이라는 의미인지에 대한 논쟁에 관여하지 않으려 한다. 각각의 주장자들에는 (a) Sanders, *Jewish People*, 123-135; Räisänen, *Paul*, 99-108; (b) Moo, Ziesler, Lietzmann; (c) Barth; (d) Black, Cranfield, Wilckens, Dunn이 있다. (a)와 (c)는 가장 가능

신 하나님에 대한 신학적 원리를 설명하는 과정에서 이 말을 하고 있을 뿐이다. 따라서 이 단락의 절정은 하나님의 편벽치 않으심에 대한 단언이라고 한 바슬러(J.M. Bassler)의 견해가 옳다:[94] '그[하나님]는 모든 사람[**유대인이든 헬라인이든**]을 그 행한 대로 대하실 것이다[95] …하나님은 외모로 사람을 취하지 아니하시기 때문이다'(2:6, 11; RSV). 이 소단락에서 우리는 바울이 하나님의 편벽치 않으심을 어떻게 그리고 왜 전하고 있는지 살필 것이며, 바울의 사도적 자기 인식이, '이방인들을 향한 편향'을 암시하는, 이런 주장을 형성하는 데 영향을 끼쳤다고 제안하고자 한다.

로마서 1-2장에서의 폴렌츠(M. Pohlenz)의 *Ringkomposition* 통찰을 발전시켜[96] 바슬러는 어휘론적이고 주제적 관점으로 1:16-2:11의 통일성을 인상적으로 증명하고 있다.[97] 또한 바울이 대명사를 3인칭에서 2인칭으로 변화를 주면서 2:1부터 논지의 어조를 바꾸기는 하지만 '하나님은 누구에게든 치우침 없이 그 행실대로 보응하신다는 논지의 근본 내용은 동일하다'고 말하고 있다.[98] 1:16-2:11의 통일성과 하나님께서 유대인과 이방인을 외모로 취하지 않으신다는 주제(cf. 행 10:34)에 주목한 점은 바슬러가 분명히 옳다. 그런 균형 혹은 동등성은 실제로 1:16-2:29 저변에 흐르는 논리이며, 더 나아가 3:9, 22, 29-30, 4:9, 16, 10:12에서도 볼 수 있다.[99] 하지만 수사

성이 없어 보이며, (b)와 (d) 중에서는 후자가 더 맞는 것 같다. 다양한 해석에 대한 요약에 대해서는 Cranfield, *Romans* 1, 151-153을 보라. 하나님께서 행위에 따라서 심판하실 것에 대한 구약과 신약의 참조 구절들을 위해서는 p. 146을 보라.

94) Bassler, *Impartiality*, 123-137 그리고 그녀의 Appendix D on p. 199; cf. Dahl, *Studies*, 80.

95) 바울은 가상의 유대인 대담자에게 대중적인 구약 개념을 상기시켜 주고 있는 것으로 보이며 (예. 대하 6:23; 욥 34:11; 시 28:4; 62:12; 잠 24:12; 렘 17:10; 겔 18:20; 마 16:27), 놀랍게도 그것을 하나님의 편벽치 않으심에 대한 증거로서 이방인과 유대인 모두에게 동등하게 적용하고 있다.

96) Pohlenz, 'Paulus und die Stoa', 특히 70-75.

97) Bassler, *Impartiality*, 123-156.

98) Bassler, *Impartiality*, 131.

99) 2:11의 원리가 유대인과 이방인의 동등성을 강조하지 않고 있다고 주장하는 것에 대해서는 Carras, 'Romans 2, 1-29', 185. Contra Piper, *Justification*, 28-29를 참조하라. 여기서 그 원리는 선택에 대한 묘사가 아니라 구원에 대한 묘사에 직접적으로 관련되고 있다. 선택과 관련해서도 바울은 나중에 하나님께서 이방인을 선택하시는 일에서 긍휼을 베푸시는 데에 의로우시

학적인 논쟁 과정에서 **자신은 치우치지 않은 채로 있지 않으며**[100] 오히려 유대인들이 당연시하는 특권들을 '**반대하여**'[101] 논쟁하며, 이방인의 구원의 합병성을 '**위하여**' 논쟁하고 있다는 것을 주목하는 것이 중요하다.

이 단락에서 바울이 하나님의 편벽치 않으심을 강조하지만, 하나님의 편벽치 않으심이라는 신학적 원리가 바울이 논지를 전개해가는 목표는 아니라는 점에 주목하는 것이 중요하다. 그것은 자신의 논지를 더 발전시키는 데 필요한 **징검다리**일 뿐이다. 엘리오트도 이런 전개에 주목하고 있지만, 하나님의 치우침 없는 **심판**을 주요 주제라고 한 그의 생각은 너무 제한적이다.[102] 로마서 1-4장 내내 전개되는 하나님의 편벽치 않으심이라는 주제는[103] 하나님의 **심판**을 확증하는 데 사용될 뿐 아니라, 궁극적으로는 하나님의 **구원**(1:16)을 확증하는 데[104] 사용되고 있다. 바울은 하나님의 편벽치 않으심이라는 신학 원리를 심판의 측면과 구원의 측면 등 두 측면에

다고 주장한다(9:14-18에 암시된 것처럼: 뒤에 pp. 295-302에 있는 우리의 논의를 보라).

100) Cf. 또한 Cosgrove, 'Rom 1:18-4:25', 621도. Bassler, *Impartiality*, 155는 바울의 논쟁이 3:9에 이르기까지 늘 치우치지 않고 공평한 것은 아님을 깨닫는다: "실제로 1:18-2:29의 논쟁은 오히려 한 가지 중요한 문제에 있어서 3:9의 고발과 그것을 뒷받침하는 일련의 인용과 반대된다 … 모든 사람들이 예외없이 죄를 지었다는 것은 1:18-2:29 어디에도 명백하게 진술되지 않았다… 이 장(章)들은 이 고발의 신학적인 근거에 강조를 두고 있어서, 보편적인 죄성에 대한 실제 고발은 3:9의 요약에 이르기까지 어디에도 명백히 상술되지 않았다." Davies, *Faith*, 52-53도 이 점에 주목하며, '3:9이하를 (유대인과 헬라인 모두 똑같이) 악한 자들에게 대해서만 언급하고 믿음으로 사는 의로운 자들에 대해서는 아닌 것으로 이해하면서'(p. 52 n. 3) 이 부조화를 풀어보려고 시도한다. 그는 이렇게 주장한다: "그(바울)는 (믿음으로 사는) 의인을 악한 자와 구별되게 인식하는 심판의 편벽성을 본다. 2:6-11의 교차 대구 구조는 하나님께서는 악을 행하는 자를 비난하시는 것과 의를 행하는 자를 축복하시는 것 모두에 편벽하지 않으신다는 사실을 강조한다."

101) Carras, 'Romans 2,1-29', 195.

102) Elliott, *Rhetoric*, 122: "논의의 흐름이 다른 전제들에서(*from*) 시작하여 '편벽치 않음'을 **향해** 나아가는 것이 아니라, 하나님께서는 하나의 원리(axiom)['이는(γάρ) 하나님께서 외모로 사람을 취하지 아니하심이니라', 2.11; '이는' (γάρ) 유대인이나 헬라인이나 동일하게 '율법을 행하는 자라야 의롭다 하심을 얻는다'는 원리 위에서 심판을 받는다, 2.12-16]인 하나님의 편벽치 않으심에서(*from*) 시작하여 '사람들의 은밀한 것을 심판하시기 때문에'(2:16) '하나님의 심판 앞에서는 핑계치 못한다'(cf. 1.20; 2.1)는 주 논제를 **향해** 나아가고 있다."

103) Bassler, *Impartiality*, 121-160.

104) Pace. Piper, *Justification*, 29: '단지 마지막 심판의' 경우에만 하나님의 편벽치 않으심을 적용하기 때문이다.

서 설명한다. 심판과 구원(복) 모두 그들이 행한 대로 유대인과 이방인 모두에게 주어질 것이다(2:6, 9-10). 이 원리는 중요한 두 결론을 뒷받침해준다: '우리(유대인들)는 (이방인들보다) 결코 낫지 아니하니라'(3:9)와 '하나님의 이 의는 (유대인이든 이방인이든 상관없이) 예수 그리스도를 믿음으로 말미암아 모든 믿는 자에게 미치는 하나님의 의니, 이는(γάρ) 차별이 없음이라'(3:22). 하지만 **수사학적으로는 심판이라는 첫째 측면은 유대인의 죄와 그에 따른 불가피한 심판을 확증하기 위해 강조된 것으로 보이며, 둘째 측면인 구원은 이방인도 하나님의 구원에 동등하게 포함된다는 점을 분명히 하기 위해 사용된 것으로 보인다**. 바울이 1:16-2:11에서 이방인 구원의 합법성을 확증하기 위한 징검다리로 사용하기 위해 하나님의 편벽치 않으심을 주장하였다는 점에 우리가 주목한 이유가 바로 이것이다. 로마서 2-4장과 9-11장의 논의에서 이 사실을 좀더 살펴볼 것이다.

이전 유대교 저자들과는 달리[105] 바울은 이 신학 원리(하나님이 편벽치 않으심)를 유대인과 이방인에게 동등하게 적용함으로써 이 원리의 새로운 차원

105) 구약에서 하나님의 편벽치 않으심은 **이스라엘 사람들** 가운데 있는 '가난한' 자와 '부유한' 자와 관련되어 선포되었다(신 1:17; 10:17; 레 19:15; 대하 19:7; 잠 28:21; cf. 출 23:3; 욥 13:8, 10; 32:20-21; 34:17-19; 시 82:1-4; *Pss. Sol* .2:19). 신명기 10:17, 24:17과 시편 146:9은 하나님의 편벽치 않으심이 또한 이방인들(즉 비이스라엘 사람들)에게 확장되고 있는 사상을 소개하고 있다(cf. 행 10:34-35; 11:9). 그럼에도 불구하고 이스라엘을 향한 하나님의 편애는 분명하게 표현되고 있다(레 26:9; 신 7:8, 14; 10:14-22). 특별히 '크고… 외모로 보지 아니하시는 하나님'(신 10:17)을, 만민 중에서 이스라엘을 택하시고 사랑하신 분으로 묘사하는 말씀은 주의를 끈다(신 10:15). 하나님의 편벽치 않으심이 이스라엘에게도 심판을 가져올 것이라는 생각은 중간기의 문학에 다시 반영되었다(Bassler, *Impartiality*, 18-44를 보라). 그러나 하나님의 편벽치 않으심에 대한 강조는 하나님과의 궁극적인 화목을 바라는 이스라엘의 소망과 함께 놓여 있다(Wis 6:7; Sir 35:12; *Jub*, 5:15-16; 21:4; 30:16; 33:18; *Pss. Sol.* 2:18; cf. 렘 9:25; 말 2:9). Charles가 말한 바와 같이, Jubilees의 저자에 따르면 "이방인들에게는 소망이 있을 수 없다'(*Apocrypha* 2, 10). 이러한 관련성 속에서 구약과 제2정경문학에 나타난 하나님의 편벽치 않으심에 관해 연구한 뒤에 Bassler가 내린 결론은 매우 명료하다: '하나님의 편벽치 않으심은 유대인과 이방인 사이의 관계에 명백히 관심을 갖고 있지만, 그러나 그것은 결코 두 그룹 사이의 구별을 흐리려는 것으로 보이지는 않았다. 반대로 편벽치 않음은 이스라엘에게 그들을 압박하는 자들은 심판을 피할 수 없고 이스라엘은 꼭 궁극적인 보상을 누릴 것이라는 약속을 해주고 있다"(p. 44).

을 강조하여 열어보이고 있다.[106] 바울은 하나님의 편벽치 않으심은 유대인과 이방인에게 차별 없이 적용되어야 한다고 역설하고 있다.[107] 이는 상당히 담대하고 또 급진적인 발언이다(cf. 15:15). 유대인들이 자신들은 이방인들과 다르게 대우를 받을 것이라고 주장하였지만,[108] 바울은 유대인과 이방인은 모두 치우침이 없이 형벌을 당할 것이라고 선언한다. 도리어 바울은 유대인들이 악을 행하면 먼저 환난과 곤고를 경험할 것이라고 주장한다(2:8-9). 유대인들은 '은혜와 인자가 그의 택하신 자 위에 있고, 그는 그의 거룩한 자들을 지켜보신다'(Wis 3:9; 4:15)고 믿었으며, 하나님의 불멸과 상과 영광과 자비와 보호는 자신들의 것이라고 믿었다(Wis 5:15-16; 14:31-15:2; 16:1-2; 19:22). 하지만 이제 바울은 그들의 자부심과 독점성을 전복시키고 이방인 역시 그들이 믿기만 하면, 치우침 없이 불멸과 영광, 명예와 평강을 하나님으로부터 받을 것이라고 주장한다(1:16; 3:22).

바슬러는 바울이 하나님의 편벽치 않으심을 1:16-2:11의 신학적 원리로 주장하고 있는 이유를 지적하지 않고 있다. 우리는 하나님의 편벽치 않으심이라는 원리(2:11)를 통해 바울은 유대인들의 전제를 바로잡고 두 가지 기본적인 원리들을 가르치려고 하고 있다고 주장하고 싶다: (a) 심판에 있어서 하나님의 편벽치 않으심은 (자기 확신에 가득찬) 유대인들 역시 (일반적으로 이방인들을 위해 예비되었다고 생각한) 하나님의 진노와 심판을 받게 될 것이다. (b) 구원과 축복에 있어서 하나님의 편벽치 않으심은 (유대인들이 하나님의 언약 밖에 있다고 간주하던 이들이던) 이방인들도[109] (하나님의 언약 백성에게 약속된) 구원과 영

---

106) Cosgrove, 'Rom 1:18-4:25', 621: '그 원리에 대한 이러한 해석은 고대 유대주의에서는 전례가 없다.'

107) 유대인과 이방인 사이에 차이가 없다는 점은 바울에게는 근본적인 사실이다: 롬 1:5; 2:11; 3:9, 12, 19, 20, 22, 23, 27-31; 4:11, 12, 16; 5:12, 18; 8:32; 9:24; 10:4, 11, 12, 13; 11:32; 15:11; 고전 1:22-24; 10:32; 12:13; 갈 2:14-16; 3:26-29; 골 3:11; cf. 갈 5:6; 6:15. cf. Käsemann, *Romans*, 60-61.

108) Wis 5:15-16; 11:9-11; 12:22; *Pss. Sol.* 7:5-9; 9:18; 10:8; 11:9; 12:7을 보라. 비록 유대인의 죄가 이방인보다 크다는 점을 인정한다 하더라도, 유대인들은 자신들을 향한 하나님의 더 큰 사랑을 기대하였다(*Pss. Sol.* 1:18; 8:14).

109) 로마서 1-2장에 걸쳐서 바울은, 유대인들은 순종하지 않고 완고한 반면에 이방인들은 순종하

광과 명예와 평강이라는 하나님의 호의에 포함된다는 사실을 가리키고 있다. 의심할 여지없이 이 원리 적용의 수혜자는 **이방인들**이다. 서신의 시작 부분부터 바울은 상당히 담대하게(τολμηρότερον; 15:15) 하나님의 경륜 안에서의 이방인들의 신분을 역설하고 있는 것이다. 따라서 아래와 같은 코스그로브(C.H. Cosgrove)의 인식은 대체로 옳다:

> 1:18-2:16에서 바울의 공격 대상에는 모든 사람이 다 포함되지만, 그의 수사학적 전략은 유대인들에게 특별히 초점을 맞추는 데 있는 듯하다. 2:17-29에서 유대인은 명백하고 또 유일한 표적이 되고 있다. … **유대인 청취자의 입장에서 보면 로마서 1:18-2:29의 바울의 수사법은 전혀 공평하지 않다**. 유대인에 대한 바울의 수사학적 구조는 현실의 실재 청취자의 정치적 입장을 약화시키고 있는데, 이는 **바울이 이방인 그리스도인들의 사조(ethos)를 강화시키려는 의도로 모든 것을 말하고 있기 때문이다. 그리고 이 모든 것을 하나님의 편벽치 않으심이라는 이름 아래 말하고 있다**.[110]

여기까지는 코스그로브의 견해가 옳은 듯하지만, 바울이 불균형한 입장을 취하는 이유에 대한 이해는 수용하기 어려워 보인다. 그는 바울이 하나님의 편벽치 않으심을 역설한 배경은 불안정한 로마의 '교회 정치' 때문으로 이해한다.[111] 그는 '이방인들이 이전에 유대 회당을 출입하던 자(Godfearers)였을 때와 비교할 때 이제는 정치적인 상황이 역전되어 전세가

고 믿음이 있다고 말한다; 또한 그는 유대인들은 선을 행하지 않는(2:17-29) 반면에 (믿는) 이방인들은 선을 행한다고 주장한다(1:14-16; 2:14-15, 26-27). 그래서 '선을 행하는 모든 사람'(2:10)이 누릴 수 있는 복은 우선 (믿는) 이방인들을 위한 것으로 묘사하고 있다. cf. Gaston, *Paul*, 119-122.

110) Cosgrove, 'Rom 1:18-4:25', 622; 강조는 나의 것.

111) *Pace*. Cosgrove, 'Rom 1:18-4:25', 624. 그는 다음과 같이 주장한다(p. 628): "바울은 다수 이방인의 자기 이해의 합법성을 입증하며 소수 유대인을 의심스러운 입장에 내버려 둔다. … 바울은 토라에 충실한 소수 유대인을 희생시키면서 율법에 매이지 않는 다수의 이방인 그리스도인들을 기쁘게 하고자 한다(pp. 622, 623).' 그는 거듭 단언한다: '모든 사람에 대한 로마서 3:21-31의 신학적인 칭의는 로마에 있는 다수 이방인들에 대한 정치적인 변호다."

역전된 것을 만끽하고 있기에,'[112] 그들은 바울이 유대인들을 공격하고 있는 것을 보면서 격려를 받았을 것이라고 제안하는 것은 지나친 듯하다. 우리는 바울이 그들의 비위를 맞추는 법을 연구하고 상황에 따라서 행동하는 **교회 정치가**로서 편지를 쓰고 있다는 증거를 찾을 수 없다. 후에 그의 책망 어조(2:17-29)를 보면 그는 오히려 유대인들의 죄로 인해 큰 슬픔과 멈출 수 없는 탄식을 보인(cf. 9:2)[113] **유대인들의 선지자**에 가깝다는 것을 알 수 있다.[114] 이제 유대인들은 하나님의 메시야인 예수와 그분에 관한 메시지를 거부하였기에(9:1-4a; 11:14) 그들을 책망할 이유가 더 많아졌다. 바울은 자기 백성에게 심판의 위험성을 선포했던 구약의 선지자들(특별히 예레미야와 아모스)과 세례 요한, 예수님과 스데반과 같은 선상에 있다. 그들은 모두 **언약 공동체 내부로부터의** 비판을 제시하고 있다.[115] 다른 한편으로, 바울은 **이방인의 사도**로서 이방인들에게 복음을 선포해야 할 뿐 아니라, 이제 율법 외에 믿음으로 말미암아 얻을 수 있는 이방인 구원의 합법성의 신학적인 기초를 마련해야 하였다. 바울이 하나님의 편벽치 않으심이라는 신학적 원리를 신학적으로 강조하고 있기는 하지만, 바울의 논지는 계속해서 (수사학적으로) 이방인들에게로 기울어져 있다. 우리는 바울의 논지가 그처럼 '형성된' 이유를 자신을 '**이방인**의 사도'로 이해한 데서 비롯되었다고 보는 것이다.

---

112) Cosgrove, 'Rom 1:18-4:25', 624. 로마 교회 조직의 다른 재구성에 대한 우리의 토론에 대해서는, 최종상 'Paul's Apostolic Self-Awareness', 116-123을 보라.

113) K. O. Sandnes는 그의 저서 Paul—*One of the Prophets?*에서 바울은 선지자들 가운데 하나로 간주되어야 한다는 인상 깊은 주장을 하고 있다. 그는 선지자들의 비난의 어조, 유대인의 죄에 대한 그들의 고뇌에 찬 심령, 또한 그들이 신실한 자들과 모든 민족들의 원형(prototype)이며 조상인 아브라함에게 주어진 언약에 신실하도록 이스라엘에게 깨우치는 것과 비교할 때, 바울도 선지자로 간주될 수 있다고 덧붙여 말할 수 있다.

114) 아마도 1:18-3:20의 바울과 유사한 구약 선지자의 가장 좋은 예는 아모스인 듯하다. 그는 유다(암 2:4-5)와 이스라엘(암 2:6-16)에게 심판을 선포한다. 그러나 (더 많은 부분이 이스라엘의 죄에 대한 심판을 이스라엘에게 선포하는 데에 할애하고 있긴 하지만; 아모스 2:6-9:10) 로마서의 바울과는 달리 그가 이전에 아모스 1:3-2:3에서 이방인 이웃들에게 심판을 선포한 것에 주목할 필요가 있다.

115) Dunn, *Romans* 2, 540은 바울의 논쟁이 여전히 유대교 범주 안에 있다는 사실에 주목한다.

C. 유대인에 관한 비판적인 논쟁과 이방인에 관한 긍정적인 진술: 2:12-29

2:1-29(특별히 2:12-29)은 '바울의 편지 가운데 유대인과 유대교에 대한 가장 포괄적이고 직접적인 비판'을 담고 있는 곳으로 간주된다.[116] 반면에, 이 부분은 이방인들에 관해서는 가장 긍정적이고 호의적으로 묘사하고 있다고 인정한다. 실제로 이런 점은 '급진적인 일관성'을 가지고 묘사되고 있다.[117] 이 논쟁의 성격 때문에 다양한 해석이 등장하였다. 레이제넨(H. Räisänen)은 바울의 비판은 당대의 유대교에 대한 부정확한 이해에 기초한 '선동가의 험담'이라고 하였다.[118] 더 나아가 그는 로마서 2장의 주요 목표는 유대인들에게 죄가 있음을 증명하는 것이며, 이방인들에 대한 바울의 긍정적인 진술은 그들에 대한 참된 관심에서 비롯되는 것은 아니고, 단지 유대인들이 율법을 성취하지 못하고 있다는 점을 강조하려는 의도일 뿐이라고 주장한다.[119] 샌더스의 견해도 비슷하다. 여기에 나타난 율법에 대한 바울의 입장이 그가 다른 곳에서 말하는 바와 다르다는 점에 주목하면서,[120] 그는 1:18-2:29에 언급한 보편적인 죄성에 대한 바울의 주장은 내부적으로는 일관성이 없고 지나친 과장이며, 다만 그리스도의 보편적인 구세주 되심을 주장하기 위해 보편적인 죄성을 강조하고 있는 것이라고 결론을 내리고 있다.[121]

이런 주장들을 염두에 두면서, 우리는 바울의 '이방인들을 향한 편향

116) Carras, 'Romans 2, 1-29', 185; Sanders, *Jewish People*, 124도 같은 입장이다.

117) Käsemann, *Romans*,73.

118) Räisänen, *Paul*, 101.

119) Räisänen, *Paul*, 101.

120) Sanders, *Jewish People*, 132는 로마서 2장을 부록에서 다룬다. 그는 여기서 전개하는 율법에 대한 견해는 '바울 서신들의 다른 범주들과는 맞을 수 없다'고 보기 때문이다.

121) Sanders, *Jewish People*, 125. Carras, 'Romans 2,1-29', 185-207에 있는 비평적인 논의를 보라. 바울이 로마의 믿는 유대인들이 유대인들과 관계에서 갖고 있는 연대성을 포기하도록 설득하기 위해 로마서 2장을 쓰고 있다는 Watson의 논문(*Paul*, 109-122) 또한 받아들이기 어렵다.

(bias)'은 이방인을 축복하시는 데 있어서 하나님의 편벽치 않으심의 역사를 강조하려는 **수사적** 동기 때문임을 증명할 것이다. 우리는 이 단락에서 (2:12-29) 바울이 지속적으로 유대인들은 비판하고 이방인들은 긍정적으로 진술하는 것에 주목할 것이다.[122] 한편으로는 그의 논지 구성은 이방인의 구원의 신학적인 합법성을 확보하기 위한 것이고, 다른 한편으로는 유대인의 죄성을 입증하여 그들의 자만을 허물기 위함이라는 것을 제안하고자 한다.

2:12-29은 세 부분으로 나누어 살필 것이다. 첫째, (물론 지나가는 말로 한 것이지만) '이방인들은 본성으로 율법의 일을 행하며'와 '이방인들은 마음에 새겨진 율법을 가진다'(2:12-16)와 같은 중대한 주장들을 살필 것이다. 이 주장들이 본래 유대인에게만 적용된다는 점에 비추어 볼 때(cf. 렘 31:33-37) 엄청난 주장이다. 둘째, 2:17-24에서 바울은 유대인들의 죄를 입증하고 자만(complacency)의 토대를 허물기 위해 가장 부정적인 비판과 격렬한 논쟁을 벌이고 있음을 증명하고자 한다. 이 부분이 유대인들을 향한 바울의 기소를 담기보다는 율법을 지키라는 바울의 권면이라는 엘리오트의 주장도 비판적으로 평가하고자 한다.[123] 앞으로 보겠지만, 바울이 동사 ἱεροσυλεῖν(성소의 물건을 도적질하다)를 사용한 것과 이사야 52:5을 인용한 것이 우리의 견해를 뒷받침해 주는 듯하다. 끝으로, 2:25-29에서 유대인의 육신적인 할례와 이방인의 영적인 할례, 그리고 바울이 '표면적 유대인'을 유대인에게, '이면적 유대인'을 이방인에게 적용한 것이 담고 있는 함의와 관련하여 바울 진술의 중요성을 숙고할 것이다. 2:12-29은 유대인과 이방인의 동등성을 지지하는 바울 주장의 일부이지만, 다시 한 번 이 단락에서 이방인의 사도라는 바울의 자기 인식은 이방인에게 치우치게 그의 논쟁이 형성되도록 통제해주었다.

---

122) 2:12-29을 ἀνόμως—νόμος—περιτομή—ἀκροβυστία 단어들로 잘 연결된 논쟁 단위로 보는 것에 대해서는 Bassler, *Impartiality*, 137-138을 보라.

123) Elliott, *Rhetoric*, 191-198.

(a) 긍정적인 진술 – '이방인들이 율법을 행하다' : 2:12–16

이 소단락(2:12-16)은 2:6-11에서 강조하고 있는 하나님의 편벽치 않으심이라는 신학적 원리를 이어가지만,[124] 이 원리를 율법과의 관계에 비추어 설명하고 있다. 이제 서신에서 처음으로 율법이 논쟁의 지배적인 쟁점이 되고 있다. 바울은 유대인들을 '율법 안에(ἐν νόμῳ)' 있는 자들, 혹은 '율법을 듣는 자들'(13절)로 묘사하며, 이방인들은 '율법 없는(ἀνόμως) 자들' 혹은 더 구체적으로는 '율법을 가지고 있지 않는 자들(14절)'이라고 묘사한다.[125] 2:12의 γάρ는 하나님의 편벽치 않으심이 심판의 개념과 관련이 있음을 지적한다(율법의 소유보다는 죄가 쟁점이다). 하지만 2:13의 γάρ는 2:12에서 바울이 수사적으로 강조하고 있는 부분은 2:12 후반부임을 가리킨다: καὶ ὅσοι ἐν νόμῳ ἥμαρτον, διὰ νόμου κριθήσονται(율법이 있고 범죄한 자는 율법으로 말미암아 심판을 받으리라).[126] 2:13에서 바울은 율법을 갖는 것만으로는 유익이 없고[127] 율법은 반드시 지켜야 한다는 자신의 주요 주장을 강조한다. 율법을 신실하게 준수하는 자가 의롭게 될 것이라는 것은 유대교에서는 낯선 주장이 아니지만,[128] 이방인들이 율법을 듣지도, 받지도 못했는데도, 그들도 율법의 일을 행한다는 바울의 주장은 전례가 없으며 그래서 매우 의미가 깊

124) Bassler, *Impartiality*, 139-140. 2:11-14에 네 번 나오는 γάρ는 2:11-16의 논쟁이 2:9-10에서 언급된 하나님의 편벽치 않으심을 구체화하는 역할을 한다는 것을 보여준다(그리고 2:14-16이 헬라어에서 긴 하나의 문장이라는 것도 보여준다).

125) 2:12의 νόμος는 정관사가 없더라도 모세의 율법을 가리킨다는 데 대해서는 의심이 여지가 없다. 이런 견해를 취한 학자들로는 Cranfield, *Romans* 1, 154; Lightfoot, *Notes* ,260; Shedd, *Romans*, 43이 있다. 가장 최근에는 Fitzmyer, *Romans*, 305-306, 308이 이 주장에 동의하고 있다. 또한 그렇게 번역한 역본으로는 TEV, NEB, JB, NASB, Moffatt, Phillips가 있다; cf. Käsemann, *Romans*, 62. νόμος와 ὁ νόμος 사이의 차이에 대해서는 Sanday and Headlam, *Romans*, 58을 보라.

126) Cranfield, *Romans* 1, 153의 견해는 옳다.

127) Dunn, *Romans* 1, 95; Ziesler, *Romans*, 86.

128) 예. 신 4:1, 5-6, 13-14; 30:11-14; 1 Macc 2:67; 13:48; 1QpHab 7:11; 12:4-5; 4QpPs37 2:14, 22; Philo, *Cong.*, 70; *Praem.* 79; Josephus, *Ant.* 20.44: Dunn, *Romans* 1, 45, 97. 바울의 말과 병행되는 것들에는 Sirach의 프롤로그-'배우는 것을 사랑하는 자들은 율법에 따라 사는 일에 더 큰 진보를 나타내야 한다'-와 *m. Ab.* 1:17-'그리고 (율법을) 설명하는 것이 주된 것이 아니라 (그것을) 행하는 것이 주된 것이다'-가 있다; cf. 약 1:22-25.

다.

2:14-15은 특정 의미를 갖고 의도적으로 집어넣은 삽입구로 간주해야 한다.[129] 즉 이 구절은 처음으로 이방인들에 관한 긍정적인 진술을 담고 있다. 바울은 '본성으로'는 율법을 갖고 있지 않은[130] (일부, 즉 믿는) 이방인이[131] 율법의 의도를 성취하고 있다고 강조한다.[132] γάρ절은 13b절을 확증해주며, (믿는) 이방인들이 율법의 일을 행하여(즉, 율법에 순종하여) 의롭다고 선언된 자(2:13)의 구체적인 예로 언급되고 있다. 다른 한편으로, 이방인들에 관

---

129) Ziesler, *Romans*, 88은 그것을 삽입어구로서 간주하는데, 이는 옳다고 본다. 왜냐하면 2:13과 2:16은 동일한 미래시제로 연결되어 있을 뿐만 아니라 심판이라는 동일한 주제와도 연결되어 있는 반면에, 2:14-25은 현재시제이기 때문이다. 2:1-16의 미래시제와 연결되어 있는 2:14-15에 대한 다른 견해에 대해서는 Käsemann, *Romans*, 67을 보라. 2:16이 본래 2:13 직후에 있었다고 생각하는 사람들 가운데는 Sanday and Headlam, *Romans*, 62; Dodd, *Romans*, 60이 있으며, (비록 이 전위(傳位)에 대해 지지하는 어떤 사본적 권위가 없긴 하지만) Dodd는 Moffatt의 번역을 따른다; Kirk, *Romans*, 180도 입장이 비슷하다.

130) BAGD, 869; NASB; Fitzmyer, *Romans*, 309. '본성으로(φύσει)'는 '율법을 가지지 않은 이방인들'이란 문구와 연결될 수 있거나(예. Cranfield, *Romans* 1, 156-157; Achtemeier, *Romans*, 45) 혹은 '(그들이) 율법의 요구조건을 행한다'는 절(節)(Käsemann, *Romans*, 63; Leenhardt, *Romans*, 83; Wilckens, *Römer* 1, 134; Dodd, *Romans*, 37; Dunn, *Romans* 1, 156-157; Fitzmyer, *Romans*, 310; KJV, NIV, NEB, RSV)과 연결될 수 있다. 전자가 더 가능성이 커 보인다. 왜냐하면 이방인들은 본질적으로, 곧 '그들의 혈통상'(Caragounis, 'L' universalisme', 34 n. 62) 율법을 갖고 있지 않는 자들이기 때문이다. 더욱이 φύσις가 후자의 절과 연결된다면 신학적으로 문제가 생긴다. 왜냐하면 그렇게 되면 그 동사가 '선한 것이 무엇이며 또 선한 것을 어떻게 해야 하는지를 이방인들에게 말해 주기 위해 율법이 필요한 유대인들보다는 도리어 이방인들이 더 뛰어나다는 뜻이 되어버리기 때문이다. 유대인보다 이방인이 고유한 도덕적 우위를 보인다는 것은 선민들을 다른 모든 사람들보다 도덕적으로 열등한 자들이 되게 할 뿐만 아니라, 바울의 논쟁을 넌센스로 만들고 만다'(Achtemeier, *Romans*, 45).

131) 2:14에서 ἔθνη 앞에 관사가 없는 것은 2:26-29, 11:13, 15:9에 비추어 볼 때, 바울이 모든 이방인들(*the* Gentiles)을 언급하고 있는 것이 아니라, 어떤 (곧 그리스도인) 이방인들을 언급하고 있음을 나타낸다: Cranfield, *Romans* 1, 155-156, König, 'Gentiles', 53-60, Bassler, *Impartiality*, 141-142도 같은 입장이다. 그러나 그 용어를 그리스도인 이방인들이 아니라 그냥 이방인들이라고 해석하는 학자들 가운데는 Dunn, *Romans* 1, 98; Sanders, *Jewish People*, 125-126; Käsemann, *Romans*, 73; Ziesler, *Romans*, 86; Fitzmyer, *Romans*, 310이 있다. cf. Sanday와 Headlam, *Romans*, 59. 바울은 여기서 분명 믿는 이방인들을 의미하고 있지만, 로마서 2장에서 유대인들과 믿는 이방인들을 명백히 대조하고 있지 않기 때문에 우리는 괄호를 사용해서 모두를 수용하고 있다.

132) Käsemann, *Romans*, 63.

한 이런 긍정적인 진술은 유대인들에 대한 날카로운 공격 기능을 한다.[133] 이 구절에서 바울은 단지 그들이 율법을 지키는 데 있어서 차별 없이 동등하다고 말하는 것이 아니다.[134] 오히려 바울은, 유대인들은 율법을 소유하고 또 듣고 있음에도 지키지 않지만,[135] (적어도 일부) 이방인들은 기록된 율법을 갖고 있지 않는데도(cf. Philo, ***Abr*** 275-276; *T. Jud.* 20:3-5; *2 Apoc. Bar.* 57:2) 실제로는 율법의 일을 **행한다**(τὸ ἔργον τοῦ νόμου; cf. 2:26; 8:4)[136]고 말하고 있는 것이다.

여기서 바울은 이방인들이 유대인들이 하고 있는 것처럼 토라(Torah)의 자구(字句)를 성취하기보다는 율법에 대한 하나님의 의도를 행하고 있다는 점을 강조하고 있다.[137] 이방인들이 율법이 요구하는 바(τά τοῦ νόμου)를 행할 때, 그 행하는 것이 그들에게는 율법이 된다.[138] (믿는) 이방인들은 율법의 가장 본질적인 요구조건(τὸ ἔργον τοῦ νόμου)을 행하고 있다. 즉 (믿지 않는) 유대인들은 율법의 다른 많은 명령들은 지키면서도 믿음은 놓쳤지만, 이방인들은 자신들의 믿음을 증명한 것이다.[139] 바울은 τὸ ἔργον τοῦ νόμου(율

---

133) Käsemann, *Romans*, 62; Bassler, *Impartiality*, 143.

134) Cf. Bassler, *Impartiality*, 143.

135) 단수인 τὸ ἔργον τοῦ νόμου는 '일반적 의미에서 율법이 요구하는 구체적인 행동'(Käsemann, *Romans*, 64. cf. Cranfield, *Romans* 1, 158)이나 율법이 요구하는 본질적인 요소를 지칭하는 듯 보인다. 왜냐하면 그것은 결코 이방인들이 '율법 전체'의 일을 행하는 것을 의미할 수 없기 때문이다(이렇듯 Ziesler, *Romans*, 88은 옳게 말한다).

136) 명사 ἀκροατής는 그 사람이 그냥 듣는다는 사실을 암시하며, ἀκούειν처럼 '귀를 기울여 듣는다'는 의미를 전달하지는 않는다.

137) Käsemann, *Romans*, 65.

138) 바울은 이방인에게 믿음은 그들의 율법이 되었고, 주님에 대한 신뢰는 율법이 본래 의도한 목적이며, 그래서 τὸ ἔργον τοῦ νόμου(율법의 일)이라고 논쟁하는 듯이 보인다. 로마서의 다른 곳에서도 바울은 이방인이 믿음으로 율법의 요구조건에 순종한다고 종종 언급한다(1:5; 15:18; 16:26).

139) '율법을 행하는 자들은 의롭다 칭해지리라'는 것은 신약에서(마 7:21, 24; 12:50; 눅 6:47; 요 13:17; 약 1:22, 25; 4:11; 요일 2:17; 계 22:15), 그리고 후기 랍비 문학에서는(Str-B 3, 84-88) 익숙한 개념이다; cf. Bassler, *Impartiality*, 140, 258 n. 65. LXX에서 οἱ ποιηταὶ τοῦ νόμου란 문구는 1 Macc 2:67에만 나오며, 그것은 그곳에서 율법을 경건하게 지키는 자들만을 언급한다; Mattathias는 그의 아들들에게 율법을 지키지 않는 유대인과 이방인을 모두 벌할 것을 권한다. 이런 면들을 고려할 때, 바울이 여기서 말하는 바는 중요하다.

법의 행위)가 이방인들의 마음에 기록되어 있다고 주장한다.[140] 예레미야 31(LXX 38):33에 따르면, 마음에 율법을 새기는 일은 하나님께서 새 언약으로 '모든 이스라엘 후손들에게만'(렘 31:33, 36, 37) 독점적으로 맹세를 통해 약속하신 것이다(렘 31:37).[141] 하지만 바울은 이 약속을 의도적으로 반향하면서 이방인들에게 적용하며, 이 약속의 성격이 이제는 그 마음에 τὸ ἔργον τοῦ νόμου(율법의 행위)를 새긴 이방인들도 포함하고 있다고 주장한다: **'나는 그들의 하나님이 되고, 그들은 내 백성이 될 것이라'**(렘 31:33c; cf. 17:1).

예레미야에서 '그들의'와 '그들은'은 '이스라엘 집'을 가리킨다. 그것은 이사야에게도 마찬가지다(사 51:7; cf. 신 6:6; 11:18; 30:14; 32:46; 시 26:2; 37:31; 40:8; 119:11; 잠 3:3; 겔 40:4).[142] 하지만 바울은 다르다. 헤이즈가 바르게 지적한 대로, '바울의 반향은 선지자들이 한 번도 본 적이 없던 다른 것으로 바꿈으로써 모티브를 역전시키고 있다. 즉 선지자들은 할례 받지 못한 이방인들을 하나님의 백성으로 부른다는 것을 전혀 생각하지 못했지만, 바울은 이방인 그리스도인들을 염두에 두고 있는 것이다.'[143] 바울이 볼 때 그 약속은 이방인을 포함하며, 그래서 후에 그는 하나님은 이방인의 하나님도 되신다고 주장하며(3:29) 유대인과 이방인에 관한 하나님의 말씀은 폐하여지지 않았다고 선언한 것이다(9:6).[144] 바울이 삽입구를 첨가한 이중 목적은 분명하다: (a) 이방인들도 하나님께서 당초 의도하신 대로 율법의 본질적인 일을 행한다는 것을 강조하고 (b) 동시에 '율법의 일'을 만들어내지 못하면서도

140) Cranfield, *Romans* 1, 159; Käsemann, *Romans*, 64를 보라. Dunn, *Romans* 1, 100에 따르면 '율법의 일들(복수)'이란 문구는 항상 바울에게는 부정적인 의미를 가진다(3:20, 28; 갈 2:16; 3:2, 5, 10). 따라서 바울은 '마음에' 있는 '율법의 일'의 칭찬할 만한 면을 그려내기 위해서 2:15에서 단수(τὸ ἔργον τοῦ νόμου)를 사용한 것이다. (그곳의 참조들을 보라) 그는 또한 그 밖의 곳에 나오는 '마음'이 '내적 인격' 또는 '참 인격'을 지칭하고 있음에 주목한다(8:27; 고전 4:5; 14:25; 고후 3:2-3; 5:12).

141) Kuhr, 'Römer 2:14f', 252-261을 보라.

142) Hays, *Echoes*, 45는 '그(이사야)가 이방인들에 대해서가 아니라 이스라엘에 대해서 말하며, 그들에게 이방인들의 경멸로 인하여 낙담하지 말 것을 권고하고 있다고' 말하는데, 이는 확실히 옳다.

143) Hays, *Echoes*, 45.

144) 뒤에 제5장을 보라.

자신들의 독점적인 율법 소유만을 자랑하는 유대인들의 자만의 토대를 허물기 위한 것이다.[145)]

바울이 하나님은 유대인과 이방인에 관해 편벽함이 없으시다고 말하지만, 적어도 로마서에서 자신의 논지를 제시함에 있어서는 치우침이 없는 것처럼 보이지는 않는다. 오히려 바울은 '이방인 편을 들고 있다.'[146)] 데이비스(G.N. Davies)가 우리의 입장을 좀더 정확한 논쟁의 구조를 제시하면서 표현해주고 있다:[147)]

12-13절 편벽치 않은 심판 (οὐ γὰρ …ἀλλά)

(유대인의 전제에 맞섬)

14-16절 이방인들: 율법을 **행함** 마음에 있는 율법

17-24절 유대인들: 율법을 **범함** 하나님을 모독함

25a절 유대인: 율법을 **행함** 유익한 할례

25b절 유대인들: 율법을**범함** 유익하지 않은 할례

26-27절 이방인들: 율법을 **행함**

무할례=할례

---

145) Dunn, *Romans* 1, 99에 인용된 Eckstein, *Syneidesis*, 152도 비슷하다. Kirk, *Romans*, 180의 두번째 이유, 즉 율법을 몰랐기에 심판에서 제외되어야 한다는 이방인의 변명을 배제시키기 위해서라는 이유는 설득력이 없어 보인다; Käsemann, *Romans*, 67도 '이방인에게 전적으로 율법이 없는 것은 아니며, 따라서 자기 모순에 빠져 있는 바로 그 점을 보이기 위해서' 삽입 구절을 더하였다고 주장하는데, 이것도 설득력이 없다. 가장 가능성이 없는 견해는 이방인들이 '두번째 열등한 종류의 율법', 곧 양심의 법을 가지고 있음을 보이기 위해서라는 Sanday and Headlam, *Romans*,62의 견해다.

146) 이것은 Ziesler, *Romans*, 85, 87의 주장대로, 2:14-15과 1:18-32, 3:9-18에서 반드시 바울이 이방인의 다른 모습을 제시하고 있다고 보아야 하는 것은 아니다. 바울이 (2:17 이하에서 유대인을 기소하는 것과 Wisdom의 저자가 이방인을 기소하는 것과는 달리) 특별히 1:18-32에서 이방인을 언급하면서 직접 기소하지 않고 있는데, 이는 그가 이방인의 죄성을 유대인의 죄성 만큼 매섭게 다루고 있지 않다는 것을 나타내는 것일 수 있다. 3:9 이하가 유대인만 아니라 이방인에 대한 바울의 또 하나의 기소라는 Ziesler의 주장은 옳지 않다고 보아야 한다(아래의 우리의 토론을 보라. p. 187 n. 249); cf. 예를 들어서 Käsemann과 Cranfield는 2:1-3:20을 유대인들에 대한 심판의 선포로서 취하는데, 이것이 더 가능성이 높다.

147) Davies, *Faith*, 58(강조는 우리의 것). 이 제시는 Bassler(*Impartiality*,139)의 견해를 적절하게 확장한 것이다.

28-29절 편벽치 않은 축복 (οὐ γὰρ ···ἀλλά)

(유대인의 전제에 맞섬)

하지만, 데이비스가 반복하여 요약한 '이방인: 율법을 행함'과 '유대인: 율법을 범함'을 반복하여 요약한 내용은 여기서 바울이 하나님의 편벽치 않으심을 강조하고 있다고 주장한 자신과 바슬러의 견해의 약점을 드러내고 있다. 우리 생각에는 2:12-29에서 바울의 제시 방법은 수사적으로 형성되었으며, 하나님의 편벽치 않으심이라는 주제 이상을 암시하고 있다. 즉 바울은 이방인을 긍정적으로, 유대인을 비판적으로 제시하고 있는 것이다.

(b) 비판적인 논쟁 – '유대인이 율법을 범하다' : 2:17–24

유대인을 향한 바울의 직접적이고 명시적인 기소가 2:17ff에 처음으로 등장한다. 바울은 여섯 가지 영역에 걸쳐서 드러난 유대인들의 자기 확신과 교만을 비판한다(2:17-20).

만일 네가[148]

1. (자화자찬하며[149]) 자신을 유대인으로 부르고
2. 율법을 의지하며
3. 하나님을 자랑하며
4. 그의 뜻을 안다고 생각하고
5. 지극히 선한 것을 분간하며
6. 율법에서 얻은 지식을 토대로 네 자신의 역할이

---

148) 강조용법의 σύ에 주목하라.

149) Lightfoot, *Notes*, 261; Stowers, 'Dialogue', 715; Earle, *Word*, 146. 또 Dunn, *Romans* 1, 109는 Ἰουδαῖος(유대인)가 교만과 함께 차별적인 자기 신분과 율법에 대한 확고한 헌신을 암시하고 있다는 점에 주목한다. 스토아 철학자도 그렇다: Stowers, *Diatribe*, 96을 보라. cf. Bar 5:4: '네 이름이 영원히 하나님에 의해 불리리라.'

-맹인의 길을 인도하는 자요
-어둠에 있는 자의 빛이요
-어리석은 자의 교사요
-어린 아이의 선생이라고
스스로 확신하니

바울은 이런 '기술(記述)'로 드러내놓고 고소를 하는 것은 아니며, 어느 정도 이 기술들은 이스라엘의 독특한 위치와 은사들을 인정하고 이해하고 있음을 반영하고 있다(cf. 3:1-2; 9:3-5). 하지만 문맥(2:1-5과 2:21-29)은 분명 이 요소들은 2:21이후로 진행될 좀더 구체적이고 직접적인 공격을 위한 기초를 형성하기 위해 언급되고 있음을 암시해준다.[150] 바울은 '당대 유대인들의 실질적인 자기 평가'[151] 항목들을 (엘리오트의 주장과는 달리 긍정적이 아닌 부정적으로) 나열하고 있다(사 42:6-7, 19-20; Wis 18:4; Sir 37:19; *1 En* 105:1; *Sib. Or.* 3:195; *1QS* 3:13; 8:11-12; Josephus, *Apion*, 2.42; Philo, *Abr.*, 98). 그는 민족적으로 독점적이고 자만에 빠져있는[152] 유대인들이 하나님 안에서 자랑하는 것[153]을 비난한다. 유대인이 그들의 주장대로 살고 있지 않았기 때문이다. 구약은 이미 유대인들이 그릇된 안전의 기반을 의지하고 있다고 경고한 바 있다(신 29:19-21; 렘 8:7-8; 미 3:11).[154]

바울도 마찬가지로 그 같은 유대인들의 자만을 철저히 전복시키고 그들의 위선을 고발하고 있다(cf. 마 23:13-33). 바울은 그들이 입술로 다른 이들을

150) Thompson, 'Double Critique', 525도 그렇게 본다.
151) Elliott, *Rhetoric*, 128.
152) Bultmann, *Theology* 1, 243; Dunn, *Romans* 1, 110.
153) Cf. 하나님에 대한 자랑의 긍정적인 면: '자랑하는 자는 이것으로 자랑할지니 곧 명철하여 나를 아는 것과 나 여호와는…'(렘 9:24)이 고전 1:31과 고후 10:17에 인용되고 있다.
154) 만약 순종치 않는 유대인이 '생각하기를, "내가 내 마음을 강퍅하게 할지라도 평안하리라" 하면… 여호와는 그를 사하지 않으실 뿐 아니라 여호와의 분노와 질투의 불로 그의 위에 붓게 하시리라'(신 29:19-21). '… 내 백성은 여호와의 규례를 알지 못하도다', (그러나 그들은) '우리는 지혜가 있고 우리에게는 여호와의 율법이 있다' (말하겠느뇨)(렘 8:7-8). '여호와께서 우리 중에 계시지 아니하냐 재앙이 우리에게 임하지 아니하리라' (미 3:11).

가르칠(또 판단할) 뿐 아니라 자신들이 (아마 대부분은) 이방인들에게 가르치고 있는 바로 그 악한 것들을 행하고 있다고 비난한다(2:21-23; cf. 2:1-3).[155] 유대인의 자만의 기반을 허물기 위해(cf. 눅 18:9-14) 더 나아가 바울은 구체적으로 그들의 도둑질, 간음, 우상숭배, 하나님을 욕되게 하고 모욕한 것에 대해서 고발한다(2:21-24). 이 목록들은 어떤 유대인들이 들어도 두려워할 만한 가장 혹독한 기소로 여길 것이다.[156]

기이하게도 엘리오트는 이 구절에서 바울이 유대인만 고소하고 있는 것은 아니라고 주장한다. 더욱이 그는 바울이 1:18-32에서 이방인들을 어둡게 그린 것과 대조적으로 여기서는 유대인들을 밝게 그리고 있다고 주장하기까지 한다.[157] 그는 계속해서 2:17-29에서 바울이 고소하는 바는 3:9에서 선포된 선고에 유대인들을 포함시키려는 의도는 아니며, 오히려 율법을 계속 준수하라고 권면하는 기능을 한다고 말한다.[158] 기본적으로 엘리오트는 두 가지를 주장하고 있는데, 이 문제를 아래서 살필 것이다.

첫째, 2:17-24의 바울의 고소는 유대인만을 반대하거나 혹은 주로 유대인을 반대하는 내용이 아니다. 이는 바울이 '유대인이나 이방인이 다 죄 아

155) 이방인에게 율법을 가르치는 선생으로서의 유대인에 대한 강조에 대해서는 Schnabel, *Law*, 233-234; McKnight, *Light*, 105; Zeller, *Juden*, 155-157을 보라. Dunn, *Romans* 1, 112가 그와 같은 신분에 대한 유대인의 인식은 이방인을 향한 선교 책임으로서가 아니라 특권에 대한 우월감으로서 남아 있었다고 본 것은 옳다. 또한 복음서 기자들이 예수가 유대의 종교 지도자들을 눈먼 인도자들, 위선자들, 그리고 악한 선생들로서 보고 있는 것으로 묘사한 것을 보라(마 15:14; 23:1-36, 특히 27-28절). 유대인(의 지도자들)은 자신들을 모세의 제자들이라고 불렀고(요 9:28; cf. 5:45) 모세의 자리에 앉아 있다고 했지만(마 23:2), 예수는 그들을 고발하면서, '너희 중에 율법을 지키는 자가 없도다'(요 7:19)라고 하였다. 더욱이 그는 '너희(바리새인들) 속에는 탐욕과 악독이 가득하다'(눅 11:39)라고 고발하였고, '하나님을 사랑하는 것이 너희 속에 없느니라'(요 5:42) 하였으며, 그들은 자기들의 행위가 악하기 때문에 빛보다 어두움을 더 사랑하였다고 고발하였다(요 3:19-21).

156) *Pace* Elliott, *Rhetoric*, 129: '그의(바울의) 목적은 선고문을 선포하는 것이 아니다… 2:17-24의 두번째 돈호법이 실제 유대인의 주장을 박탈하기 위해서 의도된 것은 아니다.' 여기서 바울이 비방 문체로 선고문을 선포하고 있다는 사실을 알아야 한다. 그렇지 않다면 신성모독에 대한 고발은 아무 의미가 없다.

157) *Contra*. Elliott, *Rhetoric*, 127-128, 130-131, 191-192.

158) Elliott, *Rhetoric*, 194.

래 있다'(3:9)는 결론을 향하여 논쟁을 해오고 있기 때문이라는 것이다.[159] 2:17-24에서 바울의 목적은 물론 엘리오트가 제대로 이해하듯이 '유대인의 특권에 대한 급진적인 파괴'는 아니다[160](이는 그가 유대인들의 특권을 다른 곳에서 인정하고 있기 때문이다: 1:16; 2:9-10; 3:1-2; 9:3-5; 11:17-32). 하지만 그렇다고 그가 언약 백성으로서 유대인들이 범한 명백한 비행에 대해서 그들을 고소할 수 없다는 의미는 아니다. '유대인이나 이방인이나 모두 죄 아래 있다'는 바울의 결론은 그의 주장이 두 민족 모두를 대상으로 하고 있음을 또한 암시한다. 하지만 그가 제시하고 싶은 좀더 근본적인 결론인 (중요한 접속사 γάρ가 뒷받침해 주고 있다) '우리(유대인들)는 (이방인들보다) 결코 낫지 않다'는 그의 주장은 이 선고를 확립하는 것을 목표로 했다는 것을 보여준다. 바울이 1:18-2:29에서 쓴 것(특히 2:1-29)은 **율법을 지키라는 권면**이[161] 아니라, 율법을 지키지 않는 (2:23) 그들의 죄를 비난하는 **고발**(προῃτιασάμεθα:[162] 3:9)이다.[163]

둘째, 더 중요한 것은, 엘리오트는 바울의 유대인 고소(그들이 훔치고, 간음하고, 성전의 물건을 도적질하고 하나님을 욕되게 한 것)를 '예외적인 일'로 간주해야 한다고 주장한다. 죄의 증거들이 사소하고 단지 '예외적인' 유대인들만 그런 비

159) 비슷한 사례가 Bornkamm과 Fitzmyer에 의해 표현되고 있다. Bornkamm, 'Last Will', 26은 '바울에게 유대인은 일반적인 사람들을 대변하며, 실제로 가장 잠재력이 많은 사람을 대변한다: 즉 율법에 담긴 하나님의 요구들을 알면서도 하나님의 요구를 만족시키지 못하고 죄와 죽음으로 멸망한 경건한 사람을 대변한다'고 주장한다. Fitzmyer, *Romans*, 296-297, 315는 2:17-24에서 바울은 하나님의 분노가 '**유대인의** 삶의 방식으로 인하여 **이교도만 아니라** 유대인에게도 나타날 것이라(2:17-24)'고 주장한다(강조는 우리 것).

160) *Contra* Käsemann, *Romans*, 78. Elliott, *Rhetoric*, 130도 이를 반대한다. cf. Beker, *Paul*, 80, '바울의 목표는…토라에 대한 유대인의 자긍심을 헐어버리고 이방인에 대한 유대인의 자기도취적 고상함을 무너뜨리는 것이다.'

161) *Pace*. Elliott, *Rhetoric*, 194. 그는 자기의 결론을 지지하기 위하여 Sanders, *Jewish People*, 129를 인용한다. 샌더스에 반대하여 우리가 말할 수 있는 것은, 바울은 자기 독자들이 이미 그리스도인들이었기 때문에 그들에게 '회개하고 율법에 순종하라'고 권고할 필요가 없었다는 것이다. 자신의 독자들에게 '엄밀하게 비기독교 유대인의 입장에서 더 나은 유대인이 되라' 고 권고하는 것이 바울의 논지인 것처럼 보이지는 않는다(p. 129).

162) αἰτία는 고발 또는 기소를 의미한다: Zerwick and Grosvenor, *Analysis*, 465; BAGD, 26을 보라.

163) 또한 요한도 '이렇듯 내가 너희를 대하여 말하고 판단할 것이 많으나'(요 8:26)라고 말씀하시는 예수님을 묘사한다.

행에 관여하고 있기 때문이라는 것이다. 따라서 그는 바울이 여기서 말하는 바는 유대인 일반에 대한 고소가 아니며 다른 사람은 가르치면서 자신은 자신의 가르침을 실천에 옮기지 못하는 위선적인 유대 교사나 지도자를 겨냥한 것도 아니라고 말한다.[164] 엘리오트는, 이 죄를 유대 공동체에 해당하는 것으로 본 케제만(E. Käsemann)까지도 빌러벡(P. Billerbeck)이 자신의 *Kommentar*에서 언급하고 있는, 랍비의 글에서 아주 몇 개의 증거만 찾을 수 있었을 뿐이라고 주장한다. 그러나 우리는 *Kommentar*에 나오는 이 몇 가지 증거 가운데 하나가 가장 유효한 증거가 되고 있다는 점에 주목해야 한다. 요하난 벤 자카이(Jochanan ben Zakkai)는 주후 60년대 후반에 기록한 글에서 유대인들 가운데 살인과 간음, 성적인 부도덕과 기타 다른 죄악들이 끔찍할 만큼 증가하는 것 때문에 탄식하고 있다.[165] 만약 바울이 당대 유대인들 가운데 존재한 그런 도덕적인 타락을 염두에 두었다면, 그가 2:17-24에서 쓴 것을 역사적 사실에 기초하여 한 고소로 받아들일 수 있다. 그가 자신의 고소를 정당화하기 위해 구약에 호소하고 있다는 점에서('καθὼς γέγραπται', '기록된 바와 같이'), 바울은 구약에 나온 예들을 염두에 두고 있는 것이 분명하다. 선지자들의 고소는 바울에게 예들을 제시해주었을 뿐 아니라, 선지자들이 이전 세대에게 행한 대로 자기 백성을 거슬러 담대하게 말할 수 있게 해주었을 것이다. 예를 들면, 예레미야 7:9-11은 놀랄 만한 병행을 보여주고 있다:

> "너희가 도둑질하며 살인하며 간음하며 거짓 맹세하며 바알에게 분향하며 너희가 알지 못하는 다른 신들을 따르면서 내 이름으로 일컬음을 받는 이 집에 들어와서 내 앞에 서서 말하기를 우리가 구원을 얻었나이다 하느냐 이는 이 모든 가증한 일을 행하려 함이로다 내 이름으로 일컬음을 받는 이 집이 너

---

164) *Pace*. Elliott, *Rhetoric*, 191-192. Käsemann, *Romans*, 69도 이 구절을 '공동체의 대표로서 예외'를 다루고 있는 것으로 여긴다.
165) Dodd, *Romans*, 64를 보라.

희 눈에는 도둑의 소굴로 보이느냐 보라 나 곧 내가 그것을 보았노라 여호와의 말씀이니라"(렘 7:9-11).

이 고발은 비행을 저지른 '예외적인' 이스라엘 사람들에게만이 아니라, '너희 모든 유다인'을 향한 것이다(렘 7:2). 이와 비슷한 포괄적인 혹은 공동체적인 고소가 성경 다른 곳에도 나온다: '오직 저주와 사위와 살인과 투절과 간음뿐이요'(호 4:2). 우리는 'ὁ βδελυσσόμενος τὰ εἴδωλα ἱεροσυλεῖς(우상을 가증히 여기는 네 신사 물건을 도적질하느냐)라는 이 간단한 고발만 살피려고 한다. 동사 ἱεροσυλεῖν은 '성전을 약탈하다'[166] '신성모독죄를 범하다'[167] 즉 '성전을 향하여 **불경하게 행동하다**'[168]는 뜻이다. 갈링톤(D.B. Garlington)은 ἱεροσυλεῖν은 '부적절한(혹은 음란한) 예배로 성전을 더럽히다'라는 좀더 약한 의미로 이해할 수 있다고 강하게 주장하였다. 우리는 문맥을 통해 적어도 이에 반박할 두 가지 증거를 더할 수 있다. 첫째, 바울은 이미 2:21에서 κλέπτειν(도둑질하다)를 통해 '도둑'을 고발한 적이 있기에, 그가 여기서 '도둑질'이라는 개념을 반복했을 리 없다.[169] 둘째, κλέπτειν은 '성전 약탈'보다는 βδελυσσόμενος τὰ εἴδωλα(우상을 가증히 여기다, 22b절)라는 묘사를 볼 때 우상숭배와 더 관련이 있을 가능성이 높다. 우리가 이렇게 이해하는 것은 바울이 그 묘사에 사용된 것과 동일한 동사를 반복해서 사용하며 고소하고 있기 때문이다. 따라서 ἱεροσυλεῖν은 아마 이스라엘 우상숭배의 또다

---

166) Wilckens, *Römer* 1, 150과 Ziesler, *Romans*, 91은 둘 다 이것을 꽤 문자적으로 취하는 반면, Barrett, *Romans*, 54-55는 그것을 비유적으로 취한다. 이 뜻을 가지고 사용된 몇 가지 예들은 행 19:37; 2 Macc 4:39, 42; 9:2; 13:6; Josephus, *Ant* .17. 163이다; cf. *Ant* .18. 3, 5.

167) Cranfield, *Romans* 1, 169-170.

168) *EDNT* 2, 179; 또한 BAGD, 373도 그렇다.

169) ληστής와 κλέπτης는 요한복음 10:1과 8절에서 ποιμήν(목자)과 대조되는 동의어들로 사용되었다; cf. 고후 11:26.

른 형태를 암시할 것이며[170] 성전과 관련이 있을 것이다.[171] 따라서 이것은 다음과 같이 재진술할 수 있을 것이다: '우상을 가증히 여기는 네가 성전을 향해서 불경하고 우상숭배를 자행함으로써 참되고 유일한 하나님의 이름을 담고 있는 성전을 더럽히느냐?'[172]

이 연관 관계 속에서 위에 인용된 예레미야의 본문으로 돌아가 보자(렘 7:9-11). 거기서 하나님은 성전이 '강도의 소굴'(σπήλαιον λῃστῶν: LXX 렘 7:11)로 바뀌었다고 말씀하신다. 더 나아가 성전은 종종 이방인들이나 유대 왕들에게 약탈을 당하였다(왕하 12:18; 18:16; 대하 12:9; 16:2; 25:24; 28:21-25; 36:10). 그러나 이 구절에는 이스라엘 사람들이 성전을 약탈하였다는 암시는 없다. 오히려 그들은 성전을 향해 불경스럽게 행동하고 성전의 역할을 평가절하한 죄를 고발당하고 있다. 그들은 자신들이 계속해서 바알을 숭배해도 성전과 하나님이 자신들의 안전을 보장해주실 것이라는 그릇된 확신을 갖고 있었다. 예레미야가 볼 때 그들은 '성전의 강도들'이었다. 그들은 성전의 근본 목적을 오해했을 뿐 아니라 바알에게 바친 우상숭배 제사를 통해 그 성전을 오용하였기 때문이다. 예레미야가 보기에 비유적인 의미로 그들은 성전의 원래 성격과 의도를 훔쳤으며, 성전을 주님을 예배하는 데 사용한 것이 아니라 하나님의 안전 보장의 형태를 제공하는 등 다른 목적으로 사용한 자들이다. 그런 태도는 하나님께 대한 불경이며 하나님의 위엄을 더럽히는 일이었다(겔 36:23).[173]

170) 바울 시대에는 이미 유대인의 우상숭배가 사라졌다고 주장한다: Cranfield, *Romans* 1, 169; Garlington, 'IEPOΣYΛEIN', 142. 이것은 옳다고 본다. 그렇지 않다면 바울은 '우상을 가증히 여기는 네가 우상들을 **경배하느냐**'라고 썼을 것이다.

171) Garlington, 'IEPOΣYΛEIN', 148에 따르면, '바울에게 있어서 새 우상은 토라다! 문제가 되는 '신성 모독'은 율법 자체에 이스라엘이 우상숭배적으로 집착하는 것이다(그의 강조). 그러나 그의 주장은 바울이 로마서 다른 곳에서 얘기하고 있는 것과는 입장이 달라보인다(3:31; 7:7, 12, 16; 9:4).

172) *Apoc. Abr.* 25:1-6은 예루살렘 성전이 파괴되기 전에 우상숭배로 더럽혀진 것을 언급한다. 저자에 따르면, 예루살렘 성전이 우상숭배로 더럽혀진 것이 예루살렘 멸망 배후의 가장 중요한 원인들 가운데 하나였다: Rubinkiewicz and Lunt, 'Apocalypse of Abraham', 685를 보라.

173) Shedd, *Romans*, 55는 루터, 칼빈, 벵겔(Bengel), 핫지(Hodge)를 이 견해를 주장하는 자로 열거한다.

2:21-22에서 바울은 유대인들이 도둑질하고, 간음하고 우상숭배 하였다고 고발하며, 따라서 그들이 '율법을 행하는 자들'이 아니라[174] '율법을 범하는 자들'이라고 분명히 말하고 있다.[175] 이런 묘사는 그가 이미 (믿는) 이방인들은 '율법을 행하는 자'(2:14-15)라고 말한 것에 비추어 볼 때 중요하다. 따라서 바울은 결론적으로 유대인은 율법을 자랑하지만 신명기에 표현된 대로(2:23; cf. 요 7:19: '너희 중에 율법을 지키는 자가 없도다') 율법 그 자체를 범함으로써 하나님을 욕되게 하는 자라고 선포한다.[176] 로마서 2:23은 2:21b-22의 결론이고, 2:24은 2:21-23의 고발을 성경적으로 뒷받침하고 있다. 엘리오트는 바울이 이방인에 관한 긍정적인 진술과 유대인에 관한 부정적인 진술을 대조하고 있는 점을 간과하고 있으며, 따라서 2:17-24에서 바울이 유대인들의 태만을 지적하는 것이 아니라 책임을 촉구하고 있다는 주장은 받아들이기 힘들다.[177]

유대인을 향한 바울의 특징적인 고소는 2:24에 등장하는 LXX 이사야 52:5 인용을 통해서 다시 한 번 강조된다. 우리는 두 가지 관찰을 통해서 그의 의도를 이해할 수 있다. 첫째, 그는 이사야 52:5의 문맥을 전격적으로 수정하고 있다.[178] 이사야서의 문맥은 유대인들을 향한 약속과 축복이다. 이 구절은 아래와 같이 의역할 수 있을 것이다:

174) Fitzmyer, *Romans*, 315.

175) 유대인들이 율법을 경멸하였다는 고발은 새로운 것이 아니다(대하 36:16; 시 78:10; 사 5:24; 30:9; 렘 6:9; 9:13; 호 4:6; 암 2:4; 막 7:9).

176) 2:24의 γάρ는 우리로 2:23을 질문으로서보다 진술로서 취할 수 있게 해 준다(Ziesler, *Romans*, 91; Sanday와 Headlam, *Romans*, 54은 옳다); 또한 Nestle-Aland26, UBS3; JB, NEB도 마찬가지이다; 그러나 KJV, RV, RSV, NIV, TEV, NASB, Moffatt, Lutherbibel은 이 점에 있어 정확하지 않다.

177) *Pace*. Elliott, *Rhetoric*, 196-197. 우리는 Meyer의 인식이 더 확실하다고 본다(*Romans* 1, 130): '17-24절에서 (바울은) 율법 앞에서 유대인들이 태만한 것을 부각시키고 있다'.

178) 비록 ('δι' ὑμᾶς'와 'ἐν τοῖς ἔθνεσιν'을 히브리어 본문에 더한) 이사야 52:5의 LXX 본문이 말과 요지에 있어 여기를 거의 그대로 인용했더라도(2:24) 그 본문들이 등장하는 두 정황들은 상당히 다르다: Giblin, 'As It Is Written', 482-483은 바울이 다른 정황에 적용한 것에 주목한다.

> 내 백성이 까닭없이 잡혀갔고 지배자들은 그들을 조롱하기에(5a절) **끊임없이 내 이름이 이방인 중에도 모독을 당하도다**(5b절). 너희가 값없이 팔려 갔으니 돈을 내지 않고 내가 너희를 속량할 것이다. 오 잡혀간 시온의 딸이여(3절). 그러니 오 시온아 깨어라 광채 나는 옷을 입어라. 오 예루살렘아 일어나 보좌에 앉아라(1a, 2a절). 할례받지 않은 자와 부정한 자가 다시는 너를 사로잡거나 다스리지 못할 것이다(1b절). 내 백성은 나의 이름을 알고 영화롭게 할 것이다(6a절). 내가 너를 위로하였고 예루살렘을 속량하였으니 너는 함께 기쁨의 노래를 발할 것이다(9절). 그리고 땅의 모든 끝이 내 구원을 볼 것이다(10절).

따라서 이사야는 하나님의 백성을 끊임없이 조롱하는 이방인 중에 그들이 포로로 잡혀있기에 하나님의 이름이 모독을 당하고 있다고 한다. 간단히 말해서, **신성모독은 이스라엘의 이방인 대적자들 때문에 생긴 것이다**: (이방인 대적자들 때문에 생긴) "너희의 불운(misfortune) 때문이었다."[179] 하지만 바울은 이사야가 '열방 가운데서 하나님의 이름이 모독을 받았다.'고 하는 이유를 '정반대로' 바꾸고 있다.[180] 그것은 '너희들이 율법을 범한 **악행**(misbehaviour) 때문에'(2:23b) 하나님의 이름이 모욕을 받게 되었다고 주장하는데,[181] 이 대목은 예수님의 가르침과 연결된다.[182]

---

179) Moxnes, *Theology*, 60n. 13. 또한 Cranfield, *Romans* 1, 171 n. 1.

180) Käsemann, *Romans*, 71. 바울은 유대인이 스스로 하나님의 율법에 불순종한 것을 통해서 결과적으로 그와 같은 상황을 맞게 되었다고 명백히 설명해 주는 참조 성경 구절을 인용할 수도 있었다(예. 왕하 17:7-23; 단 9:4-16). 그러나 그가 이사야 52장에서 그의 참조를 끌어온다는 사실은 더 광범위한 정황 소개만이 아니라 그 이상의 것을 암시해 준다.

181) 그래서 바울이 LXX 이사야 52:5을 인용하는 것은 유대인의 위선이 이전 시대들에서처럼 이방인들 가운데서 하나님께 대한 신성모독을 불러일으킨다는 것을 확언하려는 것이 아니다(2:24); cf. Fitzmyer, 'Use', 324; Lindars, *Apologetic*, 22.

182) 복음서들에 따르면 예수님도 동일한 고발을 하셨다: 유대인들은 불경스럽게 기도의 집인 성전을 '장터'와 '강도의 굴혈'로 바꾸었다(σπήλαιον λῃστῶν: 마 21:12-13=막 11:15-17; 눅 19:45-46; 요 2:14-16). 그것은 성전 안의 상인들을 상대로 고발한 것만이 아니라, 종교 지도자들을 향한 책망이기도 하였다(cf. 막 11:15-18). 지도자들은 기도와 예배보다 더 '중요한' 목적들(예. 부의 축적)을 위해서 성전을 오용하였다. Jeremias, *Jerusalem*, 96-99을 보라, 그는 주후 66년 이전에 부끄럼 없는 부의 축적과 '제사장 귀족의 현저한 부'를 증거 문서로 제시하며 증명하였다. 대제사장들은 그들의 공식적인 임무에 따른 정규적인 수입 이외에도 희생 예

우리의 해석은 바울이 10:15에서는 원래 축복의 문맥을 전혀 바꾸지 않은 채 이사야 52:7을 인용하고 있다는 사실을 통해서도 뒷받침될 수 있다. 만약 바울이 원 문맥대로 이사야 52:7을 인용한다면,[183] 그는 분명 이사야 52:5도 알고 있었을 것이다. 그렇다면 그가 여기 2:24에서 수정을 가한 것은 자신의 논지를 뒷받침하기 위해 특별히 그렇게 한 것일 가능성이 크다. 따라서 우리는 바울이 이사야 52:5을 잘못 읽었다거나 혹은 그가 문맥을 벗어나 이사야 52:5을 읽은 것은 이 때뿐이라고 말할 수 없을 것이다.[184] 심판에 대해서는 자신하면서 율법을 범하는 유대인의 죄를 분명히 하기 위해 바울이 의도적으로 문맥을 재구성한 것으로 보는 것이 가장 좋을 듯하다.

둘째 관찰은, 바울이 MT나 LXX에는 나오지 않는 접속사 'γάρ'를 덧붙임으로써 유대인 공격을 강화하고 있다는 사실이다. 바울이 유대인들이 율법을 어겼다고 말한 직후에 직접 그리고 유일하게 이 접속사를 덧붙인 것은 자신의 '쓰디쓴 분노'의 결정적인 성경적 증거를 제시하기 위한 의도였을 것이다. 이런 식으로 바울은 하나님의 이름을 욕되게 한 것은 그들의 불운이 아니라 그들이 범한 불순종과 불일치의 삶임을 강조하면서,[185] '이사야의 약속의 선포를 (자신의) 비난의 말로 성공적으로 전환시키고 있

물들 및 성전과 관련된 '사업'에서 상당한 수입을 얻었다; cf. 마 23:16-18; 눅 16:14. 그들은 선조들처럼 하나님께 대한 예배 외의 목적을 위해서 성전을 사용함으로써 그것을 '도적질'하였다. 그 목적은 그곳에서 예배를 받으실 하나님의 뜻과는 정반대되는 것이었다. 더 나아가 바울은 탐욕이 우상숭배라고 말하고 있다(골 3:5, cf. Eph 5:5).

183) Hays, *Echoes*, 45도 마찬가지다. 그러나 '성경 인용은 하나님께서 당신의 이름을 신원하실 때에 또한 이스라엘도 속량하실 것이라는 약속들을 은유적으로 반향하게 한다'는 그의 주장은 설득력이 없다. 왜냐하면 로마서 2:21-24의 문맥에서 바울은 그와 같은 약속을 결코 암시하지 않고 있기 때문이다. cf. Stanley, *Language*, 84-86, 134-141. 그는 문맥 변화에 전혀 주의를 기울이지 않고 있다.

184) *Pace*. Hays, *Echoes*, 45-46. Lincoln, 'Wrath', 209 n. 36의 반대를 보라.

185) Fitzmyer, *Romans*, 318은 옳다. 에스겔 36:21, 22는 이스라엘의 위선적인 악이 더럽힘에 대한 원인이라는 바울의 강조점에 훨씬 더 가깝다. 바울이 에스겔 36장에서 생각을 빌려왔을 가능성은 있지만, 어법이 상당히 다른 것을 볼 때 2:24에 직접적인 영향을 미치지는 않았을 수 있다. 이렇듯 Bassler, *Impartiality*, 263 n. 109는 옳게 지적하였다. 또한 Cranfield, *Romans* 1, 171 n. 2를 보라.

다'.[186] Καθὼς γέγραπται(기록된 바와 같이)라는 표현은 적절하게 연결하기 위해서뿐 아니라 γάρ의 의미를 강조하기 위해 인용 다음에[187] 독특하게 언급되고 있을 것이다. 이처럼 이 인용은 여기서 유대인을 향한 기소의 절정 역할을 잘 하고 있는 것이다.[188]

(c) 유대인의 육신적 할례와 이방인의 영적 할례: 2:25–29

'할례'와 '유대인'에 대한 바울의 재해석(2:25-29)은 유대인에 대한 비판적인 진술과 이방인에 대한 긍정적인 진술을 추가로 제공해준다. 할례는 이스라엘과 맺은 하나님의 영원한 언약의 인(印, seal)으로서 주어졌다(창 17:10-11; *Jud.* 15:9-11, 25-34; cf. 1 Macc 1:48, 60-61; 2 Macc 6:10); 그래서 이 할례를 '의'(義)의 인(印)이며(4:11) '구원을 위한 확실한 여권'으로 믿었다.[189] 또한 할례는 '언약 백성임을 보여주는 단 하나의 가장 뚜렷하게 구분되는 특징이며, 이방인과 유대인을 구분해주는 가장 명백한 경계선이다.'[190] 더 나아가 할례는 '이방인에 대한 (유대인의) 우월성(superiority)을 보여주는 가시적인 기장'(badge)이다.[191] 이 의문의 여지가 없는 근본적인 유대인의 자부심 항목에 대하여,

---

186) Hays, *Echoes*, 45. Meyer는, *Romans* 1, 130에서 '그(바울)는 원본이나 LXX에서는 볼 수 없는 γάρ를 **자기 자신의 것으로 만들면서** 그 인용을 적용하고 있다'고 말한 것은 옳다.

187) 이곳은 바울이 인용 후에 καθὼς γέγραπται라는 표현을 붙인 유일한 곳이다. 어떤 학자들은 그러한 배치는 자유로운 인용을 위해서이거나(예. Gore, *Romans* 1, 112; Sanday and Headlam, *Romans*, 67) 혹은 그 문장을 그 본래 문맥에서 자유롭게 하기 위해서라고 주장하였다(Lightfoot, *Notes*, 263). 그러나 그 인용을 유대인들이 훔치고, 간음을 저지르고, 성전을 약탈하고, 율법을 범한다는 앞선 고발들과 직접 연결하기 위해서라고 보는 것이 더 설득력이 있어 보인다.

188) Murray, *Romans* 1, 85.

189) Barrett, *Romans*, 55; Fitzmyer, *Romans*, 320. *Jub*. 15:25-34에 따르면 할례를 받은 자는 '언약의 자녀들'이며, 그것이 없는 자들은 '멸망의 자녀들'이다.

190) Dunn, *Romans* 1, 120; McKnight, *Light*, 79-82.

191) Barrett, *Romans*, 55. 할례는 종종 이방인들 가운데서도 행해졌다(cf. 렘 9:25-26). 그리고 그들은 종종 그들의 할례가 유대인의 할례와 똑같이 거룩하다고 주장하였다. (Hengel, *Judaism* 1, 262, 293을 보라). 그럼에도 불구하고 할례에 대한 유대인의 이해는 이방인들의 이해와 근본적으로 달랐다. 유대인의 특권을 보호하기 위해 팔레스타인에서 이방인들에게 강요한 할례를 참조하려면 1 Macc 2:46; Josephus, *Ant*. 13.257-258, 318-319; 15.253-254, 그리고 Hengel, *Zealots*, 197-200을 보라.

바울은 전격적인 재해석을 제시한다. 그가 처음 한 말인 '할례는 (오직) 네가 율법을 행해야만 유익이 있다'(2:25a)는 할례가 율법 전체를 향한 헌신을 표현한 것이기 때문에(레 18:5; 신 30:16; cf. 갈 5:3; 고전 7:19),[192] (열심당이나 엣세네파처럼) 특별히 유대인 중에 급진적인 부류는 동의할 것이다. 바울은 할례의 가치를 부정하지는 않지만(2:25의 μέν에 주목하라; cf. 3:1-2),[193] 'γάρ'는 2:25-29에서 바울의 논지는 2:21-24를 잇고 있으며, 따라서 그가 가장 강조하고 있는 것은 25b가 된다: '만일 율법을 범한즉 네 할례가 무할례가 되었느니라.' 그 앞서 유대인은 율법을 지키지 않는다고 분명히 말했고(2:21-23) 다시 27절에서도 말하고 있기 때문에('율법을 범하는 너'), 그가 여기서 말하는 것은 다음을 확증하고 있다: '네 할례가 (이미) (실질적으로는) 무할례가 되었느니라.'[194]

유대인 바울이 동료 유대인들에게 이렇게 말한다는 것은 매우 담대한 일이다.[195] 하지만 그의 담대함은 2:26-29에 더 분명히 나타나는데, 그는 반대 경우를 제시할 뿐 아니라 심지어 **율법을 지키는 이방인이 (진정한) 할례자**라고 하여(빌 3:3; cf. 골 2:11), 할례에 관한 이같은 주장을 하는 더 깊은 의도를 표현하고 있다.[196] 율법을 어기는 유대인들은 무할례자가 되었고, 따

---

192) 이미 몇몇 랍비들이나 세례 요한(마 3:7-9)은 배교한 유대인들이 육신적인 할례를 받았음에도 불구하고 구원 받을 수 있는지 여부에 의문을 제기하였다(cf. Dodd, *Romans*, 65). Hengel, *Judaism* 1, 307-308; 2, 204 n. 305는 할례에 대한 바울의 견해가 '유대교에 대한 배신'이 아니라고 제안한다.

193) Cranfield, *Romans* 1,139는 바울이 2:25-29에서 쓴 내용은 3:1-4, 4:9-12, 9:1-11:36을 참조하여 이해해야 한다고 주장하는데, 이는 옳다고 본다. 여기서 바울은 그것의 언약적 성격의 가치를 전면 부인하지는 않는다.

194) 완료형 시제인 γέγονεν은 심지어 유대인의 육신적인 할례가 사실상 더 이상 어떤 장점도 되지 못한다는 것을 암시할 수 있다(Meyer, *Romans* 1, 131; cf. Sanday and Headlam, *Romans*, 67). 그는 전혀 할례를 받지 않은 것과 똑같은 상태에 있다(cf. TEV, NEB). 그러나 이 말로써 바울이 마카비 시대의 '역(逆)할례(reversed circumcision)'를 암시한다고 보이지는 않는다.

195) Fitzmyer, *Romans*, 321.

196) 또 한 번, 바울은 이방인들이 본성으로 율법이 요구하는 것들을 한다고 확언했기 때문에(2:14-15), 가정(假定)적인 '만약'은 거의 조건적인 의미를 수반하지 않는다. Meyer, *Romans* 1, 131은 바울이 25절에서 두 개 'ἐάν'을 전제적(前提的)으로 사용하고 있지 않고 실제적인 경우의 의미로 사용하고 있다고 말한다. 이것은 2:14-15['그 때' (ὅταν), 그래서 '단지 가정적이지만은 않은': Barrett, *Romans*, 55-56]과 2:21-24('네가 율법을 범함으로 하나님을 욕되게 하

라서(논리적인 연결을 표현하는 접속사 'οὖν'[197]) 율법을 지키는 이방인들은 (진정한) 할례를 '대신하는 자나 동등한 자로 간주되어야' 한다.[198] 바울은 하나님께서는 심판 때 이방인들이 **현재** 율법을 행하고 있는 것을 근거로 그들을 진정한 할례자로 인정하실 것이기에, 유대인들도 이방인들을 그렇게 여겨야 한다고 말하는 듯하다.[199]

2:26에서의 바울의 주장은 분명 대부분의 당대 자유주의적인 유대교에서마저도 수용하지 않았을 것이다.[200] 하지만 바울은 자신의 주장을 더 진전시킨다. 그는 율법을 지킨 이방인들은 유대인과 함께 동등한 하나님 백성의 구성원일 뿐 아니라, 그들은 율법을 어기는 유대인들을 정죄할 수 있는 자리에 있다고 주장한다.[201] 이는 육신적인 할례는 받지 않았지만 이방인인 그들이 율법을 성취하고 있기 때문이다(2:27; cf. 마 12:41).[202] 앞전에 바울은 같은 일을 행하면서도 이방인들을 정죄하고 비난하는 것은 위선적이고 정당하지 않다고 강하게 주장했었다(2:1-3). 하지만 지금 바울은 율법을 지키는 이방인들이 율법을 범하는 유대인들을 비난하는 것은 전적으로 정당하다고 선포한다. 2:27-28에서 강조의 위치에 있는 κρινεῖ(판단하다)와 γάρ도 이런 이해를 뒷받침한다. 바울은 기록된 문서를 가지고 있는 것이

고 모독한다')에 나온 그의 이전의 진술들에 비추어 볼 때 옳은 것으로 보인다; 그래서 'ἐάν'은 자연스러운 조건적 의미가 아니라 일반적이고 '외교적인' 함의를 전달하고 있다(Morris, *Romans*, 139도 그렇게 본다). 오히려, 더 큰 의미는 οὐχί에 있다(2:26b). 이것은 바울이 긍정적인 '예'를 기대하고 있음을 암시한다. 율법을 지키는 이방인들은 참 할례로서 간주되어야 한다. cf. 26절의 현재 가정법인 φυλάσσῃ는 할례 받지 않은 이방인들이 습관적으로 '하나님의 명령들을 범하지 않으려고 열심히 주의를 기울이면서 그 명령들을 지키고 있다'는 것을 암시한다(Wuest, 'Romans', 50).

197) Barrett, *Romans*, 55.

198) Sanday and Headlam, *Romans*, 67.

199) 다시 이 견해에는 '마음의 할례'에 대한 예레미야의 선포가 담겨 있다고 볼 수 있다.

200) Dunn, *Romans* 1, 121; Dodd, *Romans*, 66을 보라.

201) 예수님과 스데반은 둘 다 유대인을 비난하는 것으로 묘사된다: '너희 중에 율법을 지키는 자가 없도다'(요 7:19); '너희가… 율법을… 지키지 아니하였도다'(행 7:53).

202) Dodd, *Romans*, 66; Käsemann, *Romans*, 74-75; Dunn, *Romans* 1, 122. cf. Sanders, *Palestinian Judaism*, 253-254는 1QpHab 5:3-6을 따라서 유대인의 선택된 자들이 이방인을 심판하고 벌할 것이라는 점에 주목한다.

나 육신적인 할례를 받은 것은 거의 의미가 없다고 주장하고 있는 것이다(cf. 고전 7:18-19).

바울은 무할례자들이 '마음의 할례'라는 명백한 유대인들의 가르침을 가지고 할례자들을 정죄할 것이라고 하면서 자신의 가장 급진적이고 또 명백히 '신성모독적인' 주장을 뒷받침하고 있다(접속사 γάρ에 주목하라). 아무도 바울이 진정한 의미와 적절한 내용으로 해석한 '유대인'이라는 단어에 대해 논박하지 않을 것이다. 하지만 이 '유대인'이라는 단어의 참 의미를 **이방인**에게 적용하는 것은 놀라운 발상이다.[203] '표면적인 유대인이 (참) 유대인이 아니며, 몸으로 드러난 것이 (참) 할례가 아니니다.'[204] '(표면적으로는 무할례자여도) 이면적 유대인이 참 유대인이며, 영에 있고 문자에 있지 않은 마음의 할례가 (참 할례다).'[205] 또 놀라운 것은 바울이 내면적이고 참으로 '진정한 유대인'(authentic Jew)[206]을 (혈통상으로는 무할례자라 할지라도),[207] 단지 입술로만 고백하는 유대인보다 더 높은 수준으로 간주하고 있다는 점이다.[208] 그들은 하나님의 인정과 칭찬을 받았다(2:19; 15:7).[209] 다시 말해서, 바울은 엄청나게 긍정적인 진술을 이방인들에게 적용하고 있는 것이다. 이것은 바울이 간혹 현재 우리가 살피는 구절의 배경으로 간주되기도 하는, 예레미야 9:22-26(신 30:6)과 에스겔 36:26(렘 31:33)을 적용하고 있는 방식에서도 볼 수 있다.[210]

---

203) 이와 비슷하게 바울은 나중에 아브라함의 (참) 자손들(4:1-25)과 참 이스라엘(9:6-9)에 대한 정의를 새롭게 한다.

204) Zerwick and Grosvenor, *Analysis*, 463-464. Gifford도 유사하며, Sanday and Headlam, *Romans*, 68도 그를 따른다.

205) Wuest, 'Romans', 51.

206) Minear, *Obedience*, 51.

207) Meyer, *Romans* 1, 133.

208) Wuest, 'Romans', 51에서의 Robertson. Ziesler는 바울이 '유대인을 이방인의 치수로 줄여서 잘라내고 있다'는 데 주목하는데, 이는 옳을 수 있다(*Romans*, 92; cf. Dodd, *Romans*, 65). 그러나 Boylan, *Romans*, 45는 '덜한 정도가 아니라 이방인보다 더 크게 유대인이 죄인이고 하나님의 진노를 받아야 한다'고 말하는데, 이는 더 설득력이 있어 보인다.

209) Minear, *Obedience*, 51.

210) 예레미야 9:25-26에 대해서는 Fitzmyer, *Romans*, 320; 에스겔 36:26 등에 대해서는 Wilckens, *Römer* 1, 156; Ziesler, *Romans*, 93을 보라.

> "여호와의 말씀이니라 보라 날이 이르면 할례 받은 자와 할례 받지 못한 자를 내가 다 벌하리니 곧 애굽과 유다와 에돔과 암몬 자손과 모압과 및 광야에 살면서 살쩍을 깎은 자들에게라 무릇 모든 민족은 할례를 받지 못하였고 이스라엘은 마음에 할례를 받지 못하였느니라 하셨느니라"(렘 9:25-26)

하지만 바울이 문맥과 이 예언의 성격을 급진적으로 바꾸고 있다는 점에 주목할 필요가 있다. 예레미야서를 보면, 하나님께서 모든 이스라엘을 심판하실 것인데, 그것은 마음의 할례를 받으라는 권고를 받았음에도(레 26:40-41; 신 10:16; 30:6) '이스라엘 온 집이 마음의 할례를 받지 않았기 때문이다.' 바울은 **마음의** 할례(즉, 회개, 순종, 새롭고 헌신된 마음)가 **육신의** 할례보다 근본적으로 더 중요하다는 주장을 하기 위해 이렇게 인용한 듯하다. 따라서 유대인에 관한 한, 바울은 2:25-29에서 예레미야서에서 기록된 바와 전혀 다르게 말하고 있는 것이 아니다. 하지만 이방인과 관련해서 바울은 아주 많이 수정하고 있다. 예레미야서를 보면, 모든 이방인들 역시 심판을 받을 것인데, 이는 일부는 몸의 할례를 받기도 했지만, 그것이 하나님과의 언약과 전혀 상관이 없었기 때문이다. 유대교에서는 마음의 할례를 받으라는 권면이나 약속은 전적으로 유대인들에게만 그리고 유대인들을 위해서만 주어진다(신 10:16; 30:6; 렘 4:4; 31:33; 겔 36:26; *Jud.* 1:23; cf. 행 7:51; 1QS 5:5; 1QH 11:5; 18:20). 유대교 어디에도 이방인들이 '마음의 할례'라는 축복을 받을 수 있다고 말하지 않는다. 하지만 바울은 지금 그 축복이 이방인들에게도 주어졌다고 완곡하게 말하고 있는 것이다. 이방인들 역시 율법이 요구하는 대로 살고 있기에 언약의 인을 소유할 수 있고 또 소유하고 있으며, 심지어 육신적으로만 할례를 받은 유대인들을 정죄할 수도 있다는 것이다(cf. 눅 11:31-32).

(d) 요약

우리는 이 단락(2:12-29)에 대한 관찰을 통해 바울이 율법과 관련하여 유대인의 죄를 분명히 할 뿐 아니라, 이방인들에 관해 비교적 이례적으로 긍정적인 진술을 주로 하려고 의도하였다는 결론을 이끌어 내게 되었다. 바울의 유대교 비판은 심지어 강력한 남은 자 신학을 가진 유대인들에게서 나올 법한 비판보다도 더 과격하고 귀에 거슬린다.[211] 그는 이 비판을 하나의 **논쟁** 형태로 제시한다. 하지만 잠깐 언급하고 지나가는 **진술들**에서는 이방인들에게는 가장 유리한 방식으로 이방인의 의의 가능성과 합법성을 부각시키고 있다. 바울이 하려는 것은 '율법'과 '할례', '유대인'의 개념을 더 이상 자기 동족에게 적용할 수 없다고 주장하는 것이 **아니다**. 바울은 지금 자만에 빠진 전형적인 유대인들은 분명 그런 개념을 따라 살지 못한 반면에, (일부) 이방인들은 그렇게 살고 있음을 확증하는 것이다. 이방인의 사도는 이런 이방인들이 율법의 요구조건을 진실로 지키는 자들이며, 따라서 '진정한 할례'와 '진정한 유대인'이라고 불리는 것이 정당하다는 점을 지적한다. 그럼으로써, 간접적으로 그리고 암시적으로 이방인들과 그들의 믿음과 구원, 그리고 유대인의 메시야 안에서의 그들의 삶을 변호해주고 있다.

따라서 로마서 2장에서 바울의 주관심은 유대인들이 율법을 어긴 죄인들임을 증명하는 것이라고 한 레이제넨이 옳지만, 그는 로마서 2장에서 바울이 **이방인들**에게는 관심이 없다고 말한 것은 바울의 중요한 논지를 놓친 것이다.[212] 더 나아가 우리가 바울의 논지 전개 방식을 이해할 때, 1:18-2:29에서 바울의 보편적인 죄성에 관한 주장은 유대인과 이방인에 관한 객관적이고 혹은 심지어 (내적으로) 일관성 있는 진술을 **갖추지 못한**, '조잡한 과장'이라는 샌더스의 주장에 우리는 동의할 수 없다.[213] 이방인들에 관한 사항이 간접적으로 (하지만 매우 긍정적으로) 제시되고 있다 하더라도,[214] '로마

211) Sanders, *Jewish People*, 148: "유대인들이 '죄 아래' 있다는 논쟁은 갈라디아서보다 로마서에 더 많다."

212) *Pace* Räisänen, *Paul*, 106.

213) *Pace* Sanders, *Jewish People*, 125.

214) Carras, 'Romans 2,1-29', 203. Watson, *Paul*, 112-113, 115, 217 n. 74도 그 장(章)에서의 바

서 2장의 전체 논의에서 떼려야 뗄 수 없는 일부를 형성하는 것은 **이방인들**'이라고 한 카라스(G. P. Carras)의 주장이 좀더 정확해 보인다.[215]

특별히 결론을 나타내는 불변화사 'οὖν'(그런즉)과 함께 등장하는 3:1의 질문들은, 바울이 로마서 2장에서 유대인들에게는 아무 유익이 없으며 따라서 할례는 아무 가치가 없는 것처럼 주장했음을 명백히 보여준다. 이 수정 발언들은 그가 자신의 독자들이 논리적으로('οὖν') 그렇게 추정할 것임을 알고 있다는 점을 명백히 보여준다. 유대인에 관한 자신의 부정적인 주장을 들으면 분명히 그런 인상을 받을 수 있을 것이기 때문이다. 이방인에 대한 바울의 긍정적인 진술 또한 유대인들의 전통적인 유익들과 관련하여 유대인 독자들을 당혹케 하였을 것이다: '그럼 유대인인 사실에는 어떤 유익이 있단 말인가? 혹은 (이방인들이 2:12-29에 묘사된 대로라면) 할례의 가치는 무엇이란 말인가?'

3. 유대인의 자만에 관한 후속적인 성경적 논의: 3:1-20

우리는 앞서 바울이 2:12-19에서 유대인에 관하여는 비난하는 진술을, 이방인에 관하여는 다른 곳과는 차별되게 긍정적인 진술을 하고 있음을 살펴보았다. 그의 논쟁 구조 때문에 독자들은 바울이 유대인들의 전통적인 이점을 전적으로 부정하고 있는 것은 아닌가 하고 질문할 수밖에 없을 것이다. 이 단락에서 바울이 유대인들의 유익을 인정하고 있기는 하지만('범사에 많으니!'), 우리는 그가 유일하게 언급한 특권인 τὰ λόγια τοῦ θεοῦ(하

울의 관심이 이방인에게 있다는 점에 주목한다. 그러나 바울이 로마의 그리스도인 유대인들에게 유대인 공동체에서 나와 이방인 그리스도인 공동체로 들어가라고 설득하려 한다는 그의 가정(假定)은 설득력이 전혀 없다. 그 자신의 백성의 구원을 열망하며 바라는(10:1; 11:14) 바울은 결코 믿는 유대인들에게 믿지 않는 유대인들에게서 자신들을 격리시키라고 종용했을리 없다: 추가적인 비판에 대해서는 Carras, 'Romans 2,1-29', 187-188을 보라.

215) 그렇다면 2:12-29이 '하나님의 법정 앞에서 유대인과 헬라인의 신성한 동등성을 강조하는 것'이라고 말한 Bassler, *Impartiality*, 153은 논점을 놓친 것이다. 앞에 pp.146-152에서 이미 표현한 우리의 견해를 참조하라.

나님의 말씀)는 유대인의 죄를 재확인하는 후속적인 성경적 논쟁을 시작하여 잠정적으로는 유대인의 자만을 허물기 위해 사용되고 있다고 주장하고자 한다. 3:1-20의 논지는 구약의 인용구들에 의해 상당히 뒷받침을 받는다. 하지만 놀라운 것은 대부분의 주석가들이 다른 모든 바울 서신 가운데서도 가장 긴 인용 단락(3:10-18)인 이 부분을 너무 가볍게 다루고 있다는 사실이다.[216] 우리는 이 구약 인용 단락이 바울의 요점과 의도를 이해하는 데 중요한 열쇠를 제공해 준다는 점을 보일 것이다. 우리는 이 단락을 세 단계로 관찰할 것이다. 첫째, 3:4에 나오는 LXX 50:6 인용이 들어 있는 3:1-8의 논쟁이 3:9에 나오는 이방인에 대한 유대인의 우월권(superiority)을 부정하는 데 어떻게 기여하는지 논할 것이다. 둘째, 3:1-20의 주요 논지에 관한 학자들의 논의를 평가할 것이다. 이 연결 단락에서 우리는 실제로 바울이 **보편적** 죄성이나 좀더 구체적으로 **유대인의** 타락을 분명히 하려고 하는지 여부를 결정하기 위해 세 가지 견해를 면밀히 살필 것이다. 세 가지 입장으로는 (a) 대개 유대인 대학살 이전에 유행한 '더 오래된 정설'과 (b) 유대인 대학살 이후에 확립된 전통적인 견해, (c) 샌더스 이후 학자들이 제기한 '새 관점'이 있다. 이 과정에서 전통적인 견해를 반대한 데이비스(G. N. Davies)와 던의 견해를 상고할 것이다. 끝으로, 3:10-18의 인용구 자체에 특별히 주목하면서 논쟁 과정에서 바울이 본문과 맥락을 변경한 것이 어떤 중요한 의미가 있는지를 논할 것이다. 이를 통해 이 단락에서 바울은 1:18-32과 2:1-29에서처럼 두 차원에서 논지를 전개하고 있다고 제안할 것이다. **신학적인** 차원에서 바울은 유대인과 이방인의 보편적인 죄성과 동등한 죄성을 재확인해주고 있다. 하지만 **수사적인** 차원에서는 3:9, 19-20 같은 핵심 진술들을 통해서 뿐 아니라, 구약의 인용 구절들의 본문과 맥락을 수정함으

216) Bruce와 Nygren은 둘 다 인용 출처를 제외하고는 아무런 설명도 제시하고 있지 있다. Ziesler, Leenhardt, Käsemann, Black은 한 페이지 분량의 평을 제시하고 있고, Gifford, Sanday and Headlam은 두 페이지를 할애하고 있다. Dunn과 Cranfield는 그 인용들을 상술하기 위해서 서너 페이지를 사용하고 있다. 주해의 길이가 모든 것을 말해 주는 것은 아니지만, 많은 주석가들이 이 중요한 인용들을 최소한만 다루고 있다는 사실은 매우 인상적이다.

로써 좀더 구체적으로 유대인의 죄를 언급하고 있다.

A. 불신 유대인에 대한 하나님 심판의 합법성: 3:1-8

스토워스(S.K. Stowers)는 두 가지 요점을 옳게 강조한다: (1) 3:1-8은 1:8-3:20에 나타난 전체 논쟁에 잘 들어맞고 본제에서 조금도 벗어나지 않았다.[217] (2) 바울은 여기서 유대인과 관련한 쟁점에 관해 말하고 있다.[218] 3:3의 τινες(어떤 자들)는 그가 많은 **유대인** 불신자들에 대해 말하고 있음을 지적한다.[219] 로마서 2장에서 이제껏 바울은 믿음이 없는 것은 유대인이라는 사실을 암시해왔다. 하지만 그는 유대인의 믿음 없음이 믿지 않는 유대인을 향한 하나님의 미쁘심(ἡ πίστις τοῦ θεοῦ)을 폐하지는 않는다는 점을 재확인해주고 있다.[220] 바울은 LXX 시편 50:6b를 거의 그대로 인용하여 이 주

217) 많은 학자들은 이 소단락을 주제이탈(digression)로서 간주하였다(Black, *Romans*, 62; Cranfield, *Romans* 1, 140). 아마도 가장 강한 어조는 Dodd, *Romans*, 70-71에서 들을 수 있는 듯싶다. 3:1-8의 논쟁은 너무 '약하고 모호하기' 때문에, '이 전체 단락이 생략된다면 서신의 논쟁은 훨씬 더 좋게 흐를 것이다.' 분명 πρῶτον과 μέν은 둘 다 다른 항목들이 따라와야 한다는 점을 암시한다. 그런데 그렇게 되어 있지 않은 것은 이 부분이 어떤 형태의 주제이탈이라는 사실을 암시한다. 그러나 그 구절의 내용(아래를 보라)과 3:1과 9절의 οὖν은 그 반대를 나타내 주는 듯보인다: Stowers, 'Dialogue', 720을 보라. 다른 한편으로 어떤 학자들은 바울이 여기에 나온 내용을 후에 발전시키고 있다는 이유로 3:1-8을 전체 서신을 해석하는 열쇠로서 간주하기도 한다: Dahl, *Studies*, 80; Käsemann, *Romans*, 85; 또한 Campbell, 'Romans III', 23도 강하게 주장하였다.

218) 로마서 3:1-8의 해석에 대한 다른 상세한 토론에 관한 것은 Hall, 'Romans 3.1-8', 183-197; Cosgrove, 'What If Some Have Not Believed', 90-105; Moxnes, *Theology*, 37-39을 보라. Moxnes는 3:1-8의 중요성에 초점을 맞추고 있다.

219) 바울은 로마서에서 τινες를 단 세 번만 사용하며(3:3, 8; 11:17), 3:3에서의 사용은 11:17에서의 사용과 긴밀히 병행한다: cf. 고전 10:7에서 이 단어는 명백히 믿지 않는 (많은) 유대인들을 나타낸다(Hall, 'Romans 3.1-8', 185-186). 3:8의 τινες 또한 바울을 비판하는 유대인들을 지칭한다고 보아야 할 것이다.

220) Hays, 'Psalm 143', 111. 하나님의 미쁘심은 그의 언약에 기초하고 있고(Stuhlmacher, *Gerechtigkeit*, 86.그곳에서의 토론에 대해서는 Hays, 'Psalm 143', 111 n. 18 cf.), 그분의 언약의 신실하심은 이방인이 아니라 유대인에게만 적용되었다(Davies, *Faith*, 75; Meyer, *Romans* 1, 141). 그러나 바울은 하나님께서는 의로운 심판자이시기 때문에(유대인이든 이방인이든) 불의한 자 위에 진노를 내리시는 그의 심판이 그분을 불의하게 만들지 못한다고 주장한다. 오히려 사람의 불의는 하나님의 의를 '더 명료하게'(NIV) 일으킨다고 말한다.

장을 증명하고 있다. 바울이 이 구절의 후반부만 인용하고 있긴 하지만, 유대인 독자들은 이것이 다윗 왕이 범한 끔찍한 죄(간음과 뒤이은 살인)에 관한 구절임을 알 것이다. 여기서 다윗은 하나님이 자신을 심판하시는 것이 옳다는 점을 인정하고 있다.[221]

여기서, 바울은 독자들에게 그의 죄에도 불구하고 다윗에게 베푸신 하나님의 미쁘심을 상기시킬 뿐 아니라(cf. 시편 32:1-2에서 인용한 4:6-8), 자기 백성들이 ἄπιστος(신실하지 못함보다는 믿지 않음)할 때는[222] 자신의 미쁘심(faithfulness)을 폐하지 않으시면서도 심지어 다윗조차도 심판하실 수 있는 하나님의 권리를 재확인하고 있다. 바울은 'τὰ λόγια τοῦ θεοῦ'(하나님의 말씀, 즉 구약 성경[223])을 유대인들의 가장 뚜렷한 특권으로 열거한 바 있다. 그런데 인용구에서는 유대인의 불신(ἡ ἀπιστία αυτῶν)에 비추어 하나님의 의로우심을 증명하는 도구로 하나님의 말씀을 사용하고 있다.[224] LXX 시편 50:6은 인간(유대인)의 죄나 불신이 하나님의 신실하심을 폐하게 하지 않는다는 점을 증명하는 주요 증거 역할을 하고 있다. 반면에 그 인용은 또한 하나님은 자기 백성과 맺은 언약에 신실하시기에 자신들의 믿음 없음이 실제로는 문제가 되지 않는다는 유대인의 가정을 비난하는 역할도 한다.

인용에 포함된 ὅπως ἄν(함과 같으니라)이라는 표현이 합법성을 인정받아야

---

221) Davies, *Faith*, 76 n. 2는 κρίνεσθαι를 수동태보다 오히려 중간태로 취하는데, 이는 옳다고 본다. 왜냐하면 하나님은 다윗의 아이의 죽음을 포함해서 다가올 심판에 대해 다윗에게 판단받지(곧 항의 받지) 않으시기 때문이다: 삼하 12:7-14; 오히려 다윗은 자신을 심판하시는 하나님의 권한을 겸손히 인정한다.

222) Meyer, *Romans* 1, 140. 또한 KJV, RV, NIV, NASB의 번역도 그렇다; 그러나 가능성이 더 적어 보이는 번역인 '신실치 못한'(unfaithful)이 RSV, TEV, NEB. JB, NEB, JB, Phillips, Moffatt에서 채택되었다. 다윗은 하나님을 향해 믿음이 없었다기보다 신실치 못한 것으로 보일 수 있지만, 여기서 바울은 유대인의 불신을 기소하려는 목적으로 그 관점을 불신으로 바꾼다(9:27-33; 10:16-21; 11:20, 23). cf. Davies, *Faith*, 78: '하나님은 언약 공동체를 포함하여 죄를 짓는 자들을 항상 심판하실 것이다.'

223) Doeve, 'Some Notes', 111-123을 따르는 Davies, *Faith*, 74; Meyer, *Romans* 1, 139-140.

224) 5장(로마서 9-11장을 다룸)에서 더 상세히 살피겠지만, 바울이 유대인들의 끈질긴 불신을 비난하기 위하여 유대인의 입장을 변호하거나 신원하기보다 오히려 구약 성경의 권위에 종종 호소하는 것을 주목할 필요가 있다(Davies, *Faith*, 74-75).

하는 것은 죄에 대한 하나님의 심판임을 암시한다. 다윗은 자신의 죄를 정당화하지 않는다. ὅπως ἄν과 함께 시작하는 목적절은[225] 그의 죄는 실제로 하나님의 의로운 심판을 부각시키기 위하여 범해졌다는 것을 암시하는 것으로 보아야 한다.[226] 따라서 가상의 유대인 대담자는[227] 바울과 다윗 이야기를 오해하여 "'만일 내 잘못이 하나님의 참되심을 더 풍성하게 하여 그분을 더 영광스럽게 한다면, 왜 내가 죄인이라고 정죄를 받아야 하는가?" 어찌 "선을 이루기 위하여 악을 행하자"라고 하지 않겠는가?'(3:7). 바울의 대적자들은 심지어 바울이 바로 이렇게 말한다고 중상하여 비난하기까지 한다. 하지만 바울은 '그들[즉, 믿지 않는 유대인들][228]은 정죄 받는 것이 마땅하다'[229]고 간단히 대답한다. 그들은 '하나님의 의'를 오해하여 그것이 죄와 불신에도 불구하고 언제나 지속되는 유대인들을 향한 '하나님의 인자와 자비'(cf. 2:4)라고 생각하였다.[230] 하지만 바울에게 하나님의 의는 적어도 여기서(3:5)는 인간이 행한 것-'우리 불의'(3:5)[231]-에 대한 하나님의 의로운 심판을 의미한다. 바울은 구원이 두 요소를 요구한다고 말한다. 자신의 약속에 대한 하나님의 신실하심, ***그리고*** '율법의 요구조건'을 지키는 인간의 신실함(즉 믿음: 2:14-15, 25-29)이다. 하지만 1:18-3:20에서 바울의 주요 설명은 후자에 관한 것이다. 즉 인간은, 특별히 유대인들은 하나님의 신실하심을 따

---

225) BAGD, 576-577; Zerwick and Grosvenor, *Analysis*, 464 .이 중요한 문구는 NEB와 TEV에서 완전히 생략되었다.

226) Cranfield, *Romans* 1, 182-183; Hall, 'Romans 3.1-8', 186-187.

227) *Pace* Stowers, 'Dialogue', 715. cf. NIV와 JB는 본래 헬라어에는 없는 화자에 대한 묘사를 덧붙이고 있다.

228) 따라서 Moo, *Romans* 1, 182는 옳다.

229) Johnson, 'Studies', 337: '문맥이 나타내듯이 마지막 단어는 특별히 유대인에게 적용된다. 그들은 하나님의 심판에서 벗어나 이방인을 자유로이 정죄할 수 있다고 생각했는데, 이는 하나님의 정의를 간과한 것이었다. 그래서 바울은 아주 솜씨 좋게 유대인의 죄를 지적하기 시작한 단락(2:1)에서 고발한 내용으로 돌아오고 있다.'

230) 바울은 사람의 ἀπιστία—ἀδικία—ψεῦσμα에 대한 용어들을 거의 동의어들로서 취하여 사용한 듯 보이며, 그것들을 하나님의 πίστις—δικαιοσύνη—ἀλήθεια와 대조한다; cf. Dunn, *Romans* 1, 135-136; Käsemann, *Romans*, 79: '바울은 πίστις와 δικαιοσύνη τοῦ θεοῦ를 병행으로 만들면서 그 둘을 동일시한다'; Stuhlmacher, *Gerechtigkeit*, 86.

231) Hays, 'Psalm 143', 110-111.

라 살지 못하였다.[232)]

B. 유대인의 타락에 대한 바울의 논지: 3:1-20

3:9의 어법에 비추어 볼 때,[233)] 3:1은 '그런즉 무엇이냐? 우리 유대인들에게 이방인들보다 나은 어떤 유익이라도 있는가? 물론 범사에 많이 있다'로 의역할 수 있다. 하지만 3:9에서 바울은 전혀 다른 입장을 제시한다: '[우리가 하나님의 말씀을 갖고 있긴 하지만] 우리가 이방인보다 나은 것이 전혀 없다.'[234)] 실제로, 유대인들은 다시 한 번 하나님의 말씀에 의해 정죄를 받

232) 그래서 우리는 Moxnes의 제안이 설득력이 없음을 발견한다(*Theology*, 37-39). 그는 학자들이 주로 δικαιοσύνη θεοῦ라는 문구에 대한 논의 때문에 3:1-8을 심각하게 취해 왔다는 것에 주목하며, 이것이 이 구절에서의 중요 쟁점이라고 확언한다. 확실히 3:1-8은 우리에게 '하나님의 의'에 대한 이해를 더 잘할 수 있게 해 주지만(Hays, 'Psalm 143', 107-115가 가장 두드러짐), 그것은 논의의 중심 쟁점으로 보이지는 않는다. 쟁점은 주로 (유대) 사람들의 죄성과 불신에 관한 것이며, 이는 또한 1:18-3:20의 주제이기도 하다.

233) 3:9a에 대한 해석에서 만나는 본문상의 어려움과 언어학적인 어려움은 잘 알려져 있다(Metzger, *Textual Commentary*, 507-508을 보라). Cranfield, *Romans* 1, 187-190은 Nestle-Aland[27]과 UBS[3]은 둘 다(Tί οὖν; προεχόμεθα; οὐ πάντως) '거의 의심의 여지 없이' 옳다고 보았다(p. 189).

234) 분명 바울은 그의 마음을 바꾸지 않았다. 그 차이는 περισσόν(3:1)과 προεχόμεθα(3:9) 사이의 본질적인 차이에서 비롯되었다. 유대인은 (하나님의 선택과 은사로 인하여) 많은 **유익들**을 가지고 있지만, 우월성을 가진 것은 아니다. 많이 논의되고 있는 질문인 προεχόμεθα는 확신있게 번역하기가 쉽지 않다. 이 중요한 동사에 대한 토론에 대해서는 Cranfield, *Romans* 1, 187-191; Lightfoot, *Notes*, 266-267; Turner, *Insights*, 106-107; Synge, 'Meaning', 351를 보라. Synge는 이 단어에 대한 독특한 해석을 제시한다; 그러나 cf. Stowers, 'Dialogue', 709-710. 거의 모든 영어 번역들과(RV, NEB mg, NIV mg를 제외하고) 주석가들은(Kirk, *Romans*, 185; Stowers, 'Dialogue', 719-720 제외하고) 그것을 능동 중간태로서 해석하며, 문맥은 이것을 암시하는 듯 보인다.

3:10-18의 인용이 유대인의 죄성을 강조함으로써 유대인과 이방인이 동등하게 죄가 있다는 점을 다시 한 번 확언하는 역할을 하고 있기 때문에, 3:9a를 이방인들에 대한 유대인의 특별한 우월성을 모두 부인하는 것으로서 읽는 것은 자연스럽다. 만약 이것을 그 대답('결코 아니라')과 함께 수동태로서('우리는 불리한 입장에 있는 유대인들인가?) 취한다면, 성경 인용들(3:10-18)은 유대인의 유익을 확언하는 역할을 할 수 있다. 그러나 바울은 여기서 그렇게 하고 있지 않다. 그러나 한 가지는 분명하다. 이것이 중간태['우리(유대인들)는 더 나은가?']든 수동태['우리(유대인들)는 능가 되었는가?']든, 이는 3:1-8에서 바울이 유대인의 불이익에 대해서 얘기했음을 가리킨다는 점이다. RSV, NEB, TEV, Phillips, Moffatt와 같은 대부분의 번역들에 '유대인'이란 표현이 삽입된 것은 부적절한 것은 아닌 듯하다; 따라서 Ziesler, *Romans*, 101-102는 옳다; 그러나 Synge, 'Meaning', 351; Meyer, *Romans* 1,151은 옳지 않다; cf. Dahl,

고 있으며(3:4), 3:10-18에서 인용된 하나님의 말씀을 통해 이방인만큼 죄인임이 증명될 것이다. 우리는 다음 논의를 위해 인용구 관찰을 잠시 놔두고 지금은 3:1-20의 논의에서 바울이 제시하는 논점이 무엇인지에 관한 다양한 견해들을 먼저 살피고자 한다. 즉 그가 **보편적인** 죄성 이론을 세우려고 하는지, 아니면 좀더 구체적으로 **유대인의** 부패함을 말하려고 하는지를 다룰 것이다.

이 구절에 나타난 보편적인 성격은 명백하다.[235] 하지만 거의 2차 대전 이전의 주석가들은 대부분 이 구절에서 바울이 주로 유대인들의 죄를 증명하려고 하고 있다는 데 동의했다. 물론 이방인들의 죄를 배제시키는 것은 아니지만 말이다. 우리는 이것을 '**더 오래된** 정설(older consensus)'이라고 부르고자 한다. 다양한 견해들 중에서는, 바네스(A. Barnes)가 가장 강한 표현을 쓰고 있다.

> 사도는 유대인들의 성경으로 유대인들과 논쟁하고 있다. 그가 증명한 논점은 칭의에 있어서는 유대인들이 이방인들보다 유익한 점이나 우월한 점이 전혀 없다는 것이다. 따라서 여기서 **핵심은 보편적인 죄성이 아니라 유대인들의 부패함을 증명하는 것이다**. 이 해석은 유대인을 언급하고 있는 구절들로 제한해야 하며, 보편 타락설을 직접적으로 증명하기 위한 증거 구절로 사용되어서는 **안 된다**.[236]

'Romans 3:9', 184-204는 '우리'를 '그리스도인들'로 이해한다; Moule, *Romans*, 83-84.

235) Hodge, *Romans*, 81-86; Barth, *Romans*, 84-91.

236) Barnes, *Romans*, 83, 87; 강조는 우리의 것. 같은 입장을 고수하는 다른 사람들 가운데에는 Lightfoot, *Notes*, 269가 있다: '이것은(3:19a) 한 가지만을 의미할 수 있다. 구약에서 언급되고 있는 자들은 구약의 섭리 아래에 있는 사람들, 곧 이스라엘 사람들이다. 구약은 이방인에게가 아니라 유대인에게 말하고 있으며, 그러므로 이 신랄한 언어는 **유대인에게** 적용된다'; Locke, *Paraphrase* 2, 507 n. 19: '여기에서 바울이 뜻하는 바는, 그가 구약에서 인용했던 하나님의 선포들은 구약의 섭리 아래에 있는 유대인에 대한 것이라는 점이다'; Gifford, *Romans*, 87: '방금 인용된 그 구절들은… 유대인에게 말하고 있으며, 그래서 그의 입뿐만 아니라 다른 모든 사람들의 입까지 그의 죄의 탄핵으로 인하여 닫힐 수 있다'; Shedd, *Romans*, 68: '지금 사도는 구약으로부터의 인용을 통해서 유대인들이 율법을 듣는 자들이며 행하는 자들이라는 그의 주장을 입증하기 시작하였다'; Boylan, *Romans*, 33: '사람들의 죄성에 대한 성

하지만 이 '더 오래된 정설'은 유대인 대학살 이후 많은 학자들 사이에 형성된 새로운 합의로 대체되었다. 그들은 3:1-20(혹은 3:9-20)에 나타난 바울의 주요 의도는 유대인의 부패를 강조하는 데 있지 않고, **모든** 인류의 예외 없는 보편적이고 동등한 죄성을 확립하는 데 있다고 주장한다.[237] 우리는 이런 이해를 '전통적인' 견해라고 부르고자 한다. 이 입장은 '유대인이나 헬라인이나 다 죄 아래 있다'고 한 3:9의 언급이나, '모든 입을 막고 온 세상으로 하나님의 심판 아래 있게 하려 함이라'고 한 3:19을 감안할 때 얼마든지 개연성이 있다. 반복되는 표현인 πᾶς(모든)와 οὐκ ἔστιν(..이 아니다)은 이런 해석을 분명히 해주는 듯하다. 그렇더라도 이 해석은 'τοῖς ἐν τῷ νόμῳ'(율법 아래 있는 자들)와 'ἐξ ἔργων νόμου οὐ δικαιωθήσεται πᾶσα σάρξ'(율법의 행위로 의롭다 하심을 얻을 육체가 없나니, 3:20)같은 표현들을 약화시켜왔다. 좀더 최근에는 샌더스 이후 일부 학자들은[238] 로마서 1-4장에서 바울은 '언약적 율법주의'(covenantal nomism)에 근거한 유대인들의 자만을 공격하고 있다는 가설을 토대로 이런 전통적인 견해에 이의를 제기하였다.

전통적인 견해를 반대한 자들로는 가령 데이비스(G. N Davies)와 던이 있

경의 말들의 직접적인 지시 대상은 유대인들이다(3:9-20).'

Dodd, Romans, 72도 이 같은 입장이다: '그 구절의 취지는 사람들의 구제 받지 못한 죄성이며, **바울은 유대인의 죄성을 주로 의미하려고 이것을 취했는데**, 이는 율법이 무엇을 말하든 그것은 율법 안에 있는 자들에게 말하고 있기 때문이다'(강조는 나의 것). Nygren, *Romans*, 141도 유사하다: 바울의 인용은 유대인에게 그들 자신의 성경으로부터 (주로 유대인의 죄성을 의미하는) 보편적인 죄성을 확신시켜 준다. 3:19이 말하는 바에 비추어서 Nygren은 옳게 주장하고 있다: '**인용된 그 구절들은 특별히 유대인을 언급하고 있다**. 성경은 그들에게 죄의 판결을 내리고 있다'(Nygren, *Romans*, 142; 강조는 나의 것). Gore, *Romans* 1, 123: '그래서 그것은 유대인의 자만에 대한 권위 있는 책망이다.' Beet, *Romans*, 104도 인용들의 수집에 대한 바울의 의도가 '유대인의 특권이 그 자체로는 가장 얕은 깊이의 죄에서조차 구원할 수 없다는 것을 구약이 가르치고 있음을 입증하는 것이다'라고 주장했는데, 이는 옳다; Kirk, *Romans*, 185; Weiss, *Earliest Christianity* 1, 222-223; Griffith, *Romans*, 37; Hudson, *Pauline Epistles*, 68.

237) 예 Cranfield, *Romans* 1, 191; Murray, *Romans* 1, 102, 106; Barrett, *Romans*, 69; Black, *Romans*, 64; Taylor, *Romans*, 30-31; Moo, *Romans* 1, 199ff; Stuhlmacher, *Römer*, 51-54; Morris, *Romans*, 162-172. 또한 Keck, 'Function', 146; Hays, *Echoes*, 50; Stanley, *Language*, 89.

238) Sanders, *Jewish People*, 82. 그는 3:19-20이 이방인을 언급한다는 것을 부인한다.

다. 그들은 모두 온 인류의 보편적인 죄성에 대한 주장은 구약성경에 호소한 바울의 논점이 아니라고 주장하며, 데이비스와 지슬러는 한 걸음 더 나아가 바울이 **보편적인** 죄성을 주장한다는 사실 자체까지 부인하고 있다. 데이비스는, 바울은 '**모든** 유대인과 **모든** 헬라인들이 예외 없이' 죄를 범하였다고 주장하지 않는다. 실제로 그는 바울이 2:12-16과 2:25-29에서 의인과 악인 사이를 구분하고 있다고 주장한다. 계속해서 그는 로마서 2장에 관해서도, '심지어 여기서도 바울의 공격 대상은 율법을 의지하고 율법을 통해서 하나님과 맺은 관계를 자랑하는 유대인들일 뿐, 이스라엘 내 모든 유대인들이 아니다'[239]라고 주장한다. 더욱이 바울은 **일부**(**모두가** 아니라) 유대인들이 믿지 않았음을 암시한다(3:3). 데이비스는 '3:9에서 바울은 지금 선한 일을 행한 이들을 포함하여 예외 없이 모든 사람들을 다 포함시키고 싶어한다면, 그것은 이상한 추론이다'[240]라고 주장한다. 따라서 그는 3:10-18과 관련하여 다음과 같이 주장한다.

> 모든 사람들을 향한 보편적인 정죄라고 볼 만한 **연역적인** 근거가 없다.…바울은 지금 **이 본문이 원래 함의한 바**, 즉 **유대인이든 이방인이든, 악한 자들 가운데는 전혀 의가 없다**는 견해를 이 본문들을 사용하여 분명히 하고 있을 가능성이 훨씬 크다.[241]

데이비스는 여기서 인용하고 있는 구절들의 원 문맥에 적절하게 주의를 기울이고 있다. 1:18-3:20의 문맥 안에서 이 구절(3:10-18)을 이해하려는 그의 시도 또한 개연성이 있다. 하지만 데이비스는 적어도 세 가지 반대에 직면할 수밖에 없다. 첫째, 바울이 1:18-3:8(cf. 11:32)에서 **모든** 이방인들과 **모든** 유대인들이 예외 없이 죄 아래 있다고 **명시적으로** 말하고 있지 않지

---

239) Davies, *Faith*, 95.

240) Davies, *Faith*, 95.

241) Davies, *Faith*, 93-94(강조는 나의 것); 또한 90.

만, 그가 일부 유대인들은 '의롭다'고 명시적으로 말하고 있지도 않다. '유대인과 이방인이 모두 죄 아래 있다'(3:9)고 이미 고발한 바울의 주장은, 그가 지금까지 얘기해 온 바의 요약일 뿐 아니라, 구약의 방대한 증거를 가지고 실증하기 원했던 주장이기도 하다. 예외 없이 모든 사람이 죄 아래 있다는 사실을 강조하려는 바울의 시도는 'οὐκ ἔστιν'(…이 아니다)이라는 표현을 강조적으로 사용할 뿐 아니라, 원래 본문에 이 표현을 더한 것을 통해서 드러나고 있다(cf. 3:23; 5:12, 18).

둘째, 로마서 2장에서도 바울이 근본적으로 구분하고 있는 그룹들은 의인과 악인이라는 데이비스의 주장은 설득력이 없다. 바울은 유대인과 이방인을 구분하고 있기 때문이다(2:12-16, 25-29).[242] 우리는 또한 바울이 '유대인'과 '이방인'이라는 용어를 사용할 때마저도 그가 불신의/불의한 유대인에 관해 말하고 있는지 아니면 믿는/의로운 이방인에 관해 말하고 있는지 세부 사항들을 밝히기를 삼가고 있다는 점에 주목할 필요가 있다. 따라서 데이비스가 바울이 구체적으로 밝히기를 주저하고 있는 세부사항에 근거하여 논증해가는 것이 위험해 보인다.

셋째, 데이비스가 인용 구절의 원 본문에 주의를 기울이고 있기는 하지만, 바울이 이 본문을 자신의 논지를 위해서 상당부분 수정하고 있다는 점에 주목하지 못하고 있다.[243] 데이비스는 실제로 바울이 자신의 주장을 실증하기 위해 원래 문맥을 수정하고 있다고 생각하지 않는다. 도리어 바울은 원래 문맥을 자신의 주장에 올바르게 적용하여 '악인들에 대한 묘사라

242) 바울은 유대–이방인 관점에서 사람의 보편적인 죄성을 제시한다. 1:18-3:31에는 Ἰουδαῖος란 용어가 나온다: 네 번은 Ἕλλην/ἔθνη와 짝으로 나오며(2:9,10; 3:9, 29) 세 번은 ἔθνη 홀로 나온다(2:14, 24; 3:29). 바울은 또한 유대인과 이방인을 언급하기 위하여 'ἡ περιτομή'(할례자)와 'ἡ ἀκροβυστία'(무할례자)를 사용한다.

243) Cf. Stanley, *Language*, 93은 (360 n. 50에서의 그의 설명에도 불구하고) 거듭하여 주로 본문(texts)의 변화에만 주의를 기울이고 문맥(contexts) 수정에는 최소한의 주의밖에 기울이지 않는다. 이 점은 Leenhardt, *Romans*, 95도 잘못 보고 있는데, 그는 바울이 본래의 본문이 유대인이나 이방인의 죄들에 적용되는지의 여부를 고려하지 않은 채 그 본문들을 수정하고 있다고 주장한다.

는 본문의 원래 의도를 표현하고'[244] 있다고 주장한다. 실제로 데이비스가 인용된 시편의 원래 문맥을 관찰한 주요 이유는 의인과 악인의 존재를 증명하는 데 있는 듯하다.[245] 그는 일단 원래 문맥에 의인과 악인이 포함되어 있다는 사실만 분명해지면 인용구 관찰을 중단해버리곤 한다. 하지만 바울이 '**악인들** 가운데 의가 없다'[246]는 '상식적인' 개념만을 입증하기 원하였다면, 그렇게 긴 구절들을 인용하는 수고를 했어야 했겠는가?[247]

더 나아가 데이비스는 인류의 보편적 죄성이라는 바울의 신학적 원리를 부정하면서 끝을 맺고 있다. 그는 위에서 인용된 본문들 가운데 아무 것도 인류의 보편적인 죄성을 가리키고 있지 않기 때문에, 바울은 여기서 인류의 보편적인 죄성을 주장하기 위해 구약 본문들을 인용했을 리가 없다고 주장한다.[248] 이 구약 인용 본문들에서 바울은 인류의 보편적인 죄성을 증명하는 것 이상의 의도가 있었다는 것은 사실이다. 하지만 예외 없이 모든 인류가 죄 아래 있다고 한 바울의 고발을 약화시키는 것은 설득력이 없다. 더욱이 앞으로 보겠지만, 데이비스는 **유대인**의 죄성을 확립하려는 좀 더 근본적인 의도를 가지고, 유대인과 이방인 간의 죄성의 동등성을 주장하고 있는 3:1-20의 문맥에 주목하지 못하였다. 간단히 말해서, 데이비스의 주장은 시편 기자의 개념에 근거하고 있을 뿐 바울의 개념에 근거하고

---

244) Davies, *Faith*, 96.

245) 이는 인용된 구약 구절들을 살핀 후에 좀더 결론적으로 하는 말이며(Davies, *Faith*, 84, 85, 86, 87, 88), '이것은 이스라엘에는 의인이라고 할 자가 아무도 없다는 것을 함축하는 게 아니다'라는 그의 진술은(p. 87) 임의적으로 보인다.

246) Davies, *Faith*, 93; p.90에서 강조는 그의 것이다. 여기서 그는 동일한 문구를 쓰고 있다. Lincoln, 'Wrath', 211 n. 41은 이 점에서 설득력있게 데이비스에게 반대한다.

247) 3:10-18이 바울 서신들 가운데서 가장 긴 일련의 인용이라는 사실은 이 인용을 통해서 자신의 논점을 확립하려는 바울의 굳은 의지를 보여준다.

248) *Pace*. Davies, *Faith*, 89. 이 논지는 바울이 인간의 보편적 죄성을 주장하기 위하여 일련의 구약 구절들을 인용하고 있다고 주장한 Cranfield와 Murray와 같은 학자들의 입장을 반증하기 위하여 만들어졌다. 데이비스는 자신이 생각하기에 바울이 보편적인 죄성을 주장하고 있다고 보는 더 적당한 몇 개의 참조들을 제안한다(예. 민 23:19; 왕상 8:46; 대하 6:36; 시 143:2; 잠 20:9; 전 7:20). 그러나 열왕기상 8:46, 역대하 6:36, 시편 143:2은 주로 이스라엘 사람들에 관한 구절들이다('당신의 백성'); 민수기 23:19과 잠언 20:9은 오히려 데이비스의 목적을 위해서는 모호하다; 그리고 전도서 7:20에 대한 그의 의도는 설득력이 없다.

있지 않다.[249)]

던은 좀더 만만찮은 주장을 하고 있다. 그는 3:9-20에서 바울은 모든 인류의 예외 없는 보편적인 죄성을 확증하는 것을 목표로 삼고 있을 뿐 아니라 좀더 구체적으로는 유대인들의 부패함(이방인의 죄성만큼이나)을 분명히 하는 것을 목표로 하고 있다고 주장한다. τοῖς ἐν τῷ νόμῳ(율법 아래 있는 자들)란 바울의 표현(3:19)은 구약성경, 특히 인용된 구약의 본문들이[250)] '율법 아래 있는 자들' 즉 **유대인**을 향하고 있음을 분명히 보여주고 있다.[251)] 바울은 '율법의 행위로 그의 앞에 의롭다 하심을 얻을 육체가 없다'고 주장한다(3:20; cf. 8:3; 갈 2:16, 21; 3:11; 행 13:39). 따라서 던이 LXX 시편 142:2에 추가되고 강조되고 있는 표현인 ἐξ ἔργων νόμου(율법의 행위로)의 중요성에 주목한 것은 옳다.[252)] 그는 바울이 할례와 절기준수와 *kashrut*(음식법) 등 유대인의 언

---

249) 유사한 견해가 Ziesler, *Romans*, 99-106에 의해서 제시되었다. Ziesler가 볼 때 바울의 관심은 **민족들에게 있었다**. 왜냐하면 그의 '목표는 민족으로서의 유대인이 민족으로서의 이방인과 마찬가지로 죄의 능력 아래에 있는 것을 보이는 것이기' 때문이다(p. 100). Ziesler의 견해는 우리가 위에서 데이비스에 맞서 제기했던 반박으로도 무너뜨릴 수 있다. 그러나 그는 한 가지 유효한 논지를 세웠는데, 바울은 죄가 이방인들 가운데서처럼 **유대인 가운데에서도 동일하게 만연되어 있고**, 결과적으로 명목상의 유대인은 의롭지 못한 이방인보다 더 안전하지 못하다는 것을 확언하려고 시도하고 있다는 것이다. 바울은 유대인의 죄성을 적극적으로 확립함으로써 (왜냐하면 '이것이 진정 입증할 필요성이 있는 주 논지였기 때문에': Sanday and Headlam, *Romans*, 80; 유사하게 Ziesler, *Romans*, 104도 이것에 주목함) '모든 입'이 완전히 다물어져야만 한다고 이제 선포할 수 있었다. 온 세상은 하나님의 심판 아래에 있을 것이기' (3:19) 때문이다.

250) Cranfield, *Romans* 1, 195; Black, *Romans*, 64; Ziesler, *Romans*, 104; Bruce, *Romans*, 99; Meyer, *Romans* 1, 158; Lightfoot, *Notes*, 269; Boylan, *Romans*, 53 n. 1; Locke, *Paraphrase* 1, 507; Meyer, *Romans* 1, 158; Barnes, *Romans*, 87. 그 문구를 모세 율법으로서 취한 Sanday and Headlam, *Romans*, 75, 79-80의 견해는 옳지 않다. cf. Moo, *Romans* 1, 207는 둘 다 수용한다.

251) Watson, *Paul*, 128-129는 율법이 로마서 2-3장에서 유대인의 소유로 지명되었으며, 또한 3:19에서 τοῖς ἐν τῷ νόμῳ라는 문구가 2:12의 ὅσοι ἐν νόμῳ와 긴밀히 연결되어 있는 것을 옳게 주목한다. Cranfield, *Romans* 1, 195는 더 나아가서 7:1의 γινώσκουσιν … νόμον λαλῶ도 유대인들을 명백히 언급하는 것이라고 주목한다. 또한 Barnes, *Romans*, 87; Taylor, *Romans*, 31; Lightfoot, *Notes*, 269; Sanders, *Jewish People*, 82도 마찬가지다.

252) 바울이 ἐξ ἔργων νόμου를 덧붙인 것 때문에 이 문장이 LXX 시편 142:2에서 인용되었는지의 여부가 논쟁의 대상이 되고 있다: Silva, 'OT in Paul', 631. 긍정적인 입장에 대해서는 Cranfield, *Romans* 1, 197; Ziesler, *Romans*, 104; Lightfoot, *Notes*, 270; Hays, *Echoes*, 51을 보라. Ellis, *Paul's Use*, 153은 이것을 암시(allusion)로 본다; cf. Stanley, *Language*, 99 n. 43.

약적이고 민족적인 의를 반대하기 위해 구체적으로 이 표현을 덧붙였다고 주장한다.[253] 유대인들은 인용된 구절들이 자신들이 아니라 (원래 문맥대로) 이방인들을 가리키고 있다고 말하면서 변명할 수 있을 것이다.[254] 그래서 바울은 3:19a를 추가함으로써 자신의 논의에 '율법 아래 있는 자들'을 포함시키기 위해서 이 인용구들을 선택하고 형성하였음을 분명히 하고 있는 것이다.[255] 율법을 지켜서 의롭다는 선언을 받으려고 하거나 받을 수 있다고 생각하는 자들은 이방인들이 아니라 유대인들이기 때문에, 바울이 여기서(3:20에서) 결론을 내려고 하는 중심 쟁점은 유대인의 죄성일 가능성이 가장 높다.

그렇더라도 던의 주장의 약점은, 바울의 목표가 단지 유대인들의 율법적인 오만을 폭로하는 데 있다는 관점으로 본문을 해석한다는 점이다.[256] 이런 주장에 옳은 면이 있긴 하지만, 던은 좀더 광범위한 유대인-이방인 문맥에 주목하지 못하고 있으며, 또한 이방인과의 관계 속에서 유대인의 우월성의 토대를 무너뜨리려는 바울의 좀더 깊은 의도에도 주목하지 못하고 있다. 1:18-4:25에서 바울의 전체적인 관심은 유대인과 이방인 간의 근본적인 동등성을 확립하되, 율법을 가졌음에도 유대인들이 죄인이라는 사실을 강조하고 또 율법과 상관없이 이방인이 구원을 받았음을 확증함으

253) Dunn, 'New Perspective', 95-122 (또한 1990년에 몇 가지 내용이 추가되어 *Jesus, Paul, and the Law*, 183-214에 재인쇄됨); 그는 그의 주석 *Romans* 1, 159에서 이 견해를 고수한다. Dunn이 이 용어에서 시내산 언약의 도덕적인 부르심을 배제하였기에 많은 비판을 받게 되었다. 특별히 Cranfield, '"Works"', 89-101와 Schreiner, '"Works"', 217-244에 의해서. 유사하지만 더 동정심이 담긴 비판에 대해서는 Moo, *Romans* 1, 212-218을 참조하라. 결국 Dunn은 'Yet Once More', 99-117에서 바울이 사실 둘을 다 비난하고 있다고 궁극적으로 양보한다. 그 인용된 구절들이 주로 도덕적인 쟁점에 기초한 고발이라는 사실에 비추어 볼 때, 그리고 3:20c ['율법으로는 죄를 깨달음이니라[*for* through the Law comes the (full) knowledge of sin: NASB; cf. 4:15; 5:13, 20; 7:7]가 오로지 바울이 언약에 의해서뿐만 아니라 올바른 도덕적 삶으로 의롭게 된다고 생각하는 유대인들을 향해서 말하고 있을 경우에만 적절하게 의미가 통할 수 있다(cf. 2:17-24; 7장)는 사실에 비추어 볼 때, Dunn이 입장을 바꾼 것은 옳다고 생각된다.

254) Luther, *Romans*, 74; Nygren, *Romans*, 142; Meyer, *Romans* 1, 157.

255) Nygren, *Romans*, 142: '즉, 그 구절들은 특별히 유대인들을 언급하고 있다.'

256) Dunn, 'Romans: Analysis', 2853.

로써 그렇게 하고 있다. 1:18-4:25에 나타난 바울의 주장은, 그리스도 안에서 유대인과 이방인에게 동등하게 가능해진, 새로운 차원의 하나님의 의(義)의 빛에서 거의 전체적으로 직조되어 있다. 따라서 바울의 전체적인 주장은 **믿지 않는** 유대인들과 **믿는** 이방인들 모두와 관련이 있으며, 3:1-20은 이 관점에서라야 가장 잘 해석할 수 있다. 바울의 주장은 단지 유대인의 민족적인 의를 부정하기 위해서 형성된 데 그치지 않고(cf. 3:1-2; 9:3-5; 10:1; 11:13-14), 이방인과 유대인의 동등성을 분명히 하기 위해 마련되었을 가능성이 더 크다. 이방인의 사도라는 바울의 자기 인식 때문에 그는 단지 유대인들의 율법적인 오만의 옷을 벗긴다든지 혹은 유대적 구원론(어떻게 오만한 유대인들이 구원을 받을 수 있는가?)을 설명하는 것이 아니라, 이방인을 향한 유대인의 우월성을 삼가도록('우리[유대인들]는 이방인들보다 결코 낫지 않다', 3:9) 이끌었던 것으로 보아야 한다. 우리의 견해를 아래에서 더 구체적으로 증명하고자 한다.

바울이 ('καθὼς γέγραπται'[기록한 바]와 함께 헬라어에서 한 문장인) 3:9에서 쓰고 있는 바는 아래의 구약 본문들은 궁극적으로 그가 방금 한 말, 즉 유대인들은 **이방인들**보다 **결코 낫지 않다**는 말을 더 분명히 하려는 의도로 사용하고 있음을 보여준다. 따라서 바울은 이 인용구들을 가지고 유대인들의 우월성을 부인하려고 한다는 관점으로 이 인용구절을 해석하는 것이 합당할 것이다(그리고 우리는 아래에서 이것이 사실이라는 것을 보여줄 것이다). 더 나아가 우리의 견해는 '율법의 행위로 그의 앞에 의롭다 하심을 얻을 육체가 없다'(3:20)와 그 이전에 말한 '오직 율법을 행하는 자라야 의롭다 하심을 얻는다'(2:13)는 진술 간의 소위 모순에 대한 설명을 제시할 수 있다.[257] 두 주장은 서로

---

257) 어떤 학자들은 바울의 두 말을 모순으로 보았다. O'Neill, *Romans*, 51, 66-67은 이 모순은 나중에 필사본이 잘못 만들어졌기 때문에 생겼다고 설명한다. Davies and Ziesler, *Romans*, 85는 바울이 절대적으로 모든 사람들의 죄성에 대해서 말하고 있는 것으로 읽어서는 안 되며, 모든 민족들의 죄성에 대해서, 곧 '유대인도 이방인과 꼭 마찬가지로 죄인이다'라는 뜻으로 읽어야 한다고 말한다. 우리는 두 해석들이 다 설득력이 없다고 본다: 앞에 **pp. 184-186**, 187 n. 249, 그리고 아래의 190 n. 262를 보라.

모순으로 여겨서는 안 된다. 그 이유는 앞선 2:13의 주장은 이방인들에 대한 긍정적인 진술을 하면서 한 말이지만,[258] 3:20의 주장은 유대인들이 율법을 지킴으로써 의롭다 하심을 얻을 수 없다는 것을 주장하면서 한 말이기 때문이다.[259] **신학적으로** 바울은 유대인과 이방인의 보편적인 죄성을 확립하고 있지만, **수사적으로는** 그의 주장은 유대인의 우월성의 토대를 무너뜨려 이방인의 구원의 합법성을 확증하기 위해 형성되었다.[260] 하지만 우리 해석의 가장 중요한 증거는 인용구 그 자체에서 찾을 수 있다. 이제 우리는 이 인용구를 살피고자 한다.

C. 이방인의 죄성과 동등한 유대인의 부패에 대한 성경적 조명: 3:9-18

3:9-20에 나온 바울의 주장을 논하기 전에, 인용구는 바울 이전 것이기 때문에 **바울**의 주장을 이해하려면 인용구 해석을 강조하지 말아야 한다는 가설을 먼저 살펴볼 필요가 있다. 이 견해가 많은 지지를 받고 있긴 하지만,[261] 여전히 설득력은 없다.[262] 첫째, 인용구의 선택과 수정 그리고 2:1-

258) 중요한 γάρ는 그 주장이 '이방인들이… 율법의 일을… 행하며 … 그들은 율법의 행위를 나타낸다(행한다)'(2:13-15)는 사실에 기초하여 만들어졌음을 가리킨다.

259) Boylan, *Romans*, 54는 2:13과 3:20에서 아무런 모순을 지적하지 않는데, 이는 옳다. 그러나 2:13이 마지막 심판을 언급하는 것인 반면에, 3:20은 구원을 얻는 것에 대하여 말하고 있다는 그의 설명은 설득력이 없다.

260) Meyer, *Romans* 1, 160은 '문맥에 따르면 그것(3:20a)은 유대인들에 대한 언급일 뿐이다'라고 말하면서 그 경우를 과장하여 말했지만, 분명 그 논지는 제대로 파악하고 있다.

261) 가장 두드러지게는 Vollmer, *Citate*, 40-41이 있다. Koch, *Schrift*, 180 n. 52에 따르면 Vollmer를 따르는 자들 가운데는 Luz, Vielhauer, Käsemann, Schlier, Wilckens, van der Minde, Keck가 있다. 우리는 Leenhardt, *Romans*, 96; Hays, 'Psalm 143', 112 n. 21; Fitzmyer, *Romans*, 334도 같은 입장으로 분류한다. Fitzmyer는 '그것은 거의 바울의 구성이 아니다'라고 하였다. 그러나 Dunn, *Romans* 1, 150은 그렇지 않다고 본다.

262) 또 다른 설득력이 없는 바울 후기(post-Pauline) 가정은 (중요하지 않은 견해이지만) O'Neill, *Romans*, 66-67에 의해서 주장되었다(O'Neill보다 반세기 훨씬 이전에 McNeile, *St. Paul*, 194 n. 1은 동일한 논지를 짧게 주장하였다). O'Neill은 원 문맥의 수정을 수긍이 갈 만하게 주목한다. 그러나 그는 만약 독자들이 원 본문들을 보았다면 바울이 그 문맥을 잘못 다루었다고 비난했을 것이라고 추론한다. 따라서 바울은 궁극적으로 그 논쟁에서 질 수밖에 없

3:20의 문맥 안에 이 인용구를 계획적으로 배치한 것 등에 나타난 '상당한 고심과 예술적인 수완'[263]을 고려한다면, 바울이 원 저자/편집자라고 결론을 내리는 것이 자연스럽다.[264] 둘째, 이 인용구가 이전 어떤 단계에 존재하였다 하더라도, 그것은 유대인 배교자들이나 유대인들을 박해한 이방인들에 대한 기소에 지나지 않았을 것이다.[265] 하지만 바울이 이 인용구를 채택하여 이방인뿐 아니라 유대인까지를 포함하는 **모든 이들**을 기소한 것은 실로 중요하며, 따라서 이것은 바울이 직접 인용한 것으로 간주해야 한다. 그러므로 우리는 3:10-18에 나오는 긴 인용구를 선택하고 형성하여 충격적일 만큼 부정적인 방식으로 인류를 묘사하려는 것이 바울의 의도였다고 결론을 내릴 수 있다. 이제 우리는 바울이 **문맥**을 수정한 부분을 관찰하는 데 집중하고자 한다. 이런 문맥 변경이 실제적인 본문 변경보다 더 중요한 것은, 비트(J.A. Beet)의 말대로, '위의 인용들의 실제 의미는 단어가 아니라 전체 문맥에 있기'[266] 때문이다.

3:10-12은 LXX 시편 13:1c-3a의 본문을 약간 수정하여 인용하고 있다.[267]

는데, 그 인용은 실제로 그의 입장을 약화시킬 것이기 때문이다. 그래서 O'Neill은 바울이 원래 로마서에서는 이 구절들을 결코 인용할 수 없었을 것이라고 주장한다.

그러나 만약 O'Neill이 옳다면 로마서와 바울 서신들에 있는 어떤 구약 인용들도 본래 바울에게 속한 것으로 간주할 수 없다고 말해야 한다. 바울은 인용할 때마다 본문이나 문맥을 거의 예외없이 수정하고 있기 때문이다. 비록 그 수정들이 항상 본래의 의미와는 반대의 입장으로 이끌어 간 것은 아니더라도 여전히 그러하다고 할 수 있다. 둘째로, 구약을 인용하거나 해석하는 바울의 방법은 유대교 안에서 보기 드문 것이 아니다(Black, *Romans*, 64). 훌륭한 교육을 받은 유대 랍비 바울은 종종 암시적으로 혹은 명시적으로 미드라쉬 방법을 사용하고 있다: 예. Ellis, *OT in Early Christianity*, 99; Kugel and Greer, *Early Biblical Interpretation*, 52-72를 보라. 셋째, 바울은 '성경에서 선지자들을 통해 이전에 약속된 복음'을 상술하는 과정에서 그의 고발을 실증하기 위하여 구약 본문들을 인용하고 있다고 스스로 나타낸다(1:2; 3:21); O'Neill에 대한 다른 반대들에 대해서는 Maccoby, *Paul*, 143-144를 보라.

263) Cranfield, *Romans* 1, 191; Dunn, 'Romans: Analysis', 2852.

264) Koch는, *Schrift*, 181, 183은 그 인용들은 서신을 구술하기 전 어느 시기에 바울 자신이 직접 구성하였으며, 그 인용들의 구조는 논지를 이끌어내기 위해 신중하게 구성되었다고 잘 주장하였다. Maccoby, *Paul*, 144: '결론은 바울 자신이 그 모든 인용들에 대해서 책임이 있다는 것이다.' 또한 Dunn, *Romans* 1, 150도 마찬가지다; cf. Leenhardt, *Romans*, 95.

265) Lincoln, 'Wrath', 211.

266) Beet, *Romans*, 104.

267) 우리는 본래 (LXX) 본문들을 바울이 본문을 수정한 것에 대해서는 구체적인 관찰을 피하려

바울은 여기서 οὐκ ἔστιν(…이 없다)을 다섯 번이나 반복하고 있다. 물론 οὐκ ἔστιν ἕως ἑνός(LXX 시 13:1c)가 οὐδὲ εἷς로 대체되고 있기는 하지만, 의미와 강조점에서는 변화가 없다. 더욱이 οὐκ는 εἰ를 대신하고 있으며, 다른 οὐκ ἔστιν(…가 없다)가 ἐκζητῶν(찾는) 앞에 덧붙여지고 있다. 이 모든 변경들은 아마 온 인류의 죄성을 분명히 하려고 하는 바울의 결정을 가리키고 있을 것이다.[268] 이런 연관관계 속에서 바울이 LXX 시편 13:1a의 οὐκ ἔστιν θεός('하나님이 없다')에서 그의 또다른 선호 문구인 οὐκ ἔστιν을 인용하지 않고 있다는 점에 주목해야 한다. 만약 바울이 인용구의 기소에 유대인들을 포함하려 했다면, 그 구절을 인용할 수 없었을 것이다. 이는 유대인들이 바울이 묘사하는 것은 이방인들[즉, '무신론자']에게만 해당한다고 즉시 대답했을 것이기 때문이다.

바울이 어떻게 문맥을 변경하고 해석하는지에 대한 것은 종종 간과되어왔다.[269] 시편에 등장하는 대명사 '그들'은 '하나님이 없다' 하는 '어리석은 자들'을 가리키며, 하나님을 찾지도 않고 그를 기쁘게 하려고 선한 일을 행하지도 않는 자들이다. 그들은 '내 백성을 삼키며' '가난한 자들'의 계획을 좌절시키는 행악자들이다(οἱ ἐργαζόμενοι τὴν ἀνομίαν; LXX 시 13:4). 하지만 '여호와께서는 이스라엘을 기쁘게 하기 위해 **자기 백성**의 운명을 회복하신다(LXX 시 13:7). 그러므로 시편 기자에 따르면, '그들'은 하나님께 반역할 뿐 아니라 자기 백성 이스라엘을 압제하는 이방인 원수들이다.[270] 다른 한편, 우

한다. 이미 Stanley, *Language*, 87-99에서 연구했기 때문이다.

268) 관계대명사 'ὁ'의 첨가들은 그가 사람에 대해서 말하고 있다는 논지를 강조하기 위한 것으로 보인다. ποιῶν χρηστότητα(3:10; LXX 시편 13:1c)를 δίκαιος로 대체한 것은 의를 얻는 것에 대한 자신의 전체 논쟁을 강조하려는 바울의 목적 때문일 수 있지만(Cranfield, *Romans* 1, 192; Davies, *Faith*, 82; Lincoln, 'Wrath', 210-211; Stanley, *Language*, 90), 이것을 지나치게 강조해서는 안 되는데, 이는 바울은 동일한 문구인 ποιῶν χρηστότητα를 3:12b에서 유지하고 있기 때문이다.

269) 가장 두드러진 것은 Stanley, *Language*, 89-93이다.

270) 이렇듯 Kissane, *Psalms* 1, 54; Briggs and Briggs, *Psalms* 1, 105; Mowinckel, *Psalms* 1, 220-221; Meyer, *Romans* 1, 157은 옳게 말하였다. 그러나 Weiser, *Psalms*, 192, 그리고 Oesterley, *Psalms*, 278-279는 시편 기자가 이스라엘 사람들 가운데 악인들(제사장들)을 고발하고 있는 것이라고 주장하고 있는데, 그럴 가능성은 별로 없다. cf. 시편 14:1의 NIV 난외주는 어리석은

리는 여기서 '남은 자 신학'의 여지를 어느 정도 볼 수 있다. '내 백성'과 '의인의 세대'(시 14:4-5)라는 문구로 시편 기자는 하나님의 **참** 백성을 가리키고 있었을 것이다. 하지만 바울이 '유대인과 이방인이 모두 죄 아래 있다'(3:9)는 자신의 고소를 실증하기 위해 악한 '그들'을 이방인과 유대인 모두와 동일시하고 있다는 점에 주목하는 것이 중요하다.[271] **여기서** 이 시편을 인용하는 바울의 목적은 데이비스의 주장대로 유대인 중에도 신실한 자들이 있음을 증명하는 데 있지 않고, **모든** 유대인과 **모든** 이방인이 다 죄 아래 있음을 증명하는 데 있다.[272] 그렇게 함으로써 바울은 유대인 가운데 '의인'과 '악인'을 구분하고 있지 않다.

구약 저자들은 종종 '[이스라엘이] 깨닫지 못하는 백성'이라고 말하였다(사 27:11; 42:25; 48:8; 미 4:12; cf. 렘 8:7; 9:3; 요 15:21; 16:3). 우리는 또한 예레미야 4:22(LXX보다는 MT; cf. 렘 5:21)의 단어나 개념이 로마서 3:10-13과 매우 비슷하다는 점에도 주목한다.

> 내 백성은 나를 알지 못하는 어리석은 자요
> 지각이 없는 미련한 자식이라
> 악을 행하기에는 지각이 있으나 선을 행하기에는 무지하도다(렘 4:22)

따라서 이것은 로마서에서 '유대인들은 하나님의 의를 몰랐고, 자기 의를 세웠으며, 하나님의 의에 복종하지 않았다'(10:3)고 한 바울 주장의 증거로 적절하다.[273] 그들은 여전히 수건을 뒤집어쓰고 있으며, 그래서 하나님의 언약을 적절히 이해하지 못하고 있다(고후 3:12-18). 그들은 행위로 되는

(נָבָל)의 히브리어 단어는 '도덕적으로 결핍된' 자를 가리킨다고 제안하고 있다. '남은 자 신학(remnant theology)'에 대한 여지도 있을 수 있다. 즉 '내 백성'은 하나님의 참 백성, 이스라엘의 남은 자를 언급한다. 그러나 여기의 어리석은 자는 이방인을 가리키고 있을 가능성이 더 크다.

271) *Pace*. Stanley, *Language*, 90, 91, 92 바울의 어법이 문맥에서(곧 LXX 문맥에서) 벗어난 게 아니라고 거듭 말하기 때문이다; 하지만 Lightfoot, *Talmud* 4, 155-156는 옳다.

272) *Pace*. Davies, *Faith*, 82-84.

273) Cf. 에베소서 4:18에서는 유사한 영적 어두움이 이방인에게 적용되었다.

것인 줄로 알고 의를 잘못 추구하였으며, 그래서 '부딪힐 돌'(9:32)에 걸려 넘어졌다. 더 나아가 바울은 이스라엘은 지각이 없다고 표현하고 있다. 이는 μή 의문문인 'μὴ 'ισραὴλ οὐκ ἔγνω;'(이스라엘이 알지 못하였느뇨?)(10:19)가 부정적인 응답인 '아니오'를 요구하는 질문인 것을 통해 알 수 있다.

이 첫 인용구 단락에서, 바울은 LXX 시편 13편을 인용할 뿐 아니라 아마 그것을 LXX 전도서 7:21과 결합시키고 있을 것이다. 이 전도서에는 보편적인 죄성이 분명하게 강조되고 있다.[274] 따라서 바울은 '모든 사람이 죄를 범하였다'고 결론을 짓고 있다(3:23; 5:12; 11:32; 갈 3:22). 물론 유대인들은 자신들이 범죄하였다는 것을 알고 있었다(왕상 8:47; 대상 5:25; 대하 30:7; 스 9:7; 시 78:8, 57; 106:6; 143:2; 렘 3:25; 11:10; 겔 20:18 등). 그래도 자신들은 이스라엘의 하나님을 인정하지 않은 이방인들과는 다르다고 생각하였다. 하지만 바울은 3:10-12에서 유대인들은 근본적으로 이방인들처럼 죄인임을 분명히 하려고 한다. 바울이 사악한 이방인들(과 신실하지 못한 유대인들)이 고소를 당하고 있는 구절인, LXX 시편 13:1-3의 문맥을 이방인들뿐 아니라 유대인들에게도 적용하고 있으며, 그렇게 함으로써 **모든** 유대인들을 자기 기소 대상으로 포함시키고 있다는 점에 주목하는 것이 중요하다. 그리고는 이 '전체 인용구의 요약적인 도입구'인 여기에서[275] 바울은 보편적인 죄성을 재확인해주는 자신의 의제를 제시하지만, 그의 가장 주요 의도는 **유대인의** 죄성을 확립하는 데 있었다.

3:13-14은 함께 다루어야 한다. 이 단락에서 바울이 세 구절을 한데 결합시키고 있는 점이 흥미롭다(LXX 시 5:10; 139:4; 9:28). 이 구절은 모두 목구멍, 혀, 입술 등 구강 기관들과 관련된 전문 용어를 포함하고 있다. 바울은

274) Cranfield, *Romans* 1, 192. Davies, *Faith*, 89-90 n. 3과는 대조. cf. Stanley, *Language*, 88은 그것에 대해 전혀 주목하지 않고 있다. Dunn, *Romans* 1, 150이 주목하듯이 비록 3:10('οὐκ ἔστιν δίκαιος οὐδὲ εἷς')이 LXX 전도서 7:21에 더 가깝더라도, 3:11-12에 나오는 뒤따른 인용은 LXX 시편 13:1-3이 이곳 인용의 주 출처인 것을 밝혀 준다; cf. Fitzmyer, *Romans*, 335.

275) Stanley, *Language*, 90; 또한 Meyer, *Romans* 1, 155도 마찬가지로 Michaelis, Eckermann, Koppe, Köllner 그리고 Fritzsche를 열거하였다. 또한 Haldane, *Romans*, 115; Black, *Romans*, 64도 마찬가지다.

LXX 시편 5:10b를 3:13a에서 그대로 인용하고 있으며, LXX 시편 139:4은 3:13b에서 인용하고 있다. 하지만 문맥은 다시 한 번 심하게 수정되었다. 시편 5편에서 시편 기자는 '악인들'의 죄와 반역(시 5:4-10)을 '의인들'의 특권과 보호(LXX 시 5:11-12; 139:14)와 대조하고 있다. '내 원수'(시 5:8)가 누구인지를 분명히 결정할 수 없다. 하지만 히브리 본문에 따르면 이 문구는 이방인들보다는 이스라엘 안의 경건치 않은 자들을 가리키는 듯하다.[276] 하지만 히브리 본문의 '당신은 은혜로 **그를** 덮으시고'(시 5:12, RSV)가 LXX에서는 '당신은 은혜의 방패로 **우리를** 호위하셨나이다'(ὡς ὅπλῳ εὐδοκίας ἐστεφάνωσας ἡμᾶς)로 바뀐 것은 주목할 만하다.[277] 그러므로 LXX에 따르면, 시인은 단수 '그'를 복수 'ἡμᾶς'('우리')로 바꿈으로써 경건한 유대인들을 포함시키고 있는 듯하다. 따라서 LXX의 '원수'는 이방인 행악자들을 가리킬 것이며,[278] 이는 다음 구절에 인용된 것과 함께 고려할 때 더욱 그렇게 볼 가능성이 높다. 반면에 LXX의 어법이 이방인을 가리키는 것이 아니라 할지라도, 본문은 하나님을 신뢰하는 '의인'이 있고 하나님께 반역하는 '악인'이 있다고 분명히 말하고 있다. 바울은 LXX의 이런 문맥에서 인용함으로써, 유대인 안의 의인과 악인 간의 구분을 전적으로 무시하며, 시편을 이방인과 유대인 모두에게 적용함으로써 "하나님 앞에서 유대인의 '의'와 이방인의 '불의' 간에는 전혀 구분이 없다"는 것을 암시해주고 있다.[279]

3:14은 LXX 시편 9:28(MT 10:7)에서 인용하고 있다. 이 시편에서 악인(ἀσεβής)은 분명 영원히 그 이름이 도말될 '열방'(ἔθνη)[280]과 동일시되고 있다

276) Perowne, *Psalms* 1, 137; Oesterley, *Psalms*, 132; Anderson, *Psalms* 1, 81; Briggs and Briggs, *Psalms* 1, 40.

277) Brenton, *Septuagint*, 701의 번역.

278) Ringgren, *Faith*, 43-44. 가장 강한 경우는 Birkeland, *Evildoers*, 93; 그의 (과장된) 주장: '일정한 집합체나 그 대표자들이 의도되었을 때에 시편에서 악행하는 자들은 **모든 경우들에서 이방인들이다**'(강조는 나의 것).

279) Dunn, *Romans* 1, 150-151.

280) Kissane, *Psalms* 1, 36; Briggs and Briggs, *Psalms* 1, 77. 그러나 Oesterley, *Psalms*, 145는 비록 그가 시편 9편(LXX과 벌게이트에서 시편 9편과 10편은 한 시편이다)에서 사악한 자가 '이방의 원수들'인 것에 주목하지만, '그 백성들 가운데의 경건치 못한 죄인들', '그 자신의 백

(LXX 시 9:5, 15, 16, 17, 19, 20, 22, 24, 33, 35, 36). 이는 그들이 하나님을 기억하지 않고(LXX 시 9:17), 찾지도 않고, 그의 법에서 떠났기 때문이다(LXX 시 9:24-25). 반면에 이스라엘은 주의 이름을 알고 그를 찾고 신뢰하는 자들로 묘사되고 있다(LXX 시 9:10). 비록 이스라엘은 압제을 당하고(LXX 시 9:9, 38), 고통을 당하고(LXX 시 9:12, 18, 37), 궁핍하고(LXX 시 9:18), 무기력하지만(LXX 시 9:32) 구원을 받을 것이다. 하지만 이방인들은 영원히 멸망할 것이다(LXX 시 9:36). 이 문맥에서 시인은 '그들의 입에 저주와 악독이 가득하다'는 표현을 통해 이방인들을 분명히 가리키고 있다. 하지만 바울이 이 구절을 이방인과 **유대인** 모두에게 적용하는 것은 충격적인 일이다.[281)]

3:13-14에 언급된 몸의 기관은 '입'을 나타내며, 이런 관련성 속에서 10:8-10에서 바울이 '입'이라는 표현을 그리스도에 대한 믿음의 고백의 수단으로 세 차례나 사용하고 있다는 점은 중요한 듯하다. 따라서 3:13-14은 단순히 '말로 짓는 인간의 죄에 대한 묘사' 이상으로 보인다.[282)] 도리어 여기서 바울은 의도적으로 이 동사들을 선택하여 특별히 고집스럽게 예수가 주요 그리스도이심을 고백하기를 거부하는 자들과 입술로 그리스도인들의 복음 증거를 방해하는 이들을 묘사하고 있다고 볼 수 있고, 개연성도 충분하다. 유대인들은 하나님의 말씀이 그들의 입에서 떠나지 말게 하라는 말을 들었는데(수 1:18; 사 59:21), 바울에게 그 하나님의 말씀은 '우리가 전파하는 믿음의 말씀'이다(10:8). 바울은 또한 유대인들은 하나님의 믿음의 말씀 대신에 저주와 악독을 지니고 있다고 말한다. 앞으로 우리가 9-11장을 살필 때 보겠지만, 로마서에서 이런 불신의 범주로 묘사되는 대상은 다름 아닌 유대인이라는 점이 중요하다. 시편에 따르면 유대인들은 목과 혀와 입술과 입을 사용하여 하나님의 의를 선포하고 찬양하였다(시 35:28; 51:14-15; 63:3, 5; 119:171-172; 149:6; cf. Sir 39:15; 50:20). 하지만 지금 바울은 이런 구강 기

성 가운데의 사악한 자'로 이해한다(p. 144).

281) Dunn, *Romans* 1, 151.

282) Cranfield, *Romans* 1, 193.

관들이 정확히 정반대 역할을 하고 있는 것으로 묘사하고 있다.[283]

3:15-17은 본문에 수정을 가하여 LXX 이사야 59:7-8을 인용하고 있다.[284] 이사야 59:7-8은 악에 맞서지 못한 유다를 향한 선지자의 고발이다 (cf. 사 59:2-3, 20-21).[285] 여기서 고발 대상은 유다 내의 불의한 자들이지만, 여기서 바울은 유대인 전체가 '악인'임을 암시하고 있다.[286] 던에 따르면, 바울이 동시대의 동료 유대인들이 과거의 이스라엘만큼이나 죄를 지었다는 점을 재확인하기 위해, 유대인들의 의의 결핍을 비난하는 구절에 호소하고 있는 것은 우연이 아니다.[287] 복음을 전하는 자들을 해하기에 빠른 피 흘리는 발(3:15)은 복음을 전하는 자의 아름다운 발(10:15)과 대조된다. 위에서 구강 기관에 관해서 말한 것을 함께 고려할 때, 우리는 이 인용구는 구원론적이고 선교적 관점에서 구성되었다고 추정할 수 있을 것이다.[288]

3:18은 LXX 시편 35:2의 문자 그대로의 인용이며, 다만 바울은 단수 'αὐτοῦ'를 복수 'ἀυτῶν'로만 바꾸고 있다. 유대인들과 이방인들을 모두 아우르는 인용구 안에서의 다른 복수들과 일치시키기 위해서 이렇게 수정했을 가능성이 가장 높다. 하지만 우리는 다시 한 번 바울이 문맥상 변화를 준 것에 주목한다. 시편에서 '그 목전에 하나님을 두려워함이 없는' 자들 (LXX 시 35:2)은 '주(하나님)를 아는 자들'(LXX 시 35:11)과 대조된다. 바울은 이제 다시 한 번 이방인들을 가리킨[289] 표현을 이방인과 유대인 모두에게 적용

283) Käsemann, *Romans*, 87은 유대인이 현재 구절에서 진정한 반대자로 묘사되고 있는 것에 주목하면서 바울이 13절 이하에서부터 복음에 대한 유대인의 증오를 묘사하고 있는 것이라고 옳게 말한다. cf. '사람들의 말의 죄성에 대한 묘사'라는 Cranfield, *Romans* 1,193의 견해는 충분해 보이지 않는다. 3:13-14은 바울의 목적과 직접적으로 연결되어 있지 않다는 Moo, *Romans* 1, 206의 제안도 문제가 있다.

284) 자세한 내용에 대해서는 Stanley, *Language*, 95-98을 보라.

285) Westermann, *Isaiah* 40-66, 347-348; Watts, *Isaiah* 34-66, 280; Cranfield, *Romans* 1, 193.

286) Moo, *Romans* 1, 206.

287) Dunn, *Romans* 1, 151.

288) Cf. Käsemann, *Romans*, 87.

289) *Pace*. Briggs and Briggs, *Psalms* 1, 315: '여기서 악한 자는 이방 나라의 원수들이 아니라 (유대) 백성들 가운데의 악한 사람들인 것 같다.'

하고 있다.[290] 유대인들은 '여호와를 경외하는 것이 지식의 근본'이라고 배워왔다(잠 1:7; cf. 창 22:12; 출 20:20; 신 6:2; 욥 23:15; 시 34:4-22; 112:1; 잠 9:10; 15:33; 사 33:6; 50:10; 59:19; 렘 32:39). 바울은 이제 유대인들이 이방인처럼 하나님을 전혀 경외하지 않는다는 고소에 유대인들을 성공적으로 포함시키고 있다. 유대인들 가운데도 여호와를 경외하는 자가 아무도 없다는 것이다. 따라서 이 인용은 일련의 인용구의 결론과 절정 역할을 효과적으로 해내고 있다.[291]

바울의 인용구 관찰을 통해 우리는 인용 구절의 문맥을 바울이 변경하였다는 사실은 바울에게는 자신의 기소에 **모든 유대인들**을 포함시키려는 의도가 있었음을 보여준다고 지적했다. 원래 문맥에 따르면, 유대인들 혹은 의로운 유대인들은 이런 고발에서 제외되지만 바울은 예외 없이 그들을 포함시키고 있다('οὐκ ἔστιν δίκαιος οὐδὲ εἷς', 'οὐκ ἔστιν ἕως ἑνός', 'πᾶν στόμα', 'πᾶς ὁ κόσμος' 그리고 'πᾶσα σάρξ').[292]

D. 요약

이처럼 이제껏 우리는 바울의 구약 사용에 특별히 주의를 기울이면서 3:1-20을 살폈는데, 이제 몇 가지 결론을 도출하고자 한다. 바울은 유대인과 이방인이 모두 죄 아래 있다(3:9)는 자신의 고발을 분명히 하기 위해 인용구절들을 주의 깊게 선택하였다. 바울은 죄의 보편성을 주장하였으며,

---

290) Dunn, *Romans* 1, 151; Meyer, *Romans* 1, 157.

291) Taylor, *Romans*, 31; Cranfield, *Romans* 1, 193; Davies, *Faith*, 88.

292) 이러한 연결 속에서 Lagrange, *Romains*, 69는 (Davies, *Faith*, 90 n. 2에서 인용되었듯이), '바울이 이 본문들을 예언적인 증거로서 사용하지 않고 그가 입증하길 원하는 것과 조화시키는 증언으로서 사용하고 있다고 Theodore of Mopsuestia가 잘 말하였다고' 말하는데 이는 옳은 듯하다. Bruce, *Romans*, 97; Wilckens, *Römer* 1, 173도 마찬가지다. 그러나 Davies 자신은 이 견해를 거부한다. 바울이 '기록된 바'라고 쓰고 있지만, 그는 인용된 본래 본문의 문자적인 의미에는 관심을 두고 있지 않은 듯 보인다. 그래서 Giblin, 'As It Is Written', 487은 '바울이 신학자로서 말하고 있으며 그가 관심을 가진 성경의 의미(sense)는 그것의 신학적인 명료함이나 의미(meaning)라고 말하는 데, 이는 옳은 듯하다. cf. Edgar, 'Respect', 56-57은 바울이 본문을 일반적으로 수정한 것에는 주목하는 반면 그와 같은 수정의 의도나 의미에 대해서는 주목하지 않고 있다.

따라서 개인적인 유대인과 이방인을 모두 포함시켰다. 더욱이 그는 인용 본문과 문맥을 수정함으로써 유대인들을 자신의 고발에 포함시키려는 단호한 의지를 드러내고 있다. 좀더 신중하고 민감한 독자들은 바울의 주장은 '신실하지 못한' 유대인들뿐 아니라 '신실한' 유대인들에게까지, 즉 모든 유대인들에게 좀더 강력하게 적용된다는 사실을 인식할 수 있을 것이다. 따라서 우리는 3:9-20에서 제시한 바울의 주요 논점은 성경이 분명히 보여주듯이, 유대인은 결코 이방인보다 낫지 않다는 점을 재확인하기 위한 것이라고 제안할 수 있었다.[293] 유대인들은 자신들을 이방인과 구분시켜준, 율법(2:1-3:20)과 아브라함의 후손됨을 자랑하였다(4:1-25). 하나님의 구원에 관한 한, 대부분의 유대인들은 이방인들이 자동적으로 구원에서 배제된다고 생각하였다. 바울은 구약의 저자들, 특히 다윗은 이스라엘/이방인에 관한 가능한 가장 강한 단어들을 사용함으로써 그런 구분을 배제시켰음을 보여주려고 한다.[294] 시편에서 인용된 여섯 편의 시가 모두 LXX에서는 다윗의 시로 말하고 있다는 점에 주목하는 것이 중요하다. 따라서 바울은 유대인들이 다윗 혈통의 메시야 예수를 믿지 않고 있다고 고발하고 있는 것은 구약성경만이 아니라 다윗 자신(메시야 언약을 받은 사람)이라고 암시하는 듯하다.[295]

이 가운데 가장 중요한 것은, **원래 본문과 문맥을 수정해가면서 유대인의 교만과 자만을 직접적으로 공격하고 있고** 다윗과 구약의 선지자들이 그 정죄를 이방인뿐 아니라 유대인들에게도 똑같이 적용하였다는 인상을 주는 **사람은 바로 바울 자신**이라는 사실이다. 바울의 논쟁 제시는 간혹 어떤 이들이 주장하고 있는 것처럼 반유대주의(anti-semitism)가 아니라 사도적 자기 인식에 의해서 형성되었다. 이방인의 사도인 바울은 메시야 시대와 공

293) Cf. Lightfoot, *Notes*, 267: '너희 성경은 너희가 예외가 아닌 것을 보여 준다.'

294) Lightfoot, *Notes*, 269.

295) 시편 이외에서 인용된 유일한 구절은 이사야 59:7-8이지만, 그것 또한 Westermann이 보이듯이 (*Isaiah* 40-66, 346-348) 다윗의 시와 긴밀하게 연결되어 있다.

동체에서 유대인들은, 메시야 언약의 수령자인 다윗이 미리 예언한 것처럼, 결코 이방인보다 우월하지 않다고 주장한다. 이런 관찰을 통해 우리는 로마서 3:9-20에서 바울의 **최우선** 목표[296]는 다시 한 번 그들 자신의 성경을 통해 **유대인들**의 죄성을 재확인하는 데 있음을 이해하게 된다. 유대인의 유익 가운데 첫 번째(πρῶτον)요 유일하게 언급된 항목(3:1-2) 그 자체가 '유대인의 부패함에 대한 거부할 수 없는 증거' 역할을 한 것이다.[297]

4. 결론

이 장에서 우리는 구원론의 **내용**과 **제시 방식**은 이방인의 사도로서의 바울의 자기 인식을 통해서 형성되었음을 보여주려고 하였다. 우리는 사도가 1:8-11:36에서 논증하고 있는 내용은 유대인과 이방인의 동등성이라고 제안하였다(그리고 이런 주장은 여전히 다음 장에서 실증될 것이다). 1:18-3:20에서 바울은 이방인과 유대인의 죄성의 동등성을 확립하려고 하지만, 우리는 바울이 특별히 유대인의 죄성을 재확인하기 위해 자신의 논지를 구성하고 있다는 점을 발견하였다. 아래는 1:18-3:20에서 전개된 바울의 논쟁과 관련하여 우리가 새롭게 알아낸 것들을 종합하고자 한다.

첫째, 우리는 1:18-32에서 바울은 이방인과 유대인 모두를 기소하고 있다고 주장하였다. 바울의 기소 대상에 유대인을 포함시킨 것은 창세기 내러티브들과의 몇 가지 언어학적인 상응관계에 근거한 것이 아니다(즉, 바울은 일반적인 **인류**의 죄성을 고발하고 있으며, **따라서** 유대인들도 포함된다). 그보다는 바울은 이스라엘의 죄악된 역사를 반추하면서 '그들을' 고발하고 있기 때문이다. 학자들은 간혹 바울은 유대 역사를 암시함으로써 유대인의 우상숭배

296) 또한 Luther, *Romans*, 74-75도 같은 견해를 가졌다. 분명 πᾶν στόμα, πᾶς ὁ κόσμος 그리고 πᾶσα σάρξ와 같은 표현들이 이방인들의 포함을 내포하고 있긴 하지만, 원천적으로는 유대인을 염두에 둔 것이다(Cranfield, *Romans* 1, 196). 그러나 Murray, *Romans* 1, 106의 견해는 부적절하다.

297) Boylan, *Romans*, 53; 또한 33.

를 고발하고 있다고 주장하였다. 하지만 우리는 우상숭배뿐 아니라 동성애, 하나님을 안다는 사실을 인정하기를 꺼려하는 것 등이 모두 이스라엘의 죄악된 역사를 상기시킨다는 사실을 보여주었다. 바울은 유대인들을 이방인만큼이나 심각하게 고발하고 있다. 이스라엘의 역사를 반추하며 인류의 죄를 고발함으로써 바울은 2:1이후로 자만에 빠진 유대교를 좀더 직접적으로 공격할 길을 닦고 있다.

둘째, 우리는 2:1-4에 나온대로 유대인들의 자만에 대한 바울의 비난은 지혜 전승과 구약의 선지자 전승에 나타난 유대인들을 향한 비난과 맥을 같이한다는 점을 보여주었다. 더욱이 σκληρότης(고집)와 ἀμετανόητος(회개치 않음)라는 표현(2:5)은 유대인들의 완고함을 가리키는 구약성경 안에 풍부한 배경을 가지고 있기 때문에, 바울이 자신의 기소에 유대인들을 염두에 두고 있을 가능성이 크다. 논리적인 연결어인 2:1의 διό는 그가 유대인들을 향해 좀더 직접적인 비난을 전개하고 있음을 가리킨다. 편벽됨이 없는 하나님의 심판과 구원이라는 신학적인 원리는 분명히 유대인과 이방인의 동등성을 확립해준다. 하지만 이 원리는 바울이 자신의 논의를 진전시키기 위해 수사적으로 언급한 것이다. 바울은 유대인들의 죄와 그에 따른 피할 수 없는 심판을 재확인하고, 이방인 구원의 합법성을 확립하기 위해 이 원리를 강조하고 있는 것이다. 바울은 논지를 제시하면서 공평한 입장을 취하기보다 '이방인에게로 기울어져' 있다.

셋째, 바울은 2:12-29에서 이방인들을 향해서는 긍정적으로, 유대인들을 향해서는 비판적으로 말하고 있다. 그는 이방인들은 율법의 요구를 이행한 반면에(2:12-26), 유대인들은 율법을 어겼다고 분명히 지적한다(2:17-24). 더욱이 바울은 유대인들이 받은 육신적 할례와 이방인들이 받은 영적 할례에 관해 말하면서, '표면적 유대인'이라는 용어를 (믿지 않는) 혈통상의 유대인에게, '내면적 유대인'이라는 용어를 (믿는) 이방인에게 적용한다. 이방인의 사도인 바울은 이 단락에서(2:12-19) 한편으로는 이방인 구원의 신학적 합법성을 확고히 하고, 다른 한편으로 유대인의 죄성을 확립하고 동시에 유대인의 자만의 토대를 허물기 위해 자신의 논지를 형성하고 있는 것이 분명하다.

끝으로, 우리는 바울이 유대인에게 유익들이 있다는 점을 분명히 하고 있지만(3:1-2), 3:1-20에 나타난 그의 주요 논지는 유대인들이 결코 이방인보다 낫지 않다(3:9)는 점을 확증하는 데 집중되어 있다. 바울은 자신의 논지를 뒷받침하기 위해 구약의 일부 구절들을 인용하고 있다. 우리는 바울이 원 본문과 문맥을 수정하면서까지 유대인의 교만과 자만을 직접적으로 고발하고 있다는 점을 살펴보았다.[298)]

결론적으로, 사도 바울은 두 차원에서 논의를 전개하고 있다. **신학적인** 차원에서는 유대인과 이방인의 보편적이고 동등한 죄성을 확증하고, **수사적인** 차원에서는 좀더 구체적으로 유대인의 부패함을 분명히 하기 위해 논증하고 있다. 3:20은 보편적인 죄성이라는 1:18-3:20의 전체 논의를 요약하고 있지만, 수사적으로는 '유대인에게 특별한 주의를 기울인' 논지를 제시하고 있다.[299)] 이방인의 죄성도 언급하지만(1:18-32), 구체적으로 그것에 초점을 맞추고 있지는 않다. 하지만 1:18-3:20(특별히 2:12-3:20에서)에서 강조하여 논증하고 있는 것은 유대인의 죄성이다. 그러므로 유대인들은 이방인을 멸시할 수도 없고 유대인 메시야 예수 안에서 그들이 얻는 합법적인 구원을 폄훼할 수도 없다. 이방인을 향한 바울의 편향성은 이방인의 사도로서의 바울의 자기 인식이 이방인에게 유리한 논증을 형성하는 데 영향을 미쳤다는 것을 보여준다. 바울이 유대인의 자만을 기소하는 데는 담대함과 공교한 전략이 필요하였다(cf. 15:14-15).[300)] 바울은 이 단락에서 주로

298) Tobin, 'Controversy', 298-318은 유대인과 이방인 모두의 죄성을 확립하기 위하여 바울이 유대인의 성경에 호소하는 것은 이방인을 향한 유대인의 태도의 토대를 무너뜨리기 위한 것이라고 논쟁한다.

299) Lincoln, 'Wrath', 212. 또한 Moo, *Romans* 1, 207-208도 같은 견해를 갖는다.

300) Locke, *Paraphrase* 2, 489의 관찰은 정확하다: '바울이 어떻게 여기에서(즉 1:16-2:29) 자기 나라 사람들에 대한 공격을 기술적으로 피하면서도 유대인들을 불쾌하게 할 수 있는 논쟁, 즉 이 서신의 주된 대상인 유대인이 메시야 아래에서 하나님의 백성이라는 칭호를 취하는 것처

유대인의 죄성을 강조함으로써 유대인과 이방인의 동등성을 확립하고 있다.

다음 단락에서(3:21-4:25) 바울은 계속해서 그들의 동등성을 확증한다. 하지만, 앞으로 다음 장에서 보겠지만, 이번에는 **칭의**에 있어서 그들의 동등성을 강조하며, 특별히 구체적으로 **이방인**의 칭의를 부각시키고 있다.

럼 이방인들도 그러하다는 것을 그들에게 설득하는지를 보면 감탄하지 않을 수 없다.'

3장

유대인과 이방인의 칭의의 동등성

3:21-4:25

제2장에서 우리는 1:18-3:20에서 바울이 유대인과 이방인의 보편적이고 동등한 죄성이라는 포괄적인(inclusive) 신학을 주장하면서도 유대인의 죄성을 확립하려고 한다는 점을 논증해보였다. 또한 바울이 끊임없이 유대인의 죄성을 강조하면서 반대로 이방인에 관해서는 상당히 긍정적인 말을 하고 있는 것을 살펴보았다. 하나님이 편벽치 않으신다는 신학적 원리에 기대고 있음에도 불구하고, 바울은 여전히 형평을 유지하지 못하고, '이방인 쪽으로' 상당히 치우쳐 있다는 것도 보았다. 우리는 **이방인**의 사도로서의 바울의 자기 인식에서 그 원인을 찾았다.

본 장에서는 바울이 유대인과 이방인의 동등성이라는 주제를 3:21-4:25에서 지속하고 있음을 논증하고자 한다. 하지만 이번에는 **칭의**에 있어서 둘 간의 동등성을 강조한다.[1] 특별히 바울은 유대인의 자랑을 배제하고 아

1) 우리는 제2장의 제목인 '유대인과 이방인의 동등성'을 제3장에서 그대로 유지함으로써 1:18-4:25이 하나의 커다란 논쟁을 구성하고 있음을 나타내고자 한다. 물론 각 단락에 대한 바울의 논쟁을 부각시키기 위해서 더 구체적인 수식어들-"죄성에 있어서", "칭의에 있어서"-을 각 장(章)의 제목에 덧붙였다. 로마서 1-4장을 한 단위로 간주하는 학자들 중에는 Cranfield와 Moo가 있다. Dunn, Sanday and Headlam은 1:18-5:21을 한 단위로 본다; Stuhlmacher는 1:18-8:39을, Boylan는 1:18-11:36을 한 단락으로 본다. Käsemann과 Bruce는 1:18-3:20과 3:21-4:25을 두 개의 독립된 단락으로 나눈다. Hays, 'Psalm 143', 115는 3:21전후로 논쟁이 연결되고 지속되는 것을 간과해서는 안 된다고 옳게 지적하였다. 이 견해를 따르는 학자들에는 Elliott, *Rhetoric*,

브라함의 경우를 통해 믿음만으로 충분하다는 점을 설명함으로써 이방인의 칭의를 신학적으로 확언하는 데 강조점을 두고 있다. 앞으로 살펴보겠지만, 바울은 유대인의 자랑의 토대를 부정하기 위해 율법과 하나님에 대한 '자랑'이라는 쟁점을 개괄하고 있다(2:17, 23). 바울은 또한 아브라함이 어떻게 하나님 앞에 받아들여졌는지를 재해석함으로써 유대인들이 아브라함을 조상으로 둔 사실도 자랑할 수 없다고 주장한다. 또한 우리는 놀랄 만한 방식으로 전개한 바울의 아브라함 이야기의 재진술은, 아브라함이 열국(=이방인)의 아비도 되었으며, 또한 아브라함의 믿음이 귀하게 여겨지고 그가 받은 약속은 이방인도 위한 것이라는 것을 극대화하기 위해 수사적으로 고안된 것이라는 점을 보여주고자 한다.

이 단락에 대한 전통적인 이해는 바울의 우선적인 관심이 아브라함을 **믿음으로** 얻는 칭의에 대한 성경적인 증거로 제시하면서[2] 하나님의 의나 **이신칭의**의 교리를 설명하는 것이라고 보았다. 하지만 우리의 연구는 이런 전통적인 견해의 근간을 흔들 것이다.[3] 하지만 쉬텐달은 그처럼 분명하게 의견일치를 본 전통적 이해에 문제를 제기하였다. 그는 3:21-4:25에서 바울의 우선적인 관심은 이신칭의 교리를 설명하는 데 있지 않고, 하나님의 의라는 새로운 계시의 빛에서 유대인과 이방인의 관계를 설명하는 데 있다고 주장한다. 그는 바울은 이신칭의를 설명하기 위해 유대인과 이방인의 상황을 사용하지 않고 있으며 근본적으로 유대인과 이방인의 관계를

147; Dunn, 'Romans: Analysis', 2853이 있다. 또한 Cosgrove, 'Rom 1:18-4:25', 626도 그러하며, 그는 세 가지 이유를 제시한다: (a) 3:21의 δέ는 지속성을 나타낸다, (b) 3:27이하의 유대인의 자랑의 토대를 허물려는 시도는 2:17이하의 것과 부합한다, (c) 이방인의 신분에 대한 변호는 2:1이하와 3:21이하에서 분명하다. 그럼에도 불구하고 바울은 'Νυνὶ δέ'라는 말로 1:18-3:20에서 앞서 묘사한 상황과 어긋나는 새로운 결정적인 상황을 미리 알리고 있다: Ziesler, *Romans*, 108; Dunn, *Romans* 1, 161, 164; Nygren, *Romans*, 144도 같은 입장이다.

2) 전형적으로는 Käsemann, 'Abraham', 79; 같은 저자의 *Romans*, 105; Bultmann, *Theology* 1, 280; 그러나 Wright, 'Romans', 191은 이에 반대하면서 오히려 바울은 아브라함의 이야기를 가지고 '이 모든 것(3:21-31)이 언약의 성취 안에서 정확히 일어났다'고 설명한다.

3) Black, *Romans*, 65; Elliott, *Rhetoric*, 146-152; Käsemann, *Romans*, 91-101; Stuhlmacher, *Römer*, 54; Davies, *Faith*, 104-112; Gifford, *Romans*, 88-94; Nygren, *Romans*, 144-147; Seifrid, *Justification*, 219-223; Cranfield, *Romans* 1, 199-218.

설명하는 데 관심이 있다는 점을 강조하면서 반복하여 말하고 있다.[4] 쉬텐달의 견해에 동의하는 바울 신학자들이 점점 늘고 있다.[5] 하지만 쉬텐달은 또 다른 극단으로 가버린 듯하다. 로마서가 유대인과 이방인의 관계를 논증하고 있다고 해서 로마서 3장이 이신칭의에 대한 해설이 아니라고 주장할 필요는 없다. 더욱이 그는 바울이 논증하고 있는 그 **관계**가 정확히 그들의 **동등성**이라는 점을 간파하지 못하고 있다. 샌더스는 여기서 바울의 주장은 주로 (믿는) 이방인의 신분을 분명히 하려는 의도로 형성되고 있다고 짧게 언급하고 있다.[6] 하지만 이 말도 입증될 필요가 있다.

우리는 먼저 3:21-26에 대해서 논할 것이다. 그리고 이 대단히 응집된 단락에서 전개되는 논증은 유대인과 이방인의 동등성을 확언하고(3:22) 유대인의 우월권을 자랑할 만한 토대를 허물려는(3:27) 목적에서 전개되고 있다는 점에 주목할 것이다. 그후 혈통적인 정체성과 율법의 소유, 하나님과의 특별한 관계, 그리고 아브라함이 자기 조상이라는 점 때문에 유대인들이 자랑하는 것을 인정하지 않는 바울의 주장에 초점을 맞출 것이다. 우리는 여기서 엘리오트의 주장을 살펴보려고 한다. 바울이 유대인들이 자랑으로 여기는 항목들을 배제시키면서도, 이 똑같은 항목들을 이방인들에게는 적용하고 있다는 점이 놀랍다. 끝으로 4:1-25에서 전개하고 있는 바울

4) Stendahl, *Paul*, 2는 계속해서 주장하길, '바울의 이신칭의 교리는 그 신학적인 정황을 유대인과 이방인 사이의 관계에 대한 숙고에 두고 있으며, 사람이 어떻게 구원받을 수 있는지의 문제에 두고 있지 않다…'고 말한다(p. 26); 이 견해를 따르는 자는 Kaylor, *Covenant Community*, 61-62이다. 쉬텐달에 대한 비판에 대해서는 Käsemann, 'Justification', 70-78을 보라. 그리고 이에 대한 쉬텐달의 반응은 *Paul*, 129-32를 보라.

5) Kaylor, *Covenant Community*, 51:'…이 단락(3:21-4:25)에서 바울의 중심 목적은 그리스도 안의 새로운 언약이 유대인뿐 아니라 이방인도 하나님께 묶는다는 것을 보이는 것이다.' Dunn, 'Romans: Analysis', 2853-54도 마찬가지다: '여기서 바울의 관심사는 이것이 유대인과 이방인에게 어떤 의미인지에 더 쏠려 있다.' Donfried, 'Romans 3:21-28', 60: 바울은 로마 교회 내의 구체적인 상황을 다루기 위하여 이 서신을 쓰고 있다, '즉 유대인 그리스도인들과 이방인 그리스도인들 상호 간의 관계'이며, '이것은 초기 기독교 전체에서 뜨거운 쟁점들 중 하나였다'. 이러한 견해에는 Wright, 'Romans', 191; Ziesler, *Romans*, 120-121이 있다. 그러나 Elliott, *Rhetoric*, 161-163은 쉬텐달의 학설은 다루지 않고, 다만 그와 같은 입장을 유지하는 Hays, 'Abraham', 76-98과는 간략히 주고받으면서 이 견해를 거부한다.

6) Sanders, *Jewish People*, 34.

의 신학적인 주장을 관찰할 것이다. 바울은 아브라함도 열방/이방인의 조상이 된다는 점을 확립하기 위해 4장의 논의를 구성하고 있다. 우리는 바울이 한편으로 아브라함의 믿음 이야기의 연대기적 순서를 강조함으로써, 즉 아브라함이 할례를 받거나 이삭을 '희생제물로 바치는' 순종을 하기 **전에** 의롭다고 인정되었다는 점을 강조함으로써(4:1-12) 이 목적을 성취하고 있다. 하지만 다른 한편으로 바울은 4:13-22에서는 연대기적 순서라는 쟁점을 (의도적으로) 간과함으로써 같은 목적을 이루고 있다. 그동안 주석가들은 이렇게 중요한 사항들을 거의 주목하지 않았다. 우리는 이 연구를 통해 이방인의 사도로서의 바울의 자기 인식이 이 단락에서의 그의 논의 구조를 형성하는 데까지도 영향을 미쳤다는 사실을 보여줄 것이다.

1. 이신칭의에 있어서의 동등성: 3:21-26

3:21-26의 중요성은 자주 강조되어왔으며,[7] 위에서 말했듯이 이 부분은 하나님의 의의 교리를 설명하고 있다는 데 대개 동의한다. 우리는 바울이 설명하는 내용뿐 아니라 이처럼 자신의 논지를 제시하는 그의 의도까지 파악하기 위해 이 구절에 다시 초점을 맞추어야 한다고 제안한다. 맨 처음에 1:16-17에서 주제적 진술을 한 이후 처음으로, 바울은 이 단락의 지배적인 주제들인 δικαιοσύνη θεοῦ/δικαιόω(하나님의 의/의롭다 하다, 3:21, 22, 25, 26)와 πίστις/πιστεύειν(믿음/믿는다, 3:22, 25, 26, 27, 28, 30, 31)에 대해서 설명하기 시

---

7) 예. Cranfield, *Romans* 1, 199는 3:21-26을 '로마서 1.16b-15.13 전체의 중심과 심장'이라고 부른다; Campbell, 'Romans III', 23: 'the centre of Paul's theology in Romans'. Käsemann, *Romans*, 91은 3:21-26이 서신의 '본연의 주제'를 포함하고 있다고 본다. 최근에 이 짧은 구절에 대한 연구로 책을 펴낸 D.A. Campbell, *Rhetoric*, 11은 3:21-26을 전체 서신에 대한 해석의 요점으로서 취한다. 그러나 거의 모든 주석가들은 또한 이 소단락이 '전체 서신 가운데서 가장 모호하고 어려운 것들 중에 하나'라는 Käsemann, *Romans*, 92의 말에 동의한다. 그와 같은 어려움들은 그 구절 자체의 해석에 대한 이견들을 낳았다. 더 자세한 참조를 위해서는 Käsemann, Campbell, *Rhetoric*, 11-12, n. 3을 보라. Fitzmyer의 주석에서 이 단락에 대해 소개한 긴 참고문헌은 그 구절의 중요성과 복잡성을 보여 준다.

작한다.[8] 우리는 바울이 '율법 외에'라는 표현을 더함으로써 어떻게 '하나님의 의'라는 문구를 재해석하고 있는지를 살펴보고, '[유대인과 이방인 간에는] 차별이 없다'는 최종적인 결론을 이끌어내는, (헬라어로는 긴 한 문장인) 3:22c-26의 중요성을 연구하고자 한다. 이 관찰을 통해서 여기서 바울이 의도하는 것은 믿는 이방인들의 칭의의 합법성을 강조함으로써 신학적으로 유대인과 이방인의 동등성을 확언하려는 것임을 알 수 있을 것이다.

A. 율법과 상관 없는 하나님의 의

유대인들은 율법이 의와 구원의 수단이라고 생각했지만(cf. 9:31-10:3), 이제 바울은 하나님의 의는 **율법과 상관없이** 나타났다고 선언한다(3:21-22).[9] 이 하나님의 의는 이미 율법과 선지자, 즉 구약성경에 알려졌거나 약속되었다.[10] 여기서 바울은 자신이 구약성경으로부터 하나님의 의를 증명할 것임을 암시하고 있다.[11] 복음 혹은 이 의는 구약에도 지속적으로 등장하고 있기 때문이다(cf. 1:2; 4:1-25; 9:25-33; 10:6-13, 16-21; 11:1-10, 26-29; 15:8-12).[12]

구문론적으로 'χωρὶς νόμου'(율법 외에)라는 표현이 가장 강조되고 있다. 라이트는 바울이 이 문구를 강조한 이유를 이렇게 설명한다: '율법은 유대

8) 3:1-8의 중점 논지이며 바울이 단지 '우리의 불의'와 대조하기 위해 언급한 ἡ πίστις τοῦ θεοῦ(하나님의 미쁘심)와 θεοῦ δικαιοσύνη(하나님의 의)의 출현은 제외하고.

9) χωρὶς νόμου(율법 외에)의 강조적 위치에 유념하라; 4:6,13-15. χωρὶς νόμου(율법 외에)란 표현은 χωρὶς ἔργων νόμου(율법의 행위 없이)(3:28)나 χωρὶς ἔργων(일한 것이 없이)(4:6; cf. 7:8, 9)와 동의어일 수 있으며, 그래서 3:19-20의 ἐν τῷ νόμῳ(율법 아래 있는 자들에게)와 ἐξ ἔργων νόμου(율법의 행위로)와 대조된다(Dunn, *Romans* 1, 165; Cranfield, *Romans* 1, 201). cf. Dunn, *Romans* 1, 165: "율법 외에"는 … 통상적인 유대적 검증과 관계없이 율법에 의해 세워진 국가적이고 종교적인 한계 밖에 있는 것을 의미한다.

10) 바울은 여기에서만 구약 성경 전체를 나타내기 위하여 '율법과 선지자들'이란 문구를 사용한다[그러나 cf. 마 5:17; 7:12; 11:13; 22:40; 눅 16:16; (24:44); 요 1:45; 행 13:15; 24:14; 26:22; 28:23; 2 Macc 15:9; *4 Macc* 18:10].

11) 바울에게 구약은 여전히 '하나님의 공평하심을 새롭게 드러내기 위한 특권적인 준비' (Fitzmyer, *Romans*, 344) 역할을 한다(μαρτυρουμένη의 현재 분사).

12) Cranfield, *Romans* 1, 202; Barrett, *Romans*, 70도 그렇다.

인에게 주어졌지만, 하나님의 계획은 온 세상 사람들을 구원하는 것이었고, 지금도 그렇다: 따라서 **칭의는 율법과 상관없어야 한다. 그렇지 않으면 하나님의 구원 계획은 좌절될 것이기 때문이다.**'[13] 케일러(R.D. Kaylor)는 따로 비슷한 이유를 제시한다: 토라는 유대인들이 하나님과 바른 관계를 갖는 수단으로서 그들에게만 적용되기 때문에, **토라는 이방인을 유대인으로부터 분리시켰다**. 하지만 이방인과 유대인 신자들의 동등성을 확립하려는 그의 주요 관심 때문에, 바울은 '율법 외에' 라는 개념을 강조하고 있는 것이다.[14] 라이트와 케일러는 다음과 같은 바울의 설명에 비추어 볼 때 옳은 듯 보인다. (a) 하나님의 의는 '유대인만이 아니라 모든 이들…**믿는 모든 이에게**'[15] 가능하다(3:22).[16] (b) 따라서 바울은 그의 논지인 '차별이 없느니라'를 먼저 재빨리 선언한다.

그렇다면 바울의 논지는 특별히 이방인들을 위한 것이다. 이방인의 사도로서 바울은 이제 이방인들도 죽음에 이르기까지 보여주신 그리스도의 신실한 순종으로 인해 하나님과 바른 관계를 맺을 수 있게 되었다고 신학적으로 설명한다. 바울은 '**왜냐하면**(For) 차별이 없기 때문이다'라고 주장한다. 유대인과 이방인 사이에는 죄성에 있어서(1:18-3:20) 그리고 그들의 필요에 있어서(3:23) 차이가 없으며, 따라서 그들은 모두 칭의라는 똑같은 방법에 포함되는 것이다(3:30).[17]

3:22에 나오는 γάρ는 이 의가 혈통적인 기원에 관계없이 그리스도를 믿는 모든 사람이 얻을 수 있게 되었음을 증명하는 신학적인 근거를 도입하고 있다.[18] 여기서는 바울이 유대인과 이방인의 동등성을 주장하려고 하지 않는다. 그는 단지 둘 사이에는 차별이 없다고 선언하고 있을 뿐이다.[19] 구

13) Wright, *Messiah*, 99, 강조는 저자의 것.
14) Kaylor, *Covenant Community*, 19, 61.유사하게 Sanders, *Jewish People*, 33.
15) Barrett, *Romans*, 70: 강조는 저자의 것.
16) 본문의 쟁점들에 대해서는 Metzger, *Textual Commentary*, 508을 보라.
17) Gifford, *Romans*, 89; Ziesler, *Romans*, 107; Shedd, *Romans*, 76.
18) Shedd, *Romans*, 76.
19) 유대인과 이방인 사이의 차이의 폐지가 꼭 유대인의 특권 폐지를 포함하는 것은 아니다. 아

약성경은 분명히 유대인과 이방인 사이의 구분을 분명히 말하고 있기 때문에[출 8:23; '내가 내 백성과 네 백성 사이에 구별(LXX: διαστολή)을 두리니'; cf. 출 9:4, 6; 10:23; 11:7; 12:13, 23, 27], 우리는 믿는 유대인들이 아무 어려움 없이 이 원리를 알고 받아들였을 것이라고 추측해서는 안 된다. 그러므로 바울은 3:23에서 또 다른 γάρ를 통해 좀더 이 문제를 분명히 설명하고 있다. 즉 유대인과 이방인 모두[20] 죄를 지었으며(cf. *4 Ezra* 8:35) 하나님의 영광에 이르지 못한다는 점을 분명히 해주고 있다.[21] 따라서 전 인류의 보편적이고 동등한 죄성은 유대인과 이방인 사이의 구분을 폐지할 뿐 아니라, 율법과 상관없는 하나님의 의의 계시에 관한 바울의 선언에 신학적인 기초가 된다. 이런 이유 때문에 바울은 보편적인 죄성을 확립함으로써 자신의 주요 논증을 시작하였으며,[22] 앞서 증명한 것처럼(1:18-3:20), **유대인의** 부패를 강조하면서 자신의 논지를 전개한 것이다.

B. 하나님의 은혜와 그리스도께 대한 인간의 믿음에서 오는 칭의

헬라어로는 긴 한 문장인 3:22c-26은 유대인과 이방인 사이의 차별 폐지는 보편적인 죄성뿐 아니라 예수에 대한 믿음을 가진 모든 사람들이 하나

래의 pp. 290-294를 보라. Cranfield, *Romans* 1, 203-204도 같은 입장이며, Michel, *Römer*, 19664, 105의 견해를 옳게 거부한다. 바울은 유대인의 특권들을 부인하는 게 아니라(1:16; 3:2; 9:4-5; 11:17-18, 28-29), 이 의(義)를 얻는 문제에 관한 한 유대인이 이방인보다 실제적으로 우월하지 않다고 확언하는 것이다. 유대인과 이방인의 동등성에 대한 바울의 주장이 주로 포괄적 구원론(inclusive soteriology)에 대한 그의 논쟁과 관련되어 있다는 점에 유념할 필요가 있다.

20) Barrett, *Romans*, 70. Ziesler, *Romans*, 109-110에게 있어서 '모두'는 개별적인 각 개인을 가리키는 것이 아니라, 민족들로서의 '모든' 유대인과 이방인에게 죄가 있다는 것을 가리킨다. 우리는 이미 3:1-20단락에서 이것을 토론하였다. 더 설득력 있는 견해에 대해서는 Fitzmyer, *Romans*, 346을 보라.

21) Dunn, *Romans* 1, 168은 '하나님의 영광에 이르지 못한다'는 문구가 아담의 이야기를 반향하고 있다고 주장한다(cf. *Apoc. Moses*, 21:6; *Gen .R.* 12:5; *3 Apoc. Bar.* 4:16). 그러나 현재 시제인 ὑστεροῦνται('이르지 못하다')는 바울이 여기서 아담의 타락에 주의를 기울이고 있기보다는 '~을 빼앗기다'란 의미에서 사람의 현재 운명에 초점을 맞추고 있음을 암시하는 것처럼 보인다(Barrett, *Romans*, 71; Ziesler, *Romans*, 110; Fitzmyer, *Romans*, 347).

22) Cranfield, *Romans* 1, 204는 3:23이 1:18-3:20의 전체 논쟁을 요약한다고 옳게 말한다.

님의 은혜로 얻을 수 있는 동등한 칭의에 근거하고 있다고 설명한다. 바울은 3:24-26에서 후자의 근거에 대해서 쓰고 있다. 여기 3:24이 가장 강조되어 있으며,[23] 3:25-26은 3:24의 '그리스도 예수'를 묘사하는 단 하나의 관계대명사절이다. 3:25-26에는 목적절이 반복하여 등장한다(εἰς ἔνδειξιν[나타내려 하심이니]; πρὸς τὴν ἔνδειξιν…[나타내기 위해서]; εἰς τὸ εἶναι αὐτον…[자기가…하기 위해서]).[24] 이런 구조는 그리스도 예수의 희생을 통해 하나님의 의를 증명하시려는 하나님의 목적 혹은 의도(προέθετο, 세우셨으니)를[25] 강조하려는 바울의 바람을 보여준다. ἱλαστήριον(화목제물)이라는 단어가 무엇을 의미하던지 간에 이는 희생제물을 은유적으로 표현하는 구원론적 용어다.[26] 모든 인

---

23) Barrett, *Romans*, 71: 3:24은 '바울이 로마서에서 복음을 설명할 때 '그의 복음의 핵심'이다.

24) 3:24-26이 설명 없이 간결하게 구성되어 있는 것 때문에 많은 학자들은 그것을 바울 이전에 기록된 문구들이라고 생각해왔다: Käsemann, 'Römer 3,24-26', 96-100; *idem*, *Romans*, 92; Dunn, *Romans* 1, 163-164; Wilckens, *Römer* 1, 183-184; Ziesler, *Romans*, 110; *idem*, *Meaning*, 209-210; Fitzmyer, *Romans*, 342-343; Kertelge, *Rechtfertigung*, 48-62; Reumann, *Righteousness*, 36-38; Stuhlmacher, 'Römer 3,24-26', *passim*; Donfried, 'Romans 3:21-28', 64.

우리는 다음의 이유들 때문에 바울 이전에 기록된 문구라는 가정에 동의하지 않는다: '그의 은혜로 말미암아 선물로서 의롭다하심을 받음'이란 표현은 바울 이외에 신약의 다른 곳에서는 발견되지 않는다(4:16; cf. 엡 2:8-9; 딛 2:11). 아무도 '선물로서' (*Pace* Ziesler, *Romans*, 111; Kertelge, *Rechtfertigung*, 48-62), '그의 은혜로 말미암아' (*Pace* Reumann, *Righteousness*, 36-37; Fitzmyer, *Romans*, 343), '믿음으로 말미암는' (3:25), 또는 '그의 피로 인하여'라는 문구들이 첨언인지 여부는 확인할 길이 없다. 3:25과 26절에서 반복되는 단어들인 '값없이', '그의 은혜로', '자기의 의로우심을 나타내사'는 불필요한 반복이기보다 강조하는 표현들이다(*Pace* Fitzmyer, *Romans*, 342). 더욱이 바울은 12:1; 15:15-16에서 제의적인 언어를 사용하고 있기 때문에, 그가 제의적 용어인 ἱλαστήριον(화목 제물)이란 용어를 사용했을 가능성이 없다는 주장은 확립될 수 없다(*Pace* Ziesler, *Romans*, 110). 다른 학자들은 그것이 바울 자신의 구성이라고 역설한다: 예. Hultgren, *Gospel*, 60-64; Cranfield, *Romans* 1, 200 n. 1: '이 절들이 바울 자신의 설교와 사상을 반영하는 그의 독립적이고 세심한 구성이라는 것이 더욱 설득력이 있다.' cf. Fitzer, 'Der Ort der Versöhnung', 163-166은 그것들을 바울 후기로 본다.

25) προέθετο 동사의 뜻에 관해 학자들은 거의 반반으로 견해가 나뉜다. '하나님께서 그를 공적으로 보이셨다(God set him forward publicly)'란 뜻을 따르는 자들 가운데는 Pelagius, Sanday and Headlam, *Romans*, 87; Dunn, *Romans* 1, 170; Nygren, Michel, Barrett, Kuss가 있다. '하나님께서 그리스도가 ἱλαστήριον(화목제물)이 되게 목적하셨다'란 뜻을 따르는 자들 가운데는 Lightfoot, *Notes*, 271; Cranfield, *Romans* 1, 209가 있으며, Cranfield는 이 견해를 따르는 학자로 Origen, Ambrosiaster, Chrysostom, Lightfoot, Lagrange, Cambier, NEB, JB를 거론하고 있다.

26) 최근의 토론과 참고문헌에 대해서는 Gundry-Volf, 'Expiation', 279-284; Fryer, 'Meaning', 99-116; Campbell, *Rhetoric*, 107-113을 보라. 이 용어를 잘 다루고 있는 곳은 Morris, *Apostolic*

류가 구원을 받을 수 있게 하기 위하여 그리스도께서 십자가에 달릴 때 피를 흘리셨다. 바울은 하나님께서 오래 참으시는 중에 전에 지은 죄 때문에 받아 마땅한 형벌을 간과하심으로 자기 의를 나타내셨다고 선포한다. 바울은 하나님의 호의가 유대인과 이방인 모두에게 적용된다고 생각한다.[27] 그리스도의 속죄하는 희생으로 하나님께서 자신의 의를 드러내셨을 뿐 아니라, 그리스도를 믿는 모든 자들이 의롭게 될 수 있는 길을 마련하셨다.

3:21-26의 간결성은 상당히 주목을 받고 있다. 던은 이 간결성은 하나님께서 '죄 아래' 있는 모든 인간을 위한 대속물로 예수 그리스도를 내어주셨으며 하나님의 이 구원 행위는 이스라엘에게 주신 언약 약속에 대한 성취라고 바울이 주장할(claim) 뿐 논증하지(argue) 않기 때문이라고 이해한다.[28] 하지만 바울이 논증하는(argue) 바는 예수 그리스도를 믿음으로 말미암아 주어지는 하나님의 의에 참여하는 길이 그의 속죄의 피를 통해 '믿는 모든 이들에게' 열렸다는 사실이다.[29] 이는 3:21-26에 나타난 바울 논증의 핵심은 유대인과 이방인이 동등하게 하나님의 은혜로 그리고 그리스도께 대한 믿음을 통해서 의롭게 될 수 있다는 점이다. πίστις/πιστεύειν(믿음/믿다)란 용어는 3:21-26 전체에서 강조되고 있다. 놀라운 것은 이제껏 바울은 (믿는) **이방인들**만 이런 믿음을 가지고 있었다는 인상을 주었고(cf. 2:14-15, 26-29), 9:30에서 이 점을 분명히 확증하고 있다는 사실이다. 여기서 우리는 바울의 사도적 자기 인식의 영향으로 이처럼 이방인의 신분을 확언하기 위한 논쟁 구조를 형성하게 되었다는 사실을 감지할 수 있다.

Preaching, 144-213; *idem*, 'Meaning', 33-43이다; 또한 Deissmann, 'ἱλαστήριος, 193-212; Manson, 'ἱλαστήριον', 1-10을 보라.

27) Gager, *Origins*, 216은 매우 유사한 메시지가 바울에 의해서 이방인에게 전해졌기 때문에, 바울이 이 표현을 가지고 이방인의 죄를 염두에 두고 있었다고 말하는데, 이는 옳은 듯하다(cf. 행 14:16; 17:30). 반면에 만약 바울이 유대인을 염두에 두고 있었다면, 그 이유는 '그 방식이 먼저 유대 기독교 내에서 형성되어 있었기' 때문이기보다는, 바울이 하나님께서 유대인을 향하여 ανοχή(용납하심)을 베풀었다고 말했기 때문일 것이다(Dunn, *Romans* 1, 173).

28) Dunn, *Romans* 1, 183. 또한 Wright, 'Romans', 190은 이렇게 간단하게 적힌 것으로 볼 때, 예수님의 죽음의 의미에 대한 설명이 그 서신의 주된 취지가 아님을 암시해 준다고 제안한다.

29) Dunn, *Romans* 1, 164, 183; Howard, 'Romans 3:21-31', 223-233.

우리는 이 단락의 우선적 수신자가 유대인 신자들이라는 사실에 주목하고자 한다.[30] 그들이 신자들이긴 하지만, 여전히 **유대적** 관점을 가진 '기독교'의 입장에 서 있을 것이다. 그들이 훗날 기록된 *4 Ezra*와 같은 관점을 공유하고 있다면, 그들은 바울의 가르침이 자신들의 입장과 현저하게 다르다는 것에 주목하였을 것이다. *4 Ezra*에서는 행위와 믿음이 구원을 위한 동일한 수단이라고 말하고 있기 때문이다: '모든 사람은 자신의 **행위**나 자신이 믿어온 믿음으로 (그 날) 구원을 받을 것이고 또 (심판을) 피할 수 있게 될 것이다'(*4 Ezra* 9:7; cf. *4 Ezra* 6:5; 7:77; 8:33, 36). 하지만 여기서도 믿음은 *4 Ezra* 5:1, 6:28, 7:34이 보여주듯이,[31] 율법에 대한 충성(혹은 구약의 종교에 대한 충성)에서 나온 의(義)를 의미하는 것으로 보인다. 유대교에서는 의(義)는 율법에 대한 충성의 결과라고 믿는다(cf. *2 Apoc. Bar.* 54:21). 더욱이 '내 구원을 볼' '모든 사람'(*4 Ezra* 9:8)은 모든 유대인이고, 이방인이 아니다. 오직 '나의 땅과 내가 몸소 영원히 거룩하게 한 경계 안에'(*4 Ezra* 9:9)[32] 거하는 '모든 (의로운) 유대인'만이다. 더 나아가 '구약에서 "악인을 의롭게 하다"는 문구는 불의한 재판관들에 대해 말할 때 지속적으로 사용되고 있다(예. 사 5:23; 잠 17:15; 출 23:7)'.[33] 만약 바울이 하나님께서 불의한 **유대인들**을 율법의 행위 없이도 의롭게 하실 것이라고 주장했더라도 급진적인 사람이라고 간주되었을 것이다. 그런데 그가 당대의 유대교로부터 멀어진 것은 그 정도에 그치지 않았다. 그는 이제 하나님께서는 악한 유대인뿐 아니라 **이방인들**까지도 의롭다고 하시고 있으며, 더욱 충격적인 것은 율법과 상관없이 그리스도 예수를 믿는 믿음으로 그렇게 하신다고 주장한다는 점이다.

바울의 이신칭의 논제는 당대의 랍비적 유대교와 정반대 관계에 있다고 한 블랙(M. Black)의 말은 옳다.[34] 바울은 하나님께서 악인을 의롭다고 하시

30) Elliott, *Rhetoric*과 여러 곳에 반대하는 이유에 대해서는 뒤에 pp. 220-222 n. 60을 보라.
31) Charles, *Apocrypha* 2, 574.
32) *4 Ezra*와 로마서 1-11장의 비교 연구를 위해서는 Longenecker, *Eschatology*를 보라.
33) Dodd, *Romans*, 76.
34) Black, *Romans*, 65.

며, 그의 의는 이방인들에게까지 미친다고 말함으로써 '대담한 일'을 하고 있는 것이다.[35] 유대인들의 죄성과 완악함, 그래서 그들은 마땅히 하나님의 진노를 받아야 한다고 주장하려면 담대해야 한다. 그런데 이방인들이 값없이 의롭다 함을 얻고, 그들도 유대인과 등등하게 하나님의 의에 참여한다고 주장하는 데는 더 큰 용기가 필요하다. 여기서 바울이 '속죄의 날' 이미지를 사용하고 그것을 **보편적인** 구원에 적용한 것은 매우 극적이다(cf. 사 63:1-6). 바울이 여기서 이방인의 구원을 확언하기 위해 담대하게 자신의 논증 구조를 형성하였다는 점은 논쟁의 여지가 없다.

더 나아가, 바울이 'δικαιοσύνη τοῦ θεοῦ/αὐτοῦ'(하나님의 의/그의 의)라는 표현을 사용한 것 또한 전통적인 유대교의 인식과 매우 다르다. 유대교에서 '하나님의 의(義)'[36]라는 표현은 이방인 대적들을 물리침으로써 압제 받는 이스라엘 백성들을 구원하시는 하나님의 언약적인 신실하심을 포함한다(예. 시 5:5-11; 7:7-18; 50:6, 16-23; 사 45:17; 46:13; 51:4-8; 63:1-7).[37] 따라서 일부 유대인들은 이방인들을 멸하러 나갈 때 이 표현을 자신들의 구호로 사용하기도 했다(1QM 4:6).[38] 라이트에 따르면, '[하나님의 의(義)의] 언약적인 맥락'은 여전히 근본적이며, 따라서 '하나님의 의(義)와 그의 백성의 의(義)는 자기 백성 이스라엘을 향한 하나님의 약속들과 그들을 지속적으로 다루시는 관점에서만 이해될 수 있다.'[39]

하지만, 바울은 '하나님의 의(義)'라는 표현을 재해석하여 그 축복을 이방인에게까지 확장시키고 있다. 바울은 그 의(義)가 똑같이 죄의 권세 아래

---

35) Dodd, *Romans*, 76.

36) 이 문구의 정확한 의미는 여러 세대에 걸쳐 많은 논쟁의 대상이었다. 그런데도 여전히 현대 학자들은 다양한 해석을 내놓고 있다: Wright, *Messiah*, 61, 71: '(하나님의) "언약에 신실하심"'; Watson, *Paul*, 131: '그리스도 안에서 구원의 언약 약속에 대한 그의(하나님의) 신실하심'; Cranfield, *Romans* 1, 202: 하나님 앞에서 의로운 상태; Ziesler, *Romans*, 108: 하나님의 구원하시는 행위. 또한 '하나님의 의'라는 문구에 대한 독일 학자들 사이의 토론을 유용하게 조사한 Manfred Brauch를 보려면 Sanders, *Palestinian Judaism*, 523-542를 참조하라.

37) Seifrid, *Justification*, 221.

38) Seifrid, *Justification*, 221n. 171.

39) Wright, *Messiah*, 64-65.

있는 유대인과 이방인 모두에게 동등하게 나타나고 있다고 본다.[40] 수식하는 표현인 εἰς πάντας τοὺς πιστεύοντας('믿는 모든 자에게'[혹은 자를 위하여])는 하나님의 의가 믿음이라는 단 하나의 근거로 혈통상의 구분 없이 모든 인류에게 동등하게 나타나며 또 제공되고 있다고 말해준다. 하나님의 진노는 죄 아래 있는(1:18; 3:19-20) 모든 이들에게 나타나고 있지만(ἀποκαλύπτεται), 이제 하나님의 의(義)는 예수를 믿는 모든 이들에게 나타났다(πεφανέρωται)(3:21-22).[41] 그러므로 3:21-22은 1:17의 주제적 진술을 재진술하고 있는 것이다. 처음엔 바울이 단지 **보편적인 동등성**을 확립하고 있는 듯이 보일 것이다. 하지만 우리는 그가 그런 식으로 논쟁을 구성한 더 깊은 의도를 간파할 수 있다. 즉 바울은 보편적인 죄성과 심판의 시나리오에 **유대인들**을 포함시키기 위하여 하나님의 진노의 계시를 선언하였지만, 이제는 (믿는) **이방인들**이 만끽하는 복을 신학적으로 확언하기 위해 (그가 재해석하는) '하나님의 의'가 나타났다고 주장하고 있는 것이다.

요약하자면, 사도는 하나님의 의(義)가 **율법과 상관 없이** 나타났을 뿐 아니라, 죄와 구원의 수단에 있어서 차별이 없기 때문에 유대인과 이방인은 동등하다고 담대하게 주장하고 있다. 이방인의 구원론적 축복이 이런 식으로 확언될 수 있도록 자신의 주장을 구성할 수 있는 것은 다름 아닌 이방인의 사도로서의 바울의 자기 인식 때문일 가능성이 가장 높아 보인다. 그러므로 '**이** 관심사를 발전시키는 중에 바울이 이 이신칭의라는 개념을 자신의 논지 중 하나로 사용하였다'는 쉬텐달의 주장은 옳다고 볼 수 있다.'[42]

---

40) 따라서 Ziesler, *Romans*, 108은 옳다.

41) φανερόω와 ἀποκαλύπτω 동사는 동의어이다(*TDNT* 9, 4; *EDNT* 3, 413-414; Cranfield, *Romans* 1, 202; Dunn, *Romans* 1, 165).

42) Stendahl, *Paul*, 3. 쉬텐달은 로마서와 갈라디아서 서신 전체와 관련하여 이런 주장을 펴고 있다. 그는 갈라디아서의 내용은 바울이 '**이방인** 개종자들의 권리와 자유를 변호한 것'이라고 주장한다(*Paul*, 2). 로마서를 '세상에 대한 하나님의 계획과 어떻게 이방인을 향한 바울의 선교가 이 계획에 들어맞는가에 관한 것'이라고 보는 것'(*Paul*, 27)도 개연성이 있다. Dahl, *Studies*, 156도 같은 입장이다. 김세윤, *Origin*, 357은 다른 입장을 취한다.

2. 유대인의 자랑은 배제되었다: 3:27–4:25

3:27에 나오는 결론을 짓는 불변화사 οὖν(그런즉)은 3:21-26에서의 바울의 논쟁이 ἡ καύχησις(자랑)의 배제를 논리적으로 확언한다는 점을 가리키든지, 혹은 거기서의 그의 논증이 이 결론에 도달하기 위한 것이었음을 가리키든지 둘 중 하나다. 학자들은 후자를 더 선호하는데, 그 이유는 3:21-26은 '**그** 자랑'에 대한 구체적인 언급이 없으며, 3:28의 주장(3:21-26에서 상술된)은 '**그** 자랑'의 배제를 확언하고 있기 때문이다. 소단락인 3:27-31은 로마서 1-4장에서의 논의 진행 과정에서 중요한 부분인데, 이는 이 단락이 2:17(혹은 1:18[43])부터 진행된 논증을 요약하고 있을 뿐 아니라, 아브라함의 칭의(稱義)가 함축하는 바를 매우 길게 그리고 분명하게 상술하고 있는, 로마서 4장과 이어주는 다리 역할을 하고 있기 때문이다.[44] 이 단락에서 우리는 주로 3:27-31을 살필 것이다. **그** 자랑이 **유대인의** 자랑을 가리키는 이유를 분명히 한 후, 유대인들이 자랑을 하는 구체적인 영역들에 관해 논하고자 한다. 즉 율법에 대한 자랑, 하나님에 대한 자랑, 그리고 아브라함을 자기 조상으로 둔 것에 대한 자랑 등을 다룰 것이다. 그런 다음에 유대인들이 자신들의 전통적인 자랑의 근거를 바울이 절대적으로 배제시킨 것을 유대인들은 어떻게 이해했을지를 살피고, 또 왜 바울이 이 구절에 기록된 것과 같이 자신의 주장을 강하게 형성하고 있는지 그 이유들을 살피고자 한다.

A. 사람의 자랑 혹은 유대인의 자랑?

'자랑'(καύχησις)에 대한 해석은 많은 로마서 주석가들 사이에서 핵심 쟁점

43) Elliott, *Rhetoric*, 157.

44) Moxnes는, *Theology*, 223-230, 그 단락의 제목을, '4장에 대한 서론으로서의 로마서 3:27-31'이라고 붙였다.

이었으며, 최근에 네일 엘리오트가 그 자랑은 **유대인**의 자랑을 가리키지 않고 **사람**의 일반적인 자랑이라고 주장함으로써 논쟁을 부활시켰다. 그는 '**모든**(any) 인류'의 자랑을 부인하기 위해 토라를 통해 유대인이 하나님 앞에서 갖는 책임은 하나님을 향한 인간의 **보편적인** 책임(3:19-20)을 위한 패러다임이 되었다고 주장한다. 따라서 3:27의 καύχησις(자랑)는 구체적으로 유대인의 자랑을 가리키지 않는다는 것이다.[45] 그는 또한 믿음으로 얻는 아브라함의 의와 '우리 모두의' 조상됨(4:16)은 바울이 자신의 논지를 전개하는 **전제**이지, 그 논지를 통해 이르고자 하는 **결론**이 아니라고 주장한다. 그가 인정하듯이, 이 도전이 57페이지 달하는 그의 긴 부록의 핵심이다. 이 부록의 근본 논제는 로마서 1-4장은 유대주의와의 논쟁이 아니라, '그의(바울의) 생각에 하나님의 의를 위협하고 있는 유대주의에 대한 오해와의 논쟁이다.'[46] 엘리오트의 주장을 집중적으로 살피기 전에, 다른 해석들을 짧게 살펴보려고 한다.

불트만과 케제만은 '(율법에 대한) 자랑'을 유대인들의 근본적인 죄, 즉 '믿음'과 극단적으로는 반대되는 것으로 간주하였다. 이 자랑의 배제 선언은 구체적으로 율법 안에서 자신이 의롭다고 생각하는 종교적인 **유대인**을 대상으로 하고 있다.[47] 샌더스와 레이제넨도 바울은 **유대인**의 자랑을 반대하고 있다고 주장한다. 하지만 그들은 당대의 유대교가 율법의 행위를 통한 '칭의'를 추구하지 않았다고 주장하기 때문에,[48] 바울의 고소는 유대인의 태도를 겨냥할 수 없고 토라 그 자체를 겨냥하고 있으며, 그것도 이방인의 믿음의 합법성을 변호하려는 의도에서 소급하여 고소할 수 있을 뿐

45) Elliott, *Rhetoric*, 148, 152, 155, 214.

46) Elliott, *Rhetoric*, 149 n. 2.사실 그의 전체 책은 이 논제를 확립하려는 목표를 가진 것처럼 보인다.

47) Bultmann, *Theology* 1, 242-243, 283; Käsemann, *Romans*, 102. 또한 Hübner, *Law*, 117-118.

48) 이것은 또한 유대인 학자 Lapide의 의견이기도 하다: Lapide and Stuhlmacher, *Paul*, 37-39, 그리고 샌더스의 견해에 동의하고 있는 Wright, *People*, 334-335.

이라고 본다.[49] 던과 지슬러는 샌더스의 견해를 발전시켜 바울은 **개개인**의 공로 주장을 반대하고 있는 것이 아니며, 율법의 소유나 하나님과의 독점적인 언약적 관계에서 얻는 **유대인**의 (일반적인) '민족적인 의' 자랑을 반대하고 있다고 주장한다.[50] 끝으로 게이거(J.G. Gager)와 개스톤(L. Gaston)은 바울이 유대교를 반대하고 있는 것이 아니라, 이방인을 율법과 상관없이 하나님의 구원에 포함시키기 위해 **유대인의** 독점적인 자랑을 공격하고 있을 뿐이라고 주장한다.[51] 이런 견해들이 상세한 부분과 강조점에 있어서는 서로 매우 다를 수 있지만, 3:27이 **유대인의** 자랑에 반대하는 것이라는 것은 전통적인 견해가 되었다.[52] 하지만 엘리오트는 이 견해에 반대한다.

엘리오트은 샌더스의 주장대로 율법의 행위로 의를 추구하는 것은 초기 유대교에서는 지배적인 사상이 아니었으며, 따라서 바울은 유대교를 반대하는 논지를 제시할 필요가 없었다고 주장한다.[53] 다른 한편으로 던과 게이거에 반대하여, 엘리오트는 3:20과 3:27은 유대적 확신들과의 논쟁을 제시하고 있지 않다는 점을 입증하려고 한다. 그는 두 가지 사실을 주장한다. 첫째, δικαιωθήσεται ἐξ ἔργων νόμου(율법의 행위로 의롭다 하심을 얻다, 3:20)란 표현이 바울 서신 밖에서도 발견되기 때문에, 바울의 독자들이 이 선언을 유대인들의 확신에 대한 거절로 이해했을 거라고 결론을 내릴 근거는 희박하다. 결국, 엘리오트는 3:21-4:25을 주로 (로마 교회 안에 있는) **유대인** 독자들을 향한 논증으로 간주하지 않으며, 따라서 3:27은 유대인의 자

49) Sanders, *Jewish People*, 32-36, 46; Räisänen, *Paul*, 170-71.

50) Dunn, *Romans* 1, 185, 191; *idem*, *Jesus, Paul*, 222-225는 Sanders, *Jewish People*, 3에 반대한다; cf. Räisänen, *Paul*, 50, 69-71; Ziesler, *Romans*, 116-117.

51) Gager, *Origins*, 250-252; Gaston, *Paul*, 122-123.

52) Haldane, *Romans*, 94-95; Meyer, *Romans* 1, 181-182; Schoeps, *Paul*, 205; Watson, *Paul*, 133; Moxnes, *Theology*, 40, 269; Wilckens, *Römer* 1, 244, 248; Howard, 'Romans 3:21-31', 232; Hübner, *Law*, 115, 117-118; VincentinWuest, 'Romans', 63; Black, *Romans*, 71; Barrett, *Romans*, 78; Käsemann, *Romans*, 102; Gifford, *Romans*, 94; Locke, *Paraphrase* 2, 509: 심지어 이방인을 정죄하는 점까지; 어떤 사람은 일반적인 사람의 자랑을 얘기하고, 다른 사람들은 그리스도인의 자랑을 얘기한다(참조를 위해서는 Meyer, *Romans* 1, 181을 보라).

53) Elliott, *Rhetoric*, 207-208.

랑이 아니라 일반적인 사람들의 자랑을 가리킨다고 주장한다. 둘째, 3:27에서의 자랑은 구체적으로 유대인의 자랑을 가리키지 않는다. 그것은 하나님의 편벽치 않으심이라는 바울의 신학적인 원리와 조화되지 않기 때문이다. 2:17-23에 나오는 '하나님께 대한 자랑'과 '율법에 대한 자랑'이 유대인의 자랑을 가리키지만, 이 자랑들은 **거부되지** 않고 **부연설명 되고** 있다. 그러므로 2:17-23의 유대인의 자랑은 3:27에서의 바울의 자랑 배제의 직접적인 증거가 될 수 없다는 것이다.[54)]

하지만 우리는 엘리오트의 전제는 설득력 없다고 생각한다. 첫째, 그는 3:20과 3:27의 '법'을 모세법이라고 분명히 이해하고 있다. 자랑은 διὰ νόμου … τῶν ἔργων(행위의 법으로 말미암아) 배제되는 것이 아니라, 그 반대로(οὐχί, ἀλλὰ),[55)] 3:21-26에서 설명하듯이 διὰ νόμου πίστεως(믿음의 법으로 말미암아) 배제된다. 하나님의 의는 χωρὶς νόμου(율법과 상관없이, 3:21) 나타나며, 따라서 칭의는 오직 χωρὶς ἔργων νόμου(율법의 행위와 상관 없이, 3:28) 가능하다. 이것이 사실이라면, 율법을 가진 **유대인** 말고 누가 자신이 모세 법의 행위로 의롭게 된다고 생각할 수 있겠는가? 바울이 율법과는 별개로 이방인의 죄성을 확립하고 있다는 점에서(cf. 1:18-32; 5:12-21), **'모든** 인류'의 자랑을 부정하기 위해,[56)] 토라를 통한 유대인의 하나님께 대한 책임이 **보편적** 인류의 하나님께 대한 책임의 패러다임 역할을 하였다는 엘리오트의 주장(3:19-20)은 매우 설득력이 약하다. 3:19에 나온 보편성을 암시하는 표현('모든 입', '온 세상')이 3:20을 유대인으로만 한정하고 있지는 않지만, 그는 3:19-20이 주로 **유대인**의 자만의 근거를 허물기 위해 마련된 것이라는 점을 간파하지 못하고 있다.[57)] 그는 또한 일부 쿰란 사본들(특히 4QMMT 104-118=4Q 394-399)이 '율법의 행위로 인한 칭의'의 개념을 일부 유대인들은 잘 알고 있었다는

54) Elliott, *Rhetoric*, 214.
55) Thompson, 'Double Critique', 520-531을 보라.
56) Elliott, *Rhetoric*, 148, 152, 155.
57) *Pace* Elliott, *Rhetoric*, 214. 3:1-20에 대한 우리의 토론에 대해서는 위에 **pp. 176-200**을 보라.

점을 지적하고 있다는 사실에도 주목하지 못하고 있다.[58)]

둘째, 2:17-20에서 명백하게 유대인의 자랑거리가 되는 것들은 유대인의 자랑을 **인정하기** 위해서 언급한 것이 아니라, 궁극적으로는 유대인에 대한 직접적인 공격의 근거를 마련하기 위해 언급했으며, 결과적으로 그들을 향한 고소를 강화시키는 역할을 하고 있다('네가 율법을 자랑하며': 2:17b, 23a → '그러나 네가 율법을 범하며': 2:23c, 25; '네가 하나님을 자랑하며': 2:17c → '네가 하나님을 욕되게 하며 그의 이름을 모독하느냐': 2:23b-24). 3:27에서도 바울은 자랑할 수 없다고 주장한다. 2:23에 나온 수사적인 질문은 분명히 유대인들은 율법과 하나님을 자랑할 수 없고 또 자랑해서는 안 된다는 점을 암시한다. 엘리오트는 많은 주석가들이 논쟁의 여지가 없이 2:17, 23에서 언급한 유대인의 자랑을 가리킨다고 간주하고 있는데도,[59)] '자랑'(καύχησις) 앞에 붙은 정관사(ἡ)의 중요성을 전혀 언급하지 않고 있다. 1:18-3:26에서는 다른 어떤 보편적인 혹은 사람의 자랑이 아닌, 오직 유대인의 자랑만 언급하고 있다. 그리고 바울이 계속해서 주로 유대인들에게 말하고 있다는 점은 여기서도 명백하다.[60)]

---

58) Eisenman and Wise, *Dead Sea*, 180-220을 보라. 그들은 '의로 여겨지는 행위'를 4QMMT를 상술하는 장(章)의 제목으로 삼는다. 또한 Martínez, *Dead Sea*, 84-85를 보라.

59) Sanders, *Jewish People*, 33은 또한 Wilckens, Räisänen을 열거한다. 마찬가지로 Dunn, *Romans* 1, 185; 같은 저자, *Jesus, Paul*, 222, 238; Conybeare and Howson, *Life*, 506; Gifford, *Romans*, 94; Boylan, *Romans*, 60.

60) Elliott, *Rhetoric*, 205ff의 입장에 반대한다. 그의 주장은 1:18-4:25이 유대주의와의 논쟁이 아니라는 가정에 기초하고 있다. 이 입장에 반대해서 우리는 Elliott의 견해의 취약점의 몇 가지 요인들을 부각시킬 필요가 있다.

(1) 하나님의 의가 '율법 외에' 드러났다는 바울의 선언은 율법을 지킴으로 말미암는 의를 추구하고 있는 자들을 대상으로 했을 가능성이 가장 크다(cf. 3:20).

(2) 그가 증인을 세울 때에 '율법과 선지자들'에게 호소하는 것은 구약의 권위를 인정하고 있는 자들에게 '율법 외의 하나님의 의'의 참됨을 증명하기 위한 것인데, 일반적으로 구약의 권위를 인정하는 자들은 분명 유대인들일 것이다.

(3) δικαιοσύνη θεοῦ(하나님의 의), ἱλαστήριον(화목 제물) 그리고 ἀπολύτρωσις(속죄)라는 용어들은 강한 유대적 속죄의 주제를 수반하고 있으며, 바울이 이 복잡한 용어들을 상세히 설명하지 않고 있다는 사실은 그의 (주된) 수신자들이 이미 그 의미들을 알고 있다고 가정하거나 혹은 그가 실행되고 있는 (유대 기독교적) 전통을 편집하여 사용하고 있음을 암시하는 듯하다.

(4) 'ἡ καύχησις'(그 자랑)의 배제는 2:17, 23에 언급된 유대인의 자긍심의 토대를 무너뜨리기 위한 것으로 보인다.

(5) 하나님이 유대인의 하나님만이 아니라 이방인의 하나님도 되신다는 사실은 (쉐마에도 불

셋째, 엘리오트는 로마서 1-4장에서의 바울이 두 차원에서 수사적 논증을 제시하고 있다는 점을 주목하지 못하고 있다. 표면적으로는 바울이 보편적인 쟁점을 다루고 있는 듯이 보이지만, 심층적인 차원에서는 그의 고소는 특별히 유대인을 향하고 있다는 점을 간과한 것이다. 따라서 엘리오트는 이 자랑의 배제를 유대인에게만 적용하는 것은 편벽됨이 없는 하나님의 성품과 심판 때의 보편적인 책임성이라는 바울의 신학적 원리의 토대를 허무는 것이라고 주장함으로써, 그의 견해의 취약점을 드러내고 있다. (적어도 로마서 1-4장에 나타난) 바울의 지속적인 관심사는 유대인의 오만과 자랑의 토대를 허무는 것을 목표로 유대인과 이방인의 관계의 맥락 안에서 발생한 쟁점들을 설명하는 것이다. 고린도 교회에서처럼, 자랑은 로마 교회의 연합을 해치는 엄청난 위협이었다.[61] 그래서 바울은 모든 자랑을 반대한다. 일반적으로는 강한 자/약한 자의 판단하는 태도를(14:1-15:7; cf. 12:16), 좀더 구체적으로는 유대인들을 향한 (예상할 수 있는[62]) 이방인 신자들의 오만함을 반대한다(11:17-24). 바울이 볼 때 자랑과 오만의 자세를 배제하는 것은 바울에게 있어 동등성을 확언하고 연합을 도모하기 위한 전제조건이었다. 하지만 1:18-4:25에서 바울은 주로 이방인에 대한 유대인의 국가적, 종교적, 그리고 윤리적 자랑을 반대하고 있다. 그는 유대인들이 율법의 소유와 하나님과의 특별하고 독점적인 관계, 그리고 아브라함을 조상으로 둔 것을 자랑하고 있다고 지적한다. 우리는 이제 유대인들에게 그

구하고) 유대인만이 하나님과 특별한 관계를 가지고 있다는 유대인의 확신을 바로잡을 목적으로 상기시켜주고 있는 것이 거의 확실하다.

(6) '믿음'이 율법을 무효로 하는지의 여부는 주로 유대인의 관심사다.

(7) '육신으로 우리 조상된 아브라함'(4:1)이란 문구는 ('명예 유대인'이 배제되진 않았지만) 바울이 유대인 독자들에게 말하고 있음을 나타내는 것이 거의 확실하다.

그러므로 이 용어들은 유대인 독자를 대상으로 하고 있는 것이 분명하다. 이러한 고찰은 바울이 칭의 교리를 (로마에 있는) **유대인** 신자들에게 설명하고 있으며, 그 배후에는 (믿는) 이방인의 칭의가 신학적으로 확언될 수 있거나 변호될 수 있다는 암시가 들어있다는 관점에서 3:21-4:25을 해석할 수 있게 해 준다.

61) Moxnes, *Theology*, 272.

62) 뒤에 pp. 285-286, 346-348을 보라.

런 자랑의 절대적인 배제가 무엇을 의미하며, 그런 배제가 이방인들에게는 무엇을 함의하는지를 이해하기 위해, 이 자랑의 영역들을 관찰하고자 한다.

B. 율법에 대한 유대인의 자랑

3:27의 질문 순서는 자랑이 율법과 관련이 있음을 암시한다고 한 던의 생각은 옳다.[63] '그 자랑이 어디 있느냐?'는 질문은 하나님과 율법에 대한 유대인의 오만을 가리키며(2:17, 23), 그것은 둘째 질문인 '무슨 법으로냐?'를 통해서 암시된다. '행위로냐?'라는 셋째 질문은 그 자랑이 토라와 관련이 있다는 점을 더욱 분명히 해준다.[64] 바울은 수사적으로 그리고 점진적으로 율법의 행위에 근거하여 자랑을 해서는 안 된다는 점을 재확인하고 있다. 토라는 하나님께서 이스라엘에게 주신 것이다. 그러므로 이스라엘이 순종하기만 한다면(cf. 2:25), 그것을 소유하고 의지하는 것이 잘못은 아니다.[65] 그는 또한 이방인이 율법의 요구조건을 이룬 것, 즉 믿음의 순종(9:30-10:8; 15:17-18)에 대해서도 긍정적으로 간주한 바 있다(2:14-15). 하지만, 2:21-24에서 유대인 대담자에 대한 바울의 기소는 (바리새적 성격이 매우 강한 책인, *2 Apocalypse of Baruch*가 묘사하고 있는 것처럼) 유대인들이 일반적으로 율법 준수에 대해서도 자랑하였다는 사실을 보여준다.[66] 바울은 유대인들이 율법을 행

63) Dunn, *Romans* 1, 191-192.

64) Hübner, *Law*, 115; Rienecker and Rogers, *Linguistic Key*, 357; Dunn, *Romans* 1, 192.

65) 복음서 전승에 따르면 예수님은 제자들이 바리새인들이 가르치는 것을 행하기는 해도 그들이 행하는 것은 따르지 말라고 하셨는데, 이는 그들은 그들이 말하는 바와 정반대로 행했기 때문이다(마 5:20; 23:3). 바리새인들은 율법에 따라 사는 것을 자랑했고(눅 18:11-12; cf. 요 9:41), 그래서 그들은 '우리는 모세의 제자들이라'고 예수님께 자랑스럽게 선포했는데(요 9:28), 이것은 그들이 단지 율법을 소유만 한 것이 아니라 모세의 가르침들을 적극적으로 따랐음을 암시한다(cf. *Yom.* 4a; Str-B 2, 535를 보라); Beasley-Murray, *John*, 158; Schnackenburg, *John* 2, 251, 498 n. 38. 그러나 예수님은 그들이 율법을 지킨다는 주장을 인정하지 않으셨다(마태복음 23장).

66) 예. *2 Apoc. Bar.* 43:1, 3; 44:7, 14; 46:4-6; 85:2-3은 율법을 성취할 능력에 대한 유대인의 자만을 지적한다(cf. Phil 3:6). 그러나 그와 같은 자만은 *4 Ezra*의 자기기만과 대조된다(Charles,

하지 않는 것뿐 아니라(2:21-24), 그들이 율법을 갖고 있지 않은 이방인들을 향해서 자랑하는 것도 반대하고 있다(cf. *2 Apoc, Bar* 77:3).[67] 그러니까 바울은 상응하는 율법의 행위가 **없이**, 즉 '(그들이 주장하고 있는) **율법 행위의 성취**' 없이 율법의 소유만 자랑하는 것을 반대하고 있는 것이다.[68] 바울은 이미 순종이 없는 율법의 소유가 유대인의 자랑을 정당화해줄 수 없다고 이미 주장한 바 있다. 이는 (믿는) 이방인들이 그 율법을 행하고 있는 반면에(2:14, 15, 26, 27) (믿지 않는) 유대인들은 율법을 **범하고** 있기 때문이다(2:17-24, 25b).[69] 율법의 실행에 근거하여 이방인을 향해 유대인이 자랑하는 것은 전적으로 배제되어야 한다는 것이다(3:27).

더욱이 유대인의 자랑은 νόμος πίστεως(믿음의 법)가 새로 얻은 위치 때문에도 허용되지 않는다. 부정과거 수동태인 ἐξεκλείσθη('it **was** excluded')는 배제의 주요 이유가 유대인들이 **현재** 율법을 잘 행하지 못하고 있다는 사실보다는, 3:25에서 묘사된 그리스도에 의해 이미 성취된 어떤 것과 관련이 있음을 보여준다.[70] 바울은 '무슨 **종류**(kind)의 법으로냐?'라고 물은 뒤, 그 자랑은 행위를 요구하는 토라를 통해서 배제되는 것이 **아니라**, '이제 믿음으로 성취된 토라'를 통해서 배제된다는 점을 분명히 하고 있다.[71] 바울

Apocrypha 2, 478을 보라); 시편 119편은 토라에 신실한 것에 대해서도 '자랑하는 것'을 허락하지 않으며, 반면 토라를 빛과 생명에 대한 하나님의 선물로 찬양한다.

67) cf. Haldane, *Romans*, 95. Hübner, *Law*, 113은 유대인들이 율법을 수행하는 것을 자랑하지 않고 있다고 말하는 것은 옳지 않은 듯하다(그는 '유대인이 율법을 행한 것에 대해 자긍하고 있다는 것은 얘기된 바가 없다'고 주장한다: cf. 눅 18:11-12). 하지만 그가 그들이 율법이 없는 이방인에 맞서 율법을 **소유한 것**을 자랑하고 있다고 강조한 것은 분명히 옳다.

68) Hübner, *Law*, 113-114, 124; Bauernfeind, *TDNT* 1, 351.

69) 앞에 pp. 153-176.

70) Dunn, *Romans* 1, 185.

71) Wright, *Messiah*, 117: "νόμος는 어떤 추상적인 "원리"를 언급하는 것이 아니라, 이제 믿음 안에서 성취된 토라를 언급하는 것이다.' 이러한 견해에는 다음과 같은 학자가 있다: Cranfield, *Romans* 1, 219-220; Wilckens, *Römer* 1, 245; Friedrich, 'Gesetz', 415: '로마서 3:27의 믿음의 법은 로마서 3:21에 있는 믿음으로 말미암는 의를 증거하는 (모세의) 율법이다'(Hübner, *Law*, 115에서 인용됨).

3:27-28의 νόμος를 '원리'로서 해석하는 것도 폭넓은 지지를 얻고 있다: 예를 들어 Sanders, *Jewish People*, 33; Zerwick and Grosvenor, *Analysis*, 466; Shedd, *Romans*, 85; Nygren, *Romans*, 162-163; Barrett, Romans, 79; NIV, REB, NAB, NJB, RSV. Michel, Kuss 그리고

은 강력한 대안을 가지고 이전 것을 강하게 부인하는 것을 가리키는 οὐχί, ἀλλά(아니라) 구성을 통해 이것을 강조하고 있다(cf. 눅 1:60; 12:51).[72] 바울은 '사람(즉 모든 인류)이 의롭다 하심을 얻는 것은 **[오직] 믿음으로** 된다'는 맺음말과 함께 자신의 논지를 더욱 강화하고 있으며(γάρ, 그러므로)[73], '율법의 행위에 있지 않고'(3:28)라는 말을 더함으로써 이 사실을 더욱 분명히 하고 있다.[74] 그 믿음은 유대인이든 이방인이든 상관없이 믿는 **모든** 이에게 하나님의 의를 가져다주는 예수를 믿는 믿음이다(3:21-22). 그것은 믿는 자가 구사하는 믿음이다.[75] 바울은, 어떤 이방인들은 그런 믿음을 발휘하고 있는 반면에(1:5; 9:30; 15:18; 16:26; cf. 2:14-15, 25-29), 대부분의 유대인들은 율법을 지킴으로써 얻는 의를 추구하고 있고 하나님의 의(를 얻는 길)에 순복하지 않는다는 사실을 알고 있다(9:31; 10:2-3; 11:7). 뒤에 바울은 공개적으로 유대인들의 믿음 결여를 묘사하고 있지만(롬 9-11), 여기 3:21-31에서는 하나님의 의를 얻고 사람의 칭의를 얻는 데 있어서 이 새로운 시대(νυνί 이제는: 3:21)에 믿음이 얼마나 중요한지에 관하여 그 토대를 확고히 세우려고 하고 있다. 율법의 행위와 상관없는(apart from) 믿음의 법에 관하여 이방인의 사도인 바울이 제시하는 논증은 오직 믿음과 은혜로만 얻는 이방인 구원의 충족성(sufficiency)과 합법성(legitimacy)을 확실하게 논증해주고 있다.

---

van Dülmen을 따르는 Watson, *Paul*, 132는 최근에 이 견해를 지지하였다. 이것은 헬라어만 보면 합리적이지만, 우리가 이전에 증명했듯이(p. 221-222 n. 60) 유대인 독자들에게 그 νόμος는 토라를 의미할 수 있다. 그러나 Räisänen, "'Gesetz'", 101-117은 여기의 그 νόμος가 토라와 동일하다는 Hübner의 견해를 날카롭게 반대한다.

72) Thompson, 'Double Critique', 528-530을 보라.

73) Nestle-Aland[27]와 UBS[4]에서는 γάρ가 οὖν보다 선호되었다; Metzger, *Textual Commentary*, 509를 보라.

74) 이 주장은 유대인들이 믿는 바와 대조된다(예. *2 Apoc. Bar.* 51:3, 7; *4 Ezra* 7:77).

75) Dunn, *Romans* 1, 186; 다음의 학자들의 견해는 부적절하다, Gaston, *Paul*, 172: '(하나님의) 신실하심의 토라'; Barth, *Romans*, 107, 110: '하나님의 신실하심'.

C. 하나님에 대한 유대인의 자랑

바울은 불변화사 ἤ('혹은', 3:29)를 통해 자신의 논쟁을 강화하면서[76] 이번에는 유대인이 하나님을 자랑할 수 없다고 주장한다. 수사적 질문인 '하나님은 홀로 유대인의 하나님뿐이시뇨?'는 유대인이 이방인을 배제한 채 자신들만 하나님과 특별하고 독점적인 관계를 맺고 있다고 주장했음을 암시한다.[77] 그런 일은 실제로 유대교에서 존재하였다. 구약에서 볼 수 있는 하나님께 대한 유대인의 자랑이 바울 시대에도 분명히 영향을 미쳤을 것이다. 우리는 하나님은 이방인의 하나님도 되신다는 바울의 주장의 중요성을 평가하기 위해 하나님에 대한 유대인의 자랑을 살필 것이다.

하나님은 열방 중에서 이스라엘을 선택하시고 그들과 언약을 맺으셨다(신 7:6): '너희로 내 백성을 삼고 나는 너희 하나님이 되리니'(출 6:7); '내가 아직 온 땅 아무 국민에게도 행치 아니한 이적을 너희 전체 백성 앞에 행할 것이라'(출 34:10). 따라서 유대인들은 자신들이 이방인들의 신들과는 비교할 수 없는 참된 하나님을 자신들의 하나님으로 모시고 있기 때문에,[78] 하나님께 대해서 자랑하는 것은 전적으로 정당하다고 생각하였다(cf. 렘 9:23-24; 시 34:2; 44:8). **하나님께 대한 그들의 자랑은 분명 이방인들과의 비교에서 나오는 자랑이었다**. '사람들(이방인들)은 그에게 나아갈 것이라. 무릇 그를 노하는 자는 부끄러움을 당하리라마는 이스라엘 자손은 다 여호와로 의롭다 함을 얻고 자랑하리라'(사 45:24b-25; 41:16; 60:19; cf. 왕하 21:12; 렘 23:2). '그는 네

---

76) 그 불변화사는 '대안적인 가정(假定)'을 소개하지 않으며(Pace Sanday and Headlam, *Romans*, 96; Moo, *Romans* 1, 254), 또한 '28절에서 주장한 것이 여전히 의심을 받을 경우를 대비하여' (Meyer, *Romans* 1,183) 단순히 '수사학적인 질문들을 덧붙인 것'도 아니다(BAGD, 342도 맞지 않다). 오히려 그것은 마찬가지로 핵심적인 주장을 강조하기 위해 다른 일련의 질문들을 소개하고 있는 것이다. 첫번째 일련의 질문들(3:27)은 28절의 γάρ(그러므로)에 의해서 구체화되며, 두번째(29절)는 30절의 εἴπερ에 의해서 구체화되고 있다; 이를 통해 3:27-30의 논쟁은 점점 강화되고 있다.

77) Beet, *Romans*, 124: 하나님이 유대인만의 하나님이라는 '유대인의 자랑에 대한 또 다른 근거'.

78) Haldane, *Romans*, 95.

찬송이시오(LXX: καύχημα); 네 하나님이시라'(신 10:21a); '…그가 너의 칭찬(LXX: καύχημα)과 명예와 영광으로 그 지으신 모든 민족 위에 뛰어나게 하시고'(신 26:19; cf. 신 4:7-8; 28:1, 12-13, 43-44). 자신들이 하나님께 특별한 백성이라는 그와 같은 유대인의 주장은 신구약 중간기 동안에도 왕성하게 표현되었다.[79)]

아버지–자녀 관계라는 개념이 특별히 강조되고 있다(*Pss. Sol.* 17:26-27). 다윗의 자손의 도래는 이방인과 유대인이 더 이상 상관없는 관계가 된다는 것을 의미했다: '나그네들과 외국인들은 더 이상 그들 가까이에 살지 않을 것이라…그가 민족들과 나라들을 그의 의의 지혜로 심판하실 것이라. 그가 이방인의 나라들로 그의 멍에 아래서 그를 섬기게 할 것이라'(*Pss. Sol.* 17:28-30). 하나님께서 이스라엘의 아버지가 되신다는 것은 구약성경에도 분명히 나와 있다(예. 신 14:1; 32:6; 사 63:16; 렘 31:9). 하나님은 신실하지 못한 북이스라엘을 향해서도 그들이 '살아계신 하나님의 자녀'로 불릴 것이라고 약속해주셨으며(호 1:10), 이 약속이 *Jub.* 1:24-25[80)]에 다시 등장하고 있다(cf. Sir. 4:10). 이런 구절들은 유대인들이 자신들을 이방인들과 구별되는 존재로 보는 증거로서, 그들의 자만을 확실하게 드러내주고 있다. 그들은 자신들이 가장 강력한 하나님을 '소유하고' 있다고 생각한 것이다(예. Bar 3:35; 4:4).[81)] 따라서 우리는 우르바흐(E.E. Urbach)의 좀더 '과장'된 주장까지 수용할 수 있다: '1세기가 시작할 무렵의 모든 유대인들이 가진 일반적인 믿음은 그들의 하나님만이 참 하나님이고, 그들의 종교만이 참 종교라는 것이었다.'[82)]

---

79) 예. 하나님은 이스라엘의 아버지시기에(Wis 2:16; *Jub.* 1:13, 24-25,28; *Sib. Or.* 3:726), 그는 '여호와 우리의 하나님'으로 불리며(Bar 1-2에서 12번 이상; *Pss. Sol.* 17:3), '이스라엘의 구원자'(*3 Macc* 7:16), 그리고 '이스라엘의 하나님'(Bar 3:1, 4)으로 불린다. 그래서 하나님은 그들의 자랑의 근거가 되신다(Sir 31:10; *Pss. Sol.* 17:1). 유대인은 이스라엘이 하나님의 첫태생이요(Sir 36:12; *4 Ezra* 6:58; *Jub.* 2:20; *Pss. Sol.*18:4),하나님의 소유된 백성(*Ass. Mos.* 1:12)이라고 생각한다. 이방의 앗수르인들은 강한 무기를 자랑하겠지만, 유대인은 여호와의 이름을 영광으로 자랑한다(καυχᾶσθαι: Jdt 9:7; 10:8; Sir 50:20).

80) '나는 그들에게 아비가 될 것이요 그들은 내게 아들이 될 것이라 그들이 "사신 하나님의 자녀'라 불릴 것이라. 모든 천사와 영들은 그들이 내 자녀인 것과 내가 정직과 의로 그들의 아비인 것을 알고 깨달을 것이라'(*Jub.* 1:24-25).

81) Nickelsburg, *Jewish Literature*, 112.

82) Urbach, 'Self-Isolation', 273.

3:29-30의 선언은 바울 시대의 유대교 안에서 지배적인 하나님께 대한 개념을 거스르는 급진적이고 과감한 주장이다. 유대교의 지배적인 하나님 개념에 대해서는 시므온 벤 요카이(Simeon ben Jochai)의 말로 상당 부분 재구성할 수 있을 것이다: '하나님은 이스라엘에게 말씀하셨다: 나는 세상에 사는 모든 사람의 하나님이지만, 내 이름은 너희에게만 상관있게 하였다. 나는 스스로를 열방의 하나님이라 부르지 않고 이스라엘의 하나님으로만 부른다'(*Exod. R.* 29:4, 출 20:2의 미드라쉬).[83] 물론 달(N.A. Dahl)이 지적하듯이, 온 우주에 대한 하나님의 주권을 시편 50:7과 출애굽기 20:2에서 주장하고 있기는 하다.[84] 하지만, 하나님의 주권 아래 이방인들을 포함시킨 것은, 그들의 축복을 위해서가 아니라, 그들을 향한 하나님의 심판과 종말론적인 통치를 위한 것일 뿐(슥 14:9)[85], 자신들만 유일하고 독점적으로 하나님과 관계를 누린다는 유대인들의 주장은 분명 타협할 수 없는 신념이었다.

그런데 바울이 이런 배경을 거스른 채, 하나님은 유대인만의 하나님이 아니라 이방인의 하나님도 되신다고 주장하는 것은 충격적이다.[86] 이런 주장은 이방인들도 하나님의 백성이 될 수 있다는 신념에 근거한다. 후에 9:25-26에서 바울은 LXX 호세아 2:1, 23을 인용하여, '내 백성' 아니었던 이

---

83) 본래는 Str-B 3, 185에 언급된 것 Dunn, *Romans* 1, 188에 인용되었다; Käsemann, *Romans*, 103; Schoeps, *Paul*, 240이 이를 따랐다; 그러나 Dahl, *Studies*, 182-183을 보라. 그는 *Exod. R.* 29:4의 주장이 자명한 보편적 유일신론을 부인하지 않는다는 것을 지적하고 있다.

84) Dahl, *Studies*, 183-184를 보라. 우리는 몇 가지 참조 구절들을 더 덧붙일 수 있다. 예. *1 En.* 84:2에는 하나님이 '왕 중의 왕이요 온 세상의 하나님'으로서 묘사되어 있고, *Jub.* 15:31은 '많은 나라들과 백성들이 있고 그들은 모두 그의 것…'이라는 점을 언급한다. 그러나 바로 다음 구절은 하나님과 맺고 있는 이스라엘의 특별한 관계를 확언한다(*Jub.* 15:32; cf. 신 32:8-9). 구약은 이미 여호와를 '여호와요 모든 육체의 하나님', '열방의 왕'(렘 10:7) 그리고 '모든 육체의 생명의 하나님'(민 16:22; 26:17)으로서 묘사하였다.

85) 유사하게 Dahl, *Studies*, 186.

86) Grässer, *Alte Bund*, 256은 옳다. 여기서 바울이 시편 기자들과 선지자들에 의해서 이미 인식된 확신을 전달하고 있다고 주장하는 Fitzmyer, *Romans*, 365에게는 동의할 수 없다. LXX 시편 65:8, Εὐλογεῖτε ἔθνη τὸν Θεὸν ἡμῶν, '만민들아 우리 하나님을 송축하며'와 LXX 시편 116:1, '너희 모든 나라들아 여호와를 찬양하며 너희 모든 백성들아 저를 칭송할지어다'의 어법들은 바울의 것과 부합할 수 있지만, Fitzmyer는 그 문맥적인 변화에 주목하지 않는다. 이 중요한 수정은 바울이 직접 한 것으로 간주해야 한다. 우리가 앞에서 토론한 pp. 94-107을 보라.

방인들이 이제는 내 백성이라고 불리게 되고, 따라서 이스라엘을 향한 이 약속(호 1:10)을 **이방인들**에게만 적용함으로써(9:24-26) 이 점을 분명히 하고 있다.[87] 하지만 여기 3:29-30에서 바울은 이방인 역시 그간 유대인들만의 것으로 주장되었던 하나님과의 특별한 관계에 포함된다고만 선포하고 있다. 바울에게 있어 다윗의 자손의 도래는 유대인과 이방인의 관계의 **끝**을 의미하지 않는다. 도리어 그것은 다윗의 아들 안에서 유대인과 이방인 간의 새롭고 동등한 관계의 **시작**이 된다. 유대교에 따르면 하나님을 상대할 때 유대인과 이방인은 관계는 명백히 구분되지만, 바울은 이런 구분을 반복하여 부정하고 있다(2:11; 3:22; 10:12; 갈 3:28; 골 3:11).[88]

여기서 바울이 가장 근본적인 유대교의 고백인 쉐마, 즉 '들으라 우리 하나님 여호와는 오직 하나인 여호와시니'(신 6:4; 왕하 19:15; 사 44:6; 45:6; cf. 고전 8:4-6; 딤전 2:4-6)를 사용하여 하나님과의 우월적이고 독점적인 관계를 주장하는 유대인들의 신념을 전복하고 이방인들도 동등하게 하나님께 속한 자가 되었음을 강조하고 있다는 데는 대체로 학자들이 동의하고 있다.[89] 하나님은 한 분이시고 또 유대인과 이방인의 하나님도 되시기에, 하나님은 자기 백성을 '유대인 중에서뿐 아니라 이방인 중에서도' 부르신다(9:24: NASB). 하나님은 모든 이들의 주(the Lord)가 되시는데, '유대인이나 헬라인이나 차별이 없기 때문이다'(10:12: NASB). 이렇듯, 하나님께서 편벽됨이 없이 모든 나라의 백성들을 환영하시기에(cf. 행 10:34-35), 이방인들도 그분의 자비를 인하여 영광을 돌릴 수 있고 또 돌리고 있다(11:32; 15:9).

하나님은 **동등하게** 이방인의 하나님도 되신다는 이같은 바울의 급진적인 선언의 근거가 3:30에 상당한 이유와 함께 강조적인 표현으로 제시되고

87) 그 이상의 토론을 위해서는 뒤에 pp. 317-320을 보라. 바울은 하나님의 영광이 또한 이방인을 위해서도 마련되었다는 주장을 지지하기 위하여 호세아의 구절들을 인용한다. 그 인용이 '단지' 이방인에게만 한정적으로 적용된 것이라는 우리의 입장은 9:27을 시작하는 말에 기초하고 있다, '또(δέ) 이사야가 **이스라엘에 관하여** 외치되, But(δέ) *about Israel* Isaiah makes this proclamation'(REB); 9:25-26의 인용은 이방인에 관한 것이다. 또한 10:20-21에서도 그렇다.

88) Dahl, *Studies*, 186.

89) Beker, *Paul*, 82.

있다. 불변화사 εἴπερ[90]는 '조건문의 귀결절에 대한 새롭고도 결정적인 근거를 제시하는 조건들을 도입한다.'[91] 전통적으로는 유일신 개념이 바울이 하나님은 이방인의 하나님도 되신다고 주장한 근거로 이해되어왔다. 나이그렌이 이 견해를 대표한다: '한 분 하나님만 계시기 때문에, 온 인류에게 구원의 길도 한 길뿐이다. 유대인과 이방인 간에는 차별이 없다.'[92]

톰슨(R.W. Thompson)은 최근에 이런 전통적인 견해에 도전하여 '유일신 개념만으로는 이방인까지를 아우르는 하나님의 전적인 주권을 개념을 설명하기에는 충분하지 않다'고 말한다.[93] 그는 관계대명사 ὅς를 순전히 기술적(記述的)인 용법으로 보고, 바울은 주로 유일신을 강조하고 있는 것이 아니라, 믿음으로 모든 사람을 **의롭다 하실** 분은 **동일한** (한 분) 하나님이시며, 따라서 그분은 이방인의 하나님도 되신다는 사실을[94] 강조하고 있다고 지적한다. 그러므로 그는 3:29c-30을 다음과 같이 번역한다: "그렇다. 이방인의 하나님도 되신다. 이는 믿음으로 할례자를 의롭다 하실 하나님이 믿음으로 무할례자도 의롭게 하실 분이기 때문이다."[95] 바울은 부정할 수 없는

---

90) 더 흔한 변형(variant)인 ἐπείπερ보다 오히려 이 변형이 본래의 것처럼 보인다: 이런 입장에는 Nestle-Aland[27]; UBS[4], Cranfield, *Romans* 1, 222 n.2가 있다. 'Επείπερ, 'since indeed'는 '알려지고 문제시되지 않는 확실함'을 나타낸다(Thayer, *Lexicon*, 229; cf. BAGD, 284; 'since' in NIV, NJB, NRSV, NASB). cf. Shedd, *Romans*, 87: ἐπείπερ보다 더 강한 의미인 εἴπερ는 '논란할 여지가 없는 주장을 소개한다'. 그것은 사실의 상황들, 즉 'since it is so'와 함께 현실과 일치하는 조건을 암시한다.

91) *EDNT*, 1, 393; 또한 Thayer, *Lexicon*,172도 이 입장이다. *Pace* Lightfoot, *Notes*,101. 그는 εἴπερ가 '순전히 가정(假定)적이고 그 자체로 가능성이나 불가능성을 암시하는 듯이 보이지 않는' 추정을 이끈다고 주장한다. cf. Stowers, *Diatribe*, 166; Davies, *Faith*, 139; 조건적인 힘을 가진 'if', NEB, RV, REB. 바울에게 한 분 하나님만이 계신다는 사실은 문제시되지 않는 확실성이다; 그래서 εἴπερ가 본래부터 사용된 것이었다 하더라도, 그것은 'ἐπείπερ가 위치한 위치에서 결정적으로 입증된다'(Sanday and Headlam, Romans, 96).

92) Nygren, *Romans*, 166. 또한 마찬가지로 Dunn, *Romans* 1, 188-189; Black, *Romans*, 71; Barrett, *Romans*, 80; Ziesler, *Romans*, 106. 유사하게 Beet, *Romans*, 124: '만약 **한 하나님**이 있다면, 그리고 그가 같은 조건에서 모든 이들을 **의롭다고 하려 한다면**, 그는 유대인과 이방인 모두의 하나님이실 것이다'; Ridderbos, *Paul*, 339.

93) Thompson, 'Inclusion', 546.

94) Thompson, 'Inclusion', 546; 같은 논지를 Hays, 'Abraham', 84-85도 주장한다. 이것은 우리가 εἷς를 우선 유일신론이 아니라 동일함을 가리키는 것으로 취할 때만 가능하다.

95) 여기서 Thompson의 번역은 그가 주장하는 것처럼 그렇게 독창적인 것은 아니다: 이것은

유일신 신념과 3:21-26, 28에서 이미 분명히 했던 이신칭의 주장과 지금 유일한 하나님을 묘사하기 위해 사용하고 있는, 이신칭의에 대한 주장 모두에 근거하여, **유대인의 하나님은 동등하게 이방인의 하나님도 되신다**고 강하게 단언하고 있는 것이다. 바울이 유대인과 이방인에게는 똑같은 하나님이 계신다는 점을 강조한 것은 이방인들도 유대인처럼 하나님 앞에서 동등한 자격을 가진다는 점을 확언하기 위해서다.[96)]

유대인과 이방인 간의 전통적인 분리가 신학적인 근거로 정당화되었기 때문에, 바울은 '유대인과 비유대인 그리스도인들로 구성된 새로운 공동체의 새 정체성을 형성하기 위해 하나님-언어를'[97)] 사용하여 새로운 신학적인 주장을 제시함으로써, 그런 분리를 제거하려고 하고 있다. 2:11에서처럼(하나님께는 편벽함이 없다), 3:29-30에서도(하나님은 오직 한 분뿐이시다:[98)] 고전 8:6; 갈 3:20) 다시 한 번 바울은 유대인들(유대인 그리스도인들을 포함하여)에게 반박하기 위해 유대인들의 전통적인 표현을 사용하고 있다.[99)] 그렇다고 바울은 '전통'으로부터 자신을 완전히 고립시키지는 않는다(cf. 갈 1:14).[100)] 훈련받은 유대교 사상가인 바울은 유대교라는 자신의 건물은 무너뜨렸지만, 유대교의 옛 벽돌들을 취하여 새로운 기독교 신학의 건물을 세우고 있다.[101)]

NASB, KJV, NIV, JB; cf. RSV, NEB, TEV를 포함한 다른 기술(記述)적인 번역들과 매우 유사하다.

96) cf. Grässer, *Alte Bund*, 257. 3:29c-30단락은 헬라어로 한 문장이다. 그래서 3:30은 (번역이나 해석할 때) εἴπερ 앞에서보다 오히려 ναί 앞에서 나눌 수 있으며, 이 경우 ναὶ καὶ ἐθνῶν 이라는 문구가 가장 강하게 강조된다. 그래서 우리는 이것을 '할례자도 믿음으로 말미암아 그리고 무할례자도 동일한 믿음으로 말미암아 의롭다 하실 하나님은 분명히 한 분이시니, 그는 진실로 이방인의 하나님도 되시느니라'고 번역할 수 있다. cf. Hays의 번역, 'Abraham', 84. Thompson과 Hays는 둘 다 바울이 한 분 하나님이 유대인의 하나님이요 그리고 이방인의 하나님이시라는 공통의 믿음을 반복하고 있을 뿐 아니라(Dahl, *Studies*, 189), 하나님이 유대인을 의롭다 하시는 것과 같은 방법으로 이방인을 의롭다고 하신다는 점을 강조한다.

97) Moxnes, *Theology*, 14.

98) Dahl, 'The One God of Jews and Gentiles (Romans 3:29-30)', *Studies*, 178-191을 보라.

99) Moxnes, *Theology*, 9; 로마서 1-4장, 9-11장에서 '하나님'에 대해 바울이 특별히 강조한 것에 대해서는 *Theology*, 32-55를 보라.

100) Moxnes, *Theology*, 31.

101) Martin Hengel 교수는 필자를 개인 지도를 할 때 이 유사 비교를 말하였다(Tübingen, 25 April, 1992). M. Hooker, *Continuity*, 25도 유사한 유추를 제시한다: '유대교의 옛 물은 내버

'아이러니하게도, 모든 유대인들이 동의할 만한 전통적인 신념을 사용하여, 바울은 대부분의 유대인들이 동의하지 않을 만한 결론을 이끌어내었다.'[102]

바울은 어떻게 그렇게 근본적으로 다른 유일신 이해에 이르게 되었을까? 달은 전통적인 유대교와 바울의 견해 사이에 몇 가지 근본적인 차이점들을 관찰한 후 이렇게 결론을 내린다: '우리가 자신들만의 전제에 근거한 랍비들의 신론을 이해한다면, 바울이 어떤 의미에서 "전례 없이 담대히" 유대교를 반대하게 되었는지가 분명해질 것이다.'[103] 하지만 달은 이 중요한 질문을 제기하지조차 않고 있다. 하지만 달이 사용한 참조구절에서 우리는 바울이 이런 결론에 도달하게 된 것은 이방인 선교에 관한 자신의 사도적 자기 인식 때문이었음을 알 수 있다. 달은 시편 93:1에 대한 미드라쉬에 주목한다.

> "누가 당신을 두려워하지 않으리이까, 열방의 왕이시여? 찬양을 받으실 거룩한 자가 예레미야에게 말씀하시길: "네가 나를 열방의 왕이라 부르느냐? 그러나 나는 그들의(이스라엘의) 왕이 아니냐? 그가 그분께 아뢰되: "당신이 나를 열방에 선지자로 부르셨기에(렘 1:5) 나 또한 당신을 열방의 왕이라 부른 것이니이다."

이와 똑같은 이해가 *Exodus Rabba* 29:9에 표현되고 있다.

> "나는 여호와 네 하나님이라"(출 20:2): 기록되었으되, "사자가 부르짖은즉 누가 두려워하지 아니하겠느냐"(암 3:8)? 이는 이렇게 기록된 것을 설명하는 것이니, "누가 당신을 두려워하지 않으리요, 열방의 왕이시여? 이는 이것이 당신께 당연히 돌려져야 할 것이기 때문이니이다." 선지자들이 예레미야에게

려지지 않았고, 복음의 포도주로 변하였다'.

102) Moxnes, *Theology*, 41.

103) Dahl, *Studies*, 188; '전례없이 담대히'라는 인용은 Käsemann의 것이다.

> 말하길, "열방의 왕이라 말하니 그게 무슨 의미이뇨? 다른 모든 선지자들은 그분을 이스라엘의 왕이라 부르는데 너는 그분을 열방의 왕이라 부르는구나." 그가 그들에게 대답하길: "내게 말씀하시는 그분의 말을 내가 들었노니, '내가 너를 열방의 선지자로 세웠노라'(렘 1:5) 하셨노라. 이것이 내가 그분을 '열방의 왕'이라 부르는 이유니라."[104]

예레미야에게 던진 선지자들의 질문의 핵심은 그가 이스라엘의 하나님을 **열방**의 왕이라고 부른 이유였다. 첫째 구절에서 예레미야에게 질문한 분은 하나님이시며, 둘째 구절에서는 많은 선지자들이 그에게 질문한다. 이는 예레미야만 하나님을 **열방**의 왕이라고 부른 선지자였기 때문이다. 예레미야의 대답은, 그 이유가 **열방의 선지자**로 부름 받았다는 예레미야의 자기인식 때문이었음을 보여준다. '그렇다. 하나님은 분명 이방인의 하나님도 되신다'는 바울의 엄중한 선언은 또한 이방인의 사도로서의 바울의 자기 인식과 긴밀하게 연관되어 있을 가능성이 매우 크다(11:13; 15:15-16; 갈 1:15-16; 2:7; cf. 행 9:15; 22:21; 26:17-18; 엡 3:8-9; 골 1:23-2:5). 분명한 것은 바울의 자기 인식이 여기에 나온 바울 주장의 구조를 형성하는 주요인이 되고 있다는 사실이다.

예레미야는 열방을 향한(προφήτης εἰς ἔθνη) 선지자로 부름 받았으며, 열방을 **다스릴**(ἐπὶ ἔθνη, *over* the nations) 선지자로 임명받았다. 그는 주로 진노의 메시지를 열방에 전하기 위해 부름 받았다(렘 1:10). 열방을 향한 그의 메시지는 화와 재난으로 가득했으며, 여러 장에 걸쳐서 나타난다(예. 렘 25:15, 29-32; 46-51장). 실제로 예레미야서에서 그가 하나님을 이스라엘의 하나님으로 부른 것은 적어도 35번이며, '열방의 하나님'으로는 단 한 번도 부르지 않고 있다! 그는 열방의 축복이 전적으로 하나님을 향한 이스라엘의 순종에 달려 있음을 분명히 밝히고 있다(렘 4:1-2). 따라서 그는 열방을 **향한 이스라**

---

104) 두 자료는 모두 Dahl, *Studies*, 185-186에 인용되었다.

엘의 선지자로서 **이스라엘**의 하나님이 내리시는 **진노**의 메시지를 전달한 선지자였다.

그런데 바울도 '열방을 위한' 선지자로 부름 받았지만(λειτουργός…εἰς τὰ ἔθνη: 15:16), 예레미야와는 전혀 다르다.[105] 무엇보다도 그는 이방인의(of) 사도다(ἀπόστολος τῶν ἐθνῶν). 자신의 소명을 온전히 인식하고 있는 바울은 강조 구문을 사용하여, 'μέν…εἰμι ἐγὼ ἐθνῶν ἀπόστολος'(내가 **이방인의 사도인** 만큼, 11:13)이라고 선언한다. 다시 한 번 여기서도 ἐθνῶν(이방인)이 ἀπόστολος(사도)보다 강조되고 있다. 그는 **열방에 속한 사람**이다. 그는 이방인을 **향한**(to), 이방인**의**(of), 이방인을 **위한**(for) 사도로 부름 받았다. 그는 열방에게 **이방인**의 하나님도 되시는 유대인의 하나님이 보내신 **복음**을 전해주기 위해 부름 받은, **열방을 위한** 유대인 사도다. 바울이 하나님께서는 보편적인 목적/통치를 가지고 있다고 믿는 것은 이례적인 일은 아니지만,[106] 그가 하는 것같이 이방인의 위치를 확립하는 방식은 전례가 없다. 바울의 자기 이해는 구약의 선지자들의 자기 이해보다 더 심오하고 더 급진적이며, 심지어 이방인과의 관계에 있어서만은 예레미야 선지자 이상이다. 그러므로 우리는 이방인도 하나님의 구원의 축복에 포함된다는 바울 주장의 구조는 그의 사도적 자기 인식의 영향을 받아 형성되었다고 주장하는 바이다(cf. 2:10; 15:8-9).[107]

105) 바울이 '주의 은혜의 해'를 선포하고 있는 반면에(cf. 사 61:2a; 눅 4:19) 예레미야는 '우리 하나님의 보수(報讐)의 날'을 선포하였다고 말할 수 있다(cf. 사 61:2b).

106) Wright, *People*, 267-272를 보라.

107) Thompson, 'Inclusion', 543-546은 '로마서 3:27-30의 주 제목이 이방인의 포함이며', 이는 또한 유대인의 자랑의 배제를 암시한다고 설득력 있게 주장한다. Howard, 'Romans 3:21-31', 232-233: 3:27-30은 '한 가지, 즉 이방인의 포함'에 대해 논쟁한다. 또한 Siker, *Disinheriting*, 185-198을 보라.

D. 아브라함에 대한 유대인의 자랑

'믿음으로 우리는 율법을 파기한다'[108]고 말한다는 인상을 주고 있기는 하지만, 바울은 유대인들의 율법에 대한 자랑과 하나님과의 특별한 관계에 대한 자랑을 할 수 없게 하는 믿음이 토라를 무효화하지 않고 도리어 토라를 세운다(3:31)고 말함으로써 대략적으로 균형을 잡고 있다. 이런 대담하고 또 현재로서는 예기치 못한 주장은 바울이 반대하는 것이 토라 자체가 아니라, '율법의 행위'에 대한 독점주의자들의 유대적 자만(complacency)임을 보여준다.[109] 바울은 '믿음이 율법의 진정한 내용'이라고 생각한다.[110] 그는 아브라함을 예로 들어 자신의 주장을 입증해나간다. 반면에 '자랑'이라는 언어적 연결고리는[111] 그가 독점적인 조상의 언약을 근거로 아브라함에 대해 유대인들이 품은 자부심을 배제하는 것도 보여준다(cf. *Pss. Sol.* 18:4). 로마서 4장에 나오는 바울의 주장을 살피기 전에, 이방인들도 유대인과 동일하게 아브라함에게 포함된다는 주장의 중요성에 주목하기 위해 아브라함을 조상으로 둔 것에 대해 유대인들이 어떻게 자랑하는지를 짧게나마 살펴보고자 한다.

유대인 기독교 학자인 야콥 요크즈(Jakób Jocz)는 아브라함과 관련한 유대인들의 종교의식에 대해서 이렇게 말한다:

> 아브라함을 조상으로 두고, 하나님의 약속에 대한 권리를 주장하고, 그의 계명을 준수하고, 선민들의 나라에 참여하는 것은 유대인들의 **종교적인** 특권들이다.…유대인으로 태어난다는 것은 종교적인 의미가 있다. 유대인 죄인

108) Dodd, *Romans*, 86.
109) Dunn, *Romans* 1, 193-194가 이러하다.
110) Schoeps, *Paul*, 210.
111) 비록 헬라어는 약간 다르지만(3:27의 καύχησις와 4:2의 καύχημα), 그 용어들은 꽤 유사한 의미를 가진다; BAGD, 426을 보라.

> 조차도 이방인들과는 다른 위치에 있다. 조금이라도 선행을 하지 않는 이스라엘 사람은 하나도 없기에, 게헨나에는 유대인이 전혀 없다. 이런 생각은 이스라엘만 하나님과 독특한 관계를 맺고 산다는 확신에 깊이 뿌리를 내리고 있다. "하나님의 사랑은 주로 모든 이스라엘을 위한 것이다." 이스라엘의 선택은 영원하다.[112]

일부 분파들은 모든 유대인들이 자신의 조상들 때문에 다 구원 받는다고는 믿지 않았지만, 유대인들은 일반적으로 아브라함이 자신들의 조상이기에 자신들은 안전하다고 믿었다. 가령 *Book of Jubilees*를 보면, 유대인들은 육신적으로 아브라함의 자손이며, 특별히 야곱의 후손으로서 하나님의 자녀가 된다.[113] 그러므로 유대인들은 아브라함의 참된 후손들이라고 주장하였다(눅 3:8; 요 8:33, 39; cf. 행 13:26; 사 51:2; *4 Macc* 6:17, 22; 17:6; 18:1). 아브라함을 자기 조상으로 둔다는 사실이 특별히 유대인들에게는 구원론적으로 중요하다(사 29:22; 41:8-10; Justin, *Dialogue*, 140). 왜냐하면 유대인들은 심판 때 '아브라함이 게헨나(게힌놈) 입구에 앉아 있을 것이며' 할례 받은 이스라엘 사람은 한 명도 거기 내려가지 못하게 할 것이라고 믿었기 때문이다(*Gen, R.* 48 (30a)).[114] 이는 또한 그들의 국가적 자존심과 회복을 위한 소망과 관련해서도 중요하다(사 51:2-3; 겔 33:24; Pr Azar 12). 따라서 아브라함의 명예를 훼손하는 일은 유대인들에게는 참을 수 없는 범죄였다(cf. 요 8:53-59). '우리는 아브라함의 자손이다'라는 말은 압제하는 이방인들에 맞서는 유대인들의 종교적 구호였다.[115] 바울은 (심지어 그리스도인) 유대인들까지도 유대인(히브리인/이스라엘인)인 것을 자랑하고 아브라함이 자신의 조상이라는 사실을 자랑하고 있

---

112) Jocz, *Jewish People*, 305. 또한 Edersheim, *Life*, 271; Sadler, *Romans*, 29-30을 보라.

113) Charles, *Apocrypha* 2, 13 footnote. R. Shemaiah(c. 50 BC)는 아브라함의 믿음이 그의 유대 후손들을 위한 공로를 확보하였다고 주장하였다(Davies, *Rabbinic Judaism*, 269).

114) Hübner, *Law*, 157 n. 70에 인용된 대로; 또한 Jocz, *Jewish People*, 305를 보라. 비록 *Genesis Rabba*의 연대는 약 주후 300년경이지만 1세기 유대인들이 아브라함의 품을 구원의 특별하고 안전한 장소로서 취하였다는 사실이 나타나 있다. 예. 눅 16:22-31.

115) Lightfoot, *Galatians*, 163.

음을 암시하고 있으며 바울 자신도 그랬다(고후 11:21-22).[116] 바울 자신도 유대적 배경을 가지고 있는 것을 자랑스럽게 여겼다:[117] 그는 할례 받은 것과 율법을 가장 엄격하게 지킨 바리새파의 후손으로 율법에 대해 자랑스럽게 생각한 유대인이라는 사실을 자랑하였다(cf. 빌 3:4-6).

아브라함의 후손인 것을 자랑스럽게 생각하는(4:1; 9:5) 바울은 유대인들이 아브라함에 대한 자랑마저도 독점적으로 해서는 안 되는 이유를 설명하기 시작하고(cf. 1Qs 2:9; 마 3:9; 눅 3:8; 요 8:33-39; 행 7:51),[118] 이방인들도 아브라함을 동일하게 조상으로 둘 수 있다고 주장한다. 후에 바울은 좀더 급진적으로, '모든 이스라엘(야곱)의 후손들이 다 이스라엘은 아니며, 그들이 아브라함의 후손이라고 해서 모두 그의 자녀가 되는 것은 아니라'고 공개적으로 말하고 있다(9:6-7). 도리어 바울은 그를 의롭다고 인정받게 해준 그의 믿음 때문에 궁극적으로 그는 '모든 민족의 조상'이 되었으며(4:16-18), 이로써 믿음으로 의롭다 함을 받는 축복이 무할례자들에게까지 확장된다는 점을 강조하고 있다(4:4-9). 로마서 4장에 나오는 바울의 주장은 한편으로는 아브라함의 궁극적인 후손이 되는 축복에 (믿는) 이방들을 포함하고, 다른 한편으로는 유대인들의 조상 아브라함에 대한 자랑을 배제하는 것이다. 아브라함은 그의 (율법의) 행위가 아니라 믿음으로 의롭다 함을 받았기 때문에, 그에게는 자랑할 것이 전혀 없었다. 따라서 율법을 지킨 것이 아브라함에게 자랑의 근거가 될 수 없었다면, 율법의 행위가 아니라 믿음으로 의롭다 함을 얻은 (그리스도인) 유대인 후손들은 얼마나 자랑할 것이 덜하겠는가?

요약하자면, 우리는 유대인의 자랑에 관한 바울의 논증 구조를 설명하려고 시도하였다. 바울은 유대인들이 율법을 소유한 것, 하나님과 특별한 관계를 가진 것, 그리고 언약상 아브라함을 조상으로 둔 것에 대해 자랑하

116) Martin, 2 *Corinthians*, 375를 보라.

117) Klausner, *Paul*, 450-451, '바리새인의 아들'보다 오히려 '내가 바리새인이요, 바리새인들의 아들이라'(행 23:6)는 강조적인 표현(행 23:6)이, 대대로 바리새인의 조상에 대한 바울의 자랑이 여전히 합법적인 것을 암시한다고 추론한다(적어도 누가복음-사도행전에 대해서는).

118) Betz, ''Αβραάμ', 2를 보라.

는 것을 배제하기 위하여 논증의 구조를 형성하고 있다. 다른 한편으로 바울은 하나님의 복된 다스림과 아브라함에게 주신 약속에 이방인들도 포함시키고 있다. 이렇듯 그는 다시 한 번 유대인과 이방인의 동등성을 주장한다. 그렇게 함으로써 바울은 급진적으로 당대 유대교의 이해로부터 떠나서 여기 나온 상당히 담대한 주장을 할 수 있었던 것이다. 이런 이해와 담대함은 (믿는) 이방인의 신분을 분명히 하려는 그의 사도적 자기 인식으로부터 나온 것이다.

3. 많은 민족/이방인의 조상인 아브라함: 4:1-25

이 단락에서 아브라함에 대한 독특한 해석을 시도하는 바울의 신학적 논증에 초점을 맞추어 4:1-25의 본문을 살펴보고자 한다. 바울은 두 구절을 강조한다: 창세기 15:6은 로마서 4:2-12 논증에서, 창세기 17:5은 4:13-25 논증에서 중추적인 역할을 한다.[119] 4:1-12에 나타난 바울의 논증은 아브라함은 순종하여 할례를 받거나 혹은 이삭을 '바치기' **전에** 의롭다 함을 받았다는 연대기적 사실을 기초로 하고 있다. 바울이 이 축복은 **무할례자를 위한 것이기도 하다**(4:9)고 주장하는 것과 할례를 받지 않고도 믿는 모든 이들의 조상이 되기 위하여 아브라함이 믿었다(4:11)고 주장하는 것이 가장 중요하게 보인다. 우리는 또한 논란의 쟁점이 되고 있는 4:12은 바울 논증에서 이방인에 대한 강조를 요약하는 역할을 하고 있음을 증명해보일 것이다.

논증의 둘째 부분(4:13-25)은 아브라함이 많은 민족들의 조상이라는 점을 단언하는 데 초점을 맞추고 있다. 율법이 있기 **전에** 약속이 주어졌다는 주장을 제외하고는, 이 단락에서 창세기의 연대는 바울 논증에 중요한 역할

119) Robertson, 'Genesis 15:6', 262-264를 보라. 그는 Wellhausen, *Prolegomena*, 318-319, von Rad, *Genesis*, 182, 190, Clements, *Abraham*, 56-57에 맞서 창세기 15:6의 역사성을 변호한다.

을 하고 있지 않다. 여기서 바울은, 아브라함이 믿은 것과 그래서 실제로 그를 의롭다고 인정받게 한 것(창 15:6)은 그가 많은 민족의 (영적인) 조상이 될 것이라는 **약속**이었다고 주장한다(창 17:4-7). 이는 창세기 내러티브의 연대와는 일치하지 않는 것처럼 보인다(아래를 참조하라). 바울은 아브라함이 많은 민족의 조상이 되기 위해(4:18) 창세기 15:5의 약속을 바랄 수 없는 중에 믿었다고 주장한다. 하지만 여기서 다시 한 번 아브라함의 믿음의 질과 사건의 순서에 대한 바울의 기술이 정확하지 않는 듯이 보인다. '그[아브라함]는 이삭의 탄생에 대해 의심하였다'(*Mut.*, 177)고 말한 필로(Philo)의 지적이 더 정확하다. 4:20-22에 따르면 아브라함은 그 믿음으로 말미암아 의롭다 함을 받았다(창 15:4-6). **왜냐하면** 그가 처음으로 사라의 죽은 태와 백 살이나 된 자신의 몸에서 후손이 태어날 것을 믿었기 때문이다(창 17:17-22). 논증의 첫째 부분(4:1-12)과는 달리, 여기서는 연대가 바울에게 중요하지 않다. 결론 부분에서 바울이 논증하는 취지는 연대순의 논리가 아니라 그 반대 순서의 논리에 기초하고 있다.

하지만 아브라함이 많은 민족(=이방인)의 조상이 된다는 점을 단언하기 위해, 4:13-22의 논증에서 바울이 연대 순서의 쟁점을 간과하고 있다는 사실이 담고 있는 주석적 중요성에 주목한 학자들이 거의 없었다. 우리는 바울이 볼 때 아브라함에게 주신 약속의 궁극적인 목적은 그를 많은 민족의 조상이 되게 하려는 것이었으며, 더 나아가 바울에 따르면, 창세기 15:6에서 아브라함이 하나님을 믿은 궁극적인 이유는 그가 많은 민족의 조상이 되기 위함이었다(4:18)는 점을 설명하고자 한다. 우리는 이 단락에서 창세기의 설명을 그렇게 상당히 수정한 바울의 의도를 살피고, 그의 논증이 얼마나 이방인의 사도로서의 바울의 자기 이해를 통해서 형성되었는지를 규명하고자 한다. 이렇게 하는 데는 두 가지 의도가 있다. 첫째, 이방인 구원의 합법성의 신학적 토대를 확립하려는 것이고, 다른 하나는 이방인들도 열국(=이방인)의 아비인 아브라함의 **합법적인** 후손들이기 때문에 아브라함과 다윗이 말한 축복이 또한 믿는 이방인들을 위한 것도 된다는 점을 분명히 하려는 것이다.

A. 아브라함의 칭의와 "경건치 않은 자"의 복: 4:1–8

바울은 로마서 4장에서도 '자랑'의 주제를 이어가지만, 창세기 15:6을 칭의에 있어서 어떤 자랑도 배제해야 하는 근거로 도입하고는 곧바로 창세기의 내러티브를 주해하기 시작한다. 유대인의 자랑의 배제와 이방인 구원의 포함이 아브라함의 경우를 예로 들어 추가 설명되고 있다는 기포드의 이해가 이 장 전체가 3:27에 대한 주해라고 말한 크랜필드의 주장[120)]보다는 더 개연성이 커 보인다. 칭의는 행위로 얻는 것이 아니기 때문에 자랑은 배제되며, 아브라함이 분명히 보여주듯이, 단순히 하나님을 믿는 자들만 의롭다고 인정을 받았다. 바울은, 목스네스가 지적하듯이, 아브라함이 의(義)로 여겨졌다는 사실뿐 아니라 아브라함이 믿음으로 의(義)로 여겨졌다는 사실도 강조하고 있다.[121)] 즉, 바울이 볼 때 아브라함의 믿음은 그의 의로운 신분을 합법화해 주는 유일한 근거였던 것이다.[122)]

---

120) *Pace* Gifford, *Romans*, 98; Cranfield, *Romans* 1, 224.

121) Cf. Gifford, *Romans*, 100은 그 인용에서 '믿는다'는 동사가 가장 강조되었다고 말하는데, 이는 옳을 수 있다. 그러나 그 장(章)의 바울의 논의에서, 두 동사 πιστεύω(믿는다)와 λογίζομαι(여기다)는 동일하게 강조되고 있다; 아래에 pp. 245-262을 보라.

122) Cf. Moxnes, *Theology*, 109, 129. Moxnes는 바울의 직접적인 관심이 '믿음'을 액면 그대로 강조하는 것이라기보다는(p. 42) 하나님에 대해 이해하는 것이라고 말함으로써(4:5, 17, 21, 24) 바울이 여기서 강조하는 '믿음'에 대한 면을 약하게 만드는 경향이 있다. 그러나 'θεός'(하나님)는 로마서 4장에서 6번만 나오는 반면에 'πίστις/πιστεύω'(믿음/믿는다)는 15번이나 나온다는 사실은 Moxnes의 주장이 완전히 설득력 있는 것은 아님을 암시한다. 더욱이 그는 하나님에 대한 어떤 예언도 그 구절에 있지 않다는 이유로 4:9-12을 간과한다. 그 결과 그는 바울이 4장의 나머지 부분에서 발전시키고 있는 '이 복이 또한 무할례자에게도니라'(4:9)는 주요 주장을 놓치고 있다. 바울이 로마서에서 하나님에 대해 이해하고 있는 것은 의심의 여지없이 중요한 논제이다: 그는 하나님에 대한 새로운 관점을 제기한다. 그래서 로마서 4장은 무할례 중에 있던 아브라함을 의롭다 하신 하나님에 대한 바울의 이해로 간주할 수도 있다. 그러나 여기서 주목해야 할 바울의 주 논쟁점은 아브라함이 많은 나라들(즉 믿는 이방인들)의 조상도 되며, 그 결과 행위와 상관없이 의롭다고 여겨지는 복을 이방인에게도 약속하고 있다는 점이다.

창세기 15:6을 인용한 후 바울은 μισθός(삯)로 연결함으로써 이 구절을 일반적인 원리로 만들고 있다: '상급' (μισθός: LXX 창 15:1) 자체이신 하나님을 믿을 때 의롭다고 인정받으며, 정당한 삯(μισθός: 4:4)이나 빚이 아니라 선물이나 은혜로 의롭다고 인정받는다는 것이다.[123] 바울이 4:6-8에서 다윗의 경우에 호소한 것은, 아브라함이 행위가 아니라 하나님의 순전한 은혜로 의롭다 함을 받았다는 사실을 더 구체화한 것으로 종종 이해되어왔다.[124] 그런 이해를 부정할 수는 없지만, 바울에겐 여기에 좀더 깊은 이유가 있는 듯하다: 바울에 따르면, 다윗은 사람의 축복(ὁ μακαρισμός τοῦ ἀνθρώπου)에 대해서 말하고 있으며, '그 사람'은 여기서 '경건치 않은 사람'을 가리킨다. 바울은, 단지 하나님을 신뢰하기만 했음에도 불구하고 하나님께서 의롭다고 인정해준 '경건치 않은 사람'이 있다는 사실을 분명히 말한다. 4:5에 나오는 '그의 믿음'은 아브라함의 믿음이 아니라 '경건치 않은 사람'의 믿음이다. 여기 나오는 ὁ ἀσεβής(경건치 아니한 자)라는 용어를 통해 바울은 포괄적이고 일반적인 의미에서의 경건치 않은 인류를 가리키는 듯하지만(cf. 5:6),[125] 좀더 구체적으로는 '언약 밖에 있는 자들, 즉 하나님이 구원하시는 의의 영역 밖에 있는 자들'[126]인 이방인들을 가리킨다.[127] 하지만 바울은 아

123) '그의 믿음을 의로 여기시나니'(4:5)에서 인용을 현재시제로 수정한 것과 4:4-6에서 현재 시제 동사들을 사용한 것은 둘 다 바울이 4:23-25의 적용을 막 시작한 것이라기보다는 이미 자신의 논쟁을 당대 사람들에게 적용하고 있음을 나타낸다(그래서 Robertson, 'Genesis 15:6', 271의 주장은 설득력이 있다)(cf. Cranfield, *Romans* 1, 250).

124) 예. Robertson, 'Genesis 15:6', 271-272.

125) Gifford, *Romans*, 100은 이렇게 주장한다. 여기서 '경건치 아니한 자'(ὁ ἀσεβής)는 아브라함을 언급하는 것처럼 보이지 않는다(Nygren, *Romans*, 170; Watson, *Paul*, 139, 222n.70도 그렇게 본다. 그러나 다음 학자들의 견해는 다르지만 설득력은 없다, Hübner, *Law*, 121; Locke, *Paraphrase* 2, 513; Döllinger in Gifford, *Romans*, 100; Robertson, 'Genesis 15:6', 271: '사랑 받고 숭배 받는 선조는 불경건한 자다'). 이는 아브라함을 ἀσεβης로 간주하는 것은 매우 유대적이지 않기 때문이다(Fiedler, 'ἀσεβής', *EDNT* 1, 169; Pr Man 8). 비록 아브라함이 유대교에서 개종자로 묘사되었지만(Dunn, *Romans* 1, 205), 유대교나 바울이나 누구도 그를 경건치 않은 자로서 직접 묘사하지 않는다(Davies, Faith, 160). cf. Ziesler, *Romans*, 125-126과 Sanday and Headlam, *Romans*, 101은 그 용어를 바울 '당대의 불경건한 자'로서 취한다.

126) Dunn, *Romans* 1, 205.

127) 바울은 로마서에서만 ἀσεβ- 단어들을 사용하며(1:18; 4:5; 5:6; 11:26), 구약과 바울 이전 유대

브라함을 ἀσεβής(경건치 않은 자)라고 언급하고 있다는 인상을 분명히 주고 있다. 즉 아브라함도 **이방인으로서**(ἐν ἀκροβυστίᾳ: 무할례시에) 의롭다 함을 받았다는 것이다. 이는 유대인 바울이 제시할 수 있는 가장 대담한 주장 중 하나이다.[128]

바울은 경건치 않은 자도 믿음을 가질 **수 있고** 또 일부는 실제로 믿음을 가지고 있으며, 더 나아가 하나님은 그의 믿음을 그에게 의로 여겨주심으로써 **신실한** 경건치 않은 자들을 의롭게 하실 것임을 암시한다. 그의 서신들 어디에서도 바울이 로마서에서처럼 '이것이 그에게 의로 여겨졌다'는 개념을 이렇게 강조한 적이 없다.[129] 핵심 동사인 λογίζομαι(여기다)[130]는 창세기 15:6의 히브리어 동사 חשב(여기다)처럼, 하나님의 은혜의 행위, 즉 '하나님께서 아브라함의 믿음을 은혜롭게 보셨다'[131]는 의미를 내포하고 있다. 이는 '아브라함에게는 실제적인 의가 없었으며, 그는 그가 자기 안에 가지고 있는 않은 그 무엇을 통해 (의로운 것으로) 간주되었다'[132]는 사실을 암시한다. 이는 또한 실제적인 의가 전혀 없고 언약적 의도 없는 이방인들도 아브라함이 무할례시에 보여주었던 믿음을 발휘한다면, **의롭다고 여겨질 수 있고 또 여겨져야 한다**는 점을 암시한다.

바울은 힐렐 학파의 둘째 규칙인 *gezerah shawah*라는 주해 원리를 따

저술에서는 생소한 개념인, 하나님께서 경건치 않은 자를 의롭다고 하신다는 점을 부각시킨다(예. 출 23:7; 잠 17:15; 24:24; 28:4; 사 5:23; CD 1:19, 그러나 cf. *4 Ezra* 8:33-40): 마찬가지로 Käsemann, *Romans*, 111.

128) Cosgrove, 'Rom 1:18-4:25', 629는 유사한 입장이다. 하지만, 그는 아브라함이 **이방인**의 믿음을 가진 **믿는** 유대인의 조상이며, '심지어 할례 후에도 이방인으로 남아 있었다'고 바울이 주장한다고 말하는데, 이는 정도가 지나친 주장이다.

129) 바울은 이 구절을 갈라디아서 3:6에서 인용하지만, 그곳의 논쟁에서는 상술되지 않았다.

130) 이 단어는 로마서 4장에서만 11번 반복되었고(4:3 두 번, 5, 6, 8, 9, 10, 11, 22, 23, 24), 이 장(章)의 해석에서 중요한 역할을 한다. Bartsch, 'λογίζομαι', *EDNT* 2, 354-355를 보라. 신약에는 'λογίζομαι' 동사가 41번 나오는 데 19번은 로마서에서만 발견된다. 바울 저술 밖의 신약에서는 단지 7번만 나온다.

131) Boylan, *Romans*, 65.

132) Dodd, *Romans*, 90.

라,[133] 이 시편에는 ἔργα(일)의 요소가 전혀 없고[134] '믿음'이나 '의'라는 용어가 없음에도 불구하고,[135] 바울은 핵심 동사 λογίζεσθαι(간주되다)를 강조함으로써 다윗을 인용하고 있다(LXX 시 31:1-2). 시편 인용은 분명 아브라함도 다윗이 여기서 기술한 것처럼 축복을 받았다는 사실을 강조하고 있다.[136] 하지만 4:5-9의 문맥에 따르면, 바울의 주요 의도는 아마도 하나님께서는 경건하지 않는 자를 의롭다 하시고, 그의 믿음을 의로 간주하신다는 자신의 (급진적인) 주장을 뒷받침하는 데 있을 것이다. 창세기 15장에서 아브라함이 믿은 하나님은 그분의 축복의 말씀에 신실하신 분이지만, 여기서 바울은 경건하지 않는 자를 의롭다하시는 하나님을 믿은 것처럼 소개하고 있다. 아마도 유대인들의 반대를 염두에 둔 채, 바울은 다윗의 실명을 거론함으로써[137] '율법과 상관없이 하나님께서 의롭다고 인정해주신'(4:6) 그 사람, 즉 경건하지 않는 자의 축복을 분명히 하고 있다. ἀσεβής(경건치 않은)

133) 학자들은 여기서 바울이 이 규칙을 따르고 있다는 데에 동의한다: 예. Moxnes, *Theology*, 111. Dunn, 'Romans: Analysis', 2855; Lincoln, 'Wrath', 217. 힐렐의 해석 규칙들에 대해서는 Ellis, *OT in Early Christianity*, 87-91을 보라.

134) Fitzmyer, *Romans*, 375; Elliott, *Rhetoric*, 161. 다윗이 맛본 용서의 행복은 감추거나 속임이 없이 그의 죄를 진심으로 고백하는 것을 전제로 하고 있다(시 32:2, 3, 5). 이런 것들이 '일'로서 여겨질 수는 없지만, 바울이 LXX 시편 31:2b을 인용하지 않고 있는 사실은 바울 스스로가 '정직한 고백'까지도 '일'로 여겼을 것이라는 점을 제안하고 있는 듯 보인다(Stanley, *Language*, 101을 보라).

135) 대부분의 번역들은 시편 32:10을 '여호와를 신뢰하는 자'로서 번역하지만(예 NRSV, REB, NAB, NJB, NASB, Moffatt), 반면 LXX(τὸν δέ ἐλπίζοντα επὶ Κύριον)과 MT(וְהַבּוֹטֵחַ בַּיהוָה)은 '여호와를 바라는 자'의 의미를 내포한다.

136) Gifford, *Romans*, 101, 102; Sanday and Headlam, *Romans*, 102.

137) 다윗은 아브라함 및 모세와 함께 1세기 유대주의에서 가장 존경받는 인물이다(Guerra, 'Romans 4', 261은 Barrett, *First Adam*, 68을 따른다). 바울이 특별히 LXX 시편 31편을 소개할 때 καὶ Δάυιδ γέγειλ라고 다윗의 이름을 특별히 붙이는 것은 의미 있어 보인다. LXX에서 다윗의 시로 명시된 시편 중 열한 구절 정도가 인용되는데, 로마서에서 이같은 소개를 붙여 소개되는 다른 구절은 11:9-10뿐이다(cf. Ellis, *Paul's Use*, 150-151). 여기서 바울은 다윗의 권위에 호소하고 있다('다윗은 단지 저자로서 인용된 것이지, 아브라함과 나란히 두번째 예로서 인용된 것이 아니다'라는 입장의 Dunn, *Romans* 1:205와는 다른 입장이다). 바울은 이스라엘을 위한 율법의 수령자인 모세가 율법 외에 믿음으로 말미암는 의에 대한 자신의 논의를 뒷받침하는 명시적인 증거를 제시하도록 하는 일은 어렵다고 생각했을 것이다. 그러나 그는 모세의 첫번째 책에서 자료를 사용하여 자신의 해석이 궁극적으로는 모세의 이해에 기초하고 있음을 암시하고 있으며, 모세가 자신의 논지를 승인했음을 간접적으로 나타내고 있다.

이라는 단어를 쓴 바울의 의도는 이 축복이 **무할례자**를 위한 것이기도 하다는 점을 강조하는, 4:9의 구성을 보면 좀더 분명해진다. 바울은 그런 의도를 가지고 있었기에 '일한 것이 없이'(χωρὶς ἔργων: 4:6)라는 표현을 덧붙였을 것이다.

하지만 시편 32편(LXX 31편)만으로는 다윗이 말하고자 하는 바가 **'일한 것과 상관없이'** 주어진 축복을 강조하려는 것인지 아니면 그런 축복을 경건하지 않는 자, 즉 이방인들과 관련시키려는 것인지 분명하지 않다. 실제로 다윗은 그 축복이 경건한 자(시 32:6), 의인(시 32:11)만을 위한 것이라고 분명히 말하고 있다: '그를 **신뢰하는** 자에게는 인자하심이 두르리로다'(시 32:10b). 다른 한편 경건치 않은 자(ἁμαρτωλός)[138]는 많은 슬픔이 있을 것이다(32:10a). 그래서 '바울 당대의 랍비들은 시편 32:1f에서 선포된 축복은 독점적으로 오직 유대인들에게만 적용된다는 점을 당연하게 여겼을 것'[139]이며, 따라서 그들은 종종 속죄일과 관련하여 이 시편을 인용하였다[140]고 한 크랜필드의 말이 옳은 듯하다. 따라서 바울이 그런 문맥을 가진 시편을 사용하여 '하나님은 [이방인] 악인(ἀσεβής)(4:5)을 의롭다고 하시는 하나님이시다'라는 자신의 주장을 뒷받침하고 있다는 점에 주목하는 것이 매우 중요하다. 실제로 바울은 다윗을 재해석하고 있다: 다윗은 '경건한 행위의 사람'으로 인식된 사람이었지만(4QMMT 31-118=4Q 397-399),[141] 바울은 그를 **일한 것이 없이**(4:6-8) 의(義)의 축복을 유지하고 있는 사람으로 제시하고 있다. 4:1-8의 주요 논지는 이런 축복은 축복의 약속을 처음부터 받은 자들인 περιτομή(할례자)뿐만 아니라(9:4), '이스라엘 시민의 범주에서 제외되고 약속의 언약에 대해서는 외인들이며 세상에서는 소망도 없고 하나님도 없는

---

138) 5:6-8에서 바울은 ἀσεβής(경건치 않은 자)와 ἁμαρτωλός(죄인)를 동의어로 나란히 놓으며, 둘은 그리스도인들의 믿지 않는 상태와 동일시되었다(또한 다음에서도 마찬가지다, 딤전 1:9; 벧전 4:18; cf. 딤후 2:16; 딛 2:12).

139) Cranfield, *Romans* 1, 234.

140) Str-B 3, 202-203.

141) Eisenman and Wise, *Dead Sea*, 200의 번역.

자들인 ἀκροβυστία(무할례자)에게까지도 적용된다'는 것을 설명하려는 의도를 가지고 있었던 것이 분명해 보인다(엡 2:12; cf. 갈 4:8; 골 2:21; 살전 4:5).

B. 아브라함의 믿음과 그의 조상됨: 4:9–12

아브라함의 사례를 예로 들어 논쟁하는 바울의 의도가 4:9-12에 드러난다. 4:9에 나오는 단어인 μακαρισμός(복)가 4:6에 나온 동일한 명사와 4:7-8에 나온 이 표현의 형용사형과 관련이 있는 것을 볼 때, 무할례자들을 향한 하나님의 축복 선언은[142] 또한 아브라함의 경우를 사용하는 것뿐만 아니라 LXX 시편 31:1-2의 인용을 통해서도 강조되고 있다. '그런즉 이 복이 할례자에게냐 혹은 무할례자에게도냐?(4:9a)'라는 바울의 수사적 질문은 분명 유대인과 이방인 모두를 위한 복임을 인정하고 있다. 하지만 첫째 부분에 'μόνον'(오직)이 빠지고 둘째 부분에 불변화사 ἤ(혹은)가 덧붙여진 사실은 바울이 둘째 부분을 강조하고 있음을 암시한다.[143] 더 나아가 바울이 γάρ(대저)라는 접속사 통해 곧이어 한 말인[144] '[왜냐하면] 우리가 말하기를 아브라함에게는 그 믿음을 의로 여기셨다 하노라'(4:9b)는 분명 창세기 15:6의 주해의 궁극적인 목적이 이 의(義)와 용서의 축복은 **무할례자들을 위한 것이기도** 하다는 개념을 확립하는 것임을 분명히 가리켜준다. 바울은 이 두 구약의 구절들을 긴밀하게 연결시켜 이 같은 논지를 세우고 있다.

바울은 이제 이 복을 이방인들에게도 적용하기 위해서, **어떻게** 아브라함이 의롭다 함을 받았는지에서 **언제** 아브라함이 의롭다 함을 받았는지

---

142) Rienecker and Rogers, *Linguistic Key*, 357; Sanday and Headlam, *Romans*, 101.

143) 이 구조는 3:29, 4:16(μόνον…καί)에 있는 것보다 첫번째 부분을 덜 강조하고 있다. NASB, Moffatt를 제외한 대부분의 (현대) 영어 번역들(예. RSV, NIV, TEV, JB, Phillips)과 Dunn을 제외한 대부분의 주석가들(Barrett, Cranfield, Fitzmyer, Käsemann)은 '다만'을 덧붙여서 이 논지를 놓치고 있다.

144) 예를 들어 NIV, RSV, NAB, REB, NRSV의 번역은 이 중요한 γάρ를 무시한다; 그러나 KJV와 TEV는 그것을 옳게 번역한다. cf. JB, NEB, Phillips, Moffatt.

로 질문을 바꾸고 있다.[145] 아브라함이 할례 의식이 제정되기 **전에** 의롭다 함을 받았다는 사실은 바울에게는 가장 중요한 문제이며, 그의 말들은 강조적인 용법으로 구성되고 있다. 따라서 시편 32편에 언급된 복은 또한 무할례자들을 위한 것이기도 한데, 이는 아브라함이 다른 이방인 신자들처럼 무할례자로 있던 동안에 의롭다 함을 받았기 때문이다. 무할례가 아브라함이 의롭다 함을 받는 자격을 앗아가지 않았던 것같이, 이방인들에게도 마찬가지인 것이다. 이방인들에게 아브라함이 가진 믿음만 있으면, 그들의 칭의는 절대적으로 합법적이라는 것이다.[146] 아브라함을 이스라엘의 원형(prototype)으로 제시하고 있는, 포로기와 포로 후기의 예언자들과는 달리[147] 바울은 그를 (이방인) 신자들의 원형으로 제시하고 있다.[148] 아브라함의 칭의 사안에서 유추할 수 있는 중심적인 쟁점은 일반적인 전 인류와 관련이 있을 뿐 아니라, 더 구체적으로는 이방인들과 관련이 있다.[149]

바울의 반대자들은 아브라함이 의롭다 함을 받은 **후**에 할례를 받았고, 아브라함의 집에 속한 이방인들 또한 할례를 받았기 때문에(cf. 창 17:12-14), 이방인 신자들도 칭의 받은 **후**(after)에 '언약의 인(seal)'으로서 할례를 받아야 한다고 '신학적으로' 주장했을 수 있다.[150] 하지만 바울은 이 쟁점을 다루지 않는다. 그는 '언약의 인'이라는 문구는 쓰지 않고, '의의 인'이라는 문구를 쓰고 있다. 그 이유는 아마도 '언약의 인'이라는 표현이 할례 의식을 상기시킬 수 있기 때문일 것이다. 바울의 주장은 무할례자인 이방인 신자들의 믿음이 구원론적으로는 충분하다는 사실을 증명하는 데 그 초점이

145) Hays, *Echoes*, 56.

146) 믿는 유대인들은 이미 할례 받은 상태였기 때문에, 여기서의 바울의 주장은 이방인 신자들에게 더 실제적인 함의를 가져다주었을 것이다. 그래서 Ziesler, *Romans*, 128이 아브라함이 할례를 받지 않은 채 의롭다고 여겨졌다는 사실에 대한 바울의 강조가 이방인을 위한 사례를 분명히 마련해주는 역할을 한다는 점에 주목한 것은 옳다.

147) Fishbane, *Interpretation*, 374-376을 보라.

148) Betz, ''Αβραάμ', 3.

149) 그래서 바울이 아브라함의 의를 모든 인류에게 관련시키고 있다는 Guerra, 'Romans 4', 260-261의 주장은 구체적인 설명과 뉘앙스를 더 필요로 한다.

150) Cf. Longenecker, '"Faith of Abraham"', 205.

모아지고 있다. 즉 이방인 신자들은 이미 믿음의 의(義)의 인을 가지고 있는 것이다(cf. 4:11).[151] 따라서 그들에겐 다른 인, 즉 옛 언약의 인이 필요 없다는 것이다. 바울은 아브라함의 **한** 경우를 취하여, 그것이 **유일한** 패러다임을 형성하는 경우라도 된 듯이 일반화시키고 있다.

바울은 아브라함의 사건 배후에는 하나님의 목적이 있었으며, 그가 할례 **전에** 의롭다 함을 받게 한 **목적**은 아브라함을 할례와 상관없이 모든 믿는 자들의 조상이 되게 하는 데 있었다고, 추가로 주장하고 있다(4:11). 실제로 11절에서 바울은 정관사를 가진 부정사의 목적격을 수반하는 구조를 두 개 만듦으로써 이중적인 하나님의 목적을 표현하고 있다.[152]

> 'εἰς τὸ εἶναι αὐτὸν πατέρα πάντων τῶν πιστευόντων δι' ἀκροβυστίας,
> εἰς τὸ λογισθῆναι [καὶ] αὐτοῖς [τὴν] δικαιοσύνην'
> 이는 무할례를 통해(즉, 할례를 받지 않은 채) 믿는 모든 자의 조상이 되어
> 그들도 의로 **여기심을 얻게**[153] 하려 하심이라

유대인들은 이미 할례를 받았기 때문에, '무할례를 통해 믿는 모든 자'라는 문구는 이방인 그리스도인들을 가리킨다. αὐτοῖς(그들) 역시 할례 받지 않은 이방인 그리스도인들을 가리킨다. 여기서 바울은, 할례 전에 의롭다

---

151) 예. 영으로 말미암아: 8:9-11; 고후 1:21-22; 엡 4:30: '약속의 성령의 인치심' (엡 1:13). 성령을 받는 것은 초대 교회에겐 (믿는) 이방인들이 하나님을 받아들인 것을 확증할 수 있는 명백한 증거였다. 베드로와 고넬료의 만남은 그 같은 성령 강림 사건(행 10:45-46)에 의해 확증을 받았다. 갈라디아의 믿는 자들의 경우도 마찬가지였다. 바울은 그들의 의가 율법 준수에 기초하지 않는다는 점을 설득하기 위하여 성령 받은 체험에 호소하며(갈 3:1-5), 이 주장의 예를 보여 주기 위하여 갈라디아서 3:6이후로부터 아브라함의 경우에 주목한다. 초대 교회의 '신학'의 형성이나 확언에서 '체험'의 역할에 대한 연구는 중요한 주제인데, 안타깝게도 본 연구에서는 지면 관계상 다룰 수 없다.

152) Dunn, *Romans* 1, 210; Hays, *Echoes*, 56. 첫번째 εἰς를 말미(final)의 것으로 취하는 반면에 두번째 것은 단순히 결과를 나타내는 것으로서 보는 Cranfield, *Romans* 1, 236-237의 견해는 옳지 않다.

153) 부정과거 수동태 부정사는 목적이나 실제적인 결과를 나타내지만(Rienecker and Rogers, *Linguistic Key*, 357),더 가능하게는 하나님의 목적을 암시한다(Turner, *Grammar* 3, 143; Sanday and Headlam, *Romans*, 107; Morris, *Romans*, 203 n. 46).

함을 받은 아브라함의 경우를 통해서, 하나님께서는 오직 믿음의 조건만으로[154] 할례와 상관없이 이방인들을 의롭다고 하실 의도였음을 분명히 보여주고 있다. 지슬러가 유대인의 관점으로 보면 여기 바울의 대담한 주장은 실제로 급진적인 주장이라는 점에 주목한 것은 옳다.[155] 이 교리에 대한 바울의 주해는 이방인 신자들을 위한 것이거나 혹은 바울이 이방인 구원의 합법성을 단언(혹은 변호)하기 위해 여기서 볼 수 있는 것과 같은 방식으로 자신의 논증을 구성한 것이라고 말할 수 있을 것이다.

동일한 논지가 4:12에서 추가로 전개되고 있다. 12절은 특별히 학자들의 많은 주목을 받고 있는 구절이다.

> καὶ πατέρα περιτομῆς <u>τοῖς</u> οὐκ ἐκ περιτομῆς μόνον ἀλλὰ καὶ <u>τοῖς</u> στοιχοῦσιν τοῖς ἴχνεσιν τῆς ἐν ἀκροβυστίᾳ πίστεως τοῦ πατρὸς ἡμῶν Ἀβραάμ (4:12)
>
> (또한 할례자의 조상이 되었나니 곧 할례 받을 자에게뿐 아니라 우리 조상 아브라함이 무할례시에 가졌던 믿음의 자취를 따르는 자들에게도 그러하니라)

이 구절의 문법적 난제들 때문에 많은 해석가들이 바울의 논지를 오해해왔다. 다수 견해에 따르면, 바울은 아브라함이 불신하는 유대인들뿐 아니라 믿는 유대인들의 조상도 되신다고 단언하고 있다고 한다.[156] 다시 말해서 바울은 여기서 아브라함이 **유대인**의 조상이라고 말하고 있으며, 이방인의 조상도 된다는 말은 이 구절에 포함되어 있지 않다는 것이다.[157] 우

154) Dunn, *Romans* 1, 210: '바울은 창세기 15:6은 무할례자도 믿음을 가지기만 하면 그 무할례 상태에서 아브라함을 그들의 조상으로 모실 수 있음을 보여 준다고 주장한다. 이것이 바로 바울이 15:6에 근거하여 스스로 합법성을 발견한 믿음과 율법의 행위 사이의 구분이다.'

155) Ziesler, *Romans*, 128.

156) 이 첫번째 τοῖς가 유대인 그리스도인들과 바울의 신학을 따르는 유대인 그리스도인들 둘 다를 포함하는 것이라는 Meyer의 설득력 없는 해석(*Romans* 1, 203)을 참조하라.

157) 예. Käsemann, *Romans*, 116; Dunn, *Romans* 1, 210-212; Cranfield, *Romans* 1, 237; Shedd, *Romans*, 101; Moxnes, *Theology*, 112 n. 18.

리는 구문론뿐 아니라 문맥의 관점에서도 이 견해를 조사할 것이며, 일부 새로운 증거를 제시하면서 아브라함은 유대인과 이방인 모두의 조상이 된다는, 대안적인 해석을 제시하려고 한다.

다수 견해에 속한 학자들이 갖고 있는 전제의 문법적인 논지를 다음과 같이 요약할 수 있다: τοῖς οὐκ … μόνον(…자에게뿐 아니라)라는 어법을 쓰고 있기 때문에, 첫번째 τοῖς는 **'할례 받을 자에게뿐 아니라'**와 **'아브라함의 자취를 좇는 자들에게도'**를 모두 포함하고 있다. 만약 이 구절이 두 그룹(유대인과 이방인)을 가리켰다면, 그 구조는 τοῖς οὐ(κ)라기보다는 οὐ τοῖς이어야만 했을 것이다.[158] 두번째 τοῖς가 동일한 구절에서 바울이 서로 다른 두 개별 **계층**(classes)을 향해 말하고 있다는 인상을 주기는 하지만,[159] 이 두번째 τοῖς는 바울/더디오(Tertius)가 부주의하여 집어넣은 것이거나 혹은 필사가가 '원래' αὐτοῖς를 현재의 τοῖς로 실수로 잘못 필사한 것일 가능성이 더 크다.[160] 따라서 바울은 분명 두 그룹을 말하고 있지 않기 때문에[161] 그것이 생략될 수밖에 없었을 것이라고 설명한다.[162]

하지만 이런 가설에 장점이 있기는 하지만 전적으로 설득력이 있는 것은 아니다. 두번째 τοῖς에 대해서는 사본상의 완전한 합의를 보이고 있다는 사실은[163] '어색함' 때문에 두번째 τοῖς를 생략하거나 바꾸려는 시도가 전혀 없었음을 암시한다.[164] 그것이 일부 학자들에게는 이해할 수 없

158) 어떤 학자들은 οὐ τοῖς 구조를 더 선호하면서, 첫번째 τοῖς를 믿는 유대인에게 적용했고, 두번째를 믿는 이방인에게 적용하였다: 이 입장을 주장하는 다른 학자들에 대해서는 Meyer, *Romans* 1, 203을 보라.

159) Godet, *Romans*, 174는 이 견해를 수용하지는 않지만, 인정은 해 주고 있다.

160) Cranfield, *Romans* 1, 237; 이렇듯 또한 Dunn, *Romans* 1, 196. 한편 Gifford, *Romans*, 103; Sanday and Headlam, *Romans*, 108; Lagrange, *Romains*, 91; Boylan, *Romans*, 68도 이런 견해를 표명한 바 있다. 그러나 Lightfoot, *Notes*, 280은 이런 제안을 수용하지 않고 있다. 그는 빌립보서 1:29에서 유사한 구조에 주목하였다(그러나 cf. Meyer, *Romans* 1, 202-203).

161) Sanday and Headlam, *Romans*, 108; 또한 Meyer, *Romans* 1, 202도 같은 입장이다. 그는 자신과 같은 견해를 가졌던 19명의 옛 학자들의 목록을 제시한다.

162) Sanday and Headlam, *Romans*, 108.

163) Cranfield, *Romans* 1, 237 n. 5.

164) Godet, *Romans*, 174는 두번째 τοῖς를 원래적인 것으로 받아들이지만, 그것이 '두번째 평행

는 일로 보일 수도 있겠지만, 가장 이른 시기의 필사자들은 원문으로 간주해온 듯하다. 어휘 순서가 'τοῖς οὐκ'에서 'οὐ τοῖς'로 바뀌어야 하는지, 혹은 두번째 τοῖς를 신중하지 못한 첨언으로, 혹은 불필요한 반복으로, 혹은 'αὐτοῖς'의 잘못된 철자로 간주하여 무시해야 할지 확신할 수 없다.[165] 따라서 우리는 4:12이 유대인 한 그룹에 대해 말하고 있는지 아니면, 유대인과 이방인 두 그룹에 관해서 말하고 있는지를 결정하기 위해 문맥을 연구할 것이다. 문맥은 지적인 해결을 위한 수단으로 거의 간주되지 않았다. 고뎃이 문맥을 연구하기는 했지만, 그는 바울이 11b절에서 이방인 신자들에 대해 충분히 기술하였기 때문에, 12b절에서 바울이 다시 이방인들에 관해 말한다고 보기가 어렵다고 단언하고 있다.[166] 하지만 그는 너무 좁은 문맥만 살피고 있다. 4:12은 단순히 4:11을 반복하고 있는 것도 아니다. 도리어 4:12은 앞에서 바울이 주장해오고 있는 것을 요약하거나 재진술하고 있다고 보는 것이 더 낫다. 무(D. Moo)도 좀더 광범위한 문맥을 취하고 있기는 하지만, '로마서 4장의 문맥은 유대인과 이방인 간의 구분을 지나치게 강조하고 있다'는 그의 주장은 인정받기 쉽지 않다.[167]

우리는 4:12이 믿는 유대인과 믿는 이방인을 모두 가리키고 있다는 가설을 뒷받침할 만한 적어도 두 가지 문맥적인 이유를 제안하려고 한다.[168] 첫째, 이 논쟁 단계에서 바울이 다른 곳에서는 부정하면서도(9:6b-8; cf. 2:25-29) 여기서만 아브라함이 불신 유대인들의 조상도 된다고 주장했을 가능성이 거의 없다. 4:10-12은 헬라어로는 긴 한 문장이며, 이 단락의 목적은 4:6-8

적인 대명사가 아니라, 4:24의 τοῖς처럼, τοῖς πιστεύουσιν, 단순 정관사 'the'라고 주장한다(cf. Cranfield, *Romans* 1, 237). 그러나 4:24의 τοῖς는 단순한 관사가 아니다; 그것은 대명사의 기능도 가지며 여기서도 그렇다.

165) Caragounis는 모국어가 신약 성경의 언어였던 크리소스톰조차도 τοῖς οὐκ ἐκ περιτομῆς에 대해서 어떤 문제 의식도 보이지 않았다는 사실을 필자에게 귀띔해 주었다.

166) Godet, *Romans*, 174.

167) *Pace* Moo, *Romans* 1, 275.

168) 이 견해를 주장하는 소수의 학자들 중에는 Cerfaux, Cambier, Swetnam, 'Curious Crux', 110-115가 있다.

에 언급한 복이 무할례자들에게도 적용될 수 있음을 분명히 하는 데 있다. 이제 강조적인 용법으로 반복되고 있는 'ἐν τῇ ἀκροβυστίᾳ'(무할례시에)라는 표현(4:12b)은 이방인 신자들과 관련 있는 주장, 즉 아브라함이 무할례시에 의롭다고 여겨졌다는 사실에 비추어 볼 때, 이방인들도 합법적인 신자들이고 또 진정한 신자들이라는 주장을 요약하고 있는 것으로 보인다.

더 나아가, 아브라함은 유대인을 지칭하는 듯한 표현인 **그** 할례자들의 조상이 아니라, 할례자의 조상(πατέρα περιτομῆς)으로 묘사되고 있다.[169] 바울은 이방인들이 율법의 요구를 이룬 행위는 참 할례로 간주되어야 한다고 앞서 분명히 밝힌 적이 있다(2:26; cf. 빌 3:3). 만약 헤이즈의 4:1의 번역이 옳다면, 우리의 해석은 더 확실해질 수 있다. 'What then shall we say? Have we found Abraham to be our forefather according to the flesh?(그럼 우리가 무슨 말을 하리요? 우리가 육체를 따라서 아브라함이 우리 조상이 되는 것을 발견하였는가?)' 그는 계속해서 '이 수사적 질문이 요구하는 대답은 로마서에 나오는 다른 유사한 수사적 질문들(3:5; 6:1; 7:7; 9:14)처럼 강조적 부정이다'[170]라고 말한다. 바울이 그런 질문으로 시작하여 아브라함의 경우를 다루기 시작한다면, 대부분의 학자들이 주장하듯이, 그가 아브라함은 믿지 않는 유대인과 믿는 유대인들(다시 말하면, 그들이 믿든지 안 믿든지 상관없이)의 조상이라고 주장하고 있을 가능성이 거의 없어 보인다. 더 나아가, 4:14은 분명히 '율법으로 말미암아 사는 자들'(οἱ ἐκ νόμου)은 아브라함의 후사가 아니며, 유대인이든지

169) 유대인들은 비록 이스마엘과 에서도 할례를 받았지만, 이스라엘(야곱)의 자손만이 참 할례자라고 주장하였다. 거의 모든 현대 번역들은 이 문구를 잘못 번역한다: RSV, NRSV, REB, NAB, NJB, TEV, NIV, NEB, Moffatt, Lutherbibel; cf. KJV, NASB. 아브라함은 이삭과 마찬가지로 이스마엘에게 할례를 행했고, 이삭은 에서와 야곱 둘 다에게 할례를 행하였다. 그러나 유대인들은 야곱의 열두 지파만이 유일한 참 할례자들이라고 한다.

170) Hays, *Echoes*, 54; 그가 먼저 쓴 글 'Abraham', 76-98에 삽입됨. 안타깝게도 Hays 자신은 이 번역을 4:12의 해석적인 쟁점들과 관련시키지 않는다; 오히려 그는 4:12b가 믿는 유대인들을 언급하는 것이라고 주장한다(*Echoes*, 56). Wright, 'Romans', 191는 Hays의 4:1번역을 수용하지만, '우리'를 규명하는 데에는 의견을 달리한다. Hays는 '우리'가 유대인들을 언급한다고 한다(같은 견해는 Haldane, *Romans*, 161; Lightfoot, *Notes*, 277; Lincoln, 'Wrath', 216; Beker, *Paul*, 78); Wright는 그리스도인들을 지칭한다고 주장한다(cf. Watson, *Paul*, 139는 로마의 유대인 그리스도인들로 본다).

이방인이든지 오직 믿음으로 사는 자들만이 후사임을 분명히 가리키고 있다. 따라서 4:12에 나오는 한 쌍의 τοῖς는 신자들, 즉 유대인과 이방인 그리스도인 모두를 가리킨다. 따라서 바울이 아브라함은 불신 유대인의 조상이라는 것을 부정하고 있다는 점에서 4:12은 담대한 진술이다.

둘째, 비슷한 사고 패턴이 4:16에도 나온다: 'οὐ τῷ ἐκ τοῦ νόμου μόνον ἀλλὰ καὶ τῷ ἐκ πίστεως 'Αβραάμ ὅς ἐστιν πατὴρ πάντων ἡμῶν'(율법에 속한 자에게뿐만 아니라 아브라함의 믿음에 속한 자에게도니, 아브라함은 우리 모든 사람의 조상이라). 'οὐ τῷ'라는 어순은 ἀλλὰ καὶ τῷ ἐκ πίστεως 'Αβραάμ(아브라함의 믿음에 속한 자에게도니)이 믿는 이방인들을 가리키고 있음을 분명히 보여준다. 이 문구는 아마도 'τοῖς στοιχοῦσιν κτλ'(좇는 자들에게, 4:12b)이라는 표현과 상응관계일 수 있으며, 그렇다면 후자는 아마도 믿는 이방인들을 가리킬 것이다.[171] 더욱이, 우리 조상 아브라함이 **무할례시에** 가졌던 믿음의 걸음을 따라 걷을 수 있는 자들은 이방인들이다. 왜냐하면, 유대인들은 할례시에 믿지만, 그들은 **무할례시에** 믿기 때문이다. 강조적 위치에 놓인 'ἐν ἀκροβυστίᾳ'(무할례시에, 4:12)라는 표현은 그들이 믿는 상태에 있었음을 암시하는 것으로 보인다.

결론적으로, 바울은 4:11에서 아브라함이 무할례자들의 조상도 된다는 점을 분명히 한 후 4:12에서는 아브라함은 **영적 할례자들**의 조상이 된다는 사실을 재확인하고 있다. 그들은 할례를 받은 자들(믿는 유대인들)뿐 아니라 아브라함이 무할례시에 가졌던 믿음의 자취를 따라 걷는 자들(믿는 이방인들)을 포함한다. 유대인들은 아브라함을 이방인들과 자신들을 구별시켜주는 인물로 믿었지만, 바울은 그가 믿음을 통해서 이방인들도 조상으로 삼을 수 있는 존재라고 주장하고 있는 것이다.[172] 아브라함이 이방인의 조상이었다고 한 유대인은 거의 없었을 것이다(cf. 출애굽기 22:21에 대한 *Mechilta* 101a). 하지만 '바울은 그 순서를 뒤집는다. 아브라함은 믿음 없는 유대인들보다

171) Swetnam, 'Curious Crux', 113도 이 부합에 주목하지만, 너무 쉽게 그것을 전제한다.
172) Nygren, *Romans*, 175.

는 믿는 이방인들의 조상이 된다.'[173] 미헬(O. Michel)은 바울이 아브라함은 할례자의 조상이기보다는 무할례자의 조상이 된다는 너무 지나친 주장을 하고 있기는 하지만, 그가 이 주장에서 바울이 강조하고 있는 바가 무엇인지를 인지한 것만은 분명하다.[174] 단지 이방인 그리스도인들이 아브라함의 가계(家系)에 포함되는 것만을 확언하려는 것이 아니다. 그것이 4:1-12에서의 바울의 주 관심사였기 때문에,[175] 바울은 이 점을 부각시키기 위하여 자신의 논지를 구성하고 있다. 그간 바울이 여기서 한 것처럼 아브라함이 이방인의 조상도 된다는 사실을 여기서 바울이 주장하는 것처럼 강조한 사람은 일찍이 아무도 없었다. 따라서 우리는 아브라함에 대한 이같은 재해석이 바울에게서 처음 발원된 것이라고 분명히 말할 수 있다.[176] 더 나아가 이방인 칭의의 합법성을 구축할 수 있는 신학적인 기초를 세우려는 바울의 이 같은 입장은, 그의 사도적 자기 인식에서 비롯되었을 가능성이 가장 높다는 것이 우리의 주장이다. 연대기적 내러티브 순서들을 사용하여 논리적으로 자신의 주장을 전개해왔던 바울(14:1-12)이 그 다음에는 같은 목적을 이루기 위해 연대를 (의도적으로) 재구성하고 있다. 다음 단락에서 이 목적을 살피고자 한다.

C. 약속, 그리고 많은 민족/이방인의 조상으로서의 아브라함: 4:13-25

아브라함에게 주신 약속, 그의 믿음과 그가 많은 민족의 조상이 된다는 모티브는 4:13-22에서 이어지는 논쟁에서도 두드러지게 나타나고 있다.[177]

173) Ziesler, *Romans*, 129.

174) Michel, *Römer*, 104.

175) Hays, 'Abraham', 90-91.

176) Leenhardt, *Romans*, 119는 다른 견해를 갖는다; 시편 47:9과 마태복음 8:11은 정확하게는 이방인에 대한 아브라함의 조상 됨에 대한 것이 아니다.

177) ἐπαγγελία/ἐπαγγέλλομαι 용어는 4:13, 14, 16, 20, 21에, πίστις/πιστεύειν은 4:13, 14, 16, 17, 18, 19에, 그리고 πατήρ는 4:16, 17, 18에 나온다. 뒤의 두 용어들은 이미 사용되었지만

여기서는 바울이 창세기 내러티브를 배경으로 자신의 논지를 어떻게 제시하고 있는지를 살핌으로써 바울이 자신의 신학적인 주장의 논점을 세우기 위해서 얼마나 그 내러티브를 이탈하고 있는지를 결정하고자 한다. 그런 다음 바울이 어떻게 아브라함이 **많은 민족/이방인**의 아비가 된다는 사실을 확립하고 있는지를 증명하고자 한다. 그는 하나님의 약속, 아브라함의 믿음, 그리고 그의 조상 됨이라는 모티브를 아브라함이 많은 민족의 조상이 된다는 모티브와 관련시키고 있다. 4:13-25에서 바울이 종종 창세기의 연대기적 진술을 간과하거나 변경시키고 있는데, 바울이 아브라함의 경우를 설명할 때 그 의도가 드러나고 있다. 아브라함이 할례를 받기 전에 의롭다 여김을 받았듯이, 아브라함을 향한 약속도 율법이 제정되기 전에 주어졌다. 따라서 그 약속은 율법에 의한 것이 아니라,[178] '믿음으로 오는 의(義)로 말미암은'(διὰ δικαιοσύνης πίστεως) 것이었다.

아브라함을 많은 민족의 조상으로 삼겠다는 약속의 성취는 율법의 제한을 받지 않는데, 이는 율법은 약속을 폐할 뿐 아니라 진노를 가져오기 때문이다(4:14-15; cf. 1:18; 5:13). 여기서 다시 한 번 바울은 비유대적인 진술을 하는데, 그것은 유대인들은 율법에 기초하여 약속의 개념을 이해하였기 때문이다. 즉 구원과 그들의 유업의 안전은 '율법을 통해 약속된 것'으로 인식했기 때문이다(2 Macc 2:17-18). 하지만 바울은 그런 당대의 개념을 직접적으로 부인하고 있다.[179] 도리어 바울은 이 약속이 '율법에 속한 자들(유대인) 뿐 아니라, 우리 모두의 조상인 아브라함의 믿음에 속한 자들(이방인)에게까

(πίστις/πιστεύειν은 4:3-12에서 일곱 번, πατήρ는 4:11-12에서 세 번), 이 약속의 주제는 논쟁에 새로운 차원을 열어주고 있다.

178) Davies, *Faith*, 170은 이 νόμος가 할례를 언급하고 있다고 주장하지만, 모세의 율법을 언급하고 있을 가능성이 더 크다(cf. *Zad* 20:3: 아브라함은 그가 모세의 율법을 안 그 날에 할례를 받았다). 바울은 이미 갈라디아서 3:15-18에서 약속과 율법을 연결시켰으며, 우리가 아래에서 보이듯이 종종 연대를 무시하고 있기 때문이다.

179) 이렇듯 O'Neill, *Romans*, 83은 4:14-15를 나중에 덧붙인 곁치레로 간주한다. 이는 '이 구절은 유대인이 아브라함과 함께 후사가 되는 가능성을 명백히 배제하고 있기 때문이다'(p. 88). 이 견해는 옳은 듯하지 않지만, 여기서의 바울의 어법이 이방인의 입장을 지지하고 있다는 점은 명백히 파악하고 있다.

지, 즉 모든 후손들에게 확실하게 되게 **하기 위해서**(εἰς τὸ εἶναι)'(4:16, NASB) '구원'의 조건이 하나님의 은혜와 인간의 믿음으로 한정되어졌다고 주장한다.[180] 'οὐ τῷ … μόνον, ἀλλὰ καὶ τῷ …'(…에게뿐 아니라 …에게도)라는 구조는 유대인과 이방인(cf. 12절에서는 암시적으로) 두 그룹을 명백히 가리키고 있으며, 바울은 그 약속이 믿는 이방인들을 포함하고 있다는 점을 강조하고 있음을 보여준다. 바울은 하나님께서는 인간의 믿음과 하나님의 은혜라는 수단을 통해 불의한 자를 의롭게 여기시는 방식을 선택하셨는데, 이는 궁극적으로 이방인들을 아브라함의 의와 후손에 포함시키기 위한 것이었다고 강조하고 있는 것이다.

바울은 바로 그런 이유 때문에 이방인 신자들은 이방인들이 아브라함을 부를 때 유일하게 허용되었던 방식은 '너희 조상'이 아니라(*Bikk* 1:4),[181] 이제는 합법적으로, 신학적인 의미에서, 아브라함을 '우리 조상'이라고 부를 수 있게 되었다고 주장한다. 바울은 이것은 하나님께서 '내가 너로 열국의 아비가 되게 함이니라'(창 17:5)고 말씀하셨을 때[182] 이미 뜻하셨던 바라고 이해한 것이다. 언어적으로는 이 변화가 크게 중요하지 않을 수도 있지만,[183]

---

180) εἰς τὸ εἶναι κτλ …는 목적절이다(Dunn, *Romans* 1, 216; Cranfield, *Romans* 1, 242; Oepke, *TDNT* 2, 430; Godet, *Romans*, 178; *Pace* Käsemann, *Romans*, 121; Fitzmyer, *Romans*, 385). 바울은 '**모든** 후손에게'라는 문구를 강조한 채 강한 목적(βέβαιος)을 전달하기 위하여 그러한 구조를 형성하였기 때문이다.

181) Lincoln, 'Wrath', 218; Davies, *Faith*, 148 n. 4.

182) Sir 44:19-21은 이미 아브라함을 '많은 나라들의 큰 조상'으로 보았으며('Αβραὰμ μέγας πατὴρ πλήθους ἐθνῶν), '나라들이 그의 후손을 통해 축복받을 것'이라는 것을 알고 있다. 그러나 Jesus ben Sirach에 따르면, 아브라함이 보편적인 조상이 될 수 있었던 것은 그가 '가장 높으신 자의 율법을 지켰고…, 그의 육체에 언약을 세웠으며(즉 할례), 그가 (이삭을 희생하는) 시험을 받았을 때에 신실한 모습을 보였기 때문'이라고 한다(Sir 44:20). 그러나 바울이 볼 때 아브라함이 조상이 된 것은 아브라함이 행한 것에 대한 상이 아니라 유대인과 이방인을 포용하려는 하나님의 은혜로 말미암아 주어진 것이었다. 아브라함이 많은 나라들의 조상이 된 것은 그의 순종의 행위 때문이 아니라, 하나님 자신의 결정, 곧 '내가 너를 열국의 조상으로 만들었다'는 것 때문이다.

183) Barrett, *Selected Documents*, 183; von Rad, *Genesis*, 199. 그러나 아브라함과 사라의 변경된 이름들은 그들이 열국의 조상 됨과 무관하지 않다(창 17:4-5,15-16): '네 이름을 아브람이라 하지 아니하고 아브라함이라 하리니 이는 내가 너로 열국의 아비가 되게 함이니라' (창 17:5).

바울은 이 변화를 통해 자신의 주장에 중요한 논지를 형성하고 있다. 실제로 아브라함(אַבְרָהָם)과 **아브-하몬**(다수: אַב־הֲמוֹן) 사이의 언어 유희는 '나라들'보다는 '**다수**'를 강조한다. 새 이름인 아브라함은 '허다한 사람의 아비'(cf. 히 11:12)이지만,[184] 바울은 '나라들'을 강조하고 아브라함이 많은 **나라들**(이방인들)의 조상(아비)이라는 사실을 함축하고 있다. 바울이 로마서에서 정치나 정부의 의미의 '나라들'로 ἔθνος/ἔθνη를 사용하지 않기 때문에, 4:18의 표현은 '많은 **이방인들의** 조상(아비)'으로 번역하는 것이 더 나아 보인다.[185] 만약 폰 라트(G. von Rad)가 '열국의 아비'(창 17:5)라는 묘사는 '하나님의 언약 밖에 있는 자들'을 충분히 포함할 수 없다고 말한 것이 옳다면,[186] 아브라함의 조상 됨에 대한 바울의 적용과 재정의는 더욱 중요한 의미를 갖는다. 4:17, 18의 '열국의 아비'라는 표현은 그럴 듯한 설명(gloss)에 그치지 않는다.[187] 그것은 바울의 논증에서 중요한 부분을 차지하며,[188] 실제로는 '그것은 아브라함에게 주신 하나님의 약속은 늘 (이스라엘만이 아니라) 열국 전체를 염두에 둔 것이라는 바울의 확신으로부터 나온 것이다.'[189] 4:16-18의 주장을 통해 바울은 이방인 그리스도인의 위치를 온전히 이해하지 못하는 유대인 신자들에게 이방인 신자들의 합법성을 변호하고 있다.[190] 그는 유대인과 이방인 신자들은 모두 동등하게 아브라함의 진정한 후손임을 확언하고 있는 것이다.

4:18-22에서 바울은 좀더 구체적으로 아브라함이 **어떻게** 믿었고, **무엇을** 믿었고, 또 **왜** 믿었는지를 설명하기 시작한다. 이 세 측면이 4:18-22의

184) Clifford and Murphy, 'Genesis', 22.

185) Barrett, *Romans*, 90: '바울이 규칙적으로 "이방인들"(ἔθνη)을 의미하고 있는 단어를 LXX은 "나라들"로 번역한다. 그래서 성경 자체가 아브라함이 비유대인의 아비인 것을 증명한다'; Dunn, *Romans* 1, 217도 유사한 입장이다. Betz, ''Αβραάμ', 3은 그 문구를 단순히 '모든 믿는 자의 아비'를 암시하는 것으로 취하는데, 이는 바울의 논지를 충분히 전달하지 못하고 있다.

186) von Rad, *Genesis*, 200.

187) O'Neill, *Romans*, 88-89에 반대하여.

188) Dodd, *Romans*, 91.

189) Dunn, *Romans* 1, 216.

190) Watson, *Paul*, 141은 옳다.

논쟁 구조를 형성하며, 바울은 이방인 구원의 합법성과 그들의 신분이라는 신학적인 논점들을 확언하려는 목표를 가지고 이 세 측면들을 설명하는 것으로 보인다. 첫째, 그는 아브라함이 바랄 수 없는 중에(παρ' ἐλπίδα ἐπ' ἐλπίδι ἐπίστευσεν) 흔들리지 않고 믿었다고 주장한다. 둘째, 아브라함은 '네 후손이 이 같으리라'(4:18; 창 15:5)는 하나님의 약속을 믿었지만, 바울은 이 표현 '네 후손'은 '많은 민족이라는 네 후손'을 뜻하는 것으로 이해하였다(4:18). 다시 말해서, 바울은 아브라함은 자기 후손들은 많은 민족들로부터 나오리라는 것, 즉 자신은 많은 이방인 후손들을 갖게 되리라고 믿었다고 주장하고 있다. 셋째, 바울은 아브라함은 **많은 이방인들의 조상이 되기 위해서** 믿었다고 주장한다. 우리는 이 세 주장이 창세기 내러티브의 진술과는 잘 조화되지 않으며, 다만 바울 자신의 신학적인 논점을 형성하기 위해 변형되었음을 알게 될 것이다. 비교 연구를 통해서 우리는 자신의 논지를 이렇게 구성한 바울의 의도를 파악할 수 있을 것이다.

첫째, 아브라함이 '믿음이 약해지지 않고'(4:19) 믿었다고 말하기가 어렵다. 창세기 12:2, 7, 13:16에서 하나님은 번영의 약속을 주셨지만 아브라함은 의심하였고 믿지 않았다(창 15:1-3). 하나님께서 그 약속을 다시 들려주신 후에야(창 15:4-5) 아브라함은 하나님을 믿었고, 하나님은 그 때문에 그의 믿음을 의로 여겨주셨다(창 15:6). 하지만 할례 언약을 받은 후에도 아브라함은 여전히 자기 몸에서 후사를 주시겠다는 하나님의 약속을 온전히 믿지 않았다. 그는 웃었고 의심하였다(창 17:17-18; 그래서 필로도 *Mut.*, 177에서 '그[아브라함]는 이삭의 탄생에 대해 의심하였다'고 주장한다). 아브라함에게 의로 여겨진 믿음은 창세기 15:4-6에 나온다. 하지만 여기서 다시 그가 **바랄 수 없는 중에** 믿었다고 주장하기가 어렵다. 창세기 16장 내러티브를 보면, 아브라함과 사라 둘 다 아브라함이 아이를 낳을 수 있음을 알고 있었기 때문이다.[191]

191) Robertson, 'Genesis 15:6', 261의 견해는 적절하지 않다. 바울은 창세기 15:6에 대한 이야기만을 다룰 필요가 있을 수 있지만, 그가 그것을 '문맥 밖에서' 적용함으로써 창세기 15:6을 강조하는 것은 인상적인 경우다.

창세기 15장에서의 중심적인 '문제'는 아브라함이 15:2-3에서 밝힌 것처럼 그에게 아들이 없다는 사실이었다. 하지만 바울은 창세기 15장에서 자신의 논지를 끌어오지 않고, 아브라함의 나이를 99세라고 적시함으로써 창세기 17장을 통해 논지를 전개하고 있다. 실제로 그 때서야 아브라함은 [자연적인 후손]을 낳을 가능성에 대해서는 전혀 소망이 없음을 깨닫게 되었다(창 17:17). 하지만 바울은 아브라함이 **이미 창세기 15:6에서부터** 온전한 확신(πληροφορηθείς)을 가지고 바랄 수 없는 중에 믿고 있었고,[192] **그래서**(διό) 이 큰 믿음이 의로 여겨졌다고 추론하고 있다(4:22).[193] 앞에서 논증할 때는 정확한 연대기가 논쟁의 주요 논점이었다. 그는 아브라함이 할례 **전에** 의롭다고 여겨졌다고 주장하였다. 하지만 여기서는 연대기가 바울의 논증에서 아무런 역할을 하지 않고 있다. 바울은 창세기 15장에 나오는 무자(無子)함의 문제에 대한 아브라함의 믿음의 효과를 극대화하기를 원하고 있는 것이다. 이런 장치는 '바랄 수 없는 중에: παρ' ἐλπίδα ἐπ' ἐλπίδι'(4:18, cf. 엡 2:12) 아브라함의 후손이 된 이방인들과 관련이 없을 수 없다.[194]

둘째, 아브라함이 창세기 15:6에서 믿은 것은 그의 **육신적인** 씨('네 몸에서')가 별처럼 많아질 것이라는 하나님의 약속이었으며,[195] 이 믿음이 의로 여

192) 바울의 시각에서 창세기를 봄으로써 창세기를 잘못 해석한 전형적 실수에 대해서는 Baldwin, *Genesis 12-50*, 51을 보라.

193) 유대인들은 창세기 15:6과 창세기 17:11사이에 29년의 간격이 있는 연대를 따른다: Str-B 3, 203; Black, *Romans*, 77; Leenhardt, *Romans*, 118; Morris, *Romans*, 202, n. 41. cf. Boylan, *Romans*, 67; Wuest, 'Romans', 69: 14-year gap; Dunn, *Romans* 1, 208: 'several years'. Maccoby, *Early Rabbinic Writings*, 220-225를 보라. 그는 *Seder 'Olam Rabbah* 1을 소개하는데, 이것은 아브라함의 연대를 더 상세히 제공한다. '간격'을 얼마로 취하든지 간에 바울이 그의 논지를 만들기 위하여 그 사건들의 순서를 바꾼 것은 명백하며, 이는 그가 갈라디아서 3:15-18과 로마서 4:10-11에서 강조한 시간 간격의 논리와는 다르다.

194) 이렇듯 Giblin, "As It Is Written", 492-493은 옳다. 바울에게 있어서 로마서 4장에서 신학적인 의미를 추구하는 것은 본문의 문자적인 뜻을 전달하는 것보다 훨씬 더 중요한데, 이는 바울은 로마서를 신학적인 관점에서 쓰고 있기 때문이다.

195) Mason, *Josephus*, 70도 마찬가지다. 베드로에게는 믿지 않는 유대인들도 명백히 아브라함의 후손이다(cf. 행 3:12, 25). 4:13, 16, 18의 단수 명사인 σπέρμα는 (창세기 15:5에서처럼) 복수의 뜻을 가진 단수 집합 명사다(Lightfoot, *Galatians*, 142, 152). 갈라디아서 3:15이하에서와는 달리 이곳에서 단수 형태로 나온 그 용어는 논의의 주 논지를 구성하지는 않는다.

김을 받았다. 하나님의 약속은 아브라함의 육신적인 후손들과 관련이 있다는 사실은 우리가 땅의 약속이 그들에게 주어졌다는 사실에 주목할 때 좀더 분명해진다: '내가 이 땅을 네 자손에게 주리라…'(창 12:7; 15:18; 17:8; 출 19:4-6). 하지만 바울은 아브라함이 믿은 '네 자손이 이와 같으리라'(창 15:5)는 약속은 아브라함이 이방인들을 포함한 많은 **영적인** 후손들의 조상이 되는 것과 확고히 관련되어 있다고 보았다.[196] 따라서 바울은 먼저 쓴 편지에서 이렇게 말한다: '너희(갈라디아에 있는 믿는 이방인들)가 그리스도께 속한 자면 곧 아브라함의 자손이요, 약속대로 유업을 이을 자니라'(갈 3:29).

셋째, 바울은 아브라함이 불가능한 상황에서도 소망을 가졌던 이유를 '많은 민족의 조상이 **되기 위하여**'(εἰς τὸ γενέσθαι αὐτὸν πατέρα πολλῶν ἐθνῶν, 4:18) 라고 해석하고 있다.[197] 이 논점은 매우 중요한 논쟁적인 함의를 담고 있는데, 그것은 창세기 문맥을 보면 그것이 아브라함의 믿음의 절대적 이유(*the* reason)나 내용이라고 말하기 어렵기 때문이다.[198] 처음 부르실 때 그에게 주신 하나님의 약속–'땅의 모든 민족이 너를 인하여 복을 얻을 것이니라'(창 12:3b)–이 '많은 민족'을 포함하고 있기는 하지만, 하나님께서 아브라함에게 그가 많은 민족의 조상이 될 것이라는 구체적인 언약을 주시고, 그래서 그의 이름을 바꾸신 것은 창세기 17:4-6에 가서야 나온다.

아브라함은 하나님께서 한 아들을 주실 것을 믿었다. 즉 하늘의 별과 같이 많은 후손들을 가진 **한** 나라를 약속하신 것이다(창 15:4-6; 대하 27:23의 해석

---

196) 우리의 해석은 바울이 열국/이방인에 대한 아브라함의 조상 됨의 주장에 대한 성경적인 근거로서 창세기 15:5e에서 인용한 것을 사용하고 있다는 사실에 기초한다.

197) 아마도 NASB가 이 목적절의 가장 나은 해석을 전달하고 있는 듯하다: 'in order that he might become a father of many nations(그가 열국의 아비가 되기 위하여)'; 이와 유사하게 KJV, RV, RSV, Phillips; Dunn, *Romans* 1, 219; Godet, *Romans*, 181; 그러나 Cranfield, *Romans* 1, 246는 이 견해에 반대한다.

198) '창세기의 정황적 해석'으로부터 바울의 논쟁을 해석하는 중요성에 대해서는 Davies, *Faith*, 163을 보라; 하지만 그는 그것에 대해 충분히 주목하지 않고 있다. ἐπίστευσεν(믿었으니) 다음에 구두점이 없는 것 때문에 어떤 학자들은 'εἰς τὸ γενέσθαι αὐτὸν πατέρα πολλῶν ἐθνῶν' 이란 문구를 아브라함의 믿음의 내용으로 해석하기도 한다. cf. Cranfield, *Romans* 1, 246은 ἐπίστευσεν 다음에 콤마를 찍을 것을 제안한다; 그러나 Nestle-Aland[27]과 UBS[4]는 둘 다 거기에 구두점 표시를 하지 않는다.

처럼). 하지만 바울은 아브라함이 창세기 15:6처럼 믿기 **전에** 이미 자신이 **열국**의 조상이 될 것임을 알고 있었으며, 따라서 그는 자신이 많은 민족의 조상이 될 것임을 믿었다고 해석하고 있다. 하나님께서 귀하게 여기시고 아브라함을 의로 여기신 것은 바로 그 믿음이다. 다시 말해서, 창세기 15:6에서 아브라함에게 의로 여겨진 그의 믿음은 그가 많은 민족의 조상이 **되려고** 유발되었다(prompted)는 것이다(4:18-22).[199] 바울은 이스라엘의 존재의 근거가 되는, 아브라함의 믿음을 직접적으로 '많은 민족'과 의미심장하게 관련시키고 있다. 이는 로마서 4장에서의 바울의 논지는 궁극적으로 하나님의 약속과 아브라함의 믿음은 아브라함의 모든(유대인과 이방인) 후손들을 위한 것임을 확언하는 데 그 목표가 있음을 암시해준다(cf. 4:16).[200]

4:23-25은 아브라함 사례에 대한 바울의 주해는 실제적이고 현재적인 적용을 위한 것임을 분명히 드러내 보여준다.[201] 이는 바울이 아브라함의 사례에 관해 쓴 이유는 유대인이든 이방인이든, 예수를 죽은 자들 가운데서 살리신 하나님을 믿는 자는 누구든 넉넉히 그리고 합법적으로 의로 간주될 수 있으며, 또 아브라함의 후손이 될 수 있음을 설명하기 위한 것임을 보여준다. 바울은 '[창세기 15:6]이 그리스도인 신자들을 위해 기록되었다'고 분명히 밝힌다.[202] 바울이 이삭의 출생을 예수의 부활과 비교한 것은 의미심장하다. 두 사건 모두 불가능한 상황에서 생명을 일으킨 것을 특징으로 하고 있다.[203]

요약하면, 아브라함 사례에 대한 바울의 해석은 기본적으로 신학적인

---

199) Dunn, *Romans* 1, 219도 이 '거꾸로의 연결'(backward connection)에 주목하며, Philo, *Mut.*, 177-178에도 동일한 논리가 있다.

200) Moxnes, *Theology*, 114.

201) 부정사와 함께 나온 현재 동사 μέλλει가 미래를 암시하고 있다고 제안하는 몇 가지 요소들이 있지만, 이것은 마지막 심판이 아니라(*Pace* Schlatter, Michel, Barrett, *Romans*, 92; Käsemann, *Romans*, 128) 현재의 그리스도인의 삶을 언급하기 위하는 것으로 보인다 (Cranfield, *Romans* 1, 250을 보라).

202) Baldwin, *Genesis 12-50*, 52.

203) Sanday and Headlam, *Romans*, 115.

관심에 기초하고 있지, 역사적인 관점이나 사실 혹은 순서에 기초하고 있지 않다.[204] 그러므로 헤이즈가 '[로마서 4장에서] 바울이 성경 본문을 다루는 방식은 특이하기 때문에 오해하기가 쉽다'[205]고 말한 것은 옳다. 바울의 논지는 다소 '덜 중요한' 동사인 '믿다'에 집중되어 있고 또 함께 엮여 있다. 창세기에서 15:6은 아브라함이 하나님을 믿었다(אמן)고 언급한 유일한 구절이다.[206] 창세기 15:6이 창세기 저자에게는 매우 중심적인 구절이었던 것처럼 보이지는 않는다. 도리어 자신의 신학적인 주장을 극대화하기 위해 이 구절을 사용하고 있는 사람은 바로 바울이다. 바울은 아브라함의 순종이 그의 믿음에 의해 확실히 뒷받침되었다는 점을 암시적으로 부각시키고 있다. 바울은 아브라함의 역사를 사용하여, 궁극적으로는 믿음을 통해 얻는 칭의의 모범을 제시하기 위해서뿐 아니라, 더 중요하게는 이방인들이 합법적으로 아브라함의 영적인 가계에 들어갈 수 있음을 보장해주기 위해,[207] 아브라함의 비범한 믿음이 발휘되었다는 바울 자신의 신학적인 주장을 예증하고, 이를 통해서 독자들이 '유대화하는 기독교와의 갈등'에 대비하게 해주고 있다.[208] 초기에 쓴 편지에서 바울은 '하나님이 이방을 믿음으로 말미암아 의로 정하실 것을 성경이 미리 알고 먼저 아브라함에게 복음을 전하되 "모든 이방이 너를 인하여 복을 받으리라"(갈 3:8) 하였다'고 말하였다. 갈라디아서에서 단지 주장만 했던 바를 로마서 4장에서는 매우

---

204) Leenhardt, *Romans*, 125. 비록 바울이 아브라함을 문맥에서 벗어나 사용하고 있다고 말할 수는 없어도, 바울이 신학적인 논지들을 얻기 위하여 창세기 이야기들을 사용하고 있는 것은 사실로 보인다.

205) Hays, *Echoes*, 54.

206) 창세기 전체에서 히브리어 אמן이 나오는 것은 (그리고 또한 LXX에서는 πιστεύειν) 단지 세 번이다. 창세기 22장에서조차 우리는 하나님께서 이삭을 죽은 자 가운데서 일으키시리라는 것을 아브라함이 믿었다는 언급을 찾을 수 없다. 그 사건을 아브라함의 **믿음**과 연결하여 해석하고 있기는 하지만, 아브라함이 자기의 외아들을 붙들어 두지 않았다는 점(cf. 히 11:17-19)은 그가 하나님의 요구에 순종하여 이삭을 완전히 포기했음을 암시한다(창 22:16; cf. 하나님께서 예수를 내어 주셨다: 롬 8:32). 그래서 창세기 22장에 따르면, 열국의 축복이 재확언된 것은 그의 믿음 때문이기보다는 오히려 그의 순종(한 일) 때문이다(cf. 약 2:20-23).

207) Cf. Moxnes, *Theology*, 9.

208) Jeremias, ''Αβραάμ', 9.

대담하게 그리고 매우 신중하게 신학적 근거를 제시하고 있는 것이다(갈 3:8-9, 29).[209]

4. 결론

이제 우리는 위에서 발견한 것을 토대로 몇 가지 결론을 내리고자 한다. 첫째, 1:18-3:20처럼 바울은 계속해서 이 단락에서도 주로 (믿는) 유대인들을 위해서 유대인과 이방인의 동등성에 관해 말하고 있으며, 이번에는 칭의에 있어서의 동등성을 강조하고 있다. 우리는 바울이 이방인 신자들도 동등하게 그리고 합법적으로 하나님과의 특별한 관계(3:29)와 아브라함의 가계에 포함된다는 점을 분명히 하기 위해 자신의 논증을 형성하고 있음을 증명하려고 하였다. 바울은 율법의 행위와 상관없이 믿음으로 얻은 이방인의 구원은 절대적으로 충분하며 또 합법적이라고 반복하여 강조하고 있다(3:22, 28-29; 4:9, 16). 우리가 1:18-32을 살필 때 주목한 대로,[210] 여기서도 바울은 두 차원의 주장을 하고 있다: 한 차원에서 바울은 일반적인 의미에서의 칭의 교리를 주해하고 있으며, 다른 한편으로는 이방인의 사도로서 이방인 구원의 합법성을 단언하고 이를 통해 이방인과 유대인 간의 동등성을 분명히 하려는 목표로 논의를 전개하고 있다.

둘째, 그리스도 안에서 그리고 율법과 상관없이 하나님의 의가 계시되었다는 것과 하나님께서 그리스도를 ἱλαστήριον(화목제물)로 보내셨다는 사실은 두 가지 의미를 함축하고 있다. 믿는 모든 이들(유대인과 이방인)이 동등하다는 것이다. 그리고 유대인들은 율법, 하나님과의 독점적인 관계, 그리고 아브라함을 조상으로 둔 것 등 이 세 가지에 대해 자랑할 수 없다는 것

209) 훗날에 로마의 믿는 이방인들이 '우리의 조상 아브라함이 믿음으로 말미암아 의와 진리를 얻었다'(*1 Clem.* 31:2)고 주장했던 사실은 바울의 논의가 성공했음을 나타내는 것일 수 있다; Siker, 'Gentile Inclusion', 30-36을 보라.

210) 앞에 pp. 113-137, 특별히 pp. 135-137.

이다. 하나님은 이방인의 하나님도 되시고 아브라함은 이방인의 조상도 된다는 이 단언은 새로운 시대에 믿는 이방인들의 신분의 합법성을 입증하기 위해 그 구조가 신학적으로 구성되고, 단호하게 주장되고 있다.

셋째, 아브라함 이야기에 대한 바울의 해석은 당대의 유대교의 관점에서뿐 아니라 다른 신약 저자들의 관점에서 볼 때도 독특하게 놀라운 해석이다.[211] 로마서에서는 갈라디아서 3장에 나타난 아브라함 사례에 대한 바울의 해석과는 다른 강조점을 보이고 있다. 로마서 4장에서는 바울이 이방인의 구원과 신분과 관련하여 자신의 신학(복음)을 변호하려는 변증적인 목적으로 아브라함의 사례를 제시하고 있다.[212] 바울의 아브라함 해석은 그의 신학적인 의도에 기초하고 있다. 따라서 율법과 상관없는 이방인의 구원에 대한 신학적인 근거를 제공하여 그의 입장을 뒷받침하는 한, 그리고 하나님의 주권 아래서 유대인과 이방인이 동등하다는 사실을 단언하는 입장을 뒷받침하는 한, 역사적인 사실들과 연대적 순서가 때로는 중요하게 간주되기도 하고 어떤 때는 중요하지 않게 취급되기도 한다. 이것은 바

---

211) LXX 창세기 15:6은 로마서 4:3, 갈라디아서 3:6, 야고보서 2:23에서 정확하게 인용되었지만, 바울과 야고보는 매우 다른 의도로 그 인용을 사용하고 있다(다음을 보라 Longenecker, '"Faith of Abraham"', 203-212; Ellis, *Paul's Use*, 93-94; Dunn, *Romans* 1, 197; Eisenman and Wise, *Dead Sea*, 163). 히브리서 저자는 특별히 아브라함이 믿음을 행사했던 세 가지 경우를 부각시킨다: (a) 믿음으로 아브라함은 우르를 떠나 가나안을 향하였다(히 11:8-10); (b) 믿음으로 그는 한 아들을 갖게 되어 그로 말미암아 많은 후손들을 가질 수 있을 것을 믿었다(히 11:11-16); 그리고 (c) 믿음으로 그는 이삭을 희생 예물로 드렸다(히 11:17-19). 그러나 바울은 로마서 4장에서 (b)만을 언급하며, 심지어 여기에도 차이가 있다. 바울은 아브라함이 많은 민족/이방인들의 조상이라는 것을 강조하는 반면에, 히브리서 저자는 그가 많은 자(후손들)의 조상이라는 점을 지적한다: 주후 1세기와 그 이전의 아브라함에 대한 다른 해석들에 대해서는 Hahn, 'Genesis 15:6', 105 n. 61; Moxnes, *Theology*, 117-206을 보라.

212) 로마서 4장과 갈라디아서 3장 사이의 차이를 살피면, 로마서 4장에서 아브라함의 경우를 사용하는 바울의 특별한 목적이 더 잘 알 수 있다. Bruce, *Time*, 68-69에 따르면, 바울은 갈라디아서에서 내세우지 않은 두 가지 논지를 로마서에서 내세운다. 첫째로 아브라함의 믿음은 그에게 의로 여겨진 반면에 그는 아직 할례를 받지 않았다. 둘째로, 아브라함의 이름 변경은 그를 많은 민족(이방인들)의 조상으로 만들겠다는 하나님의 약속과 연결되어 있었다. 그런데 로마서 4장에서 바울의 논의의 핵심을 이루는 것은 바로 이 두 논지다. 로마서 4장과 갈라디아서 3장에 대한 비교 연구에 대해서는 다음을 보라: Hübner, *Law*, 51-57; Boers, *Theology*, 74-104, 특히 82-83; Calvert, 'Abraham', 2-8; Beker, *Paul*, 95-104, 또한 pp. 70-71.

울이 아브라함 이야기를 잘못 해석하고 있다는 말이 아니다. 다만 유대인과 이방인이 근본적으로 동등하다는 자신의 주장을 극대화하기 위해 수사적 효과를 사용하고 있는 것이다.[213)]

마지막으로 1:18-4:25은 유대교와의 논쟁이거나 그리스도 복음이 이방인 신자들과 그들의 관계에 대해서는 어떤 함축적인 의미를 가지고 있는지를 온전히 이해하지 못하는 믿는 유대인들을 설득하기 위한 시도이다. 신학적으로 보면, 바울의 주장은 이방인 구원의 합법성을 뒷받침할 근거를 제시할 뿐 아니라, 유대인과 이방인의 동등성을 위한 근거도 제공하고 있다. 사회학적으로 보면, 바울의 주장은 그들 간의 동등성을 토대로 유대인 신자들과 이방인 신자들(예를 들어, 로마 교회 안에서) 간의 일치를 고양하는 역할을 할 것이다. 선교적으로 보면, 바울의 주장은 이방인 세계(예를 들어 스페인)를 향한 선교를 촉진할 것이다. 이 단락(1:18-4:25)에서 볼 수 있는 바울의 급진적이고 대담한 주장은 두 차원에서 제시되고 있는데, 그것은 대부분 개인적으로 한 번도 만난 적이 없지만 서방에서의 선교사역을 위해서는 도움이 절실한 독자들을 불편하게 하지 않는 방법으로 자신의 신학적인 주장을 전하기 위해서일 가능성이 높다. 표면적으로는 바울이 유대인과 이방인에게 사례들을 동등하게 그리고 일반적으로 제시하고 있는 듯이 보이지만, 좀더 깊은 차원에서는 유대인에 관해서는 비판적인 논증을, 이방인에 관해서는 긍정적인 진술을 하고 있다(1:18-3:20).

현 단락에서(3:21-4:25) 바울은 유대인의 특권과 칭의의 축복에 이방인도 포함된다고 주장한다. 하지만 그는 유대인들이 그들의 특권을 자랑할 수 없다는 점을 강조한다. 무엇보다도 바울은 죄(1:18-3:20)와 칭의(3:21-4:25)에 있어서 유대인과 이방인의 동등성을 주장하고 있다.[214)] 이를 통해 바울은 우

213) Gager, *Origins*, 218의 견해가 Kaylor, *Covenant Community*, 183-184에 의하여 받아들여짐.
214) Sanders, *Jewish People*, 123은 옳게 말한다: '로마서의 처음 네 장의 기본적인 주제는 모든 사람이 믿음에 근거해서 동등하게 구원 받을 수 있다는 것이다. "동등하게"라는 단어는 이방인의 편에서 동등한 접근 기회를 강조하는 말이다.'

리가 위에서 살펴본 대로 많은 대담한 주장을 하고 있다. 바울이 이 서신을 상당히 담대하게 쓰고 있다는 사실은 이미 명백하다(cf. 15:15). 따라서 우리는 이방인의 사도로서의 바울의 자기 인식이 이방인의 관점으로 신학적 쟁점들을 해석할 수 있는 새로운 관점을 갖게 하였으며, 그가 이방인들을 위해 자신의 신학적 논지를 담대하게 구성할 수 있도록 영향을 끼쳤다는 결론을 내리는 바이다.

바울은 계속해서 로마서 5-8장에서도 칭의 주제를 이어간다. 하지만 거기서는 로마서 1-4장에서 이미 확립한 믿는 유대인과 이방인 간의 근본적인 동등성을 토대로 하여 논의를 진행한다. 따라서 거기에는 더 이상 두 그룹(유대인과 이방인)이 등장하지 않고 한 그룹인 '우리'(즉, 그리스도인들)만 등장한다. 이 단락은 우리의 현 연구 목적을 위해서는 상대적으로 덜 중요한데, 그것은 이 단락이 유대인-이방인 쟁점을 다루고 있지 않기 때문이다. 하지만 바울은 로마서 9-11장에서 포괄적인 구원론적 논의를 재개한다. 로마서 9-11장에서도 바울은 유대인과 이방인의 동등성을 주장하는데, 무엇보다도 구약성경으로부터 유대인의 불신과 이방인의 믿음 현상을 설명한다. 이제 로마서 전체의 전반적인 논증 안에서 로마서 5-8장이 제시하는 주장을 간략하게 요약한 후, 5장에서 이 쟁점들을 상세히 살피고자 한다.

4장

유대인과 이방인의 새로운 신분의 동등성: 5:1-8:39

앞선 두 장에서 우리는 바울이 죄성과 칭의와 관련하여 유대인과 이방인의 동등성을 설명하고, 유대인의 죄성을 강조하고(1:18-3:20) 이방인의 칭의를 단언하면서(3:21-4:25) 자신의 주장을 실증하고 있음을 증명하려고 시도했다. 우리는 그렇게 이방인 쪽으로 '치우치도록' 바울 논쟁의 구조가 형성된 것은 이방인의 사도로서의 바울의 자기 인식 때문이라고 주장했다. 우리가 다음 장에서 살필 로마서 9-11장에서 바울은 하나님의 구원 계획에서의 그들의 동등성을 특별히 언급하면서 유대인과 이방인과 관련된 주제를 이어가고 있다. 우리 연구의 주 관심사가 이스라엘에게 약속하신 구원의 축복에 이방인도 포함된다는 **포괄적인 구원론**을 다루고 있기 때문에,[1] 또한 '유대인/이방인', '이스라엘/헬라인', 혹은 '할례자/무할례자'라는 용어가 로마서 5-8장에 전혀 등장하지 않기 때문에, 이 단락은 다소 짧게 살피고자 한다. 하지만 짧게 다룬다고 해서 이 단락이 덜 중요하다거나 유

1) 앞에 p. 32 n. 30; cf. p. 210 n. 19.

대인과 이방인 간의 동등성이라는 일관된 주제를 담고 있지 않다는 뜻은 아니다. 우리의 결론은 오히려 정반대라는 것을 보여주게 될 것이다.

많은 주석가들은 로마서 5-8장은 칭의 받은 자들의 의로운 삶을 묘사하고 있는 것으로 이해한다.[2] 하지만 라이트가 지적하듯이,[3] 바울이 이 단락에서도 이스라엘과 이방인과 관련한 쟁점을 다루고 있다는 것을 인지하는 학자는 거의 없다. 바슬러가 전형적인 예다. 그녀는 로마서 5-8장에서는 '유대인과 이방인의 문제가 사라진다'는 이유로 하나님의 편벽치 않으심에 대한 연구에서 5-8장을 제외시키고 있다.[4] 분명 바울은 표면적으로는 유대인과 이방인의 동등한 신분에 **대해서 논의하고 있지** 않지만, 로마서 1-4장에서 확립한 그들의 동등성에 관한 이 근본적인 결론에 **기초하여** 로마서 5-8장에서의 자신의 논의를 진전시키고 있다.[5] 특히 아브라함의 진정한 가족이라는 그들의 동등한 신분을 단언한 후에(4:16), 바울은 4:16, 17, 24-25에서는 결속(solidarity) 대명사 '우리'를 사용하기 시작하며, 이 대명사가 로마서 5-8장 내내 등장한다. 유대인과 이방인은 하나이며, 함께 그리스도를 통한 하나님의 진정한 백성인 '제3의 인종'(the third race)을 형성하며,[6] 그래서 이제는 그리스도를 **우리** 주 예수 그리스도로 부르게 되었다(4:24, 5:1, 11, 21; 6:23; 8:35).[7]

---

2) 예. Cranfield, Käsemann, Dodd, Boylan, Moo. 특별히 Nygren은 로마서 5-8장이 서신의 주제를 상술해 준다고 본다(1:17): '의인은 믿음으로 말미암아 살리라'—'하나님의 진노로부터의 자유'(5장), '죄로부터의 자유'(6장), '율법으로부터의 자유'(7장), '사망으로부터의 자유'(8장).

3) Wright, *Messiah*, 134; 최근의 예외로는 Kaylor, *Covenant Community*, 103; Beker, *Paul*, 86; Moo, *Romans* 1, 303: '유대인/이방인 관계에 대한 관심과 모세의 율법에 연관된 주제는… 결코 중단되지 않았다.' Wright, *Messiah*, 166은 옳게 주장한다: '로마서 5-8장의 핵심은 "그리스도 신비주의"나, "그리스도 안에 참여"나, 그리스도인의 삶 또는 성화나, 인류학에 대한 것이 아니라… "'이스라엘"이 이제 전 세계적인 공동체라는 것이다.'

4) Bassler, *Impartiality*, 160; 그러나 Kaylor, *Covenant Community*, 103이 Bassler의 견해에 반대하며 '이방인과 유대인에 대한 질문은 5-8장에 여전히 반영되어 있다'라고 한 것은 옳다.

5) 로마서 5-8장에서 바울은 이전에 '이론적으로' '유대인과 헬라인에게 차별이 없느니라'(3:22; 또한 10:12)고 얘기했던 바를 실제로 옮기면서 유대인과 이방인 신자들을 완전히 동등하게 취급한다.

6) Sanders, *Jewish People*, 171-178; Harnack, *Expansion*, 300-335.

7) '우리 주 예수 그리스도'나 '그리스도 예수 우리 주'라는 문구는 1:18-4:23과 9:1-11:36에는 나

로마서 5장이 앞선 장들에 속하는지 아니면 뒤에 이어지는 장들에 속하는지는 논쟁의 대상이 되어왔다.[8] 하지만 바울이 하나의 주요 주제에서 다음 주제로 이동할 때 그 구분을 명확히 하고 있는 것은 아니라는 점에 주목하는 것이 중요하다. 안전하게 주장할 수 있는 바는, 예를 들어 3:21-26과 9:30-33같은 다른 전환 구절들처럼,[9] 바울이 5:1-11[10]을 앞선 단락(로마서 1-4장)의 결론과 이어지는 단락(로마서 5-8장)의 도입으로 모두 사용하고 있다고 보는 것이다.[11] 부정과거 분사인 δικαιωθέντες(의롭다 하심을 얻다, 5:1a, 9)를 통해, 바울은 반복해서 유대인과 이방인 신자들인 '우리'의 칭의를 기정사실로 재확인하고, 이 칭의가 예수 그리스도를 통한 하나님과의 화평(혹은 화목)을 나타낸다는 개념을 전개하고 있다(5:1b, 10, 11: καταλλαγ 단어들). 바울은 '우리'가 그리스도를 믿는 믿음으로 의롭게 되었기 때문에, '우리'는 하나님과의 화평과 하나님의 영광의 소망과 하나님의 사랑을 가지게 된다고 단언한다. 그리고 이보다 훨씬 큰(πολλῷ μᾶλλον, …보다 많은) 축복을 기대할 수 있게 되었다고 말한다. 사도는 이어지는 구절에서 '우리'가 어떻게 그의 아들의 죽음을 통해서 하나님과 화목하게 되었으며(5:10), 그리고 '우리'가 그리스도 안에서 더 큰 축복을 기대할 수 있게 되었는지를 설명한다. 따라

타나지 않으며, 단지 바울이 유대인과 이방인의 결속을 강조하는 단락들에서만 나온다(1:4, 7; 15:6, 30; 16:18, 20, 24).

8) Dunn, 'Romans: Analysis', 2855-56은 로마서 5장이 이제까지의 논의를 결론짓고 있기 때문에, 로마서 1-5장은 하나의 단위로 간주해야 한다고 주장한다. 로마서 1-4장과 5장 사이에 있는 몇 가지 언어학적이고 주제적인 연결들(p. 2856)과 5:1의 οὖν과 함께 나오는 부정과거 분사 δικαιωθέντες는 분명 Dunn의 주장을 뒷받침해준다. 다른 한편, 로마서 5장이 이어지는 장들에 속한다는 (그래서 로마서 5-8장은 하나의 단위) Fitzmyer, 'Romans', 843-844의 주장 또한 강점이 있다: (a) 5:1-11은 8:1-39에서 재진술된다; (b) 유대인/이방인이란 용어들은 로마서 5-8장에 전혀 나오지 않는 반면에 로마서 1-4장에서는 압도적으로 등장한다; (c) 5:21의 결론적인 형식은 6:23; 7:24-25; 8:39과 매우 유사하다; (d) 로마서 1-4장은 사법적(司法的) 어조로 쓰여졌지만 5-8장은 윤리적인 어조로 쓰여졌다(Moo, *Romans* 1, 301도 같은 견해를 갖는다).

9) 앞에 pp. 208-216, 그리고 뒤에 pp. 311-313를 보라.

10) 5:1-11과 5:12-21사이의 구분은 널리 인지되고 있다.

11) 5:1-11에서 바울은 몇 가지 새로운 주제들, 예를 들어 소망(5:2-5/8:20-25), 고난(5:3/8:18, 35-39), 성령(5:5/8:9-27), 하나님/그리스도의 사랑(5:5, 8/8:35, 39)을 소개한다. 더 자세한 사항은 Dahl, *Studies*, 88-90을 보라.

서 5:1-11은 로마서 5-8장 전체 논의를 위한 요약적인 도입이 된다.[12)]

5:1-11의 주요 논지는 '우리'는 그의 아들의 죽음을 통해 하나님과 화목하게 되었다는 사실이다. 여기서 바울은 유대인들과 헬라 철학을 아는 사람들에게 익숙한 '화목' 개념을 사용하고 있다. 유대인들은 하나님과의 언약적인 화목(2 Macc 7:32-33; cf. 2 Macc 1:5; 8:29)뿐 아니라, 사탄의 세력에 대한 하나님의 궁극적인 승리와 이스라엘의 회복, 그리고 참 하나님을 경배하기 위해 나아오는 '모든 이방인들'(πάντα τὰ ἔθνη)을 포함한 우주적인 화목을 고대하였다(Tob 14:5-7; *Sib. Or.* 3:808; cf. 롬 16:20). 헬라인들도 우주가 궁극적으로 본래의 단일한 상태(unity)로 복귀하는 것으로서의 화목뿐 아니라 관계 속에서의 인간의 화목을 의미하는, 우주적인 화목의 개념을 잘 알고 있었다.[13)]

하지만 바울에게 있어서 화목은 근본적으로 그리스도의 희생을 통한 화평의 회복으로서, 하나님께서 먼저 주도권을 쥐시고 그리스도의 희생을 통해 인간의 허물을 제거하시고 스스로 죄인들과 화목하게 되신 것이다(고후 5:18-21).[14)] '바울이 자신에게 화목하게 하는 직책을 주셨다고 말할 때, 그가 의미하는 바는 자신이 바로 이 화평을 전하는 자라는 것이다. 그는 세상을 위해 화목의 사역을 한다. 그의 사역에는 [또한] 분명히 권면의 측면도 있다.'[15)] 14:1-3과 15:7에서 바울은 하나님/그리스도께서 '우리'를 용납하신 것은 믿는 자들이 서로를 용납할/받아들일 근본적인 근거임을 분명히 하고 있으며(cf. *1 Clem*, 49:6), 이 권고는 주로 유대인과 이방인 신자들 간의 공존을 위한 그리고 상호적인 용납이 필요한 상황에 주어지고 있다(15:7-12). 이 권면은 주로 유대인들에게 주었을 가능성이 가장 높다. 왜냐하면 일반적으로 그들은 이방인들을 경멸하고, '이방인들의 부정으로부

12) Wright, 'Romans', 194-196는 옳다.
13) Keener, *Bible Background*, 423.
14) Martin, *2 Corinthians*, 146-147.
15) Martin, *2 Corinthians*, 155에 인용된 Denny의 글.

터 이스라엘을 보호하기 위해' 율법이라는 담을 통해 이방인들과 자신들을 분리시키곤 했기 때문이다.[16] 바울의 영향은 에베소서 2:14-15에서 가장 명시적으로 볼 수 있다. 여기에서 예수님이 십자가를 통해 (율법이라는) 담을 허심으로써 유대인과 이방인 사이에 화평을 가져오셨음을 나타내고 있다.[17] 저자는 그리스도께서 돌아가신 목적은 '두 사람으로부터 한 새 사람을 자기 안에 창조하여, 이 한 몸 안에서 그 둘을 십자가로 하나님과 화목하게 하는 것이라고 한다. 그리고 그 십자가를 통해 그들의 원수된 것을 소멸하여, 그를 통해 우리가 다 한 성령으로 아버지께 나아감을 얻게 하는 것'(엡 2:15-16, 18)임을 강조하고 있다. 즉 저자는 전 우주의 통일과 우주적 회복과 화목(특히 그리스도의 주권 아래에서의 교회의 일치)이 하나님의 궁극적인 목적이라고 한다.

5:12의 διὰ τοῦτο는 5:12-21이 단지 5:1-11을 요약하는 것이기보다는('그러므로'), 5:1-11[18]에서 제기한 주장, 즉 어떻게 '우리'가 그의 아들의 죽음을 통해 하나님과 화목하게 되었는지를 좀더 설명할 것임을 보여준다.[19] 따라서 바울은 (속히 실제적인 권면으로 넘어가지 않고) 깊은 신학적인 설명을 제시하고 있다. 바울의 전체적인 의도는 아담의 불순종이 가져온 모든 결과들을 극복할 만한 그리스도의 권능의 압도적인 충족성을 단언하는 데 있는 것이 분명하다(더욱…: 5:15, 17).[20] 하지만 그가 좀더 보편적인 초점으로 옮긴 이

16) Lincoln, *Ephesians*, 141: 예루살렘 성전에서 상징화된 것처럼: Josephus, *Ant*. 15.11.5; *War*, 5.5.2.

17) Cf. 이방인과 유대인의 συν(함께)-상태에 대해서는 Caragounis, *Mysterion*, 69-73.

18) 주석가들은 διὰ τοῦτο가 5:9-11, 또는 5:1-11 혹은 심지어 1:17-5:11을 언급하는 것으로 이해한다(Sanday and Headlam, *Romans*, 131은 그것이 5:1-11을 다루고 있다고 주장한다). 5:1, 9-11에 나오는 그리스도를 통한 화목에 관한 동일한 주제를 통해 우리는 그것이 5:1-11을 다시 언급하는 것이란 주장을 할 수 있으며, 이것은 5:12-21이 '신학적인 부록'으로 이후에 더해졌거나(*Pace* O'Neill, *Romans*, 96; 유사하게 Luther: Beker, *Paul*, 84의 토론을 보라) 혹은 'ein erratischer Block(앞뒤가 연결되지 않는 문단)' (*Pace* Luz, *Geschichtsverständnis*, 193)이 아니라, 5:1-11의 연속된 논의라는 것을 나타내 준다(Stuhlmacher, *Romans*, 83).

19) *Pace* Cranfield, *Romans* 1, 271; Fitzmyer, 'Romans', 845; 그러나 O'Neill, *Romans*, 100은 옳다.

20) Kaylor, *Covenant Community*, 106은 옳다.

유는 그보다 더 심오한 듯하다. 바울이 로마서 4장에서 제기한 핵심적인 논점은 (믿는) 이방인들은 동등하게 아브라함을 자신들의 조상으로 가진다는 점이다. 하지만 5:12-21에서는 유대인이든 이방인이든 모든 인류는 아담에게 속한다고 단언한다.[21] 여기서 바울은 유대인과 이방인은 구분 없이 죄를 통해 모든 사람에게 사망을 가져온 한 사람, 죄인 아담 아래에 일률적으로 속하게 되었다고 선언한다(5:12, 16, 17, 18a).[22] 아담은 죄성에 있어서 하나로 결속된 전 인류를 대표하며,[23] 이는 유대인도 이방인처럼 동등하게 아담에게 속한다는 것을 암시한다. 바울은 유대인이 그들의 조상, 아브라함을 이방인과 공유하며, 마찬가지로 이방인 죄인들의 아담적 가계에 참여하였다고 주장하고 있는 것이다(cf. 갈 2:15). 따라서 바울은 아담이라는 인물을 통해 1:18-3:20에서 강하게 주장했던 유대인과 이방인의 죄성의 동등성을 다시 한 번 단언하고 있다.

그러고 나서 바울은, 율법이 죄와 사망의 문제 해결책과 관련해서는 아무런 차이를 만들어내지 못한다고 말함으로써,[24] 재빨리 보편적인 죄성을 율법과 관련시키고 있다. 도리어 율법은 유대인들이 죄를 더 의식하게 하려고 주어졌다(5:13b; 7:7-8).[25] '토라는 나머지 인류보다 이스라엘을 더 높은 수준으로 끌어올려주는 대신에, 단지 이스라엘 역시 "아담 안에" 있고 "육신적"이며, "죄 아래 팔렸다"는 사실을 조명해줄 뿐이다.'[26] 분명 바울은 유대인들을 위해 긍정적인 진술을 하지 않고 있다. 더 나아가 5:20-21에서는 율법의 기능을 재해석하고, 나중에 설명하겠지만 6:1-8:17에서는[27] 그 해석을 더 정교하게 다듬고 있다.

---

21) Caragounis, 'Romans 5:15-16', 142-148을 보라. 이것은 여기서의 우리의 이해와 잘 맞는다.
22) Beker, *Paul*, 83-85.
23) Ziesler, *Romans*, 144-145; Wedderburn, 'Adam', 423.
24) 그는 5:12의 헬라어 문장을 끝내지 않고, 5:13-14에서 율법을 언급한다.
25) Wright, 'Romans', 198: '토라는 … 죄 아래 있는 이스라엘을 확인하는 일에서 하나님의 도구였다'; Kaylor, *Covenant Community*, 114-115.
26) Wright, 'Romans', 196.
27) Dahl, *Studies*, 91; Beker, *Paul*, 86.

바울은 또한 유대인과 이방인을 다른 '한 사람' 예수 그리스도 아래에 포함시킨다(5:15). 아담과 그리스도는 모든 인류와 결속된 채 그들을 대표할 수 있다는 점에서 유사점이 있지만, 그런 대표성의 효과는 극명하게 대조된다. 의의 한 행위의 결과는 모든 인류에게 칭의와 생명을 가져다주었다(5:18; 고전 15:22;[28] 모든 인류가 다 의롭다함을 받지는 않았지만, 그들은 그리스도의 성취의 영역 안에는 포함된다). 유대인과 이방인은 그리스도를 통해 '하나님의 넘치는 은혜를 받을' 수 있으며(5:15, 17), 하나님과의 새롭고 의로운 관계로 들어갈 수 있게 된다. 아브라함과 율법을 통한 유대인과 이방인 간의 차별은 그리스도 안에서 폐지된다. 바울은, 아담의 죄의 행위가 모든 인류에게 영향을 미쳤다면, 그리스도의 의의 행위도 분명 훨씬 더 영향을 미쳤다고 주장한다. 그리스도의 순종은 유대인뿐 아니라, 하나님의 구원의 축복 밖에 있다고 간주된 이방인들까지도 의롭게 할 만큼 더 충분하다. 바울은 그리스도 안에서 이방인 구원의 충족성과 합법성을 단언하기 위해 자신의 논증 구조를 형성하고 있다. 그리스도와 아담을 비교하여 설명하는 것은, 달의 지적처럼[29] 보편적인 관점을 제공할 뿐 아니라 더 근본적으로는 유대인과 이방인의 동등한 신분을 단언하기 위함이다. 즉 그들은 아담 안에서의 불순종과 죄와 정죄와 죽음에 있어서 동등하며, 또한 그리스도 안에서의 순종, 속죄, 죄사함, 생명에 있어서도 동등하다.[30]

유대인들은 이전에는 자신들과 이방인을 구분해주던 율법의 역할이 이제는 무엇인지 궁금했을 것이다. 바울은 5:13-14, 20-21에서 언급한 바 있는 율법에 관한 쟁점들을 개괄한다. 바울은 '율법이 들어온 것은 범죄를 더하게 하려 함이라…그래서 은혜가 더욱 [넘치게 하기 위해서]'(5:20)라고 '대답한다'. 그리고 이 논점을 6:1-8:17에서 더 자세히 설명한다. 5:21과 6:23

28) Sanders, *Palestinian Judaism*, 473.

29) Dahl, *Studies*, 90-91.

30) 비록 유대인/이방인의 개념이 아담–그리스도 모형론에서는 암시적으로 발견되지만, 총체적 해석(corporate interpretation)은 서신 전체에 스며들어 있는 주제다(cf. 1:18-32; 5:12-21; 7:7-25).

간의 주제적 연결은 5:12-21의 결론이 6:1-23에서 설명되고 있음을 가리킨다.[31] 그러고 나서 '바울은 여기서 [로마서 7장에서] 유대인과 이방인을 하나로 모으기 위해 둘 사이를 가르는 또 다른 주요 요인을 말하고 있다.'[32] 7:1-5에서 결혼을 예로 든 이유가 7:6에 나오며, 7:7-25은 7:6a('이제 우리가 율법에서 벗어났다')를 설명한다. 8:1-17은 7:6b('우리가 영의 새로운 것으로 섬길 것이다')를 설명한다. 화해/회복의 주제가 8:18-27에 진술되며, 8:28-39은 하나님의 선택과 그 안에서 누리는 안전의 근거를 선포한다. 이 짧은 개관을 통해 우리는 5:12-21이 로마서 5-8장의 주제 구절임을 알 수 있다. 이 단락은 아담의 죄 안에서의 유대인과 이방인의 동등성과 그리스도의 칭의 안에서의 유대인과 이방인의 동등성을 말해주는, 1:18-5:11의 주장을 요약한다. 칭의에 있어서의 그런 근본적인 동등성 때문에 바울은 하나님께서 유대인과 이방인 모두를 영화롭게 하셨다고 선언할 수 있으며, 이것이 본질적으로 하나님께서 미리 아시고, 정하시고, 부르셨기 때문이며(8:28-30, 33), 바울은 이것을 로마서 9-11장에서 상술하고 있다(다음 장을 보라).

6:1-14에서, 바울은 죄에도 **불구하고** 더해지는 은혜와 은혜를 더하기 **위해** 죄를 더하는 것을 구분하고 있다는, 5:20의 주장을 설명한다. 신자들이 반복적인 죄를 지어서는 안 되는 이유는, 세례가 상징하듯이 그들은 영단번 죄에 대해 죽었기 때문이다(6:2-4, 10, 11). 더욱이 그들의 '옛 사람'은 그리스도와 함께 십자가에 못 박혔기에(6:6), 그들은 죄에서 자유해졌으며(6:7, 18, 22; cf. 8:2) '죄가 너희를 주관치 못하는 것은 너희(유대인 신자들까지도)가 법 아래 있지 않기 때문이며'(6:14, 15; cf. 2:12; 3:19; 7:6), 그들은 더 이상 죄의 노예가 아니기 때문이다(6:17-18). 물론 그들은 현실 속에서는 계속해서 죄를 멀리해야 하지만(6:12-13), 유대인과 이방인 신자들은 새로운 신분을 가지고 있으며, 이것은 그들이 반복적인 죄를 지을 수 없고 지어서도 안 된다는 것을 암시한다(6:13, 19).

31) 또한 Dunn, 'Romans: Analysis', 2861; Beker, *Paul*, 86도 같은 입장이다.
32) Keener, *Bible Background*, 426.

이것은 7:1-6에서 분명히 진술되고 있다. 남편이 죽으면 아내가 결혼 법에서 벗어나듯이, 신자들도 율법에 대해서 죽었다(7:4). 따라서 유대인 신자들은 '율법에서 벗어났으며'(7:6), 따라서 이방인 신자들이 율법에 묶여야 할 이유가 전혀 없다. 바울이 엄중하게 율법은 죄가 아니라고 말하고 율법의 긍정적인 측면들을 말하면서도(7:7, 12, 13, 14, 16; 하지만 4:15), 5:20에서 했던 말-'율법이 들어온 것은 범죄를 더하게 하려 함이라'(cf. 갈 3:19)-을 다시 한 번 확증하고 있다. 그는 율법 아래 있는 유대인들과 율법 없는 이방인들이 실제로는 전혀 차이가 없음을 암시하고 있는 것이다.[33] 도리어 죄책감이 더 큰 쪽은 유대인들이었다(cf. 5:13b; 7:8, 13b). 7:7-23에 나타난 바울의 긴 논의의 목적은 구원을 가져오는 율법의 중요성을 단언하고(8:3), 유대인과 이방인들이 율법에서 벗어난 것은 예수 그리스도를 통해서임을 강조하는 데 있다(7:24).

율법은 '우리'에게서 정죄를 제거할 수 없었지만, 그리스도를 통한 생명의 성령의 법은 '우리'를 죄와 사망의 법에서 자유롭게 해주었으며, 정죄를 제거해주었다(8:1-2). 바울은 그가 앞에서 암시만 했던-'우리가 성령의 새로운 것으로 섬길 것이요'(5:5; 7:6)-성령 안에 있는 생명에 관해 더 자세히 설명한다. 바울은 믿는 유대인들과 이방인들을 '그리스도 안에 있는 자들'이라는 하나의 같은 범주 안에 두고 있다. 그들에게는 생명/하나님/그리스도의 영 등 다양하게 표현되는 같은 성령이 있다(8:2, 9a, b, 14). 이 영은 그들이 하나님의 자녀임을 증거하며, 8:12-30에서 바울은 누가 하나님의 자녀인지를 설명하는데, 이 설명은 이후에 9:7-13에서 진행될 논의의 기초 역할을 하게 된다. 자녀 됨을 확신할 때 신자들은 고난을 이기고, 미래의 영광을 고대하며(8:18-27), 하나님의 사랑을 확신할 수 있게 된다(8:28-29).

요약하면, 바울은 로마서 5-8장에서 1:18-4:25에서 마련한 확고한 전제, 즉 유대인과 이방인은 그들의 죄성과 칭의에 있어서 근본적으로 동등하다

33) Kaylor, *Covenant Community*, 118-119.

는 전제를 설명하고 있다. 이런 동등성은 그들은 모두 아담 안에서 그들의 죄로 인해 죽음의 정죄를 받았으며, 또 그리스도 안에서 믿음으로 말미암아 의롭게 되어 새 생명을 얻게 되었다는 주장을 통해 명백히 재확언하고 있다(5:12-21). 전에는 율법의 소유 여부가 유대인과 이방인 사이를 가르는 주요 요인이었지만, 율법은 죄를 없애지 못하고 구원을 가져오지도 못하기에, 율법이 둘 사이의 차이를 규정하는 근거가 될 수 없다. 오직 예수 그리스도 안에서 그리고 그를 통해서만 칭의와 화해와 '무정죄', 그리고 새로운 신분을 받을 수 있다. 하나님은 당신의 원수들인 유대인과 이방인 모두와 화해하셨으며(5:9-11), 같은 믿음으로 말미암아 그들을 모두 의롭게 하셨다(5:1, 9a; 3:30). 따라서 그들에게는 결코 정죄함이 없다(8:1). 둘 모두 그리스도에게 세례를 받았으며 둘 다 성령을 받았다. 그들은 죄의 노예였지만(6:6, 17, 20; 7:5), 이제는 그리스도를 통해서, 그리고 생명의 성령의 법으로 말미암아(8:2) '죄에서 해방되어 의의 종이 되었다'(6:6, 17, 18, 19, 22). 유대인과 이방인 모두 하나님/그리스도의 영을 가지고 있으며, 동등하게 하나님의 합법적인 자녀들이다(8:11, 14, 15, 16, 23). 따라서 그들은 그리스도 함께 하나님의 상속자가 되었다(8:17).

바울이 로마서 5-8장에서 쓴 내용은 유대인으로서는 하기 힘든 매우 담대한 주장이다. 그는 매우 용기있게 율법의 신분을 설명하였다. 이는 아마도 독자들을 머지 않아 로마에서 활발하게 활동하게 될 유대주의자들에게 맞서도록 준비시키기 위해서였을 것이다(cf. 16:17-20). 더 나아가 이방인들이 이스라엘에게 약속된 것과 똑같은 특권을 받았으며, 따라서 근본적으로 유대인 자신들과 신분이 동등하다고 주장하는 것보다 (믿지 않는) 유대인들을 더 거스르게 하는 주장은 없었을 것이다.[34] 이방인의 사도로서의 바울의 자기 인식 때문에 그는 유대인과 이방인 간의 기본적인 동등성을 주장할 수 있었고, 그들을 한 '민족적인' 그룹, 즉 '우리'로 다룰 수 있었다. 그의

---

34) Locke, *Paraphrase* 2, 560은 옳다; 특별히 Howard, 'Romans 3:21-31', 223-233; Sanders, *Jewish People*, 33; Dunn, *Romans* 1, 191.

사도적 자기 이해가 이것으로만 표현된 것은 아니다: 그들의 동등성은 그들이 똑같이 사용할 수 있는 그리스도의 사역 때문만은 아니며, 더 근본적으로는 유대인과 이방인을 동등하게 예정하시고 부르신 하나님의 구원 계획 때문이다(8:28-30, 33). 오직 바울이 하나님께서는 참으로 그렇게 하셨다고 설명할 수 있어야, 그는 이 서신에서 유대인과 이방인의 동등성을 흔들리지 않게 확립할 수 있고, 이를 통해 로마 공동체의 일치를 권면할 수 있을 것이다(롬 12-16장). 그래서 바울은 로마서 9-11장에서 하나님의 계획 안에서의 그들의 동등성을 설명하기 시작한다. 다음 장에서 이것을 살펴보려고 한다.

5장

유대인과 이방인을 향한 하나님의 계획의 동등성: 9:1–11:36

나치의 유대인 대학살(the Holocaust)과 이스라엘의 건국 이후 로마서 9-11장은 특별히 유대인–그리스도인 간의 대화와 관련하여[1] 많은 학자들의 주목의 대상이 되었다.[2] 로마서 9-11장은 서신서 전체의 해석적인 열쇠를 담고 있는[3] '로마서 전체의 근원이요 중심'이라는 바우어의 이해는 좀더 최근의 논의들을 미리 내다본 것 같으며, 요즘에 와서는 이 단락이 일반적으로 로마서에서의 바울의 신학적인 주장의 절정을 이루는 것으로 일반적으로 받아들여지고 있다.[4] 그 결과 바울 신학과 주해를 재정립하는 데 있어서 중요한 전환점을 제공하였다.[5] 무엇보다 가장 중요한 쟁점은 이 단락

1) Wigoder, *Jewish-Christian Relations*을 보라. Grässer, *Alte Bund*, 212, n.1에 묘사된 Mussner의 견해를 보라.

2) Cf. Grässer, *Alte Bund*, 212-230.

3) Baur, *Paul* 1, 315. 또한 Stendahl, *Paul*, 4, 28, 85도 주목할 만하다. 그는 로마서 1-8장을 머리말로 간주한다(p. 29).

4) O'Neill, *Romans*, 145; Ziesler, *Romans*, 37, 39; Campbell, 'Freedom', 27-28; *idem*, 'Why?', 264-269; Beker, *Paul*, 87.

5) Haynes, 'Rediscovering', 70. 유대인 대학살의 영향을 받아 히브리서 11장을 해석한 것을 비판

은 무엇에 관한 것인가, 하는 단락의 성격과 관련이 있을 것이다. 오늘날 대부분의 로마서 해석가들은 로마서 9-11장의 근본적인 신학 원리는 이스라엘이 복음에 대해 반응하는 데 실패했음에도 불구하고 **그들에게 보이신 약속을 향한 하나님의 신실하심**에 대한 긍정적인 해석이라는 데 대개 동의한다.

이 견해에 따르면 로마서 9-11장은 기본적으로 **이스라엘**에 관한 쟁점들, 특히 하나님의 섭리 아래서의 그들의 밝은 미래에 관해 설명하고 있다.[6)]

이런 전환은 나치의 유대인 대학살 이전에 널리 수용되던 반유대주의의 부당한 전제를 바로잡는 데 기여한 것은 분명하고 또 옳다.[7)] 하지만 대부분의 유대인 대학살 이후의 해석가들은 반대 방향으로 너무 멀리 이동하였으며, 따라서 종종 이 단락과 로마서는 물론이고, 상당 부분의 바울 신학에 대한 부적절한 해석을 옹호하곤 했다. 그들이 볼 때 이방인을 향한 바울의 관심은 유대인에 관한 관심에 비하면 부차적이고 또 종속적인 것이다. 롱게네커(B.W. Longenecker)는 '그의(바울의) 논점은 이방인 그리스도인들은 **이스라엘이 없이는 존재할 수 없다**는 정도가 아니라, 심지어 이방인 그리스도인들은 **이스라엘 안에서가 아니면 존재할 수 없다**'[8)]는 것이라고 주장한다. 마찬가지로 유대인-그리스도인 간의 대화에서, 스툴마허(P. Stuhlmacher)와 라피데(P. Lapide)는 이미 뭉크가 표현한 바 있는 것[9)]과 똑같은 결론을 제시하고 있다. 이방인의 사도로서의 바울의 역할에 대해 스툴마

적으로 검토한 Grässer, *Alte Bund*, 259ff를 보라.

6) 예. Stendahl, *Paul*, 3. 또한 *Paul*, 132를 보라. 그는 여기서 Bornkamm, *Paul*, 95을 지지한다. Bornkamm은 로마서 9-11장이 주로 유대인에 관한 것이라고 주장했지만, Stendahl이 그 단락을 유대인과 그들의 구원에 대한 이해에 반론을 제기하는 것으로서 읽는 것에 반대한다. Stendahl은, 로마서 9-11장은 '바울이 이스라엘을 다루시는 하나님의 비밀을 묵상하면서 자신의(바울의) 선교에 대해 변호한 것으로 보았다'(p. 132). 그는 *Final Account*, 37에서도 같은 입장을 반복한다.

7) Ericksen, *Theologians Under Hitler*를 보라.

8) Longenecker, 'Different Answers', 113, 강조는 그의 것.

9) Munck, *Paul*, 42-49: 이방인 선교는 이스라엘에게 구원을 가져오는 '가장 짧은 길'이다; Watson, *Paul*, 162. cf. Fitzmyer, *Romans*, 541, 612. 이제 Stendahl, *Paul*, vi는 Munck의 견해가 무리라고 생각한다.

허는 '바울은 자신이 **이스라엘을 위해서** 자신은 예수께 이방인의 사도로 사명을 받았다고 인식하였다'고 주장했고[10] 라피데도 이와 비슷하게 '…실제로 이방인을 향한 모든 선교는 **모든 이스라엘을 구원하기 위한 우회로일 뿐**인 듯 보인다'고 말한다.[11]

하지만 이런 입장은 이 장들에 나타난 이방인에 관한 긍정적인 진술과 유대인들에 대한 대체로 비판적인 묘사에 대한 적절한 해석이 못 된다.[12] 더욱이 이런 일반적인 견해는 바울이 로마서 1-4장에서 강조하여 주장하고 또 이 단락에서 다시 시작하고 있는(cf. 10:11-13; 11:32),[13] 복음에 있어서 유대인과 이방인의 근본적인 동등성이라는 주제를 약화시키고 있다. 로마서 9-11장의 진정한 주제는 던이 주장한[14] '하나님과 이스라엘'이 아니라 오히려 하나님(그리고/혹은 그리스도), 이스라엘, **그리고** 이방인이며,[15] 좀더 정확히 말하자면, 하나님의 계획 안에서의 유대인과 이방인의 동등성이다.[16] 이 단락에서 바울은 유대인과 이방인 모두와 관련하여 자신의 주장을 전개하고 있는 것이 분명하다. 하지만 이 단락과 실제로는 서신 전체에서 바울의 목표는 한 인종 그룹이 다른 인종 그룹보다 더 우월하다고 주장하는 것이 아니다. 유대인과 이방인 사이에는 차이가 없다는 것(3:22; 10:12; 1:16; 2:9-10;

---

10) Lapide and Stuhlmacher, *Paul*, 25-30에서의 Stuhlmacher; p. 26에서 인용하였고 강조는 나의 것이다.

11) Lapide and Stuhlmacher, *Paul*, 44에서의 Lapide, 강조는 나의 것이다.

12) *Pace*, 예. Wiefel, 'Jewish Community', 100-101. 그는 바울이 (기독교가 반유대적인 운동이 되는 것을 막기 위하여) 로마서 9-11장에서 유대인에 대한 긍정적인 진술을 하고 있다고 주장한다.

13) 바울이 하나님의 언약의 신실하심에 근거하여 유대인 편에서 말함으로써 유대인과 이방인의 동등성에 대해 논의하고 있다는 Wright의 추론은 설득력이 없다; 오히려 바울은, 우리가 이전 장들에서 보았듯이, 이방인 편에서 이야기하면서 이방인이 유대인과 동등성을 주장하고 있다.

14) *Pace* Dunn, *Romans* 2, 520; Conzelmann and Lidermann, *Interpreting*, 193. cf. Munck, *Paul*, 42; Barrett는, 'Romans 9:30-10:21', 139, 로마서 9-11장에서 바울의 주 관심이 유대인에게 있다고 주장한다.

15) Dahl, *Studies*, 155은 옳다.

16) Robinson, *Wrestling*, 109는 '(로마서 9-11장의) 전체 단락은 사실상 "우리 유대인은 더 나으뇨?" 또는 "우리 유대인들은 더 못하뇨"라고 번역될 수 있는 3:9의 질문에 대한 대답이며, 어떤 쪽이든지 간에 그 대답은 "결코 아니다"라고 주장한다.

3:29; 4:16; cf. 갈 3:28; 골 3:11)은 로마서의 신학적인 해석과 실제적인 권면을 위한 가장 근본적인 전제다. 바울은 유대인과 이방인은 모든 인류를 위한 하나님의 구원 역사에서 어떻게 동등하고 상호의존적인 관계에 있는지를 설명한다. 우리의 입장은 먼저 쓴 바울 서신(cf. 살전 2:14-16; 갈 4:21-31)뿐 아니라 로마서의 이전 단락과도 일치한다. 베커(J.C. Beker)와 와그너(G. Wagner)가 바울이 이제 앞에 쓴 것을 바로잡고 있다고 한 설명은 (앞으로 우리가 보겠지만) 설득력이 없다.[17)]

독자들은 이제 바울의 주장은 본질적으로 그리고 독특하게 아주 많은 구약인용들과 엮여 있음을 알게 될 것이다.[18)] 이 단락을 이해하려면 바울이 구약의 구절들을 해석하고 적용하는 방식을 꼭 고려해야 한다. 그가 유대인에 관한(ὑπερ τοῦ Ἰσραήλ, 이스라엘에 대하여) 구약의 구절들을 인용할 때(9:27-29; 10:19, 21; 11:8-10) 그가 구약에서 가장 혹독하게 비판적인 구절들을 선택하고 있다는 점을 주목하면 놀랄 것이다.[19)] 반면에 바울은 이스라엘에 관한 가장 긍정적인 구절들을 **이방인들에게** 적용하고 있다. 바울이 구약을 '이스라엘을 위한 증거와 이스라엘의 고소자'로 사용하고 있다고 주장한 것은 분명히 옳지만,[20)] 바울은 또한 구약을 이방인을 위한 우호적인 증인으로도 사용하고 있다. 더욱이 바울은 이방인을 비난하기 위해 구약을 사용한 적이 없으며, 그보다는 이스라엘의 불신과 이방인의 믿음, 그리고 이방인이 하나님의 참 백성에 포함된다는 점을 설명하는 데 구약을 사용하고 있다.[21)]

이를 통해 우리는 로마서 9-11장의 주제적 진술인 '하나님의 말씀이 폐

---

17) *Pace* Beker, 'Faithfulness', 16; Wagner, 'Future', 100-103; Noack, 'Current', 164; cf. Simpson, 'Future', 165-275; Getty, 'Covenants', 96.

18) 로마서 9-11장의 거의 40퍼센트는 구약 인용으로 구성되어 있으며(Guerra, 'Paul's Purpose', 226), 로마서의 구약 인용의 절반 이상은 로마서 9-11장에 나온다. 그리고 바울의 전체 인용의 66퍼센트는 로마서에서 볼 수 있다; 이것은 확실한 바울 저작으로 인정되는 서신들 가운데 나타나는 구약 인용의 1/3이 로마서 9-11장에 나온다는 것을 의미한다. 또한 다음을 보라 Ellis, *Paul's Use*, 98-103; Seifrid, 'Approach', 5.

19) Evans, '"True Prophecy"', 570.

20) Dunn, *Romans* 2, 520은 Michel을 따른다.

21) Evans, '"True Prophecy"', 562-563.

하여진 것 같지 않도다'(9:6a)를 어떻게 이해해야 하는지를 숙고할 수 있게 된다. 주석가들이 이 구절을 9-11장 전체 단락에 대한 논제(thesis)로 이해한 것은 옳지만, 그들은 대부분 '하나님의 말씀'을 **이스라엘**을 향한 하나님의 약속이나 특권이라고 지적한다.[22] 하지만 바울이 로마서 9-11장의 광범위한 문맥에서 '하나님의 말씀'을 유대인과 이방인 모두에게 적용하고 있는 것에 비추어 볼 때, 바울은 이스라엘**과 이방인** 모두를 위해 성경에 나타난 하나님의 계획이나 의도가[23] 실패하지 않았다고 말하고 있는 것으로 이해하는 것이 나은 듯하다. 실제로 하나님의 말씀의 신실성이 의심을 받는 것은, 축복을 약속 받은 많은 이스라엘 백성들이 지금은 하나님의 '거절'을 경험하고 있기 때문만이 아니라,[24] 하나님께서 배제하셨다고 명백히 선언한 많은 이방인들이 지금은 하나님의 구원의 축복을 누리고 있기 때문이다. 바울이 τὰ λόγια τοῦ θεοῦ(하나님의 말씀: 3:2)를 유대인의 가장 중요한(πρῶτον) 이점으로 생각하고 있지만, 그는 이미 유대인과 이방인의 동등한 죄성을 지적하면서 이를 비판적으로 사용한 적이 있다(3:10-18).[25] 로마서 9-11장에서 바울은 유대인의 불신과 이방인의 믿음을 논증하기 위해 '하나님의 말씀'을 사용한다. 바울이 볼 때 하나님의 말씀은 이방인에 **관해** 말하고 있을 뿐 아니라, 이방인을 **위해** 말하고 있다고 생각한다. 바울은 로마서 9-11장에서 구약 인용을 통해 이 점을 증명하고 있다. 그가 믿는 이방인들도 이런 유대인의 특권에 참여하게 된다고 주장하기 위해서, 할례, 유대인, 쉐마, 아브라함의 조상됨의 개념을 재해석했듯이, 여기서도 구약의 하나님

---

22) Calvin, *Romans*, 197; Murray, *Romans* 2, 9; Barrett, *Romans*, 169; Käsemann, *Romans*, 261-262; Dahl, *Studies*, 143; Kümmel, 'Probleme', 20; Munck, *Christ*, 34; Campbell, 'Freedom', 28; Fitzmyer, *Romans*, 559. Dunn이 이 문장에 '(이스라엘에게 주신) 하나님의 말씀이 폐해지지 않았다'라는 말을 덧붙인 것은 일반적인 견해를 대변하는 것이다: Dunn, 'Romans', 848, 강조는 나의 것; Dunn, *Romans* 2, 539: '하나님의 특별한 말씀(=이스라엘에 주신 약속)'과 9:6의 가까운 문맥은 이 견해가 설득력이 있다는 것을 암시해 준다.

23) Black, *Romans*, 130; Piper, *Justification*, 48-51; Käsemann, *Romans*, 262은 이것을 거부한다.

24) Piper, *Justification*, 48-51의 인식은 포괄적이지 못하다.

25) 우리의 이전 토론에 대해서는 앞에 pp. 190-200을 보라.

의 말씀을 그 본문과 문맥을 변경하여 사용함으로써 그렇게 하고 있다.

이 장의 목적은 **이방인**의 사도인 바울이 유대인의 불신과 이방인의 믿음 현상을 성경적으로 설명함으로써 하나님의 구원 계획 안에서의 유대인과 이방인의 동등성을 주장하고 있다는 전제를 강조함으로써 오늘날 널리 수용되고 있는 견해들을 대신할 수 있는 종합적인 (대조적이 아닌) 대안을 제안하려는 것이다. 구약을 알고 있는 사람들은 하나님의 계획에서 이스라엘이 특별한 위치를 차지하고 있음을 분명히 인정할 것이다.[26] 하지만 이방인의 사도는 담대하게 이방인 역시 하나님의 목적에서 동등한 중요성을 가지고 있다고 주장한다. 따라서 다시 한 번 우리는 바울의 사도적 자기 이해의 영향으로 바울은 그리스도 안에서의 이방인의 구원의 합법성과 충족성을 단언하게 되었다고 제안할 것이다. 우리는 바울이 대체로 (그가 로마서 1-4장에서 한 것처럼) 이스라엘의 불신에 대한 비판적인 묘사와 이방인의 믿음에 대한 긍정적인 묘사를 통해 어떻게 하나님의 구원 계획 안에서의 유대인과 이방인의 동등성을 확립하고 있는지 논증해 보이고자 한다. 이방인에 대한 바울의 이같은 강조는 유대인 대학살 이후 해석에서는 적절한 주목을 받아오지 못했다.

이런 예비적인 이해와 함께 우리는 이 단락 구절들에 대한 주해적 관찰을 시작할 것이다. 9:1-29의 논의에서 우리는 로마서 9장은 하나님께서는 그분의 주권적인 자유와 자비에 따라서 이방인들을 자신의 사랑하는 백성으로 예정하셨고 또 부르셨음을 바울이 암시적으로 설명하는 단락이라고 제안하고자 한다. 우리는 여기서 바울이 유대인의 거절을 설명하고 있다는 왓슨의 주장과[27] 로마서 9장은 이스라엘 안의 '이스라엘'을 구원하는 것에 대한 하나님의 정당함을 설명하고 있다는[28] 파이퍼(J. Piper)의 주장을 모두 부정할 것이다. 그러고 나서 우리는 9:30-10:21은 '이스라엘을 향한 하

26) Cranfield, *Romans* 2, 446-447.
27) Watson, *Paul*, 163-164.
28) *Pace* Piper, *Justification*, 218.

나님의 선하심'을 강조하고 있다고 주장하는 자들을 반대할 것이다.[29] 그보다 우리는 바울이 한편으로는 유대인의 불신을 강조하고, 다른 한편으로는 보편적인 구원 원리와 구원 메시지에 대한 이방인의 긍정적인 반응을 강조하고 있다고 주장하고자 한다. 그 다음으로 로마서 11:1-36을 살필 것이다.[30] 바울은 하나님께서 혈통적인 이스라엘을 거절하시지는 않았다고 엄중하게 단언하고 있기는 하지만, 11:1-10에서도 이스라엘에 관한 상당히 비판적인 진술들을 이어가고 있다는 것을 논증할 것이다. 11:11-16에서는 유대인의 τὸ πλήρωμα(충만함)을 기대하긴 하지만, 이스라엘의 τὸ πλήρωμα(충만함)의 결과로 이방인에게 임하는 더 큰 축복을 내다보며 말하고 있음을 지적하고자 한다. 우리는 다음의 전제에 대해 반박할 것이다. (1) 이스라엘이 강퍅해진 것은 하나님께서 이방인을 구원하시기 위한 필연적인 단계이며, (2) 바울의 이방인 구원 선교는 그의 사도적 사역을 통해 유대인들을 구원하려는 궁극적인 목적에 비하면 오히려 부차적이다.

감람나무와 관련한 바울의 권고(11:17-24)는 학자들이 로마 교회의 구성원을 재구성하는 데 큰 영향을 끼쳤다.[31] 결과적으로 이 구절은 서신의 목적을 가리키는 구절로,[32] 그리고 서신 전체의 해석에 상당히 큰 영향을 미치는 구절로 간주되고 있다.[33] 하지만 이 구절이 이방인 신자들은 이미 유대

---

29) *Pace*, 예. Cranfield, *Romans* 2, 503, 541-542.

30) 두 단락이 주제상 연결되어 있기 때문에 로마서 10장과 11:1-16 사이를 명확히 구분을 하기는 쉽지 않다. 바울은 하나님께서 민족적인 이스라엘을 거부하셨다는 견해를 단호히 거부했음에도 불구하고, 11:1-16에서 계속해서 이스라엘을 강도 높게 비판하고 있다. 11:11-16은 구문론적으로 한 단위를 형성하지만, 또한 11:13-32도 2인칭 대명사를 사용하면서 이방인 신자들에게 말하는 바울의 특별한 연설 단락이다. 그래서 11:13-15은 9:30-33과 마찬가지로 두 단락을 연결하는 다리 역할을 한다. cf. Siegert, *Argumentation*, 148은 로마서 10:1-11:32이 구문론적으로 단일의 복합 논쟁(single complex argument)이라고 주장한다.

31) Sanday and Headlam, *Romans*, 324은 11:13-24이 로마 교회의 대다수는 이방인이었다는 결론적인 증거를 제공하고 있다고 추정한다.

32) 예. Elliott, *Rhetoric*, 291은 '바울의 목표는 이스라엘에 대하여 이방인들이 자랑하지 못하도록 막는 것이다(cf. 롬 11.17-24); 그러나 이 목표는 로마서 11장의 명백한 묵시적인 권고에서만 아니라 전체 서신의 큰 구조 안에 분명히 등장한다.' Käsemann, *Romans*, 305에서의 Lütgert의 견해. Käsemann 자신은 11:16-24이 로마 교회의 상황을 많이 담고 있지 않다고 주장한다.

33) 예. Elliott; 위의 각주를 보라. Schoeps, *Paul*, 235, 236은 로마서 9-11장은 소수 유대인이 절

인 신자들을 향해 오만하였다거나 이방인들이 다수를 차지하고 있음을 암시하고 있다고 볼 필요는 없다. 우리는 11:17-24은 (이 서신에서 바울이 이방인에 관해 긍정적으로 진술한 것 때문에) 오만한 사람이 **되지** 말라는 경고로 보는 것이 좋다고 주장하고자 한다. 11:17-32에서 바울은 이스라엘을 향한 더 밝은 미래의 가능성을 명백히 지적하고 있지만, 우리는 11:25-32을 로마서 9-11장 전체를(서신 전체는 차치하고라도) 위한 해석적 열쇠로 삼기보다는, 이 단락을 바울이 로마서 1-11장 전체에서 제시하고 있는 논지에 비추어 해석할 것이다. 이스라엘 구원의 신비에 대한 바울의 언급(11:25b-26)은 '너희(이방인 신자들)가 모르지 않기 위해서'(11:25a)라고 한 것에 주목하는 것이 중요하다. 우리는 또한 11:25-32은 하나님의 구원 계획에서의 유대인과 이방인의 동등성과 상호의존성을 묘사하고 있음을 보여주려고 시도할 것이다. 우리는 로마서 11장에서 바울은 구원 순서가 '첫째는 유대인에게요 또한 헬라인에게로다'(1:16)에서 '첫째는 헬라인에게요 또한 유대인에게로다'(11:25-26)로[34] 역전되고 있다고 하는 일부 학자들의 견해를 평가하고 강화할 것이다. 우리는 바울의 사도적 자기 인식이 얼마나 로마서 9-11장의 논의 구조 형성에 영향을 미쳤는지를 관찰할 것이다.

하지만 본문을 본격적으로 논하기 전에 로마서 9-11장과 이전 장들의 상관관계를 짧게나마 관찰할 필요가 있다. 이 상관관계에 대한 이해가 종종 로마서 9-11장 이해의 방향을 결정하기도 하였으며, 반대로 로마서 9-11장의 해석이 이전 장들과의 적절한 상관관계를 찾는 데 도움을 주기도 하였다.

대 다수의 이방인이 지배하는 위협적인 상황에서 믿는 이방인들에게 준 권고라고 본다.

34) Robinson, *Wrestling*, 110; 다음의 학자들도 이런 이해를 표명하고 있다, Dahl, *Studies*, 150; Kümmel, 'Probleme', 40-41; Käsemann, *Romans*, 274; Cranfield, *Romans* 2, 576.

1. 로마서 1–8장과 9–11장의 상관관계

로마서 9-11장이 주제 이탈(digression)이라고 한 도드(C.H. Dodd)의 견해에 동의하는 학자는 이제 거의 없다.[35] 그보다는 대부분 '서신의 주제를 형성하는 필수적인 부분'으로 간주한다.[36] 하지만 이 장들과 서신의 나머지 부분들과의 정확한 상관관계는 로마서 9-11장에 나오는 이스라엘을 향한 하나님의 신실하심을 강조하는 과정에서 종종 주장된다. 예를 들어, 라이트는 바울이 보편적인 죄성과 아브라함의 범세계적인 가계, 그리고 그리스도 안에서의 보편적인 구속(롬 1-8장)을 강조한 후, 여기서 하나님께서 이스라엘도 구원하실 것이라고 주장하는 것은 필수적이라고 말한다.[37] 왓슨과 바레트는 이 장들은 바울이 자기 백성을 간과하고 있다는 인상이나 지적을 바로잡기 위해 필요하다고 주장한다.[38] 이 장들은 바울이 1-4장에서 유대인에 대해서는 부정적인 진술을, 이방인에 대해서는 긍정적인 진술을 하고 있다고 한 우리들의 해석을 인정해주는 듯 보인다. 하지만 이 견해들은 (앞으로 보겠지만) 바울이 9:6-11:16에서도 유대인들에 대해 비판적으로 묘사하고 있다는 사실을 간과하고 있다.[39]

크랜필드, 바르트(M. Barth), 그리고 지슬러는 두 주요 단락(1-8장, 9-11장) 간

35) *Pace* Dodd, *Romans*, 161; 그러나 Dodd의 견해를 지지하는 학자들도 없지는 않다: Bultmann, *Theology* 2, 132; Manson, *Studies*, 21; Beare, *St. Paul*, 103-104; Robinson, *Wrestling*, 108; 그리고 Dodd보다 먼저 Sanday and Headlam, *Romans*, 225도 같은 견해를 가졌었다.

36) Cranfield, *Romans* 2, 445. 또한 Davies, 'People', 13; Beasley-Murray, 'Righteousness', 438; Seifrid, 'Approach', 4; Hays, *Echoes*, 63; Barrett, 'Romans 9:30-10:21', 132; Wright, *Messiah*, 220은 이 논지를 적절하게 표현하고 있다: '로마서 1-8장은 문제 제기이고 9-11장은 그것에 대한 해결이다… 1-8장은 궁극적으로 9-11장이 없이는 이해할 수 없으며, 또한 그 반대도 사실이다'. 이 말은 Dunn, *Romans* 2, 519에서 긍정적으로 인용되고 있다.

37) Wright, *Messiah*, 220; *idem*, *Climax*, 232는 그 연결성의 쟁점은 제기하지만, 명확한 대안은 제시하지 못한다.

38) Watson, *Paul*, 161; Barrett, 'Gentile Mission', 69.

39) Cf. Noack, 'Current', 163-166이 볼 때 로마서 9-11장은 유대인의 우선권을 강조하고 있지만, 그는 9:1-11:10이 유대인의 구원에 대한 해결책을 조금도 포함하고 있지 않다는 점을 인정한다.

의 상관성에 관해 다른 설명을 제시한다. 그들은 이방인 신자들에게 하나님께서는 8:35-39에 기술된 대로 전적으로 믿을 수 있는 분임을 확신시키기 위해서는 이스라엘의 하나님의 신실성을 단언하는 것이 꼭 필요하다고 주장한다.[40] 하지만 이방인 신자들을 향하여 그들도 꺾여 떨어져 나갈 수 있다고 엄중히 경고한 것(11:22)은 로마서 9-11장에서의 바울의 해설이 하나님의 신실함에 대해 큰 확신을 주려는 것이 아님을 보여준다. 이방인들은 그리스도를 통해 하나님 안에서만 그들의 안전을 확신할 수 있다고 바울이 너무 강하게 주장하였기 때문에, 그는 로마서 9-11장에서 그것을 다시 재확인해줄 필요가 없었을 것이다. 그보다는 8:31-39에서의 선언은 8:28-30의 주장에 의존하고 있기 때문에, 바울은 로마서 9-11장에서 이 주장들을 해설할 필요가 있었을 것이다.[41]

다른 학자들과는 달리 크랜필드는 로마서 1-8장과 9-11장 간의 언어적(1:5-7; 9:29-30, 33) 그리고 주제적 상관관계(1:1-4, 16-17)에 주목하고 있다.[42] 크랜필드는 서신의 주제는 분명히 유대인들(이스라엘)에 대해 복음이 함축하는 바를 설명할 것을 요구한다고 주장한다.[43] 하지만 바울은 또한 하나님의 구원의 축복과 자비에서 배제되었다고 생각된, 이방인들과 관련하여 복음을 설명하고 있음을 관찰하는 것은 동등하게 중요하게(더 중요하지는 않다면) 보인다. 크랜필드가 8:28-33과 로마서 9-11장 간의 사고의 연관성을 관찰한 것은 옳지만, 이 연관성을 이스라엘을 향한 하나님의 신실함의 측면으로만 제한적으로 설명한 것은 적절하지 않다.

바울은 유대인과 이방인 그리스도인은 모두 '그의 목적을 따라 부르심을

---

40) Cranfield, *Romans* 2, 447; Barth, *People*, 30; Ziesler, *Romans*, 37. 또한 Beker, *Paul*, 91; *idem*, 'Faithfulness', 14; Piper, *Justification*, 19. cf. Rese, 'Rettung', 423.

41) Cf. Hays, *Echoes* ,63-64: 바울은 그리스도 안에서 하나님의 사랑에서 아무도 끊을 수 없는 '우리' 안에 이스라엘이 포함되는지 아닌지를 다루고 있다(8:39).

42) Cranfield, *Romans* 2, 445-447; 또한 Dunn, *Romans* 2, 541도 로마서 9-11장과 로마서 4장의 강한 언어학적 연결에 주목한다: 'ἐπαγγελία(4:13, 14, 16, 20; 9:4 ,8, 9), λογίζεσθαι(4:3-6, 8-11, 22-24; 9:8), σπέρμα(4:13, 16, 18; 9:7-8)'.

43) Cranfield, *Romans* 2, 445.

입었다'는 개념을 표현해왔다. 즉, 하나님은 그들을 [1] 미리 아셨고 [2] 미리 정하셨다(8:28-29; cf. 벧전 1:2). 그리고 바울은 '미리 정하신 그들을 [3] 부르시고, 부르신 그들을 또한 [4] 의롭다 하시고, 의롭다 하신 그들을 또한 [5] 영화롭게 하셨다'(8:30)고 반복하여 말한다. 하나님께서 그들을 선택하셨기에, 그들을 하나님의 사랑에서 떼어놓을 수 있는 것은 아무 것도 없다(8:33, 39). 바울은 신자들은 그들의 민족적인 출신과 상관없이(cf. 고전 1:2) 의롭게 되었고(3:21-5:21; 8:30) 영화롭게 되었다(8:17, 18, 21, 30)고 강하게 주장하고 있다. 로마서 9-11장에서 바울은 첫 세 동사를 설명하기 시작한다: 어떻게 그들이 미리 아신 바 되었고, 미리 정해졌고, 또 부르심을 입었는지를 설명한 것이다. 유대인 신자들은 자신들은 하나님에 의해 미리 정해지고 부름받았다는 사실을 전혀 의심하지 않았을 것이다.[44] 하지만 이 주장을 (믿는) 이방인들에게 적용할 때는 신학적인 설명이 있어야 한다. 이 쟁점은 **이스라엘**의 실패와 이방인의 믿음의 관점에서 조명할 때 더욱 첨예해진다. 하나님의 소명과 구원 목적 밖에 있는 것으로 여겨지던 이방인들이 어떻게 그렇게 많이 믿음과 구원에 이르게 되었는가(9:30-31)?[45] 이런 현상은 하나님의 선택 목적(ἡ κατ' ἐκλογὴν πρόθεσις, 택하심을 따라 되는 뜻; 8:28과 9:11)과의 연관성으로 설명해야 하기에, 바울은 구약성경을 인용하여 이것을 신학적으로 설명하고 있는 것이다.[46] 결론적으로 바울은 유대인이 복음을 거부하는 것과 이방인이 하나님의 백성으로 부름 받은 것은 이미 계획되었고 또 실제로 성경에 예언되어 있다고 대답한다. '모든 이방인들 중에서'의 '부르심'이라는 주제는 이미 서신의 도입 부분에 언급되었지만(1:5-7), 9-11장 이전까지는 이 주제를 상술하지 않았다. 이방인의 부르심에 대한 자세한 설명이 중요한 것은, 그것이 그가 앞서 짧게 언급한 바 있는 유대인의 완악함/

44) 예. 이사야 44:1-2; 49:1; 65:12; 66:4; 1QM 3:2; 4:9-11; CD 4:4.

45) Baur, *Paul* 1, 315.

46) Guerra가 로마서 9-11장의 제목을 '바울의 이방인을 향한 복음과 선교에 대한 성경적인 변호'라고 정한 것은('Purpose', 228) 매우 일리가 있지만, 그 제목으로 충분하지 못하다. 이는 바울은 유대인의 불신과 그들의 미래의 일을 설명하는 데도 구약을 사용하고 있기 때문이다.

불신을 설명해 줄 것이기 때문이다(2:17-20; 3:3).[47]

2. 유대인을 완악하게 하고 이방인을 선택하시는 하나님의 자유: 9:1-29

파이퍼와 왓슨은 로마서 9장에서 바울이 성경을 인용하여 하나님의 지속적이고 주권적인 '선택' 활동을 확고하게 확립하고 있다고 독자적으로 강조하고 있다.[48] 하지만 로마서 9장을 놓고 '하나님께서 누구를 선택하셨는가?'라는 질문을 던질 때, 그들은 본질적으로 다른 결론에 이르고 있다. 왓슨은 하나님께서 이방인을 아브라함의 자녀로 선택하셨고…유대인을 거절하셨다고 보았다. 반대로 파이퍼는 하나님께서는 '[혈통적인] 이스라엘 가운데 "구원받은 자들"을' 선택하셨다고 생각한다.[49] 하지만 우리는 파이퍼의 견해가 편파적이고 충분하지 않다고 생각한다. 파이퍼는 9:1-23만 살핌으로써 9-11장 문맥에 적절하게 주의를 기울이지 못하고 있으며, 심지어 이방인과 유대인 모두와 관련하여 주요 주제를 담고 있는 9:1-33의 근접 문맥조차도 살피지 않고 있다. 결과적으로 파이퍼는 믿음에 있어서 인간의 책임(9:30-33)과 이방인들을 선택하시는 하나님의 자유(9:22-26)를 충분히 인정하지 않고 있다. 왓슨이 믿음이 있는 이방인 구원의 합법성을 확고히 하려는 바울의 의도를 적절하게 강조하고 있지만, 9:7-23이 기본적으로 이스라엘에 관한 것이라는 사실을 부적절하게 약화시키고 있다.

우리는 9:1-29에서 바울의 목표는 유대인들과 이방인들이 동등하게 하나님의 백성으로 부르심을 받았음을 단언하는 데 있음을 논증하려고 한다. 유대인들에 대한 선택은 이미 전제되었기 때문에(cf. 9:3-5), 바울은 주

47) Sanday and Headlam, *Romans*, 26; Schoeps, *Paul*, 236; Motyer, *Israel*, 30.

48) 이들 둘은 1980년대 초에 중요한 논문들을 내었고, 그것들은 각각 1983년과 1986년에 잇따라 출간되었다(Piper, *Justification*; Watson, *Paul*).

49) Watson, *Paul*, 163; Piper, *Justification*, 218.

로 이방인들에 대한 하나님의 선택을 강화하고 있으며, 자비를 베푸시는 데 발휘되는 하나님의 주권적인 자유를 강조함으로써 그렇게 하고 있다. 우리가 2:6-11을 해석할 때, 바울이 하나님의 편벽치 않으심에 대한 신학적 원리를 확립하고 있지만, 더 깊은 의도가 담겨 있음을 증명하려고 시도했었다고 지적한 바 있다. 즉 바울은 하나님은 유대인을 심판하시고 이방인을 축복하기 위해 선택하시는 일에도 편벽하지 않으신다고 말하고 싶은 것이다.[50] 바울은 여기서 자신의 주장을 제시할 때도 똑같은 전략을 사용하고 있다. 9:6-23에 나타난 '하나님의 자유'에 대한 그의 주장은, 우리가 방금 제안한 대로 유대인 심판과 이방인 선택이라고 하는 더 근본적인 양면을 가진 논쟁으로 나아가게 하는 징검다리 역할을 한다. 따라서 로마서 1-4장에서 논지를 전개하던 것처럼 로마서 9장에서도 바울은 이방인들에 관해서는 긍정적으로 말하고 유대인들은 비판적으로 기술하고 있다.

A. (이방인과 공유하는) 유대인의 특권: 9:1–5

로마서 9-11장을 시작하면서 바울은 대다수의 유대인이 의(義)를 열정적으로 추구했고(9:31-33) 많은 특권을 누리며 누구보다도 예외적으로 준비가 됐음에도 불구하고(9:4-5) 의를 얻지 못하고 있다는 사실 때문에 큰 슬픔과 애끓는 고통을 표현하고 있다. 동족을 향한 바울의 관심은 분명 진실하며, 이 단락에 나타난 유대인의 특권에 대한 그의 인정은 모든 이스라엘 백성들을 향한 그의 충실한 마음을 전해준다.[51]

---

50) 앞에 pp. 146-152를 보라.

51) 바울이 이 특권들을 특별히 믿지 않는 이스라엘 사람들에게 적용하고 있다는 Piper의 반복적인 주장은(*Justification*, 23-24, 45, 64) 문법적으로 설득력이 없다. 그는 관계대명사 οἵτινες의 선행사가 '그리스도에게서 끊어져 있는, 저주 받은 사람들인, 바울의 골육의 친척'(9:3) 곧 믿지 않는 유대인들이라고 가정한 것은 잘못이다. 오히려 선행사는 'τῶν ἀδελφῶν μου τῶν συγγένῶν μου κατὰ σάρκα'(나의 형제 곧 골육의 친척)이며, 여기에는 그들이 특별히 믿지 않는 자들이라는 암시가 없다. 대신 바울은 유대인을 일반적으로 언급하고 있으며, 그래서 이 특권들은 유대인에게 일반적으로 속한 것이다. ἀνάθεμα εἶναι αὐτὸς ἐγὼ ἀπὸ τοῦ Χριστοῦ(내

왓슨은 '9:6이하의 논점은 유대 백성들이 구원을 위한 선택을 받은 적이 있다는 사실을 부인하는 것이며, 그들의 특권(9:4f)은 σάρξ(육신)의 영역에 속한다(9:8)'[52]고 말한다. 하지만 이것은 사실이 아니다. 바울은 역사적 이스라엘의 선택을 명백히 전제하고 있다. 왓슨이 9:8에서 이스마엘을 (암시적으로) 가리키면서 이 특권이 '육신에만' 존재한다고 한 것은 논리의 비약이다.[53] 바울은 이 유대인의 특권이 교회로 옮겨졌다거나 혹은 교회가 이어받았다고 말하지 않는다.[54] 바울은 자기 동족을 향한 근본적인 애정(concern)을 가지고 있다.

하지만 그는 로마서 1-8장과 다른 곳에서는 이 특권을 동등하게 믿는 이방인들에게 적용한 바 있지만, 여기서는 이 특권들에 대해 논증하며 설명하고 있지 않다는 점이 놀랍다. 이 점에 주목하는 것이 중요한 이유는 9:1-5이 로마서 9-11장 전체를 위한 토픽의 구조를 형성하고 있기 때문이다. 아래의 개요는 바울이 어떻게 이스라엘에게 약속된 특권에 이방인들도 포함된다고 주장해왔는지를 아래와 같이 요약할 수 있다.

> 구약에서는 다음의 특권들이 이방인과 대조되는 유대인들에게만 독점적으로 주어졌다: '아들 됨'(출 4:22; 신 7:6; 14:1-2; 렘 31:9), '영광'(출 13:21; 레 9:6; 23:24 등), '언약'(창 17:2-4; 출 34:27; 신 4:13; 29:2-15; cf. Sir 44:12; 눅 1:72), '율법-수여'(신 4:7-8, 32-34; 시 147:19-20), '약속들'(신 26:16-19; 28:1, 13; 33:29). 하지만 바울은 이

자신이 저주를 받아 그리스도에게서 끊어질지라도)는 이스라엘 사람들을 언급하는 게 아니라 바울 자신을 언급하는 것이다. 그 절은 ἀδελφοί(형제)를 묘사하는 게 아니라 믿지 않는 친척들을 위하여 ἀνάθεμα(저주)가 되고자 하는 바울 자신의 필사적인 바람을 표현한 것이다(cf. 출 32:32).

52) Watson, *Paul*, 163, 227 n. 9. Dunn, *Romans* 2, 540은 Watson의 이런 주장은 말도 되지 않는다고 일축한다.

53) 그러므로 바울이 왜 여기서 '선택'을 유대인의 특권으로 포함하고 있지 않고, 단지 11:28에서만 그리했는지는 놀랄 필요가 없다, Fitzmyer, *Romans*, 543.이 특권을 요약할 수 있는 또 다른 용어는 '하나님의 사랑'이며(Wright, *Messiah*, 139, 302 n. 37을 보라), '선택'과 '사랑'이란 용어는 동전의 양면이다.

54) *Pace* Wright, *Messiah*, 139, 145, 148; Epp, 'Continuity', 80-90; Watson, *Paul*, 31의 견해는 부적절하다.

미 (믿는) 이방인들을 이 축복 안에 포함시킨 바 있다. '너희들(유대인과 이방인 신자들)은 아들 됨의 영을 받았다'(8:15, 23). 이방인이 다수를 차지하고 있는 갈라디아 교회에게 그리스도 안에서 그들도 '아들이 되는 온전한 권리'를 가진다고 편지하고 있다(갈 4:5; cf. 엡 1:5).[55] 그는 **영광**을 이방인들에게 적용하며(2:10; 8:18; 고후 4:17; cf. 골 1:27; 3:4) 이방인 신자들도 주의 만찬에서 표현된 새 **언약**에 참여할 수 있다는 사실도 지적해왔다(고전 11:25).[56] 바울은, 율법을 가지고 있지 않더라도 믿는 이방인들은 본질상 율법의 요구를 이루고 있지만(2:14-15, 26; 8:4), 유대인들은 **율법**을 지키고 있지 않다고 비난한 바 있다. 여기와 12:1에서 바울이 **예배**(λατρεία)라는 표현을 사용한 것은 신자들(유대인과 이방인)은 합당하고 진정한 예배를 드릴 수 있음을 암시한다.[57] 이방인 신자들은 또한 **약속**의 자녀(갈 4:28), 즉 아브라함의 후손이다(4:16). 예수님의 섬김은 '조상들에게 주신 약속들을 재확인함으로써 이방인들이 그분의 자비 때문에 하나님께 영광을 돌릴 수 있게 하기 위함이다(15:8-9).' 이방인 신자들 역시 조상들의 자녀가 되었으며, 바울은 갈라디아서 3:29('너희가 그리스도의 것이면 곧 아브라함의 자손이요 약속대로 유업을 이을 자니라')뿐 아니라 로마서 4장에서도 이 점을 분명히 하고 있다. 그리스도는 이스라엘에게서 나오지만, 바울은 메시야의 보편적인 성격을 '강조하고 있다.' 그는 만유 위에 뛰어나신 영원히 찬송 받으실 하나님이시다.[58] 하나님은 이방인의 하나님도 되신다는 사실이 분명히 주장되고 있으며(3:29), 따라서 그리스도는 유대인과 이방인 모두를 위한 메시야가 되신다.[59]

바울이 로마서 1-8장에서 말한 바에 비추어볼 때, '이스라엘에서 난 그들이 다 이스라엘이 아니요'(9:6b)라는 성경에 기초한 선언은, 모든 이스라엘

55) 이 아들 됨의 주제에 대한 더 충분한 설명에 대해서는 Scott, 'Adoption', 15-18을 보라.
56) Cf. Campbell, 'Covenant', 179-182.
57) Cf. Martin, 'Worship', 986-990.
58) 구두점 쟁점에 대한 논의에 대해서는 다음을 보라. Cranfield, *Romans* 2, 464-470; Sanday and Headlam, *Romans*, 233-238; Barrett, 167-168. 여기서 우리는 UBS^3, Nestle-$Aland^{27}$, Cranfield, Sanday and Headlam, Metzger, *Textual Commentary*, 520-523; Wright, *Climax*, 237을 따른다.
59) Wright, *Climax*, 237.

이 이 특권의 실질을 누리고 있지 못하고 있지만[60] 많은 이방인들은 그것들을 누리고 있음을 암시한다. 유대인 특권 목록을 제시함으로써 바울은 두 가지 목적을 성취한다. (1) 바울은 자신과 동족간의 연대성을 표현한다. (2) 그는 또한 (믿는) 이방인들도 포함하고 있는 축복에 관하여 앞서 말한 바를 요약하고 있다. 유대인과 이방인 모두 전에는 유대인들에게만 독점적으로 주어졌던 특권들을 동등하게 공유하고 있다.

B. 하나님의 선택의 자유: 9:6-23

바울은 유대인들의 특권 목록을 상술하지 않고 3:2에서 '하나님의 말씀'이라고만 했던 것처럼 이것들을 단지 언급만 하고 있다는 점을 주목하는 것이 중요하다.[61] '하나님의 말씀이 폐하여진 것 같지 않도다'(9:6a)라는 주제 진술은, '[바울의] 주요 목표가 하나님께서 이스라엘을 버리셨다(cf. 11:1, 11)는 주장을 뒤엎고,[62] 혈통적인 이스라엘 전체에게 주신(cf. 11:26-32) 약속에 하나님께서 얼마나 신실하신지를 성경을 통해서 입증하는' 데 있음을 암시해준다. 하지만 바로 이어서 나오는 이 주제적 선언의 근거가 '왜냐하면(γάρ) 이스라엘에게서 난 그들이 다 이스라엘이 아니기 때문이다'(9:6b)임을 감안할 때, 이런 입장엔 의문의 여지가 있다. 일부 유대인 그룹에서는 9:6b에서처럼 '남은 자 신학'(remnant theology)을 주장하고 있기는 하지만,[63] 유대인들이 내세우기에는 매우 대담한 진술인 것이 사실이다. 이는 바울은 이스라엘(야곱)의 후손 중 어떤/많은 유대인들이 메시야적 이스라엘에는 속하지 않다는 개념을 증명하려고 하고 있음을 암시한다.[64] 바울은 이

60) Räisänen, *Jesus*, 30: '바울은 곧장 앞서 밝힌 특권들 중 어떤 것도 그의 육신의 친족들에게는 해당된다는 사실을 부정하고 있다.'

61) 앞에 pp. 178-180에 있는 우리의 언급을 보라.

62) Campbell, 'Freedom', 28.

63) Dunn, *Romans* 2, 539를 보라.

64) 두번째 '이스라엘'은 '이스라엘의 선택된 부류'(Schoeps, *Paul*, 239)나 교회(Wright, *Messiah*, 193-197)가 아니라 '참 이스라엘'을 가리킨다(Black, *Romans*, 131). Dunn, *Romans* 2, 539-

런 현상은 성경의 예언과도 일치하며(예. 9:27-29; 10:21; 11:8-10) 하나님의 신뢰성을 약화시키는 것이 아니라고 주장한다. 9:7-18에서 바울은 이스라엘의 선택 교리로 논증의 문을 열고 있지만, 한편으로 그것을 이스라엘의 불신을 비판하는 데 사용하고(9:19), 다른 한편으로는 하나님께서는 자신이 원하는 자는 누구든 부르고 자비를 베푸실 수 있다는 주장(9:22-26)으로 나아가기 위한 징검다리로 사용하고 있는 것이다. 로마서 9장의 전체 구조를 보면 바울의 논지를 이해할 수 있을 것이다.

로마서 9-11장의 논제: 하나님의 말씀은 폐하여지지 않았다! 6a절

전제 A: 이스라엘에서 난 자가 다 이스라엘은 아니다! 6b-7a절

- Aa. 구약 증거(1) 7b절
- Ab. 해석 8절
- Ac. 구약 증거(2) 9절
- Aa*. 구약 증거(1) 10절
- Ab*. 해석 11-12a절
- Ac*. 구약 증거(2) 12b-13절

전제 B: 하나님께 불의가 있을 수 없다! 14절

- Ba. 구약 증거(1) 15절
- Bb. 해석 16절
- Bc. 구약 증거(2) 17절

결론 (1) 6b-17절 하나님께서 원하시는 자를 긍휼히 여기시고 강퍅하게도 하신다(18절).

전제 C: 하나님은 비난 받으실 수 없다! 19-20a절

- Ca. 구약 증거(1) 20b절
- Cb. 해석 21절
- Cb*. 해석 22-24절

540을 보라. 그는 Schoeps와 Wright의 견해에 반대한다.

Cc. 구약 증거(2) 25-29절

결론 (2) 6b-29절 이방인은 의를 얻고, 유대인은 얻지 못하였다(30-31절).

2b. 해석 32절

2a, 2c. 구약 증거 33절[65)]

구조적인 패턴이 눈에 띈다. 각 전제는 구약 증거로 뒷받침되고, 이어서 페쉐르(pesher) 형식의 해석적 언급이 이어진다. 그러고 나서 이것은 다른 구약 증거에 의해 강화된다. 위의 세 가지 전제들(A, B, C)과 구약 증거들이 유대인들에게는 이례적이지 않으며, 따라서 심각한 반대 없이 받아들여질 수 있었을 것이다. 유대인들은 바울이 이방인들의 운명에 대해 말하고 있다고 생각할 수도 있다. 왜냐하면 만약 어떤 유대인이 이방인들(이스마엘 사람들이나 에돔 사람들; cf. *Jub*. 16:17)에게 적용된 하나님의 '선택'이라는 주제에 대해 편지를 썼다면, 그것은 바울이 9:6-23에서 쓰고 있는 바와 매우 유사했을 것이기 때문이다. 하지만 만약 어떤 유대인이 하나님의 **유대인** 선택에 관해 설명하기 원하였다면, 그는 구약과(혹은) 중간기 문헌에 나오는 다른 구절들을 참조했을 것이다. 예를 들면,

> 너는 여호와 네 하나님의 성민이라 네 하나님 여호와께서 지상 만민 중에서 너를 자기 기업의 백성으로 택하셨나니(신 7:6; 비슷한 곳은 출 6:7; 신 14:2; 26:19; 삼상 12:22; 시 135:4; 사 41:8-9; *Pss. Sol.* 9:17-18; 14:3; *Jub*. 19:16; 22:9; 2 *Apoc. Bar.* 48:20, 23; 77:3 등등).

65) 대부분의 주석가들은 9:6-29과 9:30-10:21을 다른 단위로 나누며, Tί οὖν ἐροῦμεν(그러므로 우리가 무슨 말하리요)(9:30)이란 문구가 새로운 단락을 나타내기 때문에 우리도 이 구분을 따른다. 그러나 바울은 여기서 그같이 날카롭게 구분하지는 않는다. 다음을 보라 Dahl, *Studies*, 143 n. 24; Siegert, *Argumentation*, 116, 119, 139, 148. 이들은 9:33과 10:1사이에 구분을 주장한다. van Unnik와 Barrett, in de Lorenzi, *Israelfrage*, 121-124는 9:6-29과 9:30-33 사이의 긴밀한 연결에 주목한다. 우리는 9:30-33의 이중 기능-이전 단락(9:6b-29)의 결론과 이어지는 단락(10:1-21)의 서론-에 주목할 수 있을 것이다.

가상의 대담자가 표현한 난제(9:19)는, 그 대담자가 바울의 설명에 동의하지만(혹은 그가 동의한다고 바울이 전제하지만) 그는 왜 유대인이 비난을 받아야 하는지는 아직 이해하지 못하고 있음을 보여준다. 하지만 9:20-23에 나오는 논증은 이 질문에 대한 답변은 아니며, 그보다는 유대인들은 여전히 비난을 받을 만하다는 점을 재확인하고 있을 뿐이다. 그들에게는 하나님께 힐문할 권리조차 없다.

전제-구약 증거-해석-결론이라는 패턴의 구조에서, 바울이 밝힌 자신의 해석적인 진술과 결론은 그의 논점을 파악하는 데 상당히 도움이 된다. 첫번째 설명적 진술인 '육신의 자녀가 하나님의 자녀가 아니요 오직 약속의 자녀가 아브라함의 자녀(9:8)로 여기심을 받느니라(λογίζεται, 4장처럼)'(9:8)는 바울은 아브라함의 자녀가 아니라 하나님의 진정한 자녀에 주로 관심이 있음을 보여준다(4장; 8:14-16). 바울이, 이삭-이스마엘과 야곱-에서의 사례를 언급하면서, 한 가지 논점을 강조하고 있다: '민족적인 후손으로는 충분하지 않다. 약속과 부르심, 그리고 (아브라함의 경우처럼) 믿음이 결정적이다.'[66] 바울은 이미 (주로 이방인으로 구성된) 갈라디아 교회에게 보낸 편지에서, 이방인들은 이삭처럼 약속의 자녀이며, 유대인들은 이스마엘처럼 육신을 따라 된 자녀라고 말한 바 있다(갈 4:28-29). 따라서 '약속의 자녀'는 '하나님의 자녀'와 그리고 9:6b의 두번째 이스라엘과 일치한다. 바울이 볼 때 그리스도 예수 안에서 있는 자들은 민족적인 출신과 상관없이 모두 하나님의 자녀요 아브라함의 씨요 약속에 따른 기업이다(갈 3:26-29). 실제로 바울은 갈라디아서 3:26-29에서는 주로 이방인 신자들에게 말하고 있다. 바울은 갈라디아서에서는 명시적으로 쓴 것을 여기 로마서에서는 암시적으로 쓰고 있다. 갈라아디서의 논증은 순전히 독점적으로 보이지만, 로마서의 암시적인 논증은 이방인들도 하나님의 선택에 포함되어 있음을 보여준다.

두번째 해석(Ab*)은 야곱과 에서 간의 선택이 '하나님의 선택의 목적이

66) Ziesler, *Romans*, 241.

서도록 하기 위해'(9:11b) 미리 예정되었다는 점을 분명히 하기 위해서 기록되었다는 것이다. 던은 '바울이 야곱(이스라엘)에 **불리하게**(against) 이 본문(야곱-에서 일화)을 사용하고 있다'고 주장한다.[67] 그러나 바울이 9:18에서 '그런즉 하나님께서 하고자 하시는 자를 긍휼히 여기시고 하고자 하시는 자를 완악하게 하시느니라' 하고 결론을 내릴 때 염두에 둔 것을 이해하지 못하면, 9:10-17에서의 바울의 의도를 분명히 알 수 없을 것이다. 물론 일부 이방인들은 긍휼을 받았고 다른 이들은 완악해졌으며, 일부 유대인들은 긍휼을 받았고 다른 이들은 완악해졌다. 하지만 바울이 로마서 9-11장에서는 이방인들을 하나님의 긍휼과 인자를 받은 자들로 묘사하지만(11:22, 30, 31; 15:9), 유대인들은 완악해진 자(2:4f; 11:7, 17, 25; 고후 3:14; 살후 2:11; cf. 요 12:40)로 묘사하고 있다는 점에 주목하는 것이 중요하다. 바울은 11:8-10에서는 신명기 29:4, 이사야 29:10, LXX 시편 68:23f을 인용하고, 9:29에서는 이사야 1:9을 인용하여 이스라엘의 완악함을 극대화하고 있는 듯하다. 하지만 그는 이방인의 완악함에 대해서는 언급하지 않고 있다(cf. 엡 4:17-19). 모든 이들에게 긍휼을 베푸시는 것이 하나님의 계획(11:32)이라는 사실은, 이방인들은 **이미** 긍휼히 여김을 받았지만 유대인들은 **앞으로** 받을 것임을 암시한다. 구약에 비추어 보고 고려할 때 바울의 지적은 더 중요해진다. 구약에서 하나님께서 완악하게 한 대상은 **이방인들이고**(예. 출 4:21; 7:3; 10:20, 27; 11:10; 14:4, 17; 신 2:30; 수 11:20), **유대인들**은 하나님의 긍휼을 누리고 있었기 때문이다.

이런 관찰을 통해 우리는 9:10-17에서 바울이 의도한 바를 알 수 있다. 9:15-17에서 선택에 있어서 하나님의 주권적인 자유를 선언한 것은 그분의 '이름이 온 땅에 전파되게 하기 위하여'(9:17), 하나님께서는 전적으로 자유롭게 이방인들에게 긍휼을 베푸신다고 단언하기 위함이다. LXX 출애굽기 33:19b가 9:15에 문자 그대로 인용되고 있다. 모세는 이스라엘과 동행

---

67) Dunn, *Romans* 2, 545.

하시고 이스라엘을 이방인과는 뚜렷하게 구분된 나라로 만드시겠다는 약속에 위안을 얻는다(출 33:16). 같은 본문을 통해 바울은 하나님께서 이방인에게 긍휼을 베푸셨다는 하나님의 말씀에 위안을 받는다.[68] 마찬가지로 바울은 바로의 심상을 이스라엘에게 적용하고 있다.[69] 바로가 완악해진 것처럼 (믿지 않는) 이스라엘도 그러하다. 바로가 이중적인 목적을 위해서 세움을 받았듯이(즉, 완악해졌듯이), 이스라엘도 (1) 하나님의 구원의 능력을 보이고, (2) 온 세상에 하나님의 이름을 전파하기 위해 세움을 받았다.[70] 바울은 또한 (믿지 않는) 이스라엘을 이삭의 첫째 아들인 에서와 암시적으로 동일시하며,[71] (믿는) 이방인들과 야곱을 동일시하고 있다.[72] 바울은 말라기에서 주께서는 흠이 있는 예물로 인해 유대인들을 책망하시고 '내 이름이 열방 가운데서 크게 될 것이다'(말 1:11a, d, 14)라고 선언하시기 때문에, 바울은 그렇게 하는 것이 정당하다고 생각했을 것이다.[73]

---

68) Sanday and Headlam, *Romans*, 254이 본래 문맥의 강조점이 '하나님께서 선택하신 이들을 향한 하나님의 은혜의 확실성'이었다고 지적한 것은 옳다. 하지만 바울에게 그것은 '하나님의 선택의 독립성과 자유다(cf. Fitzmyer, *Romans*, 567). 이스라엘 전체가 금송아지 사건에서 하나님을 대항하여 돌아섰을 때, 하나님은 자신을 모세에게만 계시하심으로써 그에게 당신의 긍휼을 보이시기로 작정하셨지만, 모세의 간곡한 호소를 들으신 후에(출 33:13b, 16; 34:9) 이스라엘이 우상 숭배를 했음에도 모세를 위하여 그들에게 긍휼을 보이시겠다고 결심하셨다(출 33:17; 34:10). Hanson, *Studies*, 157-158; Leenhardt, *Romans*, 253; 그리고 Campbell, 'Freedom', 30은 바울이 출애굽기 33:19에서와 같이 이스라엘을 향한 하나님의 긍휼이라는 본래의 문맥을 견지하고 있다고 주장하지만, 바울이 그 긍휼을 이방인에게 적용하고 있다는 점에는 주목하지 않고 있다.

69) Barrett, *Romans*, 174, 177; Boylan, *Romans*, 161.

70) 바울이 출애굽기 9:16 인용 본문이 수정된 것은 바로를 강퍅하게 하시는 데 있어서 하나님의 능동적인 역할을 강조하기 위해서일 것이다(Stanley, *Language*, 106-109를 보라).

71) Hays, *Echoes*, 67. 유대인들은 자기들이 '큰 아들'이라고 주장했으며(출 4:22; 렘 31:9; Sir 36:12), 이것은 종종 신약에서 (부정적으로) 표현되고 있다(마 8:12; 눅 15:25-32).

72) Käsemann, *Romans*, 264는 말라기 1:2-3을 인용하고 있는 9:12-13의 두 인용들이 *4 Ezra* 3:16('당신이 당신 자신을 위하여 이스라엘을 구별하셨으나 에서는 당신이 거부하셨나이다')를 감안하여 문맥을 이탈하여 취하고 있다고 주장한다. 그러나 Cranfield, *Romans* 2, 481은 '말라기로부터의 이 인용에 대한 바울의 특별한 관심이 후반부에 집중되어 있는데(τὸν δέ Ἠσαῦ ἐμίσησα), 이는 대다수의 바울 시대의 유대인들이 택함 받지 못한 에서의 모습이라는 것이 바울의 논지였기 때문이다'라고 말한 것은 옳다.

73) 말라기 1:2에서 야곱과 에서는 두 민족 부류인 유대인과 이방인을 대변한다(창 25:23); Ziesler, *Romans*, 241; Piper, *Justification*, 63.

9:7-18에서 보인 하나님의 절대적인 주권적 자유에 대한 바울의 주장은 다음과 같은 반대를 예상케 한다: '만약 하나님께서 누구든지 긍휼히 여기시거나 완악하실 자유가 있으시다면, 더 나아가 완악한 사람들(예. 바로)을 통해 자신이 목적을 성취하신다면, 또 아무도 하나님의 뜻에 저항할 수 없으니, 왜 하나님은 여전히 완악한 자들을 비난하시는가?' 바울은 이사야 29:16과 45:9을 통해 대답한다.[74] 질그릇이 토기장이에게 그가 질그릇에게 한 일에 대해 아무 말도 할 수 없듯이, 인간도 하나님께 이의를 제기할 수 없다(9:20-21; cf. 욥 1:22; 9:12; 33:13; 40:2). 하지만 바울의 대답은 실제로는 가상의 담화자의 항의에 대답하고 있지 않고,[75] 도리어 질그릇을 주관하는 토기장이로서 갖는 하나님의 권리를 재확인해주고 있을 뿐이다.[76] 이사야 45:9에 나오는 토기장이-질그릇의 유비(類比)는 이스라엘을 축복하는 문맥에서 나오며,[77] 따라서 유대신학에서는 거부할 수 없는 하나님의 자유는 이방인의 멸망에 적용되고 있다: '누가 "당신이 무엇을 행하셨나이까?"라고 말하며 혹은 누가 당신의 심판을 거스를 수 있으리이까? 누가 당신이 하신 열방의 멸망을 비난하리이까?'(Wis 12:12). 하지만 바울은 하나님을 유대인이나 이방인 모두에게 은혜를 베풀거나 그들을 완악하게 하는 데 전적인 자유를 가진 분으로 묘사한다.[78]

따라서 헬라어에서 긴 한 문장으로 표현되어(9:22-24) 나오는[79] 이어지는

---

74) UBS[3], Ellis, *Paul's Use*; Käsemann, *Romans*, 269, Stanley, *Language*는 9:20을 인용으로서 생각하지 않는 반면 Nestle-Aland[27]은 인용으로 간주한다.

75) Boylan, *Romans*, 160. 마찬가지로 Dodd, *Romans*, 159는 9:20-21의 바울의 대답을 '서신 전체에서 가장 취약한 논지'로서 여긴다; 그러나 다음을 보라 Barrett, *Romans*, 175; Ziesler, *Romans*, 245-246.

76) 자신의 자유로운 의지에 따라서 이스라엘을 빚어낸 하나님의 권한과 하나님께서 자기들에게 무엇을 하든지 이스라엘이 그것을 완전히 받아들이는 순종은 종종 토기장이-질그릇 이미지로 묘사되었다(욥 10:8-9; 사 29:16, 45:9-13; 64:8; 렘 18:6-10; Wis 15:7; Sir 33:13).

77) 이사야 45:9과 바울의 정황과의 차이들에 대해서는 Käsemann, 269-270을 보라.

78) Keener, *Bible Background*, 433.

79) Nestle-Aland[27]은 의문문 표시(;)를 23절 뒤에 놓으며, 24절부터 대문자 Οὓς를 써서 새 문단을 시작한다. UBS[3]도 24절을 새 문장으로 시작하는 것 말고는 동일하다. 많은 학자들은 또한 그 구절 사이에 간격을 유지한다: Käsemann, *Romans*, 271-272; Murray, *Romans* 2, 37;

해석(Cb*)은 사람을 다루는 데 있어서 하나님의 주권이라는 주제를 수사적으로 강화하고 있다. 바울은 '긍휼의 그릇'을 우리, 즉 유대인과 이방인 그리스도인들과 분명하게 동일시하고 있다. 하지만 '진노의 그릇'은 누구를 가리키는지에 대해서는 논란이 있다. 브루스(F.F. Bruce)는 구약에 이방인이 파멸을 위해 준비되었고 하나님은 그들을 오래 참으셨다고 말하고 있기 때문에, 이 표현은 이방인들을 가리킨다고 주장한다.[80] 이 해석은 하나님께서는 한때는 자신의 진노와 능력을 보이시려고 이방인들을 파멸을 위해 준비하셨음에도 불구하고, 그분께는 진노의 그릇을 참으시고 이방인에게 긍휼을 베푸실 자유가 있으셨음을 암시한다.

하지만 기포드와 케제만은 이 표현은 바울 시대의 많은 믿지 않는 유대인들을 가리킨다고 주장한다.[81] 던과 달은 여기서 더 나아간다: '바울은 당대의 믿지 않는 유대인들을 이스마엘뿐 아니라 애굽의 바로와 바벨론(렘 50:25)과도 동급으로 놓고 있다.'[82] 두 가지 이유에서 우리는 후자의 견해를 더 선호한다. 첫째, 이는 바울이 앞서 언급한 것과 맥을 같이 한다: '네 고집과 회개하지 아니한 마음을 따라 진노를 네게 쌓는도다'(2:4-5; cf. 살전 2:14-16).[83] 둘째, 9:7-22 내내 바울은 조직적으로 증거를 제시하고 있다. 9:22-24에서 바울은 '진노의 그릇'과 '긍휼의 그릇'을 나란히 놓고 있지만, 후자를 유대인과 이방인 신자들과 동일시하고 있기 때문에, 전자는 유대인과 이방인 불신자들과 동일시하고 있는 것이며, 특별히 유대인 불신자들과 동일시하고 있는 것으로 볼 수 있다. 이는 믿지 않는 이방인들은 로마서 1-11

Gifford, *Romans*, 175; Dodd, *Romans*, 171-172; Fitzmyer, *Romans*, 564; Dunn, *Romans* 2, 570; Piper, *Justification*, 184-185. 그러나 구문론적으로 선행사와 관계 대명사 사이에서 한 문장이나 구절을 끊는 것은 이치에 맞지 않다. 더욱이 주제로 볼 때 그것은 나눌 수 없다. 더 나은 이해를 위하여 몇 개의 문장으로 번역할 수는 있지만 그것은 한 단락으로 해석해야 한다. 그래서 Cranfield, *Romans* 2, 497-498; Barrett, *Romans*, 176-177은 옳다.

80) Bruce, *Romans*, 191.

81) Gifford, *Romans*, 174; Käsemann, *Romans*, 270.

82) Dahl, *Studies*, 145; Dunn, *Romans* 2, 559.

83) pp. 142-146에 있는 우리의 이전 논의를 보라.

장의 초점의 대상이 아니기 때문이다. 바울의 논점은 유대인들은 하나님께서 자신들을 완악하게 하고 이방인들에게는 긍휼을 베푸시는 것에 대해 불평할 권리가 없다는 것이다.

C. 유대인과 이방인을 향한 하나님의 선택과 적용: 9:24-29

바울은 원하는 자를 선택하실 수 있는 하나님의 전적인 자유를 확고하게 확립한 후에, 이제(9:24) 로마서 9-11장의 방향에 변화를 주기 시작한다. 그는 유대인-이방인 논의를 좀더 명시적으로 재개한다. 블랙이 '인칭대명사[우리]는 논증의 절정으로 이끈다. 하나님의 목적은 우리, 즉 유대인과 이방인 안에서 성취되었다'[84]고 한 것은 옳다. 바울은 9:24에서 문법적인 강조(ἀλλὰ καὶ ἐξ ἐθνῶν, …뿐 아니라 이방인 중에서도)를 통해서 하나님께서는 이방인들에게 자신의 영광의 풍성함을 전하시기 위해 이방인들을 긍휼의 그릇으로 미리 예비하셨다고 분명히 밝힌다. 이방인도 포함된다는 사실은 9:24에서 '단지 지나가는 언급'에 그치는 것이 아니라,[85] '논증을 통해서 이끌어내려고 해온 논점'일 것이다.[86] 9:25-26의 호세아서의 구절은 9:24에 나오는 강조적인 표현인 '…뿐 아니라 이방인 중에서도'를 뒷받침하기 위해 인용되고 있다.[87]

LXX 호세아 2:25 καὶ ἀγαπήσω τὴν οὐκ ἠγαπημένην,
καὶ ἐρῶ τῷ οὐ λαῷ μου λαός μου εἶ σύ
내 백성 아니었던 자에게 향하여 이르기를

84) Black, *Romans*, 135, 강조는 그의 것.
85) *Pace* Motyer, *Israel*, 76.
86) Ziesler, *Romans*, 248.
87) *Pace* Sanday and Headlam, *Romans*, 263. 이들은 9:25-26의 인용이 '이방인의 부르심을 입증하기 위하여' 인용되었다는 것을 인정하면서도 그것을 9:6-24의 주 논쟁에 대한 부록으로 취한다(p. 264).

너는 내 백성이라 하리니

LXX 호세아 2:1b καὶ ἔσται ἐν τῷ τόπῳ οὗ ἐρρέθη αὐτοῖς οὐ λαός μου ὑμεῖς, κληθήσονται καὶ αὐτοὶ υἱοὶ θεοῦ ζῶντος
너희는 내 백성이 아니라 한 그곳에서 저희에게 이르기를
너희는 사신 하나님의 자녀라 할 것이라

로마서 9:25-26 Καλέσω τὸν οὐ λαόν μου λαόν μου καὶ τὴν οὐκ ἠγαπημένην ἠγαπημένην. Καὶ ἔσται ἐν τῷ τόπῳ οὗ ἐρρέθη αὐτοῖς, Οὐ λαός μου ὑμεῖς, ἐκεῖ κληθήσονται υἱοὶ θεοῦ ζῶντος.
내가 내 백성 아닌 자를 내 백성이라,
사랑치 아니한 자를 사랑한 자라 부르리라
너희는 내 백성이 아니라 한 그 곳에서
저희가 살아 계신 하나님의 아들이라 부름을 얻으리라

이 인용의 세 특징은 우리가 지금 관심을 갖고 있는 문제 해결에 중요하다. 첫째, 9:27-28의 묘사가 전적으로 이스라엘에 관한 것이라는 사실(도입하는 말이 가리키듯이, Ἠσαΐας δὲ κράζει ὑπὲρ τοῦ Ἰσραήλ, '또 이사야가 이스라엘에 관하여 외치되')은 바울이 9:25-26을 믿는 이방인들에게(만) 적용하고 있음을 암시한다.[88] 이는 아마도 바울이 LXX 호세아 2:1a를 인용하지 않은 이유일 것이다: 'καὶ ἦν ὁ ἀριθμὸς <u>τῶν υἱῶν Ισραηλ</u> ὡς ἡ ἄμμος τῆς θαλάσσης…'('또 한 <u>이스라엘의 자손</u>의 수는 바다의 모래와 같으리라'). 9:24의 τὰ ἔθνη(이방인)가 οὐ λαόν μου(내 백성 아닌)와 동일시되고,[89] 다시 한 번 9:25에서는 λαόν μου(내 백성)와

88) Weiss, *Earliest Christianity* 2, 662; Barrett, *Romans*, 191; Ellis, *Paul's Use*, 94; Fitzmyer, Romans, 573. Battle, 'Paul's Use', 119를 보라. Battle 자신은 이 견해를 택하지 않지만, 그 인용이 믿는 이방인들을 언급하는 것으로 취하는 이유들을 잘 요약하고 있다.

89) Stanley, *Language*, 110 n. 79.

동일시되고 있다.[90)]

둘째, 바울은 본문을 창의적으로 수정하고 있다.[91)] 그는 LXX 호세아 2:25a와 b의 순서를 바꾸고, ἐρῶ(이르기를)대신 καλέσω(부르다)로 대체함으로써 καλέσω를 인용구의 첫 단어가 되게 하고 있다. 더욱이 두번째 절의 동사(ἀγαπήσω)를 생략함으로써 καλέσω가 절 전체의 본동사가 되게 하고 있다. 이는 9:24의 ἐκάλεσεν ἡμᾶς(우리…부르신)와 이 표현을 연결시키고, 또 LXX 호세아 2:1b에 원래부터 포함되어 있던 표현인 9:26의 κληθήσονται(부름을 얻으리라)와 연결시키기 위해서일 가능성이 가장 크다. 이런 관찰을 통해 우리는 바울이 '부르심'을 강조함으로써 이 인용들을 '앞으로 있을 여호와의 이방인 선택에 대한 예언'으로 제시하고 있음을 제안할 수 있게 된다.[92)] 바울이 이삭에 대한 하나님의 선택을 기술한 것과 똑같은 동사(κληθήσεται; 불리리라, 9:7)를 가지고, 그리고 하나님의 선택의 일반 원리(καλοῦντος, 부르시는, 9:11)를 가지고, 하나님께서는 이방인 중에서도 일부를 부르셨다(ἐκάλεσεν)고 주장하고 있다는 사실은 중요하다. 하나님께서 이방인들을 부르셨기에(ἐκάλεσεν, 8:30), 그들도 κλητοὶ Ἰησοῦ Χριστοῦ(예수 그리스도의 것으로 부르심을 입은 자)이며, ἀγαπητοὶ θεοῦ(하나님의 사랑을 입은 자)이며, κλητοὶ ἁγίοις(성도로 부르심을 입은 자, 1:6-7)이다.

셋째, 바울은 문맥을 상당히 수정하고 있다. 바울이 원래는 이방인들의 부르심에 대해 전혀 말하고 있지 않고 도리어 북왕국 **이스라엘**의 회복에 관해서 말하는 본문을 통해 이방인들이 합법적으로 하나님에게 부르심을 입었다는 생각을 강조하고 있는 것은 놀라운 일이다.[93)] 놀랍게도 사도

90) *Pace* Barth, *People*, 11. 그는 9:25-26의 λαός(백성)가 유대인과 이방인의 전체 그리스도인 공동체를 언급하는 것이라고 말한다.

91) Käsemann, *Romans*, 274; Dunn, *Romans* 2, 570; Stanley, *Language*, 112는 바울 자신이 9:6a에서 내세운 주장을 확언할 뿐 아니라, 이곳의 논의에 맞추기 위해서도 그 인용을 결합하였다고 본 것은 옳다.

92) Stanley, *Language*, 112; 특별히 본문의 변화에 대한 관찰에 대해서는 pp. 109-113과 Cranfield, *Romans* 2, 498-501을 보라.

93) Cranfield, *Romans* 2, 499; Gifford, *Romans*, 175; Ziesler, *Romans*, 244, 248; Bruce,

는 이 약속을 이방인을 하나님의 합법적인 백성으로, 그리고 살아계신 하나님의 사랑을 입은 자녀들로 부르시고 포함시킨 것에 적용하고 있다.[94] 바울은 단순히 하나님께서 선지자 호세아를 통해 이방인들을 불러 자신의 사랑하는 백성들이 되게 하실 의도를 선포하셨다고 주장하고 있으며, 헤이즈는 이것은 부드럽지만 단호하게 실행한 바울의 '해석학적 쿠데타'라고 말함으로써 핵심을 간파하고 있다.[95]

9:6-23에서 이제껏 바울은 왜 이스라엘의 후손들이 모두 이스라엘이 아닌지(9:6b)를 설명하기 위해 성경적인 증거들을 제시해왔다. 하지만 이제 바울은 9:15-24에서 주장하고, 또 8:29-30, 33에서는 좀더 근본적으로 선언한 것처럼, 하나님의 긍휼과 자비를 통해 부름 받고 선택된 이들 가운데 이방인들을 포함시키고 있다. 블랙의 주장대로,[96] 9:24-26이 로마서 9장 논증의 절정에 해당한다면, 로마서 1-8장과 9-11장의 직접적인 상관성은 하나님에 의해 예정되고 선택된 이방인의 합법적인 신분을 설명하는 관계라는 우리의 견해는 유효하게 된다.

이방인들이 의를 얻었다는 사실(9:30)은 한편으로 바울이 이방인들에 관해 긍정적으로 인용할 수 있게 해준다. 반면에 (대다수의) 이스라엘이 그들이 열정적으로 추구했음에도 불구하고 그 의(義)를 얻지 못하였다는 사실 때문에 바울은 9:27-29에서 이스라엘을 비판하기 위해 LXX 이사야 10:22-33을 인용하고 있다.[97] 이사야 10:22-33은 원래 이사야 9:8-10:4에서 이스

Romans, 196; Sanday and Headlam, *Romans*, 264; Fitzmyer, *Romans*, 573.

94) Siegert, *Argumentation*, 139는 그와 같은 지시 대상의 교묘한 변화는 분명히 (믿지 않는) 유대인들로부터 반대를 일으켰을 수 있다고 추론한다.

95) Hays, *Echoes*, 66-67. *Pace* Battle, 'Paul's Use', 115-129. 그는 바울이 호세아 예언의 본래 문맥을 문자적으로 채택하고 있다고 이해하며, 바울이 '이스라엘의 마지막 회복에 앞서 그들의 불신 기간과 특권이 박탈된 기간의 잠정적이지만 매우 실제적인 성격을 증명하기 위하여' 이 구절을 인용하고 있다고 강조한다(p. 127); 그러나 이 해석은 유대인 및 이방인과 관련된 쟁점들을 다루고 있는 로마서 9-11장에서의 바울의 논쟁 흐름을 약화시킬 뿐이다.

96) Black, *Romans*, 135.

97) 로마서 9-11장에 인용된 30개의 구약 인용의 삼분의 일은 이사야에서 가져온 것이다. 이와 같은 큰 의존은 이사야서가 그리스도 안에서 유대인과 이방인의 관계에 대한 바울의 신학에 가장 큰 영향을 끼친 구약 책이라는 사실을 나타내 준다. Oss의 논문, 'Paul's Use of Isaiah',

라엘을 향한 진노를 격렬하게 선포하신 후에 주신 위로의 말씀이었다. 이 구절 전에 이방 나라 앗수르에 대한 심판이 이사야 10:5-19에서 선포되었다. 이는 이스라엘의 해방이 임박하였다는 암시를 주는 말씀이다. 우리가 살피고 있는 구절인 이사야 10:22-23은 남은 자의 귀환과 압제자들에 대한 궁극적인 멸망이라는 하나님의 약속의 중간 부분에 나온다(10:20-34).[98] 이사야에게 남은 자의 귀환은 기쁨의 이유였으며, 아픔과 슬픔은 가고 기쁨과 즐거움이 찾아왔다(LXX 사 35:10; 51:11). 하지만 바울은 그렇게 보지 않고 있다. 바울은 대다수의 유대인들이 구원을 경험하지 못하고 있기에 근심한다. 그는 오직 남은 자만[99] 구원을 받는 것 때문에 매우 아프고 슬퍼한다(9:1-2, 28).

바울의 논점은 남은 자의 보존이 하나님의 긍휼의 표현이라는 데 있지 않다.[100] 만약 그렇다면 바울은 그렇게 엄청난 고통을 토로하지 않았을 것이다(9:1-2; 10:1). 도리어 바울은 수많은 사람들 가운데 오직 남은 자(만) 구원을 받고 반대로 이스라엘의 현 상태는 거의 소돔과 고모라와 같다는 이 인용을 통해 자신의 슬픔을 표현하고 있는 것이다.[101]

우리는 9:25-26에서 바울이 LXX 호세아 2:1a에 나온 단어들을 피하고 있는데, 이것은 그가 그 구절의 남은 부분을 유대인이 아니라 이방인에게 적용하고 싶었기 때문이라는 점을 언급한 바 있다. 하지만 9:27-28에서는 호세아 2:1a에 나오는 이스라엘에 관한 바로 이 표현들을 사용하여 이사야 인용을 도입하고 있다.

---

idem, 'Note', 105-112; Dinter, 'Prophet Isaiah', 48-52; Hays, *Echoes*, 162를 보라.

98) *Pace* Ziesler, *Romans*, 249.

99) 몇몇 번역본들에서 이 부사를 덧붙인 것은 적절한 해석이다(예. NRSV, NEB, NJB, NIV, TEV, NAB, Lutherbibel).

100) *Pace* Cranfield, *Romans* 2, 502; Fitzmyer, *Romans*, 575.

101) Dunn, *Romans* 2, 574에서의 Lübking; Gifford, *Romans*, 176. 이처럼 Michel을 따르는 Käsemann, *Romans*, 275이 이스라엘의 불신에 대한 심판이 너무 어둡게 그려져서 9:24에 있는 οὐ μόνον ἐξ Ἰουδαίων(유대인 중에서뿐만 아니라)의 중요성이 거의 상실되었다는 점에 주목한 것은 옳다.

LXX 이사야 10:22	καὶ ἐὰν γένηται ὁ λαὸς Ισραὴλ ὡς ἡ ἄμμος τῆς θαλάσσης 이스라엘이여 네 백성이 바다의 모래 같을지라도
LXX 호세아 2:1a	καὶ ἦν ὁ ἀριθμὸς τῶν υἱῶν Ισραὴλ ὡς ἡ ἄμμος τῆς θαλάσσης 그러나 이스라엘 자손의 수가 바닷가의 모래같이 되어서
로마서 9:27	Ἐὰν ᾖ ὁ ἀριθμὸς τῶν υἱῶν Ἰσραὴλ ὡς ἡ ἄμμος τῆς θαλάσσης 이스라엘 뭇자손의 수가 비록 바다의 모래 같을지라도

코흐(D.A. Koch)는 바울이 λαός(백성)를 υἱοὶ θεοῦ ζῶντος(살아계신 하나님의 자녀)와 병행하였고 9:25-26에서 후자를 이방인에게 적용하였기 때문에, 이제 이스라엘을 λαός θεοῦ ζῶντος(살아계신 하나님의 백성)로 보는 어떤 언급도 피하고 있다고 설득력 있게 추론하고 있다.[102] 더 나아가 우리는 바울이 9:28의 인용에서 λόγος(말씀)를 사용하면서 이사야 10:23의 원래 본문을 상당히 수정하고 있다는 점에 주목한다. 이사야 10:23에서 λόγος는 이스라엘 남은 자의 구원을 위한 온 땅의 멸망에 관한 하나님의 말씀이다(cf. 사 28:22). 하지만 로마서에서 그 말씀은 믿지 않는 유대인들에게 속히 멸망이 임하게 할 하나님의 결정과 관련이 있는 듯이 보인다.[103] 바울은 이사야는 오직 남은 자만(이스라엘의 소수[104]) 구원을 받을 것이라고 분명히 예언하였다고 단언하고 있다(cf. 9:6b). 그는, 남은 자를 남겨 두신 하나님의 은혜를 강

102) Koch, *Schrift*, 167-168. Stanley, *Language*, 115는 Koch의 설명을 흥미있게 생각한다. 9:25-28의 인용을 바울의 (의식적인) 합성(conflation)이라고 부인하는 Lindars, *Apologetic*, 243의 견해에는 반대한다.

103) Cf. Boylan, *Romans*, 163.

104) *Pace* Black, *Romans*, 135. 그는 여기의 남은 자를 기독교 교회, 즉 참 이스라엘로 본다. 그러나 바울은 이 인용이 분명 민족적인 이스라엘이라고 밝히고 있다(9:27a).

조하고 그것과 반역하고 불신하는 이스라엘(cf. 소돔과 고모라와의 비교)을 대조하고 있는, 이사야 1:9를 문자 그대로 인용하고 문맥도 그대로 살려서 인용하여 논증함으로써 자신의 주장을 강화하고 있다. 따라서 바울이 이방인과 유대인 모두가 동등하게 '부름받았다'고 단언하기 위해 성경을 인용하고 있다는 헤이즈의 주장이 전적으로 옳은 것처럼 보이지는 않는다.[105] 그보다는 9:27-29은 그가 9:6b에서 말한 '이스라엘에게서 난 그들이 다 이스라엘이 아니요'를 재확인하고 있다고 볼 수 있다. 바울에게 이방인의 부름과 유대인의 거절은 이미 구약에 예언된 일이며, 이 때문에(γάρ) 유대인의 불신과 이방인의 믿음에도 불구하고 하나님의 말씀이 폐하여지지 않았다(9:6a)고 말할 수 있는 것이다.

D. 요약

9:6-29의 주목적은 '이스라엘에게서 난 자들이 다 이스라엘이 아니다'는 주장을 설명하는 것이다. 본문은 (이삭-이스마엘과 야곱-에서의 사례가 분명히 보여주듯이) 하나님께서 모든 유대인들을 다 선택하시지는 않았기 때문에 유대인의 불신 현상은 놀랄 일은 아니라고 설명한다. 다른 한편으로, 하나님께서는 모세(9:15; 출 33:19)와 호세아(LXX 2:1, 25)가 예언한 대로 이방인들에게 긍휼을 베풀 전적인 자유를 가지신 분이기에, 이방인의 믿음 현상 역시 기이하게 여겨서는 안 된다. 따라서 이 경우에 하나님의 말씀은 폐하여지지 않았으며, 도리어 예상치 못한 성취에 이른 것이다. 바울은 주권적으로 이스라엘을 부르신 하나님께서는 한 때는 '내 백성이 아니었지만', 이제는 이방인들에게 긍휼을 베풀어 당신의 사랑하는 백성으로 부르셨다고 주장하고 있다. 이같은 바울 논조의 초점은 9:30-33에서 다시 강조되고 있다. 일부 이방인들은 의(義)를 얻었지만 많은 유대인들은 열정적으로 추구했음에도

---

105) *Pace* Hays, *Echoes*, 68.

얻지 못하였다. 따라서 9:6-29에서의 바울의 논증은 이어진 다음 논증(9:30-10:21)에 등장하는 유대인의 불신과 이방인의 순종에 관한 주장의 기초를 닦는 역할을 하고 있는 것이다. 9:6-29에서 바울은 유대인의 선택이라는 독점적인 교리의 토대를 허물고[106] 이방인의 선택이라는 교리를 강조하며, 이를 통해서 하나님의 선택 계획에서의 유대인과 이방인의 동등성을 분명히 하고 있다. 바울이 크게 근심하고 그치지 않는 고통을 느낀 이유(9:1-3; 10:1)는 (믿지 않는) 이스라엘이 소돔과 고모라와 같은 상태에서 하나님의 심판을 기다리고 있기 때문이었다. 이스라엘은 하나님의 심판의 (말씀) 아래로 떨어졌으며, 이 점에 있어서도 하나님의 말씀은 폐하여지지 않고 있다.

3. 보편적인 구원 원리와 이스라엘의 불신: 9:30–10:21

9:30-10:21에 나타난 바울 논증을 해석하는 데 가장 어려운 문제는 이 부분과 앞 장, 그리고 다음 장 간의 '불일치'다. 9:6-29에서 바울은 하나님께서 선택에 있어서 주권적인 자유를 행사하시는 것에 대하여 그분의 공정함을 옹호했었다. 하지만 다음 단락(9:30-10:21)에서는 이스라엘의 불신을 비난하는 것 같다. 더 나아가, 대개 학자들은 로마서 11장에서 바울은 '모든' 이스라엘의 궁극적인 미래 구원을 위한 하나님의 계획을 묘사하고 있다고 생각한다. 따라서 9:30-10:21은 다른 단락들과 모순되게 보인다. 어거스틴과 칼빈(J. Calvin)은 이 단락이 하나님의 주권을 설명한다는 점에서 일관성을 보인다고 생각한다. 유대인의 불신 문제를 다루고 있기는 하지만, 그것은 인간의 책임을 강조하려는 의도는 아니라는 것이다.[107] 어거스틴과 칼빈은 이 단락에서 바울의 주요 목표는 이방인을 향한 자신의 사도적 선교 사역의 합법성을 변호하는 것이라고 본다. 하지만 샌데이와 헤들램은 이

106) Dunn, 'Romans', 848: '점차 분명해지겠지만, 그 토론의 주요 논지는 예정 교리를 강요하는 것이 아니라 예정에 대한 이스라엘의 교리의 근간을 흔드는 것이다'.

107) Cf. Sanday and Headlam, *Romans*, 301.

견해에 동의하지 않는다. 그들은, 이방인에 대한 언급이 분명히 나오긴 하지만 선교사역을 변호하는 것을 바울의 주요 논증 목표로 볼 수 없는데, 이는 '모든 주요 문장들이 어떤 "부르심"을 변호하는 것과는 관련이 없고, 거절한 자들(유대인들)의 죄를 지적하는 것에 관심이 있기 때문'[108]이라고 주장한다.

우리는 위의 두 입장은 '양자택일의 문제'(either/or)가 아니라 '둘 모두를 포함하는 관계'(both/and)로 여겨야 한다고 제안할 것이다. 바울은 분명 이스라엘의 불신을 그들의 책임으로 묘사하고 있으며,[109] 또한 유대인과 이방인의 구원을 위한 선교 원리를 설명하고 있다. 하지만 바울은 그 이상을 말한다: 바울은 9:30-10:21에서 이방인의 믿음을 긍정적으로 진술하고 있다. 학자들은 이 측면에 적절하게 주의를 기울이지 않았다. 바레트가 전형적인 예다. 그는, '9-11장에서의 그(바울)의 주요 관심 대상은 유대인이지만, 9:30에서 그는 다시 이방인의 부르심에 관한 주제를 다루고 있다. 하지만 이는 이방인들을 위해서가 아니라(그들은 곧바로 고려 대상에서 제외된다) 특정 전문용어와 위임사항을 확립하기 위해서 언급했을 뿐'[110]이라고 말한다. 우리는 바울이 이방인들을 고려 대상에서 제외시키지 않는다는 것을 증명할 것이다. 도리어 우리는 바울이 이방인 구원의 합법성을 변호하기 위해 보편적 구원 원리를 소개하고 있다고 주장할 것이다. 우리는 또한 바울은 '이스라엘의 죄가 아니라 이스라엘을 향한 하나님의 선하심에 초점을 맞추고 있다'[111]는 크랜필드의 주장에도 의문을 제기할 것이다.

우리는 바울이 계속해서 하나님의 계획에서의 유대인과 이방인의 동등성을 설명하고 있으며, 특히 인류의 보편적인 구원을 위한 계획과 그 구원을 이루는 수단에 있어서의 동등성을 설명하고 있다고 주장하고자 한다.

---

108) Sanday and Headlam, *Romans*, 301.

109) Kümmel, *Introduction*, 307; Davidson and Martin, 'Romans', 1035.

110) Barrett, 'Romans 9:30-10:21', 139.

111) Cranfield, *Romans* 2, 503, 541-542.

바울은 하나님의 구원 수단과 전략에 '유대인과 이방인 간의 차이가 없다'고 선언하고 있는 것이다. 바울이 칭의는 오직 믿음으로만 얻을 수 있다고 강하게 주장했는데(3:21-4:25), 이제는 '믿음으로'가 무엇을 가리키는지 그리고 인간은 구원을 위한 그 '믿음'을 어떻게 행사할 수 있는지를 설명하고 있다(10:14-17). 인류 구원 계획에서 하나님께서 마련하신 구원의 수단에 근거하여 이방인의 사도는 이방인 신자들은 하나님의 구원의 길을 똑바로 따랐지만 많은 유대인들은 그렇게 하지 않고 자기 의(義)를 추구하였음을 재확인하고 있다.

A. 구원의 수단인 그리스도를 향한 믿음: 9:30–10:13

바울은 처음으로 의(義)를 얻은 것은 유대인이 아니라 이방인이라고 명백히 선언한다. 9:32-10:21은, 이스라엘은 τὴν τοῦ θεοῦ δικαιοσύνην(하나님의 의)을 추구했지만 그 의(義)의 참된 본질을 몰랐으며 따라서 그 의에 복종하지 않았다(10:3)는 충격적인 진술을 설명하고 있다. 이 부분은 또한 이방인들이 그 의를 추구하지 않았음에도 왜 그리고 어떻게 그 의를 얻을 수 있었는지를 설명한다(cf. 2:14).[112] 하나님의 구원 수단은 그리스도다. 하지만 사람들은 믿음으로 반응해야 한다. 그것은 마음을 다하여 믿는 것이며, 입술로 예수를 주로 고백하는 것이다. 일부 유대인들은 그들이 들은 복음의 메시지에 반응함으로써 그리스도를 신뢰하였지만, '행위에 의지함이라'(9:32)가 가리키듯이,[113] 많은 유대인들은 구원은 행위(ὡς ἐξ ἔργων)로 얻을 수

---

112) Cranfield, *Romans* 2, 506-507은 다른 해석들을 조사하며, 자신은 이 '의'를 '칭의'로 생각한다. 또한 Ziesler, *Romans*, 251-252를 보라. 비록 믿는 유대인들, 믿지 않는 유대인들, 믿는 이방인들 그리고 믿지 않는 이방인들이 있다 하더라도 바울은 믿지 않는 유대인들과 믿는 이방인들에 대해서 얘기하고 있으며, 그가 로마서에서 그들을 유대인과 이방인으로서 일반화하고 있는 것에 주목하는 것은 로마서의 온당한 해석을 위해 중요하다; 특별히 9:30에서 바울은 모든 이방인을 가리키려는 듯이 '그 이방인들'이라고 말하지 않는다(Sanday and Headlam, *Romans*, 279; Barrett, *Romans*, 179).

113) 9:33b에서의 이사야 28:16의 인용은 아마도 '그를 믿으라'는 성경의 권고를 제시하기 위하여

있다고 생각하여[114] 자신들의 방식을 고집하였다.[115] 이는 유대인들은 (유대인들에게만 적용되는 것처럼) 의의 범위를 매우 좁게 이해했으며,[116] (의를 율법의 행위로 얻는 것처럼) 의를 얻는 수단도 오해하였음을[117] 의미한다.

사실 하나님의 의는 이미 율법과 상관없이 그리스도 안에서 나타났다 (3:21-22). 바울은, 그리스도는 인간이 하나님의 의를 얻을 수 있는 더 낫고 적합한 방법으로 주어졌고, 따라서 율법의 구원 기능은 끝났다고 생각하고 있다(10:4; cf. 3:21; 6:14).[118] 10:5의 γάρ(왜냐하면)는 바울이 10:4에서 제시한 주장을 구체적으로 실증하기 위해 10:5-8에서는 구약을 인용하고 있음을 보여준다. 레위기 18:5과 신명기 30:11-14을 통해 바울은 모세가 이미 ἡ ἐκ πίστεως δικαιοσύνη(믿음으로 말미암는 의)에 관해서 말했고,[119] 이것은 '예수 그리스도를 믿는 믿음을 통해 오는 하나님의 의'(3:22)였다고 주장한다. 신명기 30:11-14의 인용을 통해 바울은 두 가지를 강조한다: 말씀의 근접성

이사야 8:14에 덧붙여진 것이 분명하다. 본래의 구절(사 28:16)은 긍정적인 의미에서 귀한 모퉁이 돌에 관한 것인데, 바울은 '그를 믿는 자'(즉 9:30에 따르면 이방인)에 대한 긍정적인 면을 유지하고 있다. 그러나 바울은 그것을 (거치는 돌이 여호와 자신으로 나와 있는) 이사야 8:14과 하나로 합침으로써 특별히 유대인에 대해 부정적인 면에서 로마서 9:33에서 그 인용을 제시하고 있다(고전 1:23; 3:11); Stanley, *Language*, 120; Fitzmyer, *Romans*, 579. 9:4-5에 나열된 이스라엘의 특권은 구원의 방편 문제에 있어서는 실제적으로 아무 것도 아닌 것으로 판명된다(Watson, *Paul*, 164).

114) νόμον δικαιοσύνης란 문구에 대한 논의 개관에 대해서는 Ziesler, *Romans*, 252-253을 보라.

115) 예. Cranfield, *Romans* 2, 509-510. Sanders, *Palestinian Judaism*, *passim*은 이 견해에 근본적인 반대를 제시한다; 그를 따르는 자들에는 Ziesler, *Romans*, 252-254; Wilckens, *Römer* 2, 213; Räisänen, *Paul*, 174-175가 있다.

116) Ziesler, *Romans*, 254.

117) 이 말은 바울이 '믿음'과 '행위'에 대해서 (암시적으로) 얘기했을 때에 주로 누구를 염두에 두고 있었는지를 규명하는 데 관련된 이전의 몇몇 구절들을 분명히 해 줄 수 있다. 예를 들어서, 3:20에서 율법의 행위를 지킴으로써 의를 좇는 자들은 주로 유대인인 반면에 4:5에서 일하지 않고 하나님을 신뢰하는 자는 이방인이다.

118) Longernecker, *Paul*, 144-153; Morris, *Romans*, 380. 이 중요한 구절에 대한 토론에 대해서는 Cranfield, *Romans* 2, 515-520; Ziesler, *Romans*, 257-258; Fitzmyer, *Romans*, 584-585를 보라. cf. Stendahl, *Paul*과 여러 견해에는 문제가 있다. 그는 그리스도가 그리스도를 믿는 자들(이방인들)에게는 율법의 마침이지만 유대인들에게는 그렇지 않다고 주장한다; 이렇듯 Mussner도 같은 입장을 취하는데, 그의 논문 제목이 이를 보여 준다: '"Christus, des Gesetzes Ende zur Gerechtigkeit für jeden, der glaubt(믿는 모든 자를 의롭다하기 위하여 율법의 마침이 되신 그리스도)" (Röm 10,4)', in *Paulus*, 31-44.

119) Dunn, '"Righteousness"', 216-228을 보라.

과 구원에 있어서 **마음**(heart)과 **뜻**(soul)의 중요성이다.[120] 첫째, 바울은 τοῦτ' ἔστιν을 세 번 반복하여 특징적으로 표현한 해석적 논평을 통해 (주께 순종하고 의를 얻는 수단이던) '율법'을 '그리스도'로 대체하고 있다.[121] 여기서 그리스도를 소개함으로써 바울은 10:9 이후의 논의를 준비하고 있다. 바울이 신명기 30:14의 [율법의] 말씀을, 세번째 τοῦτ' ἔστιν과 함께 소개된, '우리가 선포하고 있는 믿음의 말씀'(10:8)과 동일시한 것은 가장 결정적인 효과를 얻기 위함이다.[122] 바울은 그들이 선포하고 있는 그리스도에 관한 믿음의 말씀이 그들이 미치지 못할 곳에 있지 않다고 분명히 말하고 있다.

둘째, 여기엔 구원의 필수조건에 대한 바울의 견해가 분명히 언급되어 있다. '네가 만일 네 입으로 "예수를 주"로 시인하고,[123] 또 하나님께서 그를 죽은 자 가운데서 살리신 것을 네 마음에 믿으면 구원을 받으리라'(10:9). 그는 "네 입술과 네 마음"(신 30:14)이라는 모세의 표현을 '네 입으로 **시인하고** 네 마음에 **믿다**'(10:9)로 바꿔 말하고 있다. 10:10은 방금 9절에서 말한 바를 재확언하는 동어반복이다. 10:5-10은 이스라엘의 불신을 더 심화할 뿐 아니라[124] 구원의 보편성을 주장할 발판 역할을 하고 있다. 바울은 구약의 두 구절을 인용하여 '누구든지'라는 표현으로 보편적인 적용을 강조하

---

120) Cf. Suggs, 'Word is Near You', 289-312.

121) 신명기 30:12-14이 Bar 3:29-30에서 사용된 것은 잘 주목되고 있다(예. Ziesler, *Romans*, 260; Fitzmyer, *Romans*, 588에 의해서). 여기에는 '율법'이 '지혜'와 동일시되었다.

122) 이렇듯 Hays, *Echoes*, 80; Black, *Romans*, 139는 옳다. ἀλλὰ τί λέγει;(10:8a, '그러면 무엇을 말하느뇨?')라는 질문과 그것의 내용은 바울과 다른 사람들이 선포한 말씀이 가깝다는 것을 강조하기 위하여 바울이 신명기 30:12-14에 호소했음을 보여준다. 바울은 ἡ τοῦ θεοῦ δικαιοσύνη(하나님의 의: 10:3)가 ἡ δικαιοσύνη ἐκ πίστεως(믿음으로 말미암는 의: 9:30)로 얻으며, 그것은 실제로 τὸ ῥῆμα Χριστοῦ(그리스도의 말씀), 곧 그리스도에 대한 말씀(10:17)인 τὸ ῥῆμα τῆς πίστεως(믿음의 말씀: 10:8)에 의해서 유발된다고 말한다.

123) 로마서에서 '(우리) 주 예수 (그리스도)'라는 칭호로서의 표현은 14번 나오지만, 10:9의 κύριος Ἰησοῦς(주 예수)는 그리스도인의 고백의 내용으로 사용되었다(마찬가지로 고전 12:3; cf. 고후 4:5).

124) (율법의) 말씀이 누군가의 입과 마음에 있는 것처럼 가깝듯이, 선포된 믿음의 말씀도 가깝다. 그러나 이스라엘은 그것에 합당한 주의를 기울이지 않았을 뿐만 아니라 분명히 들었으면서도 τήν τοῦ θεοῦ δικαιοσύνην(하나님의 의)를 얻기 위해 '온 마음'으로 믿음을 행사하지 않았다. cf. 위에 pp. 194-197.

고 있다: 한 구절은 '믿다'를 강조하고(10:11), 다른 한 구절은 '인정하다(부르다)'를 강조한다(10:13). LXX 이사야 28:16이 다시 한 번 10:11에서 인용되지만, 바울은 이번에는 9:33보다 더 많은 것을 전달하고 있다. (a) ἐπ' αὐτῷ(그 안에)는 여기서 '그리스도 안에'와 동일시되고 있다. (b) πᾶς(누구든지)는 일부로 강조하는 위치에 두었으며, 이는 분명히 이 원리가 이방인에게도 적용된다는 것을 가리키는 것이다.[125] 그래서 바울은 유대인과 이방인 간에는 차별이 없다고 선언한다(10:12; 3:22). 그들의 동등성은 구원의 보편성을 주장할 근거(γάρ)가 되며, 그들의 동등성은 근본적으로 예수의 주되심의 보편성에 뿌리를 내리고 있다('한 분이신 주[예수]께서 모든 사람의 주가 되사'; 10:12; cf. 행 10:36).[126]

바울은 LXX 요엘 3:5(EV 2:32)을 10:1-13 논증의 결론으로[127] 인용하여 구원의 보편성을 강조하고 있다. 바울이 LXX에서 문자 그대로 정확히 인용하고 있기는 하지만, 그는 이방인도 주의 이름을 부름으로써 구원을 받을 수 있다는 것을 지적하기 위해 문맥을 극적으로 변경하고 있다. LXX 요엘 3:5에서 πᾶς(누구든지)는 분명히 주께서 시온산과 예루살렘에서 구원을 주실 때[즉, 주의 날에] 주의 이름을 부름으로 구원을 받을 '**모든 유대인**'을 가리킨다. 여기서 주께서는 **자기 백성, 이스라엘**을 위로하고 계신다(욜 2:18, 23, 26, 27). 여기서 구원을 약속 받은 자들은 유대인이며, 이방인들에게는 참혹한 **심판이 선포되고 있다**. '거기에서 (하나님께서 유대인들에게 구원을 가져오실 바로 그 자리에서, 2:32b) 내가 그들(즉 **열방**)을 심문하리니'(욜 3:1-2, 3-16). 그리고 나서 요엘은 한 번 더 유대인을 향한 축복을 선언한 후 자신의 예언을 마무리하고 있다(욜 3:17-21). 바울이 유대인의 구원과 이방인의 심판이 아주 분명하게 대조되는 본문을 인용하여, 이 본문을 통해 유대인과 이방인의 구원론

---

125) Siegert, *Argumentation*, 151; Barrett, *Romans*, 202.

126) Sanders, *Jewish People*, 40-41. cf. 이전의 3:29에서 바울은 하나님이 모든 사람의 하나님인 것을 주장하였다. 즉 유대인과 이방인의 하나님이다. 그리고 이제는 동일한 개념을 주 예수께 적용하고 있다.

127) Sanday and Headlam, *Romans*, 292.

적 동등성의 교리를 단언하고 있다는 점에 주목하면 참으로 놀랍다. 하나님께서 구약에서 이스라엘에게만 거의 독점적으로 약속하신, 구원의 축복 계획에 이방인들을 포함시키고 있음을 확언하기 위해, 바울은 이 구약 본문들을 해석하여 제시하고 있는 것이다.[128)]

B. 선교 원리와 이스라엘의 불신: 10:14-21

바울은 하나님의 계획에서 근본적인 구원 수단을 확립한 후에 이제 유대인과 이방인에게 모두 적용할 수 있는 선교 원리를 수사적으로 설명하고 있다(10:14-17, 10:9-13에 이어서). 동시에 바울은 훨씬 더 유리한 위치에 있었음에도 이 원리를 따르지 않았다고 불신 유대인들을 비판하고 있다. 그럼에도 불구하고 9:30과 10:20에서 **이방인들**은 이 원리를 채택하여 하나님께서 그리스도 안에서 인류에게 주길 원하셨던 의를 얻었다고 밝히고 있다. 우리는 10:18-21에서의 바울의 구약 사용을 살펴보고, 그가 유대인들에게는 비판적인 판단을 하고 이방인들은 긍정적으로 묘사하고 있음을 다시 한 번 강조할 것이다.

10:14-18에서 중요한 것은 바울이 선포된 복음의 메시지에 반응하지 못한 유대인과 구원을 위한 보편적인 선교원리 **둘 모두**를 동시에 제시하고 있다는 점이다.[129)] 로마서에서 복음을 받아들이지 않은 자들은 믿지 않는 유대인들이다.[130)] '우리가 전한 말'을 이해한 사람들은 유대인들이었기

128) 사도행전 2:17-21에 따르면 베드로도 요엘 2:28-32을 인용한다. 그러나 고넬료의 경우에 베드로가 이방인에게 가기를 꺼려한 것을 보면(행 10:9-28) 사도행전 2:17, 21, 39의 πᾶς(모든)가 실제로 이방인을 포함하고 있는 것으로 이해하지 못했음을 암시해 준다.

129) Cf. Dunn, *Romans* 2, 620; Munck, *Christ*, 91-92.

130) Sanday and Headlam, *Romans*,298도 옳다; 앞에 p. 311 n. 112를 보라. NIV가 10:16에 'the Israelites(이스라엘 사람들)'를 덧붙인 것은 완전히 불합리한 것은 아닐 수 있다. 확실히 바울은 유대인이든 이방인이든 복음을 들은 모든 사람이 다 그것을 믿은 것은 아니라는 사실을 언급하고 있는 것일 수 있다. 바울이 복음에 대한 이방인의 반응을 묘사하기 위해서 ὑπακούω 동사를 사용한 사실에 특별히 비추어 볼 때, 그가 믿지 않는 유대인들을 염두에 두고 있었을 가능성은 여전히 남아 있다(15:18; 16:26).

때문에(10:19), 그것을 분명히 들은 자들 또한 유대인들이었다(10:18; LXX 시 18:5).[131] 하지만 그들은 완고함과 복음에 대한 불순종 때문에(10:21), 그 메시지를 받아들이지 않았고 믿지도 않았다(10:16).[132] 따라서 구체적으로 명시되지 않은 대명사인 '그들'은 유대인을 지칭할 가능성이 크며, 바울은 그들의 불신에 대한 변명을 철저히 거부하고 있다.[133] 하지만 일반적인 선교 원리와 관련된 언급들은 유대인과 이방인 모두를 다 망라하기 위해 제시되고 있다(10:14-15, 17). 특히 10:14의 '그들'이란 표현은 13절의 유대인과 이방인을 모두 포함한, πᾶς(누구든지)를 가리킨다. 바울은 이 구절에서 유대인의 불신과 보편적인 선교 원리를 둘 다 설명하고 있다. 이것이 아마도 그가 대명사의 대상을 좀더 정확하게 밝히지 않은 이유일 것이다.

바울은 10:15에서 LXX 이사야 52:7을 인용하여 유대인과 이방인에게 복음을 선포하는 것이 꼭 필요하고 또 중요하다는 점을 강조한다(cf. 고전 9:16).[134] 구원을 받으려면 보냄을 받은 자들에 의해 선포되는 것을 듣고 믿어서 주의 이름을 불러야 한다. 원래 본문인 이사야 52:7에서 '복음'은 이스라엘의 회복에 관한 메시지이지만,[135] 바울에게 그것은 예수 그리스도에 관한 기쁜 소식이다. 바울은 이사야 52:7c('구원을 공포하며 시온을 향하여 네 하나님이 통치하신다 하는 자')를 인용하지 않았는데, 아마도 이 더 짧은 인용이 자신의 보편화하는 적용에 더 어울리기 때문이었을 가능성이 크다(혹은 확신할 수도 있다). 바울의 이사야 52:7 인용은 '그가 [자신의] 사도적 선교를 메시야의 선교를 전하고 또 완성하는 선교로 의식하고 있었음을 말해주는 다른 사

---

131) LXX 시편 18:1-5의 본래 문맥에서 '그들의 목소리'는 하늘과 궁창의 소리인데, 바울에게 있어서 그것은 복음을 전하는 자들의 소리다. 그래서 그는 복음이 온 세상에, 특히 '유대인에게 먼저' 전파되었다고 확언한다(Gifford, *Romans*, 188-189).

132) 복음에 대한 부정적인 반응에 대한 이 참조 구절들은 점차적으로 유대인의 반응과 동일시된다(그렇듯 잇따르는 10:19, 21과의 관계 가운데 10:16, 18 또한 9:31-10:3에서는 더욱 분명하다).

133) Käsemann, *Romans*, 295-296.

134) 본문 수정에 대해서는 Stanley, *Language*, 134-141을 보라.

135) Westermann, *Isaiah 40-66*, 251.

례다.'[136]

복음을 받아들이지 않는 유대인의 반응에 대한 부정적인 묘사와 이방인에 대한 긍정적인 묘사가 10:19-21에서 대조되고 있다. 여기에는 '그들'을 '너희'로 바꿔서 LXX 신명기 32:21을 인용하고 있다.[137] 원래 본문은 혐오스런 우상숭배로 하나님을 진노케 한 이스라엘을 향한 하나님의 심판 선언이다(신 32:5, 16f, 21). 바울은 이 인용을 통해 두 가지 효과를 기대한 듯하다. 첫째, 이 인용은 유대인의 불신앙을 강조한다(신명기 32:21처럼 우상숭배가 아니지만). 둘째, 이방인의 믿음을 암시한다. 이 점에 있어서는 스탠리의 지적이 옳다:

> 19절에서 바울 논증의 초점은 구원 메시지의 보편적 유효성(availability)에서(10:5-18) 복음 메시지에 대한 유대인과 이방인의 대조적인 반응으로(10:19-11:36) 이동하고 있다. 그러므로 로마서 10:19b의 인용은 로마서 10-11장의 구조에서 핵심적인 자리를 차지하고 있다.[138]

바울은 이 장의 결론 단락에서 LXX 이사야 65:1-2을 둘로 나눈 후, 그것을 복음에 대한 이방인의 긍정적인 반응과 유대인의 부정적인 반응을 대조하는 데 가장 인상적으로 적용하고 있다.

LXX 이사야 65:1 ἐμφανὴς ἐγενόμην τοῖς ἐμὲ μὴ ζητοῦσιν εὑρέθην τοῖς ἐμὲ μὴ ἐπερωτῶσιν εἶπα ἰδού εἰμι τῷ ἔθνει οἳ οὐκ ἐκάλεσάν μου τὸ ὄνομα
나는 나를 구하지 아니하던 자에게 물음을 받았으며

---

136) Dunn, *Romans* 2, 622. 이와 유사하게 Käsemann, *Romans*, 296 ;Wright, *Messiah*, 178.

137) 이 변화는 10:19에서 더 구체적으로 소개된 이스라엘에게 그 인용을 더 직접적으로 적용하는 역할을 하는 것이 틀림없다(*Pace* Stanley, *Language*, 143은 그 변화가 아무런 중요성이 없는 단지 스타일과 관련이 있다고 주장한다).

138) Stanley, *Language*, 143.

나를 찾지 아니하던 자에게 찾아냄이 되었으며
내 이름을 부르지 아니하던 나라에게 내가 여기 있노라 하였노라

로마서 10:20 Εὑρέθην [ἐν] τοῖς ἐμὲ μὴ ζητοῦσιν, ἐμφανὴς ἐγενόμην τοῖς ἐμὲ μὴ ἐπερωτῶσιν.
내가 구하지 아니하는 자들에게 찾은 바 되고
내게 문의하지 아니하는 자들에게 나타났노라

바울이 동사를 맞바꿈으로써 이사야 65:1a와 b의 순서를 뒤바꾼 이유를 거의 누구도 파악하지 못해왔다.[139] 하지만 바울이 그처럼 변화를 준 이유는 식별할 수 있고 또 중요하다.[140] 동사 εὑρέθην(찾은 바 되다)을 인용의 맨 앞에 둠으로써 바울은 '찾은 바 됨'에 있어서 하나님의 수동성을 강조하는 듯 보인다. 히브리 본문뿐 아니라 LXX도 하나님께서 먼저 자신을 계시하셨고 그 다음에 발견되었지만, 바울은 하나님께서는 '나를 찾지 않은 않던 자들에 의해'(즉 이방인들에 의해: ἔθνη τὰ μὴ διώκοντα, 9:30) 먼저 발견되었다고 생각하고 있다. 우리의 견해는, 당신을 찾지 않는 자들에게 자신을 나타내시는 하나님의 적극적인 역할을 강조하는 LXX 이사야 65:1b—εἶπα ἰδού εἰμι τῷ ἔθνει οἳ οὐκ ἐκάλεσάν μου τὸ ὄνομα(내 이름을 부르지 아니하던 나라에

139) Koch, *Schrift*, 50-51은 바울이 그의 주장을 확립하기 위하여 그 구(句)들을 뒤바꾸었다고 추정할 아무런 이유가 없다고 주장한다. 그는 그 수정이 오히려 본문상의 발전을 대변한다고 본다. 즉 바울은 '본래의' LXX 본문을 따르고 있는데, 이 본문은 이후의 서기관이 히브리 본문과 일치시키려고 현재의 LXX 본문으로 조정한 것이라고 본 것이다. 그러나 그는 '본래의' LXX 본문이 바울의 순서와 동일하였다는 증거를 제시하지 못한다. Stanley, *Language*, 144-145는 (비록 이 견해가 추정일 뿐이지만) 이 견해를 따른다. 그것은 그 변화를 바울이 아닌 다른 사람의 것으로 돌리는 그의 입장에 꼭 들어맞기 때문이다. 그는 바울이 (Stanley, *Language*, 145 n. 207에 따르면, Kautzsch, *Veteris*, 46; Vollmer, *Citate*, 43 n. 1; Michel, *Paulus*, 77에 의해 채택된) '구하고/찾는' 주제에 대해 더 큰 강조를 두기 위하여 뒤바꾸었다는 해석에 반대한다. 바로 LXX 본문이 별다른 차이 없이 동일한 목적에 도움이 될 수도 있었다고 보기 때문이다.

140) 이 셈어적 병행(Semitic parallelism)의 예에서 이 동사들은 상호 교체될 수 있기에 바울이 이 동사들을 바꾸었다고 주장할 수 있음에도 불구하고.

내가 여기 있노라 하였노라)―를 바울이 인용하고 있지 않다는 사실을 관찰함으로써 더 강화될 수 있다. 동시에 바울은 이 부분을 생략하고 있는데, 그 이유는 자신이 방금 구원을 위해 주의 이름을 부르는 것의 중요성을 강조한 데 반해, 이방인들이 그의 이름을 부르지 **않았다**는 암시를 주는 것으로 간주될 수 있기 때문이다. 그래서 바울은 이방인들의 순종[141]을 믿지 않는 유대인들의 불순종과 완고함과 대조하고 있는 것이다.

원래 본문에서 이사야 65:1-2은 하나님께서 이스라엘이 자신을 찾지 않았음에도 이스라엘을 회복시키실 것이라는 예언이다. 두 구절 모두 배역한 이스라엘을 가리키고 있다. 하지만 바울은 두 구절 안에서 대조를 전개하면서, 놀랍게도 65:1을 이방인들에게 적용하고 있다.[142] 따라서 바울은 이방인들이 어떻게든 하나님을 찾았다는 것과 그 결과 자신을 그들에게 나타내셨음을 암시한다. 다른 한편으로, 65:2은 구체적으로 이스라엘에게 적용되지만, 65:1과는 별개로 65:2은 이스라엘이 불순종하고 완고한 백성이라고 비판적으로 묘사하고 있다. 이런 변경 사항이 있었기에, 바울은 이 인용을 'Ἠσαΐας δὲ ἀποτολμᾷ καὶ λέγει'(또한 이사야가 매우 담대하여 말하되)라는 말로 시작한 것이다.

바울은 이사야가 이것을 말할 때 매우 담대하게 말하고 있다고 말하지만, 실제로 이사야가 '매우 담대하게' 말하고 있는 것처럼 인용문을 만들어서 담대하게 말하고 있는 사람은 바울 자신이다.[143] 이런 대담한 대조는 이방인의 구원의 합법성을 단언하기 원하는 사도 바울의 자기 이해와 관련이 있을 것이다.

크랜필드는 바울이 로마서 10장에서(10:11f, 18ff는 제외하고) 이스라엘의 거절뿐 아니라[144] 이스라엘을 향한 하나님의 긍휼도 다룸으로써 이스라엘

141) 바울이 10:20a에서 τοῖς 앞에 ἐν을 삽입한 것은 모든 이방인이 다 그를 찾은 것이 아니라는 것을 암시하는 것일 수 있다; Stanley, *Language*, 145-146.

142) Sanday and Headlam, *Romans*, 300.

143) 앞에 pp 62-65를 보라.

144) Cranfield, *Romans* 2, 504-505.

이라는 쟁점에 특별히 집중하고 있다고 주장한다. 그러면서 그는 후자를 더 강조한다: '이 장(로마서 10장)은 이스라엘의 죄가 아니라, 이스라엘을 향한 하나님의 선하심에 초점을 맞추고 있다.'[145] 그가 제시한 강조의 근거는 10:21뿐이며, 따라서 위에서 제시한 우리의 주장은 이 견해의 약점을 잘 드러내고 있다. 더 나아가 바울이 Ὅλην τὴν ἡμέραν(종일)이라는 표현을 문장 앞으로 옮긴 것은 이스라엘을 향한 하나님의 끝없는 사랑뿐 아니라, 유대인들의 끈질긴 배도를[146] 강조하기 위함이다. 전도자들이 선포한 그리스도의 말씀을 유대인들이 거절한 것과 이방인들이 수용한 것이 10:20-21에 명백히 대조되어 있다.[147] '하나님의 자기 백성을 버리셨느뇨?'라는 11:1의 질문은, 바울이 로마서 10장에서, 특히 21절에서, 독자들이 하나님께서는 실제로 유대인들을 거절하셨다고 추론할 만큼 유대인들을 부정적으로 묘사했음을 분명히 가리키고 있다.

C. 요약

따라서 9:30-10:21의 주요 목표는 9:6-29에 나온 '하나님의 주권'과 대조하여 '이스라엘의 실패'에 관한 논증을 제시하는 데 그치지 않는다. 바울은 이스라엘의 불신과 이방인의 믿음, 이 두 가지를 동시에 그리고 모순되지 않게 설명하고 있다. 이는 도입 단락과 마무리 단락을 통해서 분명히 알 수 있다. 이스라엘은 열정적으로 의를 추구했음에도 불구하고 의를 얻지 못하였다. 그 이유는 그들은 하나님으로부터 오는 의를 알지 못했고, 율법의 행위를 통해 자신의 의를 세우려고 했기 때문이라고 바울은 설명한다.

---

145) *Pace* Cranfield, *Romans* 2, 503 :'이스라엘의 불순종에 대한 진술은 엄밀히 볼 때 우발적이다'(p. 541). Dunn, *Romans* 2, 627은 이것을 옳게 반대하고 있다.

146) Fitzmyer, *Romans*, 600은 옳다.

147) Fitzmyer, *Romans*, 600이 10:21은 '이스라엘에 대한 바울의 통렬한 기소이며, 그의 서신들 가운데서 유대인에 관해 이보다 더 심하게 언급하고 있는 곳은 데살로니가전서 2:14-16 뿐이다'라고 지적한 것은 옳다.

더 나아가 그들이 권위를 부여 받은 복음전도자들에게서 '믿음의 말씀'을 듣고 이해했음에도 불구하고 그 메시지를 믿지 않았다. 그래서 하나님께서는 오래 참으시면서 그들에게 손을 내미셨지만, 그들은 주의 이름을 부르지 않았다. 그들은 계속해서 불순종했고 완고하였다. 바울은 이스라엘이 믿지 않는 것은 '다른 나라에 유익을 끼치기 위해 밀려났기 때문'이라든지[148] 혹은 '이스라엘의 죄가 예정된 그대로 자라기 때문'이라고[149] 말하지 않을뿐더러 암시조차 하지 않는다(다음 단락에서 이 관점들에 대해 논할 것이다). 바울은 하나님의 오래 참으심과 긍휼에도 불구하고 유대인들은 자신들의 선택으로 거부했고, 따라서 그 책임도 그들이 져야 한다는 점을 분명히 하고 있다.

반면에, 바울은 (이 서신에서 처음으로) 이방인들은 의, δικαιοσύνην … τὴν ἐκ πίστεως(믿음으로 말미암는 의, 9:30; cf. 2:13f; 3:30)를 얻었다고 선언한다. 이것은 모세가 이미 말한 바이다: ἡ … ἐκ πίστεως δικαιοσύνη(믿음으로 말미암는 의, 10:6). 이는 '예수 그리스도에 대한 **믿음을 통해서** 하나님께로부터 오는 의'(3:22)다. 바울은 의는 아브라함(cf. 롬 4장)과 모세(10:5-8) 시대부터 믿음으로 얻도록 의도되었다고 주장한다. 따라서 이방인들이 자신들이 들은 복음의 메시지에 반응하여 믿음으로 얻은 의는 전적으로 합법적이다. 하나님께서 온 인류의 의를 위해 예비하신 길을 따른 사람들은 바로 이방인들이다. 이방인의 선택과 이방인 구원의 합법성을 위해 근본적으로 신학적인 변증을 확립하려는 바울의 사도적 열망이 이 단락의 논증 형성에 대체로 영향을 미쳤다. 그는 또한 선교 사역을 위한 근본 원리를 마련하고 있다: 전도자들은 보냄을 받아 복음을 선포해야 하며, 듣는 자들은 마음으로 믿고 주의 이름을 부르며 입술로 '예수를 주'로 시인해야 한다. '유대인과 이방인 간에 차별이 없기에'(10:12) 이 원리는 모든 이들에게 적용된다. 하나님은 유대인과 이방인을 위해 동등한 구원의 수단을 마련하셨다. 유대인들은 이방

148) *Pace* Ziesler, *Romans*, 267. 그는 하나님의 계획과 이스라엘의 거부를 이스라엘의 실패 이유로 제시한다.

149) *Pace* Käsemann, *Romans*, 297.

인들이 하나님께서 인류를 위하여 의도하신 '의'를 얻을 때 행한 방식을 따라야 한다. 어디에도 유대인들을 위한 **특별한 길**(Sonderweg)[150]은 없다. 아래서 이 문제를 더 증명하고자 한다.

4. 메시야 거절: 역전된 선교의 우선순위: 11:1-36

로마서 9-11장 가운데 로마서 11장이 이스라엘의 구속의 소망에 관한 쟁점을 가장 많이 다루고 있는 것으로 간주되어왔다.[151] '하나님께서 자기 백성을 버리지 않으셨다'(11:1, 11)라는 선언[152]과 πᾶς Ἰσραὴλ σωθήσεται(온 이스라엘이 구원을 얻으리라, 11:26a)라는 선언에 특별히 주목하였다.[153] 로마서 11장이 이스라엘에게, 특별히 이스라엘을 향한 하나님의 선하심에 초점을 맞추고 있다고 해석하는 학자들은[154] 이 장이 자신들의 주장을 확증해준다고 생각한다.[155] 하지만 로마서 9-10장을 이방인에 대한 합법성이나 혹은 이스라엘의 실패에 대한 설명이라고 여기는 학자들에게 이 장은 혼란을 야기한다. 왓슨은, 바울이 이 단락에서 하나님의 일관성에 관하여 주장하면서 아이러니하게도 일관성을 결여한 입장을 보이고 있다고 주장함으로써, 자신의 당혹감을 표시하고 있다. 왓슨이 보기에 로마서 11장 내내 '바울은 지금까지 거부했던 하나님의 백성에 대한 옛 견해로 돌아오고 있기 때문이다.'[156] 케일러 또한 로마서 11장은 로마서 9-10장과는 모순된 사고 흐름을 명백히 담고 있다고 보며, 이에 덧붙여 학자들은 이 흐름들을 조화

150) Cf. Schreiner, 'Israel's Failure', 220.

151) 예. Sanders, *Jesus*, 336: '…이스라엘의 구속에 대한 소망은 특별히 로마서 11장 전체에 암시되어 있고, 특별히 11:26에서 선언되고 있다.'

152) 이것은 11장 전체에 대한 Cranfield의 제목이다(*Romans* 2, 542).

153) 이 구절은 로마서 9-11장의 중심이나 요약으로서 간주되곤 한다: cf. Sänger, 'Rettung', 115.

154) Cranfield, *Romans* 2, 503, 541-542는 가장 두드러진다; 앞에서 살펴본 로마서 10장에 대한 우리의 논의를 참조하라.

155) 예. Wagner, 'Future', 77-112.

156) Watson, *Paul*, 168. 그러나 그는 그 문제에 대한 답을 로마의 사회적 기능에 관한 가정(假定)에서 찾는다.

시키는 데 있어서 큰 어려움을 겪고 있다고 주장한다.[157)]

하지만 우리는 바울이 로마서 11장에서 하나님의 계획에서의 유대인과 이방인의 동등성에 대한 자신의 신념과 일관된 방식으로 논증을 제시하고 있음을 증명할 것이다. 바울은 로마서 9-10장에서처럼 이스라엘의 불신과 이방인의 믿음을 강조함으로써 이것을 성취하고 있다. 로빈슨(J.A.T. Robinson), 크랜필드, 케제만, 브루너(E. Brunner)가 주장한 대로, 바울은 로마서 11장에서 왜 선교의 주요 목표가 '첫째는 유대인에게요 또한 이방인에게로다'에서 '첫째는 이방인에게요 또한 유대인에게로다'로 바뀌었는지를 설명하고 있다.[158)]

하지만 위에서 언급한 학자들 가운데 이 매우 중요한 발언을 발전시킨 학자는 아무도 없으며,[159)] 그들의 짧은 언급들에는 더 분명한 설명이 필요하다. 그럼에도 불구하고 그들이 바울의 주요 논점을 포착한 것은 분명해 보인다. 따라서 그들이 사용한 용어인 '역전'(reversal)과 '우회'(detour)는 그 가치를 인정해야 하며 그들의 주장을 좀더 구체적으로 설명해 줄 필요가 있다. 바울이 하나님께서 구원 순서를 "Ἰουδαίῳ τε πρῶτον καὶ Ἕλληνι(첫째는 유대인에게요 또한 헬라인에게)'에서 "Ἕλληνι τε πρῶτον καὶ Ἰουδαίῳ(첫째는 헬라인에게요 또한 유대인에게)'로 뒤집었다고 명시적으로 말하고 있지 않으

157) Kaylor, *Covenant Community*, 162; Kümmel, 'Probleme', 32; Räisänen, 'Römer 9-11: Analyse', 2892; Becker, *Paul*, 457-458.

158) 우리가 사용한 이런 직설적인 표현은 완전히 독창적인 것은 아니다. Robinson, *Wrestling*, 110: '신학의 순서는 "첫째는 유대인에게요 또한 헬라인에게" (1.16); 역사의 순서는 "첫째는 헬라인에게요 또한 유대인에게"가 되었다(11.25-26).' Cranfield, *Romans* 2, 576: 'οὕτως는 1:16에 따라서 사람들에게 구원이 주어지던 순서가 역전되었음을 보여준다.' (Robinson과 Cranfield는 둘 다 1979년에 이같은 중요한 주장을 독자적으로 제시하였다; 또한 1972년의 Dahl의 글인 'The Future of Israel'에 있는 짧은 논평을 보라. 지금은 *Studies*, 137-158으로 재출간되었다; 특별히 pp. 150과 iv를 보라). 또한 Käsemann, *Romans*, 274도 '1:16의 Ἰουδαίῳ πρῶτον(첫째는 유대인에게)이 역설적으로 뒤바뀌었다'는 사실이 대개 주목을 받지 못한 사실을 지적하고 있다. 그보다 더 먼저(1938) Brunner, *Romans*, 95는 유대인이 메시야를 거부함에 따라 선교가 이방인에게로 **우회되었다고** 매우 간략히 지적한 바 있다.

159) Robinson은 11:25-32의 설명에서조차 이 쟁점을 전혀 논하고 있지 않다. Cranfield는 로마서 9-11장이 근본적으로 이스라엘에 대한 하나님의 신실하심에 관한 것이라고 주장하며, 그래서 이 역전에 대한 자신의 발견의 중요성을 자각하지 못하고 있다.

며, 또 '하나님의 구원 약속을 이스라엘로부터 가져다가 이방인들에게 주고 있다'고 말하지 않는 것도 분명하다.[160] 구원은 분명 **먼저** 유대인에게 가며, 따라서 구원의 순서는 여전히 '첫째는 유대인에게로'이다. 바뀐 것은 선교에 있어서 구원론적 방향(direction)의 **우선순위**(priority)다. 이는 그 역전이 τὸ πλήρωμα τῶν ἐθνῶν(이방인의 충만한 수)의 구원과 πᾶς Ἰσραήλ(온 이스라엘)의 구원과 관련이 있기 때문이다. 따라서 수위권(primacy)의 문제는 여기서 쟁점이 아니다. 유대인과 이방인의 '충만한 수'/'모두'의 구원 순서가 쟁점이다. 바울은 하나님께서는 πᾶς Ἰσραήλ(온 이스라엘)을 구원하시기 **전에** τὸ πλήρωμα τῶν ἐθνῶν(이방인의 충만한 수)을 구원하기로 결정하셨다고 주장한다. 마찬가지로 '우회'라는 용어는 유대인이 구원에 이르는 길이 완전히 막혔기 때문에, 이제는 이방인들을 향한 우회로가 열릴 수 있게 되었다는 뜻을 암시하는 것이 아니다. 이는 바울 시대에도 유대인들은 여전히 기독교의 믿음으로 돌아오고 있었기 때문이다. 바울이 분명하게 가리키고 있는 바는 유대인들이 메시야를 거절함으로써 선교의 **우선순위**가 이제는 압도적으로 '이방인에게로' 먼저 향하게 되었다는 것이다. 따라서 그는 이방인에 대한 새로운 강조를 설명해야만 했던 것이다.

더 나아가 우리는 바울이 (로마서 9-10장에서처럼, 그리고 거의 모든 편지에서처럼) 로마서 11장에서 유대인보다는 이방인을 더 강조하고 있음을 증명할 것이다. 우리는 이런 역전이 어느 정도까지 이방인의 사도로서의 바울의 자기 이해와 관련될 수 있는지를 관찰할 것이다.[161] 바울이 서신의 다른 어떤 곳보다도 11장에서 이스라엘을 더 밝게 묘사하고 있는 것은 사실이다. 우리는 바울이, 선교의 주요 흐름이 역전되었거나 혹은 이방인에게로 방향이 재조정되었다고 주장하기 위해, 얼마나 세심하게 그 근거를 마련하고 있는지를 보여줄 것이다(11:25-26).

바울은 성경을 인용하여 설명하면서 계속해서 로마서 9-11장의 논제–

160) Dahl, *Studies*, 150은 옳다.
161) Cf. Kümmel, 'Probleme', 40-41.

'하나님의 말씀이 폐하여진 것 같지 않도다'(9:6a)—를 세워가고 있다. 우리는 네 단락에 초점을 맞춰 연구할 것이다. 첫째 단락은 11:1-10이며, 여기서 우리는 하나님께서 자기 백성을 거절하지 않으셨다(11:1)고 선언하셨음에도 불구하고, 바울은 11:1-10에서 '나머지 사람들'의 완악함을 재확인하고 있다고 주장할 것이다. 여기서 우리는 이스라엘의 완악함은 구원 계획에서의 하나님의 주도권(initiative) 때문이 아니라(물론 하나님께서는 놀라지 않으셨다: 아래를 참조하라) 이스라엘이 스스로 복음을 거절하기로 선택하였기 때문이라고 주장할 것이다. 이 쟁점은 11:11-16에서 좀더 상세하게 살펴볼 것이다. 이스라엘의 완악함은 이방인의 구원을 위한 핵심적인 필수 조건이라는 라이트의 가설을 비판적으로 살필 것이다.

11:17-24이 특별히 이방인 신자들을 향한 권면이라는 사실에 주목하는 것이 중요하다. 학자들은 대개 감람나무의 예가 로마 교회의 이방인 신자들이 이미 유대인들을 향해 오만한 태도를 보이고 있음을 암시한다고 생각한다.[162] 우리는 꼭 그런 것은 아니라고 제안할 것이다. 바울이 쓴 서신의 앞부분을 고려하면, 이 경고는 거만하게 되지 않도록 하기 위해서 경고로 주어졌을 수도 있기 때문이다. 우리는 유대인들에 대한 긍정적인 언급을 이 관점으로 이해할 수 있다. 마지막 단락은 11:25-32(36)이다. 우리는 (가령) 11:26a를 9-11장 혹은 서신 전체를 위한 해석의 열쇠로 간주하여 이 단락을 이해하려고 하기보다는, 바울이 전에 쓴 것(롬 1-11장)에 비추어서 이해해야 한다고 주장할 것이다. 여기서 바울은 주요 구원 사역의 역전을 암시하며, 또한 하나님의 계획 안에서 유대인과 이방인의 구원론적 동등성을 확립하고 있으며, 이를 통해 서신의 나머지 부분(12-16장)의 사회적, 실제적 권면에 대한 기반을 마련하고 있다.

162) 뒤에 p. 347 n. 239와 로마 교회의 구성원 중에 "이방인이 다수"를 차지하고 있다고 가정(假定)하는 다른 많은 학자들을 보라.

A. 이스라엘의 완악함: 11:1-10

로마서 9-10장을 읽은 독자는 하나님께서 유대인들을 버리셨다는 결론을 내렸을 것이다. 바울 자신도 이제껏 제시한 자기 주장에 균형을 잡아야 할 필요를 보고 있다.[163] 따라서 바울은 하나님께서 이스라엘을 버리지 않으셨다는 잘 알려진 언약적 주제 중 하나를 재확언하고 있다(예. 신 31:6; 시 37:28; 94:14; 사 44:21; 46:4; 49:15; 54:10). 하지만 바울은 단순히 하나님께서 이스라엘을 거절하지 않으셨기에 이스라엘은 안전할 것이라고 말하지는 않는다. 그보다는 이스라엘 안에 두 그룹의 존재를 재확인한다: ἡ ἐκλογή(택하심을 입은 자)와 οἱ λοιποί(그 나머지 사람들, cf. 9:6b). 바울은 유대인들이 이방인들에게 구원을 주시려는 하나님의 예정 때문이 아니라, 그리스도 안에서 명백히 나타난 은혜를 그들이 스스로 거절함으로써 완악해졌다고 주장함으로써, 계속해서 믿지 않는 유대인들을 비판적으로 판단하고 하고 있다. 우리는 수동태 동사 ἐπωρώθησαν(완악하여졌다)이 하나님께서 완악하게 하셨다는 뜻인지 아니면 자신을 거절한 자들을 향한 하나님의 심판을 가리키는 것인지를 연구할 것이다. 우리는 또한 바울이 엘리야 사건을 포함하여 구약의 본문들을 사용하여 λοιποί(나머지 사람들)의 불신에 관한 자신의 주장을 재확인하고 있음을 보일 것이다. 따라서 9:30-11:10은 이스라엘의 불신 때문에 선교에 있어서 우선순위가 이방인에게로 바뀌었음을 말해줄 것이다.

우리는 바울이 이스라엘의 불신을 정죄하고 있다는 사실을 보여주는 적어도 세 가지 암시에 주목한다. 첫째, 바울이 엘리야 사건을 묘사하는 장면에서 볼 수 있다. 바울은 엘리야가 **이스라엘에 맞서 하나님께 송사하였다**(ἐντυγχάνει τῷ θεῷ κατὰ τοῦ Ἰσραήλ)고 한다. 이 문구는 바울의 해석일 뿐 아니라(히브리어와 LXX 본문 모두 단순히 엘리야가 '말하였다'고만 보고하고 있기 때문에), 이 독특한 문구를 가지고 특별한 논지를 형성하려는 그의 의도를 나타낸다(로마

163) 하나님께서 유대인을 버리셨다는 인상에 대한 엄중한 부정은 μή- 질문을 통해 예상할 수 있으며, 또한 11:1-2에서 강화된 진술(μὴ γένοιτο, ὃν προέγνω)에 의해서도 강조되고 있다.

서 외에 성경 다른 곳에서는 이 표현이 전혀 사용되지 않고 있기 때문이다).[164] 하지만 외경과 위경의 글에 나오는 유사한 문구들(ἐντυγχαν- … κατά: 1 Macc 8:32; 11:25, cf. 10:61, 63, *1 En.* 9:3)은 바울의 의도를 이해하는 데 도움을 준다. 이 문구는 '악인들에 대한 고발이며 하나님께서 그들에게 조치를 취해달라고 하나님께 드리는 탄원'이며,[165] 이스라엘을 **향한**(against) 불평과 비난이다.[166] 바울은 자신을 비슷한 상황에 처한 엘리야와 동일시하고 있는 듯하며(cf. 왕상 19:10),[167] 하나님의 메시야를 향한 국가적인 반역 때문에 (그리고 바울 자신을 향한 위협들로 인해; 고후 11:22-25) 자신이 겪은 고통을 표현하고 있다. 바울이 믿지 않는 유대인들은 바알 숭배자들과 비교되어야 한다고 암시하고 있다는 점은 중요한 듯하다. 하지만 분명히 그의 고통은 열왕기상 저자의 고통보다 훨씬 더 크며, 심지어 엘리야의 고통보다 더 컸을 것이다. 이는 바울 당대의 동료 유대인들은 단지 배교하는 정도에 그친 것이 아니라 하나님의 메시야를 거절하고 십자가에 매달았기 때문이다.

둘째, 대다수의 유대인은 구원의 은혜를 얻지 못했으며(9:31f; 10:2f) 단지 선택된 남은 자[λεῖμμα κατ' ἐκλογήν(11:15)과 ἡ ἐκλογή(11:7)]만 얻었음을 다시 한 번 단언하고 있는 장면에서 볼 수 있다. [나머지] 이스라엘은 완악해졌다(οἱ δὲ λοιποὶ ἐπωρώθησαν).[168] 수동태 동사 ἐπωρώθησαν(완악해졌다)은 주석가들에게 몇 가지 어려움을 준다. 바레트는 "'불순종했기에 완악해졌다" 와 "완악해졌기에 불순종하였다" 사이를 구별하는 것은 불가능해 보인다.

164) 바울이 ὑπέρ(위하여)를 ἐντυγχάω(간구하시느니라)와 결합하고 있는 로마서 8:26, 34(또한 히브리서 7:25)를 보라. 또 동일한 동사가 κατά 없이 '청원하다'라는 의미를 암시하는 사도행전 25:24을 보라.

165) Morris, *Romans*, 399 n.8; Black, *Romans*, 141.

166) Sanday and Headlam, *Romans*, 311; Murray, *Romans* 2, 68; Cranfield, *Romans* 2, 546; Fitzmyer, *Romans*, 602. cf. Käsemann, *Romans*, 300.

167) Morris, *Romans*, 400.

168) NEB의 번역인 'nonelect'는 명확하지 않다. 그것이 유대인과 이방인을 다 포함한다는 Morris, *Romans*, 403의 견해도 옳지 않다. 그러나 11:1-10에서 바울은 단지 민족적 이스라엘에 대해서만 얘기하고 있다는 점에서 Dodd, *Romans*, 185의 '이스라엘의 나머지'(또한 Käsemann, *Romans*, 301; Fitzmyer, *Romans*, 606)가 가장 적절한 듯하다.

두 과정은 동시에 발생한다'[169]고 말한 것은 옳게 보인다. 그럼에도 불구하고 이 표현이 11:1-10뿐 아니라 로마서 11장 전체의 해석 방향을 결정하기 때문에, 이 표현을 이해하는 것이 무엇보다 중요하다. 크랜필드는 이 수동태 동사 ἐπωρώθησαν(완악해졌다)은 그들이 스스로 완악해졌다는 뜻이 아니라 하나님께서 완악하게 하셨음을 가리킨다고 주장한다.[170] 하나님께서 완악하게 하셨다는 생각은 신약에서도 드문 것은 아니다(예. 마 13:13-15/막 4:12/눅 8:10; 요 12:40; 행 28:26; 고후 3:14; 엡 4:18). 하지만 여기서 문맥과 바울의 어법은 '이 동사를 순수한 수동태로 보고, 완악해지는 행위는 하나님을 거절한 자들을 향한 그분의 심판이라고 추정하는 것이 가장 타당하다'[171]는 것을 암시하는 듯 보인다. 11:11에서 바울은 능동태 동사(ἔπταισαν)를 사용하며, 이는 유대인들이 스스로 넘어졌음을 암시한다.

ἡ ἀποβολή αὐτῶν(저희를 버리는 것, 11:15)의 경우도 비슷하다. 다른 많은 학자들과 함께[172] 크랜필드도 하나님을 이 능동태 동사의 주어로 간주하며, 'ἡ ἀποβολή αὐτῶν(저희를 버리는 것)은 '그들이 잠정적으로 하나님께 버림을 당한다는 뜻이고, ἡ πρόσλημψις(받아들이는 것)는 지금은 믿지 않는 이스라엘을 종국에는 받아들이시는 것을 뜻하는 것이 분명하다'[173]고 주장한다. 하지만 크랜필드는 그가 다른 곳에서 말한 것–'하나님에 의한 유대인들의 ἀποβολη(버림)는...그들이 메시야를 거부한 것과 동일하다'–과는 충돌하는 주해를 제시하고 있는 것이다.[174] 그는 11:1-10을 해석할 때는 하나님께서

169) Barrett, *Romans*, 210.

170) Cranfield, *Romans* 2, 549; Stuhlmacher, *Romans*, 162-165. Black, *Romans*, 142는 완악하게 만든 실제 주체(어)인 하나님의 이름을 사용하지 않으려는 의도에서 수동태가 사용된 것이라고 제안하였다.

171) Newman and Nida, *Romans*, 212; 또한 Sanday and Headlam, *Romans*, 314; Brunner, *Romans*, 94. cf. Wright, *Climax*, 247은 유대인의 묵시적 사고에 따르면 "완악함"은 사람들이 하나님의 은혜와 인내를 거부할 때 생긴다는 점을 지적하고 있다.

172) 예. Black, *Romans*, 144; Newman and Nida, *Romans*, 217-218; Dunn, *Romans* 2, 657-658; 또한 Wilckens, Davies, Morris.

173) Cranfield, *Romans* 2, 562. 그러나 πρόσλημψις는 '최종적인 용납'(final acceptance)을 의미하는 게 아니라 단순한 '용납'(aceeptance)을 의미한다(*EDNT* 3, 175; BAGD, 717).

174) Cranfield, *Romans* 2, 562. cf. Dunn, *Romans* 2, 657-658은 그 거부가 '인간의 범죄의 유죄

자기 백성을 거부하지 않으셨다고 강하게 주장하였으면서도 여기서는 하나님이 유대인을 거부하였다고 주장함으로써 스스로 모순을 일으키는 듯하다. 바울은 여기서 하나님께서 유대인들을 거절하신 것은 비난하지 않지만, 유대인들이 불신하고 메시야를 거절한 것은 간접적으로 비난하고 있다. 바울은 하나님의 신적인 활동 때문이 아니라, 유대인들의 불신 때문에(11:17, 19, 20, 23) 그들이 '넘어졌고'(1:11), '실족했고'(11:11, 12), '실패하였다'(11:12)고 주장한다. 하나님께서 그들을 거슬러 활동하신 이유는 그들의 불신앙 때문이라는 것이다: '그들은 믿지 아니함으로 꺾이고…하나님이 원가지들도 아끼지 아니하셨은즉'(11:20-21).[175]

셋째, 바울은 그들의 완악함을 이미 '예시하고 있는' 성경에서 설명을 찾는다.

LXX 이사야 29:10 ὅτι πεπότικεν ὑμᾶς κύριος <u>πνεύματι κατανύξεως</u>
καὶ καμμύσει τοὺς ὀφθαλμοὺς αὐτῶν καὶ τῶν
προφητῶν αὐτῶν καὶ τῶν ἀρχόντων αὐτῶν
οἱ ὁρῶντες τὰ κρυπτά.
여호와께서 깊이 잠들게 하는 신을 너희에게 부어주사
너희의 눈을 감기셨음이니
그가 비밀한 일을 보는 선지자들과
통치자들의 눈을 감기실 것이라

성을 감소기시키지 않은 채' 하나님의 주도로 일어난 '하나님의 행위'라고 말한다.

175) 비록 우리가 하나님을 주어로 취한다고 해도 그들의 완악함이 전적으로 하나님의 책임이라고는 말할 수 없다. Sanday and Headlam, *Romans*, 313은 이 점에서 옳다: '그들이 완악해졌기 때문에 실패한 것은 아니며, 그들이 실패했기 때문에 완악해진 것이다'(cf. '그러므로 하나님께서 저희를 내어버려 두사': 1:24, 26, 28). 고전적인 사례인 애굽 왕 바로가 완악해진 일은 하나님의 역사와 바로 왕 자신의 반응의 산물이다(출 4:21; 7:22-23; 8:15, 32; 10:1, 27). 바울은 하나님께서 유대인을 완전히 그리고 종국적으로 버리셨다는 개념을 배제하지만(1절), 그들 자신이 하나님의 메시야와 그에 대한 메시지를 거부했고, 그것은 하나님 자신을 거부한 것이라는 확고한 사실을 반복하여 언급하고 있다; cf. Dinter, 'Prophet Isaiah', 49.

LXX 신명기 29:3	καὶ οὐκ ἔδωκεν κύριος ὁ θεὸς ὑμῖν καρδίαν εἰδέναι καὶ ὀφθαλμοὺς βλέπειν καὶ ὦτα ἀκούειν ἕως τῆς ἡμέρας ταύτης. 그러나 깨닫는 마음과 보는 눈과 듣는 귀는 오늘날까지 여호와께서 너희에게 주지 아니하셨느니라
로마서 11:8	Ἔδωκεν αὐτοῖς ὁ θεὸς πνεῦμα κατανύξεως, ὀφθαλμοὺς τοῦ μὴ βλέπειν καὶ ὦτα τοῦ μὴ ἀκούειν, ἕως τῆς σήμερον ἡμέρας. 하나님이 오늘날까지 저희에게 혼미한 심령과 보지 못할 눈과 듣지 못할 귀를 주셨다 함과 같으니라

바울은 이스라엘의 불신에 관한 주장을 강화하기 위해 LXX 신명기 29:3(EV 29:4)과 29:10(본문을 일부 수정을 하여[176])을 인용하고 있다. 문맥 수정은 좀더 중요하게 보인다. '신명기에서 이 구절의 문맥은 자기 백성을 향한 하나님의 선하심을 말하는 **은혜의 문맥**이다'.[177] 그러나 바울은 이 문맥을 이스라엘의 영적인 둔감함 때문에 생긴 그들의 불신을 고소하는 데 쓰고 있다(cf. 행 7:51). 신명기 29:2-3은 '여호와께서 애굽 땅에서 너희의 목전에 바로와 그의 모든 신하와 그의 온 땅에 행하신 모든 일을 너희가 보았나니… 그 큰 기사를 네 눈으로 보았느니라'고 한다. 그리고 4절은 계속해서 '그러

176) (1) 완악함의 주어가 '주'에서 '하나님'으로 바뀌었다. 이는 아마도 완악하게 하는 이가 '주 예수'라는 인상을 피하려는 바울의 관심 때문에 그렇게 했을 것이다 (2) 긍정 동사인 ἔδωκεν(주셨다)은 부정인 οὐκ ἔδωκεν을 대체하지만, 그렇게 대체하였다고 해서 반드시 하나님께서 완악하게 하셨다는 생각을 더 분명하게 갖게 만드는 것은 아니다(*Pace* Cranfield, *Romans* 2, 549). (3) 간접 목적어인 '너희'는 완악해진 자가 이스라엘임을 설명하기 위하여 '저희'로 대체되었다. (4) ἕως τῆς ἡμέρας ταύτης(이 날까지) 구조는 ἕως τῆς σήμερον ἡμέρας(오늘까지)로 변경되었으며, 이것은 이스라엘의 지속적인 태도를 강조하고 현세대를 비난하기 위하여 문장의 끝으로 그 위치를 옮기고 있다. 더 자세한 비교에 대해서는 Stanley, *Language*, 158-163을 보라.

177) Cranfield, *Romans* 2, 549; 신명기 29:4을 '이스라엘에 대한 비난'으로서 보는 Black, *Romans*, 142은 옳지 않다.

나 깨닫는 마음과 보는 눈과 듣는 귀는 오늘 여호와께서 너희에게 주지 아니하셨느니라…주께서 오늘날 너와 언약을 맺으시느니라'(신 29:10, 12, 15)고 말한다. 따라서 신명기 29:4은 사실 '너희는 하나님의 위대한 역사들을 보았으나 그 중요성을 **이해하지 못했거나 알지 못하였다**. 그 중요성은 **오늘까지** 비밀로 있었지만, 오늘 그분이 왜 그렇게 하셨는지를 드러내고 계시며, **오늘부터** 너희는 하나님과 언약 관계에 들어감으로써 그것을 알게 될 것이다'라고 말하고 있는 것이다. 그러므로 신명기 29장에서 반복되고 있는 표현인 '오늘날'(신 29:4, 10, 12, 15)은 긍정적인 전환점을 표시해준다. 그러나 바울은 이스라엘이 듣고 알았음에도 불구하고(롬 10:18, 19) 오늘날까지(until present day) 이스라엘은 여전히 예수 안에 계시된 하나님의 위대한 역사의 의미(중요성)를 '인식하거나 이해할 수 없다'[178]고 보고 있다.

더 나아가 다윗(LXX 시 68:23-24: MT 69:22-23)을 증인으로 채택하고 있다(καὶ Δαυὶδ λέγει):[179]

LXX 시편 68:23-24 γενηθήτω ἡ τράπεζα αὐτῶν ἐνώπιον αὐτῶν εἰς παγίδα καὶ εἰς ἀνταπόδοσιν καὶ εἰς σκάνδαλον σκοτισθήτωσαν οἱ ὀφθαλμοὶ αὐτῶν τοῦ μὴ βλέπειν καὶ τὸν νῶτον αὐτῶν διὰ παντὸς σύγκαμψον

저희 앞에 밥상이 올무가 되게 하시며
저희 평안이 덫이 되게 하소서
저희 눈이 어두워 보지 못하게 하시며
그들의 등은 항상 굽게 하소서

---

178) Newman and Nida, *Romans*, 213.

179) 이것은, '(시편에) 기록되었으되'(3:4, 10-18; 8:36; 행 1:20)와 같은 표현이나 혹은 다윗이나 시편을 직접 거명하지 않고 인용만 하는 것보다는 증인으로서의 다윗(4:6-8; 행 2:25, 34; 4:25을 보라)의 중요성을 더 잘 보여줄 수 있을 것이다.

로마서 11:9-10　Γενηθήτω ἡ τράπεζα αὐτῶν εἰς παγίδα καὶ εἰς θήραν καὶ εἰς σκάνδαλον καὶ εἰς ἀνταπόδομα αὐτοῖς, σκοτισθήτωσαν οἱ ὀφθαλμοὶ αὐτῶν τοῦ μὴ βλέπειν καὶ τὸν νῶτον αὐτῶν διὰ παντὸς σύγκαμψον.

그들의 밥상이 올무와 덫과 거치는 것과
보응이 되게 하시옵고 그들의 눈은 흐려 보지 못하고
그들의 등은 항상 굽게 하옵소서 하였느니라(개역 개정)

원래 본문에서 다윗은 자신의 고통과 분노를 표현하며, 심지어 자신을 해하려고 하는(시 69:4, 18, 19) 이스라엘 안에 있는 불특정한 '원수들'에게 저주를 내려달라고 간구하고 있다(cf. 시 69:7-12, 27-28). 그는 그들에게 하나님께서 영원히 진노하시도록 간구하고 있다. 만약 이 문맥에서 나온 표현을 '의도적으로 채택하여'[180] 그것을 이스라엘에게 적용하였다면, 대부분의 믿지 않는 이스라엘 백성들을 저주와 고소를 당하고 있는 다윗의 원수들과 분명히 그리고 인상적으로 동일시하고 있는 것이 된다.[181] 바울은 이스라엘을 향한 자신의 고소 강도를 높이기 위해 이 구절을 인용하고 있는 듯하다. 바울의 인용은 '그들의 상(床)'(ἡ τράπεζα αὐτῶν), 즉 (아마) 그들의 종교적인 행위들(cf. 11:6; 9:31f)이[182] 그들에게 올무가 되었음을 말해준다. 고소 강도를 높이기 위한 것이라는 사실은 바울이 이 구절의 문맥을 수정한 데서도 알 수 있다. ἐνώπιον αὐτῶν(저희 앞에)이란 문구는 생략되었지만, αὐτοῖς(저희에게)라는 표현이 구절 끝에 덧붙여져 '그 올무와 덫은 그들이 스스로 걸려들

---

180) Liddon, *Romans*, 202; 또한 Murray, *Romans* 2, 74 n. 16에 인용됨. 이것은 독특한 인용으로 보인다. 왜냐하면 시편 69:22-23은 신약에서 여기에만 인용된 반면에, 그 시편은 종종 그리스도의 고난에 대한 증거로서 특별히 인용되기 때문이다(요 15:25에 시 69:4; 요 2:17; 롬 15:3에 9절; 마 27:34, 48//막 15:23, 36//눅 23:36//요 19:29에 21절; 행 1:20에 25절).

181) Cranfield, *Romans* 2, 551도 그렇다.

182) τράπεζα의 다른 해석들에 대해서는 Cranfield, *Romans* 2, 551-552를 보라.

어떤 것'임을 암시해주고 있다.[183] καὶ εἰς σκάνδαλον(그리고 거치는 것에)이라는 표현을 더한 것은 εἰς παγίδα(올무에)와 똑같은 의미를 반복하는 것이며, 이를 통해 바울의 고소 강도를 더 강하게 해주고 있다.

11:10은 LXX 시편 68:24을 그대로 인용하고 있다. 하지만, 린하르트(F. J. Leenhardt)는 바울의 주장은 단지 한시적인 처벌만을 암시하고 있기 때문에, διὰ παντός(항상, 개역개정)를 포함한 그의 정확한 인용은 실수라고 주장함으로써[184] 고글러(Gaugler)의 견해를 따르고 있다. 같은 이유로 크랜필드 역시 이 표현을 '영원히'(for ever) 대신에 '지속적으로'(continually)로 번역하기를 제안한다. 그는 '영원히'(for ever)라고 번역하는 것은 '명백한 실수'라고 생각한다.[185] 하지만 우리는 이 문구가 인용에 포함되어야 할 뿐 아니라, 그것을 '영원히'(for ever)로 번역해야 한다고 제안한다. 원래 문맥에 따르면 다윗의 원수들은 아직 덫에 걸리거나 눈이 멀지 않았기 때문에, '지속적으로'(continually)는 다윗이 의미하는 바가 아니다. 다윗은 지금 그들이 지속적으로 눈이 머는 것이 아니라, 그들이 '치료될 수 없을 만큼 눈이 머는 것'(11:10, JB), 즉 영원히 눈이 멀기를 간절히 바라고 있는 것이다. 바울이 보기에 이스라엘의 대다수는 이미 완악해졌기에(11:7) '지속적으로'라는 번역도 맞을 수도 있다. 따라서 이 구절에 διὰ παντός(항상)를 포함한 것은 바울의 실수가 아니다. 도리어 바울은 다윗의 기도가 응답이라도 된 것처럼 의도적으로 이 표현을 이스라엘의 영적인 둔감함에 적용하고 있는 것이다. 바울이 '영원히'라는 표현을 넣음으로써 줄 수 있는 인상을 바로잡기 위해 이스라엘이 회복할 수 없을 만큼 넘어지기까지 실족하였는지와 관련한 쟁점을 다루고 있다는 사실에도 주목할 필요가 있다. '그들이 넘어지기까지 실족하였느냐'라는 11:11의 질문은 11:1-10이 11:1a에서 언급한 문제에 대한 긍

---

183) Newman and Nida, *Romans*, 213.

184) *Pace* Leenhardt, *Romans*, 280 n. 2, 4는 '바울은 분명히 기억을 더듬어 인용하고 있으며', 이것은 '그(바울)가 인용의 세밀한 부분에는 관심을 두지 않는다'는 것을 보여준다고 말한다.

185) Cranfield, *Romans* 2, 552.

정적인 대답을 주고 있지 않다는 점을 보여준다.[186] 도리어 이 질문은 앞서 주장한대로, 믿지 않는 유대인들은[187] 회복할 수 없을 만큼 넘어졌다는 사실을 재확인해주고 있다(cf. 9:32).

B. 이방인과 유대인을 위한 하나님의 구원 역사: 11:11-16

바울은 λοιποί(나머지 사람들)가 회복할 수 없을 만큼 넘어졌다는 인상을 바로잡아준다. 하지만 바울이 그런 강한 부정에 대한 근거를 제시하지도 않고 그들이 더 가망 없을 만큼 실족한 이유에 관한 논증을 더 진행하지 않고 있는 것에 주목할 필요가 있다.[188] 그는 단순히 그것을 언급하고 있으며,[189] 따라서 그들의 넘어짐(παράπτωμα)을 기정사실로 재확인해주고 있을 뿐이다. 그러고 나서 바울은 곧바로 유대인의 불신의 죄를 이방인의 구원 쟁점과 관련시키고 있다. 하지만 이스라엘의 넘어짐(παράπτωμα)이 하나님께서 이방인에게 구원의 축복을 주시기 위한 필수적인 전제조건이었는가? 우리는 바울이 여기서 말하고 있는 것은 그것이 아니라고 주장할 것이다. 도리어 하나님께서는 이스라엘이 메시야의 복음을 거절한 결과로 "'첫째는" 이방인에게'로 구원의 축복을 이동시키셨다는 것이 바울이 입장이다. 우리는 바울이 이스라엘의 πλήρωμα(충만함)를 기대하고 있고, 더 나아가 그 때문에 이방인에게 장차 지금 그들이 누리고 있는 것보다 훨씬 풍성한

186) Käsemann, *Romans*, 304도 마찬가지다.

187) Cranfield의 어법('the unbelievers', *Romans* 2, 554)은 정확하며, ἔπταισαν(실족하다)의 주어는 11:7의 λοιποί(나머지 사람들), 즉 복음을 거부한 그 유대인들이기에, TEV와 JB의 번역('the Jews')보다 크랜필드의 번역이 더 낫다.

188) 회복할 수 있는 πταίω와는 대조적으로, 성경의 πίπτω(LXX 사 24:20; 히 4:11; *Pss.Sol.* 3:13)는 마지막 멸망(Black, *Romans*, 143), '회복할 수 없는 넘어짐' (Cranfield, *Romans* 2, 555), '완전한 붕괴' (Ziesler, *Romans*, 273), 또는 '완전히 그리고 영구적으로 넘어지다'(Murray, *Romans* 2, 75 n. 18)란 의미를 암시한다. cf. NEB: 'complete downfall', JB: 'fallen for ever'.

189) 우리가 위에서 살핀 대로(pp. 178-181, 290-294), 바울은 이스라엘을 위하여 논의하지 않는다. 이 관찰을 통해 우리는 비록 유대인의 특권적인 신분이 전제되어 있고 부인되지는 않더라도, 로마서에서의 바울의 주 관심사가 유대인의 그런 특권적인 그 신분을 강조하는 데에 있지 않고 하나님의 계획안에서 이방인의 구원과 입지를 논의하는 데에 있음을 추정할 수 있다.

축복이 임할 것을 고대하고 있음을 논증하고자 한다(11:12, 15). 바울은 이방인을 위한 자신의 담대한 말을 정당화하기 위해 자신이 이방인의 사도임을 강조하고 있다. 우리는 바울의 이방인 사역이 자기 동족을 구원하려는 궁극적인 목적에 비하면 부차적이라는 가설의 약점을 드러내려고 시도할 것이다.

ⓐ 하나님의 계획에서 이스라엘의 실족은 꼭 필요한 일이었는가?

일부 주석가들은 τό παράπτωμα(넘어짐)를 어원론적으로 실족이나[190] 잘못된 걸음의 비유와 맥을 같이 한다고 생각하지만,[191] 크랜필드는 이 단어를 'λοιποί(나머지 사람들)가 복음을 거절하여 범한 죄'[192]를 가리키는 다른 참조구절들과 맥을 같이 한다고 이해하고 있다(행 8:1ff; 13:45-48; 18:6; 28:24-28). 어떤 의미를 취하든지 간에, 우리는 여기서 유대인들 가운데 λοιποί(나머지 사람들)가 단순한 '실족'을 넘어서 παράπτωμα(넘어짐) 때문에 더 강하게 비난을 받고 있다는 사실에 주목해야 한다. 물론 믿지 않은 유대인들이 아직은 '이스라엘을 위한 선교적 소망'이 끊어진 정도까지 넘어지지는 않았지만,[193] 바울은 그들이 불신의 죄를 범하였다는 사실만은 분명히 하고 있다.

하지만 ἀλλὰ τῷ αὐτῶν παραπτώματι ἡ σωτηρία τοῖς ἔθνεσιν εἰς τὸ παραζηλῶσαι αὐτούς(그들이 넘어짐으로 구원이 이방인에게 이르러 이스라엘로 시기나게 함이니라)라는 진술은 학자들 간에 많은 논란의 대상이었다. 쉬텐달과 린하르트는 하나님께서는 이스라엘이 실족한 후(after) 이방인에게까지 구원을 확대하여 유대인과 이방인이 모두 구원을 받을 수 있도록 하기 위

190) Barrett, *Romans*, 213; Murray, *Romans* 2, 76.

191) Ziesler, *Romans*, 274.

192) Cranfield, *Romans* 2, 555-556. Dunn, *Romans* 2, 653은 '잘못된 걸음'의 의미를 인정하지만, 유대인의 허물이 단지 복음의 메시지를 거부한 것만은 아니고(마찬가지로, Newman and Nida, *Romans*, 215), 또한 그리스도를 거부한 것도 허물이라는 사실을 덧붙이고 있다(cf. 5:9-10; 고전 1:18).

193) Motyer, *Israel*, 138.

해 자신의 구원 계획을 변경하셨다고 생각한다.[194] 라이트는 τῷ αὐτῶν παραπτώματι(저희의 넘어짐으로)를 도구적 여격으로 간주하여, 하나님께서는 유대인의 메시야 거부와 복음 거부를 통해 세상을 구원하려고 의도하셨다는 같은 견해를 주장한다. 하지만 라이트는 전자의 견해에 반대하면서, 이스라엘의 실족은 하나님께서 자기 계획을 변경하신 원인이 아니며, 오히려 하나님의 구원 계획의 **필수적인** 전제조건이었다고 주장한다.[195] 따라서 라이트는 '**하나님은 그렇게만 이방인들을 구원하실 수 있으며, 그렇게 해야만 유대인의 구원**(여전히 베풀고 계시는)**도 은혜로만 주어질 수 있다**. …[예수를 거절한 일]은 유대인의 비극이요 동시에 유대인의 영광이지' '불행한 역사적 사건'은 아니라고 주장한다.[196] 일부는 이 견해에 동의했지만,[197] 우리는 다음의 세 가지 이유 때문에 이 견해가 설득력이 없음을 증명할 것이다. 첫째, 이렇게 하나님을 옹호하는 것은 이스라엘이 메시야와 복음을 거절한 책임을 하나님 자신에게 돌리는 결과를 초래한다(라이트가 이렇게 명시적으로 주장하고 있지는 않지만).[198] 둘째, 바울 자신은 그것을 '운명'이나 '비극'의 관

---

194) Stendahl, *Paul*, 28; Leenhardt, *Romans*, 21, 251, 281-282.

195) Wright, *Messiah*, 308 n. 21; Watson, *Paul*, 169: '이스라엘의 실패는 이방인을 위한 공간을 마련하기 위해 반드시 필요하였다.'

196) Wright, *Messiah*, 173, 308 n. 21, 강조는 나의 것. 그는 지속적으로 이 논지를 강조한다: '그(이스라엘)의 넘어짐은… 가혹하지만 큰 특권의 표시다' (p. 199); 그는 나중에 쓴 글, *Climax*, 240, 247-248; *idem*, 'Romans', 193-194: '처음부터 하나님의 의도는 세상이 구속을 받을 수 있도록 육체를 따르는 이스라엘이 버림을 받는 것이었다.'

197) 예. Dunn, *Romans* 2, 653-654, 667-668.

198) 이 해석에 따르면, 아무도 하나님의 의지에 맞설 수 없기에, 이스라엘의 넘어짐은 필연적인 운명이라고 옹호할 수 있다(Rese, 'Rettung', 425는 이스라엘의 완악함이 그들 자신의 잘못이 아니라고 주장한다). 그러나 바울은 로마서 11장에서 하나님을 완악하게 하시는 주체로 구체적으로 지칭하지 않고 있다(Davidson and Martin, 'Romans', 1038). 비록 바울이 ἀποβολή(버리는 것)(11:15), ἐφείσατο(아끼지)(11:21), 그리고 (신적) 수동형인 ἐξεκλάσθησαν(꺾여졌다)(11:17)과 ἐνεκεντρίσθης(접붙임을 얻다)(11:24)라는 표현을 통해 하나님께서 무엇인가 하셨음을 암시하고 있기는 하지만, 그는 여전히 유대인들이 비난을 받아야만 한다는 입장을 견지하고 있다(11:20, 23; cf. 9:19-20). 이스라엘의 타락을 통해서 세상을 구원하시려는 하나님의 본래의 계획에 따라 이스라엘이 넘어졌는지, 아니면 이스라엘이 타락 후에 이방인을 포함시키려고 하나님께서 계획을 바꾸셨는지 그 여부를 묻는 것은 마치 닭과 달걀 중에 먼저 나온 것이 무엇이냐를 묻는 것과 유사한 것이다; 두 결론 모두 합당한 근거들을 제시할 수 있을 것이다.

점으로 보지 않고 있다.[199] 셋째, 이스라엘의 παράπτωμα(넘어짐)/ἥττημα(실패)는 하나님의 계획에서조차도 **차선책**이었을 뿐이라는 게 바울의 입장이다. 아래서 보겠지만, 최선의 시나리오는 그들의 πλήρωμα(충만함)이다(11:12).[200]

(b) 이스라엘의 상실과 이방인의 부요함

바울은 11:12에서 유대인의 불신과 복음 거부의 범죄가[201] 세상을 향한(그리고 특별히 이방인을 향한) 구원의 축복을 풍성하게 하였다는 신학적이고 선교적인 사실을 다시 기술하고 있다(9:23; 10:12). 더 나아가 그는 유대인의 충

그러나 여기서 전자의 질문은 부적당하다. 중요한 것은 바울이 누구의 관점으로 여기서 논쟁하고 있느냐를 분별하는 것이다. 사람들은 사건이 지나간 후에라야 볼 수 있기 때문에, 그들의 관점에서 볼 때 구원이 이방인에게 온 것은 유대인의 거부를 통해서다. 그러나 유대인이 자기 메시야를 거부할 것을 그 전에 아신 하나님의 관점에서 볼 때, 하나님은 그들에게서 예견할 수 있는 거부를 당신의 구원이 유대인을 넘어 이방인에게까지 뻗어나가는 도구로 사용하실 수 있으셨을 것이다. 그래서 하나님은 유대인과 이방인을 모두 구원하시길 계획하셨지만(cf. 요 3:16-17; 딤전 2:4), 그분의 본래 계획은 '먼저는 유대인이요 또한 이방인에게' 혹은 '유대인의 순종을 통한 이방인의 순종'이었으며, 이것이 구약의 패턴이다. 그러나 이스라엘은 그 역할에서 실패하였다. 그러므로 바울이 볼 때 하나님께서는 이스라엘의 거부를 선교의 주 흐름을 바꾸는 기회로서 사용하신 것이다: 그는 복음의 축복을 가지고 특혜를 베푸시면서 이방인에게로 향하신 것이다. 여기서 바울은 그 사건을 하나님의 관점으로 보는 것 같지 않으며, 인간적으로 역사적인 관점에서 보는 것 같다(Fitzmyer, *Romans*, 611). 이것이 그가 이스라엘의 불신을 정당화하지 않고 오히려 그들을 고발하고 있는 이유다: '그들은 (자신들의) 불신으로 인해 꺾였다'(11:20).

199) Betz, 'Israels Mission', 56도 옳다.

200) Wright는 그의 이후 글인 'Romans', 195-196에서 이것을 인정하고 있는 듯하다: '이스라엘의 순종/신실함은 아담의 문제, 즉 인류 전체의 문제를 푸는 수단이 되었어야 하였다(2.17-24, 3.2f.)'. Wagner, 'Future', 96은 창세기 12:3, 17:4에서 이방인을 축복하시려는 하나님의 계획은 이스라엘의 거역과 불순종을 통해서라고 말한 것은 잘못이다; 그것은 오히려 그들의 순종과 축복을 통해서였다.

201) 어떤 학자들은 ἥττημα(실패)를 πλήρωμα(충만함)과 관련하여 양적으로 취하여 그것을 '상실'로 이해하지만(가장 두드러지는 학자는 Barrett; Knox, Gaugler, Sanday and Headlam, Leenhardt, Murray, Cranfield도 같은 입장이다) 대부분의 주석가들은 그것을 '패배' 또는 '쇠퇴'란 의미로, 즉 질적인 개념으로 이해한다. 그러나 Dunn, *Romans* 2, 654는 그 단어가 (정확한 의미를 위해서보다는 단어의 어미가 -μα인) 문어적인 장치로서 παράπτωμα(범죄)와 병행하기 때문에 ἥττημα(실패)를 선택하였고, 그래서 그 다음에도 πλήρωμα(충만함)를 선택하였다고 말한 것은 옳은 듯 보인다. Dunn에 따르면, 바울은 ἥττημα(실패)라는 단어를 통해 이스라엘이 복음을 거부하여 맞이한 운명을 표현한 것이다(9:31-33; 10:21; 11:7).

만한 수(τὸ πλήρωμα αὐτῶν)[202]의 순종은 '**세상에** 부요함이 더욱 엄청나게 증가하게 할' 것이라고 주장한다.[203] 머레이는 이것을 좀더 분명히 표현한다: '사도가 **논증하는 바**는 이스라엘의 회복이 아니라 이스라엘의 "충만함"으로부터 **이방인들에게** 생긴 축복이다.'[204] 그가 유대인의 구원을 갈망한 것은 **이방인의 유익**을 위해서였다고 말할 수 있다.[205] 이스라엘의 실패가 필수요소이긴 하지만, 이방인의 사도는 하나님께서 이스라엘이 넘어지도록 허락하신 것은 이방인들을 위해서였다고 말할 수 있다. 그렇게 할 만큼 그는 이방인의 사도다![206] 그의 가장 큰 관심은 11:12, 15에 표현된 대로 이방인의 축복을 단언하는 일이다(아래를 참고하라).

바울이 11:13에서 최대한의 강조 어법으로 자신이 이방인의 사도임을 선언한('Υμῖν δὲ λέγω τοῖς ἔθνεσιν. ἐφ' ὅσον μὲν οὖν εἰμι ἐγὼ ἐθνῶν ἀπόστολος; 내가 이방인인 너희에게 말하노라. 내가 이방인의 사도인 만큼…) 이유는 자신이 이방인들을 위해 이처럼 대담하고 긍정적인 진술을 한 이유를 설명하기 위해서다. 강조형 구성은 매우 중요하다. τοῖς ἔθνεσιν(이방인에게)에다 ὑμῖν(너희에게)를 덧붙여 문장 맨 앞에 둠으로써 바울은 자신이 말해온 것(γάρ[207])과 앞으로 말할 것

202) τὸ πλήρωμα αὐτῶν(저희의 충만함)이란 표현은 분명 이스라엘의 '충만함'을 암시한다. πλήρωμα는 많은 방식으로 해석되어 왔다: 숫자에 있어서 '충만한 힘'(Barrett, *Romans*, 214); '충만한 포함'(Black, *Romans*, 143); '이스라엘 사람 대다수'(Ziesler, *Romans*, 274-275); 의심할 바 없이 '한 민족으로서의 이스라엘의 충만함'(Murray, *Romans* 2, 78); 남은 자들, 즉 모든 이스라엘과 더불어 '나머지'의 온전한 포함(full inclusion) (Wagner, 'Future', 92). 양적인 충만함으로 이해한 번역으로는 TEV, Goodspeed, Moffatt도 보라.

203) Black, *Romans*, 143, 강조는 나의 것. 또한 Fitzmyer, *Romans*, 611: '바울은 **세상(즉 이방인들)**을 위한 셀 수 없이 많은 유익에 대해 암시를 주고 있다'(강조는 나의 것); Stuhlmacher, *Romans*, 167. cf. Donaldson, 'Riches', 81-98.

204) Murray, *Romans* 2, 79; 두번째 강조는 나의 것; 유사한 견해로는 Käsemann, *Romans*, 306.

205) 또한 Motyer, *Israel*, 138도 옳다.

206) 여기서 다시 바울은 이방인 개종자들이 시온을 향해 종말론적인 순례를 할 때 얻게 될, 이방인이 많은 축복에 대한 유대적 기대를 뒤엎고 있는 것처럼 보인다. Dunn, *Romans* 2, 655를 보라. 바울 이전에 기록된 참조 구절들에는 다음이 있다: 시 22:27; 사 2:2-3; 45:22-23; 56:6-8; 60:2, 5; 66:23; 미 4:2; 습 3:9; 슥 2:11; 8:20-22; Tob 13:11; 14:6-7; *Pss. Sol.* 17:34; *Sib. Or.* 3:710-720, 772-775; *T. Zub.* 9:8; *T. Benj.* 9:2; cf. 마 8:1; 막 11:17; 눅 13:29.

207) 고대사본 D F G Ψ 33에서처럼. 현대 헬라어 성경 중에는 TBS가 γάρ를 쓰고, UBS[3]와 Nestle-Aland[27]에서는 δέ를 쓴다.

은 구체적으로 '**너희, 이방인에게**' 쓰는 것임을 강조하고 있는 것이다. 하지만 이방인이 더욱 큰 부요함을 누릴 수 있기 위해 유대인이 구원 받기를 바울이 갈망하고 있다는 언급에 비추어볼 때, 강조형 여격인 ὑμῖν(너희에게)은 '**너희를 위하여**'라는 의미로 해석할 수도 있다. 긍정적인 불변화사인 μέν은 이미 강조한 εἰμι ἐγω(내가 …이다)를 더욱 강화해주고 있다. 이어서 바울은 자신을 ἐθνῶν ἀπόστολος(이방인의 사도)로 부르는데, 이 단어 순서는 강조점이 ἐθνῶν(이방인의)에 있음을 확실히 보여준다.[208] 더 나아가 바울은 οὖν(…인 만큼)을 덧붙임으로써[209] 그간 말해온 것을 요약하고[210] 그것을 자신이 이방인의 사도임을 강조하는 표현과 관련시키고 있다. 끝으로 τὴν διακονίαν μου(내 직분)가 자리한 강조적 위치는 '바울이 얼마나 열정적으로 이방인 사역을 추구했는지'를 표현해주고 있다.[211] 그런 식으로 바울의 이방인 사도직과 이방인에 대한 그의 의무(15:16), 이런 입장을 전달하려는 그의 바람이 가장 강조적인 문학적 표현을 통해 제시되고 있는 것이다.[212] 바울은 왜 자신이 11:15에서 똑같은 말을 다시 하기 전에, 이방인들에 관

208) 바울은 유사한 표현을 할 때 ἀπόστολος(사도)를 먼저 쓴다: 'ἀπόστολος Ἰησοῦ Χριστοῦ'(고전 1:1; 엡 1:1; cf. 딤후 1:1).

209) Dunn, *Romans* 2, 655. cf. μενοῦνγε(9:20, 10:18; 빌 3:8)와 동일한 선상에서 μὲν οὖν을 해석하는 Cranfield는 설득력이 없다: Dunn, *Romans* 2, 655-656을 보라.

210) οὖν은 TBS에 포함되지 않았지만, UBS[3]와 Nestle-Aland[27]에는 포함되어 있다.

211) Murray, *Romans* 2, 80 n. 24. KJV의 'office'로의 번역은 맞지 않다. τὴν διακονίαν μου(내 직분)의 강조적인 위치와 그 결과 바울이 자신의 역할에 대해 관심을 기울이는 것, ἐθνῶν ἀπόστολος(이방인의 사도)라는 호칭에 정관사가 없는 것은 바울이 자신의 사도직을 '직위(office)'가 아니라 오히려 기능으로 이해하고 있음을 암시해준다; Dunn, *Romans* 2, 656을 보라. '직위'로서의 사도직은 열둘에게 제한된 것처럼 보인다(행 1:20). 바울은 자신의 사도직을 잠정적인 것으로서 말하지 않기 때문에, ἐφ' ὅσον의 의미를 'as long as'로 번역하는 TEV의 번역보다 'inasmuch as' 또는 'since'가 선호되어야 한다(Cranfield, *Romans* 2, 559; Newman and Nida, *Romans*, 217; Dunn, *Romans* 2, 655).

212) 그와 같은 강조적인 표현이 11:17-22에 나오는 이방인 그리스도인들에게 엄중한 경고를 주는 자신의 권위를 확립하려는 바울의 의도를 나타낸다고 논쟁할 수 있다. 실로 그는 이방인들에게 경고한다(11:18, 20, 22). 그러나 11:17-22의 바울의 말은 이방인 신자들에게 경고하기 위한 것일 뿐만 아니라 또한 유대인의 불신의 예를 따르지 말라는 권고와 함께 그들이 유대인과 가지는 관계를 설명하기 위한 것이기도 하다. 이 구절에서 바울은 (완악해진 유대인들과 같지 않게) 믿음에 서서 하나님의 인자를 받아들이는 것에 대해서 이방인들을 칭찬한다; 아래를 보라.

한 긍정적인 진술을 했는지를 설명할 필요가 있음을 알았다. 바울은 '(왜냐하면) 내가 진정으로 이방인의 사도이기 때문이다'라고 대답한다.

11:12과 15절의 교차대구 구조는 주목할 만하다. 두 절은 모두 유대인의 충만함과 수용은 세상에게/이방인에게 더 위대한 축복을 가져다 줄 것임을 강조한다. 그러고 나서 두 절 사이에 신중하게 구성한 11:13-14을 삽입하여,[213] 바울은 그의 사도적 사역으로 인해 이방인들을 위한 더욱 위대한 축복을 기대하게 했음을 분명히 하고 있다.

12절 εἰ δὲ τὸ παράπτωμα αὐτῶν πλοῦτος
κόσμου καὶ τὸ ἥττημα αὐτῶν πλοῦτος
ἐθνῶν, πόσῳ μᾶλλον τὸ πλήρωμα αὐτῶν.
[μᾶλλον πλοῦτος κόσμου/ἐθνῶν]
저희의 넘어짐이 세상의 부요함이 되며
저희의 실패가 이방인의 부요함이 되거든
하물며 저희의 충만함이리요
[세상/이방인의 부요함이 얼마나 더 크리요]

15절 εἰ γὰρ ἡ ἀποβολὴ αὐτῶν καταλλαγὴ
κόσμου, τίς ἡ πρόσλημψις εἰ μὴ ζωὴ ἐκ νεκρῶν;
[μᾶλλον ζωὴ ἐκ νεκρῶν κόσμου]
저희를 버리는 것이 세상의 화목이 되거든
그 받아들이는 것이 죽은 자 가운데서 사는 것이 아니면 무엇이리요

213) Robinson, *Wrestling*, 128. 11:15에서 11:12의 생각이 지속되고 있기에, 어떤 학자들은 11:13-14을 삽입 어구로 이해하기도 한다(예. Sanday and Headlam, *Romans*, 325; Cranfield, *Romans* 2, 558-559; 그러나 Ellison, *Mystery*, 85는 그렇지 않다). Dunn, *Romans* 2, 652가 볼 때 그것은 '명백한 일탈'이다. 만약 바울의 사도직과 사역에 대한 주제의 소개를 삽입구로 여길겨질 수 있다면, 이것은 일탈(digression)의 삽입구이기보다는 강화나 명료화를 위한 삽입구인데, 이는 (11:12과 연관되어 있는) 11:13의 γάρ와 (11:12보다 11:13이하와 관련되어 있는; *Pace* Cranfield, *Romans* 2, 561) 11:15의 γάρ는 그 구조상 일탈로 보이지 않기 때문이다.

[세상/이방인이 죽은 자 가운데서 사는 것이 얼마나 더 크리요]

13절 ὑμῖν δὲ [γὰρ] λέγω τοῖς ἔθνεσιν.
ἐφ' ὅσον μὲν οὖν εἰμι ἐγὼ ἐθνῶν ἀπόστολος, τὴν διακονίαν μου δοξάζω,
[따라서]내가 이방인인 너희에게 말하노라 내가 이방인의 사도인 만큼 내 직분을 영광스럽게 여기노니

14절 εἴ πως παραζηλώσω μου τὴν σάρκα καὶ σώσω τινὰς ἐξ αὐτῶν.
이는 곧 내 골육을 아무쪼록 시기케 하여 저희 중에서 얼마를 구원하려 함이라

그런데도 대부분의 학자들은 주로 11:14의 εἴ πως παραζηλώσω μου τὴν σάρκα καὶ σώσω τινὰς ἐξ αὐτῶν(이는 곧 내 골육을 아무쪼록 시기하게 하여 그들 중에서 얼마를 구원하려 함이라)을 근거로 바울의 이방인 사역은 부차적일 뿐이라는, 받아들이기 어려운 주장을 하고 있다. 예를 들어, 왓슨은 '바울 선교의 궁극적인 목적은 이방인 구원이 아니라 유대인 구원이다'라고 강조한다.[214] 물론 바울은 자신의 사역이 유대인과 그들의 구원에도 효과가 있기를 기대하고 있지만, 그는 유대인 구원이 이방인 가운데서 자신이 사역하는 궁극적인 목표라고 말하지 않는다. 도리어 다수 학자들이 지지하

214) Watson, *Paul*, 169. 그러나 이 주장은 바울이 로마에 있는 유대인 신자들에게 유대인 공동체에서 나와서 바울 공동체나 이방인 공동체에 합류하도록 권고하고 있다는 Watson 자신의 논제와 모순되는 것처럼 보인다. 만약 바울의 궁극적인 목적이 유대인의 구원이고 이방인의 구원이 아니라면, 어떻게 바울은 그렇게 말할 수 있었으며, 또 왜 유대인 신자들은 그 공동체에서 분리되어야만 했는가? Johnson, 'Jews', 120도 다음과 같이 말한다: '바울은 이스라엘의 구원을 도우려는 목적으로 자신의 이방인 사역을 확대하고 있다(11:13-14)'; Leenhardt, *Romans*, 283: '…이방인에 대한 바울 사역의 궁극적인 목표는 이스라엘의 회심이다'; 그리고 Motyer, *Israel*, 139, '이렇듯 그의 활동이 이방인을 향하고 있지만 그의 전략은 이스라엘에게 초점을 두고 있다'; 또한 Fitzmyer, *Romans*, 612, 541도 '비록 바울의 사역 자체가 주로 이방인의 구원에 관심을 가졌더라도, 바울은 자신의 선교에 더 깊은 동기가 있다고 주장한다. 그것이 바로 이스라엘의 구원이다.'

는 이 견해는 설득력이 없어 보인다. 11:13c와 14절을 그처럼 직접적으로 그리고 절대적으로 관련시키는 것은 바람직하지 않다. τὴν διακονίαν μου δοξάζω(내 직분을 영광스럽게 여긴다)라는 문구는 오히려 11:13b-c 문장의 주절인 11:13b와 관련이 있다. 분명한 것은 이 문구는 TBS와 UBS[3]/NestleAland[27]이 각기 달리 구두점을 찍고 있는 데서 볼 수 있듯이,[215] 앞 절과 뒷 절 모두에게 속할 수 있다. 하지만 만약 다음의 논점들을 고려할 때, 이 문구는 11:14보다는 11:13b와 관련이 있는 듯하다:

첫째, 11:13a-b에서 자신의 사도적 역할을 강하게 확언한 후, 좀더 불분명한 뉘앙스의 εἴ πως(만약 아무쪼록)라는 표현은, 그것이 뒤따라 나오는 절과 관련이 없다면 이상해 보인다.[216] 만약 그런 경우였다면, 더 명확한 구성(예. 11절에서 사용된 것 같은 εἰς τὸ παραζηλῶσαι: 시기나게 하기 위하여)이 나왔을 수 있다. 둘째, 이 장의 문맥을 고려할 때 τὴν διακονίαν μου δοξάζω(내 직분을 영광스럽게 여기노니)라는 문구는 13b절과 관련시키는 것이 더 바람직하다. 바울이 이방인 사역을 확장하면 유대인들을 시기나게 할 수 있으며(11:11), 이방인의 '충만한 수'가 들어올 때, '그리하여 "온" 이스라엘이 구원을 받을 것이다'(11:25-26). 15:17-18에서 분명히 보여주는 것처럼(cf. 고후 9:12-13), 바울은 자신의 영광은 자신의 이방인 사역에 있다고 선언한다. 따라서 지슬러의 의역은 정확해 보인다: '나는 내 특별한 관심의 대상인 이방인의 선교를 가장 중요하게 생각한다.'[217] 바울은 부정과거 가정법을 사용하는데 [대부분의 주석가들은 παραζηλώσω(시기케 하여)와 σώσω(구원하려 함이라)를 가정법으로 본다] 이것 역시 믿지 않는 유대인들을 시기케 하여 그들 중 얼마(τινὰς ἐξ αὐτῶν)를 구원하는 것이 그의 바람이요 기대일 뿐 "그의 이방인 선교의 참

215) 대부분의 영어 번역들과 주석가들은 후자의 구두점을 따른다(RSV, NRSV, NIV, NEB, NAB, NASB, Moffatt; Dunn, Cranfield, Fitzmyer, Barrett, Käsemann), 그러나 KJV와 TEV는 전자를 따른다. JB의 번역은 NJB의 전자의 구두점에서 후자의 것으로 바뀐 형태다.

216) παραζηλώσω(시기케 하여)를 가정법 과거로 취하든 직설법 미래로 취하든지 간에 εἴ πως παραζηλώσω(이는 아무쪼록 시기케 하여)라는 표현은 분명 명확하지 않은 의미를 전달하고 있다(BAGD, 220; cf. 1:10; 빌 3:11).

217) Ziesler, *Romans*, 275.

된 목표"가 아님을 보여준다.[218] 사도로서의 바울의 사역은 이방인의 사도로서 그 이방인과 직접적으로 관련되어 있으며, '정확히는 이방인 사역 덕분에' 되는 유대인들의 회심과는 간접적으로 관련되어 있다.[219]

바울은 자신이 왜 그처럼 이방인의 축복과 관련한 놀라운 진술을 하고 있지는 그 이유(γάρ)를 설명하기 위해 11:13을 첨가한 듯하고, 11:14은 자신의 (유대인) 독자들에게 이방인 사역을 확대하더라도 자신은 심지어 μου τὴν σάρκα(내 골육)로까지 묘사한 유대인 구원에 무관심한 것이 아님을 확신시켜주기 위해 첨가한 듯하다. 하지만 그렇다고 이방인 선교의 궁극적인 목적이 주로 유대인 구원이라고 말하는 것은 아니다. 도리어 그는 자신이 전에 썼던 공식(11:12)을 반복함으로써 믿는 이방인들에게 자극을 받아 생길 유대인 구원이 이방인의 축복을 증대시킬 것임을 암시하고 있다.[220] 그런 의미에서 11:15의 γάρ는 중요하다. 이는 그것이 '기독교 선교에서 이방인들에게 우선권을 주기 위한 신학적인 이유'를 제공해주기 때문이 아니라,[221] 그것이 '그가 왜 그렇게 이스라엘을 자극하여 구원에 이르게 하는 일에 민감한지'[222]를 설명해주기 때문이다. 바울이 이스라엘 일부의 구원을 바란 이유는 그들이 구원을 받으면 분명 이방인들(혹은 모든 믿는 자들)이 더 큰 축복을 받게 될 것이기 때문이다.

이 핵심 구절(11:15)은 적어도 두 가지 쟁점에 관해 더 상세한 관찰이 필요하다: (a) 이 구절의 불명확한 주어를 확정하는 일과 (b) ζωὴ ἐκ νεκρῶν(죽은 자 가운데서 살아나는 것)이라는 문구의 의미를 규명하는 일이다. 첫째 쟁점에 대해서는 앞에서 살펴보았기 때문에,[223] 여기서는 둘째 쟁점에 집중할

---

218) Dunn, *Romans* 2, 656도 옳다. 또한 Dodd, *Romans*, 187도 그렇다. 그는 그것이 '선교 사역에 대한 (바울의) 동기'로 보이지는 않는다고 말한다.

219) Käsemann, *Romans*, 307; Brunner, *Romans*, 95; Sänger, 'Rettung', 110; *pace* Rese, 'Rettung', 428.

220) 11:11-12에 대한 우리의 토론에 대해서는 앞에 pp. 335-341를 보라.

221) *Pace* Motyer, *Israel*, 140.

222) Dunn, *Romans* 2, 657.

223) 앞에 pp. 326-334.

것이다. ζωὴ ἐκ νεκρῶν(죽은 자 가운데서 살아나는 것)의 의미는 문자적으로 볼 수도 있고 비유적으로 볼 수도 있다. 다수 학자들의 광범위한 지지를 얻고 있는[224] 문자적인 해석은 이 문구를 일반적인 부활, 즉 '구원의 종말론적인 드라마의 절정'을 가리키는 것으로 이해한다.[225] 그러나 전통적인 '개혁주의' 진영의 비유적 해석도 여전히 많은 지지를 받고 있다.[226] 머레이는 이것을 '전례 없는 세상의 소생'을 가리킨다고 보면서 비유적인 해석을 강하게 지지한다.[227] 세부적인 주해와 관계없이,[228] 이 문맥이 최종적인 부활이 아니라 회심과 구원과 관련이 있다는 사실로 보아[229] 우리도 비유적인 해석을 더 선호하고자 한다. 지슬러는 이것을 이스라엘의 회복이라고 제3의 해석을 제안하지만[230] 설득력은 없다. 이는 바울은 지금 유대인이 메시야와 그분의 복음을 수용한 결과로 받는 축복에 관해 말하고 있는 것이 아니라(물론 추정할 수는 있지만), '이스라엘 다수가 회심한 결과로 **온 세상에** 임할 영적인 소생(vivification)'에 관해 말하고 있기 때문이다.[231] 따라서 우리는, 11:12과 같은 맥락에서, 바울은 만약 (실제로 일어나고 있었던 것과 같이) 유대인의

---

224) 이 견해를 유지하는 현대의 학자들 중에는 다음의 학자들이 있다: Black, *Romans*, 144; Davies, *Jewish and Pauline Studies*, 133; Munck, *Christ*, 126-127; Sanday and Headlam, *Romans*, 325f; Motyer, *Israel*, 140; Cranfield, *Romans* 2 ,562-563; Dunn, *Romans* 2, 658; Barrett, *Romans*, 199-200, and Lagrange, Lietzmann, Schrenk, Michel.

225) Black, *Romans*, 144. 이렇듯 또한 Käsemann, *Romans*, 307. Dunn, *Romans* 2, 658이 볼 때 종말론적인 함의를 갖고 있다는 생각은 논쟁의 여지가 없다; 그러나 Sanday and Headlam, *Romans*, 325-326을 보라. 그들은 그것이 부활과 관련이 있다고 믿지만, 그것의 종말론적인 시기 선택은 거부한다.

226) 가장 두드러진 주창자는 Murray, *Romans* 2, 82-84이다. Morris, *Romans*, 411, Newman and Nida, *Romans*, 218, Calvin, Godet, Gaugler.

227) Murray, *Romans* 2, 84; 이렇듯 또한 Fitzmyer, *Romans*, 613; Dahl, *Studies*, 154: 바울은 '온 세상의 부요함을… 강조한다'.

228) 그의 주장에 대해서는 Murray, *Romans* 2, 82-84를 보라: Murray를 지지하는 Morris, *Romans*, 411 n. 69를 보라. 또한 Murray에 반대하는 Cranfield의 논쟁을 보라(*Romans* 2, 562-563); cf. Motyer, *Israel*, 140.

229) 또한 Fitzmyer, *Romans*, 613도 옳다.

230) Ziesler, *Romans*, 276-277. 또한 Leenhardt, *Romans*, 285 n. 1은 그 문구가 문자적으로 해석되든 혹은 비유적으로 해석되든, 그것은 '부활의 개념을 이스라엘 백성에게' 적용하고 있다'고 주장한다.

231) Murray, *Romans* 2, 84, 강조는 나의 것. 유사하게 Dodd, *Romans*, 187.

복음 거부에도 불구하고 세상에 화목을 가져왔다면, 유대인(의 충만한 수)이 예수를 메시야로 영접하면 '죽은 자가 살아나는 일', 즉 '상상할 수 있는 가장 위대한 축복'이[232] 이방인들에게 임할 것이라고 주장하는 것으로 볼 수 있는 가능성이 크다는 사실에 주목한다.

이방인들 편에 선 이같은 놀라운 발언(11:12, 15) 때문에 바울은 두 가지를 더 언급하게 되었다. 조상들로 인해 변경할 수 없는 선택의 관점에서 유대인 구원에 대한 낙관적인 견해를 피력하고(11:16), 이방인 신자들에게 자긍하지 말라고 엄하게 경고하는 형태로 다른 한 가지를 말하고 있다(11:17-24). 11:17-24은 '뿌리가 거룩한즉 가지도 그러하니라'(11:16b)는 말을 반박하는 듯 보인다. 이는 (상세하게 설명되지 않은) 11:16의 진술의 주요 목적이 11:15에 나온 이방인에 관한 매우 긍정적인 선언과 균형을 맞추려는 데 있음을 보여준다. 바울은 거룩한 '첫 열매들'과 '뿌리'를 동일한 것으로[233] 사용하는 듯 보이며, 아마 둘 다 열조들(patriarchs)을 가리킬 것이다.[234] 하지만 바울이

---

232) Newman and Nida, *Romans*, 218, 그리고 Morris, *Romans*, 410에 의해서 긍정적으로 인용됨.

233) 그러나 Ziesler, *Romans*, 277은, 비록 바울이 그 용어들은 같게 쓰더라도 그 논의는 다른데, 이는 바울이 첫 열매만 드리면 나머지 열매들은 세속적인 목적을 위해 맘대로 쓸 수 있다고 말하지 않기 때문이다.

234) 그러나 바울이 '뿌리'라고 얘기할 때에 그것이 어떤 의미인지를 규명하려고 시도하는 과정에서 많은 논쟁이 있었다. 적어도 세 가지 선택 사항이 제안되었다: (a) 열조들, 특별히 아브라함, (b) 남은 자로서의 당대의 유대인 그리스도인들, (c) 예수 그리스도(고전 15:20, 23). 교부들의 강한 지지와 Barth(*Dogmatics* 2,285ff)와 Hanson, *Studies*,104-125, 특히 p. 117의 긴 논쟁에도 불구하고 (c)는 문맥에 거의 맞지 않는다. (b)는 타당해 보이는데, ῥίζα(뿌리)는 종종 λεῖμμα(남은 자)와 평행되며(Dunn, *Romans* 2, 657-658; 이렇듯 또한 왕하 19:30; 사 37:31; Sir 47:22; 1 Esdr 8:75, 84-86), 유대인 그리스도인 남은 자(Barrett, *Romans*, 216; Dodd, *Romans*, 187-188; Leenhardt, *Romans*, 286; Bruce, *Romans*, 217; Dunn, *Romans* 2, 659)는 이스라엘의 나머지와 세상('덩어리'와 '가지들')의 더 큰 축복을 위한 소망이기 때문이다. 그러나 유대인의 남은 그리스도인들은 분명 다음 구절에서 가지들로 묘사되었으며(11:17-24), 11:16에서 그 뿌리는 가지들과 동일시되지 않았기 때문에 그 뿌리는 유대인 남은 자를 표시하는 것처럼 보이지 않는다. 그래서 '첫 열매들'/그 '뿌리'가 (a)를 지칭하는 것으로 보는 것이 가장 타당해 보이며, 특별히 11:28과 예레미야 11:16-17;1En. 93:5의 참조 구절과 연관시켜 볼 때 그렇다. 다음의 학자들이 이 견해를 고수한다, Calvin, Cranfield, *Romans* 2, 565; Sanday and Headlam, *Romans*, 326; Käsemann, *Romans*, 308; Morris, *Romans*, 411-412; Newman and Nida, *Romans*, 219; Guerra, 'Paul's Purpose', 235; Sänger, 'Rettung', 118: 'Die Wurzel ist vielmehr Gottes Verhei ung an die Väter, insbesondere Abraham

이미 9:6-13에서 민족주의를 거부했기 때문에(cf. 4:12, 22-24) 좀더 명확히 할 필요가 있다. 예를 들면, '만약 조상들이 하나님께 속했으면, 그 후손 대다수가 하나님의 전략 안에서의 자신들의 위치를 거부하였다 하더라도, 후손들도 하나님께 속한다'[235]는 지슬러의 주장은 매우 설득력이 없다. 마찬가지로 우리는 '이스라엘 전체가 열조들을 통해 하나님께 성별되었다'[236]는 블랙의 주장도 거부해야 한다. 이런 결론들은 11:17a, 20, 21에 의해 부정된다. 그 뿌리에서 자랐더라도 **어떤** 가지들은 잘려나갔다. 이제까지의 바울의 주장은 '다수의 믿지 않는 유대인들이 열조와의 관계 때문에 거룩하게 되었다'[237]는 암시를 주고 있지 않다. 바울은 남은 자 안에서 그리고 조상들에게 주신 약속 안에서 잠재적인 가능성은 보고 있지만, 그렇다고 그것이 바울의 긴장을 완화시켜주는 것은 아니며 도리어 그런 잠재적인 가능성은 믿지 않는 유대인들이 불신을 고집하지 않는다(23절)는 확고한 조건에서만 온전히 실현될 것임을 알기에 괴로워하고 있다. οἱ κλάδοι(그 가지들)이란 표현은 다음에 이어지는 권면 단락과 문학적으로 연결시켜준다.

C. 이방인 신자들을 향한 권면: 11:17-24

이 단락의 첫째 역할은 분명하다. 바울은 로마 교회의 이방인 신자들은 '그 가지들(유대인들[238])'이 꺾인 자리에 접붙혀진 존재이므로 그 가지들에 대해 높은 마음을 품지 말라고 경고한다(11:17, 19f). 이방인들은 여전히 유대인

oder Gott selbst(뿌리는 조상들에게 주신 하나님의 약속인데, 특히 아브라함에게 혹은 하나님 당신 자신에게 하신 약속이다).' cf. Ziesler는, *Romans*, 277-278, '첫 열매'의 해석에 대해서는 (a)와 (b)를 둘 다 취하지만 '뿌리'에 대해서는 (a)만을 취한다.

235) Ziesler, *Romans*, 278.

236) Black, *Romans*, 144.

237) Cranfield, *Romans* 2, 564-565의 견해는 부적절하다; 유사하게 Dodd, *Romans*, 188-189.

238) Wright, *Climax*, 248은 여기서 바울은 특별히 믿지 않는 유대인들을 향한 이방인 그리스도인들의 태도를 책망하고 있다고 지적하는데, 이는 옳은 듯하다. 왜냐하면 그는 꺾인 가지들을 언급하고 있기 때문이다. 그러나 믿는 유대인들을 배제해야 할 이유는 없다. 그들에 대해서는 이방인들이 오만하지 말아야 한다(cf. Dahl, *Studies*,151).

의 '뿌리'에 의해 지탱되고 있기 때문이다(11:17, 18). 더 나아가 이방인 신자들은 꺾일 수 있는 반면(11:21, 22), 그 원가지들은 다시 쉽게 접붙여질 수 있기 때문이다(11:23, 24). 하지만 바울은 그 이상을 말하고 있다. 바울은 일부 유대인들은 고집스런 불신 때문에(11:20, 23) 꺾였다고 되풀이하여 확언하고 있다(11:17, 19, 20, 21). 이를 통해 바울은 그들이 오직 믿을 때만 다시 접붙여질 수 있다는 사실을 암시하고 있는 것이다.

이 단락은 종종 로마 교회의 상황을 암시하고 있으며, 그런 이유로 서신 전체와 특별히 로마서 9-11장을 해석하는 열쇠로 간주되곤 하였다. 셉스(H. J. Schoeps)가 다수의 견해를 대표하는데, 그는 로마서 9-11장은 소수의 유대인 그리스도인들이 이방인 신자들의 압박과 위협에 맞서 싸우고 있는 상황에서 이방인들에게 준 권면이라고 주장한다.[239] 이런 주장이 맞을 수도 있지만, 이렇게 주장하려면 다른 요소들을 먼저 고려해야 한다. 바울이 이방인 신자들을 향해 경고하고 있기는 하지만, 그것이 그들이 이미 오만했기 때문인지, 아니면 이 편지 내용, 특별히 1-4장과 9-11장 때문에 그들이 오만해질 것이라고 바울이 미리 예상하기 때문인지는 절대적으로 분명하지 않다. 우리는 후자가 더 가능성이 있다고 제안할 것이다.[240]

바울은 11:18에서 '그 가지들을 향하여 자랑하지 말라'(μὴ κατακαυχῶ τῶν κλάδων)고 한다. 바울은 '누군가 이미 하고 있는 일을 중단시키기 위해서는' 종종 부정어인 μή와 함께 현재 중간태 명령형을 사용하지만, 새로운 일을 시작하는 의미(inchoative sense)를 표현할 때도 이런 방식을 쓰고 있다.[241] 바울은 로마서에서 μή+현재 중간태 명령형을 다섯 번 사용하고 있으며(6:12; 11:20[cf. NRSV]; 12:14, 16; 13:14), 그가 로마 신자들에게 진행 중인 행동을 중단하

239) Schoeps, *Paul*, 235-236. 또한 Martin, 'Romans', 903; Wagner, 'Future', 98; Käsemann, *Romans*, 305; Beker, 'Faithfulness', 16; Lincoln, 'Abraham', 168; Sandnes, *Paul* ,148; Schrenk, 'Missionsdokument', 85.

240) Stendahl, *Final Account*, 34, 37은 전자를 택한다: '바울은 잠재적으로 그리고 실제적으로 이스라엘을 대할 때 이방인들이 자긍하는 것으로 간주한다'(p. 34).

241) Robertson, *Grammar*, 890; Rienecker and Rogers, *Linguistic Key*, 373.

도록 명령하고 있다고 볼 분명한 증거는 없다. 그가 그런 행동을 시작하지 말도록 권면하고 있다고 볼 수 있는 가능성도 똑같이 존재한다. 서신의 전체 문맥 역시 이방인 그리스도인들이 이미 오만해졌다는 암시를 전혀 주지 않는다. 2:17, 23, 3:27에 따르면 이방인들에게 자랑하고 있는 이들은 유대인들이다. 여기 사용된 동사 καυχάομαι(자랑하다)는 κατακαυχάομαι(자긍하다, 11:18)와 같은 어군에 속한다. 갈라디아와 안디옥의 신자들이 예루살렘에서 온 '형제들'에게 그렇게 빨리 설득된 것을 보면, 그들이 다수여서 유대인들을 향해 오만했다기보다는 유대인 신자들을 존경하고 의지했음을 알 수 있다. 이 단락이 신학적이고 교리적인 단락 전체의 결론인 듯이 보인다는 점을 감안할 때, 바울의 경고는 11:11-12 뿐 아니라,[242] 로마서 1-11장 내내 보여준 이방인들에 관한 긍정적인 진술에 근거한다고 말할 수 있다.

이방인들은 분명 바울이 자신들에 관해 긍정적으로 기술한 것을 읽으면서(우리가 위에서 본 대로) 자신들의 위치가 훨씬 격상되었다는 것을 알게 되었을 것이다. 그들은 사도가 그리스도 안에서의 자신들의 위치를 확고하게 옹호함으로써 '자기들 편에 서 있다'는 것을 알게 되었을 것이다. 그들은 또한 바울이 거의 끊임없이 유대인들에 대해서는 비판적이라는 것도 알고 있을 것이다. 만약 그들이 바울이 그런 식으로 자기 논증의 내용과 구조를 제시하고 있는 의도를 이해하지 못한다면, 바울을 오해하고 오만해질 수 있을 것이다. 바울 자신도 이런 위험성을 인식하여 권면을 하고 있는 것이다.[243] '네가 그들(유대인 신자들) 중에 접붙임이 되어 참감람나무 뿌리의 진액을 함께 받는 자가 되었은즉'(11:17)이라는 바울의 말은 그가 완전한 일치와 동등성을 보여주는 유비를 통해 이방인의 포함(inclusion)에 대해서 말하고

---

242) *Pace* Sanday and Headlam, *Romans*, 327의 견해가 다른 것들보다 더 개연성은 높지만, 충분히 포괄적이지는 않다.

243) 그래서 11:17-24의 훈계는 이후에 나올 더 일반적인 권고에 대한 근거가 된다: '너희 중 각 사람에게 말하노니 마땅히 생각할 그 이상의 생각을 품지 말라'(12:3); '높은 데 마음을 두지 말라'(12:16); 그리고 '네가 어찌하여… 판단하느뇨… 네 형제를 업신여기느뇨'(14:10).

있을 뿐, 대체(replacement)에 대해서 말하고 있는 것이 아님을 보여준다.

D. 유대인과 이방인의 상호의존성과 동등성의 신비: 11:25-32

이 단락은 분명 의심의 여지 없이 인정되는 바울 서신(authentic Pauline letters) 가운데 이스라엘에 관한 가장 긍정적인 진술을 포함하고 있다. 따라서 믿지 않는 유대인들이 이방인들이 접붙임을 받을 수 있도록 꺾여나갔지만, 유대인들은 분명히 그리고 곧 다시 접붙여질 것이라고 일반적으로 이해되었다. 유대인들의 완악함 때문에 이방인들이 유익을 얻었고(11:31) 더욱이 그들의 완악함은 한시적일 뿐이기에, 즉 이방인의 충만한 수가 차기까지만 그럴 것이기에, 이방인들은 유대인들을 향해서 오만해서는 안 된다. 따라서 하나님의 이스라엘 소명은 취소될 수 없기에, 결국 '온 이스라엘은 구원을 얻을 것이다.' 그러므로 이 관점에 이르면 하나님의 구원의 축복을 궁극적으로는 '모든' 이스라엘이 받을 것이다. 심지어 이방인의 사도로서의 바울의 사역도 근본적으로는 이스라엘을 위한 것이며,[244] 바울은 '먼저는 유대인에게'라는 원리를 확고하게 주장하고 있다는 것이다. 뮈스너(Mussner), 개스톤, 쉬텐달 같은 일부 학자들은 이 단락은 이스라엘이 그리스도의 복음을 믿지 **않고도** 구원을 받을 것임을 나타내고 있다고 해석한다. 그들의 ***Sonderweg***(특별한 길) 가설 자체는 많은 지지를 받지 못했지만, 여기서 바울은 하나님의 구원 계획에서의 이스라엘의 수위권(primacy)을 나타내고 있다는 데 대해서는 많은 학자들이 의견의 일치를 보여왔다.

여기서 우리는 이런 (다수의) 견해가 얼마나 근거가 있는지를 살피고자 한다. 첫째, 이 주장은 '온 이스라엘이 구원을 얻으리라'(11:26a)와 '[하나님의] 부르심에는 후회하심이 없느니라'(11:29)는 구절에 주로 근거하고 있다. 하지만 (물론 유대인에 대한 비판적인 묘사 후에 유대인의 우월성을 주장하려면, 그런 입장 변화에

244) Scott, 'Restoration', 799-805; Campbell, 'Israel', 445.

대한 어떤 설명이 나올 것이라고 기대할 것임에도 불구하고) 우리는 이 선언이 조직적으로 상술된 것이 아니라는 점에 주목해야 한다. 둘째, 이런 해석은 이 단락 안에서도 나오는 유대인들에 대한 비판적인 언급(물론 지나가는 말로 쓰이기는 했지만)에 대해서도 충분히 설명하고 있지 않다. 셋째로 가장 중요한 것은 이 해석은 이방인에 대한 바울의 단호한 발언에 적절히 주의를 기울이지 못했다는 것이다. 따라서 우리는 이 단락에서도 바울은 유대인과 이방인은 근본적으로 동등할 뿐 아니라, 개별적으로도 하나님의 구원 계획에서 불가분의 상호의존적인 관계에 있음을 확언하고 있다고 주장할 것이다. 바울은 선교의 우선순위가 '첫째는 유대인에게'에서 '첫째는 이방인에게'로 역전되었음을 암시해주고 있다. 특별히 이방인의 충만한 수가 들어온 후에 '온' 이스라엘은 구원을 얻을 것이라고 한다(11:25-26).

여기서 바울의 목표는 이스라엘을 이방인보다 더 높이는 것이 아니고, 자신이 그간 열정적으로 주장해온 '유대인과 이방인의 동등성'이라는 원리를 부정하는 것도 아니다. 그보다는 자신의 설명을 마무리하는 이 단락에서 바울은 두 민족 그룹의 근본적인 동등성을 확언하고 있는 것이다. 이전 장들에서 이방인들의 위치를 긍정적으로 제시했기에 이방인들에 대한 경고가 반드시 필요했듯이, 지금까지 유대인들을 더 어둡게 그렸기에 여기서는 좀더 환하게 묘사했다는 것이 이해할 만하다. 바울은 하나님께서 그리스도 안에서 유대인과 이방인을 구원하시기 위해 그들을 동등하게 다루시면서 보여주신 긍휼 넘치는 계획과 역사에 기쁨과 경탄을 발하고 있다(11:33-36).

ⓐ 이방인이 오만해질 가능성과 비밀

유대인들은 '모든' 이스라엘이 구원을 받을 것이라고 믿었다는 데 대해서는 널리 인정하고 있다(렘 31:34; 사 45:17: '이스라엘은 여호와께 구원을 입어 영원한 구원을 얻으리라'; *Sanh.* 10:1: '온 이스라엘에게는 다가올 세상에서 차지할 몫이 있다.'). 그들은 πᾶς Ἰσραήλ(온 이스라엘)이라는 표현은 이스라엘 나라 전체를 가리킨다고 이해하였다. 그렇다고 모든 개별 이스라엘 사람들을 다 포함하는 것은 아니었다.[245] *Sanh.* 10:1에서 '온 이스라엘'은 분명히 이 '모든'에서 일부 이스라엘 사람들을 배제시키고 있다.[246] 따라서 이스라엘의 궁극적인 구원에 관한 바울의 선언 자체가 '비밀'을 형성하고 있는 것은 아니다.[247] 따라서 학자들은 비밀은 이스라엘이 구원 얻는 **방식**에 관한 것이지, 이스라엘 자체의 궁극적이고 개별적인 구원에 관한 것이 아니라고 주장하는 경향이 있다.[248] 그러므로 시거트(F. Siegert)는 이스라엘이 '**이런 식으로** 구원을 받아야 한다는 것'이 '비밀'이라고 주장한다. '즉 이방인의 충만한 수를 구원에 포함시키려는 하나님의 목적을 위한 잠정적인 수단 역할을 함으로써 구원을 받는 것이 비밀이라는 것이다. 바울은 뭔가 새로운 것을 기초로 하여 유대인의 구원을 설명하려고 시도하고 있는 것이다.'[249]

라이트 역시 οὕτως를 '그래서'(thus) 혹은 '이런 식으로'(in this manner)의 뜻으로 본다. 하지만 그는 πᾶς Ἰσραήλ(온 이스라엘)은 국가적인 이스라엘이나 **유대인** 신자들을 가리키지 않으며, 메시야를 믿는 **모든** 신자들을 가리킨다고 주장한다. 11:25에서 이방인들이 '들어오는' 곳은 이스라엘이다. 라이트에 따르면 이방인의 충만한 수가 차기까지 완악해진 유대인들은 그 때

245) Barrett, Käsemann, Cranfield, Dunn; Dahl, *Studies*, 153; Hahn, *Mission*, 106-107 n. 1. Cranfield, *Romans* 2 , 576-577을 보라. 여기서 그는 '온 이스라엘'에 대한 네 개의 다른 해석을 요약한다. 그 문구가 민족적 이스라엘의 택함 받은 자와 이방인들, 즉 하나님의 메시야 백성들을 모두 가리키는 것이란 점은 최근에 Wright, *Climax*, 249-251에 의해서 변호되었다; Cf. Motyer, *Israel*, 156-157.

246) '온 이스라엘'에서 배제된 자들의 목록을 보라. 이것은 Danby's *Mishnah*, 397-399에서 두 페이지에 달한다. Osborne, 'Romans 11:26a', 290을 보라. Osborne은 또한 바울의 πᾶς Ἰσραήλ은 역대기 상하에서의 이 용어 사용을 배경으로 하고 있다. 역대기상하에만도 이 용어가 무려 34번이나 나온다. 거기서 이 '모든 이스라엘'이라는 표현은 이스라엘의 (많은) 대다수를 의미한다.

247) Siegert, *Argumentation*, 173.

248) Dahl, *Studies*, 152-154; Sanders, *Jewish People*, 205 n. 85; Wright, *Climax*, 249; Siegert, *Argumentation*, 173; Wagner, 'Future', 95-96.

249) Siegert, *Argumentation*, 173: 번역은 나의 것.

메시야를 믿는 이 이스라엘 안에 포함되지 않을 것이다. 완악함은 심판이 그들에게 임할 **때까지** 지속될 것이다. 라이트는 바울은 '최종 순간의 대규모의 유대인 구원'에 관해서 어떤 암시도 하지 않고 있다면서, 유대인의 구원 방식은 '"시기(猜忌)"의 과정과 그 결과로 생긴 믿음'이라고 주장한다.[250)]

하지만 우리는 라이트의 주장을 전적으로 설득력이 있다고 생각하지 않는다. 그 이유는 첫째, '비밀'을 공개한 바울의 주 목표는 현재 유대인들이 완악해진 것에 비추어 이방인들도 오만해지지 않게 하기 위한 것이기 때문에, 그는 **국가로서의** 이스라엘에 대해서는 좀더 밝은 미래를 가리키고 있다고 볼 개연성이 얼마든지 있다. πᾶς Ἰσραήλ(온 이스라엘)은 11:25의 Ἰσραήλ … ἀπὸ μέρους(이스라엘의 더러는)와 대조되기 때문에, 우리는 더 큰 규모의 구원을 예상할 수 있다. 또한 11:26b에 따르면, 구원자의 임무는 **야곱**에게서 경건치 않은 것을 몰아내는 것이다. 둘째, 11:25의 ἄχρις(…까지)는 분명히 시간 순서를 암시하며, 11:26의 οὕτως(그리하여)는 그런 의미를 전적으로 배제하지 않는다. 셋째, 라이트가 주장한대로, '이스라엘'(11:25), '야곱'(11:27), 그리고 '그들'(11:28-32)이 분명히 **국가적인** 이스라엘을 가리킨다면, 11:26a의 '이스라엘'을 '영적인' 이스라엘로 간주해야 한다는 것은 설득력이 없는 주장이다. 끝으로, 유대인의 구원은 '시기(猜忌)'를 통할 뿐 아니라 이방인을 향한 하나님의 긍휼의 결과다(11:31). 라이트가 *Sonderweg* 해석과 이스라엘의 국가적 수위권(首位權)을 주장한 개스톤, 뮈스너, 쉬텐달의 비합리적인 주장에 반대한 것은 분명히 옳다. 하지만 그가 민족적인 이스라엘의 미래 구원과 관련한 '비밀'을 약화시킨 것은 너무 지나쳤다.

이방인의 충만한 수가 찬 후에[251)] 있을 πᾶς Ἰσραήλ(온 이스라엘)의 구원

250) Wright, *Climax*, 246-251: p. 251과 p. 250에서 각각 인용되었다. cf. Bell, *Provoked to Jealousy*(1994).

251) 11:25의πλήρωμα(충만함)을 해석하기는 쉽지 않다. 어떤 이들은 그것을 11:12의 유대인의 πλήρωμα에 비추어서 질적인 의미로 취한다(Munck, *Christ*, 134: '이방인에 대한 복음의 완전한 보급'; Osborne, 'Romans 11:26a', 289: 이방인이 완전히 축복을 받을 수 있기까지). 그러나 이 해석에 대한 확고한 증거는 없다. Dunn, *Romans* 2, 654-655는 바울이 12절의 다른 -μα 단어들과 일치시키기 위하여 πλήρωμα를 사용한다고 제안한다. 이것은 아마도 양적

은 이사야 59:20-21, 27:9의 인용을 통해 뒷받침되고 있다. 하지만 이 인용은 πᾶς를 강조하기보다는 일반적인 이스라엘의 구원 예언을 강조하는 듯하다. 그러나 국가적인 이스라엘이 대규모로 그리스도께 회심할 것이라는 사실은 예언되고 있다. 구원자는 이스라엘에게서 경건치 않은 것을 돌이키시고 그들의 죄를 없이 하시기 위해 오실 것이다. 이 인용구에서 볼 수 있는 능동형 동사는 이스라엘 구원의 주도권이 하나님께서 있음을 강조하는 것으로 보인다. 하지만 적어도 두 가지 점에서 꼭 주의를 기울여야 한다. 첫째, 샌더스처럼, 하나님께서 **의도적으로** 이스라엘을 완악하게 하셨기 때문에, 유대인들은 이방인의 충만한 수가 찬 후에 하나님께서 계획하신 예기치 못한 방식으로 구원을 얻게 될 것이라고 주장해서는 안 된다.[252] 위에서 이미 본 대로, 바울은 결코 이스라엘의 완악함을 정당화해 주지 않고 있으며, 하나님께서 **의도적으로** 이스라엘을 완악하게 하셨다고 말하지도 않는다.[253] 둘째, 바울이 이방인과 유대인의 구원에서 시간 순서를 언급하였다고 해서 반드시 그가 '이스라엘의 구원이 빨리 일어나지는 않을 것이고, 이스라엘의 구원은 (재림 때) 일어날 것'이라고 말한다고 볼 필요는 없다.[254] 바울은 πᾶς Ἰσραήλ(온 이스라엘)의 구원을 미래 사건으로 얘기하지만,[255] 그렇다고 해서 (일부) 유대인들이 이미 그 구원을 경험하고 있을

인 의미를 전달하는 것일 수 있다: '유대인의 훨씬 더 많은 혹은 충만한 수가 그리스도를 믿을 때에…'. 11:25의 πλήρωμα는 양적인 해석을 암시하고 있는 듯 보인다(Cranfield, *Romans* 2, 576; Fitzmyer, *Romans*, 622; Murray, *Romans* 2, 93; cf. Dunn, *Romans* 2, 680). 특별히 'ἀπὸ μέρους'(더러는)와 연결해 볼 때 그러한데, 이 표현은 유대인이 완악해진 정도(degree)가 아니라 유대인 중 일부(portion)가 완악하게 되었음을 가리킨다; cf. 앞에 pp. 52-53.

252) *Pace* Sanders, *Jewish People*, 193-194. 이스라엘이 베드로가 이끄는 유대인 선교의 결과를 통해서가 아니라 이방인 선교의 결과를 통해서 구원을 받을 것이라는 그의 주장은 균형을 잃은 듯하다.

253) 누군가는 하나님께서 이스라엘을 위하여 의도적으로 바로를 강퍅하게 하셨다고 주장할 수 있으며(cf. 9:17-18), 이 유추는 이스라엘의 완악함에 적용될 수 있다: 만약 하나님께서 의도적으로 이스라엘을 완악하게 하셨다면 그것은 이방인을 위해서이다. 그래서 비록 하나님께서 이스라엘을 완악하게 하셨다는 입장을 유지한다고 해도, 논지의 핵심은 이스라엘이 핑계할 수 있다는 것이 아니라 하나님께서는 이방인을 위해 특별한 계획을 가지고 계셨다는 것이다.

254) *Pace* Wagner, 'Future', 96.

255) Becker, *Paul*, 471은 11:26b-27의 예언적인 미래 동사들이 현재 시간을 언급하는 것으로

가능성을 배제시키는 것은 아니다. νῦν(지금, 11:30, 31)은 그들의 구원이 단지 미래의 종말론적인 마지막 사건만이 아니라, '지금' 일어날 수 있는 사건임을 가리킨다. 만약 그렇지 않다면, 바울이 이스라엘을 시기케 하여 그들 중 일부를 현재 자신의 사역을 통해 구원하고 싶어 한다는 것(11:14; 고전 9:16, 19-23)은 말이 되지 않게 된다.[256] 그 차이는 그가 기대하는 미래 구원 사건이 지금보다 훨씬 그 규모가 클 것이라는 점이다. 많은 유대인들이 믿음 안에서 그리스도께로 돌아올 것이다.

하지만 이스라엘의 미래에 관한 이같은 긍정적인 주장들은 이스라엘을 구원론적으로나 역사적으로 더 탁월한 위치로 올리려는 그의 (모순된) 의도를 보여주고 있는 것이 아니다. 바울은 지속적으로 이스라엘을 비판하고 있다. 이스라엘의 완악함과 불순종이 다시 한 번 환기되고 있으며(11:25, 30-31), 그들의 완악한 실족과 범죄, 상실, 거부 그리고 불신을 처음으로 이스라엘의 근본적인 죄로 보고 있다(11:27).[257] 더 나아가 바울은 (믿지 않는) 유대인들은 복음에 관한 한 하나님의[258] '원수들'이라고 말한다(11:28). 이 칭호는 왜 바울이 로마서 1-4장과 9-11장 내내 이스라엘을 그처럼 어둡게 묘사했는지를 설명해준다. 바울이 유대인들은 열조 때문에 사랑을 받았다고 선언하지만, 이 서신에서 그가 이스라엘이 하나님께 선택 받은 축복에 대해서는 전혀 상술하지 않고 있다는 점에 주목하는 것이 중요하다. 그보다 '바울은 자신들의 조상 때부터 물려 받은 특권만 의지하는 자들에게는 언약 자손의 자격이 없으며 따라서 구원도 없다고 아주 분명하게 밝히고 있다.'[259]

서 이해해야 한다고 주장한다. 이것은 9:25-28, 33; 10:6, 13, 19의 경우에서는 옳다. 그러나 11:26-27의 경우에서는 그렇지 않은데, 11:26a의 여전히 미래 동사인 σωθήσεται(구원을 얻으리라)를 뒷받침하기 위해 인용하고 있기 때문이다.

256) 유사하게 Dahl, *Studies*, 153.

257) Stanley, *Language*, 169.

258) Black, *Romans*, 148; NEB, EV, RSV, JB. ἐχθρόι(원수들)라는 용어는 믿지 않는 자들을 지칭하는 강한 표현이다(cf. 5:10; 골 1:21-22).

259) Wright, *Climax*, 246.

(b) 유대인의 수위권 옹호를 자제하는 바울

다른 한편으로, 바울은 '이스라엘을 지지하는'(Pro-Israel) 단락에서조차도 이방인에 관해 여전히 긍정적인 표현을 하고 있다. 여기서 바울의 의도가 하나님의 구원 계획에서 유대인의 수위권을 옹호하는 데 있지 않다는 것을 보여주는 적어도 세 영역을 감지할 수 있다. 첫째, 바울은 하나님께서는 이방인의 충만한 수가 찬 후에 '모든' 이스라엘을 구원하실 것이라고 말하고 있다. 그는 '그것이 모든 믿는 자에게 구원을 주시는 하나님의 능력이라 Ἰουδαίῳ τε πρῶτον καὶ Ἕλληνι'(첫째는 유대인에게요 또한 헬라인에게로다, 1:16)라고 말함으로써 복음을 설명하기 시작하였다. 하지만 마무리 단락에서는 선교의 우선순위가 역전되어 이방인이 첫째가 되었으며 이방인의 충만한 수가 구원을 받을 때, 앞서 우리가 주장한 대로, '온' 이스라엘의 더 실질적인 구원이 뒤따를 것임을 분명히 하고 있다. 이것은 바울이 이방인이야말로 이제는 하나님의 구원 계획의 주요 수혜자라는 주장을 확립하기 위해 줄곧 논증을 해왔다는 사실을 암시해준다. 이는 왜 자신의 사도적 사역이 그토록 이방인에게 더 집중되어야 했는지에 대한 변호일 수도 있다. 그 이유는 그것이 이스라엘의 궁극적인 구원을 앞당기기 때문이다.[260] 이는 또한 로마 교회가 바울의 스페인 선교에 참여하여 지원할 때 따라야 할 선교 전략을 위한 조언 역할을 할 수도 있다.[261] 즉, 지금은 이방인 선교에 집중해야 할 때라는 것이다(cf. 마 24:14//막 13:10).

이런 연관성 속에서, 바울이 '충만한 때'에 대한 유대적 이해의 순서를 역전시키고 있다는 사실을 아는 것이 중요하다. 하나님께서는 자신의 시간표를 따라 일하신다는 사실은 유대인들의 공통적인 믿음이었다. 이스라엘이 받는 상급의 추수는 '너희들(즉 의인들)과 같은 자들의 수가 차기까지는 거둘 수 없다. 이는 하나님께서는 시대의 무게를 다셨기 때문이다'(2 Esdr[=4 Ezra] 4:35-36: RSV). 유대적 사고에 따르면 충만한 때는 이스라엘의 최종 구원

260) Fitzmyer, *Romans*, 622.

261) Guerra, 'Paul's Purpose', 237.

을 위해 설정되며 이 시간표와 이방인의 구원의 관계는 분명히 표현되어 있지 않다. 좀더 이른 시대의 사람인 토비트(Tobit) 역시 하나님께서 시간을 미리 예정하셨음을 알았기에, 임종하는 자리에서 자기 아들에게 이스라엘이 전 세계로부터 귀환한 후 하나님께서 미리 정하신 시간에 예루살렘과 성전을 온전하게 재건할 것이라고 예언한다. '충만한 때가 오고서야' '온 세상(πάντα τὰ ἔθνη)의 열국들이 회심하여 진실로 하나님을 경배할 것이다.' 그 때 이스라엘과 이방인들이 모두 하나님을 찬양할 것이다(Tob 14:5-7: NRSV). 토비트는 이스라엘이 먼저 구원을 경험하고 그 다음에 이방인이 구원을 경험할 것이라고 생각하고 있는 것이다. 바울은 또한 복음은 첫째는 이스라엘을 위한 것이라고 단언하지만, 그들의 '충만함'의 전환에 관한 한 그 순서가 역전되었다고 밝히고 있다. 즉 이방인의 충만한 수가 찰 때 '모든' 이스라엘은 하나님의 온전한 축복으로 들어갈 것이다. '그들[이방인들]은 이제 은혜를 입은 자들이 되었다.'[262] 구원 축복의 주요 수혜자가 역전되었다는 사실은 유대인에게는 실제적인 문제였으며, 그런 주장은 유대인 바울이 하기에는 매우 담대한 것이었다. 큄멜(W.G. Kümmel)이, 바울이 이방인 선교사이자 사도로서 자신의 신학적인 위치를 염두에 두면서 이 문제를 해결하고 있다고 말한 것은 옳다.[263] 우리는 그의 사도적 자기 인식이 그의 신학 형성에 영향을 미쳤으며, 그의 선교사 경험이 이런 확신을 재확인시켜 주었음에 분명하다고 주장하는 바이다.[264]

둘째, 바울은 이스라엘의 민족적 수위권을 주장하지 않기 위해 원

262) Brunner, *Romans*, 96.

263) Kümmel, 'Probleme', 41.

264) Getty, 'Paul', 457은 '바울이 자신을 이방인의 사도로서 인정하였으며, 그의 메시지를 형성한 것은 주로 이방인 선교였다'라고 말한 것은 옳다. '바울은 이방인의 사도로서의 선교 경험을 통해 자신의 주장에 동기를 부여받았다'(p. 462). 이렇듯 또한 Munck, *Paul*, 67: '사상가로서의 바울의 모든 사역은 그의 선교 활동에서부터 나오며, 그것의 목적은 선교 사역이다… 그의 신학은 사도로서의 그의 사역으로부터 나오며, 직접적으로 그 사역을 돕는다.' Dahl, *Studies*, 86: '바울의 선교와 신학의 내적인 일치가 로마서 9-11장에서보다 더 분명히 표현된 곳은 없다.'

래 LXX 이사야 59:20 본문의 ἕνεκεν Σιών(시온을 위하여)이라는 표현을 ἐκ Σιών(시온으로부터)으로 의도적으로 대체하고 있다.[265] 이런 변경은 아마도 바울이 구원자는 유일하게 그리고 특별히 유대인을 위해 온다는 개념의 근간을 흔들고 있음을 가리키고 있을 것이다. LXX 본문이 이미 좀더 민족적인 함의가 담긴 본래의 히브리어 본문을 수정한 상태였다. 즉 구원자는 '시온**으로**(לְצִיּוֹן) 오실' 뿐 아니라 또한 '시온을 **위하여**(ἕνεκεν Σιών) 오실' 것이다. 그러나 바울은 그가 시온**으로부터**(ἐκ Σιών) 오실 것이라고 본다. ἐκ Σιών(시온으로부터)은 구원자의 출신이나 그리스도의 부활 장소,[266] 혹은 메시야가 시온(다윗의 도성)**으로부터**(out of) 나와서 이스라엘**에게** 구원을 가져다 준다는 것 이상을 나타낸다.[267] 바울은 구원자가 시온으로부터 나와서(따라서 이스라엘이 당연히 먼저 혜택을 입을 것이다) 이스라엘 **밖에 있는 다른 이들에게로** 나간다는 사실을 지적하고 있는 듯하다. 바울은 시온을 구심적 중심이 아니라 원심적 중심으로 여기고 있는데, 이는 시온에서부터 온 구원자는 이미 이방인 가운데서 역사하고 있기 때문이다. 샌더스가 '이 인용은 이방인 선교와는 무관하다'고 말한 것은 잘못이다.[268] 바울이 유대인을 위한 더 큰 구원 사건을 예언하고 있기는 하지만, 유대인들에게 구원의 우선순위가 있다고 주장하고 싶어하지는 않는다. 그가 계속해서 이스라엘을 향해 하신 하나님의 말씀은 영원히 폐해지지 않을 것이라고 하나님께서 확신시켜 주시고 있는, 이사야 59:21b도 인용하지 않고 있다는 사실은, 이것이 아마도 그가 전치사를 바꾼 이유일지 모른다는 우리의 견해를 더욱 뒷받침해

265) Cf. Hvalvik, 'Sonderweg', 93-95는 (Koch를 따라서) 그 변경(alteration)이 바울 이전의 것일 수 있으며, 따라서 그 변화는 바울의 의도를 반영하지 않는다고 생각한다; 그러나 Dunn, *Romans* 2, 682는 바울이 그 전치사를 일부러 수정하였다고 주장한다. 그러나 본래 ἕνεκα(위하여)가 들어 있는 LXX 시편 43:23을 인용할 때 바울이 8:36에서 ἕνεκεν(위하여)을 채택하는 것에 주목하면, 이 변화는 의도적이고 또 중요하다는 것을 알 수 있다. 또한 Hvalvik, 'Sonderweg', 94는 [ἐκ는 εἰς(לְ)의 변조(corruption)다] Schaller의 주장이 흥미있다고 생각하지만, 이 가정을 지지하는 본문상의 증거는 없다: cf. Dunn, *Romans* 2, 682.

266) Fitzmyer, *Romans*, 625.

267) Black, *Romans*, 148.

268) Sanders, *Jewish People*, 194.

주는 것으로 보인다.[269]

셋째, 이방인의 사도는 유대인과 이방인이 동등하며 **또한** 상호의존적임을 증명하고 있다. 이방인들이 한 때 하나님께 불순종했듯이(11:30a) 이스라엘이 지금은 불순종하고 있다(11:31a). 그들은 둘 다 불순종에 갇혀 있었다(11:32a). 다른 한편으로, 이방인이 이제 긍휼을 받았듯이(11:30b) 유대인들도 긍휼을 얻을 것이다(11:31b). 유대인과 이방인의 구원은 역설적으로 상호의존 관계에 있다. 이방인들은 이스라엘이 불순종한 결과로 긍휼을 받았으며, 이스라엘은 하나님께서 이방인들을 향해 베푸시는 긍휼의 결과로 긍휼을 받게 될 것이기 때문이다(cf. 11:12, 15). 여기서 바울은 하나님의 긍휼은 이미 이방인들에게 나타났지만, 유대인의 구원은 여전히 미래에 있을 사건이라고(물론 지금도 유대인이 구원에서 배제된 것은 아니지만) 분명히 말하고 있다. 이제 이스라엘의 구원은 이방인에게 베푸시는 하나님의 긍휼과 상호의존 관계에 있다(τῷ ὑμετέρῳ ἐλέει[너희에게 베푸신 긍휼로, 11:12]가 강조적인 위치에 있는 것에 주목하라). 우리는 이스라엘이 이제 이방인에게 빚진 자가 되었다고 말할 수 있을 것이다. 그들은 동등하게 서로에게 유익을 끼치고 있다. 더 나아가 πᾶς Ἰσραήλ(온 이스라엘), 즉 이스라엘의 충만한 수가 구원을 받을 것이듯이, τὸ πλήρωμα τῶν ἐθνῶν(이방인의 충만한 수)도 구원을 받을 것이다(11:25-26). 이런 이유로 바울은 11:32에서 편지 앞 부분에 썼던 것—유대인과 이방인은 죄성에 있어서 동등하다(1:18-3:20)—을 다시 한 번 재확인하고 있다. 그것을 여기서는 '모든 사람들이 순종치 않는다'고 달리 표현하고 있다. 그리고 하나님께서 유대인과 이방인 모두에게 긍휼을 베푸시기 때문에, 둘은 칭의에 있어서도 동등하다(3:21-4:25).[270] 그가 로마서 9-11장에서 새로 추가한 요소는 **그들이 하나님의 계획 안에서 동등하다**는 사실이다. '하나님이 모든 사람을 순종하지 아니하는 가운데 가두어 두심(συνέκλεισεν)은 모든 사람

269) Cf. De Waard, *Comparative Study*, 11-13은 중요한 "'해석학적 목적"에 대한 증거'가 없다고 주장한다.

270) Brunner, *Romans*, 98; Sanders, *Jewish People*, 195도 같은 의견이다.

에게 긍휼을 베풀려 하심이로다'(11:32). 앞서 바울은 '성경이 모든 것을 죄 아래 가두었으니(συνέκλεισεν) 이는 **예수 그리스도를 믿음으로 말미암은** 약속을 믿는 자들에게 주려 함이니라'(갈 3:22)고 쓴 바 있다.

(c) 특별한 길(Sonderweg)이 아닌 그리스도를 믿음으로 말미암는 구원

바울이 유대인의 구원을 위한 **특별한 길**(Sondersweg)을 제안하지 않은 것이 분명하다. 바울은 쉬텐달이 주장하는 것 같이 예수 운동을 단지 이방인들만을 위한 운동으로 여기지 않고 있으며, 하나님께서 유대인들이 예수 그리스도를 믿는 믿음과 상관없이도 구원을 받을 수 있도록 **특별한 길**을 마련하셨다는 암시도 전혀 하고 있지 않다.[271] '그리스도'라는 용어가 10:18-11:36에 나오지 않는다고 해서 그것이 하나님의 구원자 그리스도와 상관없이 자신이 직접 구원하신다는 것을 나타낸다고 볼 필요는 없다.[272] 왜냐하면 바울이 이미 '예수 그리스도를 믿음으로 말미암아 모든 믿는 자에게 미치는 하나님의 의니 차별이 없느니라'(3:22) 하고 선포했기 때문이다. 뮈스너는, 하나님께서는 그리스도를 통해 모든 이스라엘을 구원하시지만, 재림하시는(parousia) 그리스도는 먼저 유대인들이 복음으로 회심하지 않고도 모든 이스라엘을 구원하신다는 설득력이 없는 주장을 하고 있다. 하나님께서는 이스라엘을 '특별한 길'을 통해 구원하신다는 것이다.[273] 뮈스너

271) *Pace* Stendahl, *Paul*, 4, 132; Gaston, *Paul*, 92-99, 139-150; Lapide, *Paul*, 51; Gager, *Origins*, 251-252, 261-64. *Final Account*, x, 7에서 Stendahl은 자신이 '구원의 두 방법론'을 고수하였다는 것을 부인한다. 그러나 그는 이스라엘이 예수를 받아들임으로써가 아니라 하나님의 특별한 긍휼로 구원을 받을 것이라는 입장을 견지하고 있다(pp. 38-40). 따라서 그는 유대인을 향한 기독교 전도를 격려하지 않는다(pp. 33-34, 40).

272) Cf. Stendahl, *Paul*, 4. Fitzmyer, *Romans*, 624는 11:26의 구원자가 데살로니가전서 1:10이 나타내듯이 그리스도를 가리킨다고 지적한 것은 옳다.

273) Mussner, *Tractate*, 34; *idem*, 'Ganz Israel', 250-253. Mussner는 이후의 글에서 모든 이스라엘이 '*Sonderweg*'로 말미암아 구원을 받을 것이라고 끊임없이 주장하였다('Heil', 210): 'Meine These lautet: "Ganz Israel" wird auf einem "Sonderweg" gerettet werden und zwar im Zusammenhang der Parusie, unter Berufung auf Röm 11,26b. …Das bedeutet: Die Rettung ganz Israels erfolgt durch den Parusiechristus selbst, da man den "Retter aus Sion" am besten mit diesem identifiziert(나의 이론은 다음과 같다: 로마서 11:26에 근거하

와 쉬텐달의 견해가 약간 다르긴 하지만, 둘 모두 민족적인 이스라엘을 위한 **특별한 길**이 있다는 데는 동의한다. 그들은, 이스라엘은 파루시아(재림) 때 복음의 메시지를 믿지 않고도 구원을 받을 것이라고 주장하는 것이다.

그들의 전제는 많은 학자들에 의해 비판을 받아왔기 때문에,[274] 우리가 여기서 비슷한 비판을 제시할 필요는 없다. 하지만 우리는 이스라엘을 위한 **특별한 길**(Sonderweg)을 주장하는 것은 대개 유대인 대학살(the Holocaust) 이후의 예민성을 반영하며, 바울이 로마서 1-11장 전체를 통해 유대인과 이방인 간의 근본적인 동등성을 확립하려고 애쓰고 있기 때문에 로마서 논쟁에서 이런 시도는 설득력이 없음을 우리는 다시 한 번 분명히 밝히는 바이다.[275] 한(F. Hahn)이 이 점을 분명히 지적해주고 있다:

> 이 이스라엘이 세대의 끝에 그들의 단순한 현존과 그들의 혈통적으로 아브라함의 후손이라는 사실만으로 구원을 받을 것이라고 기대하는 것은 비(非)바울적인 생각이다. 단순히 그들은 믿지 않았기 때문에 거부당한 것이다. 따라서 다시 구원이 이스라엘에게 주어질 것이고, 그들은 다시 한 번 믿음의 결단에 직면하게 될 것이며, 믿는 이스라엘로서 구원을 받을 것이다.[276]

여 볼 때 '온 이스라엘'은 실제적으로 파루시아와 연결되어 "특별한 길"로 구원을 얻을 것이다. 이 말은 '온 이스라엘'의 구원은 "시온으로부터 임하시는 구원자"로 확실히 확인될 재림의 그리스도로 말미암아 성취된다는 뜻이다).' 이렇듯 Mussner에게 이스라엘은 그리스도 안에서의 *sola fide*가 아니라 *sola gratia*로 말미암아 구원받을 것이다; Sänger, 'Rettung', 103-105를 보라.

274) 가장 분명하게는 Wright, *Climax*, 246-251와 Grässer, *Alte Bund*, 212-230에 의해서다. 또한 Sanders, *Jewish People*, 194; *idem*, 'Attitude', 175-187; Hafemann, 'Salvation', 38-58; Hvalvik, 'Sonderweg', 87-107; Hahn, *Mission*, 106-107 n. 1; Dahl, *Studies*, 153; Fitzmyer, *Romans*, 620; Becker, *Paul*, 470-472; Dunn, *Romans* 2, 683; Sänger, 'Rettung', 99-119에 의해서다.

275) 이렇듯 Hvalvik, 'Sonderweg', 89. Kümmel에게 그 Sonderweg(특별한 길) 해석은 '그 본문에 대한 매우 위험하고 그릇된 해석'이며, 이는 Grässer, *Alte Bund*, 229에서 긍정적으로 인용되고 있다. 그러나 Rese, 'Rettung', 430은 부적합하게도 믿지 않는 유대인들을 위한 Sonderweg(특별한 길)의 가능성을 본다.

276) Hahn, *Mission*, 107.

바울은 유대인과 이방인이 그리스도를 믿는 믿음을 가지고 있기에 둘 다 동등하게 구원을 받는다고 줄곧 주장해왔다(1:16; 3:22; 4:11-16; 5:1; 10:9-13). 믿지 않은 유대인들은 그들의 불신 때문에 꺾였으며, 그들은 단 한 가지 조건으로만 다시 접붙임을 받게 될 것이다: '저희가 불신을 고집하지 아니하면'(11:23). 바울은 이미 '하나님께서는 할례자도 (그리스도를 믿는) 믿음으로 말미암아 의롭다 하실'(3:30) 것임을 분명히 한 바 있다. '모든' 이스라엘이 특별한 긍휼로 구원을 받겠지만, 그것은 남은 자가 구원을 받았던 것과 똑같은 방식으로 구원을 받을 것이다. 이는 '긍휼은 (그리스도를 믿는) 믿음을 그 조건으로 한다'는 뜻이다.[277] 바울은 1:16, 9:33, 10:11, 13에 나오는 πᾶς(모든)의 의미로 πᾶς Ἰσραήλ(온 이스라엘)을 사용하고 있는 것으로 보인다. 그러므로 바울은 11:26b에서 '모든 믿는 이스라엘이 구원을 받을 것이다'(πᾶς Ἰσραὴλ [ὁ πιστεύων ἐπ' αὐτῷ] σωθήσεται)란 뜻으로 말하고 있을 가능성이 가장 크다.[278] 그것은 너무 자명하고 그래서 '비밀'이 아니라는 이유로 이 해석을 거부하는 이들도 있을 것이다[279]. 하지만 그것이 실제로 '모든' 이스라엘의 구원에 관한 잘 알려진 가정(假定)에 관한 것이라면, '비밀'을 강조할 필요가 전혀 없을 것이다.[280] 그것은 바울이 인용하고 있는 구약에 이미 계시되어 있으며, 그가 다른 곳에서 그 구약의 구절들을 인용할 때, 바울은 자신이 그 비밀을 드러내고 있다고 말하지 않는다. καὶ οὕτως(그리하여)라는 문구는 이방인들이 들어오는 방식, 즉 '믿음의 방식'을 가리킨다. 바울 자신을 예로 든다면, "이스라엘은 바울 자신과 똑같은 방식으로, 즉 영광스런 그리스도와의 개인적인 만남을 통해, 믿음에 이르게 될 것이다!"[281]

---

277) Sanders, *Jewish People*, 196; Käsemann, *Romans*, 302도 옳다.

278) 이 입장은 '선택된 모든 이스라엘이 구원을 받을 것이다'와 같지만, 우리는 바울이 믿는 것/믿음에 끊임없이 강조를 두고 있는 것에 비추어 '모든 믿는 이스라엘'을 선호한다. 우리가 '믿는'에 두는 강조는 조건적인 요소다(만약 이스라엘 사람이 믿기만 하면 누구든지 구원을 받을 것이다).

279) Cranfield, *Romans* 2, 576-577; Godet, *Romans*, 411.

280) Cf. Sänger, 'Rettung', 112-115.

281) Dunn, *Romans* 2, 683; 내적인 인용은 Hofius, 'Evangelium', 319-320에서 긍정적으로 인용

E. 요약

바울은 로마서 11장에서도 계속하여 하나님의 계획에 있어서 유대인과 이방인의 동등성이라는 쟁점을 논하고 있으며, 이를 통해 이스라엘의 불신과 이방인의 믿음을 지적하고 있다. 바울이 하나님께서 이스라엘을 버리지 않으셨다고 분명히 말하고 있다. 그렇지만 단지 이스라엘이 하나님께서는 자기 백성을 버리지 않으신다는 언약적인 확신을 갖고 있다고 해서 이스라엘 전체가 안전하고 또 구원을 받을 것이라는, 확실한 '백지수표'를 끊어주고 있지는 않다.[282] 그는 또한 이스라엘의 불신이 하나님께서 먼저 그들을 완악하게 하셨기 때문이라고 말하지도 않는다. 믿지 않는 유대인들이 완악**해진** 것은 하나님께서 예정하셨기 때문이거나 모든 인류를 구원하기 위한 목적 때문이 아니라, 그들이 그리스도 안에 나타난 은혜를 거절했기 때문이다. 어느 시대든 언약의 약속에 대한 하나님의 신실하심은 언약적 축복만큼이나 언약적 저주를 통해서도 많이 표현되었다는 것을 알고 있는 바울은,[283] 은혜로 선택 받은 남은 자가 있을 뿐이라고 주장한다.

되고 있다. Sanders, *Jewish People*, 196도 옳다: '11:13-36의 가장 간단한 해석은 이것일 수 있다: 구원 받을 자들의 몸에 속할 수 있는 유일한 길은 그리스도를 믿는 믿음이다.'

282) 자기 백성을 거부하지 않으신다는 하나님의 확언에는 대개 조건이 붙는다는 사실에 주목할 필요가 있다. 레위기 26:40-42은 '그들이(이스라엘) 나를 거스린 허물을 자복하면… 내가 야곱과… 이삭과… 아브라함과… 맺은 내 언약을 생각'할 것이라고 약속하신다. 그러나 그들이 하나님의 법을 거부하면 '그들은 자기 죄악으로 형벌을 순히 받을 것이다'(레 26:43). 비록 하나님께서는 '내가 그들을 버리지 아니하며… 아주 멸하지 아니하여'(레 26:44)라고 말씀하시지만, 대다수나 적어도 어떤 이스라엘 사람들에게는 명백히 형벌이 주어졌다. 더 나아가서 사무엘상 12:22('여호와께서는… 그 크신 이름을 인하여 자기 백성을 버리지 아니하실 것이요')의 더 넓은 문맥도 이스라엘이 하나님의 진노를 경험할 수 있다는 것을 명백하게 보여 준다(삼상 12:16-18). 사무엘은 엄중하게 경고한다, '만일 너희가 여전히 악을 행하면 너희와 너희 왕이 다 멸망하리라'(삼상 12:25). 바울과 그의 독자들은 둘 다 언약의 기초에 대해 알고 있었으며, 그와 같은 문맥을 결코 놓치지 않았을 것이다. 바울이 볼 때 대다수의 이스라엘은 하나님의 메시야를 거부하면서 악을 지속적으로 행했으며, 그래서 '쓸어 버려져도 할 말이 없다'고 보았다. 바울은 회복 불가능한 이스라엘의 실족과 이방인들의 축복 사이에 있는 신비로운 언약 관계에서 위안을 찾기는 했지만(11:11-26), 자기 백성을 위하여 울지 않을 수 없었다(Motyer, *Israel*, 134).

283) Motyer, *Israel*, 133.

11:1-10의 일반적인 그림은 이스라엘에게 낙관적이지 않고 오히려 강렬하고 비관적이다. 이는 바울에게 있어서 이스라엘의 '실족'은 회복할 수 없는 정도는 아니라 하더라도 절대적이고 재난에 가깝기 때문이다.

바울은 11:11-16에서 유대인들은 완전히 넘어질 정도로 실족한 것은 아니라고 단언하며, 유대인의 '충만함'과 '받아들임'(τὸ πλήρωμα αὐτῶν과 ἡ πρόσλημψις [αὐτῶν])을 기대하고 있다는 암시를 준다. 하지만 바울은 계속해서 유대인의 실족, 범죄, 불신과 거부를 기정사실로 재확인한다. 바울은 유대인의 넘어짐이 하나님께서 구원의 축복을 이방인에게로 향하시게 하는 데 필수적인 단계라고 말하지는 않는다. 도리어 유대인이 거부하는 일이 있고난 후,[284] 하나님께서는 구원의 축복이 이방인에게 임하여 그들의 주요 수혜자가 되게 하실 결심을 하셨다. 그렇다고 해서 하나님께서 이스라엘이 넘어진 후에 이런 식으로 자신의 구원 계획을 변경하셨다는 뜻은 아니다. 바울에 따르면, 유대인들이 처음 선택을 받을 때 이방인들도 선택을 받고 부름을 받았지만, 이방인의 선택은 여러 세대 동안 감춰져왔다(cf. 16:25-26; 골 1:25-27). 바울은 이스라엘이 복음의 축복의 충만함을 경험할 때 이방인에게도 훨씬 더 큰 축복이 임할 것을 기대하고 있다. 바울의 사도적 사역은 의심할 여지없이 이스라엘과 관련이 있지만, 그렇다고 해서, 다수의 학자들이 생각하듯이, 그의 사도적 사명이 궁극적으로 이스라엘을 위해 주어졌다는 뜻은 아니다.[285] 도리어 바울은 이방인들을 위한 자신의 사역을 영광스럽게 생각하고 있으며, 그가 유대인들의 구원을 열망하는 것도 부분적으로는 이방인의 유익을 위한 것일 수 있다.

바울은 11:17-24에서 이방인 신자들에게 (그리스도를 통해 하나님 안에서 신학적으로 더욱 공고해진 새로운 신분을 안 후에) 유대인들을 향해 오만하게 되지 말라고 경고한다. 그들은 유대인들에게 빚을 졌기 때문이며, '꺾인 가지들'이 곧

284) Betz, 'Israels Mission', 56도 옳다.

285) *Pace* Scott, 'Restoration', 799: Scott가 볼 때 바울에게 전하라고 맡겨진 복음은 '이스라엘의 회복의 복음'이다. cf. Campbell, 'Israel', 445; 김세윤, *Origin*, 97.

원래의 감람나무에 다시 접붙여질 수 있기 때문이다. 하지만 바울은 믿지 않는 유대인들은 감람나무, 즉 이스라엘에서 잘려 나갔음을 반복해서 확언하며(11:17, 19, 20, 21, 22), 이를 통해 왜 이스라엘에서 난 자들이 다 이스라엘이 아닌지를 설명하고 있다(cf. 9:6b). 바울이 그렇게 공개적으로 믿지 않는 이스라엘의 영적인 상태에 대해서 가장 어둡게 묘사하는 것은 충격적인 일이다. 반면에, 믿는 이방인들은 확실히 '그들 가운데 접붙임이 되어 참감람나무 뿌리의 진액을 함께 받는 자가 되었음을'(11:17b) 확증하고 있다. 바울은 믿음의 중요성을 강조한다. 어떤 유대인들은 불신 때문에 잘려 나갔지만, 그들은 계속해서 불신을 고집하지 않는다면 다시 접붙임을 받을 것이다. 하지만 어떤 이방인들은 믿음으로 접붙임을 받았다(11:20).

바울은 11:25-32에서 종종 '모든' 이스라엘의 구원으로 이해되는 '비밀'을 드러냄으로써 이방인 신자들을 향한 권면을 계속 이어가고 있다. 하지만 이 단락의 목표는 이방인에 대한 유대인의 수위권을 세우는 데 있지 않다. 도리어 바울은 이방인의 충만한 수가 하나님의 구원의 축복으로 들어올 때까지 이스라엘은 완악함을 경험할 것이라고 선언한다. 여기서 바울은 선교의 주요 중심이 '첫째는 이방인에게요'로 역전되었음을 암시한다. 유대인들이 장차 전격적으로 회심할 것이라고 언급하고 있음에도 불구하고, 바울은 여전히 유대인의 불신에 관한 비판적인 발언을 이어간다. 그는 모든 유대인들이 개인적으로 열조들에게 주신 약속에 대한 하나님의 신실하심 때문에 구원을 받을 것이라고는 말하지 않는다. 도리어 바울은 [불신을 고집하지 않는] 모든 이스라엘이 구원을 받을 것이라고 선언하며, 이런 이해는 그가 로마서 1-11장에서 해온 말과 맥을 같이 한다. 바울은 이스라엘의 구원을 위한 특별한 길(Sonderweg)이 있다고 주장하지 않는다.[286]

바울은 전치사 구를 ἕνεκεν Σιών(시온을 위하여)에서 ἐκ Σιών(시온으로부터)로 변경하고 있는데, 이는 바울의 관심이 이스라엘의 수위권을 옹호하는

286) Sänger, 'Rettung', 116도 옳다: 유대인과 이방인 모두 구원에 관한 한 아무도 더 유리한 자리를 차지하고 있지 않다.

데 있지 않다는 것을 나타내는 것으로 보인다. 우리는, 바울이 구속자가 시온**으로부터** 와서(따라서 당연히 이스라엘이 혜택을 입을 것이다) 이스라엘 **밖에 있는 자들에게** 나가신다는 사실을 말하고 있다고 주장하였다. 바울은 또한 유대인과 이방인이 하나님의 구원 계획이 실현되는 과정에서 상호의존적인 것으로 그리고 있다. 유대인이 불순종한 결과로 먼저 구원의 축복이 이방인에게 온 것처럼, 이제 이스라엘은 이방인에게 베푸신 하나님의 긍휼의 결과로 그 축복을 경험하게 될 것이다. 유대인과 이방인은 죄성과 불순종에 있어서 근본적으로 동등하다. 또한 칭의와 하나님의 긍휼을 받았다는 점에 있어서도 동등하다. 이 '이스라엘을 옹호하는' 단락에서조차 이방인의 사도는 하나님의 구원 계획에서의 유대인과 이방인의 동등성과 상호의존성을 뒷받침하는 신학적인 설명을 제시하고 있다.

5. 결론

연구의 이 마지막 장에서 우리는 바울이 로마서 9-11장에서 하나님의 구원 계획에서 유대인과 이방인의 동등성을 단언하고 있음을 분명히 하려고 시도하였다. 로마서 9-11장에 대한 우리의 이해는 서신의 이전 단락들과 일관성을 갖는다. 그는 죄성(1:18-3:20), 칭의(3:21-4:25), 새로운 신분(5-8장), 그리고 지금 하나님의 계획(9-11장)에 있어 유대인과 이방인의 근본적인 동등성을 뒷받침하는 논증을 해오고 있기 때문이다. 로마서 1-4장은 그들의 동등성을 단언하기에 충분했고, 5-8장에서는 더 이상 유대인과 이방인을 두 그룹으로 구분하지 않고 있다. 대명사 '우리'가 보여주는 것처럼(4장을 참조하라) 그들은 하나다. 로마서 5-8장을 상술하는 과정에서, 바울은 이방인들도 하나님의 양자 됨과 영광을 받는다는 것(8:9-17)과 그들이 미리 안 바 되고 부르심을 입은 바 되었다(8:28-30, 33)는 자신의 결론을 준비할 필요성을 본 듯하다. 그래서 로마서 9-11장은 이전 장들과 일관성을 잘 갖추고 있으며, 우리는 이것을 인식하지 못하여 로마서 9-11장에 대한 설득력 있는 해석을 제시하지 못하는 여러 견해들의 약점들을 보여주었다.

로마서 9-11장에서 바울은 믿는 유대인들이 제기한 다음과 같은 질문들에 대답하고 있다: 하나님의 선택 받은 백성인 절대 다수의 유대인들이 왜 이스라엘의 메시야인 예수를 믿지 않는가? 하나님의 선택 밖에 있다고 생각해온 많은 이방인들이 그리스도께로 돌아오고 있는 것은 어떻게 설명할 수 있는가?[287] 바울은 주로 구약성경을 통해 그 답을 제시한다. 유대인 대학살 이후의 학계는 로마서 9-11장을 민족적인 이스라엘을 향한 하나님의 신실하심에 관한 바울의 위대한 발언으로 해석하는 경향을 보여왔다. 하지만 우리는 바울이 그리스도 사건에 비추어 유대인과 이방인의 동등성을 추구하고 있음을 증명하였다. 그러면서 바울은 로마서 9-10장만 아니라 11장에서도 믿지 않는 유대인들을 계속해서 비판한 반면에, 이방인들에 대해서는 대체로 긍정적인 태도를 취하고 있다(로마서 1-4장에서처럼; 본서 2장과 3장을 참조하라). 바울의 목표는 한 민족 그룹을 다른 그룹보다 우위에 두는 것이 아니다. 하지만 이방인의 사도는 분명 수사적인 표현을 쓰는 데 있어서도 이방인에게 치우쳐 있는 듯이 보인다. 유대인들에 대한 비판적인 묘사를 통해서 바울은 유대인의 자만(complacency)을 허물고 있으며, 이방인에 대한 긍정적인 묘사를 통해서 그리스도 안에서의 그들의 새로운 신분과 합법성을 세워주고 있다. 이렇듯 바울은 두 그룹이 스스로 겸손하고 상대방을 사랑 안에서 존중하게 되기 위해(롬 12-16장) 균형과 동등성을 이루려고 하고 있는 것이다.

9:1-29에서 바울은 이방인들 역시 예정되었고 선택받았고 하나님의 사랑하는 백성으로 부름 받았다고 조심스럽게 주장한다. 이는 하나님께는 자신이 원하는 자는 누구에게든지 긍휼을 베풀 전적인 자유가 있기에 놀라운 일이 아니다. 많은 유대인들의 불신 또한 이해할 수 있는 일인데, '이

287) Baur, *Paul* 1, 315도 유사하다.

는 이스라엘에게서 난 자들이 모두 이스라엘은 아니기'(9:16b) 때문이며, 하나님께는 하고자 하시는 자를 완악하게 하실 주권적인 권리가 있으시기 때문이다. 사도는 의를 얻은 자는 다름 아닌 이방인들이며, 이스라엘은 의를 열정적으로 추구하고 또 믿음의 말씀을 가까이 두었음에도 불구하고 자신의 방식을 세우려고 하였기에 의와 구원을 얻는 데 실패하고 말았다(9:30-10:3)고 선언한다. 바울은 하나님의 계획은 늘 믿음이라는 수단을 통해 인류를 구원하시는 것이었다고 주장하며, 믿는 이방인들은 바로 그 올바른 길을 선택하였다고 분명히 말해준다. 이를 통해 바울은 이방인의 구원은 전적으로 합법적이라는 암시를 주고 있다. 구원은 하나님의 계획 안에서 본래 작정한 구원의 수단을 통해서 주어진 것이다.

우리는 이 장들에서 바울 사도가 구약을 사용할 때에도 '이방인 편에 서' 있음을 보여준다는 점을 증명하려고 하였다. 유대인에 관한 구약 본문을 인용할 때는 가장 날카롭게 비판적인 구절들을 선택하고 있는 반면에(9:27-29; 10:19, 21; 11:8-10), 유대인에 관한 가장 긍정적인 구약 구절들은 이방인들에게 적용하고 있다(9:25-26; 10:11, 13, 20). 그러고 나서 바울은 주제 진술인 '하나님의 말씀이 폐하여진 것 같지 않도다'(9:6a)를 가지고, 이스라엘의 불신이 하나님의 말씀(즉 구약)에 이미 예견된 것처럼, 이방인들이 지금 누리고 있는 구원의 축복도 마찬가지라고 주장한다. 그는 구약을 사용하여 불신하는 이스라엘을 비난하고 이방인의 구원의 합법성을 단언하고 있다. 바울은 창의적으로 인용하는 본문과/혹은 문맥을 변경하여 후자의 목적을 성취하고 있으며, 이런 노력은 바울이 믿는 이방인들에게 하나님의 참 백성으로서의 신분(status)을 보장해주려는 의도적인 시도였음을 보여준다.

우리는 또한 로마서 11장은 로마서 9-10장과 일관성을 가질 뿐 아니라 로마서 1-8장과도 그렇다고 주장하였다. 유대인에 관한 일부 긍정적인 진술이 있기는 하지만, 바울은 추가로 그것들을 확립하기 위해 논증을 이어가지 않고 있다. 도리어 바울은 유대인에 대해서는 계속해서 날카로운 비판을 하고 있으며, 이를 통해 유대인들은 완악하여 꺾였고(11:7, 17, 19, 20, 21, 25), 하나님의 메시야를 거부했으며(11:15), 계속해서 불신을 고집했고(11:2, 23, 30), 하나님의 원수가 될 지경까지(11:28) 범죄와 상실과 하나님의 엄중함(11:20, 23, 30)을 경험하였다. 전체 바울의 서신들 가운데 이스라엘에 관한 가장 밝은 진술은 'καὶ οὕτως πᾶς Ἰσραὴλ σωθήσεται'(그리하여 온 이스라엘이 구원을 얻으리라: 11:26a)라는 간략한 진술이다. 그러나 여기에서조차도 바울은 이스라엘의 메시야 거부 때문에 선교 목표가 역전되었음을 재확인하고 있다. 만약 구원의 축복이 "첫째는 유대인에게요 또한 이방인에게로다"라면(1:16), 사실상 이제 그것이 '첫째는 이방인에게요 또한 유대인에게로다'가 되었다. πᾶς Ἰσραὴλ(온 이스라엘)과 τὸ πλήρωμα τῶν ἐθνῶν(이방인의 충만한 수)에 관한 한, 이방인은 우선적인 수혜자다. 9:1-11:24에서 바울은 이런 역전의 신학적인 배경을 제공한다. 더욱이 이 단락은 '모든' 이스라엘의 구원의 시기는 충만한 수의 이방인의 구원과 밀접하게 관련이 있음을 암시한다. 이런 암시를 통해 바울은 이방인 선교를 합법화하며, 자신의 독자들에게 이 선교에 참여하도록 권고하고 있다.

우리는 11:17-24은 이방인들이 (자신이 이 편지에서 쓴 것 때문에) 오만하게 **되지**(become) 않도록 하려고 준 경고라고 주장하였다. 로마의 이방인들이 이미 '소수'인 유대인들과의 관계에서 오만해졌다는 증거는 전혀 찾아볼 수 없다. 실제로 바울이 계속해서 유대인에 관해서는 비판적으로, 이방인에 관해서는 긍정적으로 말하고 있다는 사실은 이방인들에 대해서 오만한 것은 다름 아닌 유대인들이지 **그 반대가** 아님을 암시하는 듯 보인다. 여기서 바울은 믿지 않는 유대인들은 불신으로 인해 감람나무에서 꺾였지만, 그들이 불신을 고집하지 않는다면 언제든 다시 곧 접붙여질 수 있다고 주장한다(11:20, 23-24). 따라서 이스라엘을 위한 어떤 *Sonderweg*(특별한 길)도 있을 수 없다. 이스라엘은 τὸ πλήρωμα τῶν ἐθνῶν(이방인의 충만한 수)과 유대인 남은 자들이 구원을 받은 것과 똑같은 방식으로(καὶ οὕτως, 즉 예수 그리스도께 대한 믿음으로 말미암아) 구원을 받을 것이다.

우리는 로마서 9-11장에서 이방인에 관한 바울의 주장을 부각시키려고 모색해왔다. 그간 바울 신학자들이 이 부분에 충분한 관심을 기울여오지 못했기 때문이다. 바울이 긍정적으로 쓰든 혹은 부정적으로 쓰든 간에, 그의 의도는 한 민족 그룹을 다른 민족 그룹보다 더 높이는 데 있지 않다.[288] 이방인의 사도는 자신의 수사(修辭)를 구사하는 데 있어서도 이방인을 향한 어떤 '편향성'을 숨기지 않고 있다. 바울에게 있어서 유대인과 이방인의 동등성은 그리스도인 간의 연합을 옹호하기 위해서뿐 아니라, 율법으로부터 자유로운 복음을 훼손하려고 모색할지 모르는 (미래의) 유대교의 공격에 맞서 교회를 지키기 위해서도 중요하다.

로마서 9-11장은 유대인과 이방인의 동등성에 관한 바울 논증의 절정이며, 이방인의 사도로서의 바울의 자기 인식이 이 논증 형성에 영향을 미쳤다는 것이 우리의 주장이다. 바울은 하나님께서는 말씀하신 대로 이스라엘과 이방인 모두에게 신실하셨기 때문에 하나님의 말씀은 폐하지 않았다고 분명히 말한다. 이 로마서 9-11장과 함께 바울은 자신의 신학적인 *Lehrteil*(가르침 단락)을 마무리하고 있다. 따라서 우리도 이 현재의 연구를 마무리할 것이다. 하지만 바울은 로마서 1-11장에서 쓴 바에 확고히 기초하여 계속해서 일치와 사랑에 관한 실제적인 권면(롬 12-16장)을 하기 위해서 옮길 준비를 마쳤다.[289] 그는 로마 교회의 유대인과 이방인들에게 권면을

288) 9:25-26에 인용된 예언들은, 구체적으로 이스라엘에 대해 대조적으로 인용된 것에 비추어 볼 때, 분명히 이방인에 관한 것이지만(앞에 pp. 302-308, 315-320), 바울은 그것들이 이방인에게 적용된다는 점을 구체적으로는 나타내지 않고 있다. 그래서 그는 11:12, 15에서 '이방인들'을 생략하는데, 이곳의 명백한 교차 대구 구조는 이방인에 대한 더 큰 축복을 명백히 암시해주고 있다. 이것은, 명백한 문맥이 보여주는 한에 있어서는, 바울이 그의 유대인 독자들의 반대를 피하려고 시도하고 있거나 혹은 이방인이 오만해질 정도로 너무 높아지지 않기를 바라고 있음을 나타낼 것이다.

289) Wilckens, *Römer* 3, 84-85, 106도 옳다. cf. 에베소서 저자도 그리스도 안에서의 유대인과 이방인 신자들의 신학적인 일치를 강조하며(에베소서 1-3장), 그것에 기초해서 실제적인 그리스도인의 삶에서의 일치에 대해 권면한다(에베소서 4-6장): Turner, 'Mission', 138-166을 보라.

시작할 때도 자신이 이방인의 사도임을 의식하고 있다: '내게 주신 은혜 (즉 이방인을 위한 사도직; cf. 1:5; 15:15-16)로 말미암아 너희 중 각 사람에게 말하노니' (12:3).[290)]

290) 로마서 12-16장 중에 바울의 첫번째 훈계는 그들이 자만하지 말아야 하며(12:3b), 오히려 '서로 존경하기를 먼저 해야만 한다는 것'이다(12:10). 그들에게 높은 데 마음을 두지 말고, 오만하지 말아야 한다고 권고한다(12:16). 바울은 형제애를 강조하며(12:10; 13:9-10; 14:19), 그래서 서로 조화를 이루며 살아갈 수 있도록 한다(12:16). 그들은 한 몸으로서 연합을 유지해야 하며, 그 안에서 각 지체는 다른 모든 지체들에게 속한다(12:5). 그들은 동료 신자들을 판단하지도, 경멸하지도 말아야 한다(14:1, 10, 13). 하나님께서 그들을 모두 용납하셨기 때문이다(14:3c). 바울은 이방인의 사도로서 그들에게 그들의 동등성과 상호의존에 기초하여 완벽한 연합을 유지하라고 권고하고 있다.

결론

우리는 로마서에서 바울이 자신을 '이방인의 사도'라고 집요하게 주장하고 있는 데 주목하였다(1:5; 11:13; 15:16). 그가 그런 직책이나 역할을 그토록 의식하고 있었다면, 우리는 그런 의식이 그의 신학과는 어떤 관련이 있을까 라는 질문을 던졌다. 실제로 바울은 자신이 하나님의 복음을 선포하여 이방인이 하나님께서 받으실 만한 예물이 되게 할 제사장적 사명을 부여받았음을 알았기에 어떤 논점에 대해서는 하나님께서 자신에게 베푸신 은혜에 근거하여 상당히 담대하게 썼다고 분명히 말하고 있다(15:15-16). 1:17과 11:13-22에서 바울은 이방인에게 초점을 맞춘 진술을 한다. 이 구절로부터 우리는 바울이 이방인의 사도로서의 자기 이해와 이 서신에서 그가 쓴 것(즉, 그의 신학) 간에 부정할 수 없는 연관성이 있다는 사실에 주목하였다. 그러므로 이 연구에서 우리는 이방인의 사도로서의 바울의 자기 이해가 로마서에서 제시된 그의 구원론적 논증의 내용과 구조에 미친 영향을 살피는 것에 특별히 관심을 기울였으며, 그가 이방인의 편에 서서 논증하고 있는 것에 주목하였다.

바울이 로마서에서 유대인의 특권(1:16; 3:1-2; 9:4-5)과 그리스도와의 특별한 관계(1:3; 9:5; 15:8)와 관련하여 유대인에 관해 종종 긍정적으로 말하며, 율법을 거룩하고 신령한 것으로 인정하고 있는 것(7:12, 14, 16)이 사실이다. 그는 또한 자기 동족을 향한 근본적인 관심을 표현하며, 더 많은 수의 유대인들이 그리스도 예수를 믿는 믿음으로 말미암아 회심할 것을 내다보고 있다(9:1-3; 10:1; 11:14, 26-32). 바울은 다른 서신에서 표현한 바 있는 이전 입장에서 떠난 것이 분명하다.[1] 그럼에도 불구하고, 로마서에서 바울이 전에 종종 주장하던 대로 유대인의 수위권(首位權)을 자기 주장의 주요 논점으로 삼아 그것을 확립하기 위해 그런 유대인들에 대한 긍정적인 말들을 언급하는 것이 아니라는 데 주목하는 것이 중요하다. 바울은 그런 긍정적인 말들을 상술하지 않고, 단지 가정하거나 언급하는 데 그치고 있다. 우리는 암시된 가정들이 무시될 수는 없다는 것을 알지만, 바울이 이 서신에서 주로 논증하고 있는 내용에 가장 큰 관심을 기울였다.

이제 우리가 발견한 것을 요약하고 그 중요성을 상술함으로 이 연구를 마무리할 때가 되었다. 우리는 세 가지 질문에 대답하는 방식으로 결론을 이끌어내려고 한다. (1) 바울이 논증하고 있는 핵심 주제는 무엇인가? (2) 바울은 이 핵심 논제를 확립하기 위해 어떻게 자기 논증의 구조를 형성하고 있는가? (3) 바울은 왜 이런 식으로 편지를 썼는가?

1. 로마서에서 바울의 구원론적 논증의 핵심 주제는 그리스도 안에서 유대인과 이방인의 근본적인 동등성이다. 그는 이 논제를 복음이 그리스도 예수를 믿는 모든 자에게, 먼저는 유대인에게요 또한 동등하게 이방인에게 구원을 가져다준다고 주제적 진술에서 지적한다. 그는 그 복음은 동등하게 유대인과 이방인 모두를 위한 것으로 의도되었다고 선언한다. 1:18-3:20에서 바울은 유대인과 이방인은 동등하게 죄인이며, 따라서 둘 모두

1) 그밖의 영역에서는 바울은 유대인이 이방인보다 특별한 특권을 가지고 있지 않으며(cf. 고전 1:23; 갈 3:28), 율법이 그리스도를 저주했고 모든 사람을 가두었으며(cf. 갈 3:13, 23), '육체에' (빌 3:11) 있는 자신의 과거와 끊어지길 기꺼이 하며, 유대인이 하나님의 진노와 심판을 받기에 마땅하다고 주장한다(살전 2:14-16).

동등하게 구원을 받을 필요가 있다고 주장하며, '그리스도께 대한 믿음'이 유대인과 이방인의 구원을 위한 유일하고 동등한 수단이라고 주장한다(3:30). 심판과 구원에 관한 한, 하나님은 민족적인 기원에 근거하여 편벽됨을 보이지 않으신다(2:6-11). 유대인들에게 더 유익한 점들이 있긴 하지만(3:1-2; 9:3-5), 바울은 '우리(유대인)가 (이방인들보다) 더 낫지 않다'고 분명히 선포한다(3:9). 일련의 구약 인용들은 유대인과 이방인 모두가 예외 없이 죄인임을 재확인해준다.

바울은 그리스도를 믿는 믿음으로 말미암는 하나님의 의가 민족적인 차별 없이 믿는 모든 이들에게 미친다고 다시 한 번 단언한다(3:22). 하나님은 유대인들만의 하나님이 아니라 이방인의 하나님도 되신다(3:29). 의롭다 함을 받는 축복은 할례자들을 위한 것일 뿐 아니라 무할례자를 위한 것이기도 하다(4:9). 아브라함이 믿고 의롭다는 인정을 받은 일은 유대인과 이방인 모두가 따라야 할 모범이다. 무엇보다도 아브라함은 유대인과 아브라함의 믿음에 속한 자(이방인)의 조상이다(4:16). 그는 유대인의 조상이며, 또 동등하게 많은 민족(=이방인)의 조상이다.

바울은 죄성과 칭의에 있어서 유대인과 이방인의 동등성을 확립한 후, 로마서 5-8장에서는 그들을 그리스도 안에서 '하나'로 다루고 있다. 그는 '우리'라는 대명사로 그들 모두를 포함시키고 있으며, 그들이 어떻게 동등하게 그리스도 안에서 새로운 신분과 새로운 삶을 갖고 있는지를 설명한다. 그들은 아담 안에서 (죄성에 있어서) 동등한 것처럼, 그리스도 안에서도 동등하다. 유대인과 이방인은 그들이 두 그룹으로 나뉘기 이전부터 그들의 조상 아담 안에서 죄에 빠졌기에(cf. 1:18-32; 5:12-21), 그들은 근본적으로 동등하게 죄인이다. 하지만 두번째 아담인 그리스도는 그들이 유대인이든 이방인이든 상관없이 많은 이들을 의롭게 하신다. 더 근본적으로, 바울은 하나님께서는 민족적인 출신에 상관없이 '그를 사랑하는 자들을' 미리 아시고, 부르시고, 의롭다 하시고, 영화롭게 하셨다고 주장한다(9:28-30).

바울은 이런 주장을 9-11장에서 더 진전시킨다. 로마서 1-8장이 로마서 12-15장과 직접 연결이 되지만(논리적인 흐름을 가지고), 바울은 하나님의 구원 계획에서의 둘 사이의 동등성을 상세히 설명함으로써 가장 확고한 토대 위에 유대인과 이방인의 동등성을 확립하기 위해 로마서 9-11장을 쓰고 있다. 바울은 하나님께서는 인류를 위한 구원 계획을 따라서 유대인과 이방인을 동등하게 다루셨다고 단언한다. 하나님께는 유대인과 이방인 누구에게든 완악하게 하거나 긍휼을 베푸실 주권적인 자유가 있다. 그분께는 그들을 자신의 진노나 긍휼의 대상으로 삼을 전적인 권리가 있으시다. 그리스도께서는 자기 이름을 부르는 모든 자의 주가 되시기에, 그리스도를 믿는 한 '유대인과 이방인 간에는 차별이 없다'(10:12). 바울은 또한 유대인과 이방인 모두 동등하게 똑같은 메시지를 들었다고 선언한다(10:16-19). (인간의 관점에서 보면) '그리스도를 믿는 믿음'이 구원을 위한 유일한 수단이기 때문에, 그리스도를 믿는 자들은 감람나무에 붙어 있거나 접붙임을 받을 자격이 있다. 유대인들이라도 믿지 않으면 꺾일 수 있지만, 이방인들이라도 믿으면 접붙임을 받을 수 있다. 믿지 않는 유대인들이 불신을 고집하지 않으면 다시 접붙여지겠지만, 믿는 유대인들이 믿기를 중단하면 잘려 나가게 될 것이다(11:17-24). 하나님께서 그들 모두에게 긍휼을 베푸시기 위해 유대인과 이방인을 모두 불순종 가운데 가두셨다(11:32). 서신의 본문에서 바울의 근본적인 논증은 하나님께서 유대인과 이방인을 동등하게 다루셨다는 사실이다. 바울은 또한 그리스도의 섬김은 유대인과 이방인에게 동등하게 적용될 수 있다고 주장하며(15:8-9a), 구약은 유대인과 이방인이 동등하게 하나님께 접근할 수 있고 함께 그분을 경배할 것이라고 예언하고 있다고 주장한다(15:9b-12; 16:25-27).

위의 요약을 통해 우리는 두 가지 논점을 결론지을 수 있다. 첫째, 케제만과 김세윤의 주장과는 반대로, 서신 전체를 통해 나타난 바울의 가장 중요한 신학적인 관심은 은혜와 믿음으로 말미암는 칭의의 교리를 논증하는 것이 아니라, 하나님의 구원의 축복에 이방인이 유대인과 동등한 조건으로 포함된다는 진리를 확립하는 데 있다. 후자를 주장하는 과정에서 바울은 율법이 아니라 믿음으로 말미암는 칭의를 언급한 것이다.[2] 로마서의 '무게 중심'은 (유대인과 같은 조건으로 받는) 이방인 구원에 대한 바울의 주장에 있다. 하지만 대부분의 학자들은 이것이 중요한 부(副)주제임은 인정하지만 서신의 초점이라는 사실을 인식하지 못하고 있다. 유대인과 이방인의 동등성은 복음이 **함축하는 바**이기 때문에, 바울이 로마서에서 논증하고 있는 것은 주요 논점인 복음이라고 말해야 한다고 주장하는 이들도 있을 수 있다. 하지만 여전히 우리는 그것을 정반대로 표현하고 싶어 한다. 즉, 바울이 이 서신에서 상술하고 있는 것은 복음 자체가 아니라, 그리스도 안에서 유대인과 이방인의 동등한 관계와 관련한 복음의 **함의**(implication)라고 말이다. 유대인과 이방인의 동등성에 대한 바울의 지속적인 주장은 사회학적인 설명으로부터 나오지 않으며, 그리스도 예수의 복음 안에서 바울이 갖고 있는 신학적인 확신에 근거하고 있다.

둘째, 유대인 대학살 이후의 많은 로마서 해석자들과 달리, 우리는 바울이 유대인의 수위권(首位權)을 주장하기보다는 유대인과 이방인의 동등성을 주장하고 있다는 결론을 내렸다. 지난 반세기 동안 로마서 해석자들은 유대인 대학살 사건을 통해 얻은 관점으로 로마서를 온당치 못하게 해석해왔다. 그 결과 그들은 종종 로마서는 유대인의 수위권과 이스라엘을 위한 가장 밝은 미래[혹은 구원을 위한 **특별한 길**(Sonderweg)]을 분명히 말하고 있는데, 학자들은 그 이유는 바울은 자신을 '**이스라엘을 위하여** 이방인에게 보냄 받은 사도'로서 이해했고[3] 그의 '모든 이방인 사역은 온 이스라엘을 구원하는 우회적인 방법일 뿐'이었기 때문이라고 주장한다.[4] 그러므로 그들은 바울은 로마에 있는 이방인 신자들 가운데 형성된 '반(反)유대주

2) *Pace* Käsemann, 'Justification', 60-78; 김세윤, *Origin*, 357; cf. 앞에 p. 27 n. 10.
3) Lapide and Stuhlmacher, *Paul*, 26에서 Stuhlmacher, 강조는 나의 것.
4) Lapide and Stuhlmacher, *Paul*, 44에서 Lapide.

의'를 바로잡기 위해 이 서신을 썼다고 주장한다. 우리는 연구를 통해 본문에는 이런 견해를 뒷받침할 만한 충분한 근거가 없음을 증명해왔다. 우리는 유대인 대학살에 대한 이 시대의 죄책감이(물론 우리는 그것이 얼마나 사악한 일이었는지를 무시해서는 안 되지만) 로마서 같은 고대 본문의 석의에 영향을 미치도록 허용해서는 안 된다는 것을 논증했다. 이런 점은 바울이 자신의 논증 구조를 형성하는 방식에 주목할 때 더욱 분명해질 것이다. 이제 이것에 대해서 살펴보려고 한다.

2. **그리스도 안에서의 유대인과 이방인의 동등성을 단언하기 위해, 바울은 이방인에 관해서는 긍정적으로, 유대인에 관해서는 비판적으로 자신의 논지를 구성하고 있다**. 바울은 1:18-3:20에서는 죄성에 있어서 유대인과 이방인의 동등성을 주장하지만, 특별히 유대인의 죄성을 단언하기 위해 논증하고 있다. 1:18-32에서 바울은 우상숭배, (동성애)성적 부도덕, 하나님에 대한 지식 거절 등, **이스라엘**의 죄악의 역사를 반향하면서, 신원미상의 '그들'을 고발하고 있다. 이는 바울이 (이방인들을 대상으로 한다고 이해되던) 그의 기소 대상에 유대인들을 포함시키고 있으며, 2:1부터 등장하는 유대인을 향한 더 직접적인 공격의 길을 닦고 있음을 보여준다.

더 나아가 하나님의 편벽치 않으심이라는 신학적 원리가 바울 논쟁의 목표로서 강조되고 있지 않다는 사실에 주목하는 것이 중요하다. 그것은 그가 더욱 논지를 전개하는 데 쓸 디딤돌로 사용되고 있다. 바울은 (믿지 않는) 유대인들에게 임할 불가피한 심판에 대해 단언하며, 하나님의 구원의 축복에 (믿는) 이방인들이 포함되는 것이 정당하다는 사실을 분명히 해주고 있다. 우리는 바울 자신이 이방인 쪽으로 치우쳐 있어 그들에게 유리하게 자신의 논증 구조를 형성하고 있다고 논증했다.

이방인들에게 치우친 바울의 '편향된' 논증 구조는 2:12-29에서 더욱 분명히 볼 수 있다. 여기서 바울은 유대인들은 율법을 어긴 반면에(2:17-24,

25b), 이방인들은 율법의 요구를 이루었다고 반복하여 주장한다(2:14-16, 26-27). 이방인에 대한 그의 긍정적인 진술은 바울이 (믿는) 이방인들을 참된 할례자요 '이면적 유대인'으로 제시하는 장면에서 절정에 이르고 있다(2:25-29). 하지만 그는 (믿지 않는) 유대인들의 할례는 아무 소용이 없는데, 이는 육신적이요 외적인 할례일 뿐이기 때문이라고 주장한다. 바울은 그리스도 안에서 이방인의 위치를 단언하기 위해 논증 구조를 형성하고 있다. 즉 바울은 이방인들은 참으로 율법의 요구를 지키고 있는 자들이며, 따라서 합법적으로 '참 할례'와 '참 유대인'으로 간주되고 있다. 레이제넨이 로마서 2장에서 바울의 가장 중요한 목표는 유대인들은 율법을 어기는 죄를 지은 자들임을 단언하는 것이라고 말한 것은 옳지만, 바울이 이 장에서 이방인에 대해서는 실제적인 관심은 전혀 기울이고 있지 않다고 함으로써 핵심적인 논점을 놓치고 말았다.[5)]

3:1-20에서 바울은 추가적인 성경적 논증을 시작하고 있다. 그는 많은 구약의 구절들을 인용하여(3:10-18) 유대인들이 이방인들보다 낫지 않다는 자신의 주장을 정당화하고 있다(cf. 3:9). 여기서 다시 한 번 바울은 자신의 논증 구조를 두 차원으로 구분하고 있다. **신학적** 차원에서는 유대인과 이방인의 보편적이고 동등한 죄성을 다시 한 번 단언하고, **수사적** 차원에서는 구약 인용문들의 본문과 문맥을 변경함으로써 구체적으로 유대인의 죄성을 좀더 확증하기 위해 논증의 구조를 형성하고 있다. 구약 본문들을 마치 그것들이 유대인의 죄성을 정죄하고 있는 것처럼 제시하고 있는 이는 바로 바울 자신이다. 바울은 '그러므로 아무도 (특히 "어떤 유대인도") 율법을 지킴으로 말미암아 그의 앞에 의롭다 하심을 얻을 수 없다'(3:20)는 결론에 이르도록 자신의 논쟁 구조를 형성해가고 있다.

3:21-4:25에서 바울은 계속해서 유대인과 이방인의 동등성이라는 주제를 제시한다. 하지만 이번에는 주로 **이방인의 칭의의 합법성**을 확립하기

---

5) *Pace* Räisänen, *Paul*, 106.

위한 논증을 하고 있다. 이 단락에서 바울은 유대인들이 율법을 소유하고 지키고 있다는 것, 하나님과 특별한 관계를 맺고 있다는 것, 그리고 아브라함이 자기 조상이라는 사실에 자부심을 갖는 것 때문에 자랑하는 것의 토대를 허물고 있다. 다른 한편으로, 바울은 (믿는) 이방인도 이같은 전통적인 유대적 특권들 안에 포함된다는 사실을 강하게 주장한다. 그는 이미 이방인들이 율법의 근본적인 요구를 이루고 있다고 주장한 바 있다(2:14-15, 26-27). 이제 그는 하나님은 이방인의 하나님도 되신다고 주장하는데, 이는 그분이 유일한 하나님이시기 때문만은 아니며, 더 중요하게는 그분이 이방인도 의롭다 하시기 때문이다(3:29-30). 우리는 바울의 이런 이해는 **이방인**의 사도로서의 그의 자기 인식에서 나오고 있음을 보여주었다.

바울은 아브라함이 많은 민족들(=이방인)의 조상도 된다는 점을 분명히 하는 데 특별히 관심이 있다. 그의 아브라함 이야기 해석은 당대의 유대교의 관점에서 볼 때뿐 아니라 다른 신약 저자들의 관점에서 볼 때도 독특하고 또 놀랍기까지 하다. 여기 나타난 바울의 아브라함 이야기 해석은 이전에 갈라디아서 3장에서 자신이 제시한 해석과도 다르다. 이렇게 '놀라운' 해석을 하는 바울의 우선적인 관심은 율법과 상관없이 오직 믿음으로 말미암는 이방인의 구원을 위한 신학적인 근거를 제공하는 데 있다. 이런 논지를 세우기 위해 바울은 역사적인 사실과 연대기에 의존한다. 아브라함은 그가 의롭다고 여겨질 만한 어떤 일을 하기 **전에** 하나님을 믿었다. 바울은 아브라함이 믿은 것은 자신이 많은 민족으로부터 나온 많은 사람들의 조상이 될 것이라는 **약속**이었다고 주장한다. 따라서 그가 믿은 이유는 많은 민족(=이방인)의 조상이 되기 위해서였다. 이 논지는 실로 중요한 수사적 함의를 내포하고 있으며, 여기서 바울은 연대기를 거의 중요하게 간주하지 않고 있다. 우리는 바울이 로마서에서 제시하는 아브라함 이야기 해석은 그의 사도적 자기 인식에 기인한다고 주장해왔다. 바울은 이런 사도적 자기 인식 때문에 그리스도를 믿음으로 얻는 이방인 칭의의 합법성을 확보할 수 있는 신학적인 근거를 확립하려고 모색한 것이다.

로마서 9장에서 바울은 하나님께는 자신이 원하는 자들을 완악하게 하기도 하시고 긍휼을 베풀기도 하실 수 있는 전적인 자유가 있다고 주장한다. 이런 신학적 주장에 근거하여 사도는 이방인들 역시 예정되었고 하나님의 백성으로 부름 받았다고 주장하며, 또한 그들이 하나님의 백성에 포함된 것은, 그들이 '나의 사랑하는 자' '나의 백성' '살아계신 하나님의 아들'(9:25-26)이 될 수 있도록 하나님께서 의도하신 일이라고 주장한다(9:25-26). 따라서 이방인 구원 사건을 놀라운 일로 여겨서는 안 된다. 바울은 또한 많은 유대인의 불신 역시 하나님의 말씀을 따라 된 것(즉 하나님의 의도)인데, '왜냐하면(γάρ) 이스라엘에게서 난 자가 다 이스라엘은 아니요, 아브라함의 씨가 다 그의 자녀는 아니기 때문이다'(9:6b-7a). 더 나아가 바울은 이방인들은 의를 얻었지만, 이스라엘은 그것을 열성적으로 추구했음에도 얻지 못했는데(9:30-10:3) 이는 그들은 불순종하는 백성이기 때문이라고 선언한다(10:21).

로마서 1-4장에서처럼, 바울은 9-10장에서도 유대인은 비판적으로, 이방인은 긍정적으로 말하고 있으며, 이런 경향이 11장에도 이어진다. 바울은 유대인들은 완악해졌고 꺾여 나갔으며(11:7, 17, 19, 20, 21, 25), 그들은 하나님의 메시야를 거절했다고 재확인한다(11:15). 유대인들은 불신의 삶을 고집했으며(11:20, 23, 30) 하나님의 원수가 될 정도로(11:28) 범죄와 상실을 경험하였다(11:12, 22). 우리는 11:17-24에서의 바울이 경고는 로마의 이방인 신자들이 이미 유대인들을 향해 오만해졌다는 구체적인 증거를 전혀 제시해주고 있지 않다고 주장하였다. 그보다는, 이방인을 향한 바울의 권면은 그가 이 편지에서 쓴 부분에 대해 오해하여 오만해지지 않도록 하는 데 목적이 있는 것으로 해석했다. 바울은 이방인에 관해서는 매우 긍정적으로, 유대인에 관해서는 부정적으로 자신의 논증을 구성하고 있지만, 이는 이방인에게 자만해도 될 이유를 주기 위해서가 아니라 유대인과 이방인의 동등성을 세우는 것을 목표로 그렇게 하고 있는 것이다.

καὶ οὕτως πᾶς Ἰσραὴλ σωθήσεται(그리하여 온 이스라엘이 구원을 얻으리라)라는 짧은 진술은 분명 바울 서신들 가운데서 유대인에 관한 긍정적인 언급을 담고 있다. 하지만 이것에 대해서는 어떤 실질적인 논증을 하지 않은 채 다만 주장만 하고 있다는 점에 주목할 필요가 있다. 그가 이 (중요한) 구절을 상술하지 않고 있다는 사실은 이스라엘의 좀더 밝은 미래가 이 서신에서의 바울의 최우선적인 관심이 아니었음을 보여준다.

이 문구를 통해 바울은 유대인들만을 위한 구원의 **특별한 길**(Sonderweg)을 제안하고 있다고 볼 수 없다. 유대인들이 다시 감람나무에 접붙임을 받을 수 있는 유일한 조건은 '그들이 믿지 않는 데 거하지 않는 것'이다(11:23). 사도 바울은 '구원이 이방인에게 이른 것'(11:11), 즉 믿는 이방인들이 감람나무에 접붙여졌다고 단언한다(11:17-24). '온' 이스라엘이 구원을 받기 **전에** 이방인의 충만한 수가 구원을 받을 것이다. 여기서 바울은 '첫째는 이방인에게요 또한 유대인에게'라는 선교의 우선순위의 역전을 담대하게 주장한다. 더 나아가 바울은 유대인과 이방인은 상호의존 관계에 있으며, 지금은 유대인들이 이방인들에게 의존하고 있다고 말한다(11:31).

우리가 발견한 가장 인상적인 특징은 바울이 구약에서 가장 비판적인 구절들을 선택하여(혹은 좀더 긍정적인 구절들을 부정적인 구절들로 수정하여) 그것들을 유대인과 관련시켜 적용하고, 가장 긍정적인 구절들을 선택하여(혹은 비판적인 것들을 긍정적인 것들로 수정하여) 이방인들에게 적용하는 것이다. 실제로 바울은 종종 이스라엘에게 가장 긍정적인 구약 구절들을 선택하여, 본문과/혹은 문맥을 변경하여 이방인들에 대해 긍정적으로 묘사하는 데 활용한다. 예를 들면, 10:13의 본문은 LXX 요엘 3:5을 문자 그대로 인용한 몇 안 되는 인용문들 가운데 하나다. 하지만 바울은 문맥을 극적으로 변경시키고 있다. LXX 요엘 3:5의 πᾶς(모든)는 주의 이름을 불러 구원을 받는 '모든 유대인'들을 가리킨다. 왜냐하면 이방인들에 대해서는 신랄한 심판이 선언되고 있기 때문이다(욜 3:1-16). 바울은 이렇듯 이 구절을 유대인의 구원과 이방인의 심판이 아주 명백하게 대조되고 있는 구절에서 이 인용을 취하고, 그것을 하나님의 구원 계획 안으로 이방인을 포함시키고 유대인과 이방인의 동등성을 뒷받침하는 주장을 펴는 데 사용하고 있는 것을 보면 참으로 놀라운 일이 아닐 수 없다. 바울은 구약을 빈번하게 유대인에 대한 고소자로 사용하는가 하면 이방인을 위한 우호적인 증인으로도 사용한다. 특별히 로마서 9-11장에서 바울은 이방인들을 고발하기 위한 목적으로 구약을 사용하지 않고 있다. 오히려 이스라엘의 불신과 이방인의 믿음, 그들이 모두 하나님의 참 백성에 포함된다는 사실을 설명하는 데 구약을 사용한다. 바울의 노력은 그가 하나님의 참 백성으로서의 믿는 이방인들의 신분을 확보해 주려는 의도적인 시도였음을 증명해준다.

사도는 자신의 수사적 표현을 제시할 때 이방인들을 향한 상당히 '편향된' 태도를 숨기지 않고 있다. 한편으로 바울은 율법의 소유, 하나님과의 특별한 관계, 그리고 아브라함을 조상으로 둔 것에 대한 유대인들의 자랑은 허락되지 않는다고 하면서, 다른 한편으로는 이방인들이 이런 특권에 포함된다고 주장한다. 바울은 자신이 이 서신을 '상당히 담대히'(15:15) 썼음을 인정하고 있으며, 이 부사('담대히')는 그가 유대인에 대해서는 비판적으로 논증한 데 반해, 이방인에 관해서는 긍정적으로 논증하기 위해서는 담대해질 필요가 있었음을 보여준다. 마지막으로 우리는 왜 바울이 그런 식으로 이 서신을 썼는지에 대해서 물을 필요가 있다.

3. 바울이 하나님의 백성 안에서 이방인과 유대인의 동등성을 단언할 때, 그가 이방인에게 유리한 대로 자신의 논증 구조를 형성한 것은, 온 인류를 향한 하나님의 구원 계획에서 자신은 이방인을 위한 사도라는 바울의 자기 인식의 영향 때문이다. 1장에서 본 대로, 바울은 처음부터 이 서신은 자신의 사도적 자기 인식에서 비롯되었다고 표현하며(1:1-15), 끝부분에 가서

는 이방인의 사도라는 자신의 사도적 의식 아래서 이 서신을 써왔다고 다시 한 번 분명히 밝히고 있다(15:15-16). 이런 도입구와 결론구의 발언을 통해서, 바울은 이방인을 향한 사도적 소명을 성취하기 위해 그런 식으로 썼다고 분명히 증언하고 있다(15:16). 이는 그의 포괄적인 구원론은 주로 이방인의 사도로서의 그의 자기 인식에서 흘러나오고 있음을 의미할 수 있다. 다시 말해서, 바울은 이방인의 사도로서 로마서를 쓴 것이다. 바울은 또한 자신의 몇 가지 신학적이고 실제적인 권면들은, 하나님께서 자신에게 이방인의 사도가 되는 특별한 은혜를 주셨음을 알고 나서 한 것이라고 말한다(11:13; 12:3). 그러므로 우리는, 서신의 본문(1:16-15:13)을 해석할 때, 바울의 사도적 자기 이해가 구원론적 논증의 내용과 구조에 심각하게 영향을 끼쳤다는 관점으로 해석하는 것을 정당화해줄 근거를 찾았다.

바울은 자신이 이방인의 사도로서 복음을 전하는 일에 부름 받았을 뿐 아니라(1:1-5, 16-17; 10:9-15; 16:25-27; 고전 9:6; 15:3-8; 갈 1:15-16), 이방인의 구원과 이방인을 위한 선교의 합법성을 단언하거나 옹호할 의무 아래 있는 자신의 역할을 온전히 깨닫고 있다. 그는 또한 자신이 이방인에게 빚진 자임을 잘 알고 있으며, 자신은 **이방인을 위해** 살고 사역하는 것을 목표로 하는 자임을 또한 잘 알고 있다.

우리는 'τὸ εὐαγγέλιόν μου'(내 복음: 2:16; 16:25)이라는 바울의 표현을 이런 관점에서 해석하기를 제안한다. 바울이 이 문구를 가지고 자신에게만 독특한 메시지가 있다고 주장하는 것은 아니지만,[6] 그의 이 문구는 '단순히 그가 다른 그리스도인 전도자와 함께 전한 복음'[7] 이상을 내포하는 듯 보인다. 'τὸ εὐαγγέλιόν μου'(내 복음: 2:16; 16:25)란 표현은 로마서에서 2번 나온

6) Keck, *Paul*, 34-35; Cranfield, *Romans* 1,163도 그렇다. 그 밖의 다른 데서 그는 다른 사도들이 전했던 것과 동일한 복음을 전하였다는 것을 명백히 한다(cf. 고전 15:3-8; 갈 2:7), 그리고 그것은 종종 '우리의 복음'으로서 묘사된다(고후 4:3; 살전; 살후 2:14). 그것은 그리스도의(즉 그리스도에 대한) 복음이며(고후 2:12; 살후 1:8), 동시에 하나님의 복음이다(1:1; 15:16; 고후 11:7; 살전 2:2, 8, 9; cf. 벧전 4:17).

7) Cranfield, *Romans* 1, 163; 이렇듯 또한 Keck, *Paul*, 34-35; 이와 유사하게 Locke, *Paraphrase* 2, 499, '(사도행전 17장에 있는 것처럼) 내가 전하는 복음에서 드러냈듯이'.

것 말고는 다른 바울 서신에는 전혀 나오지 않으며(2:16; 16:25; cf. 딤후 2:8), 갈라디아서 2:2과 매우 비슷하다: '내가 이방인 가운데 전하는 복음'(즉 "**내**" 복음). 그는 무할례자의 복음에 대한 주요 변호자로서의 자신의 역할을 인식할 때[τὸ εὐαγγέλιον τῆς ἀκροβυστίας(무할례자의 복음); 갈 2:7], 이 문구를 사용하고 있다.[8] 바울은 16:25에서 이렇게 쓰고 있다: '나의 복음과 예수 그리스도를 전파함은…, 이 복음으로 너희를 능히 견고케 하실…하나님께서 예수 그리스도로 말미암아 영광이 세세무궁토록 있을지어다!'(16:25-27).[9] 바울이 나의 복음과 예수 그리스도에 대한 선포를 별개의 두 요소로 쓰고 있는 것은 매우 중요하게 보인다. 여기서 바울은 '나의 복음'을 '예수 그리스도에 대한 선포'와 구분한다. 따라서 바울은 이 표현을 쓰면서 다른 전도자들과 함께 전한 그리스도의 복음을 의미하지 않고 있을 것이다. 그보다는 그가 **이방인의 사도로서** 상술하는 복음이 함축하는 바를 의미할 것이다. 이 복음은 이방인들 가운데서도 있어야 하는 복음의 진리이다(cf. 갈 2:5).

이런 연관성 속에서, 로마서와 갈라디아서에서만 바울이 자신이 이방인의 사도라는 사실을 강조하고 있다는 것은 매우 중요하다(11:13: εἰμι ἐγὼ ἐθνῶν ἀπόστολος; 15:16: λειτουργὸν Χριστοῦ Ἰησοῦ εἰς τὰ ἔθνη; 갈 2:7-9). '나의 복음'이란 표

---

8) 다메섹 체험 후 14년 만에 그는 '복음의 진리가 너희들(이방인들) 가운데 머물 수 있게 하려고'(갈 2:2,5) '내가 이방인들 가운데 전한 복음'을 예루살렘 사도들 앞에 내놓기 위하여 예루살렘으로 올라간다. 비록 바나바와 디도가 그와 함께 있었지만('**우리가** 일시라도 복종치 아니였으니': 갈 2:5), 바울은 마치 예루살렘 사도들이 자신**만**을 무할례자의 복음을 맡은 자로서, 그리고 이방인에 대한 사도직을 가진 자로서 인식하고 있다는 식으로 주장한다(갈 2:8)—'그들이 내가 이방인에게 복음 전하는 사역을 맡은 자로서 보고… 이방인의 사도로서'; '그들이 **내게** 주어진 은혜를 보고; '그들이 **우리가** 이방인에게 가야 할 것에 동의함으로'(갈 2:7-9). 로마서 16:21에 따르면, 디모데는 바울과 함께 있었지만 특이하게 그는 디모데를 서신의 동반 발신자서 포함시키지 않고 있으며, 또한 '**내** 복음'을 주장한다: cf. 동반 발신자로서의 바울과 디모데(고후 1:1)와 또한 고린도후서 4:3의 '**우리**의 복음'; 마찬가지로 살전 1:1과 1:5; 살후 1:1과 2:14.

9) 16:25-27의 본래 위치는 몇몇 고대 본문들에 따라서 다양하다: 그 구절은 14:23 뒤나 15:33 뒤에 나온다. 혹은 두 곳에 모두 혹은 서신에 전혀 포함되지 않는다; Metzger, *Textual Commentary*, 533-536, 540; Keck, *Paul*, 17을 보라. 이 송영의 저자가 누군지는 논쟁의 대상이었지만, 바울이 저자인 것에 반대하는 논쟁들(cf. Dunn, *Romans* 2, 912-913)은 완전히 설득력 있어 보이지 않는다: Sanday and Headlam, *Romans*, 432-436; Bruce, *Romans*, 281-282. Fitzmyer, *Romans*, 753은 '비록 고유하게 바울의 것이 아니거나 본래 로마서의 일부가 아니라고 하더라도, 그것은 서신에 적합한 결론을 형성한다'고 말한 것은 옳다.

현은 바울의 이방인의 사도로서의 자기 인식과 밀접한 관련이 있으며, 그런 이방인의 사도로서의 자기 인식 때문에 바울은 '유대인과 이방인을 똑같이 다루시는 하나님의 공평함'을 강조할 수 있었다.[10] 이 복음은 '영세 전부터 감추어졌지만, 이제는 영원하신 하나님의 명령을 따라 선지자들의 글로 말미암아 드러나고 알려져서 **모든 민족**(πάντα τὰ ἔθνη=모든 이방인들)으로 그를 믿어 순종하게 하는 비밀의 계시를 따라서'(16:25-26) 상술된 복음이다. 그것은 이방인을 **위한**(for) 사도**로서**(as) 바울이 설명한 복음이다.[11] 바울은 자신의 선교 사역을 수행할 뿐 아니라 로마서를 써서 자신의 신학을 설명함으로써 이방인을 위한 그리스도의 일꾼으로서의 자신의 역할을 감당하고 있다. 따라서 만약 **바울의** 복음으로 구별될 수 있는 것이 있다면, 그것은 아마도 '복음을 선포하는 바울의 개인적인 방식'일 것이며,[12] 좀더 구체적으로 말하면, 하나님의 구원 계획에서 '**모든** 이방인들(τὰ ἔθνη)'이[13] 유대인과 함께 후사가 되고 함께 참여하는 자가 될 것이라는 점(cf. 엡 3:6)을 특별히 언급하면서, 하나님의 복음을 **변호하는** 바울만의 방식일 것이다(1:1; 15:16; 고후 2:12; 살전 2:8-9).

위에 요약된 결론을 따라 다음과 같이 우리의 논제(thesis)를 진술하려고 한다: **이방인의 사도라는 바울의 자기 인식은 로마서에서 포괄적인**(inclusive) **구원론적 논증의 형태와 내용과 구조를 형성하는 데 상당히 큰 영**

10) Ziesler, *Romans*, 88; Dunn, *Romans* 1, 103도 그렇다.

11) 상응하는 개념이 에베소서 3:1-9에 표현되었다. 에베소서 저자에 따르면, 바울은 '너희 이방인을 위하여 예수 그리스도의 갇힌 자'이며('ὑπὲρ ὑμῶν τῶν ἐθνῶν': 엡 3:1),'(그리스도의) 비밀은 계시로 내게(바울) 알려졌다'(엡 3:3). '이 비밀은 (특별히) 이방인이 복음으로 말미암아 그리스도 예수 안에서 (유대들과) 함께 후사가 되고(εἶναι) 함께 지체가 되고 함께 (하나님의) 약속에 참예하는 자가 되는 것'이다(엡 3:6; 의역된 번역은 필자의 것). 세 번 반복된 접두사인 συν-(함께)은 '이방인들이 이제 실체(즉 교회)의 본질적인 구성원인 것을 나타낸다(Lincoln, *Ephesians*, 180; 또한 Turner, 'Mission', 145-146을 보라). 비록 이 비밀은 다른 사도들과 선지자들에게도 알려졌지만(엡 3:5), 이방인에게 이 비밀을 전하기 위하여 하나님의 특별한 은혜를 받은 사람은 바로 바울이다(1:1, 5; 15:15-16; 갈 1:15; 2:7-9; cf. 엡 3:7-9; 행 9:15).

12) Fitzmyer, *Romans*, 754.

13) Barth, *Ephesians 1-3*, 336-37. 바울이 '모든 이방인'을 위한 복음을 맡은 사실에 대해서는 1:5; 15:16; 갈 1:16; 2:7, 9을 보라.

향을 미쳤다. 바울은 이방인의 사도로서 그리스도 안에서의 유대인과 이방인의 동등성을 확립하여 이방인 구원의 합법성을 단언하기 위해 이방인 편에서 담대하게 신학적인 논증을 제시하고 있다.

'로마서는 (거의 틀림없이) 기독교의 가장 중요한 신학 문서이면서' 동시에 바울의 가장 성숙하고 깊은 신학적 사상을 담고 있는,[14] '바울의 가장 중요한 서신이다.'[15] 따라서 '로마서에 대한 다른 이해는 대개 바울 신학 전체에 대한 다른 이해를 반영한다'고 하며,[16] 역사적으로 '새로운 방식으로 로마서를 읽을 때에 바울 전체를 새롭게 읽는 일이 생긴'[17] 것이 사실이다. 우리는 이 연구를 통해 이 서신은 다시 읽혀야(reread) 한다고 제안하는 바다.[18] 로마서에 대한 대부분의 현대의 해석은 과거의 유대인 대학살에 대한 부적절한 이해에서 생긴 죄책감을 사과하는 입장에 영향을 받아왔다. 이제 우리는 바울의 이 가장 중요한 서신을 이방인의 사도의 관점에서 새롭게 읽기를 제안하는 바다. 바울은 이 관점을 통해서 자신의 역할, 그리스도의 섬김, 구약성경, 아브라함 이야기, 아담의 타락의 영향 등을 이해하고 있기 때문이다. 이 서신에서 바울이 유대인과 이방인 가운데서 행한 선교 사역 중에 얻은 그의 선교사로서의 확신이 잘 요약되어 있다.[19] 우리는 15:14-21

---

14) Conzelmann and Lindemann, *Interpreting*, 192. Luther, *Luther's Works*, 35.365: '이 서신(로마서)은 실제로 신약의 중요한 부분이며, 참으로 가장 순수한 복음이다'. Stortz, 'Romans and Reform', 369를 보라. 그는 기독교 역사에서 로마서가 차지하는 위치를 간략히 관찰하며, 로마서 주석을 쓴 17명의 위대한 종교 개혁자들의 명단을 열거하면서 로마서가 기독교 역사의 개혁을 위한 발판이었다는 사실에 주시한다. 또한 다음을 보라 Godsey, 'Interpretation', 3-16; Deidun, 'Romans', 601.

15) Cf. Käsemann, *Romans*, 390: '그 서신은 … 바울 신학의 거의 완전한 요약을 제시하고 있다.'

16) Wright, 'Romans', 184.

17) Wright, 'Romans', 184. 예를 들어서, Stendahl, *Paul*, vi: '내 입장에서 가장 중요한 전환은 로마서에 대한 내 자신의 최근의 이해에 집중되어 있다.'

18) Stowers의 최근 연구인 *A Rereading of Romans*(1994)도 로마서를 다시 읽을 것을 권하고 있다. 그러나 여기서의 중심 논제가 죄로부터의 구원이 아니라 유대의 율법에서 가능하지 않은 심리적 극기라고 하는 그의 주장은 설득력이 없다.

19) Schrenk, 'Missionsdokument', 83.

을 이 서신의 의미를 결정하는 가장 좋은 해석의 열쇠로 간주할 것을 제안하였다. 바울은 이방인을 **향한**(εἰς τὰ ἔθνη, 15:16) 사도로서뿐 아니라, 이방인**의**(of) 사도(ἐθνῶν ἀπόστολος; 11:13)로서도 이 편지를 쓰고 있다. 또한 바울은 에베소서 저자에 의해서는 이방인을 **위한**(ὑπερ … τῶν ἐθνῶν, 엡 3:1) 사도로도 묘사되고 있다. 그는 이방인의 편에 서서 이방인의 구원의 충족성을 확언하고 그들이 동등하게 하나님의 구원의 축복과 약속에 포함되어 있음을 분명히 하기 위해 로마서를 썼다. 그는 무엇보다도 **이스라엘을 위해** 이방인의 사도가 된 것이 아니며, 도리어 **이방인을 위해** 이방인의 사도가 되었다.

이방인의 사도로서 바울의 가장 큰 공헌은 그의 광범위한 선교적 노력이라기보다(물론 의심할 여지없이 그것도 위대하지만: cf. 15:19-21; 고전 15:10; 고후 11:23) 그가 유대 율법 준수와 상관없이 얻게 되는 이방인의 구원을 신학적으로 확립하고 그 결과 하나님의 구원 계획 안에서 이방인과 유대인이 동등하다는 것을 신학적으로 논증한 것이다. 이것이 바로 그가 오늘날까지도 이방세계에 지속적으로 기여하고 있는 바다.

부록

바울의 사도적 자기 인식과 그의 '나의 복음'

연구의 본론에서, 우리는 이방인의 사도로서의 바울의 자기 인식이 로마서에서 피력한 그의 포괄적인 구원론 논증의 형태와 내용과 구조에 상당히 큰 영향을 미쳤다는 것을 보이려고 하였다. 하지만 그의 사도적 자기 인식과 우리가 여기서 언급하는 복음이 그가 다메섹 도상에서 그리스도의 현현 때 처음 인식한 것과 또 후에, 예를 들어, 갈라디아에서 선포한 것과는 강조점을 달리하여 제시되고 있다. 따라서 우리는 '바울의 사도적 자기 인식'과 '내 복음'이라는 표현을 사용할 때 우리가 정확히 무엇을 뜻하는지 분명히 할 필요가 있다. 우리는 김세윤의 견해와 소통하면서 그 정확한 의미를 밝히고자 한다. 김세윤에 따르면, [바울의] 복음과 사도성은 **오로지**(solely) 다메섹 도상의 그리스도 현현 경험에만 근거하며, 그는 **오로지** 자신을 그것에 비추어서만 이해한다.[1] 그러므로 김세윤에게 있어서 바울의 다

1) 김세윤, *Origin*, 61, 강조는 나의 것. 김세윤은 자신의 소명에 대한 바울의 이해에 발전이 있음을 인정함으로써 이런 주장을 누그러뜨리기는 하지만(pp. 60-61), 이런 유보에 큰 의미가 있는 것 같지 않다. 이는 그는 바울이 그 때 그곳에서(다메섹 도상에서 그리스도 현현 때) 부르심을 받았고, 또한 자신의 소명이 이방인 선교를 위한 것임을 온전히 알았다고 주장하는 데 몰두하고 있기 때문이다(pp. 58-66).

메섹 그리스도 현현 경험은 바울 신학의 기원이며 또 그것을 이해하는 해석적 열쇠이다.[2] 김세윤은 바울의 구원론과 기독론은 그 그리스도 현현 경험 때에 형성되었으며, '확실히 늦어도…그가 세계 선교 여행에 나서기 직전에' 형성되었다고 본다.[3] 바울은 이방인의 사도로서의 자신의 소명과 율법과 상관없는 복음을 온전히 이해하고 있었기 때문에, (거의) 즉시 이방인 선교를 향해 나아갔다.[4] 따라서 김세윤에게 있어서 바울 신학은 다메섹 도상 경험에 대한 신학적인 주해인 셈이다.

김세윤이 바울 복음의 **본질**의 **기원**을 다메섹의 그리스도 현현에 둘 수 있다고 주장한 것은 분명히 옳다. 하지만 그는, 바울의 복음이 선포된 맥락과 서신들 안에서 바울 신학을 형성하고 표현하는 데 영향을 미친 관점을 설명하는 데는 실패하고 있다. 김세윤은 다메섹 이후에 주어진 후속적인 계시들(ἀποκάλυψεις: 고후 12:1; cf. 행 13:1-3; 16:6-10; 22:17-21)과 바울의 (새로운) 구약 연구가 미친 공헌, 그리고 회심하고 부르심을 받은 다메섹 경험 이후로 서신들을 쓰기까지 유대인과 이방인 가운데서 선교하면서 얻은 경험이 갖는 중요성을 간과하고 있다. 김세윤에게 이 '중간 시기'는 그렇게 중요하지 않다. 바울이 다메섹의 그리스도 현현 때 그의 복음 전체를 다 받았다고 보기 때문이다.[5] 물론 김세윤은 바울로 하여금 그의 서신들에 표현된 대로 자신의 근본적인 원리들을 형성하고 배열하고 전개할 수 있게 한 요인들에 대한 연구는 여기서 언급한 그의 특정 연구에서의 당면 관심사가 아니

---

2) 김세윤, *Origin, passim*.

3) 김세윤, *Origin*, 335.

4) 김세윤, *Origin*, 271: '바울이 다메섹 도상에서 하나님의 아들의 계시를 율법과 상관 없는 하나님의 의의 계시(롬 3.21)임을 **즉시** 인식하였고 하나님의 이방인 선교로의 부르심에 즉시 반응한 것은 아주 명백한 사실이다'(강조는 나의 것).

5) 이것은 또한 김세윤의 스승인 브루스(F.F. Bruce)의 견해다(*Paul: Apostle*, 188): '바울의 다메섹 경험은 그 안에 그의 사도적 메시지 전체를 담고 있다. 하지만 당연히 이런 전체의 상세한 부분까지 즉시 이해되는 것은 아니었다.' 이 때문에 김세윤은 바울의 신학 사상에 발전의 여지가 있음을 인정하지만(*Origin*, 335), 종말론은 차치하더라도, 그런 유보는 그 자신의 결론을 약화시키는 역할을 하거나 그에게는 큰 의미를 갖지 않은 듯하다. 하지만 이런 유보는 그가 명백히 밝힌 바와는 모순된다(위의 주 4를 참조하라). 그러므로 던(Dunn), 'Light', 259이 김세윤의 견해를 오해한 것 같지는 않다. 그러나 cf. Newman, *Glory-Christology*, 179.

었다고 주장할 수도 있을 것이다.[6] 하지만 그의 방법론적 접근은 바울의 구원론 논증의 구조와 내용이, 예를 들어, 그의 선교적 경험과 유대주의자들과의 충돌, 그리고 그런 상황에 반응한 사도적 자기 인식에 의해 영향을 받았을 가능성을 경시하는 **결과**(consequence)를 낳고 만다. 김세윤은 바울의 자기 이해와 자신의 복음의 내용과 전달 방식은 그가 그리스도 현현 때 원래 받은 것과 상당히 같다고 생각할 것이다.

따라서 김세윤은 바울이 갈라디아에서 변호하고 있는 복음—율법과 상관없는 복음—은 그가 맨 처음 갈라디아에서 전한 **바로** 그 복음 그대로(갈 1:11)라고 주장한다. 바울이 갈라디아에서 전한 **바로** 그 복음이 공격을 받고 있다는 것이다.[7] 만약 김세윤이 갈라디아에서 바울이 전한 율법과 상관없는 복음이 정확히 그가 이전에 전한 복음이었다는 것과 그것이 정확히 다메섹 그리스도 현현 때 받은 복음과 같다는 것을 증거를 제시했더라면, 김세윤의 주장은 훨씬 무게감이 있었을 것이다. 하지만 대략 20년이나 그 이후에 쓰여진 자료를 사용하여 그것이 바울이 정확하게 그리스도의 현현 때 받은 내용이라고 주장하면서도 바울의 신학에 얼마 간의 '발전'이 있을 수 있는 여지를 조금도 주지 않는 것은 방법론적으로 불합리하다. 그렇다. 바울은 다메섹 도상에서 자신의 사도성과 복음을 받았다. 하지만 그의 서신들에 특정한 **내용**과 **표현 방식**으로 기록된 것들이 정확히 그가 그리스도 현현 때 받은 것과 같다는 점은 누구도 확신할 수 없다. 예를 들면, 아브라함의 이야기는 갈라디아서와 로마서에서 각각 전혀 다른 강조점(과 관점)을 보인 채 제시되고 있다. 다른 예로는 아담에 대한 고린도전서와 로마서의 해석을 들 수 있다.

6) 나는 김세윤 교수가 내 논문 하나(이 책에 수록하지 않았다)를 읽고 상세하게 의견을 제시해 준 데 대해 감사한다. 그는 내게 '나는 바울의 이방인의 사도 됨[과 그의 신학]이 **발전되었다**는 견해에 반대하지 않는다...하지만 내 책[*Origin*]에서 나는 바울의 사도적 자기 이해나 그의 신학에 있어서 **발전 단계**를 증명하는 데는 관심이 없었으며, 그것들의 **기원**을 설명하는 데 관심을 가졌다' (강조는 그의 것)고 하였다. 하지만 김세윤은 바울이 1차 선교여행을 떠난 후에는 신학적인 발전이 있었다는 사실은 인정하지 않고 있다(*Origin*, 335).

7) 김세윤, *Origin*, 271(강조는 나의 것); p.272에서도 유사한 견해가 나온다.

마찬가지로 김세윤은 같은 복음이라도 다른 강조점과 논증 형태를 띠고 제시될 수 있다는 사실을 고려하지 않고 있다. 바울은 갈라디아에서 첫번째 선교 사역을 할 때 복음을 전하였다. 하지만 우리가 갈라디아서에서 읽는 것과 똑같은 방식으로 율법과 상관없는 복음의 내용을 강조하며 전했을 가능성은 거의 없다.[8] 물론 그렇다고 바울이 그들에게 율법 준수를 요구하는 복음을 전하였다는 뜻은 아니다. 갈라디아에서 바울이 맨 처음 사역할 때 전한 것은 예수 그리스도의 죽음과 부활에 관한 메시지, 즉 복음이었을 것이다. 바울은 고린도인들에게 '내가 받은 중요한 것(김세윤에 따르면 다메섹 그리스도 현현 때)[9]을 먼저 너희에게 전하였다'(고전 15:3)는 사실을 상기시키고 있다. 이것은 분명 예수 그리스도의 죽음과 부활에 관한 메시지였을 것이다(고전 15:3-8). 바울이 갈라디아 성도들에게 상기시키는 것–'예수 그리스도께서 십자가에 못 박히신 것이 너희 눈앞에 밝히 보이거늘'(갈 3:1b)–은 바울 역시 그리스도의 죽음과 부활을 전했음을 나타낸다.

바울은 아마 그 당시에는 유대 율법과 관련하여 복음이 함의하는 바를 강조하지 않았을 것이다.[10] 만약 바울이 (김세윤이 반복해서 주장하는 것 같이) 이미 그들에게 아주 분명히 그가 이 서신에서 쓴 것과 정확히 같거나 혹은 그것의 상당 부분을 가르쳤다면, 갈라디아 성도들은 유대주의자들에 의해 그렇게 속히 설득당하지는 않았을 것이다(cf. 갈 1:6). 그들은 바울의 가르침과 유대주의자들의 가르침 간의 차이를 인지했을 것이고, 선동자들이 말한 것이 얼마나 정당한지에 대해 의문을 가졌을 가능성이 크다. 그가 갈라디아서에 쓰고 있는 내용이 그가 첫 선교 사역 때 전한 것과 '정확히' 같을 가능성은 희박하다. 어떤 선교사도 후속 편지에서 문자 그대로 이전에 했던

8) Cf. Stulmacher, 'Purpose', 242.

9) 김세윤, *Origin*, 69-70, 275.

10) 선교사 바울은 아마도 유대인의 율법에 대해서 거의 아무 것도 모르는 이방인 청중에게 꼭 그렇게 해야 한다고 생각하지 않았을 것이다. 율법을 지킬 필요가 없다는 것을 확신하는 선교사 가운데 새신자들에게 유대인의 율법을 지켜야 되는지 그렇지 않은지를 강조하여 설명할 선교사가 있겠는가?

선교 설교를 되풀이하지 않을 것이다.[11] 하지만 만약 바울이 그렇게 하였다면, 그는 '내가 이미 너희에게 말하지 않았더냐?' 하는 **상기 형식**'(reminder-formula)을 사용했을 것이다. 실제로 바울은 그의 서신들에서 이런 상기 형식을 종종 사용하고 있다.[12] 갈라디아 성도들이 그리스도를 처음 믿을 때 경험한 성령 체험에 호소하는 것(갈 3:1-5 cf. 갈 4:13-16; 5:19-21) 외에는 바울이 이 상기 형식을 사용하지 않는다는 사실은, 그가 분명 갈라디아 성도들에게 율법과의 관계에서 복음이 갖는 함의를 복음과 함께 가르쳐 주지 않았음을 나타낸다. (위에서 인용한) 갈라디아서 3:1b의 발언은 바울이 일찍이 거기서 전한 복음이 그리스도의 십자가와 부활의 복음이었음을 보여준다. 사람들은 그 복음에 믿음으로 반응하였고 성령을 받았다(갈 3:1-5).

후에 유대주의자들이 갈라디아 성도들에게 유대법 준수를 강요하려고 할 때, 새로운 신자들은 의문을 제기하지도 않은 채 그 가르침을 받아들였다(cf. 갈 1:6: '이같이 속히'). 그 이유는 그들은 신학적으로 그 가르침을 분석하거나 거부할 준비가 되어 있지 않았기 때문이다. 그래서 바울은 자신이 일찍이 전한 복음이 **함의하는 바들**, 즉 율법과 상관없이 오직 믿음만으로 얻는 이방인 구원의 충족성과 합법성을 설명하여 그 복음을 변호할 긴박한 필요를 본 것이다. **갈라디아에 보낸 편지에 나타난 복음의 내용에서 바울이 강조하는 바는 그가 처음 거기서 선교 사역을 시작할 때 전했던 것과는 다르게 구성된다.**[13] 그는 똑같은 복음을 가지고 있지만, 강조점을 달리하

11) Stanton, *Jesus*, 113에서 아주 정확하게 지적하고 있다; cf. Dodd, *Apostolic Preaching*, 11-12.

12) 예를 들면, '내가 너희와 함께 있을 때 이미 너희에게 경고하였다'(고후 13:2); '우리가 너희와 함께 있을 때에 장차 받을 환난을 너희에게 미리 말하였는데'(살전 3:4); '때와 시기에 관하여는 너희에게 쓸 것이 없음은 주의 날이 밤에 도둑같이 이를 줄을 너희 자신이 자세히 알기 때문이라'(살전 5:1-2); '내가 너희와 함께 있을 때에 이 일을 너희에게 말한 것을 기억하지 못하느냐'(살후 2:5); 유사하게, 살전 4:6b, 11; 살후 2:15; 3:6, 10.

13) Stanton, *Jesus*, 113: '서신의 강조점이 바울의 선교적 설교의 강조점은 아니었다.' 상기 형식을 사용한 바울의 선교적 설교의 재구성에 대해서는, Paul Seminar, British New Testament Conference, Aberdeen(13 September, 1996)에서 발표한 나의 논문 'From Preaching the Gospel to Expounding its Implications: Rediscovering Paul's Missionary Preaching and its Development'를 보라.

여 표현한다. 이전에는 '**그리스도의 죽음과 부활을 믿음으로** 얻는 칭의'를 전파하였다면, 이제 서신에서는 '**율법과 상관없이** 믿음으로 얻는 칭의'를 강조하고 있다. 갈라디아서 본문에 나오는 바울의 구원론의 내용과 구조는 예수 그리스도의 죽음과 부활에 관한 복음의 메시지에 대한 반응으로 이방인이 오직 믿음으로만 얻은 구원의 합법성을 변호할 필요성에 의해서 구성되고 있다. 로마서도 매우 비슷한 상황에서 기록된 서신이다.[14)]

서신들(특히 갈라디아서와 로마서)을 쓸 무렵 바울은 이방인의 사도로서의 자신의 사도적 의무를 온전히 이해하고 있으며, **이방인**의 사도로서 자신의 책무를 예민하게 의식하고 있다.[15)] 그의 책무는 그들에게 복음을 전하는데 그치지 않는다. 이방인의 구원이 위협을 받을 때마다 그 구원의 신학적인 합법성을 단언하고 변호하는 일이 더 중요한 그의 책무다.[16)] 갈라디아서와 로마서에서 그가 자신의 이방인 사도직을 변호한 것은 그리스도 안에서 (믿는) 이방인들의 위상을 변호하기 위함이었다. 따라서 바울은 이방인의 사도 자격으로(as) 자신의 주장(즉, 신학)을 제시하고 있는 것이다. **로마서에서(그리고 갈라디아서에서) 이방인의 사도로서의 바울의 자기 인식은 단순히 이방인에게 복음을 전해야 하는 자신의 소명에 대한 이해에 그치지 않고, 더 근본적으로는 자신은 율법과 상관 없이 얻는 이방인 구원의 합법성을 신학적으로 확언하고 변호해야 하는 사람이라는 인식이다. 로마서에서 나타난 바울의 구원론 논증의 내용과 구조 형성에 영향을 준 것은 바로 이 후자의 인식이다.** 이 자기 인식은 로마에서 예상할 수 있는 유대주의 선동자들의 위협과 예루살렘에서 자신의 생명에 미칠 수 있는 위협을 예견한 상황이었기에 특별히 더 예민해졌을 것이 분명하다. 마찬가지로 '나의 복

14) 최종상, 'Paul's Apostolic Self-Awareness', 116-137을 보라

15) 부활하신 그리스도는 다메섹 도상에서 바울을 부르셨다; 그리고 그는 그의 부르심의 내용을 점차적으로 나타내셨고(cf. 행 9:3-19//22:6-16//26:12-23; 22:17-21; 13:1-3; 16:6-10; 18:9-10; 23:11), 바울이 갖는 이방인의 사도로서의 자신의 사명과 능력에 대한 이해는 이에 따라 발전하였다; 이와 유사한 견해로는 Hengel, *Earliest Christianity*, 88; Bornkamm, *Paul*, 49.

16) Knox, 'Romans 15:14-33', 1-11.

음'이란 표현을 통해 바울은 단지 그리스도의 죽음과 부활의 메시지만을 언급하고 있는 것이 아니다(cf. 갈 1:15-16).[17] 더 근본적으로, 바울은 하나님의 구원 계획에서 유대인과 이방인이 차지하고 있는 동등한 위치와 관련하여 그리스도의 사역이 **함의하는 바**, 즉 그가 **이방인**의 사도의 **자격으로** 전하는 복음을 가리키고 있는 것이다.

17) 앞에 pp. 381-384를 보라.

개역 개정판 부록

초대교회의 이방 선교와 율법관의 변화

지금까지 우리는 사도 바울이 로마서에서 이방인의 사도로서 이방인이 믿음으로 얻은 구원이 충족하고 정당하며 합법적인 것을 강조하고 있음을 증명해 보였다. 바울은 유대인과 이방인의 동등성을 논증하면서 이 동등성에 근거하여 로마교회의 유대인 성도들과 이방인 성도들이 연합하여 형제우애를 이룰 것을 권면하고 있다고 설명하였다.

로마서를 좀 더 폭넓고 바르게 해석하려면 로마서를 쓴 계기와 목적을 이해하는 것이 절대적으로 필요하다. 하지만 본서에서는 간략하게만 언급하였는데,[1] 이 주제를 학위 논문이 완성되기 전에 이미 다른 곳에 기고하여 출판했기 때문이다.[2] 따라서 이 주제를 이 한국어 개역판 부록에서 반복할 필요는 없을 것이다. 대신 로마서를 쓸 당시의 좀더 폭넓은 초대교회 전체 상황을 이해한다면 로마서는 물론 갈라디아서 같은 다른 바울 서신서들, 더 나아가서는 신약성경 전체를 이해하는 데 도움이 될 것이다. 또한 우리가 제시한 로마서 해석을 더욱 공감하게 될 것이다.

---

1) 앞에 pp. 40-43.

2) 최종상, 'Paul's Apostolic Self-Awareness and the Occasion and Purpose of Romans', in A. Billington, T. Lane and M. Turner (eds.), *Mission and Meaning: Essays Presented to Peter Cotterell*(Carlisle: Paternoster,1995), 116-137.

초대교회에는 꼭 설명해야 할 몇 가지 신학적인 주제가 있었다. (1) 십자가에 달려 죽은 예수가 어떻게 메시야일 수 있는가? (2) 그토록 기다리던 메시야가 왔음에도 불구하고 왜 대다수의 유대인들이 믿지 않는가? (3) 하나님의 구원의 은혜에서 제외된 것으로 알았던 이방인들이 예수를 믿고 성도가 되는 현상은 어떻게 된 것인가? (4) 이스라엘의 하나님과 이스라엘의 메시야를 믿는 이방인 성도들은 이스라엘의 율법을 지켜야 되는 것인가? 하나님께서는 이러한 이슈에 대한 신학적 설명을 제시할 적임자로 사도 바울을 세우셨다.

이 부록에서 우리는 초대교회에서 어떻게 이방선교가 시작되었으며, 이 이방선교와 더불어 이방인 성도들도 율법을 지켜야 하는지에 대한 신학적 논쟁이 어떤 변화를 겪어왔는지를 살피려고 한다.

1. 이방선교의 확대와 신학적 발전

A. 고넬료 구원 사건과 이방인 선교

부활하신 예수님은 당신의 죽음과 부활로 완성하신 복음의 메시지를 예루살렘으로부터 온 천하에 전파하라고 제자들에게 명령하셨다(마 28:18-20; 막 16:15; 눅 24:44-49; 요 20:21; 행 1:8). 이렇게 반복하여 말씀하셨는데도 제자들은 이방선교 계획을 수립하지 못했다. 그러다가 이방인 고넬료가 베드로를 통하여 예수님을 믿는 사건이 일어났다. 베드로가 주도한 것이 아니라 성령의 강력한 개입으로 일어난 사건이었다. 고넬료 집에 도착한 베드로는 "유대인으로서 이방인을 교제하는 것과 가까이 하는 것이 위법인 줄은 너희도 알거니와"(행 10:28)라고 하였다. 이 첫 마디는 베드로와 사도들은 이방인에게 복음을 전하려고 접촉하는 것은 상상조차 못했고, 오히려 이방인을 접촉하는 것은 위법이기에 그들을 피하고 있었다는 것을 나타낸다.

베드로는 오순절 설교 때 요엘 2:32을 인용하며 "누구든지 주의 이름을 부르는 자는 구원을 얻으리라"(행2:21) 선포하였다. 하지만 이 "누구든지"에 이방인을 포함하는 의미로 사용하지 않았던 것을 알 수 있다. 이방인에 대해서 유대 성도들도 편견을 가지고 있었다. 이방인들은 "속되고 깨끗지 않으며"(행 10:14, 28), 하나님의 구원의 은총을 받기에 합당치 않은 사람들로 생각하였다. 그랬기에 이방인 고넬료 가족에 구원의 은총이 내린 것을 확인했을 때, 베드로와 동행한 유대인 성도들은 놀라움을 금치 못하였던 것이다. 예상치 못한 일이 벌어졌기 때문이었다.

고넬료 구원 사건을 통해 이방인에 대한 베드로의 신학적 사고에 변화가 일어났다. 하나님의 직접적인 개입으로 이방인에 대한 편견이 바뀐 것이다. 베드로는 "내가 참으로 하나님은 사람의 외모를 취하지 아니하시고 각 나라중 하나님을 경외하며 의를 행하는 사람은 하나님이 받으시는 줄 깨달았다"(행 10:34-35)고 고백하게 된다. 구약에서 하나님은 외모로 사람을 취하지 않으신다는 말씀은 유대인 가운데 부자나 가난한 자를 외모로 취하지 않는다는 말씀이었을 뿐, 유대인과 이방인을 구분하지 않는다는 말씀은 아니었다. 그러나 이 고넬료 구원 사건으로 베드로는 하나님의 편벽치 않으심으로 인해 유대인과 이방인 사이에도 차이가 없음을 깨닫게 된 것이다. 이방인들이 예수님을 믿을 때에 그들에게 성령이 임하고 방언하는 것을 보고 베드로는 그들에게 세례를 베풀었다. 세례를 베풀지 않는다면 그것은 오히려 하나님을 거역하는 것이라고 확신하게 되었다.

이 소식을 들은 예루살렘교회의 지도자들은 베드로가 무할례자의 집에 들어가 그들과 가까이 한 것과 함께 식사를 하며 기숙하였다고 한결같이 그를 비난하였다. 그런 접촉은 철저한 위법이라고 생각했기 때문이다(행 11:1-3). 이것은 예루살렘교회 사도들과 장로들이 이방인 선교에 대해 어떤 "신학"을 가지고 있었는지 대변해 주는 부분이다. 고넬료의 구원 사건 전까지 사도들과 예루살렘교회는 이방선교를 위한 신학적 준비가 되어 있지 않았고, 그럴 가능성조차도 생각하고 있지 않았음을 보여준다.

예루살렘에 돌아온 베드로는 자신의 경험을 토대로 격분한 예루살렘교회 지도자들에게 해명하기 시작하였다. 성령께서 고넬료와 자신에게 환상 중에 나타나서 강권적으로 고넬료와의 만남이 이루어졌다는 것과 하나님께서 이방인을 받으신 증거가 너무도 확실하여 거역할 수 없었다고 항변하였다(행 11:4-17). 베드로의 경험적 해명을 듣고서야 예루살렘교회 지도자들도 하나님께서 이방인들도 구원하시기를 기뻐하셨다는 것을 기정사실로 받아들이게 되었다(행 11:18). 베드로가 고넬료에게 전도한 경험이 이방선교가 허용된다는 신학으로 인정된 것이다.

B. 안디옥교회의 탄생과 이방인 선교

이 중요한 사건을 경험하고 고넬료의 구원을 인정했음에도 불구하고 예루살렘교회 지도자들은 이방선교를 계획하거나 실천하지 못하였다. 즉, 고넬료 구원 사건을 경험했으면서도 이방인 선교 의지와 신학적 확신이 제대로 정립되지 못했던 것이다.

안디옥에 교회가 생겨난 배경이 이런 해석을 뒷받침한다. 스데반이 순교한 후 예루살렘교회에는 큰 핍박이 몰려왔다. 사도들을 제외한 유대 성도들이 여러 곳으로 흩어졌다. 그들 중 어떤 사람들이 안디옥에 이르러 복음을 전하였다. 그런데 그들은 "도(복음)를 유대인에게만" 전하였다 (행 11:19). 아직 예루살렘 성도들에게 복음은 유대인만을 위한 것이라는 고정관념이 있었다는 것을 보여주는 장면이다. 이방 땅으로 흩어진 유대인 성도들조차도 이방인들에게 복음을 전할 의도가 없었던 것이다. 이것은 고넬료 경험으로 얻은 신학의 변화가 이방인 선교 추진에는 전혀 효력을 나타내지 못하고 있음을 보여준다. "너희는 온 천하에 다니며 만민에게 복음을 전파하라"는 예수님의 지상명령을 "온 천하에 있는 모든 유대인에게 복음을 전파하라"는 정도로 이해했던 것 같다.

그렇게 유대인에게만 복음을 전하니 허다한 사람들이 예수님을 믿게 되었다. 그런데 예수를 믿은 어떤 사람들은 유대인이 아니라 헬라인들이었다. 유대인인 줄 알고 복음을 전했는데 이방인이었던 것이다. 당시 공용어는 헬라어였고, 유대인이나 헬라인이나 외모가 비슷하기에 착각한 것이다. 예루살렘교회는 이방인들이 예수님을 믿게 되었다는 사실을 보고받고 바나바를 파송하여 구원역사의 진위를 확인하게 하였다. 그리고 이방인 구원이 온전한 것이라는 바나바의 평가를 받아들였다. 예상치 못한 또 한 번의 이방인 개종은 예루살렘교회가 이방인 전도를 수용하는 새로운 신학으로 자리잡게 되었다.

이렇듯 예루살렘교회의 이방선교는 신학적 계획이나 전략 없이 거의 우연히 진행되었다. 하나님이 이방인도 의롭게 하신다는 신학 때문에 이방인에게 나아가 선교한 것이 아니었다. 오히려 계획하지 못했지만 성령의 인도를 받으면서 예상치 못한 이방인들을 만나게 되었고, 그들이 예수님을 믿고 구원받는 증거를 경험하면서 하나님께서 이방인도 의롭게 하신다는 신학이 점차적으로 정립되어간 것이다.

C. 이방 지역으로 확대되는 선교

그런 일이 있은 후에도 교회는 나서서 이방인들에게 복음을 전하기 위하여 이방지역으로 선교를 계획하여 나가지 못했다. 안디옥교회가 금식하며 예배할 때에 성령이 "내가 불러 시키는 일을 위하여 바나바와 사울을 따로 세우라"는 말씀을 듣고서야 안디옥 교회는 두 사람에게 안수하여 이방지역으로 파송하게 되었다(행 13:1-4). 그후에도 이방 선교를 주도한 주체는 성령이었다. 2차 선교여행 중 바울에게는 마게도냐로 건너가 유럽에 복음을 전하려는 계획이 전혀 없었다. 그러나 성령의 강력한 개입으로 마게도냐인의 환상을 본 후 바울은 하나님께서 유럽에 복음을 전하라고 부르신 줄 확신하고 마게도냐로 건너가게 되었다(행 16:6-10). 바울은 그가 예루살렘 성전에서 기도할 때에 성령께서 예루살렘을 떠나 멀리 이방인들에게로 보내시겠다는 음성을 듣고 이방 지역으로 나가 복음을 전하였다고 간증하고 있다(행 22:17-21).

이렇게 성령의 경험으로 이방 선교에 대한 신학적 이해의 폭이 넓어졌고, 그에 따라 점차적으로 이방인에게 복음을 전하러 나가게 되었다. 사도들이 선교의 지상명령을 들은 때부터 이방인들에게 복음을 전해야겠다고 이해하고 실천에 옮긴 것이 아니었다. 이방인의 사도로 부름을 받은 바울조차 예수님을 만난 때부터 이방선교에 대한 청사진을 갖고 전략적으로 선교를 진행한 것이 아니었다. 이렇듯 초대교회 지도자들이 이방 선교를 실천해가기까지는 반복적인 성령의 개입이 있었다. 성령께서 이런 개입을 통하여 그 부르심의 의미를 하나씩 일깨워주신 것이다. 이런 성령의 인도하심의 경험과 이방선교의 경험들이 모여 점차 이방선교가 활발해지고 신학이 발전되어 갔다는 사실을 유념해야 한다.

2. 이방선교와 율법 문제

이방선교와 관련되어 이방인 성도들도 유대 율법을 지켜야 하는지에 관한 문제가 대두되었다. 이 문제에 대해서도 처음부터 이방인 성도들은 율법을 지켜야 한다거나 지키지 않아야 한다는 신학적 입장이 있었던 것이 아니었다. 고넬료의 구원 사건 후에 이방인 성도들의 유대 율법 준수 문제는 대두되지 않았다. 베드로는 고넬료에게 할례를 받아야 한다고 말하지 않았으며, 예루살렘교회 지도자들도 왜 고넬료에게 할례를 주지 않았느냐고 베드로를 비판하지도 않았다. 다만 이방인들과 접촉하고 식사교제를 한 것을 비난하였다. 이방인이 주축이 된 안디옥교회 개척 과정에서도 믿는 이방인들에게 할례를 베풀고 율법을 지키게 해야 한다는 주장은 제기되지 않았다. 더 나아가 갈라디아 지방에서 1차 선교사역을 했던 바울과 바나바도 이방인 성도들이 할례를 받고 율법을 지켜야 한다고 가르치지 않았다. 물론 지키지 말아야 된다는 것도 명확하게 가르쳐주지 않았다. 즉, 처음에는 이방인들이 예수를 믿고 난 후 할례를 포함하여 유대 율법을 지켜야 하는지는 중요한 관심사가 아니었던 것이다.

그런데 바울과 바나바가 1차 선교여행을 마치고 돌아온 때를 즈음하여 예루살렘에서 온 유대인들이 안디옥에 내려와 이방인 성도들에게 할례를 받지 않으면 구원을 얻지 못한다는 주장을 비로소 제기하기 시작하였다(행 15:1). 바울과 바나바는 이 새로 제기된 구원론에 결코 동의할 수 없었다. 안디옥교회의 성도들이 바울과 바나바를 예루살렘의 지도자들에게 보내 이 문제에 대한 해결을 요청하였다는 사실은 이 새로운 구원론이 지금까지 정설이 아니었다는 것을 나타낸다(행 15:2).

이제 이 새로운 구원론은 첨예한 논쟁의 주제가 되었고, 결국 이 문제를 공식적으로 다루기 위해 예루살렘 공회가 모이게 되었다. 이 새로운 구원론을 제기한 '바리새파 중에 믿는 어떤 사람들'은 '이방인에게 할례주고 모세의 율법을 지키라 명하는 것이 마땅하다'고 거듭 주장하였다(행 15:5). 이들은 복음을 믿게 된 '허다한 제사장의 무리'(행 6:7)였을 가능성이 많다. 한편 바울과 바나바는 이방인들이 율법을 지키지 않았는데도 온전한 구원을 얻은 것을 본 경험을 간증하면서 이방인들이 율법을 지킬 필요가 없다고 강조하였다(행 15:12). 베드로도 고넬료가 할례를 받지도 않고 유대 율법을 지키지 않고도 분명하게 구원을 받는 것을 본 경험을 근거로 바울과 바나바의 입장을 지지하였다(행 15:6-11). 야고보는 이방인 성도들이 할례를 받지 않아도 된다는 쪽으로 결론을 내렸다. 이러한 결정에는 고넬료의 구원 사건을 경험한 베드로의 지원 연설과 경험에 근거한 바울과 바나바의 주장이 큰 영향을 미쳤다. 바울은 예루살렘 공회의 결정을 1차 선교여행 때 개척한 갈라디아 지방의 교회들에게 전달하면서 교회들을 강건하게 하였다(행 15:30-31, 41). 비로소 이방인 성도들은 할례를 받지 않아도 되고 율법을 지키지 않아도 된다는 구원론으로 신학이 정립된 것이다.

바울은 예루살렘 공회의 결과로 사도들이 자신이 "무할례자들에게 복음 전함을 맡은" 줄 보게 되었고, 따라서 사도들이 자신을 이방인에게로 가도록 합의하였다고 기록한다(갈 2:7-9). 사도들이 하나님께서 자신에게 무할례의 복음을 맡기신 증거를 보고 무할례의 복음을 인정하게 되었고, 이 무할례의 복음으로 이방인들에게 사역하는 것을 동의하였다는 것이다. 누가도 바울의 경험적 사역의 결과로 사도들이 바울의 이방선교를 인정하게 되었다고 기록한다(행 15:25-26). 바울은 계속해서 무할례의 복음을 전하였고, 이방인들 가운데서 구원의 역사가 일어나며 교회들이 개척되고 성장하였다.

하지만 이 새로운 구원론 논쟁은 쉽게 가라앉지 않았다. 안디옥에 와서 새로운 구원론을 주장했던 유대주의자들이 공회 후에는 갈라디아까지 가서 할례와 율법을 지킬 것을 요구하였다. 바울은 이들이 '가만히 들어온 거짓 형제들'이라면서 그들이 전하는 메시지는 잘못된 '다른 복음'이라고 항변한다. 그런데도 갈라디아 성도들은 속히 그들이 전한 다른 복음을 따르고 말았다(갈 1:6-9; 2:4).

갈라디아서를 쓰기 전에도 이미 이 새로운 구원론에 대처한 예루살렘 공회의 결정이 흔들리게 되는 상황을 감지할 수 있다. 바리새파 성도들이 공회의 결정을 무시했거나 혹은 명문화되지 못한 결정을 자기들에게 유리하게 해석했을 수 있다. 그들은 이방인 성도들이 할례를 받고 율법을 지켜야 온전한 구원을 받을 수 있다는 신학적 입장을 계속 유지하면서 세력을 확대해 온 것이 분명하다. 따라서 이들은 계속해서 이방교회들을 향해 그런 요구를 하였다. 예루살렘 공회 후 베드로는 안디옥교회를 방문하여 이방인 성도들과 음식을 먹으며 교제하였다. 그런데 예루살렘에서 온 형제들이 도착하자 이방인 성도들과 교제하지 않은 것처럼 외식하고 말았다. 고넬료의 집에서 며칠을 묵으며 음식을 나누었던 베드로, 이방인과 접촉하였다고 비난하던 예루살렘 지도자들을 자신있게 설득했던 베드로에게 무슨 일이 생기고 있는 것일까?

예루살렘 공회에서도 이방인들에게 할례의 짐을 메울 필요가 없다고 주장했던 베드로가 흔들리고 있었던 것이다. 베드로의 외식은 "남은 유대인들도 저와 같이 외식"하도록 영향을 미쳤다. 뿐만 아니라 바울과 같이 1차 선교여행을 다니며 이방인들에게 복음을 전하고 바울과 같이 예루살렘 공회에 참석하여 이방인 성도들이 할례를 받을 필요가 없다고 당당히 주장하던 바나바마저 외식하고 말았다. 바나바는 안디옥교회 담임목사로서 이방인 성도들과 허물없이 식탁의 교제를 오랫동안 해 왔는데, 왜 이제는 이방인 성도들과 음식을 나누지 않은 것같이 외식한 것이었을까?

바울은 베드로가 야고보에게서 온 "할례자들을 두려워하여 [이방인 성도들과 먹던 식탁을] 떠나 물러갔다"(갈 2:12)고 말한다. 야고보의 지도력 아래 있는 예루살렘교회에 유대주의자들의 세력이 확대되어 베드로와 바나바까지도 그들의 눈치를 보아야 하는 상황으로 발전한 것을 감지할 수 있다. 이들이 바로 고넬료와 식사교제를 하였다고 베드로를 비판하고 안디옥에 내려와 할례를 받아야 된다고 했던 "거짓 형제"들과 같은 신학노선을 가진 자들이었다(행 11:2-3; 15:1, 5; 갈 2:4). 그들은 처음에는 설득되었지만(행

11:18), 그 후 안디옥에 원정을 가서는 단순히 식사교제 문제가 아니라 구원론적 주장으로 이방 성도들을 압박하였다(행 15:1). 예루살렘 공회에서는 할례뿐만 아니라 모세의 율법도 지켜야 한다고 요구하였다(행 15:5). 공회에서는 그 뜻을 관철시키지 못하였지만, 이제 안디옥에 다시 내려왔을 때에는 베드로에게까지 두려움을 주는 세력으로 부상한 것이다.

전에 안디옥에 처음 왔을 때에는 예루살렘교회의 승인 없이 왔지만(행 15:1, 24: "우리 가운데 어떤 사람들이 우리의 시킨 것도 없이 나가서 말로 너희를 괴롭게 하고 마음을 혹하게 하였으나"), 이번에 안디옥에 왔을 때에는 예루살렘 지도부로부터 모종의 자격을 부여받고 온 것으로 보인다(갈 2:12: "야고보에게서 온 자들이"). 이제 이 할례당의 요구는 이방인 성도들이 할례를 받아야 하는 것은 물론 유대인 성도들과는 식사교제까지도 해서는 안 된다는 입장이었던 것으로 보인다.

이러한 안디옥 사건에 즈음하여 야고보, 베드로, 바나바까지 이방인이 율법을 지키지 않고 유대인과 이방인이 함께 교제할 수 있다는 신학노선에서 이탈하여 혼선을 빚고 있었음을 알 수 있다. 바울만이 홀로 서서 외로운 신학적인 전투를 해야 하였다. 이방인의 사도라는 자기 의식과 믿음으로 말미암는 무할례의 복음에 대한 확신으로 바울은 이방인의 구원의 충족성과 합법성을 신학적으로 변호하기에 이른다. 이것이 바로 바울이 공개적으로 베드로 사도를 비판하게 된 배경이다.

더 나아가 이런 일이 있었던 안디옥 사건 때 바울이 강력한 발언을 하여 베드로와 바나바를 바로잡으려 했지만 이방인 성도들이 할례를 받고 율법을 지켜야 한다는 주장은 가라앉지 않았다. 오히려 갈라디아 교회들에까지 퍼져갔고, 성도들은 그런 주장에 현혹되고 만 것이다. 한 가지 분명한 것은 초대교회 안에는 이방인들이 율법을 지켜야 한다는 주장이 꾸준히 제기되었고 그 주창자들이 세력을 확대해 왔다는 점이다. 바울이 3차 선교여행을 마치고 예루살렘에 왔을 때 거기에는 "유대인 중에 믿는 자 수만 명이 있으니 다 율법에 열심 있는 자"(행 21:20)들이 있었다. 율법에 열심인 이 예루살렘 성도들로부터 직, 간접적인 지원을 받은 유대주의자들이 바울이 세운 교회들을 찾아다니며 할례도 받고 율법을 지켜야 한다고 가르친 것이다. 바울은 갈라디아서를 써서 갈라디아의 교회들을 보호하려 하였다. 그러나 바울이 3차 선교여행을 마치면서 죽음을 각오하고 예루살렘으로 가는 것을 보면 갈라디아서를 쓴 이후에도 상황이 점점 더 어려워진 것으로 보인다.

바울은 3차 선교여행을 마치면서 예루살렘으로 가기 직전에 로마서를 썼다. 바울에게 가장 어려움을 준 대상은 불신 유대인이나 불신 이방인이 아니라, 바로 '믿는 유대인들'이었다. 그중에서도 바울의 사도성을 인정하지 않고 그가 율법 없는 은혜의 복음을 이방인들에게 전하는 것을 견디지 못하여 훼방하는 유대주의자들이었다. 바울 서신은 대부분 이러한 상황에 있는 이방교회들을 보호하기 위하여 쓴 것이다. 따라서 이러한 배경이 로마서를 비롯한 바울서신은 물론 신약성경 전체를 바로 해석하는 데 중요한 단서를 제공할 것이다.

3. 초대교회가 핍박 받은 이유

이러한 초대교회의 정황에 대한 이해는 몇 가지 신학적 주제를 해석하는 데 도움을 준다. 그 첫째가 초대교회가 핍박받은 이유에 대한 해석이다. 대다수의 학자들은 예루살렘교회에 유대 출신의 히브리파 성도들과 디아스포라 출신의 헬라파 성도들이 있었는데, 대표적인 헬라파는 사도행전 6장에 나오는 일곱 "집사"로서 스데반이 대표적 인물이라고 주장한다. 히브리파 성도들은 율법을 지켜야 한다고 주장하고, 헬라파 성도들은 지키지 않아도 된다는 신학적 입장을 가졌다고 추정한다. 이 학자들은 안디옥 선교는 헬라파 신자들이 주도했으며 이들은 율법 준수를 강조하지 않았다고 주장한다. 할례, 절기, 음식 등에 대한 율법이 구원의 필수요소가 아니라고 생각하여 이방인 성도들에게 이런 것들을 지켜야 한다고 요구하지 않았다는 것이다. 이 주장은 헬라파 유대인 성도들에게는 이방인은 율법을 지키지 않아도 된다는 정립된 신학을 가지고 있었다는 말이다. 반면에 그들은 히브리파 성도들은 율법을 지켜야 한다는 입장을 가지고 있었다고 주장한다. 하지만 히브리파인 예루살렘교회의 지도자들도 고넬료에게 할례를 주지 않은 것 때문에 베드로를 비난하지 않았다는 사실을 미루어 볼 때, 이러한 해석은 설득력이 없다. 예루살렘교회의 지도자들과 성도들이 베드로를 비난한 것은 이방인과 접촉하고 그의 집에 들어가 함께 식사를 했기 때문이었다.

이 다수의 학자들은 예루살렘교회에서 율법을 등한히 하던 헬라파만이 믿지 않은 유대인들에게 핍박을 받았다고 주장하는데, 이러한 해석도 설득력이 없다. 첫째, 사도행전 3-5장을 보면 히브리파의 대표적인 인물인 베드로와 요한이 산헤드린에서 심한 핍박을 받았다. 둘째, 사도들을 제외한 성도들이 다 핍박을 피하여 흩어졌는데, 대부분은 히브리파 성도들이었다. 셋째, 스데반은 율법을 대수롭지 않은 것으로 여기지 않았다. "천사가 전한 율법"이라면서 오히려 그것을 지키지 않은 유대 지도자들을 비방하였다(행 7:53).

이 학자들은 바울이 개종하기 전 교회를 핍박한 것은 그가 율법에 대한 열심이 지극하여 율법이 필요하지 않다고 주장하는 헬라파 성도들만 핍박하였다고 주장한다. 그러나 개종 후에는 자신도 율법을 반대하는 자가 되었다는 것이다. 이것은 초대교회의 율법관의 변화를 이해하지 못한 데서 오는 오해다. 서신서에서 바울이 율법을 반대하는 것은 유대인 성도나 이방인 성도가 모두 율법을 따르지 말아야 한다고 생각하기 때문이 아니었다. 그가 반대하는 것은 이방인 성도들에게 율법과 할례를 요구하며 그것을 지키지 않을 경우 그들의 구원이 온전한 것이 아니라고 하는 유대주의자들의 신학적 주장을 반대한 것이다. 율법 자체를 반대하는 것이 아니었다. 오히려 바울은 율법이 "생명에 이르게 하는 계명"이요, "율법도 거룩하며 계명도 거룩하며 의로우며 선하다"고 말한다(롬 7:10, 12). 또한 "율법은 신령한 것"이요, 선한 것이라고 선포한다(롬 7:14, 16).

또한 그는 율법 아래 있는 유대인들에게는 율법 아래 있는 자같이 되었다고 증언한다(고전 9:20). 그래서 바울은 디모데에게 할례를 행할 수 있었고(행 16:1-3), 3차 선교여행 후 예루살렘 성전에 들어가 서원한 네 사람과 함께 결례를 행하는 데 거리낌이 없었던 것이다(행 21:23-26). 바울이 갈라디아서에서 할례를 완강하게 반대한 것 같지만, 사실 그의 결론은 무할례도 아무것도 아니라는 것이었다. "할례나 무할례가 아무 것도 아니로되 오직 새로 지으심을 받은 자뿐이니라 무릇 이 규례를 행하는 자에게와 하나님의 이스라엘에게 평강과 긍휼이 있을지어다"(갈 6:15-16). 바울은 이 규례(할례)를 행하는 자에게도 평강을 빌고 있는 것이다. "네가 율법을 행하면 할례가 유익하다"고 말하기도 했다(롬 2:25)

고린도교회에게도 같은 입장을 전한다. "내가 모든 교회에게 이와 같이 명하노라 할례자로 부르심을 받은 자가 있느냐 무할례자가 되지 말며 무할례자로 부르심을 받은 자가 있느냐 할례를 받지 말라 할례 받는 것도 아무 것도 아니요 할례 받지 아니하는 것도 아무 것도 아니로되 오직 하나님의 계명을 지킬 따름이니라"(고전 7:17-19).

헬라파 유대인 성도들이 율법을 지키지 않았다는 근거가 없다. 헬라파 유대인 성도들이 율법을 지키지 않았기에 바울이 그들을 핍박하였다는 것도 근거도 없다. 학자들이 그렇게 주장한 것은, 바울서신에서 바울이 가장 강력하게 반대하는 것이 율법 준수라고 생각하고, 그가 개종 전에는 그 반대 입장이었을 것이라고 유추하기 때문이다. 즉 개종 전에 바울은 율법에 대한 열심히 지극하였고, 그가 핍박한 유대인 성도들은 율법을 지키지 않았을 것이라는 것이다. 따라서 유대인 성도들 중에서도 율법을 지키지 않은 헬라파 성도들만 핍박을 받았다고 주장하는 것이다.

그러나 이런 해석에는 문제가 많다. 바울 서신에서 바울이 반대하는 율법은 이방인 성도들에게 강요된 율법이다. 즉 이방인 성도들은 유대 율법을 지킬 필요가 없다고 강변하는 것이다. 그런데도 바울이 유대인 성도들도 율법을 지키지 말아야 한다고 주장하거나 바울 개종 전에 유대인 성도들이 율법을 지키지 않았고, 따라서 그런 이유에서 바울이 유대인 성도들을 핍박하였다고 유추 해석하는 것은 올바른 해석이 아니다. 바울이 개종한 후 헬라파 유대인들이 그를 죽이기로 힘썼던 것을 보면(행 9:29) 율법을 지키지 않아도 된다고 주장하던 헬라파 성도들만 핍박했던 바울이 개종 후 헬라파들과 같이 율법을 지키지 않아도 된다는 입장을 갖게 되었다고 주장하는 대다수의 학자들의 견해가 얼마나 허구인지를 알 수 있다.

앞에서 살펴본 바와 같이 율법 준수 여부는 초대교회에서 가장 첨예한 쟁점은 아니었다. 사실 예루살렘교회 성도들은 유월절이나 오순절 같은 유대 절기를 지켰고, 음식 규례를 지켰으며, 태어나는 남자 아이들에게 할례를 베풀었다. 바울은 자신의 눈을 다시 뜨게 해준 아나니아를 "율법에 의하면 경건한 사람으로 거기 [다메섹에] 사는 모든 유대인들에게 칭찬을 듣는" 사람으로 소개하고 있다(행 22:12). 이렇게 유대인 그리스도인들도 율법을 지키는 것을 당연하게 생각하고 있었다. 율법 준수 여부가 사도들에게 가장 중요한 메시지는 아니었다. 초대교회는 율법을 등한히 하거나 율법을 지키지 말라고 가르치다가 핍박을 받은 것이 아니었다.

그들이 핍박받은 첨예한 이유는 다른 데 있었다. 그것은 바로 예수가 메시야이며, 더 나아가 신성을 가진 하나님의 아들이라고 선포하였기 때문이다. 이 기독론적인 선포 때문에 초대교회는 핍박을 받았다. 사도들을 포함한 히브리파 유대인 성도들과 스데반을 포함한 헬라파 유대인 성도들이 다 이 기독론을 믿고 전했기 때문에 모두가 동일하게 핍박을 받은 것이다.

초대교회 성도들이 핍박받은 것은 예수님이 핍박받은 이유와 동일하다는 점을 알아야 한다. 예수님은 율법을 거스르고 성전을 모독하였다는 죄목으로 처형을 당하지 않았다. 그런 고소가 있었지만 그것들은 십자가 처형에 해당하는 결정적인 죄목이 되지 못하였다(막 14:55-59). 결정적인 죄목은 예수님이 자신이 "칭송받을 자의 아들 그리스도"이며 "권능자의 우편에 앉으며 하늘 구름을 타고 올 인자"라고 선언한 것이었다(막 14:61-62). 이 말을 듣고 대제사장은 옷을 찢으며 "우리가 어찌 증인을 더 요구하리요 그 참람한 말을 들었도다 너희는 어떻게 생각하느뇨" 하고 물었다. 모든 산헤드린 공회원들은 "다 예수를 사형에 해당한 자로 정죄"하였다(막 14:63-64). 즉, 예수님은 자신이 하나님과 동등한 신적 존재로 선포한 신성모독죄로 사형에 처해진 것이다.

4. 초대교회의 가장 중요한 메시지

초대교회의 사도들과 성도들이 핍박을 받은 것도 예수님이 그리스도요 하나님의 아들이라고, 더 나아가 하나님 자신이라고 선포했기 때문이다. 그들은 하나님이신 예수님이 십자가에 못 박히셨고 부활하셨다고 선포하였다. 바울이 개종 후 전파한 첫 메시지는 율법을 지키지 않아도 된다는 것이 아니었다. 그는 개종 후 "즉시로 각 회당에서 예수의 하나님 아들이심을 전파"하였다(행 9:20). 그는 "예수를 그리스도라 증명하여 다메섹에 사는 [불신] 유대인들을 굴복"시켰다(행 9:22). 그러자 그들은 바울을 죽이기로 공모하기 시작하였다(행 9:23). 예수를 그리스도요 살아계신 하나님의 아들이라고 증거하던 성도들을 핍박하던 바울이 개종한 후에는 자신도 예수는 그리스도요 하나님의 아들이며 하나님의 본체라고 증거하는 전도자가 된 것이다. 그리고 핍박하던 사람에서 핍박받는 사람으로 바뀌게 된 것이다. 더 나아가 하나님의 아들이신 예수님의 십자가 고난과 부활을 전심으로 전파하는 전도자가 되었다. "우리는 십자가에 못 박힌 그리스도를 전한다"고 바울은 강조하였다(고전 1:23). 고린도교회를 개척할 때 "예수 그리스도와 그의 십자가에 못 박히신 것 외에는 아무 것도 알지 아니하기로 작정하였다"고 회상하였다(고전 2:2).

바울은 자신이 가장 중요하게 전한 것은 예수 그리스도의 죽음과 부활의 메시지였다고 강조하였다(고전 15:3-11; cf. 롬 1:3-4; 3:23-25; 4:24-25; 8:34; 10:9; 고전 1:23; 2:2; 고후 5:14-21; 갈 3:15; 살전 1:10).[3] 초대교회의 가장 핵심적인 관심사도 예수의 죽음과 부활을 증거하는 것이었고, 유대인과 이방인을 가리지 않고 믿는 자에게 성령의 역사가 나타나는 것이 그들이 그리스도에게 속한 성도가 되었다는 결정적 증거가 되었다.

바울은 가는 곳마다 이 복음을 전하였다. 하나님의 본체이신 예수님이 인간의 몸을 입고 세상에 오셔서 인간의 죄를 대신 담당하시고 십자가에 못 박히심으로 그 보혈로 우리의 죄를 용서하신 복음을 전하였다. 그 예수님의 대속의 죽음과 부활을 믿기만 하면 구원을 얻는다는 복음을 전하였다. 율법이 무엇인지 잘 알지도 못하는 이방인들에게 반드시 지켜야 하는 것도 아닌 율법에 대해 얘기할 필요조차 없었다. 많은 이방인들이 바울이 전하는 하나님의 은혜의 복음을 듣고 예수님을 믿고 구원의 은총을 입고 그 증거가 나타나게 되었다. 이러한 선교활동의 경험을 통하여 이방인도 율법을 지키지 않고도 온전한 구원을 받을 수 있음을 확신하고 또 확인하였다. 유대인도 예수님을 믿어야 구원받을 수 있다고 선포했다: "유대인이나 헬라인이나 차별이 없음이니라 … 누구든지 주 [예수]의 이름을 부르는 자는 구원을 얻으리라"(롬 10:12-13).

3) 최종상, "Paul" in John Corrie (ed.), *Dictionary of Mission Theology: Evangelical Foundations* (Nottingham: IVP, 2007), 275-279.

바울이 갈라디아 지방을 다니며 교회들을 개척할 때에 예수 그리스도의 죽음과 부활을 믿음으로 말미암아 구원받는 이신칭의의 메시지를 전하였다. 그런데 바울이 떠난 얼마 후 문제가 생겼다. 유대에서 내려온 거짓 형제들이 갈라디아 교회들을 찾아다니며 할례를 받고 유대 율법을 지켜야 온전한 구원을 받는다고 가르친 것이다. 바울에게서 이런 문제에 대해 철저하게 가르침을 받지 못했기에 갈라디아 성도들은 유대주의자들의 가르침에 쉽게 넘어가고 말았다. 그 소식을 들은 바울은 지체하지 않고 갈라디아 교회들에게 편지하여 전에 전한 이신칭의의 복음과 율법과의 상관관계를 설명하였다. 이것이 갈라디아서다. 바울의 복음은 항상 믿음으로 말미암는 구원의 메시지였다. 교회개척 당시에는 예수님의 죽음과 부활를 믿는 이신칭의의 메시지를 전하였다. 유대주의자들이 문제를 일으킨 후에 교회를 지키기 위해 쓰는 갈라디아서에서는 율법을 지키지 않아도 되는 이신칭의의 메시지를 강변하고 있다.

바울 서신과 그의 신학을 올바로 이해하려면 꼭 염두에 두어야 하는 것이 있다. 바울 서신은 그가 교회를 개척할 당시 전했던 말씀을 전제하고 쓴 후속 편지(follow-up letters)라는 점이다. 개척 당시 아무리 짧게 시간을 보냈다 하더라도 편지에 쓴 내용보다 많은 것을 가르쳤다는 사실을 염두에 두어야 한다. 에베소의 두란노서원에서 삼 년을 가르친 내용을 전제하고 에베소서를 썼다. 고린도에서 일 년 반을 가르친 내용에 더하여 고린도전후서를 보내고 있는 것이다. 또한 서신에서 자세히 쓰는 내용의 대부분은 바울이 선교사역을 하는 동안 강조하여 가르친 내용이 아니었을 가능성이 많다는 점도 고려해야 한다.

예를 들어, 고린도전서 7장의 결혼에 대한 가르침과 8장과 10장의 우상에게 드려진 음식을 먹는 문제에 대해 바울이 구체적이고 긴 설명을 하고 있다는 사실은, 그가 전에 이 사안에 대해서는 자세히 가르치지 않았다는 것을 의미한다. 이런 주제에 대하여 문제가 제기되었을 때 성도들이 의견이 분분했고, 그래서 바울에게 자문을 구하여 서신으로 답변을 듣게 된 것으로 보아야 한다. 고린도전서 15장의 죽은 자의 부활에 대한 문제도 마찬가지다. 고린도교회 안에 어떤 이들은 죽은 성도의 부활이 없다는 주장을 제기하였다(고전 15:12). 바울이 교회 개척 시절에 이 주제에 대해 정확히 가르쳤다면 이런 주장이 나오지 않았든지, 나온다 하더라도 바울은 상기 형식(reminder formula)을 사용하여 간단히 전에 가르친 내용을 요약하여 상기시켰을 것이다. 그러나 바울이 이 주제에 대해 긴 설명을 하고 있다는 사실(고전 15:12-58)은 전에 자세히 가르치지 않았다는 것을 반증한다. 교회 개척 당시 이 주제가 바울의 핵심적인 가르침이 아니었다는 것은 같은 주제에 대해 혼선에 빠진 데살로니가교회를 보아도 알 수 있다. 어떤 성도들은 죽은 성도들의 부활에 대한 확신이 없어서 슬퍼하였다. 그 소식을 들은 바울은 "소망 없는 다른 이와 같이 슬퍼하지 않게 하려"고 편지에서 그 주제를 다루며 죽은 성도의 부활을 확신시켜 주고 있다. 고린도에서나 데살로니가에서 바울이 핵심적으로 가르친 내용은 예수님의 죽음과 부활에 대한 복음이었다(고전 15:12-19; 살전 4:14). 예수님이 부활했기에 그를 믿는 성도들도 당연히 부활한다는 것을 이제 편지를 통하여 가르치고 있는 것이다. 교회 개척 당시에는 정확히 설명해 주지 못했기 때문이다.

따라서 바울 서신들에 나타난 내용들로만 바울을 이해하고 그의 신학의 중요도를 이해하려는 것은 방법론적인 면에서 온전하지 못하다. 교회를 개척할 당시 얼굴과 얼굴을 맞대고 선포하고 가르친 내용들을 발견하고자 하는 노력이 필요하다. 물론 서신들에는 바울이 교회 개척할 당시에 가장 중요한 내용으로 가르친 내용이 자세히 기록되어 있지는 않다. 이미 가르쳤기에 반복할 이유도 없었다. 그래서 가끔 간단히 언급하여 상기시키고 있는 것이다. 사도행전에도 바울이 선교할 때 설교하던 내용들이 어느 정도 담겨있지만, 사도행전의 역사성을 신뢰하지 못하는 분위기가 팽배한 현 학계 분위기에서는 설득력 있는 방법론이 못 된다. 따라서 바울 서신들 안에서 상기 형식(reminder formula)을 활용하여 구원의 복음을 믿게 하기 위해 바울이 전한 선교 메시지와 가르침을 재구성하는 노력이 필요하다. 그 후에 사도행전의 선교 메시지와 비교하여 바울 서신에서 재구성한 선교 메시지와 비교하면 된다. 그 내용이 동일하거나 유사하다면 사도행전의 역사성이 증명되므로 사도행전의 자료도 바울 연구에 사용할 수 있게 될 것이다.

약어표

ABD D.N. Freedman *et al* (eds.), *The Anchor Bible Dictionary* (6 Vols., New York: Doubleday, 1992).

AnBib The Anchor Bible

ANRW W. Hasse (ed.), *Aufstig und Niedergang der Römischen Welt*, Geschichte und Kultur Roms im Spiegel der Neueren Forschung, Teil II: Principat, 25.4 (Berlin/New York: W. de Gruyter, 1987).

BAGD W. Bauer, W.F. Arndt, F.W. Gingrich and F.W. Danker, *A Greek-English Lexicon of the New Testament and Other Early Christian Literature* (Chicago/London: University of Chicago Press, [1958^5] 1979).

BBR *Bulletin for Biblical Research*

BDF F. Blass, A. Debrunner and R.W. Funk, *A Greek Grammar of the New Testament*

Bib *Biblica*

BibNot *Biblische Notizen*

BibSac *Bibliotheca Sacra*

BJRL *Bulletin of the John Rylands University Library of Manchester*

BTB *Biblical Theology Bulletin*

CBQ *Catholic Biblical Quarterly*

DPL G.F. Hawthorne, R.P. Martin and D.G. Reid (eds.), *Dictionary of Paul and his Letters* (Downers Grove/Leicester: IVP, 1993.)

EDNT H. Balz and G. Schneider (eds.), *Exegetical Dictionary of the New Testament* (3 Vols., Grand Rapids: Eerdmans, [1978-80] 1990).

EKK Evangelisch-katholischer Kommentar zum Neuen Testament

EB	*Encyclopaedia Britannica* (32 Vols., Chicago *et al*: 1975[15] reprinted 1992).
ET	English translation
EV	English versions
EvQ	*Evangelical Quarterly*
ExAud	*Exod Auditu*
ExpT	*Expository Times*
FRLANT	Forschungen zur Religion und Literatur des Alten und Neuen Testaments
GTJ	*Grace Theological Journal*
HTR	*Harvard Theological Review*
IBD	*The Illustrated Bible Dictionary*
ICC	International Critical Commentary
Interp	*Interpretation*
ITQ	*Irish Theological Quarterly*
jb	The Jerusalem Bible
JBL	*Journal of Biblical Literature*
JETS	*Journal of Evangelical Theological Society*
JRE	*Journal of Religious Ethics*
JSNT	*Journal for the Study of the New Testament*
JSNTS	Journal for the Study of the New Testament Supplement Series
JThSAf	*Journal of Theology for South Africa*
JTS	*Journal of Theological Studies*
KD	*Kerygma und Dogma*
kjv	King James Version
Lutherbibel	Die Bibel nach der Übersetzung Martin Luthers
MNTC	The Moffatt New Testament Commentary
Moffatt	The Bible: A New Translation, trans. J. Moffatt
MT	Masoretic text

nab	The New American Bible
nasb	The New American Standard Bible
ncb	The New Century Bible
NCBC	The New Century Bible Commentary
neb	The New English Bible
Neot	*Neotestamentica*
Nestle-Aland	Nestle-Aland *Novum Testamentum Graece*
NICOT	The New International Commentary on the Old Testament
niv	New International Version
njb	The New Jerusalem Bible
NovT	*Novum Testamentum*
nrsv	New Revised Standard Version
NTS	*New Testament Studies*
OBS	The Oxford Bible Series
Phillips	*The New Testament in Modern English*, trans. J.B. Phillips
reb	The Revised English Bible
RefR	*Reformed Review*
RevBib	*Revue biblique*
RevExp	*Review and Expositor*
RHPR	*Revue d'Histoire et de Philosophie Religieuses*
Romans Debate	K.P. Donfried (ed.), *The Romans Debate*, Revised and Expanded Edition (Peabody: Hendrickson, [1977] 1991^2).
rsv	Revised Standard Version
RTR	*Reformed Theological Review*
RV	Revised Version
SBL	Society of Biblical Literature
SBLDS	SBL Dissertation Series
SBT	Studies in Biblical Theology
SNovT	Supplements to Novum Testamentum

SNTSMS	Society for NT Studies Monograph Series
Str-B	H. Strack and P. Billerbeck, *Kommentar zum Neuen Testament aus Talmud und Midrasch* (6 Vols., Munich: Beck, 1926-1963).
StTh	*Studia Theologica*
TBS	H KAINH DIAQHKH, The Trinitarian Bible Society
TDNT	G. Kittel and G. Friedrich (eds.), *Theological Dictionary of the New Testament*
tev	Today's English Version
ThLZ	*Theologische Literaturzeitung*
ThZ	*Theologische Zeitschrift*
TNTC	Tyndale New Testament Commentary
TOTC	Tyndale Old Testament Commentary
TPINTC	TPI New Testament Commemtaries
trans.	translated by
TriJ	*Trinity Journal*
UBS^3	*The Greek New Testament*, United Bible Societies
USQR	*Union Seminary Quarterly Review*
VigChr	*Vigiliae Christianae*
VoxEvang	*Vox Evangelica*
W&W	*Word & World*
WBC	Word Biblical Commentary
WEC	The Wycliffe Exegetical Commentary
WTJ	*Westminster Theological Journal*
WUNT	Wissenschaftliche Untersuchungen zum Neuen Testament
ZNW	*Zeitschrift für die neutestamentliche Wissenschaft*
ZTK	*Zeitschrift für Theologie und Kirche*

참고문헌

I. 자료

A. 성경

Nestle-Aland *Novum Testamentum Graece* 27th edition (Stuttgart: Deutsche Bibelgesellschaft, [1898] 1993).

Aland, K., Black, M., Martini, M., Metzger, B.M. and Wikgren, A. (eds.), *The Greek New Testament*, 3rd edition (New York: United Bible Societies, [1966, 1968, 1975] 1983).

H KAINH DIAQHKH The Greek Text Underlying the English Authorised Version of 1611 (London: The Trinitarian Bible Society, n.d.).

Elliger, K. and Rudolph, W. (eds.), *Biblia Hebraica Stuttgartensia* (Stuttgart: Deutsche Bibelgesellschaft, [1967, 1977] 1990).

Rahlfs, A. (ed.), *Septuaginta* (Stuttgart: Deutsche Bibelgesellschaft, 1935).

Brenton, L.C.L., *The Septuagint with Apocrypha: Greek and English* (Peabody: Hendrickson, [1851] 1986).

Stern, D.H., *Jewish New Testament: A Translation of the New Testament that expresses its Jewishness* (Jerusalem: Jewish New Testament Publications, [1979, 1989, 1990] 1991).

Eight Translation New Testament: King James Version, The Living Bible, Phillips Modern English, Revised Standard Version, Today's English Version, New International Version, Jerusalem Bible, New English Bible (Wheaton: Tyndale House Publishers, 1974).

The Complete Parallel Bible with Apocryphal / Deuterocanonical Books: New Revised Standard Version, Revised English Bible, New American Bible, New Jerusalem Bible (Oxford/New York: Oxford University Press, 1993).

The Apocrypha of the Old Testament, Revised Standard Version (London *et al*: Nelson, 1957).

The Holy Bible, Revised Version (Oxford/London: The British Foreign Bible Society, 1884).

The Holy Bible, New International Version Reference Edition (London/Sydney/Auckland/Toronto: International Bible Society/Hodder & Stoughton, [1973, 1978, 1984] 1986).

Moffatt, J., *The Bible: A New Translation* (London: Hodder & Stoughton, [1924, 1926] 1935).

New American Standard Bible (La Habra: The Lockman Foundation, [1960, 1962, 1963, 1968, 1971, 1972, 1973, 1975] 1977).

Die Bibel nach der Übersetzung Martin Luthers (Stuttgart: Deutsche Bibelgesellschaft, 1985).

B. 유대과 기독교 자료들

Charles, R.H. (ed.), *The Apocrypha and Pseudepigrapha of the Old Testament in English* (2 Vols., Oxford: Clarendon Press, [1913] 1963).

Charlesworth, J.H. (ed.), *The Old Testament Pseudepigrapha* (2 Vols., New York/London/Toronto/Sydney/Auckland: Doubleday, 1983).

Danby, H. (ed.), *The Mishnah: Translated from the Hebrew with Introduction and Brief Explanatory Notes* (Oxford: Oxford University Press, 1933).

Eisenmann, R. and Wise, M., *The Dead Sea Scrolls Uncovered: The First Complete Translation and Interpretation of 50 Key Documents Withheld for Over 35 Years* (Shaftesbury/Rockport/
Brisbane: Element, 1992).

Josephus, *The Works of Flavius Josephus*, trans. W. Whiston (4 Vols., Grand Rapids: Baker, 1974).

Lightfoot, J.B., Harmer, J.R., (eds. and translators) and Holmes, M.W. (ed. and Reviser), *The Apostolic Fathers: Greek Texts and English Translations of Their Writings* (Grand Rapids: Baker, [1891] 1992[2]).

Martínez, F.G., *The Dead Sea Scrolls Translated: The Qumran Texts in English*, trans. W.G.E. Watson (Leiden: E.J. Brill, [1992] 1994).

Neusner, J. (ed.), *The Mishnah: A New Translation* (New Haven/ London: Yale University Press, 1988).

Philo, *The Works of Philo Complete and Unabridged in one Volume*, New Updated Edition, trans. C.D. Yonge (Peabody: Hendrickson, 1993).

Schneemelcher, W. (ed.), *New Testament Apocrypha*, Revised edition, trans. and ed. R.MaL. Wilson (2 Vols., Cambridge: James Clarke & Co.; Louisville: Westminster/John Knox Press, [1904, 1968^4, 1990] 1991).

Vermes, G. (ed.), *The Dead Sea Scrolls in English* (Sheffield: JSOT Press, [1962, 1975] 1987^3).

II. 참고도서

A Concordance to the Apocryphal/Deuterocanonical Books of the Revised Standard Version (Grand Rapids, Eerdmans; London: Collins, 1983).

Balz, H. and Schneider, G. (eds.), *Exegetical Dictionary of the New Testament* (3 Vols., Grand Rapids: Eerdmans, [1978-80] 1990).

____, *Exegetisches Wörterbuch zum Neuen Testament* (2 Vols., Stuttgart: Verlag W. Kohlhammer, 1978-1980).

Bauer, W., *A Greek-English Lexicon of the New Testament and Other Early Christian Literature*, revised and augmented by W.F. Arndt, F.W. Gingrich and F.W. Danker (Chicago/London: University of Chicago Press, [1958^5] 1979).

Blass, F. and Debrunner, A., *A Greek Grammar of the New Testament and Other Early Christian Literature*, trans. and revised by R.W. Funk (Chicago/London: University of Chicago Press, [1896, 1954^9, 1959^{10}] 1961).

Darton, M. (ed.), *Modern Concordance to the New Testament* Based on the French *Concordance de la Bible, Nouveau Testament* produced under the aegis of the *Association de la Concordance française de la Bible* (London: Darton, Longman & Todd, 1976).

Hatch, E. and Redpath, H.A., *A Concordance to the Septuagint and the Other Greek Versions of the Old Testament (Including the Apocryphal Books) in Three Volumes* (3 Vols., Grand Rapids: Baker, [1897] 1987).

Kittel, G. and Friedrich, G. (eds.), *Theological Dictionary of the New Testament*, trans. and ed. by G.W. Bromiley (10 Vols., Grand Rapids: Eerdmans, [1932] 1963).

Liddell, H.G. and Scott, R., *An Intermediate Greek-English Lexicon* (Oxford: Clarendon Press, 1900).

Moulton, J.H., *A Grammar of New Testament Greek* (4 Vols. [Vol. 2: Moulton, J.H., and Howard, W.F.; Vols. 3-4: Moulton, J.H., and Turner, N.], Edinburgh: T&T Clark, [1906-1976] reprinted 1988).

Porter, S.E., *Idioms of the Greek New Testament* (Sheffield: JSOT Press, [1992] 1994[2]).

Rienecker, F., *A Linguistic Key to the Greek New Testament*, trnas. and ed. by C.L. Rogers, Jr. (Grand Rapids: Regency Reference Library/Zondervan, [1970, 1976] 1980).

Robertson, A.T., *A Grammar of the Greek New Testament in the Light of Historical Research* (Nashville: Broadman Press, [1914, 1915, 1923[4]] 1934).

Smith, G.A., *A Manual Greek Lexicon of the New Testament* (Edinburgh: T&T Clark, 1937[3]).

Thayer, J.H., *The New Thayer's Greek-English Lexicon of the New Testament* (Peabody: Hendrickson, [1885, 1889] 1981).

Zerwick, M. and Grosvenor, M., *A Grammatical Analysis of the Greek New Testament*, Unabridged, revised edition in one volume (Rome: Biblical Institute Press, [1966[3]] 1981).

III. 제2차 문헌

Achtemeier, P.J., *Romans: Interpretation, A Bible Commentary for Teaching and Preaching* (Atlanta: John Knox Press, 1985).

Albright, W.F., and Mann, C.S., *Matthew: Introduction, Translation and Notes*, AnBib 26 (New York/London/Toronto/Sydney/ Auckland: Doubleday, 1971).

Allen, L.C., 'The Old Testament in Romans I-VIII', *VoxEvan* 3 (1964), 6-41.

Anderson, A.A., *The Book of Psalms*, NCBC (2 Vols., London: Oliphants, 1972).

Aus, R. D., 'Paul's Travel Plans to Spain and the "Full number of the Gentiles" of Rom 11:25', *NovT* 21 (1979), 232-262.

Baab, O.J., 'Homosexuality', *IBD* 2, 639.

Baldwin, J.G., *The Message of Genesis 12-50 From Abraham to Joseph*, The Bible Speaks Today Series (Leicester: IVP, 1986).

Barnes, A., *Notes, Explanatory and Practical, on the Epistle to the Romans*, revised by S. Green (London: B.L. Green, [1834, 1835[5]] 1851).

Barnett, P.W., 'Apostle', *DPL*, 45-51.

Barrett, C.K., *The New Testament Background: Selected Documents* (London: SPCK, 1957).

____, *The Epistle to the Romans* (London: A&C Black, [1957] 1991²).

____, *From First Adam to Last: A Study in Pauline Theology* (London: A&C Black, 1962).

____, 'I am Not Ashamed of the Gospel', in D.G.B. Franzoni (ed.), *Foi et Salut selon S. Paul (Épître aux Romains 1,16)*, Analecta Biblica Investigationes Scientificae in Res Biblicas 42 (Rome: Institut Biblique Pontifical, 1970), 19-50.

____, 'Romans 9.30-10.21: Fall and Responsibility of Israel', *Essays on Paul* (London: SPCK, 1982), 132-153.

____, 'The Gentile Mission As an Eschatological Phenomenon', in W.H. Gloer (ed.), *Eschatology and the New Testament: Essays in Honor of George Raymond Beasley-Murray* (Peabody: Hendrickson, 1988), 65-75.

____, 'Paulus als Missionar und Theologe', in M. Hengel and U. Heckel (eds.), *Paulus und das antike Judentum*, Tübingen-Durham Symposium im Gedenken an den 50. Todestag Adolf Schlatters (Tübingen: J.C.B. Mohr [Paul Siebeck], 1991), 1-15.

Barth, K., *The Epistle to the Romans*, trans. E.C. Hoskyns (Oxford (London/New York: Oxford University Press, [1918, 1928⁶] 1933, reprinted 1968).

____, *Church Dogmatics*, trans. G.W. Bromiley (12 Vols., Edinburgh: T&T Clark, 1956).

Barth, M., *Ephesians 1-3: Introduction, Translation, and Commentary*, AnBib 34 (New York/London/Toronto/Sydney/Aukland: Doubleday, 1974).

____, *The People of God* (Sheffield: JSOT Press, 1983).

Bartsch, H.W., 'Die historische Situation des Römerbriefs' in F.L. Cross (ed.), *Studia Evangelica* IV, TU 102, 1968, 281-291.

____, 'Die Empfänger des Römerbriefes', *StTh* 25 (1971), 81-89.

Bassler, J.M., *Divine Impartiality: Paul and a Theological Axiom* (Chico: Scholars Press, 1982).

Battle, Jr., J.A., 'Paul's Use of the Old Testament in Romans 9:25-26', *GTJ* 2 (1981), 115-129.

Bauernfeind, O., 'ἀναπαύω, ἀνάπαυσις, ἐπαναπαύω, *TDNT* 1, 350-351.

Baur, F.C., *Paul The Apostle of Jesus Christ, His Life and Work, His Epistles and His Doctrine: A Contribution to a Critical History of Primitive Christianity* (2 Vols., London/Edinburgh: Williams and Norgate, [1845] 1876[2]).

Beardslee, W.A., *Human Achievement and Divine Vocation in the Message of Paul*, SBT 31 (Naperville: A.R. Allenson, Inc., 1961).

Beare, F.W., *St Paul and his Letters* (London: A&C Black, 1962).

____, *The Gospel According to Matthew: Translation, Introduction and Commentary* (Peabody: Hendrickson, 1981).

Beasley-Murray, G.R., 'The righteousness of God in the History of Israel and the Nations: Romans 9-11', *RevExp* 73 (1976), 437-450.

____, *John*, WBC 36 (Waco: Word Books, 1987).

Becker, J., *Paul: Apostle to the Gentiles*, trans. O.C. Dean, Jr. (Louisville: Westminster/John Knox Press, [1989] 1993).

Beet, J.A., *A Commentary on St. Paul's Epistle to the Romans* (London: Hodder & Stoughton, 1902).

Beker, J.C., *Paul the Apostle: The Triumph of God in Life and Thought* (Philadelphia: Fortress, 1980).

____, 'The Faithfulness of God and the Priority of Israel in Paul's Letter to the Romans' *HTR* 79 (1986), 10-16.

Bell, R., *Provoked to Jealousy: The Origin & Purpose of the Jealousy Motif in Romans 9-11*, WUNT 2.63 (Tübingen: J.C.B. Mohr [Paul Siebeck], 1994).

Best, E., 'The Revelation to Evangelize the Gentiles', *JTS* 35 (1984), 1-30.

____, 'Paul's Apostolic Authority—?', *JSNT* 27 (1986), 3-25.

____, *Paul and His Converts* (Edinburgh: T&T Clark, 1988).

Betz, O., ''Αβραάμ', *EDNT* 1, 2-4.

____, 'Israels Mission an der Welt - unsere Mission an Israel', in H. Kremers and E. Lubahn (eds.), *Mission an Israel in heilsgeschichtlicher Sicht* (Neukirchener, 1985).

Birkeland, H., *The Evildoers in the Book of Psalms* (Oslo: Dybwad, 1965).

Black, M., *Romans*, NCBC (Grand Rapids: Eerdmans; London: Marshall, Morgan & Scott, 1973).

Boccaccini, G., *Middle Judaism: Jewish Thought 300 B.C.E. to 200 C.E.* (Minneapolis: Fortress, 1991).

Boers, H., *Theology out of the Ghetto: A New Testament Exegetical Study concerning Exclusiveness* (Leiden: E.J. Brill, 1971).

Bornkamm, G., 'The Letter to the Romans as Paul's Last Will and Testament', reprinted in *Romans Debate*, 16-28.

____, *Paul*, trans. D.M.G. Stalker (London: Hodder & Stoughton, [1969] 1985).

Bowers, W.P., 'Fulfilling the Gospel: The Scope of the Pauline Mission', *JETS* 30 (1987), 185-198.

____, 'Mission', in *DPL*, 1993, 608-619.

Boylan, M.P., *St. Paul's Epistle to the Romans: Translation and Commentary* (Dublin: M.H. Gill and Son Ltd., 1947).

Briggs, C.A. and Briggs, E.G., *A Critical and Exegetical Commentary on the Book of Psalms*, ICC (Edinburgh: T&T Clark, 1906-07).

Bruce, F.F., *The Epistle of Paul to the Romans*, TNTC (London: Tyndale Press, 1963).

____, *Paul: Apostle of the Heart Set Free* (Grand Rapids: Eerdmans, 1977).

____, *The Time is Fulfilled: Five Aspects of the Fulfilment of the Old Testament in the New* (Exeter: Paternoster, 1978).

Brunner, E., *The Letter to the Romans: A Commentary*, (Philadelphia: Westminster Press, [1938, 1956] 1959).

____, *The Christian Doctrine of God: Dogmatics*, trans. O. Wyon (Vol. 1, Philadelphia: Westminster Press, 1949).

Bultmann, R., 'Glossen im Röm', *ThLZ* 72 (1947), 197-202.

____, *Theology of the New Testament*, trans. K. Grobel (Vol. 1, London: SCM, [1948] 1952).

Calvert, N.C., 'Abraham', *DPL*, 1-9.

Calvin, J., *Commentaries on the Epistle of Paul the Apostle to the Romans* (Grand Rapids: Eerdmans, [1540] reprinted 1947).

Campbell, D.A., *The Rhetoric of Righteousness in Romans 3.21-26*, JSNTS 65 (Sheffield: Sheffield Academic Press, 1992).

Campbell, W.S., 'Why did Paul Write Romans?', *ExpT* 85 (1973-74), 264-269.

____, 'Romans III as a Key to the Structure and Thought of the Letter', *NovT* 23 (1981), 22-40.

____, 'The Freedom and Faithfulness of God in Relation to Israel', *JSNT* 13 (1981), 27-45.

____, 'Did Paul Advocate Separation from the Synagogue?', in *Paul's Gospel in an Intercultural Context: Jew and Gentile in the Letter to the Romans* (Frankfurt *et al*: Peter Lang, 1992), 122-131.

____, *Paul's Gospel in an Intercultural Context: Jew and Gentile in the Letter to the Romans* (Frankfurt *et al*: Peter Lang, 1992).

____, 'Covenant and New Covenant', *DPL*, 179-183.

____, 'Israel', *DPL*, 441-446.

Canales, I.J., 'Paul's Accusers in Romans 3:8 and 6:1', *EvQ* 57 (1985), 237-245.

Caragounis, C.C., *The Ephesian Mysterion: Meaning and Content* (Lund: Gleeup, 1977).

____, 'Romans 5:15-16 in the Context of 5:12-21: Contrast or Comparison?', *NTS* 31 (1985), 142-148.

____, 'L'universalisme Moderne: Perspectives bibliques sur la révélation de Dieu', *Hokhma* 45 (1990), 17-45.

____, 'The Biblical Attitude to Homosexuality', 1-20, Unpublished article writen in 1992.

Carras, G.P., 'Romans 2,1-29: A Dialogue on Jewish Ideals', *Bib* 73 (1992), 183-207.

Chae, D.J.-S., 'Paul's Apostolic Self-Awareness and the Occasion and Purpose of Romans', in A. Billington, T. Lane and M. Turner (eds.), *Mission and Meaning: Essays Presented to P. Cotterell* (Carlisle: Paternoster, 1995), 116-137.

____, 'From Preaching the Gospel to Expounding its Implications: Rediscovering Paul's Missionary Preaching and its Development', unpublished paper presented at Paul Seminar, British New Testament Conference, Aberdeen (13 Sept., 1996).

____, "Paul", in John Corrie(ed.), *Dictionary of Mission Theology Evangelical Foundations* (Nottingham: IVP, 2007), pp. 275-279

Chance, J.B., *Jerusalem, the Temple, and the New Age in Luke-Acts* (Macon, Georgia: Mercer, 1988).

Clements, R.E., *Abraham and David: Genesis 15 and its Meaning for Israelite Tradition*, SBT 2.5 (London: SCM, 1967).

Clifford, R.J., and Murphy, R.E., 'Genesis', in R.E. Brown, J.A. Fitzmyer and R.E. Murphy (eds.), *The New Jerome Biblical Commentary* (Eaglewood cliffs, NJ: Prentice Hall, [1968] 1990^2), 8-43.

Cole, A., *Exodus: An Introduction and Commentary*, TOTC (Leicester: IVP, 1973).

Conybeare, W.J. and Howson, J.S., *The Life and Epistles of St. Paul* (Grand Rapids: Eerdmans, [1862] reprinted 1989).

Conzelmann, H. and Lindemann, A., *Interpreting the New Testament: An Introduction to the Principles and Methods on N.T. Exegesis*, trans. S.S. Schatzmann (Peabody: Hendrickson, [1985^{8}] 1988).

Cosgrove, C.H., 'What If Some Have not Believed? The Occasion and Thrust of Romans 3:1-8', *ZNW* 78 (1987), 90-105.

____, 'The Justification of the Other: An Interpretation of Rom 1:18-4:25', *SBL 1992 Seminar Papers* (Atlanta: Scholars Press, 1992), 613-634.

Cotterell, P. and Turner, M., *Linguistics & Biblical Interpretation* (London: SPCK, 1989).

Craigie, P.C., *The Book of Deuteronomy*, NICOT (Grand Rapids: Eerdmans, 1976).

Cranfield, C.E.B., *The Epistle to the Romans*, ICC (2 Vols., Edinburgh: T&T Clark, 1975).

____, '"The Works of the Law" in the Epistle to the Romans', *JSNT* 43 (1991), 89-101.

Craus, H.-J., *Psalms*, trans. H.C. Oswald (2 Vols., Minneapolis: Augsburg, [1961, 1978] 1989).

Cullmann, O., 'Le caractère eschatologique du devoir missionnaire et de la conscience apostolique de Saint Paul. Étude sur le κατέχον (-ων) de II Thess. 2, 6-7', *RHPR* 16 (1936), 210-245; the German translation of this article, 'Der eschatologische Charakter des Missionsauftrages und des apostolischen Selbstbewusstseins bei Paulus', appears in his *Vorträge und Aufsätze. 1925-62* (Tübingen: Mohr; Zurich: Zwingli, 1966), 305-336.

____, 'Eschatology and Missions in the New Testament', trans. O. Wyon, reprinted in G.H. Anderson (ed.), *The Theology of the Christian Mission* (London: SCM, [1956] 1961), 42-54.

____, *Salvation in History* (London: SCM, [1965] 1967).

Cundall, A.E., *Judges*, TOTC (Leicester: IVP, 1968).

Dahl, N.A., 'The Future of Israel', *Studies in Paul: Theology for the Early Christian Mission* (Minneapolis: Augsburg, 1977), 137-158.

____, 'The Missionary Theology in the Epistle to the Romans' (1956), reprinted in his *Studies in Paul: Theology for the Early Christian Mission* (Minneapolis: Augsburg, 1977), 70-94.

____, 'The One God of Jews and Gentiles (Romans 3:29-30)', *Studies in Paul: Theology for the Early Christian Mission* (Minneapolis: Augsburg, 1977), 178-191.

____, *Studies in Paul: Theology for the Early Christian Mission* (Minneapolis: Augsburg, 1977).

____, 'Romans 3:9: Text and Meaning', in M. Hooker and S.G. Wilson (eds.), *Paul and Paulinism: Essays in Honour of C.K. Barrett* (London: SPCK, 1982), 184-204.

Davidson, F. and Martin, R.P., 'Romans', in D. Guthrie, J.A. Motyer (eds.), *The New Bible Commentary* (Leicester: IVP, [1953] revised 1970), 1012-1048.

Davies, G.H., *Exodus*, Torch Bible Paperbacks (London: SCM, 1967).

Davies, G.N., *Faith and Obedience in Romans: A Study in Romans 1-4*, JSNTS 39 (Sheffield: JSOT Press, 1990).

Davies, W.D., *Paul and Rabbinic Judaism: Some Rabbinic Elements in Pauline Theology* (London: SPCK, [1948] 1955).

____,'Paul and the Gentiles: A Suggestion Concerning Romans 11:13-24', in *Jewish and Pauline Studies* (Philadelphia: Fortress, 1984), 153-163. Originally published as 'Romans 11:13-24. A Suggestion', in *Melanges offerts à Marcel Simon. Paganïsme, Judaïsme, Christianïsme*, Editions E. (Paris: de Boccard, 1978), 131-144.

____, 'Paul and the People of Israel', in *Jewish and Pauline Studies* (Philadelphia: Fortress, 1984), 123-152. Originally published in *NTS* 24 (1978), 4-39.

____, *Jewish and Pauline Studies* (Philadelphia: Fortress, 1984).

Deidun, T.J., 'Romans', in R.J. Coggins and J.L. Houlden (eds.), *A Dictionary of Biblical Interpretation* (London: SCM, 1990), 601-604.

Deissmann, A., 'ἱλαστήριος und ἱλαστήριον. Eine lexikalische Studie', *ZNW* 4 (1903), 193-212.

____, *Paul: A Study in Social and Religious History*, trans. W.E. Wilson (New York: Harper & Brothers Publishers, [1912, 1927^2] reprinted 1957).

Delitzsch, F., *Biblical Commentary on the Prophecies of Isaiah*, Clark's Foreign Theological Library New Series 44, trans. S.R. Driver (2 Vols., Edinburgh: T&T Clark, 1890).

Dinter, Paul E., 'Paul and the Prophet Isaiah', *BTB* 13 (1983), 48-52.

Dodd, C.H., *The Epistle of Paul to the Romans*, MNTC (London: Collins, [1932] 1959).

____, *The Apostolic Preaching and its Developments* (London: Hodder & Stoughton, 1936, reset 1972).

Doeve, J.W., 'Some Notes with Reference to τά λόγια τοῦ θεοῦ in Romans 3.2', in J.N. Sevenster & W.C. van Unnik (eds.), *Studia Paulina in honorem Johannis de Zwaan Septuagenarii* (Haarlem: De Erven F. Bohn, 1953), 111-123.

Donaldson, T.L., '"Riches for the Gentiles" (Rom 11:12): Israel's Rejection and Paul's Gentile Mission', *JBL* 112 (1993), 81-98.

Donfried, K.P., 'Romans 3:21-28', *Interp* 34 (1980), 59-64.

Dover, K.J., *Greek Homosexuality* (Cambridge: Harvard University Press, 1978).

Dunn, J.D.G., *Jesus and the Spirit: A Study of the Religious and Charismatic Experience of Jesus and the First Christians as Reflected in the New Testament* (London: SCM, 1975).

____, *Christology in the Making: An Inquiry into the Origins of the Doctrine of the Incarnation* (London: SCM, [1980] 1989[2]).

____, '"A Light to the Gentiles": The Significance of the Damascus Road Christophany for Paul', in L. Hurst and N.T. Wright (eds.), *The Glory of Christ in the New Testament* (Oxford: Clarendon Press, 1987), 251-266.

____, 'Paul's Epistle to the Romans: An Analysis of Structure and Argument', *ANRW* 2.25.4, 2842-2890.

____, '"Righteousness from the Law" and "Righteousness from Faith": Paul's Interpretation of Scripture in Romans 10:1-10', in G.F. Hawthorne with O. Betz (eds.), *Tradition and Interpretation in the New Testament: Essays in Honor of E.E. Ellis* (Grand Rapids: Eerdmans; Tübingen: J.C.B. Mohr [Paul Siebeck], 1987), 216-228.

____, 'The New Perspective on Paul', *BJRL* 65 (1983), 95-122.

____, *Romans*, WBC 38A-B (2 Vols., Dallas: Word Books, 1988).

____, 'The New Perspective on Paul', reprinted with Additional Notes in *Jesus, Paul and the Law* (London: SPCK, 1990), 183-214.

____, *Jesus, Paul and the Law* (London: SPCK, 1990).

____, 'Yet Once More – "The Works of the Law"', *JSNT* 46 (1992), 99-117.

____, 'Romans, Letter to the', *DPL*, 838-850.

Earle, R., *Word Meanings in the New Testament* One-Volume Edition (Grand Rapids: Baker, [1974, 1977, 1980, 1982] 1989).

Eckstein, H.-J., *Der Begriff Syneidesis bei Paulus*, WUNT 2.10 (Tübingen: J.C.B. Mohr, 1983).

Edersheim, A., *The Life and Times of Jesus the Messiah* (Peabody: Hendrickson, [1883, 1886^{3}] reprinted n.d.).

Edgar, S.L., 'Respect for the Context of Quotations from the Old Testament', *NTS* 9 (1962-63), 55-62.

Eisenman, R. and Wise, M., *The Dead Sea Scroll Uncovered: The First Complete Translation and Interpretation of 50 Key Documents Withheld for Over 35 Years* (Shaftesbury, Dorset; Rockport, Massachusetts; Brisbane, Queensland: Element Books, 1992).

Elliott, N., *The Rhetoric of Romans: Argumentatative Constraint and Strategy and Paul's Dialogue with Judaism*, JSNTS 45 (Sheffield: JSOT Press, 1990).

Ellis, E.E., *Paul's Use of the Old Testament* (Grand Rapids: Baker, 1957).

____, *The Old Testament in Early Christianity: Canon and Interpretation in the Light of Modern Research*, WUNT 54 (Tübingen, J.C.B. Mohr [Paul Siebeck], 1991).

Ellison, H.L., *The Mystery of Israel: An Exposition of Romans 9-11* (Exeter: Paternoster, [1966] 1976^{3}).

Epp, E.J., 'Jewish-Gentile Continuity in Paul: Torah and/or Faith (Romans 9:1-5)', *HTR* 79 (1986), 80-90.

Ericksen, R.P., *Theologians Under Hitler* (New Haven: Yale University Press, 1985).

Evans, C.A., 'Paul and the Hermeneutics of "True Prophecy": A Study of Romans 9-11', *Bib* 65 (1984), 560-570.

Ferguson, E., *Backgrounds of Early Christianity* (Grand Rapids: Eerdmans, 1987).

Fiedler, P., 'ἀσεβής', *EDNT* 1, 168-169.

Field, D.H., 'Homosexuality', *IBD* 2, 657.

Fischer, J.A., 'Pauline Literary Forms and Thought Patterns', *CBQ* 39 (1977), 209-223.

Fishbane, M., *Biblical Interpretation in Ancient Israel* (Oxford: Clarendon Press, 1985).

Fitzer, G., 'Der Ort der Versöhnung nach Paulus: Zu der Frage des "Sühnopfers Jesu"', *ThZ* 22 (1966), 161-183.

Fitzer, G., 'πορνεία', *EDNT* 3, 137-139.

Fitzmyer, J.A., 'The Use of Explicit Old Testament Quotations in Qumran Literature and the New Testament', *NTS* 7 (1960-61), 297-333.

____, 'The Letter to the Romans', in R.E. Brown, J.A. Fitzmyer and R.E. Murphy (eds.), *The New Jerome Biblical Commentary* (Eaglewood Cliffs: Prentice Hall, [1968] 1990^2), 830-868.

____, *Romans: A New Translation with Introduction and Commentary*, AnBib 33, New York (London/Toronto/Sydney/Auckland: Doubleday, 1993).

France, R.T., 'The Formula Quotations of Matthew 2 and the Problem of Communications', *NTS* 27 (1980-81), 233-251.

____, *The Gospel According to Matthew: An Introduction and Commentary* (Leicester: IVP, 1985).

Fridrichen, A., 'The Apostle and his Messege', *Uppsala Universitets Aarsskrift* (1947.3), 1-23.

Friedrich, G., 'Das Gesetz des Glaubens Röm 3,27', *ThZ* 10 (1954), 401-417.

Fryer, N.S.L., 'The Meaning and Translation of *Hilasterion* in Romans 3:25', *EvQ* 59 (1987), 99-116.

Gager, J.G., *The Origins of Anti-Semitism: Attitudes toward Judaism in Pagan and Christian Antiquity* (Oxford/New York: Oxford University Press, 1983).

Gardiner, F., *The Old and New Testaments in Their Mutual Relations* (New York: James Port, 1885).

Garlington, D.B., "ΙΕΠΟΣΥΛΕΙΝ and the Idolatry of Israel (Romans 2.22)', *NTS* 36 (1990), 142-151.

Gaston, L., *Paul and the Torah* (Vancouver: University of British Columbia Press, 1987).

Gempf, C., 'Athens, Paul at', *DPL*, 51-54.

Getty, M.A., 'Paul on the Covenants and the Future of Israel', *BTB* 17 (1987), 92-99.

____, 'Paul and the Salvation of Israel: A Perspective on Romans 9-11', *CBQ* 50 (1988), 456-469.

Giblin, C.H., '"As It Is Written …" A Basic Problem in Noematics', *CBQ* 20 (1958), 477-498.

Gifford, E.H., *The Epistle of St. Paul to the Romans with Notes and Introduction* (London: John Murray, 1886).

Godet, F., *Commentary on St. Paul's Epistle to the Romans*, trans. A. Cusin (2 Vols., Edinburgh: T&T Clark [1883] 1892).

Godsey, John, 'The Interpretation of Romans in the History of Christian Faith', *Interp* 34 (1980), 3-16.

Gore, C., *St. Paul's Epistle to the Romans: A Practical Exposition* (2 Vols., London: John Murphy, 1902).

Grässer, E., *Der Alte Bund im Neun: Exegetische Studien zur Israelfrage im Neuen Testament* (Tübingen: J.C.B. Mohr [Paul Siebeck], 1985).

Grayston, K., '"Not Ashamed of the Gospel". Romans 1,16a and the Structure of the Epistle', in F.L. Cross (ed.), *Studia Evangelica II* (Berlin: Akademie-Verlag, 1964), 569-573.

Griffith, G.O., *St. Paul's Gospel to the Romans* (Oxford: Blackwell, 1949).

Guerra, A.J., 'Romans 4 as Apologetic Theology', *HTR* 81 (1988), 251-270.

____, 'Romans: Paul's Purpose and Audience with Special Attention to Romans 9-11', *RevBib* 97 (1990), 219-237.

Gundry-Volf, J.M., 'Expiation, Propitiation, Mercy Seat', *DPL*, 279-284.

Gunther, J. J., *St. Paul's Opponents and Their Background: A Study of Apocalyptic and Jewish Sectarian Teachings*, SNovT 35 (Leiden: E.J. Brill, 1973).

Guthrie, D., *New Testament Introduction* (Leicester: IVP, 1970).

Hafemann, S., 'The Salvation of Israel in Romans 11:25-32: A Response to Krister Stendahl', *ExAud* 4 (1988), 38-58.

____, 'Paul and His Interpreters' in *DPL*, 666-679.

Hahn, F., *Mission in the New Testament*, trans. F. Clark (London: SCM, [1963] 1965).

Haldane, R., *An Exposition of the Epistle to the Romans* (MacDrill, Florida: MacDonald Publishing Co., n.d., cf. 1958).

Hall, D.R., 'Romans 3.1-8 Reconsidered', *NTS* 29 (1983), 183-197.

Hall, W.S., *Paul as a Christian Prophet in His Interpretation of the Old Testament in Romans 9-11* (Ann Arbor: University Microfilms International, 1982).

Hanson, A.T., *Studies in Paul's Technique and Theology* (London: SPCK, 1974).

____, *The Paradox of the Cross in the Thought of St. Paul*, JSNTS 17 (Sheffield: Sheffield Academic Press, 1987).

Harnack, A., *The Expansion of Christianity* (London: Williams & Norgate, [1904] 1958^{5}).

Haynes, S., '"Rediscovering the Real Paul": Theology and Exegesis in Romans 9-11', *ExAud* 4 (1988), 70-84.

Hays, R.B., 'Psalm 143 and the Logic of Romans 3', *JBL* 99 (1980), 107-115.

____, '"Have We Found Abraham to Be Our Forefather according to the Flesh?": A Reconsideration of Rom 4:1', *NovT* 27 (1985), 76-98.

____, 'Relations Natural and Unnatural: A Response to John Boswell's Exegesis of Romans 1', *JRE* 14 (1986), 184-215.

____, *Echoes of Scripture in the Letters of Paul* (New Haven/London: Yale University Press, 1989).

____, 'Christ Prays the Psalm: Paul's Use of an Early Christian Exegetical Convention', in A.J. Malherbe and W.A. Meeks (eds.), *The Future of Christology: Essays in Honor of L.E. Keck* (Minneapolis: Fortress, 1993), 122-136.

____, 'On the Rebound: A Response to Critiques of *Echoes of Scripture in the Letters of Paul*', in C.A. Evans and J.A. Sanders (eds.), *Paul and the Scriptures of Israel*, JSNTS 83 (Sheffield, JSOT Press, 1993), 70-96.

Hengel, M., *The Zealots: Investigations into the Jewish Freedom Movement in the Period from Herod I until 70 A.D.*, trans. D. Smith (Edinburgh: T&T Clark, [1961, 1976] 1989).

____, *Judaism and Hellenism: Studies in their Encounter in Palestine during the Early Hellenistic Period*, trans. J. Bowden (2 Vols., London: SCM, [1973^{2}] 1974).

____, *Between Jesus and Paul: Studies in the Earliest History of Christianity*, trans. J. Bowden (London: SCM, 1983.)

____, *Earliest Christianity* (London: SCM, 1986).

____, *The Pre-Christian Paul*, trans. J. Bowden (London: SCM; Philadelphia: Trinity International Press, 1991).

Henry, P., *New Directions in New Testament Study* (Philadelphia: Westminster, 1979; London: SCM, 1980).

Hill, G., *The Discovery Bible* (Chicago: Moody Press, 1987).

Hodge, C., *A Commentary on Romans*, (Edinburgh/Carlisle: Banner of Truth, [1835, 1864, 1972] reprinted 1975).

Hofius, O., 'Das Evangelium und Israel: Erwägungen zu Römer 9-11', *ZTK* 83 (1986), 297-324.

Holter, K., 'A Note on the Old Testament Background of Rom 1,23-27', *BibNot* 69 (1993), 21-23.

Holtz, T., 'Zum Selbstverständnis des Apostels Paulus', *ThLZ* 91 (1966), 321-330.

Hooker, M., 'Adam in Romans 1', *NTS* 6 (1959-60), 297-306.

____, 'A Further Note on Romans 1', *NTS* 13 (1966-67), 181-183.

____, *Continuity and Discontinuity: Early Christianity in its Jewish Setting* (London: Epworth Press, 1986).

Howard, G., 'Romans 3:21-31 and the Inclusion of the Gentiles', *HTR* 63 (1970), 223-233.

Hübner, H., *Law in Paul's Thought*, trans. J.C.G. Greig (Edinburgh: T&T Clark, [1978] 1984).

Hultgren, A., *Paul's Gospel and Mission: The Outlooks from His Letter to the Romans* (Philadelphia: Fortress, 1985).

Hudson, J.T., *The Pauline Epistles and Their Meaning and Message* (London: James Clarke & Co., 1958).

Hunter, A.M., *Paul and His Predecessors* (London: SCM, [1940] 1961^2).

Hvalvik, R.A., '"To the Jew First and also to the Greek": The Meaning of Romans 1:16b', *Mishkan* 10 (1989), 1-8.

____, '"SONDERWEG" for Israel: A Critical Examination of a Current Interpretation of Romans 11.25-27', *JSNT* 38 (1990) 87-107.

Hyldahl, N., 'A Reminiscence of the Old Testament at Romans i. 23', *NTS* 2 (1955-56), 285-288.

Jeremias, J., ''Αβραάμ', *TDNT* 1, 8-9.

____, *Jesus' Promise to the Nations*, trans. S.H. Hooke (London: SCM, [1956] 1958).

____, *Jerusalem in the Times of Jesus: An Investigation into Economic and Social Conditions during the New Testament Period*, trans. F.H. & C.H. Cave (London: SCM, [1962, 1967] 1969).

Jervell, J., 'The Letter to Jerusalem', reprinted in *Romans Debate* 53-64.

Jervis, L.Ann, *The Purpose of Romans: A Comparative Letter Structure Investigation*, JSNTS 55 (Sheffield: JSOT Press, 1991).

Jewett, R., 'Major Impulses in the Theological Interpretation of Romans Since Barth', *Interp* 34 (1980), 17-31.

____, 'Romans as an Ambassadorial Letter', *Interp* 36 (1982), 5-20.

____, 'Ecumenical Theology for the Sake of Mission: Romans 1-17 + 15:14-16:24', *SBL 1992 Seminar Papers* (Atlanta: Scholars Press, 1992), 598-612.

Jocz, J., *The Jewish People and Jesus Christ: A Study in the Relationship between the Jewish People and Jesus Christ* (London: SPCK, 1949).

Johnson, E.E., 'Jews and Christians in the New Testament: John, Matthew, and Paul', *RefR* 42 (1988), 113-128.

Johnson, S.L., 'Studies in Romans', *BibSac* 130 (1973), 329-337.

Kähler, M., *Schriften zur Christologie und Mission* (Munich: Chr. Kaiser Verlag, [1908] 1971).

Kaiser, Jr., W.C., *The Uses of the Old Testament in the New* (Chicago: Moody Press, 1985).

Karris, R.J., 'The Occasion of Romans: A Response to Prof. Donfried', reprinted in *Romans Debate*, 65-84.

Käsemann, E., 'Zum Verständnis von Römer 3, 24-26', in *Exegetische Versuche und Besinnungen* I (Göttingen: Vandenhoeck & Ruprecht, 1960), 96-100.

____, 'Justification and Salvation History in the Epistle to the Romans', *Perspectives on Paul* (London: SCM, 1971), 60-78.

____, 'The Faith of Abraham in Romans 4', *Perspectives on Paul* (London: SCM, 1971), 79-101.

____, *Perspectives on Paul* (London: SCM, 1971).

____, *Commentary on Romans* trans. and ed. by G.W. Bromiley (London: SCM, [1973], 1980).

Kautzsch, E., *De Veteris Testamenti locis a Paulo Apostolo allegatis* (Leipzig: Metzger und Wittig, 1869).

Kaylor, R.D., *Paul's Covenant Community: Jew and Gentile in Romans* (Atlanta: John Knox Press, 1988).

Keck, L.E., 'The Function of Rom 3:10-18; Observations and Suggestions', in J. Jervell and W.A. Meeks (eds.), *Studies in Honor of N.A. Dahl* (Oslo: Universitetsforlaget, 1977), 141-157.

____, 'Romans 1:18-23', *Interp* 40 (1986), 402-406.

____, *Paul and His Letters: Revised and Enlarged* (Philadelphia: Fortress, [1979] 1988²).

Keener, C.S., *The IVP Bible Background Commentary, New Testament* (Downers Grove, Ill.: IVP, 1993).

Kennedy, H.A.A., 'St. Paul's Apostolic Consciousness and the Interpretation of the Epistles', *ExpT* 27 (1915-16), 8-13.

Kertelge, K., "*Rechtfertigung*" *bei Paulus: Studien zur Struktur und zum Bedeutungsgehalt des paulinischen Rechtfertigungsbegriffs* (Münster: Aschendorff, [1967] 1971²).

Kettunen, M., *Der Abfassungszweck des Römerbriefs*, Annales Academiae scientarum Fennicae: dissertationes humanarum literterum 18 (Helsinki: Suomalainen Tiedeakatemia, 1979).

Kim, S., *The Origin of Paul's Gospel* (Grand Rapids: Eerdmans, [1981] 1984²).

Kirk, K.E., *The Epistle to the Romans with Introduction and Commentary* (Oxford: Clarendon Press, 1937).

Kissane, E.J., *The Book of Psalms* (2 Vols., Dublin: Richview, 1953).

Kitchen, K.A., 'Calf, Golden', *IBD* 1, 225-226.

Klausner, J., *From Jesus to Paul*, trans. W. Stinespring (New York: Menorah, [1939, 1943] reprinted 1979).

Klein, G., 'Paul's Purpose in Writing the Epistle to the Romans', reprinted in *Romans Debate*, 29-43.

Knox, J., 'The Epistle to the Romans', in *Interpreter's Bible* Vol. 9 (Nashville: Abingdon, 1954).

____, 'Romans 15:14-33 and Paul's Conception of his Apostolic Mission', *JBL* 83 (1964), 1-11.

Koch, D.-A., *Die Schrift als Zeuge des Evangeliums* (Tübingen: J.C.B. Mohr [Paul Siebeck], 1986).

König, A., 'Gentiles or Gentile Christians? On the meaning of Rom. 2:12-16', *JThSAf* 15 (1976), 53-60.

Kugel, J.L. and Greer, R.A., *Early Biblical Interpretation*, Library of Early Christianity (Philadelphia: Westminster Press, 1986).

Kuhr, F., 'Römer 2:14f. und die Verheissung bei Jeremia 31:31ff.', *ZNW* 55 (1964), 243-261.

Kümmel, W.G., *Theology of the New Testament*, trans. J.E. Steely (London: SCM, [1972] 1974).

____, *Introduction to the New Testament* (London: SCM, revised 1975).

____, 'Die Probleme von Römer 9-11 in der gegenwärtigen Forschungslage', in L. de Lorenzi (ed.), *Die Israelfrage nach Römer 9-11* (Rome, 1977, 14-33).

Lacey, D.R. de, 'Gentiles', *DPL*, 335-339.

Lagrange, M.-J., *Saint Paul: Epître aux Romains* (Paris: J. Gabalda, [1915, 1922] 1950^6).

Lapide, P. and Stuhlmacher, P., *Paul Rabbi and Apostle*, trans. L.W. Denef (Minneapolis: Augsburg, [1981] 1984).

Leenhardt, F.J., *The Epistle to the Romans: A Commentary*, trans. H. Knight (London: Lutterworth Press, [1957] 1961).

Liddon, H.P., *Explanatory Analysis of St. Paul's Epistle to the Romans* (London: Longmans, Green, & Co., [1876] 1899^4).

Lietzmann, H., *An die Römer*, HNT 8 (Tübingen: J.C.B. Mohr, [1933] reprinted 1971).

Lightfoot, J.B., *A Commentary on the New Testament from the Talmud and Hebraica* (4 Vols., Peabody: Hendrickson, [1859] reprinted 1989).

____, *Saint Paul's Epistle to the Galatians* (London: Macmillan, 1865).

____, *Notes on Epistle of St. Paul from Unpublished Commentaries* (London/New York: MacMillan, 1895).

Lincoln, A.T., *Ephesians*, WBC 42 (Dallas: Word Books, 1990).

____, 'Abraham Goes to Rome: Paul's Treatment of Abraham in Romans 4', in M.J. Wilkins and T. Paige (eds.), *Worship, Theology and Ministry in the Early Church: Essays in Honor of R.P. Martin* (Sheffield: JSOT Press,1992), 163-179.

____, 'From Wrath to Justification: Tradition, Gospel and Audience in the Theology of Romans 1:18-4:25', *SBL 1993 Seminar Papers* (Chico: Scholars Press, 1993), 194-226.

Lindars, B., *New Testament Apologetic* (London: SCM, 1961).

Locke, J., *A Paraphrase and Notes on the Epistles of St Paul*, The Clarendon Edition of the Works of John Locke, edited with an Introduction by A.W. Wainwright (2 Vols., Oxford: Clarendon Press, 1987).

Longenecker, B.W., 'Different Answers to Different Issues: Israel, the Gentiles and Salvation History in Romans 9-11', *JSNT* 36 (1989), 95-123.

____, *Eschatology and the Covenant: A Comparison of 4 Ezra and Romans 1-11*, JSNTS 57 (Sheffield: Sheffield Academic Press, 1991).

Longenecker, R.N., *Paul the Apostle of Liberty* (New York: Harper and Row, 1964).

____, 'The "Faith of Abraham" Theme in Paul, James and Hebrews: A Study in the Circumstantial Nature of New Testament Teaching', *JETS* 20 (1977), 203-212.

Lorenzi, L.de (ed.), *Die Israelfrage nach Röm 9-11*, Monographische Reihe von Benedictina, Biblisch-ökumenische Abteilung 3 (Rom: Abtei von St. Paul vor den Mauern, 1977).

Luther, M., *Commentary on Romans* (Grand Rapids: Kregel, [1954] 1976).

____, *Luther's Works Vol. 35, Word and Sacrament I*, ed. And trans. Bachmann (Philadelphia: Muhlenberg, 1960).

Luz, U., *Das Geschichtsverständnis des Paulus* (München: Kaiser Verlag, 1968).

Maccoby, H., *Early Rabbinic Writings*, Cambridge Commentaries on Writings of the Jewish and Christian World 200 BC to AD 200 Vol. 3 (Cambridge: Cambridge University Press, 1988).

____, *Paul and Hellenism* (London: SCM; Philadelphia: Trinity Press International, 1991).

Manson, T.W., "ΙΛΑΣΤΗΡΙΟΝ', *JTS* 46 (1945), 1-10.

____, *Studies in the Gospels and Epistles*, ed, by M. Black (London: Westminster Press, 1962).

Manson, W., 'Notes on the Argument of Romans (Chapters 1-8)', in A.J.B. Higgins (ed.), *New Testament Essays Studies in Memory of T.W. Manson* (Manchester: Manchester University Press, 1959), 150-164.

Marshall, I.H., *The Acts of the Apostles: An Introduction and Commentary*, TNTC (Leicester: IVP, 1984).

Martin, R.P., *Reconciliation: A Study of Paul's Theology* (London: Marshall, Morgan & Scott, 1981).

____, 'Romans, Letter to the', in W.H. Gentz (ed.), *The Dictionary of the Bible and Religion* (Nashville, Abingdon, 1986), 902-903.

____, 'Worship', *DPL*, 982-991.

____, *2 Corinthians*, WBC 40 (Waco: Word Books, 1986).

Marxsen, W., *Introduction to the New Testament* (Philadelphia: Fortress, 1968).

Mason, S., *Josephus and the New Testament* (Peabody: Hendrickson, 1992).

McKnight, S., *A Light Among the Gentiles: Jewish Missionary Activity in the Second Temple Period* (Minneapolis: Fortress, 1991).

McNeile, A.H., *St. Paul: His Life, Letters, and Christian Doctrine* (Cambridge: Cambridge University Press, 1920).

Metzger, B.M., *A Textual Commentary on the Greek New Testament* (London/New York: UBS, [1971] 1975).

Meyer, H.A.W., *The Epistle to the Romans*, trans. J.C. Moore, Critical and Exegetical Commentary on the New Testament, Part IV (2 Vols., Edinburgh: T&T Clark, 1876).

Michel, O., *Paulus und seine Bibel* (Gütersloh: C. Bertelsmann, 1929; reprinted Darmstadt: Wissenschaftliche Buchgesellschaft, 1972).

____, *Der Brief an die Römer* (Göttingen: Vandenhoeck & Ruprecht, 1966^{13},1978^{14}).

Milne, D.J.W., 'Genesis in the Letter to the Romans', *RTR* 39 (1980), 10-18.

Minear, P.S., *The Obedience of Faith: The Purposes of Paul in the Epistle to the Romans*, SBT 2.19 (London: SCM, 1971).

Moiser, J., 'Rethinking Romans 12-15', *NTS* 36 (1990), 571-582.

Moo, D., *Romans 1-8* , WEC (Chicago: Moody Press, 1991).

Morris, L., 'The Meaning of ἱλαστήριον in Romans iii.25', *NTS* 2 (1955-56), 33-43.

____, *The Apostolic Preaching of the Cross: A Study of the Significance of Some New Testament Terms* (Grand Rapids: Eerdmans, [1955, 1960] 1965^3 reprinted 1988).

____, *The Epistle to the Romans* (Grand Rapids: Eerdmans; Leicester: IVP, 1988).

Motyer, S., *Israel in the Plan of God: Light on Today's Debate* (Leicester: IVP, 1989).

Moule, H.C.G., *The Epistle to the Romans* (Fort Washington: Christian Literature Crusade, [1928] 1975).

Mowinckel, S., *The Psalms in Israel's Worship* (Oxford: Blackwell, 1962).

Moxnes, H., *Theology in Conflict: Studies in Paul's Understanding of God in Romans*, SNovT 53 (Leiden: E.J. Brill, 1980).

Müller, P., 'Grundlinien paulinischer Theologie (Röm 15:14-33)', *KD* 35 (1989), 212-235.

Munck, J., *Paul and the Salvation of Mankind*, trans. F. Clarke (Atlanta: John Knox Press, [1954] 1959).

____, *Christ and Israel: An Interpretation of Romans 9-11* (Philadelphia: Fortress, 1967).

Murray, J., *The Epistle to the Romans: The English Text with Introduction, Exposition and Notes* (2 Vols., Grand Rapids: Eerdmans, [1959, 1965, 1968] reprinted 1987).

Mussner, '"Christus, des Gesetzes Ende zur Gerechtigkeit für jeden, der glaubt" (Röm 10,4)', in *Paulus-Apostat oder Apostel* (Regensburg: Pustet, 1977), 31-44.

____, '"Ganz Israel wird gerettet werden" (Röm 11,26): Versuch einer Auslegung', *Kairos* 18 (1976), 241-255.

____, 'Heil für Alle: Der Grundgedanke des Römerbriefs', *Kairos* 23 (1981), 207-214.

____, *Tractate on the Jews: The Significance of Judaism for Christian Faith* (London: SPCK; Philadelphia: Fortress, 1984).

Newman, B.M. and Nida, E.A., *A Translator's Handbook on Paul's Letter to the Romans*, Helps for Translators 14 (London: UBS, 1973).

Newman, C.C., *Paul's Glory-Christology: Tradition and Rhetoric*, SNovT 69 (Leiden: E.J. Brill, 1992).

Nickelsburg, G.W.E., *Jewish Literature between the Bible and the Mishnah: A Historical and Literary Introduction* (London: SCM, 1981).

Noack, B., 'Current and Backwater in the Epistle to the Romans', *StTh* 19 (1965), 155-166.

North, C.R., *Isaiah 40-55*, Torch Bible Paperbacks (London: SCM, [1952] 1964).

Nygren, A., *Commentary on Romans*, trans. C.C. Rasmussen (Philadelphia: Fortress, [1944, 1949, 1972] reprinted 1988).

O'Brien, P.T., *Introductory Thanksgivings in the Letters of Paul*, SNovT 49 (Leiden: E.J. Brill, 1977).

Oepke, A., 'εἰς', *TDNT* 2, 420-434.

O'Neill, J. C., *Paul's Letter to the Romans* (Harmondsworth: Penguin, 1975).

Oesterley, W.O.E., *The Psalms: Translated with Text-Critical and Exegetical Notes* (London: SPCK, 1959).

Olson, Stanley N., 'Romans 5-8 as Pastoral Theology', *W&W* 4 (1986), 390-397.

Osborne, W.L., 'The Old Testament Background of Paul's "All Israel" in Romans 11:26a', *Asia J Theology* 2 (1988), 282-293.

Oss, D.A., 'A Note on Paul's Use of Isaiah', *BBR* 2 (1992), 105-112.

____, 'Paul's Use of Isaiah and Its Place in His Theology with Special Reference to Romans 9-11', PhD dissertation, Westminster Theological Seminary, 1992.

Oswalt, J.N., 'Golden Calves and the "Bull of Jacob": The Impact on Israel of Its Religious Environment', in A. Gileadi (ed.), *Israel's Apostasy and Restoration: Essays in Honor of R.K. Harrison* (Grand Rapids: Baker, 1988), 9-18.

Parker, T.H.L., *Commentaries on Romans 1532-1542* (Edinburgh: T&T Clark, 1986).

Perowne, J.J.S., *The Book of Psalms: A New Translation with Introductions and Notes Explanatory and Critical*, Vol. 1 (London: G. Bell & Sons, [1864, 1878^4] 1892^8).

Pfeiffer, R.H., *History of New Testament Times with an Introduction to the Apocrypha* (New York: Harper, 1949).

Piper, J., *The Justification of God: An Exegetical & Theological Study of Romans 9:1-23* (Grand Rapids: Baker, [1983] 1993^2).

Plevnik, J., 'The Center of Pauline Theology', *CBQ* 51 (1989), 461-478.

Pohlenz, M., 'Paulus und die Stoa', *ZNW* 42 (1949), 69-104.

Rad, G. von, *Genesis: A Commentary*, trans. J.H. Marks (London: SCM, [1961, 1972^9] rev. ed. 1972).

Räisänen, H., *Paul and the Law* (Tübingen: J.C.B. Mohr, 1983).

____, 'Römer 9-11: Analyse eines geistigen Ringens', *ANRW* 2.25.4, 2891-2939.

____, *Jesus, Paul and Torah: Collected Essays*, trans. D.E. Orton (Sheffield: Sheffield Academic Press, 1992).

Rese, M., 'Die Rettung der Juden nach Römer 11', in A. Vanhoye (ed.), *L'Apôtre Paul: Personnalité, style et conception du ministère* (Louvain: Leuven University, 1986), 422-430.

Reumann, J., *Righteousness in the New Testament* (Philadelphia: Fortress, 1982).

Ridderbos, H., *Paul: Outline of His Theology*, trans. J.R. de Witt (London: SPCK, [1966, 1975] 1977).

Ringgren, H., *The Faith of the Psalmists* (London: SCM, 1963).

Robertson, O.P., 'Genesis 15:6: New Covenant Expositions of an Old Covenant Text', *WTJ* 42 (1979-80), 259-289.

Robinson, D.W.B., 'The Priesthood of Paul in the Gospel of Hope', in R. Banks (ed.), *Reconciliation and Hope: New Testament Essays on Atonement and Eschatology Presented to L.L. Morris on his 60th Birthday* (Grand Rapids: Eerdmans, 1974), 231-245.

Robinson, J.A.T., *Wrestling with Romans* (London: SCM, 1979).

Rubinkiewicz, R. and Lunt, H.G., 'The Apocalypse of Abraham', in J.H. Charlesworth (ed.), *The Old Testament Pseudepigrapha Apocalyptic Literature & Testaments* (New York/London/Toronto/Sydney/Auckland: Doubleday, 1983), 689-705.

Sadler, M.F., *The Epistle to the Romans with Notes Critical and Practical* (London: G. Bell and Sons, 1910).

Sanday, W. and Headlam, A.C., *The Epistle to the Romans*, ICC (Edinburgh: T&T Clark [1895, 1902^5] reprinted 1968).

Sanders, E.P., *Paul and Palestinian Judaism: A Comparison of Patterns of Religion* (London: SCM, 1977).

____, 'Paul's Attitude Toward the Jewish People', *USQR* 33 (1978), 175-187.

____, *Paul, the Law and Jewish People* (London: SCM, 1983).

____, *Jesus and Judaism* (London: SCM, 1985).

Sandnes, K.O., *Paul – One of the Prophets? A Contribution to the Apostle's Self-Understanding*, WUNT 2.43 (Tübingen: J.C.B. Mohr [Paul Siebeck], 1991).

Sänger, D., 'Rettung der Heiden und Erwählung Israels: Einige vorläufige Erwägungen zu Römer 11,25-27', *KD* 32 (1986), 99-119.

Schlatter, A., *The Church in the New Testament Period* (London: SPCK, [1926] 1955).

____, *Gottes Gerechtigkeit: Ein Kommentar zum Römerbrief* (Stuttgart: Calwer, 1952²).

Schlier, H., *Der Römerbrief* (Freiburg/Basel/Wien: Herder, 1977).

Schmeller, T., *Paulus und die 'Diatribe': Eine vergleichende Stilinterpretation* (Münster: Aschendorff, 1987).

Schmithals, W., *Paul and James*, trans. D.M. Barton (London: SCM, 1965).

Schnabel, E.J., *Law and Wisdom from Ben Sira to Paul*, WUNT 2.16 (Tübingen: J.C.B. Mohr [Paul Siebeck], 1985).

Schnackenburg, R., *The Gospel According to St. John* (3 Vols., New York: Cross Road, 1990).

Schoeps, H.J., *Paul: The Theology of the Apostle in the Light of Jewish Religious History*, trans. H. Knight (London: Lutterworth Press, [1959] 1961).

Schreiner, T.R., '"Works of Law" in Paul', *NovT* 33 (1991), 217-244.

____, 'Israel's Failure to Attain Righteousness in Romans 9:30-10:3', *TrіJ* 12 (1991), 209-220.

Schrenk, G., 'Der Römerbrief als Missionsdocument', reprinted in his *Studien zu Paulus* (Zürich: Zwingli-Verlag, [1933] 1954), 81-106.

Schweitzer, A., *The Mysticism of Paul the Apostle* (London: Black, [1931] 1953²).

____, *Paul and His Interperters: A Critical History*, trans. W. Montgomery (London: Adam and Charles Black, 1912).

Scott, J.M., 'Adoption, Sonship', *DPL*, 15-18.

____, 'Restoration of Israel', *DPL*, 796-805.

Seifrid, M.A., 'Paul's Approach to the Old Testament in Rom 10:6-8', *TrіJ* 6 (1985), 3-37.

____, *Justification by Faith: The Origin and Development of a Central Pauline Theme* (Leiden/New York/Köln: E.J. Brill; 1992).

Shedd, W.G.T., *A Critical and Doctrinal Commentary on the Epistle of St. Paul to the Romans* (Grand Rapids: Zondervan, [1879] 1967).

Siegert, F., *Argumentation bei Paulus: gezeigt an Röm 9-11* (Tübingen: J.C.B. Mohr [Paul Siebeck], 1985).

Siker, J.S., 'From Gentile Inclusion to Jewish Exclusion: Abraham in Early Christian Controversy with Jews', *BTB* 19 (1989), 30-36.

____, *Disinheriting the Jews: Abraham in Christian Controversy* (Lousville: Westminster/John Knox Press, 1991).

Silva, M., 'Old Testament in Paul', *DPL*, 630-642.

Simpson, John W., Jr., 'The Future of Non-Christian Jews: 1 Thessalonians 2:15-16 and Romans 9-11', PhD Dissertation, Fuller Theological Seminary, 1988.

Sinclair, S.G., *Jesus Christ According to Paul: The Christologies of Paul's Undisputed Epistles and the Christology of Paul* (Berkeley, California: Bibal Press, 1988).

Stamm, J.J. and Andrew, M.E., *The Ten Commandments in Recent Research*, STB 2.2, trans. M.E. Andrew (London: SCM, [1962] 1967²).

Stanley, C.D., *Paul and the Language of Scripture: Citation Technique in the Pauline Epistles and Contemporary Literature*, SNTSMS 74 (Cambridge: Cambridge University Press, 1992).

Stanton, G.N., *Jesus of Nazareth in New Testament Preaching* (Cambridge: Cambridge University Press, 1974).

Stendahl, K., *Paul Among Jews and Gentiles and Other Essays* (Philadelphia: Fortress, 1976).

____, *Final Account: Paul's Letter to the Romans* (Minneapolis: Fortress Press, [1993] 1995).

Stevens, George B., *The Pauline Theology: A Study of the Origin and Correlation of the Doctrinal Teachings of the Apostle Paul* (New York: Charles Scribner's Sons, [1892] 1903²).

Stortz, Martha E., 'Romans and Reform', *W&W* 6 (1986), 369-372.

Stowers, S.K., *The Diatribe and Paul's Letter to the Romans*, SBLDS 57 (Chico: Scholars Press, 1981).

____, 'Paul's Dialogue with a Fellow Jew in Romans 3:1-9', *CBQ* 46 (1984), 707-722.

____, *A Rereading of Romans: Justice, Jews and Gentiles* (New Haven/London: Yale University Press, 1994).

Stuart, M., *A Commentary on the Epistle to the Romans with a Translation and Various Excurses* (London: William Tegg, [1832], 1865⁶).

Stuhlmacher, P., *Gerechtigkeit Gottes bei Paulus*, FRLANT 87 (Göttingen: Vandenhoeck & Ruprecht, 1975).

____, 'The Purpose of Romans', reprinted in *Romans Debate*, 231-244.

____, 'Zur neueren Exegese von Röm 3,24-26', in E.E. Ellis and E. Grässer (eds.), *Jesus und Paulus* (Göttingen, Vandenhoeck & Ruprecht, 1975); reprinted in

Versöhnung, Gesetz und Gerechtigkeit (Göttingen: Vandenhoeck & Ruprecht, 1981), 117-135; trans., 'Recent Exegesis on Rom 3:24-26', *Reconciliation, Law, and Righteousness: Essays in Biblical Theology* (Philadelphia: Fortress, [1981] 1986).

____, *Der Brief an die Römer* (Göttingen: Vandenhoeck & Ruprecht, 1989).

____, *Paul's Letter to the Romans A Commentary*, trans. S.J. Hafemann (Louisville: Westminster/John Knox Press, [1989] 1994).

Suggs, M.J., '"The Word is Near You": Romans 10:6-10 within the Purpose of the Letter', in W.R. Farmer, C.F.D. Moule, R.R. Niebuhr (eds.), *Christian History and Interpretation* (Cambridge: Cambridge University Press, 1967), 289-313.

Swetnam, J., 'The Curious Crux at Romans 4,12', *Bib* 61 (1980), 110-115.

Synge, F.C., 'The Meaning of προεχόμεθα in Romans 3.9', *ExpT* 81 (1970), 351.

Taylor, V., *The Epistle to the Romans* (London: Epworth Press, 1955).

Thompson, J.A., *Deuteronomy: An Introduction and Commentary* (Leicester: IVP, 1974).

Thompson, R.W., 'Paul's Double Critique of Jewish Boasting: A Study of Rom 3:27 in its Context', *Bib* 67 (1986), 520-531.

____, 'The Inclusion of the Gentiles in Rom 3:27-30', *Bib* 69 (1988), 543-546.

Tidball, D.J., 'Social Setting of Mission Churches', *DPL*, 883-892.

Tobin, T.H., 'Controversy and Continuity in Romans 1:18-3:20', *CBQ* 55 (1993), 298-318.

Toit, A.B. du, 'Die Kirche als doxologische Gemeinschaft im Römerbrief', *Neot* 27 (1993), 69-77.

Toorn, K. van der, 'Cultic Prostitution', *ABD* 5, 510-513.

Turner, M.M.B., 'Mission and Meaning in Terms of "Unity" in Ephesians', in A. Billington, T. Lane and M. Turner (eds.), *Mission and Meaning: Essays Presented to P. Cotterell* (Carlisle: Paternoster, 1995), 138-166.

Turner, N., *Grammatical Insights into the New Testament* (Edinburgh: T&T Clark, 1965).

Urbach, E.E., 'Self-Isolation or Self-Affirmation in Judaism in the First Three Centuries: Theory and Practice', in E.P. Sanders (ed.), *Jewish and Christian Self-Definition* 2: Aspects of Judaism in the Graeco-Roman Period (London: SCM, 1981), 269-298.

Vaughan, C.J., *St. Paul's Epistle to the Romans with Notes* (London: MacMillan, [1859] 1880^5).

Vollmer, H.A., *Die alttestamentlichen Citate bei Paulus* (Freiburg: Mohr, 1895).

Waard, J. de, *A Comparative Study of the Old Testament Text in the Dead Sea Scrolls and in the New Testament*, Studies on the Texts of the Desert of Judah 4 (Leiden: E.J. Brill, 1965).

Wagner, G., 'The Future of Israel: Reflection on Romans 9-11', in W.H. Gloer (ed.), *Eschatology and the New Testament: Essays in Honor of George Raymond Beasley-Murray* (Peabody: Hendrickson, 1988), 77-112.

Watson, F., *Paul, Judaism and the Gentiles: A Sociological Approach* (Cambridge: Cambridge University Press, 1986).

Watts, J.D.W., *Isaiah*, WBC 24 (2 Vols., Waco: Word Books, 1985).

Wedderburn, A.J.M., 'Purpose and Occasion of Romans Again', reprinted in *Romans Debate*, 195-202.

____, 'Adam in Paul's Letter to the Romans', *Studia Biblica 1978, III. Papers on Paul and Other New Testament Authors*, Sixth International Congress on Biblical Studies, JSNTS 3 (Sheffield: JSOT Press, 1980), 413-430.

____, *The Reasons for Romans* (Edinburgh: T&T Clark, 1988).

Weiser, A., *The Psalms* (London: SCM, 1962).

Weiss, J., *Earliest Christianity: A History of the Period A.D. 30-150* trans. F.C. Grant (vol. 1) and P.S. Kramer (vol. 2) (New York: Harper, [1937] 1959).

Wellhausen, J., *Prolegomena to the History of Ancient Israel* (New York: World Publishing Co., 1961).

Westermann, C., *Isaiah 40-66 A Commentary*, trans. M.G. Stalker (London: SCM, [1966] 1969).

Wiefel, W., 'The Jewish Community in Ancient Rome and the Origins of Roman Christianity', reprinted in *Romans Debate*, 85-101.

Wigoder, G., *Jewish-Christian Relations since the Second World War* (Manchester/New York: Manchester University Press, 1988).

Wilckens, U., *Der Brief an die Römer* EKK 6.1-3 (3 Vols., Einsiedeln: Benzieger; Neukirchen-Vluyn: Neukirchen-Verlag, 1978, 1980, 1982).

Winston, D., *The Wisdom of Solomon: A New Translation with Introduction and Commentary*, AnBib 43 (New York/London/Toronto/ Sydney/Auckland: Doubleday, 1979).

Wright, D.F., 'Homosexuals or Prostitutes? The Meaning of 'Αρσενοκοῖται (1 Cor 6:9; 1 Tim 1:10)', *VigChr* 38 (1984), 125-153.

____, 'Homosexuality', in *DPL*, 413-415.

Wright, N. T., *The Messiah and the People of God: A Study in Pauline Theology with Particular Reference to the Argument of the Epistle to the Romans*, PhD Dissertation, Oxford University, 1980.

____, *The Climax of the Covenant: Christ and the Law in Pauline Theology* (Edinburgh: T&T Clark, 1991).

____, 'Romans and the Theology of Paul', *SBL 1992 Seminar Papers* (Atlanta: Scholars Press, 1992), 184-213.

____, *The New Testament and the People of God* (London: SPCK, 1992).

Wuellner, W., 'Paul's Rhetoric of Argumentation in Romans: An Alternative to the Donfried-Karris Debate Over Romans', reprinted in Romans Debate, 128-146.

Wuest, K.S., 'Romans in the Greek New Testament', *Wuest's Word Studies from the Greek New Testament for the English Reader*, Vol. 1: Mark, Romans, Galatians, Ephesians and Colossians (Grand Rapids: Eerdmans, [1955] 1973).

Young, J.B. de, 'The Meaning of "Nature" in Romans 1 and Its Implications for Biblical Proscriptions of Homosexual Behavior', reprinted in J.I. Packer (ed.), *The Best in Theology*, Vol 4 (Carol Stream, Ill.: Christianity Today, Inc., 1990), 85-97; originally in *JETS* 31 (1988), 429-441.

Zeller, D., *Juden und Heiden in der Mission des Paulus: Studien zum Römerbrief* (Stuttgart: Katholisches Bibelwerk, [1973] 1976^2).

Zerwick, M., *Biblical Greek Illustrated by Examples*, English Edition Adopted from the Latin Edition (Rome: J. Smith, 1963).

Ziesler, J., *Pauline Christianity*, OBS (Oxford: Oxford University Press, 1983).

____, *Paul's Letter to the Romans* TPINTC (London: SCM; Philadelphia: Trinity Press International, 1989).

저자 색인

성구 색인

(S) 표시는 칠십인역 구절을 가리키며, “85n”은 해당 구절이 85페이지의 각주에 나옴을 가리킴.

1. 구약

창세기

출애굽기

잠언

전도서

이사야

예레미야

4. PSEUDEPIGRAPHA

주제 색인

"127n43"은 해당 주제가 127페이지 각주 43번에 나옴을 가리킴.